国家电网
STATE GRID

国网新源新安江水力发电厂
STATE GRID XINYUAN XIN'ANJIANG HYDROPOWER PLANT

新安江水力发电厂年鉴

2006—2015

《新安江水力发电厂年鉴》编纂委员会 编

方志出版社
Publishing House of Local Records

图书在版编目（CIP）数据

新安江水力发电厂年鉴.2006-2015/《新安江水力发电厂年鉴》编纂委员会编.--北京：方志出版社，2018.3

ISBN 978-7-5144-3036-3

Ⅰ.①新… Ⅱ.①新… Ⅲ.①发电厂-建德-2006-2015-年鉴 Ⅳ.①F426.61-54

中国版本图书馆CIP数据核字(2018)第059137号

新安江水力发电厂年鉴（2006-2015）

编　　者：《新安江水力发电厂年鉴》编纂委员会
责任编辑：李志瑜

出 版 人：冀祥德
出 版 者：方志出版社
地址：北京市朝阳区潘家园东里9号(国家方志馆4层)
邮编：100021
网址：http://www.fzph.org
发　　行：方志出版社图书经销中心
电话（010）67110500
经　　销：各地新华书店
印　　刷：杭州高腾印务有限公司

开　　本：889×1194　1/16
印　　张：26.75
字　　数：611千字
版　　次：2018年3月第1版　2018年3月第1次印刷
印　　数：001～500册

ISBN 978-7-5144-3036-3　定价：298.00元

主要榮譽

全国文明单位

全国工业旅游示范点

全国“安康杯”竞赛先进集体

全国电力行业优秀企业

全国工人先锋号

全国电力行业质量管理优秀企业

全国大型水电厂（站）劳动竞赛先进单位

全国电力企业管理创新成果一等奖

国家电网公司先进集体、文明单位

国家电网公司人才帮扶工作先进单位

浙江省文明单位、模范集体

浙江省治安安全示范单位

浙江省优秀志愿服务集体

浙江省企业文化建设示范单位

浙江省省级文物保护单位

Major honors

National civilized unit

National demonstration point of industrial tourism

National "health cup" competition of advanced collective

Excellent enterprises of the national electric power industry

National worker pioneer

National power industry quality management excellent enterprises

The advanced unit of labor competition for large hydropower plants (stations) in nationwide

National electric power enterprise management innovation achievement first prize

The advanced collective and civilized units of State Grid Corporation

The advanced unit of State Grid Corporation personnel assisting work

Zhejiang province civilization unit and model group

Zhejiang provincial safety and security demonstration unit

Zhejiang province service group of excellent volunteer

Zhejiang province demonstration unit of enterprise culture construction

Zhejiang provincial cultural relic protection unit

序言
Preface

在厂党政班子的精心组织和年鉴编辑工作人员的辛勤努力下，《新安江水力发电厂年鉴（2006—2015）》自2014年12月起着手编纂，历时两年半付梓成书，可喜可贺。这是新安江水电厂文化建设的一件大事，该年鉴也是为我厂续编《站志》收集资料的一部专辑大全。

年鉴资料丰富、翔实，以时间为经脉，用数据和事实说话，记载了2006—2015年新安江水力发电厂在电力体制改革和企业安全生产、企业管理、队伍稳定、党的建设、多经转型等各个方面的运行轨迹。

年鉴既客观真实地记录2006年至2010年在国网华东公司管辖下，新电人以“勤奋自立、严谨求实、团结奉献、科学创新”的企业精神，“拉得出，顶得上”，为华东电网安全健康稳定运行所做的重大实践，又详尽记载了从2011年4月起，新安江水力发电厂成建制划归国网新源水电有限公司管辖后，广大干部职工积极融入新源公司发展大格局，坚定不移抓安全生产，以科技进步为主导，提升设备健康运行水平；以现代企业管理理念，创新企业管理，不断提升企业管理水平；以人为本，关心职工生活，确保队伍稳定；按照国家电网改革要求，规范和清理整顿了多经企业等各个方面的新变化、新经验、新成就。

同时，年鉴以史为鉴、以史为镜、以史为据，既记载了企业这一时期的管理成果和成功经验，也“原汁原味”地记载了企业发展中的工作不足和问题教训。

为让后来的管理者和电厂全体员工及离退休人员真切准确地了解电厂这段时期的发展史，也为今后续修新安江水电站志积累第一手翔实资料，本次年鉴编纂工作按照志书常规编纂体例，力求全面、系统、翔实、客观、准确、精确，采取“党政领导、年鉴办统领、协作配合、部门负责、落实专人”的方式，充分发动，精心组织，编纂风格和叙事脉络上秉承志书之严谨规范，但在某些具体内容的记述把握上将“简练精炼”外拓为“详细精炼”来作为考量的标准之一，此乃年鉴编纂而特意为之。

新安江水电站有着辉煌的历史。随着时间的推移，新老交替呈现新常态，在新电人继往开来、承上启下的大环境下，老一代新电人陆续退休，新鲜血液逐年输入，本年鉴的推出，必将为新安江水力发电厂发挥资治、存史、教化和交流之作用。

希望新电人在“美丽电站、幸福新源”的大家庭中，薪火相传，再创辉煌。愿新安江水力发电厂的未来更美好！

2017年5月

凡例
Notes on The Use of a Book

一、本鉴编纂以马克思列宁主义、毛泽东思想、邓小平理论、“三个代表”重要思想、科学发展观、习近平新时代中国特色社会主义思想为指导，坚持辩证唯物主义和历史唯物主义的立场、观点和方法，全面、系统地记述断限内企业在生产、管理过程中的重要事物及其影响，真实反映企业的新变化、新经验、新成就。力求内容翔实准确，观点鲜明正确，以供领导决策、职工了解厂情，更好地为企业可持续发展服务，并达到为续修厂志积累资料之目的。

二、本鉴断限年代为2006年至2015年，少数史实为求完整，有所追溯或延伸。

三、本鉴采用分类编辑法，事以类从，横排门类，纵叙史实，纵横结合。卷首有主要荣誉、序言、凡例、图片、地图、编委会名单等内容。正文以栏目、分目、条目等三个层次结构，分设特载、概述、大事记、企业概况、电力生产、科技与信息、企业管理、企业文化、职工生活、党群工作、多种经营、人物荣誉、视察调研等栏目。在栏目和分目之首，一般设有“综述”或“概况”，以集中记述各项事业的总体情况。条目为主要信息载体，动态地记述事业的发展轨迹。卷末设有丛录、跋。

四、本书以正文记述为主，兼用述、记、传、图、表、录等载体。大事记以编年体为主，辅以记事本末体。

五、文字采用规范的现代语体文，按国家公布的《现代汉语字典》和《标点符号用法》书写、标点。以公元为纪年，表述世纪、年代的数字，用阿拉伯数字书写。称谓、计量单位使用，以国家标准出版物规定为准。

六、记述机构、单位等名称，在文中第一次出现时使用全称，并加简称括注，以后用简称。记载人物，采用以事系人。

七、本鉴资料主要取自科室（部门）、分场和公司的专业技术、专职管理人员提供，部分采集自档案、局域电子网、地方年鉴及刊物。

◎ 新安江水电站晨曦

◎ 2009年9月，实施主厂房综合整治工程，发电机组焕然一新

◎ 厂区紫金滩远眺

◎ 2010年1月，厂领导班子贯彻公司两会精神

◎ 2011年4月21日，新安江水力发电厂由华东电网有限公司成建制划归国网新源控股有限公司
图为刘昌印书记(左)和张怀宇副总经理(右)代表各方签字

◎ 汛期来临前，实施泄洪闸门试提、维护等准备工作

◎ 2011年11月，开关站220千伏闸刀检修

◎ 2012年6月，中央控制室实施电厂黑启动演练

◎ 2015年12月，主变压器消防联动演练

◎ 2008年，1号水轮发电机组实施完善化大修，更新定位筋、定子铁芯重叠、定子线圈全部更换，转子磁轭整体更新

◎ 2010年12月，9号水轮发电机组大修

◎ 2007年9月，召开中共新安江水力发电厂第九次党代会

◎ 2010年8月“党员之家”在副厂房揭牌

◎ 2012年6月，自动化班干慈祥当选中共浙江省第十三次代表大会代表

◎ 2006年10月，电厂获得华东公司水电运行技术技能竞赛团体第一名

◎ 2009年9月，电厂荣获浙江省模范单位光荣称号

◎ 2011年6月，评选出“最可爱水电人十大标兵”

◎ 2010年4月22日，举办纪念新安江水力发电厂发电五十周年系列庆典活动，图为老领导葛洪升（左三）、柴松岳（左四）、孙华峰（左五）、苏立清（左二）等步入会场

◎ 2010年4月22日，纪念新安江水力发电厂发电五十周年大会主席台

◎ 2010年4月22日，举办“光耀天地间--纪念新安江水力发电厂发电五十周年”大型文艺演出

◎ 2010年4月，离退休职工在纪念电厂发电50周年大会上演出

◎ 受中共浙江省委、国家电网公司和华东电网公司党组委托，2009年9月25日，厂党委向中华人民共和国成立前参加革命的本企业离休老干部颁发荣誉勋章

◎ 2006年3月25日，在建德市体育馆“2006杭州世界休闲博览会建德分会场暨第十二届中国·新安江旅游节”动员大会上，电厂歌咏代表队激情演唱《在希望的田野上》

◎ 2007年8月，环球皇后总决赛佳丽电站行

◎ 2008年，李建华被选担任“第九届全国残运会”火炬手，参加接力活动

◎ 2013年9月，电厂主办国网新源公司党工团共建华东协作组篮球赛

◎ 2007年3月5日，电厂与建德市人民政府签订五年合作发展规划协议。厂长钱建明(左)与市长洪庆华(右)在签约仪式上

◎ 2008年8月，华东电网第六届“欠发达地区小康行”赴建德洋程村结对帮扶

◎ 2015年8月，电厂共青团员志愿服务队赴缙云县偏僻山村为村民更换用电线路

◎ 2012年7月6日，举办“安全年暨企业文化、文明礼仪大赛”

◎ 2014年，电厂与建德市人民检察院共同出品廉政微电影《坝》先后获得浙江省廉政和诚信一等奖，图为该片开机仪式

◎ 2013年5月，在右岸电站建设时期砂石料仓遗址，建成开放新安江水电站展览馆新馆，展厅面积约750平方米

◎ 2011年4月25日，中国电力企业联合会理事长、国家电网公司总经理刘振亚，率中电联第五届理事视察电站

◎ 2007年6月27日，华东电网有限公司党组书记、总经理帅军庆检查指导防汛和迎峰度夏工作

◎ 2011年6月17日，国网新源公司副总经理张振有指导工作

◎ 2009年7月30日，华东电网公司总经理贺锡强一行到厂慰问调研

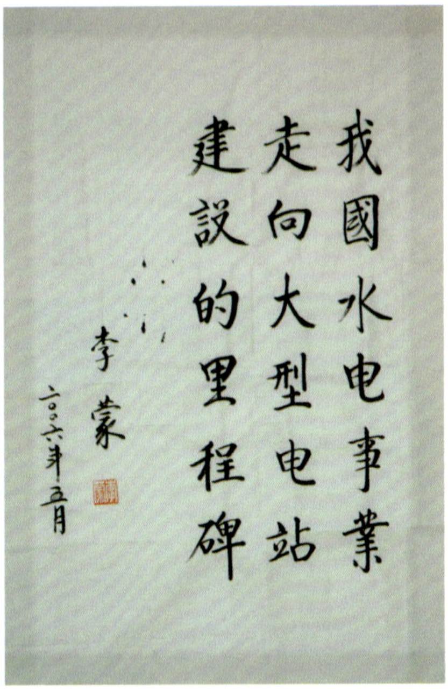
我國水电事業
走向大型电站
建設的里程碑
李蒙
二〇〇六年五月

◎ 2006年5月22日，全国政协副主席李蒙题字

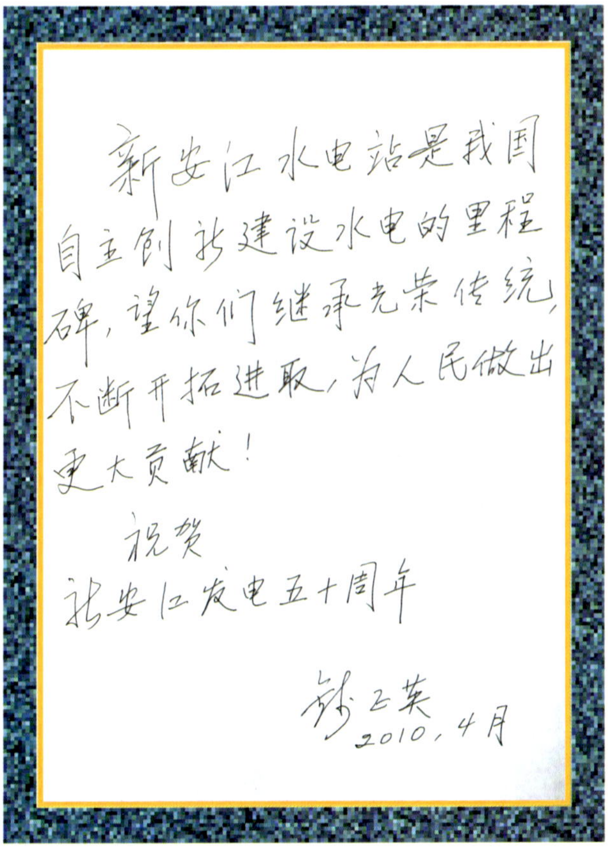
新安江水电站是我国自主创新建设水电的里程碑，望你们继承光荣传统，不断开拓进取，为人民做出更大贡献！
祝贺
新安江发电五十周年
钱正英
2010，4月

◎ 2010年4月，原全国政协副主席、水电部原部长钱正英题字

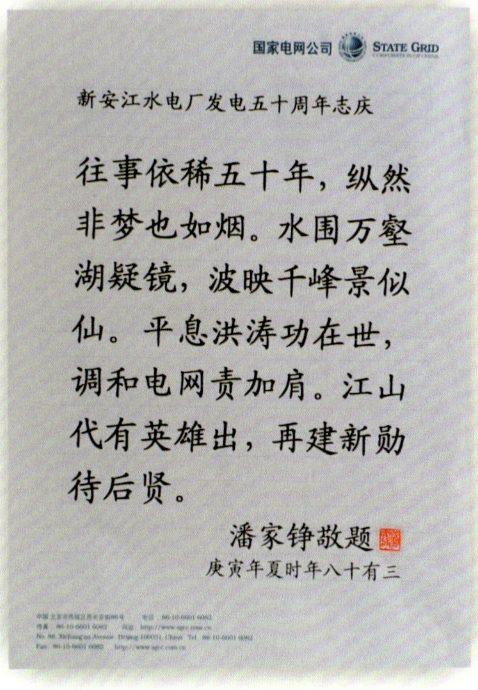
国家电网公司 STATE GRID
新安江水电厂发电五十周年志庆
往事依稀五十年，纵然非梦也如烟。水围万壑湖疑镜，波映千峰景似仙。平息洪涛功在世，调和电网责加肩。江山代有英雄出，再建新勋待后贤。
潘家铮敬题
庚寅年夏时年八十有三

◎ 2010年3月两院院士潘家铮题词

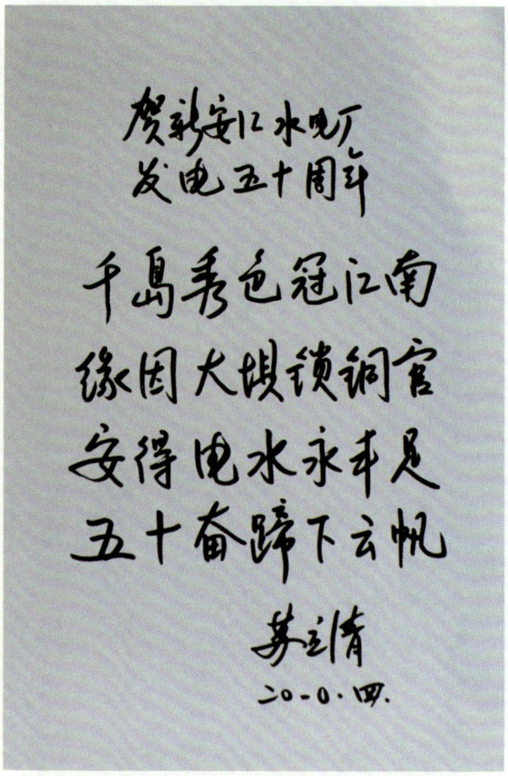

◎ 2010年4月，全国总工会原副主席苏立清题词

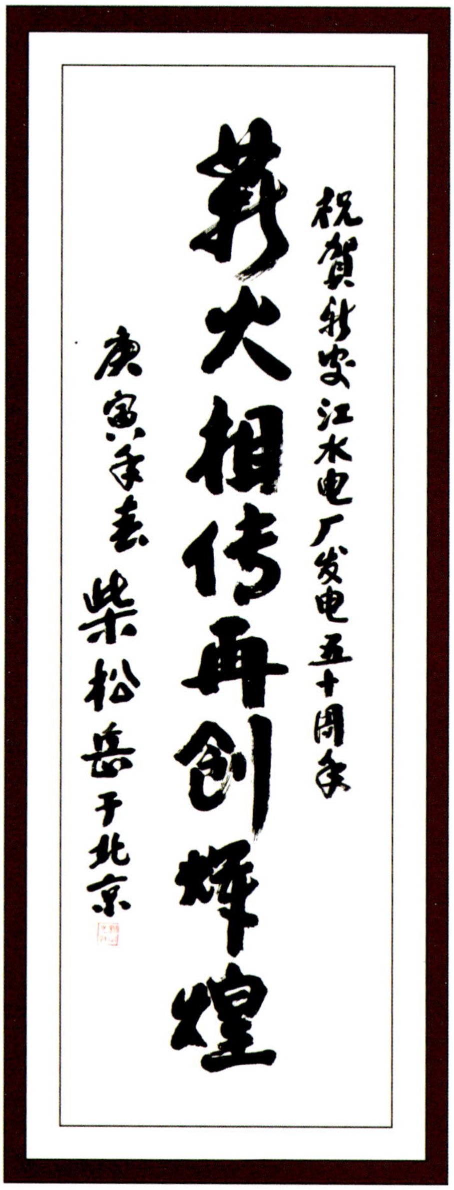

◎ 2010年4月，国家电力监管委员会原主席柴松岳题字

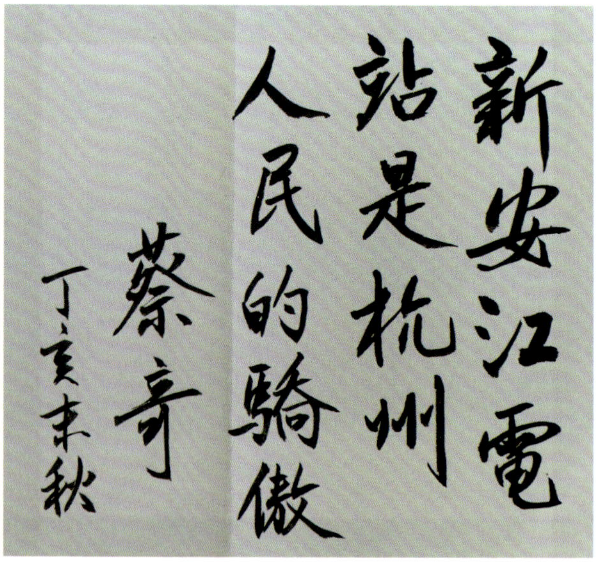

◎ 2007年杭州市长蔡奇题字

编辑办公室（2016年2月）

主　　　编：陈卫清

常务副主编：王乃虎

副　主　编：余敬基　骆军贤

执行主编：吕志峰

编　　　辑：宋宏亮

顾　　　问：潘学镐

编辑办公室（2014年12月）

主　　　编：程超美

常务副主编：王乃虎

副　主　编：帅以政　余敬基

执行主编：吕志峰

编　　　辑：宋宏亮

顾　　　问：潘学镐

资料组稿负责人

余敬基　王跃建　黄卫平　徐良玉　郭为金　赵新华　帅以政　王乃虎　赵品文

周新华　李建宇　洪建新　曾小平　苏文博　陈　峰

资料撰写人员

余敬基　王跃建　黄卫平　徐良玉　郭为金　赵新华　帅以政　王乃虎　赵品文
周新华　丰勇华　洪建新　曾小平　苏文博　骆军贤　汪　丰　李靖华　王利华
盛晓栋　洪　萍　张启纲　陈敏强　尹六燕　韩卓颖　王　俊　何小龙　徐　倩
帅红卫　徐　霞　江哲文　潘　炼　吕志峰　宋宏亮　陈文盛　管　淳　程红漫
李福钢　周尚东　刘双华　姜卫海　占江皓　陈尊杰　张　帆　包贵荣　吴永文
鲁昌生　张岳勇　江　伟　江哲晖　粟一新　杨　勇　陈连芳　傅威宜　厉洪祥
贺　跃　陈　华　薛　涌　顾承庆　杨庆业　马　俊　浦睿诣　吕维军　邓金荣
赖江波　曹　波　鲍献忠　李　珂　俞建民　姚　舜　黄西明　汪新江　查益华
吴　红　何　宇　王加强　吴昕达　余贵良　刘昕宇　周　剑　楚霖松　章卫光
张岳勇　朱克刚　卢　江　方塘基　王　东　夏书生　郑贤喜　杜慧敏　姜鑫良
高　辉　叶阳红　米　明　饶　源　林　琦　曾杨玲　李建宇　徐建新　方喜群
张　慧　李天江　杨金云　翁玉娥　胡　军　李　琦　许星明　周宇辉　白俊星
王晓宏　董　薇　从东标　董根土　姜　涛　朱发尧　孙　远　李春华　杨惠贤
施建峰　张海峰　赵　芳　陈　峰　王　卫　郭　军　王明亮　王忠庆　杨　俊

主要摄影人员

潘　炼　帅以政　边利平　王建利

总　目
Superorder

Superorder

目录
Contents

·主设备及装置检修·

·继电保护及自动化·

·通信设施及辅助设备·

·生产设施与基本建设·

· 水工观测和维护 ·

· 安全与消防管理 ·

· 信息化建设 ·

· 档案管理 ·

· 保密管理 ·

·财务管理·

·物资管理·

·审计管理·

·文化建设·

·文体活动·

·文学艺术·

·新闻宣传·

·文明建设·

·人民武装工作·

·新安江水力发电厂工会委员会·

·共青团新安江水力发电厂委员会

·综合服务公司·

人物、荣誉

·新闻人物·

·上级荣誉·

·厂级荣誉·

视察、考察、调研

特　载
Special Contributions

全国政协
专题调研千岛湖水资源保护

2010 年 11 月，全国政协副主席张梅颖率人口资源环境委员会的千岛湖水资源保护调研组赴浙江省，经过多方面的座谈和深入的实地考察，形成了《关于千岛湖水资源保护情况的调研报告》初稿。然后，征求浙皖两省意见，进一步完善。调研报告全面客观地分析了当前千岛湖水资源现状和面临的形势，提出了切实可行的政策建议。

中央领导同志对这个调研报告非常重视，多次做出重要批示，要求国家发改委牵头，与国务院多部门研究，提出千岛湖水资源保护的综合规划。

2011 年 3 月，国家发改委启动了《千岛湖及新安江上游水资源和生态环境保护综合规划》编制工作。邀请全国政协人口资源环境委员会、财政部、环保部、水利部、林业局和浙江、安徽两省发展改革部门，及有关专家，共同商议如何推进千岛湖水资源保护工作。

4 月，发改委在浙江了解了淳安县、建德市等对千岛湖水资源保护的情况。启动了规划工作方案和编制大纲的起草工作。7 月，形成了编制大纲（初稿）。

8 月 24 日—28 日，由国家发改委牵头，与国务院九个部委组成联合调研组，前往安徽黄山市和浙江淳安县实地调研，认真听取地方的诉求，对千岛湖水资源、生态环境保护的现状、存在的突出困难和亟待解决的重大问题作了全面分析和深入探讨，理清了今后一个时期做好水资源与环境保护工作的总体思路、主要目标和重点任务。

《规划》编制大纲（初稿）进一步修改完善后，成立了国家发改委牵头，浙江省、安徽省、工信部、财政部、国土部、环保部、住建部、水利部、农业部、林业局、旅游局、能源局和中国国际工程咨询公司参加的领导小组，印发了《规划》编制大纲和工作方案。这标志着千岛湖水资源保护进入了实质性的阶段。

《光明日报》记者　倪　迅（2011 年 12 月 29 日 14 版）

财政部 环境保护部
关于印发《新安江流域水环境保护补偿试点实施方案》的函

财建函〔2011〕123 号

浙江省人民政府、安徽省人民政府：

《财政部 环境保护部关于启动新安江流域水环境保护补偿试点工作的函》（财建函〔2011〕14 号）已明确，从 2011 年起启动实施新安江流域水环境补偿试点工作。为保障试点工作顺利实施，落实新安江流域水质优劣奖惩措施，我们制定了《新安江流域水环境保护补偿试点实施方案》，现印发给你们。请加强领导，明确责任，落实措施，共同推进新安江流域水环境保护，保障千岛湖水质安全，促进新安江流域上下游经济社会协调可持续发展。

附件：新安江流域水环境保护补偿试点实施方案

中华人民共和国财政部
中华人民共和国环境保护部
2011 年 9 月 26 日

浙江省发改委关于杭州市第二水源千岛湖配水工程项目建议书的批复

浙江省发改委 浙发改农经〔2014〕142 号

杭州市发改委：

报来《杭州市发展改革委关于上报杭州市第二水源千岛湖配水工程项目建议书的请示》（杭发改农村〔2014〕6 号）悉。根据省政府常务会议纪要（2013〔18〕号）精神，经研究，原则同意所报批的杭州市第二水源千岛湖配水工程项目建议书，现就其主要内容批复如下：

一、杭州主城区目前以钱塘江和东苕溪为主要供水水源地，均属河道型水源，水源地水质受到上游及周边地区经济活动及下游钱塘江咸潮等众多复杂因素的影响，水质不能满足《地表水环境质量标准》（GB3838-2002）要求的现象时常发生，萧山区也以钱塘江为主要供水水源地，余杭区东苕溪以东平原地区则以东苕溪为主要供水水源地，均面临水源水质问题，更不能满足人民群众提高生活品质的需要，而近年来钱塘江、苕溪流域突发性水污染事件呈频发趋势，杭州等地的供水安全性和抗风险能力受到挑战。杭州市区通过第二水源建设以改善饮用水品质、提高供水系统可靠程度的要求十分迫切。

新安江水库（下称“千岛湖”）入库径流丰富，水质优良，水库调节库容大，自净能力强。经过水源地的分析论证，现阶段以千岛湖作为杭州市区第二供水水源是满足杭州市区供水安全的必然选择，也是现实可行的。

杭州市第二水源千岛湖配水工程是关系近千万居民饮水安全、健康及钱塘江水资源科学配置的重大民生工程，对于改善杭州市区的饮用水源水质、确保供水安全具有重要意义。该工程符合钱塘江河口水资源配置规划的水资源配置布局，符合浙江省水资源保护与开发利用“十二五”规划的建设安排，建设该工程是必要的。

二、该工程任务是控制水位、水量，输配送原水。该工程建成将形成杭州市区以千岛湖为主，钱塘江、东苕溪为辅的多水源供水格局，切实提高杭州市区供水安全保障程度、改善饮用水源水质。工程供水范围为杭州市区（杭州主城区、萧山区和余杭区东苕溪以东平原地区）及工程沿线的建德、桐庐、富阳的部分区域，规划供水区常住人口 797 万人。按照“节约用水、以供定需”的原则，综合经济发展、环境影响、用水定额、分质供水等因素，以“大分质供水”为基础，即以居民生活为主要供水对象，以 2020 年为设计水平年测算工程规模，确定年配水量为 9.78 亿 m^3，取水口设计引水流量为 38.8m^3/s。

三、杭州市和国网新源公司已就杭州市第二水源千岛湖配水工程形成协调一致意见，国网新源公司支持该工程建设，为推进工程建设创造了条件。

采用 1961—2011 年水文资料进行分析，千岛湖多年平均入库径流 101.7 亿 m^3，P=95% 枯水年入库径流 49.2 亿 m^3，P=5% 丰水年入库流量 168 亿 m^3。千岛湖近 10 年的水质分析结果表明湖区主体水质基本可达到Ⅰ～Ⅲ类水体（湖库标准）。工程区内地震活动微弱，属区域构造稳定区。

四、该工程由千岛湖至闲林配水井输水建筑物、闲林配水井至闲林水库连通建筑物、闲林配水井下游输水首部建筑物组成。千岛湖至闲林配水井输水建筑物包括取水口、输水隧洞、埋管、倒虹、配水井、出口控制闸及沿线事故检修闸。闲林配水井至闲林水库连通建筑物包括连通隧洞、连通控制闸和补水泵站。闲林配水井下游输水首部建筑物包括输水主洞、输水支洞，以及控制九溪方向、江南方向、余杭方向的三座输水控制闸。

工程起自千岛湖淳安县境内金竹牌至杭州市闲林水库库尾，输水线路总长111.5km，以有压隧洞方式重力流输水，输水隧洞衬后洞径6.7米；建德乾潭镇、桐庐和富阳方向的供水可直接在输水线路上接取。该工程为Ⅰ等工程，千岛湖金竹牌取水口、输水隧洞、输水管道等主要建筑物为1级建筑物，检修排水设施、交通道路等次要建筑物为3级建筑物。经初步调查，工程永久征地650亩，临时用地6954.0亩，搬迁人口16户69人。该工程控制工期的主要因素是隧洞开挖及衬砌，其施工方法比较成熟，初定按48个月安排工期。

五、该工程对环境的主要影响因子是引水引起千岛湖水位变化，新安江电站枯水期下泄流量减少。新安江水库坝下至杭州主城区段枯水径流减少，可能造成的主要不利影响包括：坝下河段“小气候”及水环境改变；钱塘江河口上段江道冲淤变化、咸水上溯等。

消除或减轻该工程引水对环境不利影响的主要措施是：通过新安江水库的优化调度，减少丰水期发电，加大枯水期发电，使工程实施后新安江电站枯水期下泄流量不低于现状水平的95%，同时保持千岛湖年平均水位与现状相比不降低。杭州市有关部门已与相关专业机构和新安江电厂对水库的优化调度进行了研究，初步研究结果表明千岛湖水位和坝下河段枯水期流量控制目标可以达到。

六、按2013年7月价格水平，估算工程静态总投资为98.76亿元。按贷款占工程静态总投资60%的比例、贷款年利率6.55%测算，工程动态总投资108.24亿元。按资本金比例40%、贷款偿还年限25年，初步测算该工程至杭州市闲林水库的成本水价为0.82元/m³（水资源费另计）。工程建设资金由杭州市政府投资和商请银行贷款解决。

七、下阶段的工作要求：

1．鉴于工程的重要性，主要建筑物应按地震基本烈度提高1度进行设防。输水隧洞沿线地层褶皱构造和断裂构造发育，洞轴线与褶皱轴交角较小，隧洞沿线岩性类型较多，隧洞工程地质条件较为复杂，应对岩溶区、跨河隧洞段工程地质进行重点勘察并提出应对措施。应深化研究输水隧洞过流能力空间和耐久性工程措施，保证工程长期正常运行；研究大量开挖洞渣的合理处置和资源化利用措施；研究隧洞安全快速施工方法等。进一步优化工程设计，严格控制工程投资。

2．“分质供水”是确定该工程规模的基础，也是落实“优水优用”的必要措施。应深化细化分质供水方案，建立优水优用的供水机制，完善相应的分质供水工程措施。应抓紧同步开展工程沿线引水支线及闲林水库至各水厂输水线路的前期工作和建设工作。按照“优水优用、优质优价”的原则，进一步研究确定合理的工程水价。

3．应深化对新安江水库优化调度方案的研究，提出更加充分反映各方要求的调度方案，商国网新源公司、新安江电厂修订新安江水库调度图，尽量减少对下游河道淤积和水质变化、景观变化等不利影响。

4．该工程建成后，钱塘江、东苕溪仍是杭州市区的水源地，应继续加强钱塘江、东苕溪等水源地保护和水污染防治，研究建立千岛湖、钱塘江、东苕溪等水源联供联调、互为备用的运行机制。

5．应进一步加强受水区、调水区之间的关系协调，强化工程沿线相关已建在建和规划工程之间的衔接。应进一步调查核实土地征用、拆迁安置等实物量指标，妥善制定土地征用和拆迁安置政策，落实项目法人和建设资金，依法开展用地预审、环境影响评价、项目选址审查、社会稳定风险评估等专题研究和报批（备案）工作。

请据此开展可行性研究。

根据《浙江省人民政府办公厅转发省发改委关于做好全省投资项目管理信息系统运行工作意见的通知》（浙政办发〔2009〕172号）要求，请相关职能部门在完成该项目审批事项后及时录入相关审批信息，请投资主管部门和项目单位在项目符合《国务院办公厅关于加强和规范新开工项目管理的通知》（国办发〔2007〕64号）要求的八项开工条件后，及时录入实施进展信息。

抄送：省财政厅、国土资源厅、环保厅、建设厅、水利厅、文物局、地震局、工行浙江省分行；杭州市委、人大、政府、政协，市财政、国土资源、环保、规划（建设）、林水局，萧山区、余杭区、富阳市、桐庐县、建德市、淳安县委、政府、人大、政协，发改、财政、国土资源、环保、规划（建设）、水利局。

浙江省发展和改革委员会

2014年3月7日

华东电网有限公司与国网新源控股有限公司关于华东电网有限公司新安江水力发电厂成建制划转移交协议

（2011年4月20日）

华东电网有限公司新安江水力发电厂成建制划转移交协议（以下简称“本协议”）由以下双方于2011年4月20日签订于中国上海：

移交方：华东电网有限公司（简称“甲方”），住所地为上海市南京东路201号。

法定代表人：林野

接收方：国网新源控股有限公司（简称“乙方”），住所地为北京市宣武区白广路二条一号综合楼912号。

法定代表人：林铭山

划转移交事宜如下：

移交基准日

2011年4月21日零点，完成人员关系的划转移交工作。

移交方向接收方移交华东电网有限公司新安江水力发电厂全民职工573人、集体职工259人，离退休职工490人。

本协议未尽事宜由双方协商解决，无法协商一致的，报国家电网公司调解。

协议生效条件

本协议自协议签订之日起生效。

其他

附件所列内容为本协议的组成部分。

本协议一式叁份，双方各持壹份，报国家电网公司备案壹份。

移交方（盖章）　　接收方（盖章）

华东电网有限公司　国网新源控股有限公司

甲方法定代表人（或授权委托人）　　乙方法定代表人（或授权委托人）

签字：张怀宇　　签字：刘昌印

签署日期：2011.4.20

概 述
Summary

新安江水电站，坐落于浙西建德境内的铜官峡谷，为新中国上第一座自己设计、自行施工、自制设备的“三自”电站。主体工程始建于1957年4月，电站拦河坝控制流域面积10442平方千米，1959年9月截流，新安江水库开始蓄水。水库面积580平方千米，正常高水位蓄水量178.4亿立方米，为华东地区唯一具有多年调节性能的水库。先后动迁安置水库移民29.4万余人。经过3年艰苦卓绝的奋战，1960年4月，首台水轮发电机组胜利投产发电。1977年10月，9台机组全部投产，总装机容量66.25万千瓦。经1998年—2005年经增容改造，电站总装机容量增至85万千瓦。

新安江水电站以发电为主，兼有防洪、灌溉、供水、渔业、林果业和旅游等综合社会效益，是华东电网调频、调峰和事故备用的主力电站。1994年被列为浙江省爱国主义教育基地。

作为新安江水电站的管理机构，新安江水力发电厂成立于1959年12月，厂址位于电站下游800米处的紫金滩。随着体制改革，电厂行政隶属多有变化。2003年9月起，电厂隶属国家电网华东电网有限公司，其中中国共产党的组织关系仍直属中共浙江省委，日常党务由中共华东电网有限公司党组主管。2011年4月，电厂成建制划转国网新源控股有限公司，同年6月，国家电网公司成立国网新源水电有限公司，与国网新源控股有限公司实行一个班子，一套机构，两块牌子的一体化管理模式。企业名称变更为国网新源水电有限公司新安江水力发电厂，其中中国共产党的组织关系仍直属中共浙江省委，日常党务由中共国网新源控股有限公司党组主管。

至2015年年底有全民在册职工491人，集体在册职工231人，离退休职工466人（含离退休干部19人），其中中共党员472人，共青团员51人。

2006年至2015年来，新安江水力发电厂坚持党的领导、紧跟改革步伐，充分发扬“新电人”勤奋自立、严谨求实、科学创新、团结奉献的精神，在历届领导班子的正确带领和全厂职工的共同努力下，不断夯实安全生产基础，提升经营管理水平，在各项工作上都取得了骄人的成绩。

一、优化调度，保障安全，夯实生产基础

2006年至2015年，新安江水力发电厂科学调度水库，充分发挥水库综合效益，在发电、防洪、供水等方面均取得良好成绩。2006年以来，新安江流域由贫水期向丰水期过度，电厂通过水库水情自动测报系统等自动化装置、新安江、富春江梯级水库联合优化调度系统等应用，加强天气预报和水库联调，提高水库水能利用率。十年间，电厂累计发电量186.8亿千瓦时，为华东电网调频、调峰和事故顶出力发挥重大作用，为华东地区国民经济发展注入强大动力。2010—2015年，电厂连续六年发电量逾18亿千瓦时，其中2015年，创27.98亿千瓦时的年发电量最高纪录。

同时，新安江水力发电厂不断加强安全生产管理，形成由厂长领导、生产副厂长具体分管，各级行政负责人负责，安全监察质量部负责日常工作和检查督促的安全管理体系。全厂安全网络组织健全，党政工团齐抓共管，坚持“安全生产天天从零开始”，创造了良好的安全生产局面。截至2015年12月31日，全厂实现连续安全生产4925天。

二、集思广益，开拓进取，坚持技改创新

新安江水力发电厂坚持将技术改进与科技创新作为企业发展的重要动力。十年间，在国家政策的指引和上级单位支持下，电厂努力开拓，完成大量科研技改、小改小革、质量管理项目，企业面貌焕然一新。

2006～2015年，电厂完成包括主变压器冷却器更新、监控系统改造等重大项目在内的技术改造项目310项，完成投资2.8亿元；承担科技项目55项，取得科技成果16项，其中有7个项目获得上级公司二等奖以上奖励；获得国家级QC成果奖8个，省部级二等奖以上QC成果22个，厂内技术革新技术改造成果244项，获得实用新型专利11项。

三、紧跟时代，主动适应，深化管理转型

2006—2015年，新安江水力发电厂紧紧围绕企业发展的中心任务，全面落实上级要求，紧跟时代步伐，积极进取、顾全大局、强基固本、规范管理，顺利进行了多次管理模式的变革和优化，整体管理水平不断走向成熟。

2011年以后，随着电厂成建制划转国网新源控股有限公司，厂内各项工作的模式和思路发生重大变化。为此，在企业标准化建设、“三定”（定员、定编、定岗）工作、财务核算方式、物资采购规范化等各项调整转变中，即时调整姿态，主动适应发展，高效推进，取得了显著的成绩。

四、建章立制，综合发展，加强队伍建设

在干部管理上，新安江水力发电厂严格干部任免考核、努力提高干部能力素质，使全厂干部和管理人员保持高度的工作积极性，严肃纪律、勇于负责、齐心协力、清正廉明，充分落实各项政策，带领广大职工齐头并进，共同推进企业稳步发展。十年间，电厂采取多种干部管理措施，制定一系列干部管理文件，逐步形成集干部竞聘、选拔、考核、奖惩等为一体的完整干部管理体系，进一步加强了干部队伍建设，适应上级公司干部管理新要求。

电厂坚持员工是企业发展的基石理念，十年间，在员工梯队建设、技能培训、绩效考核、考勤管理、挂职交流等方面紧跟时代，顺应发展，顺利解决改革过程中的多对矛盾，极大地提高了全厂人力资源管理水平。至2015年底，电厂全民所有制在册员工中，大专及以上学历人数由2006年的51.03%提高至78.41%。全厂员工在变革中心态平稳，斗志昂扬，为企业安全稳定发展打下了良好的基础。

五、传承历史，深化内涵，构建企业文化

新安江水力发电厂始终坚信文化管理是企业管理的最高境界，紧紧围绕电厂历史积淀和国家电网公司文化内涵，充分推进企业文化建设。树立标兵，弘扬企业安全文化、廉政文化、职业道德和大局意识等方面成效显著。2010年4月，电厂以50周年厂庆为契机，完成有关厂庆建设的基建任务，改建电站展览馆，出版《新安江水电站志（1989—2005）》《薪火相传 再创辉煌--新安江水电站画册》《光荣与梦想--纪念发电50周年电视专题片》等系列文字、图片、视频资料，并在月22日厂庆当天举办隆重的庆祝大会，多位省部级领导人亲临关怀，使得全厂职工的凝聚力、向心力得到极大提升，企业文化建设迈上新台阶。

嗣后，经继续努力，于2011年和2015年荣获并保持“全国文明单位”称号。

六、服务全厂，全面落实，保障职工生活

2006—2015年，新安江水力发电厂紧跟上级政策，落实职工生活保障，提高全体职工的企业归属感、认同感。十年间，不断加强职工食堂管理，开展“健康食堂”创建、技术比武等工作，提高食品卫生健康水平，增加饭菜品种花色，受到职工群众好评。电厂每年组织职工健康体检，按照《职业病防治办法》要求，逐年安排生产场所危害因素检测评价，针对生产现场的噪音、粉尘等采取有效防护措施，全面保障职工身体健康。2007 年，按照华东电网公司“生产、生活”分离的要求，整体搬迁紫金滩区域及牛坞口生活区，加强厂区环境绿化规划改造，扩大活动空间，增加绿化面积，丰富苗木品种，极大地改善了厂坝区的环境。2008 年起，电厂对罗桐埠职工家属生活区开展整体改造施工，并于 2013 年逐步回迁，职工的居住条件得到明显的改善。切实重视离退休干部员工方便就医、丰富活动等，经常性开展走访慰问活动，将组织关怀落到实处。

七、解放思想，坚定路线，做好思想引领

新安江水力发电厂始终坚持以中央路线精神为指引，坚决贯彻落实上级党组织的部署，解放思想，认清形势，为全面推进各项工作提供强有力地保证。在厂党委的引领下，十年间，全厂先后以“学习实践科学发展观”“创先争优”“群众路线教育”“三严三实”教育实践等为主题，精心研究，认真贯彻上级要求，紧密依靠广大党员群众，结合厂内实际开展了丰富多样的专题教育、讨论学习、座谈分享等活动，研究新情况，分析新问题，形成新思路，促进新发展。

坚持党建带工建，党建带团建。厂工会围绕企业中心工作，认真履行工会职能，配合厂各职能部门抓好安全生产、经营管理、企业文化建设、职工生活等多方面工作，充分发挥了工会的桥梁纽带作用，团结动员广大职工，为企业的改革、发展、稳定做出积极贡献。厂团委坚持党的领导和团组织主观能动性，坚持从严治团，找准青年工作结合点、切入点，深入开展青年岗位能手、青年文明号、青年志愿者等活动，充分发挥了青年员工生力军的作用。

八、围绕政策，依法依规，规范多种经营

新安江水力发电厂实业总公司成立于 1993 年，统管全厂多种经营。新安江水力发电厂综合服务公司成立于 1983 年，2013 年变更公司名称易名为“建德市紫金综合服务公司”，作为厂办大集体企业。两家公司行政上隶属于新安江水力发电厂，经济独立核算，自负盈亏。

自 2010 年起，贯彻执行国家电网公司主业与多种经营分开原则精神。在“三清理一规范”“五分开”工作的基础上，制定实施方案，分解落实各项工作计划，克服困难，历经数年不懈努力，于 2014 年上半年，全面完成此项任务。

2013—2015 年，按照国家电网公司关于进一步加强和规范集体企业管理、开展集体企业重组整合、开展集体企业改革改制工作的相关要求，新安江水力发电厂集体企业坚持依法依规经营，优化管理结构，整合企业资源，提升服务质量、产品质量、工程质量和安全管理水平，并于 2015 年制定集体企业改革改制实施方案，提高集体企业管理规范化水平，保障企业长远发展。

回顾 2006—2015 年，新安江水力发电厂在生产经营中不断提升内涵，在时代变革中不断谋求发展，取得了辉煌成就。在新的历史时期，新安江水力发电厂将继续强化思想引领，坚持科学发展。在上级关怀和全厂职工努力下，让新安江水电站更加光辉灿烂！

大事记
Key Events

2006年

1月11日　召开新安江水力发电厂第十一届七次职工代表大会暨2006年工作会议。

1月24日　图书《岁月--新安江水电站建设记事》举行首发式。全书35万余字，由建德市政协与新安江水力发电厂组稿编纂。

1月25日　厂长钱建明被公司党组授予华东电网有限公司领导干部“勤廉兼优先进个人”称号。

1月25日　凌晨2时30分，新杭2233、新下（涯）2484线路投产试验成功。至此，新安江水电站送出线路工程全部投产，共有4条220千伏线路送往杭州变电所，2条220千伏线路供给浙西地区负荷。

2月14日　华东电网有限公司专家组抵厂，主持召开“新安江水电厂增容改造工程后评估”评审会，并通过评审报告。

2月14日　开关站七区段220千伏旁路间隔改造工程正式开工。

2月15日　浙江省水利厅厅长陈川、副厅长彭佳学，率省水利厅、省水文局、省电力设计院、省防汛防旱指挥部、钱塘江工程管理局、省水利河口院负责人一行到厂检查指导工作。

3月28日　220千伏旁路保护顺利投产。

4月27日　召开全厂中层干部及职工代表组长会议，宣传贯彻厂机构改革方案。

5月11日　水利部副部长翟浩辉率领国务院防汛抗旱检查组到新安江电厂检查防汛抗旱工作。检查组成员包括建设部城市建设司、国家安监总局应急指挥中心、水利部规划计划司及浙江省、杭州市有关领导。

5月11日　厂举行“爱心，平安”主题演讲会。

5月22日　全国政协副主席李蒙考察新安江水电站和千岛湖区。

6月8日　经厂机构改革领导小组扩大会议讨论决定，运行分场成建制（除电梯运行班外）划入发电部，岗位设置及上岗人员不变。

6月21日　电厂团委捐助建德市梅城镇重病儿童医疗费4000元。

6月29日　召开新安江水力发电厂EIS项目建设工作CRP业务场景演示会议。会议由埃森哲公司顾问组组长周伟主持，厂EIS项目建设组成员与埃森哲公司顾问演示业务流程操作并取得良好效果。

6月下旬　电厂运行党支部被评为华东电网公司先进基层党组织。

6月下旬　由劳动与社会保障部在珠海举行的2005年度QC成果发布会上，新安江水力发电厂变配电一班《确保GIS设备安装投产一次成功》QC成果获一等奖，并被推荐参加“国优”评审。

7月3日　按华东电网公司安排，西藏电力公司所属金河水电站厂长张万里、直贡水电站副处长德吉措姆（女）到厂开展为期6个月的培训、交流。

7月26日　新安江水力发电厂被授予杭州市爱国主义教育基地先进单位。

8月4日　新安江水力发电厂在杭州市“双千结对，共创文明”活动经验交流现场会上被授予先进单位，并向大会交流经验。

8月8日　692户职工在紫金滩俱乐部办理杭州滨江区生活基地住房“三证”。该小区首期物业管理单位为杭州市兴耀物业管理有限公司中兴花园物业服务中心。

8月10日　华东电网有限公司党组书记、总经理帅军庆到厂检查指导工作。

8月　继电保护班被国务院国有资产监督管理委员会授予“中央企业学习型红旗班组（科室）”称号。

10月14日　中国国民党荣誉主席连战一行游览千岛湖，厂领导在电站码头迎送。

10月17日　《华东电网有限公司企业文化手册》在新安江水力发电厂发行。

10月　新安江水力发电厂被浙江省体育局授予“2002—2005年度全省群众体育先进单位”称号。在杭州召开表彰会上，参会人员受到省长吕祖善、中国奥委会名誉主席何振梁的亲切接见。

12月20—22日　华东电网公司党组组织部、监察部和浙江省纪委、省委组织部、省总工会联合考察组，对党委、工会领导班子换届考核及考察。

12月23日　在中国科学技术会堂举办的“首届中国电力系统企业文化建设高峰论坛暨企业文化建设表彰大会”上，新安江水力发电厂被中国电力企业联合会企业文化发展中心、中国企业竞争力促进会授予“2006中国电力行业企业文化建设十大最具社会责任感企业”称号及奖牌，并作大会发言。

12月27日　国家旅游局发文批准新安江水电站、西安户县东韩村等306家单位为“全国工农业旅游示范点”。

12月28日　华东电网公司企业级信息系统（EIS）举行上线仪式，新安江水力发电厂信息系统（EIS）正式上线。

2007年

1月15日　新安江水力发电厂在国家电网公司第一届二次职工代表大会暨2007年工作会议上被授予“国家电网公司先进集体”称号。

1月25日　15时08分，8号水轮发电机组经过大修正式报投产运行。该机组A级大修始于2006年9月9日，原计划2月16日完工。

2月8～9日　召开厂第十二届第一次职工代表大会暨2007年工作会议。

3月2日　国家电力监管委员会原主席柴松岳到厂考察访问，并与部分老同志座谈。

3月5日　新安江水力发电厂与建德市人民政府签订五年合作发展规划协议。厂长钱建明与市长洪庆华分别在协议书上签字。

3月19日　新安江水力发电厂被浙江省公安厅、浙江省社会治安综合治理委员会、浙江省治安综合治理协会授予“2006年度省级治安安全示范单位”。

3月　实业总公司经营部经理白俊星被浙江省总工会授予“女职工建功立业标兵”称号，并授予荣誉证书。

4月17日　中共中央文献研究室原主任逄先知一行参观考察新安江水电站。

7月10日　召开共青团新安江水力发电厂第十四次代表大会。

7月　新安江水力发电厂被评为2005—2006年度国家电网公司文明单位。

8月8日　上午8时，发电部正式启动值班、操作、值守职责分离倒班模式。

8月9日　召开新安江水力发电厂工会第十四次会员代表大会。

8月29日　参加第十九届环球皇后总决赛开幕式的近50位全球佳丽抵新安江水电站参观。

9月11日　欢送技术干部何少云再度援藏。

9月28—29日　召开中共新安江水力发电厂第九次代表大会。

10月　集中办理家住杭州市滨江区中兴花园和上城区复兴南苑职工及家属户籍迁移，按户籍迁移条件共办理420户，1041人。

10月中旬　新安江水力发电厂被共青团杭州市委、杭州市教育局、杭州市少工委授予“杭州市少先队校外争章基地”。

12月11日　《新安江水力发电厂年鉴(1996—2003)》在厂内发放。

12月20日　以公司党组成员、副总经理赵首先为组长的华东电网公司“四项工作”（“四好”领导班子建设、党风廉政建设、文明单位建设、工会工作目标责任制）考核组到厂检查考核，并到生产现场指导工作。

12月26日　新安江水力发电厂创连续安全生产2000天纪录。

2008年

1月29—30日　召开厂第十二届二次职工代表大会、第十四届二次会员代表大会暨厂2008年工作会议。

1月　发电部值长张岳勇被国家电网公司授予“生产技能专家”称号（时效至2011年12月）。

3月25日　世界乒乓球锦标赛三届男子单打冠军庄则栋参观新安江水电站。

5月16日　新安江电厂员工为四川省汶川地震灾区捐款逾28.8万元。

5月21日　华东电网有限公司调整新安江水力发电厂行政领导班子。

6月5日　中共浙江省委书记赵洪祝到新安江水力发电厂调研指导工作。

6月18日　该日发电量2021万千瓦时，创全厂日发电量历史最高纪录。8时50分，全厂发电出力85万千瓦，创发电出力历史最高纪录。

9月27日　新安江水力发电厂“运行值班新模式”课题在中国电力联合会2008年度全国电力企业管理创新成果评选中荣获一等奖。钱维良、黄卫平在京出席授奖大会。

10月28日　全厂（含离退休）职工向汶川地震灾区捐款8000元，新棉被183件，冬衣1645件。

2009年

2月10—11日　召开厂十二届三次职工代表大会、十四届三次会员代表大会暨厂2009年工作会议。

2月24日　国家电网公司信息安全专家组到厂检查企业信息安全工作。

3月23—24日　国家电网公司防汛检查组专家一行六人到厂进行防汛检查。

4月7日　原国家能源部部长黄毅诚到厂调研指导工作。

5月14日　华东电网有限公司副总经理张怀宇率队到厂进行春季暨迎峰度夏安全大检查。

5月14日　国网公司信息化工作部主任李向荣一行到厂检查信息化建设情况。

5月22日　新安江、富春江梯级水库联合优化调度系统成功安装并投入试运行。

5月　继电保护班获“浙江省工人先锋号”荣誉称号。

6月3日　新安江水力发电厂参加国家电网公司2009迎峰度夏联合反事故演习，顺利完成任务。

6月4日　国家电网公司工会副主席史高杜到厂检查指导标准化工作。

6月10日　中国人民解放军总政治部王爱国少将到厂参观调研。

6月16日　新安江水力发电厂被评为“全国大型水电厂（站）劳动竞赛先进单位”，连续第五次获此殊荣。

6月30日　新安江水力发电厂与建德市检察院召开首次“检企共建”联席会议，正式启动检企共建反腐倡廉工作。

6月　新安江水电站被列入杭州市青少年学生第二课堂活动基地名录。

7月　新安江水力发电厂承包宜兴抽水蓄能电站工程项目部圆满完成首期合同任务。

7月13日　《亲切的关怀（周恩来在新安江）》大型油画作者、知名画家陈宁尔到厂参观访问。

7月30日　华东电网公司总经理贺锡强一行到厂慰问并调研工作。

8月3日　紫金宾馆被建德市旅游局评定为市二星级宾馆。

8月　新安江水力发电厂被浙江省批准为第一批“浙江省党史教育基地”　。

9月8日　提前114天完成该年计划发电量。

9月17日　由杭新公司负责完成的宁波110千伏佳河变安装工程顺利通过投产送电。

9月25日　电厂召开国庆六十周年大会，厂党委代表中共浙江省委、国家电网公司和华东电网公司党组，向中华人民共和国成立前参加革命的离休老干部颁发荣誉勋章。

9月28日　新安江水力发电厂被浙江省人民政府授予“模范集体”的光荣称号。

10月23日　新安江水力发电厂荣获“全国电力系统企业文化建设标杆企业”称号。

11月4日　新安江水力发电厂干部任免，李建华任电厂副厂长，杨斌任总工程师，章品勋调富春江水力发电厂任职。

11月24日　国家电网公司水电厂秋季安全互查组到厂检查。

12月　华东电网有限公司水电实训基地在新安江水电站坝顶原举船道正式投入使用。

2010年

1月13日　在共青团浙江省十二届五次全委（扩大）会议上，新安江水力发电厂青年志愿者服务队获评2009年度浙江省优秀志愿服务集体。当月，再次获评国家电网公司青年志愿服务先进集体。

1月27—28日　召开新安江水力发电厂十二届四次职工代表大会、十四届四次会员代表大会暨厂2010年工作会议。

2月　新安江大坝安全第三次定期检查顺利通过。新安江大坝评定为正常坝。

4月22日　电厂举办“光耀天地间--纪念新安江水力发电厂发电五十周年”大型文艺演出等系列庆典活动，柴松岳、苏立清等领导出席，钱正英、潘家铮等为庆典题词。

5月16日　厂属杭州新安江电力工程有限公司承接施工的天荒坪机组大修项目发生一起检修事故，造成两人死亡、两人受伤。

5月18日　浙江省防洪抗旱指挥部副指挥、水利厅厅长陈川一行到厂检查指导防汛防台工作。

5月30日　截至18时10分，发电14.5亿千瓦时，提前七个月完成全年计划发电量。

6月10日　中共浙江省委书记、省人大常委会主任赵洪祝一行到厂检查防汛工作。陪同检查的有省委常委、省委秘书长李强，省委常委、副省长、省防汛防旱指挥部指挥葛慧君，省委常委、省委组织部部长、杭州市市长蔡奇等领导。

7月29日　新安江水电站被国家发改委、中共中央宣传部、财政部和国家旅游局评为国家级红色旅游经典景区。

8月1日　中共杭州市委副书记、代市长邵占维到厂调研指导新安江电站防汛和拒咸顶潮工作。

9月13日　中共中央政治局常委、全国政协主席贾庆林来厂视察。全国政协副主席兼秘书长钱运录，中共浙江省委书记赵洪祝，省长吕祖善，国家电网公司党组成员、副总经理王敏，华东电网公司总经理林野等陪同。

9月13—17日　中国电力企业联合会水力发电分会在厂紫金宾馆召开全国水电厂大型技术改造经验交流研讨会，全国水力发电系统近30家单位的专家出席会议。

11月19日　全国政协副主席张梅颖率“千岛湖水资源保护”调研组到厂调研。

11月　新安江水力发电厂完成为2010上海世界博览会保障发供电任务。发电部被华东电网有限公司评为世博保电先进集体。厂选派的志愿者张帆获“华东电网有限公司世博服务保障工作特别奉献奖”。

2011年

1月20—21日　召开电厂十二届五次职工代表大会、十四届五次会员代表大会暨厂2011年工作会议。

2月25日　9号水轮发电机组在完成全部检修和试验项目并经24小时试运行后正式并网发电。

3月15日　建德市新任市长董悦走访新安江水力发电厂。

4月21日　新安江水力发电厂成建制由华东电网有限公司划归国网新源控股有限公司。

4月25日　中国电力企业联合会理事长、国家电网公司总经理刘振亚率中电联第五届理事会2011年第一次理事长会议代表40余人到新安江电厂视察。国家电网公司副总经理、党组成员王敏，国网公司新源控股有限公司董事长林铭山和华东电网公司董事长林野等陪同。

4月26日　评定公布本企业“最可爱水电人——十大标兵”（按姓氏笔画排序）：干慈祥、王跃建、朱孝成、李建华、陈学珍、周锡峰、林甘川、唐群一、徐百铮、钱建明。

6月18日　中共浙江省委书记、省人大常委会主任赵洪祝到新安江水力发电厂检查指导防洪度汛工作，并召开浙江省防汛现场工作会议，紧急部署钱塘江流域等全省重点区域防汛工作。省委常委、副省长葛慧君，国网新源公司副总经理黄悦照等参加。

6月21日　中共中央政治局委员、国务院副总理、国家防汛抗旱指挥部总指挥回良玉，到厂视察指导防汛泄洪工作。中共浙江省委书记赵洪祝、省长吕祖善和国家电网公司副总经理栾军等陪同。当日9时36分，大坝开启3孔，以出库流量2850立方米每秒的小流量进行泄洪。至22日17时22分结束，共历时31.73小时。

6月28日　召开赴新源公司挂岗、借用人员座谈会。根据安排，骆军贤、李福钢、杨波、李冬华、李靖华、金超为第一批到新源公司挂岗、借用的人员。

8月19日　交通运输部党组副书记、副部长翁孟勇到新安江电站考察。浙江省副省长王建满、省政府副秘书长谢济建、省交通运输厅厅长和建德市领导等陪同。

12月20日　新安江水力发电厂在全国精神文明建设工作表彰大会上被授予“全国文明单位”称号。

2012 年

2 月 8—9 日　召开厂十二届七次职工代表大会、十四届六次会员代表大会暨厂 2012 年工作会议。

2 月 28 日　国家电网公司在新安江召开发电企业安全生产标准化达标评级试点单位工作座谈会，新安江水力发电厂被列入首批试点。

3 月 23 日　国家电监会安全监管局组织有关专家一行 9 人抵电厂调研水电工程安全保卫工作。

4 月 5 日—5 月 31 日　圆满完成 6 条 220 千伏出线监控系统改造。

7 月　按新源公司统一部署启动一体化标准体系建设。

8 月　按新源公司统一部署启动发送电主业与企业多种经营分开工作。

9 月　副总工程师张运雄调任福建厦门抽水蓄能有限公司筹建处副主任。

9 月 8 日　电厂“并网机组安全性评价”及“安全生产标准化达标评级”工作顺利通过电监会专家组评审。

10 月 8 日　01 号主变压器按计划停役，进行为期一个月的 10 年周期大修工作。

11 月 8—14 日　电厂发电机组共启停 34 台次，为电网紧急顶出力 1 次，圆满完成了中共“十八大”会议期间华东电网保电任务。

12 月 17 日　国网公司授予新安江水力发电厂“电力安全生产标准化一级企业”称号。

2013 年

1 月 24—25 日　召开十三届一次职工代表大会、十五届一次工会会员代表大会暨厂 2013 年工作会议。

2 月 3—5 日　召开中共新安江水力发电厂第十次代表大会，选举产生中共新安江水力发电厂第十届委员会和中共新安江水力发电厂纪律检查委员会。

5 月 14 日　浙江省副省长黄旭明到厂检查指导防洪度汛工作。

5 月 23 日　水利部副部长李国英率国家防汛抗旱指挥部检查组到厂检查指导防汛工作。

8 月 31 日　电厂全面完成“三定”（定员、定岗、定编）工作。9 月 1 日起，新组织机构正式开展工作。

10 月 9 日　03 号主变压器大修开工。

11 月 10 日　国家能源局副局长刘琦率国家能源局视察组一行，来厂调研指导工作。

12 月 10 日　浙江省人民政府公布新安江水电站为第六批省级文物保护单位，在电站展览馆前立碑。

12 月 12 日　“河海大学电力能源实践教育基地”在新安江水力发电厂挂牌。

12 月 23 日　电厂干部任免，王德强任工会主席，傅剑文任厂党委委员、纪委书记。

12 月 23 日　浙江省旅游局、浙江省经济和信息化委员会联合发文，新安江水电站景区为第二批浙江省工业旅游示范基地。

2014 年

1 月 19 日　6 号水轮发电机组完成 A 级检修后正式交付系统使用。

1 月 23—24 日　厂召开十三届二次职工代表大会、十五届二次工会会员代表大会暨 2014 年度工作会议。

2 月 25 日　厂党委召开专题会议，部署落实党的群众路线教育实践活动。

4 月 15 日　建德市新任市委书记戴建平来厂走访。

4 月 28 日　厂维护分场自动化班被授予“全国工人先锋号”荣誉称号。

5月22日　浙江省重要经济目标经济单位人民防空工作建设现场会议在新安江水力发电厂召开。

6月　孙正参加进藏第七批人才帮扶工作。

9月2日　7号水轮发电机组A级大修开工。

10月23日　厂工会召开第十五届会员代表大会。

11月21日　全国政协常委、致公党中央副主席、广东省政协副主席、致公党广东省委主席王珣章，致公党广东省委会副主席、广东省人大常委、暨南大学教授杨英，全国人大代表、致公党广东省委会副主席、汕头市政协副主席李秉记等一行调研考察新安江电站。

11月28日　南京战区基层人民防空规范化建设现场会在新安江水力发电厂召开，国家人防办副主任柳庆森、南京军区副参谋长兰政，以及军区所属6省（市）计划单列市以上的人防办主要负责人共50余人参会。

12月　启动2006—2015企业年鉴编纂工作。

2015年

1月13日　大坝右岸宽缝回填工程顺利完工。

2月3—4日　召开厂十三届三次职工代表大会、十五届三次工会会员代表大会暨2015年工作会议。

3月26日　国家防汛抗旱总指挥部督察专员田以堂主任率队到厂检查指导防汛工作。

4月10日　中央文明办下文，经过复查，新安江水力发电厂继续保留全国文明单位称号。

4月13日　建德市检察院与新安江水力发电厂共同设立的“检察联络室”正式揭牌启用。

4月24日　为纪念抗日战争胜利70周年，南京军区某部100多位官兵，到厂交流国防和人民防空工作，开展爱国主义教育。

4月24日　国家发改委、环保部、水利部组成调研组，到厂调研考察千岛湖及新安江上游流域水资源与生态环境保护工作。

4月27—29日　国家能源局大坝安全监察中心组织专家组到厂召开新安江水电站大坝安全第四轮定期检查第一次会议。新安江水电站大坝安全第四轮定检工作全面启动。

4月　厂党委启动“每月一星”评选工作。

6月3日　新安江水力发电厂被中国能源化学工会授予“2014年度全国大型水电厂（站）劳动竞赛先进单位”荣誉称号，这是厂连续十一次获此殊荣。

6月　根据新源公司党组部署，启动“三严三实”学习教育活动。

7月19日　下午15时04分至15时39分，新安江电厂紧急开机完成顶出力任务，力保系统周波稳定。本次最大增出力达到85万千瓦，为厂史顶出力最高纪录。

7月21日　电厂9号机组发电许可证办理申请获得国家能源局浙江监管办公室批准，1—8号机发电许可证企业名更换工作同步完成。

8—9月　厂党工团组织开展了“纪念中国人民抗日战争暨世界反法西斯战争胜利七十周年”系列活动。

12月31日　年发电量27.98亿千瓦时，完成年度计划的119.06%，创建厂历史最高纪录。

企业概况
Corporate Profile

·组织机构·

【企业沿革】 新安江水力发电厂成立于1959年12月，随着体制改革，行政隶属多有变化，2003年9月起属国家电网华东电网有限公司。其中中国共产党的组织关系由中共浙江省直属机关工作委员会和中共华东电网有限公司党组双重管理。2011年4月，电厂成建制划转国网新源控股有限公司，全民所有制在册职工568人（男女职工分别为439和129人）整体转入。中国共产党组织关系由中共浙江省直属工作委员会和中共国网新源控股有限公司党组双重管理。企业名称变更为国网新源水电有限公司新安江水力发电厂，继续承担华东电网调频调峰和事故备用等重任。

【机构设置】 2006年2月21日，按照华东电网总〔2005〕572号文要求，制定《新安江水力发电厂2006年机构编制方案》。该方案经厂内多层次专题会议讨论和厂十一届七次职工代表大会讨论审议，以新电办〔2006〕13号文上报华东电网有限公司。4月28日，根据华东电网有限公司批复意见，印发《新安江水力发电厂主业机构改革方案》《新安江水电厂多经企业机构改革方案》《新安江水电厂机构改革员工聘用上岗实施意见》。方案明确了调整后的主业组织机构、岗位设置和各部门主要职责。明确多种经营企业人员编制由多种经营企业自行制定。

遵循机构编制“精干高效、确保安全、设置合理、平稳过渡、逐步完善、有利发展”基本原则，设正编部门14个及厂工会，人员编制总数为491人(其中含副总师5人、中层管理人员29人、一般管理人员67人；检修部人员287人)。

图10—1　2006年机构改革后主业组织机构图（见后）

图10—2 2006年机构改革后多种经营组织机构图（见后）

2007年9月25日，成立新安江水力发电厂人才交流服务中心（新电人资〔2007〕93号），该中心作为内部员工服务机构，根据厂内的人才需求与交流情况，提供人才推荐、人事代理和人才评价等服务。12月12日厂长办公会议决定成立物资部（会议决议通知书08—1），编制32人，其中主任1人、副主任1人。2010年12月20日，下发《关于部分组织机构、岗位调整的通知》（新电人资〔2010〕102号），成立后勤部，编制42人，其中主任1人、副主任1人。2011年12月15日，下发《关于增设机构及岗位的通知》（新电人资〔2011〕93号），增设发展计划部，编制4人，其中主任1人。加强企业计划管理、电价管理、对外营销、综合统计、经营活动分析等管理职能。

2011年4月新安江电厂成建制划转国网新源控股有限公司。2012年12月，按照新源公司统一部署，成立“三定”工作领导小组和工作小组（新电办〔2012〕164号），2013年7月11日，结合现有机构设置和人力资源状况，遵循“精简机构、规范设置、明晰职权、制定目标、提高效率、平稳过渡”原则，制定《新安江电厂“三定”方案》（新电人资〔2013〕81号），报请公司批复后实施。设有办公室、发展计划部、人力资源部（人员交流中心）、财务资产部、安全监察质量部、生产技术部、物资部、监察部（纪委）、审计部、思想政治工作部、工会办公室等11个职能部门；设置生产机构2（运行分场、维护分场）；设置选设机构3个（检修中心、后勤服务中心、集体企业管理中心）；设置华东水力发电职业技能鉴定站（与人力资源部合署办公）。人员编制总数为560人(其中厂级领导7人由公司确定编制并聘任)；副总师5人（含兼职）。

图10-3　2015年末新安江电厂机构设置图
（见后）

【党政领导人任免】 2006年年初，厂党政领导班子由钱建明、刘俊勇、钱维良、章品勋、丁荣彬、李建华等六人组成，钱建明任厂长，刘俊勇任党委书记，钱维良任生产副厂长，章品勋任经营副厂长，丁荣彬任工会主席，李建华任总工程师。因2005年11月董士昌结束挂职锻炼返回华东电网有限公司，同时免去其党委副书记兼纪委书记职务，其间未设党委副书记、纪委书记。6月13日，华东电网有限公司党组任命丁荣彬为纪委书记，兼任工会主席。

2007年1月18日，华东电网有限公司党组免去丁荣彬纪委书记、工会主席职务，调天荒坪抽水蓄能有限责任公司任职；任命陈学珍为工会主席。2月12日，华东电网有限公司党组任命程超美为纪委书记。

2008年5月15日，华东电网有限公司党组任命钱建明为厂长（继任），章品勋为生产副厂长，余金芳为经营副厂长；免去钱维良生产副厂长职务，任命其为副处级调研员。

2009年11月2日，华东电网有限公司党组免去章品勋生产副厂长职务，调富春江水力发电厂任职；任命李建华为生产副厂长，免去总工程师职务；任命杨斌为总工程师。

2011年4月27日，国网新源控股有限公司党组任命钱建明为厂长（继任），刘俊勇为党委书记（继任），李建华为生产副厂长（继任），余金芳为经营副厂长（继任），杨斌为总工程师（继任），程超美为纪委书记（继任），陈学珍为工会主席（继任）。

2013年3月7日，中共浙江省直属机关工作委员会批准刘俊勇为党委书记，程超美为纪委书记。

2013年12月10日，国网新源控股有限公司党组免去程超美纪委书记职务，免去陈学珍工会主席职务，分别改任副处级调研员；任命王德强为工会主席，傅剑文为纪委书记。

其间，历任党政领导人任职起讫时间见表10-1

10-1　2006—2015年历任党政领导任职时间表

职务	姓名	籍贯	任职时间
厂长	钱建明	江苏常熟	2005.2.16—
党委书记	刘俊勇	浙江嵊州	2005.2.16—
副厂长	钱维良	江苏宜兴	1998.10.22—2008.5.15
	章品勋	浙江兰溪	2005.2.16—2009.11.2
	李建华	河北平泉	2009.11.2—
	余金芳	浙江桐庐	2008.5.15—
纪委书记	丁荣彬	浙江东阳	2006.6.13—2007.1.18
	程超美	浙江永康	2007.2.12—2013.12.10
	傅剑文	江西抚州	2013.12.10—
工会主席	丁荣彬	浙江东阳	2003.3.12—2007.1.18
	陈学珍	浙江温州	2007.1.18—2013.12.10
	王德强	黑龙江肇东	2013.12.10—
总工程师	钱维良	江苏宜兴	1998.10.22—2005.2.16
	李建华	河北平泉	2005.2.16—2009.11.2
	杨斌	江西樟树	2009.11.2—

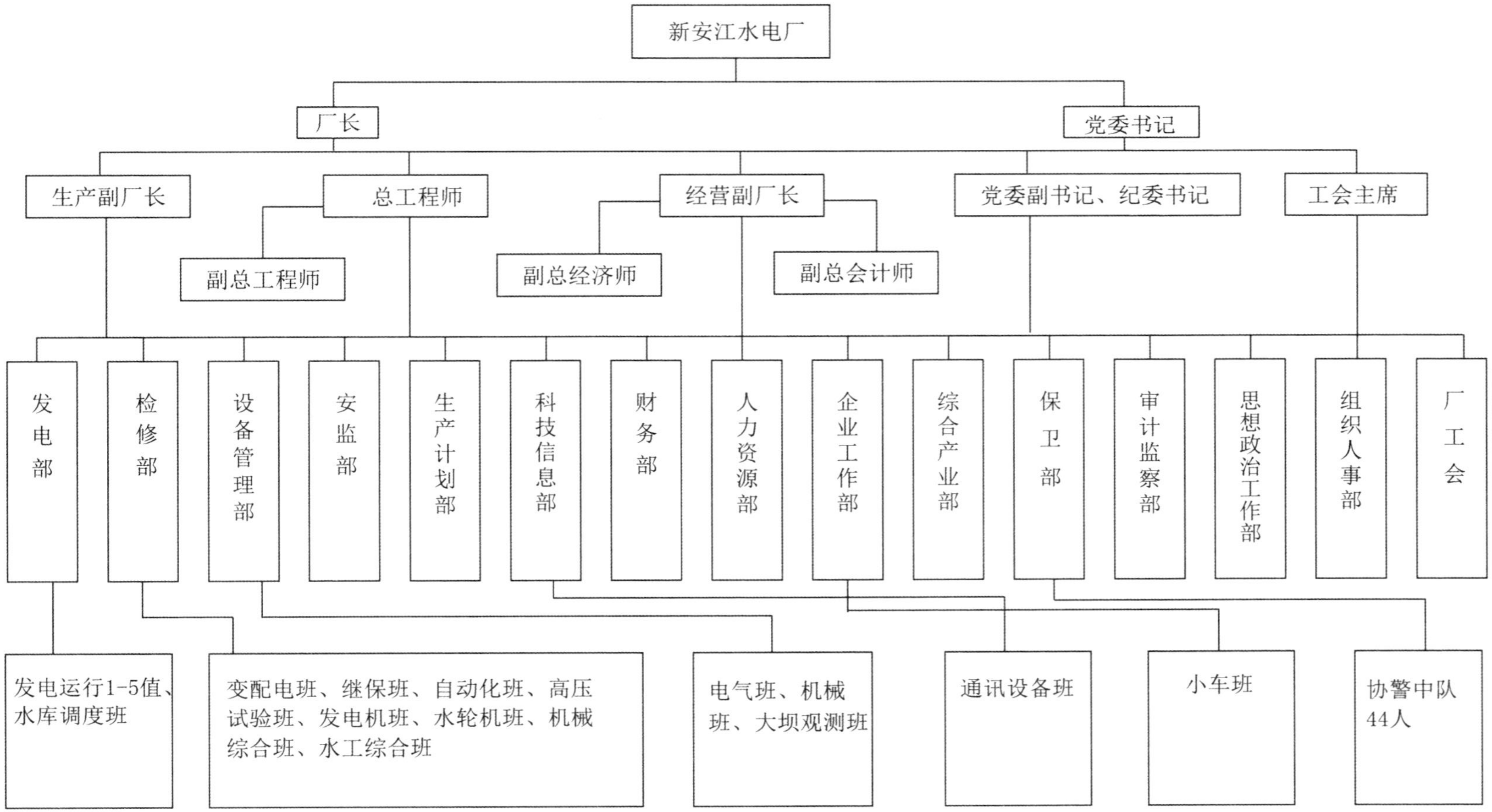

图10-1 **2006年机构改革后业主组织机构图**

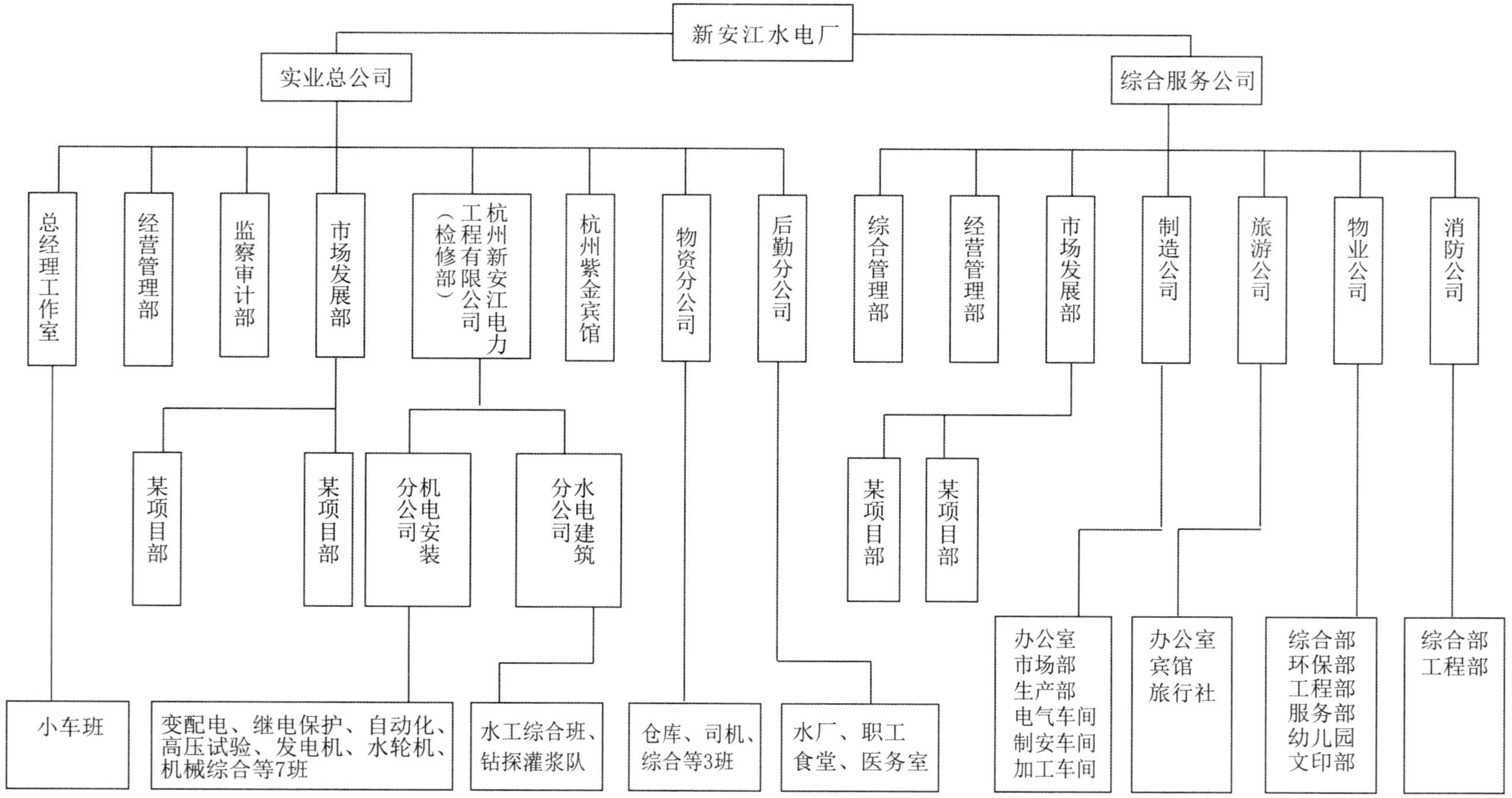

图10-2　**2006年机构改革后多经组织机构图**

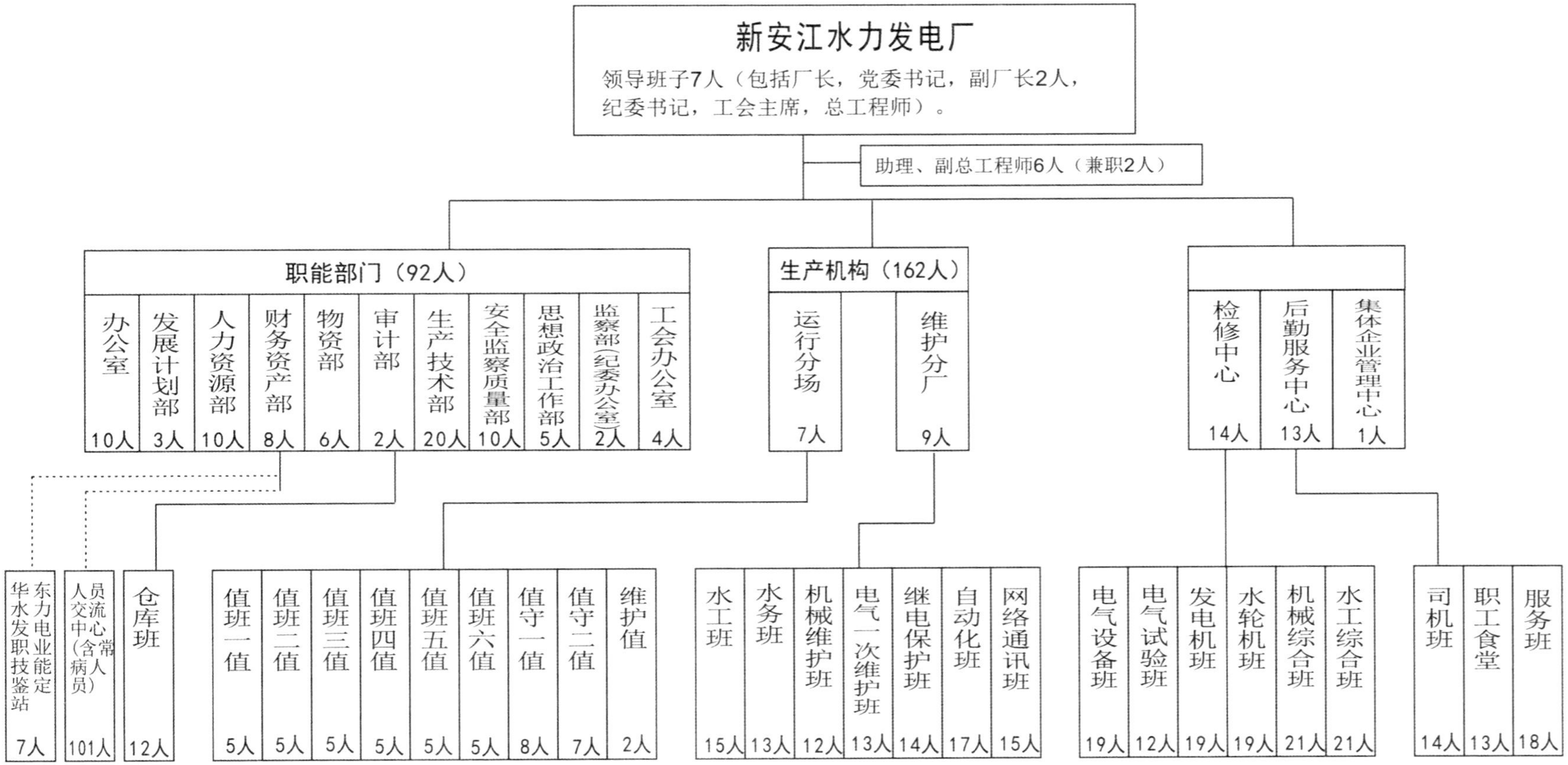

图10-3　**2013年1月起新安江电厂组织机构图**

【厂级领导人简介】

钱建明 男， 汉族，1962年5月出生，江苏常熟人，1983年7月华东水利学院水利水电动力工程专业毕业，进新安江水力发电厂工作，1999年8月加入中国共产党，高级工程师。历任生产技术科副科长、副总工程师兼总工办主任、副厂长，2005年2月起任厂长、党委委员。

刘俊勇 男， 汉族，1958年1月出生，浙江嵊县人，1974年9月下乡知青，1976年12月进新安江水力发电厂工作，1978年2月～1982年10月海军东海舰队服役，1981年9月加入中国共产党，中共中央党校函授本科学历，高级政工师。历任党群支部书记、组干科科长、厂党委副书记、纪委书记、千岛湖培训中心党支部书记兼副主任，2005年2月起任党委书记。

钱维良 男，汉族，1949年1月出生，江苏宜兴人，1970年1月进新安江水力发电厂工作，1986年3月加入中国共产党，大学学历，高级工程师。历任生技科副科长、科长、副总工程师、生产副厂长兼总工程师、党委委员、厂级调研员。

章品勋 男，汉族，1964年5月出生，浙江兰溪人，1985年8月浙江大学电力系统及其自动化专业毕业，进新安江水力发电厂工作，2001年7月加入中国共产党，高级工程师。历任总工办副主任、电气分场副主任、企管办主任、信息中心主任、实业总公司副总经理，2005年2月至2009年11月任副厂长、党委委员。

丁荣彬 男，汉族，1957年9月出生，浙江东阳人，1979年3月进新安江水力发电厂工作，2001年12月加入中国共产党，大专学历，工程师。历任电气分场副主任、主任，2003年3月至2006年6月任工会主席、党委委员，2006年6月至2007年1月任工会主席、纪委书记。

李建华 男，回族，1964年8月出生，河北平泉人。1986年8月华北水利水电学院水电站动力设备专业毕业，进新安江水力发电厂工作，双学士学位，高级工程师，2001年4月加入中国共产党。历任总工办副主任、副总工程师、总工程师。2009年11月任副厂长、党委委员。

余金芳 男，汉族，1965年5月出生，浙江桐庐人，1985年8月浙江商业学校财务会计专业毕业，进新安江水力发电厂工作，中共中央党校函授本科学历，2001年4月加入中国共产党，高级会计师。历任财务科副科长、科长，副总会计师，2008年5月起任副厂长、党委委员。

程超美 男，汉族，1955年12月出生，浙江永康人，1973年6月参加工作，1980年6月加入中国共产党，中共中央党校函授本科学历，高级政工师。历任富春江电厂宣传科副科长、科长、党委办公室主任，2007年2月至2012年月任纪委书记、党委委员。

陈学珍 女，汉族，1959年10月出生，浙江温州人，大学学历，1982年7月华东水利学院毕业，进新安江水力发电厂工作，2000年10月加入中国共产党，双学士学位，高级工程师。历任总工办副主任、主任，电气副总工程师。2007年1月至2013年12月任工会主席、党委委员。

杨 斌 男，汉族，1972年6月出生，江西樟树人，1993年7月河海大学水利水电动力工程专业毕业，进新安江水力发电厂工作，2000年7月加入中国共产党，硕士学位，高级工程师。历任机械分场副主任、检修部副主任、主任，2009年11月起任总工程师、党委委员。

王德强 男，汉族，1975年7月出生，黑龙江肇东人， 1998年7月湖南大学电机电器及其控制专业毕业，进新安江水力发电厂工作，1998年3月加入中国共产党，硕士学位，高级工程师。历任企业工作部副主任、厂办公室主任、厂长助理，2013年12月起任工会主席、党委委员。

傅剑文 男，汉族，1973年1月出生，江西抚州人，1994年8月葛洲坝水电工程学院电力系统及其自动化专业毕业，进新安江水力发电厂工作，2003年11月加入中国共产党，硕士学位，高级工程师，历任检修部副主任、设备部主任、维护分场主任，2013年12月起任纪委书记、党委委员。

·区域环境·

【区域位置】 新安江流域地处安徽南部和浙江西北部，位于北纬29°20′～30°20′，东经117°41′～119°30′。流域面积为11850平方千米，约占钱塘江流域面积的1/4。电站坝址铜官峡谷以上控制流域面积10442平方千米；流域内面积58.9%为丘陵和山地，其余为盆地和小平原。新安江又名徽港。发源于安徽省休宁县西南怀玉山脉率山主峰六股尖东北坡（海拔1350米）。流经休宁、黄山（屯溪）、歙县、淳安、建德等县市，沿途有10千米以上的河川八十条汇入，至梅城与南来的兰江相汇，全长373千米。下游为富春江、钱塘江，经杭州湾流向东海。

新安江水力发电厂厂址位于电站下游800米处的紫金滩，距建德市政府驻地新安江街道4千米，距杭州市高速公路里程108千米。

【电网环境】 2006年以来，华东电网逐渐形成了以长三角都市群为中心的网格状受端电网格局，其中上海、苏南、浙北和皖南构成华东500千伏主环网。区域外华中电网通过±800直流的宾金（2014年7月投运）、锦苏（2012年12月投运）、复奉（2010年7月投运）、±500直流的林枫、宜华、龙政、葛南共7回直流向华东电网送电，直流输送容量达到31760兆瓦。华东电网和国网系统其他电网联络更为紧密，已初步形成特高压交直流混联的受端大电网。随着1000千伏特高压交流工程的配套电源陆续投产和三大特高压直流满送馈入负荷中心，华东电网再上一个新的电压等级，成功实现了1000千伏特高压系统与500千伏电网的顺利衔接，华东电网调控运行水平迈上新的台阶。华东电网原有的从苏北、安徽、浙东沿海、福建电源基地向长江三角洲地区“向心送电”的格局已发生明显改变，潮流走向转变为由特高压交、直流落点向周边辐射送电。华东电网用电负荷屡创新高，是全球单一国家内最大规模的区域电网。

2015年年底，华东电网统调装机容量27527.3万千瓦(其中水电装机容量1524.9万千瓦，占5.54%)，年发电量11230.90亿千瓦时。华东电网220千伏及以上统调线路总长度为108174.1千米。其中，1000千伏统调线路长度为2482.9千米，13条；500千伏统调线路长度为30862.0千米，524条；220千伏统调线路长度为74829.2千米，4110条。

随着区外直流来电的不断增加，直流电占华东电网电力平衡权重不断增大，华东电力平衡和潮流分布出现明显丰枯期特征，直流实现异步电网间丰枯特征的“同步化”。2015年夏季，三大特高压直流满功率送华东，为保障华东地区负荷中心电力充足供应、缓解长三角地区环保压力，发挥了关键作用。但由于特高压直流容量大且调峰量小，汛期低谷时段，相关省市消纳压力巨大，直流落点近区500千伏通道潮流长期满载运行；汛期低谷时段若发生单回特高压直流双极闭锁，华东电网频率可能大幅跌落，电网频率控制面临全新挑战。为保证系统内大容量机组强迫停运时的电网稳定，电网需储备充足的备用容量，作为起停响应快速的水电站承担电网削峰填谷的功能日益突出。随着新安江电厂设备更新改造，运行能力不断提升，更加发挥调峰调频、事故备用等重要作用。

2005年开始，浙江电网逐步实行分层分区运行。2013年6月30日建德变至万松变的建万2R59线和建松2R60双回线正式投用，新安江电厂至建德变的新建2386线和新德2387双线在正常方式下为新安江电厂侧新建2386和新德2387向线路充电运行，建德变侧双线热备用，同时建德变负荷转供装置投入自动运行，至此，建德地区（下涯变、建德变、万松变）的供电正常情况下由新安江电厂改为金华局下属的220千伏芝堰变供电。

【220千伏输送出线改造】 新安江电厂随着华东电网的发展、浙江220千伏电网分层分区运行的实施及电厂机组增容改造后总出力从66.25万千瓦增至85万千瓦送出受限等情况的影响，于2005年3月1日至2005年6月30日在原新德2387线间隔处建成的3组GIS间隔，同时新建一回新安江电厂至杭州变电所线路，并对原新杭2233线路进行增加输送能力改造，最终形成6回220千伏输送出线。

其中2006年1月18日，新下2233线路及该间隔（开关站7区段）设备退役，启用新建的一组GIS间隔，即新安江电厂至杭变220千伏线路的新杭2233线，和另一组新建的GIS间隔即新安江电厂至下涯变220千伏线路构成新下2484线；2006年2月13日至2006年5月20日，为配合杭州变电所220千伏配电装置改造工程，在改造期间将新杭2231线与杭青2402线在杭州变电所围墙外终端塔之间临时搭接形成临时的新青2231线，期间新青2231线调度权归浙江省调管辖；2006年4月24日新富2230线退役，新富2230线路改造为送杭州变电所的新杭2230线路，延伸至杭州变电所的一段线路将利用现在的杭（州）下（涯）2485线的其中一段线路，形成新安江电厂至杭州变的线路，形成新杭2230线。新安江电厂侧对应原新富2230间隔，杭变侧对应原杭下2485间隔。

至此，因新安江电厂增容改造后进行的220千伏出线改造工作全部完成，最终形成三回至杭变线路，分别为新杭2230线、新杭2231线、新杭2233线；一回至下涯变线路，为新下2484线；两回至建德变线路，分别为新建2386线、新德2387线。且正常情况下双线充电运行，建德变侧双线开关热备用。

2006年6月14日新杭2233线退役，新杭2233线在25号杆塔处开口，接入淳安排岭变电所，原新杭2233线分段为新排2233线和杭排2493线。于同年6月17日，新排2233线和杭排2493线同时投运。至此，新安江水电厂与电网的连接方式变成：二回至杭变线路，分别为：新杭2230线、新杭2231线；一回开断至排岭变后再送至杭州变电所的新排2233线；一回开断至下涯变后再送至杭州变电所的新下2484线；两回至建德变线路，分别为：新建2386线、新德2387线。

2013年3月，下涯变电所供电方式由原新安江电厂2484线和杭州变电所2485线改成金华局下属的220千伏芝堰变双回线堰下4Q15和堰涯4Q16线供电。于2013年4月1日至2013年4月4日新下2484线退役，将新下2484线与杭下2485线在下涯变站外搭接，形成新安江至杭州变第三回线路新杭2234线路，新安江电厂侧对应原新下2484间隔，杭变侧对应原杭下2485间隔。

建德下涯变的供电方式由新安江电厂改为金华局下属的220千伏芝堰变。

2013年6月30日建德变至万松变的建万2R59线和建松2R60双回线正式投用，新安江电厂至建德变的新建2386和新德2387双线在正常方式下为新安江电厂侧新建2386和新德2387开关向线路充电运行，建德变侧双线开关热备用，同时建德变负荷转供装置投入自动运行（装置在启动条件满足且经动作延时后，首先动作切除建万 2R59、建松 2R60 双线。在确认建万 2R59、建松 2R60 双线开关跳开后，装置将动作合上新建 2386 单线。若新建 2386 线路检修或电压异常，则装置将自动选择合上新德 2387 单线）。至此，建德地区（下涯变、建德变、万松变）的供电正常情况下由新安江电厂改为金华局下属的 220 千伏芝堰变供电。

为配合杭州变电所升压改造工程，于 2015 年 5 月 1 日新杭 2230 线退役，新杭 2230 线和杭大 2R51 线在杭州变电所围墙外终端塔之间临时搭接形成临时的新大 2230 线，2015 年 5 月 12 日投入运行；2015 年 10 月 12 日新杭 2231 线退役，新杭 2231 线和岗阳 2P12 线在杭州变电所围墙外终端塔之间临时搭接形成临时的新阳 2231 线，2015 年 10 月 24 日投入运行，计划 2 年左右杭州变电所升压至 500 千伏后恢复原接线方式，在此期间内调度管辖权限为华东总调。

【水库环境】 新安江水库，地处北纬 29° 22′～29° 50′，东经 118° 34′～119° 15′。为山谷型水库。水库水位在海拔 108 米高程时，有露出水面且面积大于 2500 平方米的岛屿 1078 个。1984 年 12 月 15 日浙江省地名委员会命名新安江库区为“千岛湖”。

水库设计正常高水位 108 米，校核洪水位 114 米，总库容 216.26 亿立方米。正常高水位时，水库长约 150 千米，最宽处约 10 千米，现有水域面积 567.40 平方千米（原为 580 平方千米），平均水深 31 米，能见度 10 米以上。多年平均（1960—2015 年）入库水量为 103.3 亿方米出库水量 94.48 亿立方米。

新安江水库“湖泊效应”明显，库区及周边 5 千米范围内的年平均气温比建库前升高 0.30° C，年极端最高气温降低 1.70° C，年极端最低气温升高 4.40℃，无霜期从 246 天延长到 263 天，年均相对湿度达 76%，形成春暖早、秋寒迟的库区小气候。

【库容呈现缩小趋势】 从 2001 年到 2015 年，新安江水库的水域面积和库容均呈现减小的趋势。水库在 108 米水位处的水域面积 2001 年为 564.85 平方千米，2011 年为 555.51 平方千米，减小了 9.34 平方千米。

浙江省境内新安江水库的水域面积和库容减小幅度较大的乡级行政区有千岛湖镇、文昌镇、里商乡等；基本未变化的有大墅镇、浪川乡和宋村乡。变化趋势与填湖造地结果相一致。

2001 年到 2011 年新安江水库的分层库容也呈现减小的趋势。不同水位对应的分层库容减小幅度差别不大，其中 108～112 米水位范围的分层库容量变化较大，100～103 米水位范围的分层库容量变化较小。

对于新安江水库 100～115 米水位范围的库容量，设计值为 88.38 亿立方米，实际 2001 年为 83.10 亿立方米，2011 年为 82.08 亿立方米。2001 年、2011 年分别比水库设计值减小 5.28 亿立方米、6.30 亿立方米。

【规范管理库区水质】 根据《浙江省水功能区水环境功能区划分方案》（2005.12）淳安境内共划分 18 个水功能区，其中新安江皖浙缓冲区 1 个，千岛湖库区 8 个，其余 9 个分布在千岛湖入湖支流。水功能区的监测分为常规监测和普查监测。监测的项目为地表水环境质量标准基本项目的 23 项（缺硫化物）和集中式生活饮用水地表水源地补充项目全部 5 项。2014 年库区的主要代表站点增加了藻类、叶绿素等生态监测项目。

根据 2014 年全年和 2012 年水功能区普查的数据评价：①总氮不参加，常规监测站点均满足Ⅱ类水质要求，街口和威坪自来水厂水质Ⅱ类，其余为水质Ⅰ类；非常规监测站点均满足III类水质要求，姜家镇码头水质为Ⅰ类，十八坞渔村场、文昌镇桥上水质为III类，其余6个站点水质为Ⅱ类；②总氮参加，常规监测站点均满足Ⅳ类水质要求，街口和威坪自来水厂水质Ⅳ类，其余为水质III类；非常规监测站点均满足Ⅳ类水质要求，十八坞渔村场、文昌镇桥上、姜家木旺村、姜家镇码头水质为Ⅳ类，其余6个站点水质为III类。

2006—2015年坝前水质监测资料显示，新安江水库坝前水质常年保持在II类水标准，一般枯水期水质优于丰水期。鱼排较多的2009—2011年，水体总磷有走高趋势，总氮和总磷均超过II类水标准限值。

【千岛湖建德水域网箱全部“上岸”】 建德市根据浙江省、杭州市2013年“三改一拆”“清水治污”和“双清行动”工作进度要求以及2014年省政府提出的“五水共治”实施方案，对千岛湖建德水域网箱养殖先后开展整治工作。整治工作从2013年8月开始，通过努力，全体养殖户都同意清除网箱上岸。是年10月整治工作领导小组完成评估工作，12月底完成与养殖户网箱拆除协议签订，至2014年8月2号，所有12万平方米的水域养殖面积、5454只养殖网箱已全部清除上岸。此项整治的完成，利于保护千岛湖建德水域生态环境，且消除了新安江水库大坝行洪安全隐患。

千岛湖网箱养殖始于20世纪80年代，虽然带来了经济效益，但对水体也造成了局部污染，这么多年来也一直在整治。早在2008年，千岛湖小金山和安阳区域就曾发生水体颜色变深发褐事件。据中科院专家分析，投饵料的网箱养殖是造成水体营养物质积累的主要原因。淳安县千岛湖开展3年的网箱整治工作，到2012年6月份，全县890户养殖户的5万只网箱上岸，淳安库区网箱养殖基本处理完毕。

2007—2010年建德市清除网箱养殖户23户，拆除网箱614只，面积16993平方米；搬迁到指定区域养殖27户，网箱953只，面积27905平方米。2012年，搬迁网箱养殖户6户，搬迁网箱184只，面积4600平方米。

【淳安千岛湖环湖公路建设】 2005年和2007年，淳安千岛湖大桥和淳开公路相继顺利通车。2008年9月正式开工建设的淳安上江埠大桥及接线工程全长6.69千米，总投资51587万元。该工程按二级公路标准建设，设计速度60千米/小时，路基宽度10米，隧道净宽10米，建筑限高5米，桥涵与路基同宽。2011年6月29日，倍受社会各界关注的浙江省淳安县环湖公路上江埠大桥及接线工程建成通车。2014年9月，淳杨公路建成通车。至此，淳安县环千岛湖公路全线建成，库区人民结束了依靠轮渡连接两岸交通的历史，实现环湖公路全天候通车，提升了淳安公路网络等级，对于打造县域1小时交通圈，满足淳安南部地区10万群众的安全便捷出行，拓展千岛湖旅游空间，促进城乡区域统筹协调发展和为浙江提早基本实现现代化都具有重要意义。

随着环湖公路的建成，淳安交通发生质的飞跃：全县水上年运输旅客从2003年220万人次降至23.6万人次。而道路客运量则从2003年的419万人次增至2013的1420万人次；所有乡镇和中心村均有直达县城的客运班车。

2013—2014年，该县继续加大对交通基础建设的投入力度，两年间交通项目建设总投资分别达到21.9亿元和29.3亿元。2003年淳安旅游人数为100.2万人次，旅游收入为8.6亿元；2014年淳安接待旅游人数为1005.33万人次，旅游收入达到90.3亿元。现如今，从千岛湖镇到杭州已由原6小时缩短到一个半小时，县城到各乡镇由原来三四个小时缩短到一个小时。便捷的交通，带来大量的车流人流、资金流、物资流、信息流，2003年淳安招商引资为7.9亿元，2014年实际到位62.2亿元。

【电站大桥移交建德】 2008年5月22日，电站大桥及档案资料移交建德市交通局。

·发展规划·

【生产技术改造规划】 2005年12月1日，新安江电厂报送了《关于报送新安江水力发电厂2006—2010年技术发展规划的请示》（新电总办〔2005〕115号），规划内容包括机组完善化改造，电气设备完善化改造，大坝水工建筑方面，信息系统方面，档案管理方面，项目总数为57项，总投资（匡算）58557万元人民币。在“十一五”期间，实施了技术改造项目118项，累计计划投资13798.12万元，其中，2006—2009年共安排87个项目，累计计划投资11670.03万元。项目当年完成率均为100%，平均年度资金完成率为99.18%。

2006—2015年间，在生产技术改造规划的框架下，共进行了8台次发电机组的A级大修，9台次发电机组的B级大修，更新改造了1、2号机的定子铁芯、定子线棒、5号机的转轮、7台机的磁轭和导水机构、8台机的调速器、9台机的工作门。进行了全厂监控系统更新改造，更新了PMU装置、水情自动测报系统、水库调度自动化系统、1～9号机振动摆度装。新增了开关站直流系统、电厂安防监控系统、01-03号主变在线监测系统、坝顶柴油发电机组。更新改造了坝顶2台门机、尾水门机、全厂接地网等。共投入技改资金25950.67万元，投入设备检修费用53621.73万元。有效地提高了设备的健康水平和自动化程度，为完成电网调频、调峰、事故备用发挥了重大作用。

2010年7月12日，新安江电厂生产计划部以签报报送了“十二五”规划的请示，总投资计划41796.4万元，分别为2011年规划项目75项，年度投资计划5098.3万元；2012年规划项目75项，年度投资计划7213.4万元；2013年规划项目62项，年度投资计划9166.9万元；2014年规划项目68项，年度投资计划9769.4万元；2015年规划项目43项，年度投资计划10548.4万元。

【通信规划】 2011年1月，新安江电厂“十二五”制订了通信网发展的规划原则、规划目标、技术政策等，提出“十二五”通信网的规划建设重点、建设原则及保障措施和重点工程项目投资估算，并对2020年目标进行展望。紧密围绕电厂发展的总体思路、总体目标，突出通信规划的前瞻性和可操作性，满足统一坚强智能电网建设和智慧电厂现代化管理的需要。建设具有光纤化、网络化特征的，坚强智能、绿色环保的电力通信网络。努力提高电网的安全稳定运行水平和通信资源优化配置能力。

规划范围包括新安江电厂通信站，包括新安江通信机房（原载波室）、新安江微波站、白沙微波站。

表 10-2　　2011～2015 年期间新安江电厂主要项目总投资估算表

（单位：万元）

序号	项目名称	投资估算					合计
		2011	2012	2013	2014	2015	
一	传输网						
1	微波站设备改造项目		161				161
2	通信机房（原载波室）设备改造项目		56	84			140
3	新建通信信息机房设备配置项目				140		140
4	光缆改造项目	15	15	30	30	30	120
二	业务网						
1	调度交换备机项目	84		42			126
2	IP（软交换）调度交换机项目					280	280
3	安保系统	35		112			147
4	工业电视系统	21	112		112		245
三	支撑网						
1	通信电源改造项目	56	42				98
2	UPS 电源建设项目					70	70
3	通信监控系统		70			140	210
4	通信机房改造项目	210	28	182			420
5	新安江会议电视系统辅助设备及装修			280			280
6	新建通信信息机房				392		392
7	通信防雷系统完善		210				210
四	合计	421	694	730	674	520	3039

根据实际情况，在“十二五”期间实施了如下内容：

（1）2011 年，增加调度通信备用机 29.8 万元；安保大修 10 万元；工业电视大修 15 万元；厂房伸缩节廊道增加视频监视 9.89 万元；白沙微波站开关电源设备更换 9.8 万元；新安江电厂通信系统智能保障平台开发研制 98 万元；新安江载波机房大修 49.8 万元，新安江微波站机房大修 49.6 万元，合计 271.89 万元。2012 年，载波室 48V 通信电源改造 31.94 万元；载波室 UPS 电源建设 66.32 万元；通信、信息网络设备防雷系统智能化监测平台研制开发 49.6 万元，合计 147.86 万元。

（2）2013 年，新安江载波室光通信设备改造项目 52.8 万元；新安江电厂控制室调度通信设备更，17.35 万元；安保监控系统大修 16 万元；新安江电厂工业电视检修 20 万元；通信网络设备分布式监控接入系统研发 32 万元，合计 138.15 万元。

（3）2014 年，通信综合布线系统改造 48.8 万元；通信网络设备分布式监控接入系统研发 64 万元，合计 112.8 万元

（4）2015 年，新安江电厂通信线路改造 86.8 万元；技防系统改造 420.5 万元；新安江电厂工业电视检修 14.98 万元；厂白沙微波站蓄电池更新 9.9 万元，合计 532.18 万元。

2011 至 2015 年通信系统改造及大修实际使用资金 1202.88 万元。

规划中的其他未实施项目，部分已作调整和修改，部分将在“十三五”中完善后实施。

【紫金滩区域规划】 新安江水力发电厂厂区生产、办公建筑的总体规划和建设，完成于二十世纪六七十年代。然而随着时代的进步和社会主义经济的加速发展，1996 年编制的建筑总体规划和 1999 年编制的环境规划已不能完全适应企业的发展、社会环境的变化和人们生活的需要。同时，为使电厂生活基地转移真正发挥作用，2009 年 11 月，新安江水力发电厂着手对厂区进行重新规划设计，改建现有建筑，适当新建一些建筑。

紫金滩区块规划设计为运行、检修办公管理、职工教育培训等前方独立的生产、管理区。在具体设计中，以经济合理的原则，计划保留紫金宾馆、职工俱乐部、职工食堂、医务所等 4 幢建筑。短期内保留作为历史建筑的原集体宿舍楼、教培楼。除此以外，将基地内场地平整，通过道路、停车场及简单绿化来增加区块内单体建筑之间联系的便利，提高环境的品质。

表 10-3　紫金滩区域规划建议表

年度计划	工程内容	工程量（平方米）	投资费用（万元）	小计（万元）	备注
2010 年	运行检修公寓楼一期	3570	965.18	965.18	可作为办公大楼拆迁后过渡用房
2011 年	新建多功能综合办公大楼前期工作	11072	500	998.54	
	运行检修公寓楼二期	1844	498.54		
2012 年	新建多功能综合办公大楼	11072	1700.0	1700.0	
2013—2014 年	紫金滩职工俱乐部改造工程	8000	1368.92	1773.43	改建为室内活动中心
	医务所改造工程	1000	121.74		改建为紫金滩安保及物管中心
	职工食堂改建工程	2000	282.77		改建为职工教育及培训中心

根据实际情况，具体实施了如下内容：

（1）2007 年 3 月份，按照厂区和生活区分离规划，对紫金滩 154 户职工进行搬迁。

（2）2009 年 6 月份开始对紫金滩 13 栋房产报批拆除，总建筑面积 25648 平方米。

（3）2007 年 11 月份开始对滩头坞 3 栋老职工宿舍建造，总建筑面积 2974 平方米。

（4）2010 年 8 月份完成紫金滩遮阳棚停车场改造，总建筑面积 2515 平方米。

（5）2014 年 10 月份完成紫金滩草坪砖停车场改造，总建筑面积 1265 平方米。

（6）2012—2013 年实施了“新安江电厂生产检修用房”小型基建项目。

在该规划的执行中，坚持根据实际情况，实行边执行、边调整、边修改、边实施的原则。其他未实施的项目，部分已作调整和修改，部分将在“十三五”中完善后实施。

【拆除紫金滩职工生活区】 紫金滩区域有办公、旅游用房和职工住宅、食堂、卫生院、俱乐部等建筑物（公共建筑物总面积约15000平方米），功能比较复杂。其中70%建筑物为1957年底至60年代初建设，多为砖木混合结构，虽历经多次维修仍存在较多缺陷；部分建筑物已属危房且与环境不协调。生产管理区域和职工生活区域、旅游接待区域混杂，整体功能不合理，生产、管理受职工生活等影响较大。

该工程主要拆除旧房建筑面积34421平方米，场地平整后布置地面绿化。2009年2至7月分批动迁、安置拆迁区域的多种经营公司办公场所，移植外围有保留价值的苗木，整理室外地下水、电和通讯管线；待安全设施就位后拆除旧房，外运填埋废渣，同步对已拆房屋场地作平整修补，夯实素土，对施工中破损的基础设施进行维护；对室外场地以种植土覆盖，种植草皮、树木及洒水养护，其间对活动场地简单搭设、维护，使之具备投运条件。嗣后对道路和地面施工、水电工程收尾。

【左右岸上坝公路大修】 为确保安全生产，对电厂日常工作、设备运输、抢险和泄洪期间人员进出坝区重要通道实施改造，经华东电网计〔2009〕64号文批复同意，对左右岸上坝公路安排改造。

该工程主要项目：原混凝土路面覆沥青混凝土，局部行车困难段作改线处理，改建左右岸上坝公路原有局部路段钢制护栏及泛光标，土石方、拦石网和混凝土挡墙附属工程，交通标志和交通标线等。

2009年6月30日完成工程设计，8月20日完成路面施工招标及合同签订，项目主体工程开工； 11月30日完成路面工程，12月30日竣工验收。

【厂区南大门及南岸道路实施改建】 电厂南大门紧邻进厂铁路，铁路以南为电厂综合公司配件厂，原大门始建于20世纪80年代初，门面破旧、房屋漏水。南岸道路东起南大门，西止电站栏索桥。原道路始建于20世纪60年代初，为水泥混凝土路面、年久失修，已出现破裂、多处沉陷现象，车辆行驶困难、且影响美观。

2009年7月3日，华东电网计〔2009〕439号《关于华东电网有限公司新安江水力发电厂南岸道路及南大门改造工程项目的批复》同意电厂南岸道路及南大门改造工程项目，核定本工程概算189.00万元。2009年8月17日，公司以华东电网建〔2009〕 541号《关于新安江水力发电厂南岸道路改造工程及南大门初步设计审查的意见》批准本工程建设规模：道路长336米，道路面宽6米；南大门建筑宽度27米、主门净跨（宽度）11.12米，满足双向4车交会通行，建筑总高8.4米；南大门设门卫室、监控室和值班休息室。

改建工程于2009年11月10日正式动工，工程设计分别由建德市规划建筑设计院和中国华西工程设计建设有限公司承担；土建工程由浙江土木建设有限公司承建，绿化照明工程由新安江电厂综合服务公司承担。改建后道路设计车速20KM/h、标准轴载BZZ-100，设计初年一条交通轴载次数20Pcu/d，交通增长率2%，路面类型：20cm5%水泥稳定碎石基层、沥青混凝土路面。排水系统：下设纵向由东向西D400排水管，横向雨水口D200排水管相连。

2010年4月通过竣工验收并交付使用。完成项目资金188.91万元，资金完成率99.95%。

·社会责任·

【新安江水库经济效益显著】 新安江水库以蓄水发电为主，兼有防洪、航运、水产、供水和旅游等综合效能。1959年9月21日新安江大坝开始蓄水以来，流域百年一遇的洪水下泄洪峰流量削减58%，百年一遇的洪峰流量从天然河道的2.08万立方米/秒削减为8800立方米/秒。极大减轻下游建德、桐庐、富阳等市县沿江城镇乡村及沿江附近2万公顷（30万亩）农田的洪涝灾害。

新安江水库形成后，航运条件得到根本性改变。库区先后开辟54条航线，总长495千米，年均客运量200多万人次，年均货运量70多万吨，分别为1956年建库前的130倍和193倍。2000年后，随着环湖公路的开通，客货运量逐步减少。

新安江水库广阔的水域、适宜的气候、丰富的饵料，为野生鱼类的生长提供良好的生态环境。库中有淡水鱼类15科88种，年均捕捞量3500吨左右，在全国八大水库中名列榜首。

库中岛屿及库周封山育林、人工造林5.67万公顷（8.5万亩），至2005年，库区内森林覆盖率达82.50%，生物种类繁多，资源丰富，有植物160科、1807种，有野生动物6类、2173种。

新安江水电站保持200—400立方米/秒的发电尾水顶潮，借以冲淡钱塘江口咸潮频繁上溯的江水含盐度，有效控制钱塘江咸潮对水质的侵害。久旱不雨的大潮期，电站可按杭州市供水要求合理调度，下泄流量可加大到500—700立方米每秒，可基本满足杭州市工业和居民生活用水需要。

【2006—2015年新安江水库拦蓄洪水情况】

2006—2015年，新安江水库共拦蓄4000立方米/秒以上洪峰流量的洪水29次，其中拦蓄10000立方米/秒以上洪峰流量的洪水8次。洪峰流量以2011年6月15日05时的16300立方米/秒为最大；2011年6月19日08时的14600立方米/秒次之；2013年6月27日20时的14500立方米/秒居第三，最大洪峰频率为七年一遇。洪水总量以2011年6月13日8时—6月18日14时期间的25.88亿立方米为最大，频率为六年一遇；2010年3月1日20时—3月9日23时的24.6亿立方米次之。

2006年，新安江水库来水量偏少，为78.30亿立方米。全年仅在5月5日至13日发生一场一般洪水，其入库洪峰流量为13100立方米/秒，洪水总量12.39亿立方米。

2007年新安江水库来水特少，年来水量仅为58.04亿立方米。全年仅在6月上旬和中旬发生两场小规模洪水，洪峰流量分别为3370立方米/秒和2760立方米/秒，洪水总量分别为4.60亿立方米和4.68亿立方米。

2008年新安江水库来水总量与常年基本持平，为107.2亿立方米。全年共发生3场一般规模洪水。最大一场洪水发生在6月10日，洪峰流量13200立方米/秒，洪水总量27.02亿立方米，该洪水历时长，将近10天。

2009年新安江水库来水量偏少，为88.31亿立方米，7月末发生本年唯一的一场洪水，洪峰流量为5040立方米/秒，洪水总量为9.36亿立方米。

2010年新安江水库来水特多，来水总量为139.7亿立方米。全年共发生六场一般规模洪水。2月24日20时—27日11时发生第一场洪峰流量为3450立方米/秒，洪水总量为5.46亿立方米小洪水。3月1日20时—9日23时发生第二场洪峰流量为8230立方米/秒，洪水总量为24.6亿立方米。3月14日0时—17日23时发生第三场洪水洪峰流量为5000立方米/秒，洪水总量5.78亿立方米洪水。5月17日3时—19日3时发生第四场洪水洪峰流量为5830立方米/秒，洪水总量为7.8亿立方米洪水。7月8日3时—10日16时发生第五场洪水洪峰流量为5250立方米/秒，洪水总量为10.37亿立方米洪水。7月13日8时—16日1时发生第六场洪水洪峰流量为6760立方米/秒，洪水总量9.7亿立方米。

2011 年新安江水库来水总量与常年基本持平，为 101.1 亿立方米。全年共发生了四场洪水。进入 6 月 4 日 2 时—6 月 7 日 17 时发生第一场洪峰流量为 5500 立方米每秒，洪水总量为 9.92 亿立方米。6 月 10 日 2 时—6 月 12 日 2 时发生了第二场洪水洪峰流量为 7930 立方米/秒，洪水总量为 10.17 亿立方米。6 月 13 日 8 时—6 月 18 日 14 时发生第三场洪峰流量为 16300 立方米/秒，洪水总量 25.88 亿立方米。接着 6 月 18 日 14 时～6 月 20 日 20 时发生第四场洪水洪峰流量为 14600 立方米/秒，洪水总量为 9.87 亿立方米。

2012 年新安江流域来水量偏多，为 131.6 亿立方米，全年共发生 4 场洪水，分别出现在 3 月、4 月、6 月和 8 月。3 月 3 日 2 时—3 月 9 日 2 时形成的第一场洪水，洪峰流量达到 5440 立方米/秒，洪水总量 12.30 亿立方米。4 月 24 日 2 时—4 月 25 日 8 时发生第二场洪水，洪峰流量达到 8200 立方米每秒和 8180 立方米每秒形成双峰，洪水总量达 10.23 亿立方米。6 月 25 日 14 时—6 月 28 日 8 时发生第三场洪峰流量为 5170 立方米每秒，洪水总量 9.27 亿立方米洪水。8 月 7 日 17 时—8 月 12 日 20 时发生第四场洪峰流量为 5910 立方米每秒，洪水总量为 8.10 亿立方米洪水。

2013 年新安江流域总来水量偏少，为 98.13 亿立方米，4 月 29 日 18 时—4 月 30 日 14 时形成今年第一场洪水，洪峰流量达到 7400 立方米每秒，水库水位迅速上涨，考虑下游兰江流量较大，新安江水电站于 4 月 29 日 12 时—5 月 2 日 8 时机错峰，共停机 73 小时；6 月 6 日 14 时—6 月 7 日 20 时形成今年第二场洪水，为充分利用新安江、富春江上、下游水电站联调效益，以减轻下游富春江防洪压力，电站于 6 月 7 日 16 时—6 月 9 日 15 时为富春江停机错峰。6 月 25 日 20 时—6 月 30 日 02 时形成今年第三场洪水，洪峰流量达到 14500 立方米/秒，水库水位迅速上涨，紧接着又发生第四场洪水，最高水位达到 104.52 米，6 月 27 日 9 时新安江电厂机组开始实行满发，于 7 月 2 日 23 时由满发改大发运行，至 8 月 9 日水位消落到 100.48 米恢复正常运行。

2014 年新安江流域总来水量偏多，为 122.3 亿立方米，流域共发生洪水 5 场，洪水规模均为一般洪水，其中 5 月发生两场，6 月发生两场，7 月发生一场。最大一场洪水发生在 7 月 15 日，洪峰流量 8480 立方米/秒，洪水总量 14.37 亿立方米。5 月 13 日 14 时—16 日 14 时，新安江流域洪峰流量达到 5880 立方米/秒，水库水位迅速上涨，考虑下游兰江流量较大，5 月 14 日 8 时 30 分—19 日 18 时，新安江电厂 3 台满发机组紧急停机，以零下泄流量保证富春江水库错峰运行。

2015 年新安江流域共发生洪水 3 场，均为一般规模洪水，分别发生在 2 月、4 月和 6 月。最大一场洪水发生在 6 月 8 日，洪峰流量 11600 立方米/秒，洪水总量 15.30 亿立方米。

【顶潮拒咸确保杭州城市供水】 新安江电厂以电站经济、安全运行和保障华东电网稳定运行为重点，同时承担着杭州城市供水的顶潮拒咸重任。2006—2015 年为杭州市顶潮拒咸总计 1714 天，其中仅 63 天补偿富春江水库水量不足，未满足富春江电站最小下泄流量要求，合计下泄水量 390.8 亿立方米，有 127.0 亿立方米用于补偿来水，使富春江大坝断面出流量符合顶潮最小下泄流量要求。顶潮用水最多的为 2012 年，达到 22.69 亿立方米。新安江水库在杭州市顶潮抗咸中作用显著，有效减少咸潮对杭州市自来水的影响，改善供水质量，发挥巨大社会效益。

表 10-4　　2006—2015 年新安江电厂顶潮供水统计表

时间	顶潮天数	要求富春江电站最小下泄流量	未有效补偿富春江水库来水量天数	新安江电站顶潮用水量
	（天）	（米^3/秒）	（天）	（亿米^3）
2006 年	158	288	8	8.946
2007 年	176	286	/	12.34
2008 年	154	293	1	7.787
2009 年	184	292	4	10.79
2010 年	201	308	19	12.34
2011 年	246	303	8	14.66
2012 年	184	323	13	22.69
2013 年	184	323	10	20.47
2014 年	136	333	/	10.34
2015 年	91	336	/	6.673

【对接杭州第二水源千岛湖配水工程】 杭州第二水源千岛湖配水工程建设任务是形成以千岛湖（新安江水库）为主，钱塘江、东苕溪为辅的多水源供水格局，实现水资源的优化配置，根本提高杭州城市供水安全保障程度、改善饮用水品质。该配水工程关系约 800 万人民饮水安全、健康及钱塘江水资源科学配置，为浙江省“建设美丽浙江，创造美好生活”的具体实践和“五水共治”十大枢纽重点项目，属杭州市“五水共治”保供水的核心工程，事关杭州今后较长时间内的供水格局和原水状况。

千岛湖配供水一体化工程包括千岛湖进水口、输水线路全长约 112 千米、输水隧洞洞径 6.7 米、闲林水库取水口等部分。设计流量为 38.8 立方米每秒、年引水量 9.78 亿立方米，最大月供水量在 1 亿立方米左右，工程规划总投资 96 亿元（设计静态总投资 108.24 亿元），计划 2018 年建成通水。工程建成后将按“优水优用、优水优价”原则实施分质供水，让杭州主城区和沿线县市部分区域约 800 万居民喝上优质水。

2014 年 3 月 7 日，项目建议书已获浙江省发改委批复，6 月 30 日，浙江省发改委和省重点建设领导小组已将配水工程增补为 2014 年省重点建设项目（浙发改基综〔2014〕505 号），有力地推进了配水工程可研阶段前期工作。9 月 29 日项目可行性研究报告获省发改委批复同意，10 月 24 日初步设计获省发改委批复。12 月已通过公开招标，24 日首批位于余杭、富阳、桐庐等地的 4 个标段开工，标志着该大型水利枢纽工程正式动工开建。

2013 年 11 月，在国家电网公司和浙江省政府的见证下，杭州市政府与新源公司签订《杭州市第二水源千岛湖配水工程备忘录》，双方建立良好沟通协调机制，由此进行多次对接，在备忘录框架下共同研究和商讨配水工程推进工作。新源公司和新安江电厂参加多项专题审查会，订立《新安江水库配水后兴利优化调度方案研究及洪水复核研究》项目，新安江电厂将开展电厂水库运行调度方案研究工作，在确保充分发挥电厂在华东电网中的调频调峰、事故备用作用的同时，合理调整发电调度方式，以满足新形势、新情况及配水工程实施后新的调度运行要求，共同推进新安江水库水资源综合效益的更好发挥。

根据相关科研机构的研究成果，配水工程实施后，新安江水电站的发电出力减少 38 兆瓦，年发电量减少 1.63 亿千万时，电站的调频、调峰功能能够得到保证。

【新安江水库高水位超发电量货币补偿安徽】 新安江水力发电厂在华东电网有限公司管理期间，2008年和2010年华东电网有限公司给予安徽省高水位补偿电量，通过安徽省电力公司兑换成货币，并经国家发改委批准，向位于新安江库区的歙县提供货币补偿。新安江水力发电厂于2011年4月整体划转到新源公司管理后，为了感谢歙县人民在新安江水库建设和运行管理期间所做出贡献的，根据华东电网有限公司的工作移交和安徽省歙县政府要求，从2011年始，新源公司在新安江水库高水位期间，从电厂成本中筹集资金，向歙县提供高水位超发电分成补偿，每年12月按当年预估的超发电量乘以补偿单价预提，次年按照实际发生的超发电量与商谈的单价进行支付，作为歙县高水位移民工作等用途。

工作开展原则：依据国函字〔1984〕173号《关于解决新安江水电站水库移民遗留问题和水库运用问题的批复》等相关文件政策；参照安徽省人民政府专题会议纪要第114号（2000年8月16日）《关于歙县新安江水库高水位超发电量分成问题协调会议纪要》；依据华东调控分中心年度新安江水电厂103米以上水位分成电量的核定值；根据新源公司"依法、合理、协商一致"的要求，电厂与歙县政府及歙县移民安置委员会进行认真磋商，并形成一致意见；上报新源公司核准、批复；签订安徽省歙县新安江水库高水位超发电分成补偿协议。

表10-5　　安徽省歙县高水位分成电量货币补偿汇总表

年份（年）	安徽省高水位分成电量（万千瓦时）	货币补偿金额（万元）
2011	6614	599.217
2012	382	50.00
2013	2545	269.77
2014	6440	682.64
2015	6736	714.02

【为下游富春江水库拦洪错峰】 新安江水库充分发挥多年调节性能优势，积极进行梯级优化调度，提高梯级水库水能利用率和水库效益，及时为富春江水库安全度汛停机拦洪错峰，减少富春江水库弃水。2010～2015年为富春江水库停机拦洪错峰16次，共计1316小时；其中最多的一年为2010年，停机拦洪错峰5次，总历时588小时。

表 10-6　　2010—2015 年新安江水电站为富春江水库停机错峰情况表

年份	开始时间	停止时间	错峰描述
2010	2月6日8时	2月8日24时	富春江水库遇洪峰3300立方米/秒洪水，新安江水库全部停机错峰。共错峰64小时。
	3月2日0时	3月3日7时	富春江水库遇洪峰9640立方米/秒洪水，新安江水库全部停机错峰。共错峰31小时。
	5月8日0时	5月9日24时	富春江水库遇洪峰3940立方米/秒洪水，新安江水库全部停机错峰。共错峰48小时。
	6月19日0时	6月30日24时	富春江水库遇洪峰7570立方米/秒洪水，新安江水库全部停机错峰。共错峰288小时。
	7月6日11时	7月12日24时	富春江水库遇洪峰3080立方米/秒洪水，新安江水库全部停机错峰。共错峰157小时。
2012	3月2日12时	3月5日24时	富春江水库遇洪峰8670立方米/秒洪水，新安江水库全部停机错峰。共错峰87小时。
	5月1日0时	5月1日24时	富春江水库遇洪峰7450立方米/秒洪水，新安江水库全部停机错峰。共错峰24小时。
	6月25日12时	7月2日24时	富春江水库遇洪峰7000立方米/秒洪水，新安江水库全部停机错峰。共错峰180小时。
	8月8日0时	8月10日24时	富春江水库遇洪峰3120立方米/秒洪水，新安江水库全部停机错峰。共错峰72小时。
2013	4月29日12时	5月1日24时	富春江水库遇洪峰4050立方米/秒洪水，新安江水库全部停机错峰。共错峰60小时。
	6月2日0时	6月4日17时	富春江水库遇洪峰4340立方米/秒洪水，新安江水库全部停机错峰。共错峰65小时。
	6月8日0时	6月9日14时	富春江水库遇洪峰3620立方米/秒洪水，新安江水库全部停机错峰。共错峰38小时。
2014	5月13日18时	5月19日18时	富春江水库遇洪峰4490立方米/秒洪水，新安江水库全部停机错峰。共错峰144小时
	6月22日20时	6月23日24时	富春江水库遇洪峰11200立方米/秒洪水，新安江水库全部停机错峰。共错峰28小时
2015	4月8日0时	4月9日7时	富春江水库遇洪峰3400立方米/秒洪水，新安江水库全部停机错峰。共错峰31小时
	12月6日9时	12月7日8时	富春江水库遇洪峰2670立方米/秒洪水，新安江水库全部停机错峰。共错峰23小时

【紧急发电处置下游河道污染】 新安江为杭州市重要饮用水源地上游。2011 年 6 月 4 日 23 时许，一辆载有化学品苯酚的罐装车在建德境内发生交通事故，20 吨苯酚流入新安江，对下游各县和杭州市区居民正常生产、生活用水造成重大影响。新安江电厂获知该事故后，积极主动向富春江电厂和建德市了解情况，并向华东网调提出建议，争抢时间缓解事故危害。6 月 5 日中午 11 点整，中央控制室值班值长接总调令：开启六台机组下泄库水。11 时 20 分，全厂出力从 8 万千瓦增至 85 万千瓦，出库流量由 268 立方米/秒增到 1230 立方米/秒，以稀释下游河道有毒物质。

2013 年 6 月 2 日及随后几天，浙西山区整日持续暴雨，局部大暴雨，导致山区多处山洪暴发，河流暴涨。寿昌江疯涨的泥浆水的倒灌，整个新安江现已呈现一江浊水。为保障新安江两岸居民的生活用水，6 月 4 日电厂及时向调度申请更改当日发电曲线，增加发电量，并得到批准。17 时，开启 7 台机组并达到满发状态，使下游江水迅速恢复清澈。

2013年12月19日，由于杭州局部区域自来水出现异味，电厂应地方政府要求，协调华东总调增加开机台数，加大机组下泄流量，为下游居民用水安全提供保障。当日晚仅1台机组运行，根据发电计划曲线，20时15分将执行全厂停机操作。22时10分，接总调指令开启两台机组，出力调整至27万千瓦，及时增加下泄流量；22时15分，3台机组满负荷运行，出库流量由18立方米/秒增到416立方米/秒，缓解了下游险情。

2014年3月以后，接连不断的降水以及兰江混浊水流的注入，使得新安江下游水质明显下降。电厂按计划连续12天未发电，下泄流量为零。3月13日，应地方政府要求，电厂协调华东总调开启两台机组发电，下泄流量282立方米/秒，有效改善下游水质。6月30日，由于连续下雨，下游水质混浊，应地方政府要求，新安江电厂再次加大机组下泄流量，全厂出力调整至81万千瓦，出库流量由487立方米/秒立刻增加到1180立方米每秒，确保下游水质。

·爱国主义教育基地建设·

【概况】 新中国第一座自己设计、自制设备、自行施工建设起来的大型水力发电工程--新安江水电站，是国家第一个五年计划的重点工程之一。1960年4月、5月相继两台7.25万千瓦水轮发电机组投产发电，并于1962年12月担负华东电网调频、调峰和事故备用的重任。1963年，电站由周恩来总理批准为对外宣传展览项目，至80年代后期，成为浙江省重要工业旅游景点。1994年被列为浙江省爱国主义教育基地。电厂加强相应建设管理，投资建起爱国主义教育展览馆改善电站区域绿化、美化工作，配置接待场所、基本设施和专职导游队伍等，负责爱国主义教育参观接待工作。2010年趁纪念电站发电50周年机会，投资800万元整治发电厂房、坝顶环境，布置亮灯美化工程，以提升工业旅游、爱国主义教育基地整体形象。2次扩建新安江水电站展览馆。先后荣获浙江省青少年红色之旅经典景区、省党史教育基地、杭州市青少年教育第二课堂、全国工业旅游示范点等称号。

【扩建新安江水电站展览馆】 2013年，电站参观线路由左岸改为右岸，实现了参观区与生产区分离。在右岸参观线路上，电站建设时期砂石料仓遗址处，投资一百余万元，再次兴建新安江水电站展览馆。展览馆以图文方式再现电站自力更生、艰苦奋斗的建设历程；室内分六个展室，面积约750平方米。内容为领导关怀、工程建设、库区移民、安全生产、增容改造、科技进步、人才输送、综合效益、影视厅以及建设遗址，展出图表照片资料300余帧，锦旗奖状奖杯等国家级及省部级荣誉实物三十余件和电站·千岛湖沙盘、发电机组模型。馆名由原浙江省省长、国家电监会主席柴松岳题写。经不断改进展示方式，在展览馆和旅游宾馆新增电视宣传屏和电脑触摸屏，将电站建设纪录片、新安江风光片和企业宣传片声情并茂展示给游人。增加实物展台，展示电站建设时期的潜水服、风镐、钢钎、大坝岩芯，运行37年后退役的国内首台自制大型水轮机转轮（高1.79米、直径4.1米、重约40吨）；展示当年周恩来总理指示上海为新安江水电站制造的电频钟（高1.9米、宽0.45米）和当年外国专家驻工地时所用办公桌等文物。

【传承电站建设精神】 新安江水电站是在中华人民共和国成立之初百废待兴、医治战争创伤艰苦条件下动工兴建。在中国共产党领导下，集中调动全国各地、各条战线的力量，以三年时间基本建成投产的大型水力发电工程；

建设者和管理者敢于奋斗、敢于胜利的革命英雄主义人间奇迹，涌现出许多脍炙人口的劳动模范和先进人物可歌可颂的事迹，成果辉煌。

图10-1　开展青少年教育第二课堂活动

为使人们了解社会主义建设特别是水电建设的发展历程，结合企业文化建设，先后编辑出版《新安江水电站志》《周恩来与新安江》《江山多娇--共和国领导人在新安江》《墨韵--新安江水电厂藏书画集》《春潮--职工文学作品集》等，协同建德市政协编撰发行《足迹--新安江水电站建设纪事》。结合发电50周年厂庆活动，编撰《新安江水电站续志》《企业职工文学艺术专辑》，摄制电站建设电视宣传片《光荣与梦想》。电站以其深厚的历史文化内涵，秀丽多姿的自然与人文景观，吸引海内外宾客前来观瞻，创造更好的社会效益和经济效益。

【感受党和国家领导人的亲切关怀】 新安江水电站是20世纪50—60年代党领导社会主义建设标志性成果之一，从规划、设计到建设、运行都得到中央和地方领导的关怀。1959年4月9日周恩来总理亲临电站建设工地视察，并挥毫题词“为我国第一座自己设计和自制设备的大型水力发电站的胜利建设而欢呼！”给广大建设者以巨大鼓舞。朱德、董必武、胡耀邦、李先念、乔石、李鹏、朱镕基、温家宝、习近平等党和国家领导人，都曾莅临电站视察指导。激励着全体职工脚踏实地奋发图强，建设和管理好这座为世人瞩目的“三自”电站。利用电站这部“活生生的爱国主义教材”，让人们感受历史，缅怀革命前辈，陶冶思想情操。

【体验水电科普教育】 教育基地参观景点有拦河大坝、发电机组主厂房、中央控制室、坝顶观湖台、溢洪闸门、缆索大桥以及展览馆等。导游随行讲解各处设施功能，使游客逐步了解到新安江水电站的建造历史、库区移民安置、施工过程、科技创新的成就、坝体结构与作用、发电机工作原理和工作效率、发电配套设施、新安江水文水体概况、坝体截流形成库区的概况、电站建成后的生态影响等情况。

为提升新安江水电站爱国主义教育基地的功能，深化电力工业、红色特色旅游内涵，充分发挥资源优势，2010年借建厂发电50周年的契机，扩建新展览馆，收集整理有关水电站建设过程中的历史资料和实物，借用高科技和新手段，扩容陈列内容，有从国务院电站建设的批文、设计、勘测、施工、管理的比较完整的照片资料；有一套介绍基地情况和反映电站基地面貌的录像、电影片；有新安江流域和库区沙盘，电站、发电机组模型，电脑演示发电机原理，电站建设史料演示屏，有宣传《新安江水电站》画册、电视专题片；有历次在达标考核、评比竞赛中取得的奖杯、奖牌和锦旗等；并专门设有录像演播厅，利用现有的资源，形象化、生动化展示科普知识。

【完善基地硬件设施建设】 作为一个老水电站，建设之初没有专门设计参观通道，随着改革开放和旅游业的蓬勃发展，电厂旅游公司精心设计了基地参观线路，设有购票处、游步道、停车场、游客中心、展览馆、公厕、存包处、检票口、厂房参观区、上坝电梯、坝顶参观区等完善的配套设施。基地配有专业培训的讲解员 12 名，通过详细的解说，使游客了解新安江水电站的各个区域和主要作用，特别是电站的光辉历史和取得的成就。基地内设有一座按三星级酒店标准装修的花园式宾馆--紫金宾馆，设备齐全，环境优美，可满足游客住宿、用餐需求。

电站与建德市政府紧密合作，共同推进以新安江水电站为中心的西部旅游开发。投资改建新安江城区至厂坝区紫金滩的公路。建成电站至新安江城区 4 千米道路亮灯工程后，实施电站坝体、两岸护坡、缆索大桥和电站大桥的亮灯工程，使人们在夜晚能欣赏到新安江水电站流光溢彩的雄姿。在基地内整修并开放电站中央控制室旧址、拦河坝宽缝廊道和防空高射炮参观区三处新景点，并以雄伟的大坝为背景，新建游客观光平台和休息区。

【加强基地软环境建设】 为提高景区软环境服务水平，电站更新和增设道路交通、旅游专线和消防等标识标牌，对各景点设置中英文对照的介绍牌；在厂房进口和拦河坝顶等处增设游客休息区，免费提供茶水和包袋寄存；新增旅游服务中心用房 120 平方米，免费发放景点宣传品。优化重组参观线路，组织导游开展岗位竞赛，改进解说词提升景区品质。

【基地主要活动】 2006 年 7 月 26 日，在杭州市精神文明建设委员会召开的爱国主义教育基地建设工作会议上，电站被授予杭州市爱国主义教育基地先进单位，奖金 1 万元。为全市工业企业中唯一获奖单位。

2007 年 5 月份在新安江水电站坝前，新安江电厂团委与建德市团委共同举办“和谐共进 携手同行”新老团干接力跑活动，纪念中国共青团建团 85 周年，迎接 2008 年北京奥运会，镇（乡）中学、企事业单位的团员青年 700 余人参加。

同年 7 月 1 日建党 86 周年之际，组织结对村梅城镇杨程村困难家庭的孩子和在校学生来电厂参加庆祝活动，举行职工与困难孩子结对捐助仪式，免费参观新安江水电站和电站展览馆。

2007 年 9—10 月份，与企业所在地建德市委文明办、市教育局共同组织开展爱国主义教育基地半日游活动。组织部分中小学生约 1200 人免费参观新安江水电站，进一步开展“知荣辱、明礼仪、树新风”主题宣传教育活动，培养未成年人爱国爱家乡的情感。

2008 年 7—8 月份，利用暑期放假时间，与各地团委、教委联系共同举办爱心夏令营活动。请管理者介绍电站的发展建设史和作用，并开展在“弘扬电站创业精神 学好本领立志报国”横幅上签名活动。

2009 年 5 月 14 日，电厂应邀出席建德市党史工作会议暨《中国共产党建德党史（1949—1978）》首发式。会上宣读了中共建德市委决定命名新安江水电站、童家祠堂、建德革命历史纪念碑等 9 处为建德市党史胜迹；同时，对近年来在建德市党史工作中成绩突出的 6 个先进集体和 13 名先进个人进行表彰。厂思想政治工作部荣获“建德市党史工作先进集体”荣誉称号，厂年鉴编委会副主编被评为“建德市党史工作先进个人”，并应邀在大会上作新安江电厂开展爱国主义教育基地建设的情况报告。

2011年为隆重庆祝中国共产党成立90周年，推进企业“创先争优”活动深入开展，按照中共浙江省直属机关工委《关于开展“央企在浙江，反哺社会情”民生服务周活动的通知》（浙直委发〔2011〕19号）要求，于“七一”前夕开展民生服务周活动。其间，安排电厂交通车自新安江文化广场发车接送游人，免费参观新安江大坝、电站展览馆、观看反映电站建设的电视专题片，向市民展现电站建设发展情况。旨在凝聚人心，促进社会和谐，彰显中央企业良好社会形象。

2013年4月9日，新安江电厂团委和建德市新安江第一小学共同开展纪念周恩来总理视察新安江水电站建设工地54周年活动。组织10余名青年志愿者，为新安江第一小学六年级五个班学生及带队老师约240余人，免费参观电站展览馆、发电厂房、坝顶溢洪门。在厂房周总理视察电站工地的大型油画前，志愿者向师生讲解电站发电知识中央领导人关怀电站建设与管理历程。

【基地建设成效】 电站利用爱国主义基地等优势，扩大对外宣传力度，在出色担负华东电网调频调峰和事故备用电站同时，教育鼓舞青少年立志奋发图强报效祖国。随着中共中央、国务院《关于进一步加强和改进未成年人思想道德建设的若干意见》下发，各地中小学校纷纷开展爱国主义和中华民族精神教育。新安江水电站作为浙江省爱国主义教育基地，常年免费接待大专院校实习生和来自杭州、新安江、寿昌、富阳、桐庐、兰溪等地的中小学生有组织的参观和主题活动。人流高峰时导游不够，临时组织电厂青年志愿者、经济协警引导参观讲解。

电站景区自1982年10月开放以来累计接待160多万人次；年均接待海内外参观者5万人。2006—2015年门票收入总计82.89万元；2015年接待游客12.05万人次，年收入271.19万元。

表10-7　　2006—2015年近年参观人数和免费接待情况表

序号	年份	参观人数	其中免费接待人数
1	2006	74844	961
2	2007	64200	1320
3	2008	53512	847
4	2009	68992	2018
5	2010	70142	2436
6	2011	79730	1861
7	2012	97255	2943
8	2013	98224	2122
9	2014	101475	1854
10	2015	120509	2736
	合计	828883	19098

【被评为国家级红色旅游经典景区】 2010年4月，国家发改委、中共中央宣传部、财政部和国家旅游局联合下达关于组织编报全国红色旅游景点景区二期名录备选名单的通知。建德市政府根据建德市红色旅游景区的建设情况，向浙江省申请将新安江水电站景区列入“全国红色旅游景点景区”二期名录备选名单。为此，厂旅游公司在政工部的支持下，组织专门人员准备申报材料和相关图片、文字以及近年来的接待统计数据，省发改委及杭州市发改委考评人员专门对景区进行了考核。7月，省发改委发来通知，新安江水电站景区被评为国家级红色旅游经典景区。

图10-2 厂离退休职工参观电站展览馆

电力生产
Electric Power Production

·发电与运行管理·

【概况】 2006—2015年的十年间，国家能源向清洁可再生能源发展，国家电网兴建特高压电网，行业管理向着标准化、规范化、节约化转变；流域的降雨量处于枯水期向丰水期转变。新安江电厂通过这十年的发展，主设备在增容改造的基础上进行了完善化改造，二次设备全面升级；安全生产基础更加牢固，管理更加科学。

【2006—2015年计划电量与实发电量】 新安江水库2006—2015年发电调度以电站经济、安全运行和保障华东电网稳定运行为重点，兼顾流域防洪、城市供水等需要，实现综合社会效益。其中2010、2011、2012、2013、2014、2015连续六年年发电量逾18亿千瓦时，为建库以来所罕见。期中2015年发电量27.98亿千瓦时，为建厂以来最大年发电量。2006—2015年十年累计发电量达186.8亿千瓦时。

表11-1　　2006～2015年电量分年计划电量与实发电量

年份	计划电量（亿千瓦小时）	实发电量（亿千瓦小时）
2006	14.5	11.57
2007	14.9	9.68
2008	14.5	15.22
2009	14.5	16.98
2010	14.5	23.65
2011	14.5	20.26
2012	15.65	20.84
2013	15.65	22.56
2014	14.5	18.06
2015	15.0	27.98
累计	148.2	186.8

【调度关系】 新安江电厂的发电调度受国网华东电力调控分中心控制。调度机构几经易名，2006年由原华东电力调度通讯中心改名为华东电力调度交易中心；2011随着国家电网的改革，华东电网有限公司调整为华东分部，调度机构名称改为国网华东电力调控分中心。国网华东电力调控分中心管辖（简称华东总调）1～9号水轮发电机组；01、02、03号主变压器及其13.8千伏单元母线；220千伏正、副母线及旁路母线，220千伏母联，新大2230、新阳2231、新杭2234、新排2233线路。发电机电力系统稳定器（PSS）、主变零序保护、220千

伏母线保护、220 千伏线路保护（不包括 2386、2387 线保护）、220 千伏旁路保护、220 千伏母联保护、故障录波器、计算机监控系统。

图11-1　2012年6月，厂领导在中控室指挥反事故演习

浙江省调控中心管辖（简称浙江省调） 新建 2386、新德 2387 线路，包括关联设备的继电保护。

建德市调管辖 岭后 101 电厂支线及电厂支线闸刀

当值值长管辖 配变、10.5 千伏系统、厂用电系统及全厂辅助设备，包括关联设备的继电保护和自动装置。

在 2006 年至 2015 年间电站主接线未发生原则的变化，各级调度所管辖的设备没有发生变化。但由于浙江电网改造及电网结构的变化，送出线路命名多次发生变化。

2006 年 1 月 25 日，新下 2233 线路送出由下涯变改为杭州变，线路命名改为新杭 2233 线，属于华东总调管辖。

2006 年 1 月 25 日，新增新下 2484 线，属于华东总调管辖。

2006 年 2 月 13 日至 2006 年 5 月 20 日，为配合杭州变电所 220 千伏配电装置改造工程，将新杭 2231 线与杭青 2402 线在杭州变电所围墙外终端塔之间临时搭接形成临时的新青 2231 线，期间新青 2231 线属于浙江省调管辖。杭变改造结束后，恢复新杭 2231 线命名，调度关系转回华东总调。

2006 年 4 月 24 日，新富 2230 线由送富春江电厂改为杭州变，线路命名改为新杭 2230 线，属于华东总调管辖。

2006 年 6 月 17 日，新杭 2233 线开断接入淳安排岭变，线路命名改为新排 2233 线，属于华东总调管辖。

2013 年 4 月 4 日，新下 2484 线路送出由下涯变改为杭州变，线路命名改为新杭 2234 线，属于华东总调管辖。

2015 年 5 月 12 日，为配合杭州变电所升压改造工程，将新杭 2230 线和杭大 2R51 线在杭州变电所围墙外终端塔之间临时搭接形成临时的新大 2230 线，线路命名改为新大 2230 线，属于华东总调管辖。

2015 年 10 月 24 日，为配合杭州变电所升压改造工程，将新杭 2231 线和岗州 2P12 线在杭州变电所围墙外终端塔之间临时搭接形成临时的新岗 2231 线，线路命名改为新阳 2231 线，属于华东总调管辖。

【发电调度】 新安江水电厂 2006—2015 年坚持科学调度水库，充分发挥水库综合利用效益，在发电、防洪、供水等方面均取得良好效益。期间累计发电量 186.80 亿千瓦时，年均发电量 18.68 亿千瓦时，最大年发电量为 27.98 亿千瓦时，发生在 2015 年，最小年发电量为 9.68 亿千瓦时，发生在 2007 年。水库平均运行水位为 100.71 米，最高水位 107.18 米，发生在 2008 年，最低水位为 94.99 米，发生在 2014 年。

表 11-2　　2006—2015 年水库运行情况表

年份	入库水量（亿立方米）	出库水量（亿立方米）	弃水量（亿立方米）	最高水位（米）	最低水位（米）	发电量（亿千瓦时）	单耗（立方米/千瓦时）
2006 年	78.3	65.39	—	101.71	96.74	11.569	5.65
2007 年	58.01	53.25	—	101.91	97.55	9.681	5.50
2008 年	107.2	80.24	—	105.57	96.18	15.219	5.27
2009 年	88.31	90.73	—	102.96	98.51	16.982	5.35
2010 年	139.7	121.9	—	105.65	98.92	23.651	5.15
2011 年	101.1	105.4	1.845	107.18	97.83	20.257	5.20
2012 年	131.6	110.2	—	103.46	98.81	20.841	5.29
2013 年	98.13	120.4	—	104.52	96	22.559	5.34
2014 年	122.3	93.24	—	106.51	94.99	18.059	5.16
2015 年	160.5	147.0	—	105.02	98.05	27.978	5.26

2006 年共发电量 11.57 亿千瓦时，发电用水 65.39 亿立方米，平均单耗为 5.65 立方米/千瓦时；年增发电量为 1.12 亿千瓦时，水能利用提高率为 10.7%。根据汛期降水量修正会商会意见，5 月份及时增加发电量；6 月份降水偏少，从 6 月中旬起采取减少发电量措施。9 至 12 月累计发电量仅 0.78 亿千瓦时。

2007 年总发电量 9.68 亿千瓦时，发电用水 53.29 亿立方米，平均单耗为 5.50 立方米/千瓦时，年增发电量为 0.97 亿千瓦时，水能利用提高率为 11.15%。由于 1—5 月来水连续偏少，6 月实发电量仅 0.22 亿千瓦时，比计划少发 1.38 亿千瓦时电量。7—8 月电网迎峰度夏高峰期，增加发电量，两个月共发电量 3.76 亿千瓦时，占全年电量的 39%。9—12 月在保障钱塘江顶潮拒咸用水外，发电量比计划大幅减少。

2008 年年发电量 15.22 亿千瓦时，发电用水 80.23 亿立方米，平均单耗为 5.27 立方米/千瓦时。在来水接近常年的情况下，年增发电量为 1.44 亿千瓦时，水能利用提高率为 8.80%。为蓄高水库水位，提高发电效益，3—5 月大幅减少发电量，3 个月发电量仅为 0.93 亿千瓦时。5 月下旬起，新安江流域连续出现暴雨到大暴雨天气，水库水位迅速上涨，由 5 月 23 日的 97.80 米上涨至 6 月 20 日的 105.57 米。于 6 月 11 日 8 时起实行大发电，并于 16 日开始实行 24 小时满发；7 月 1 日，新安江水库水位降至 105 米，各台机组转为满负荷运行持续大发电。

2009 年，发电量 16.98 亿千瓦时，发电用水 90.79 亿立方米，平均单耗为 5.35 立方米/千瓦时；在来水偏少情况下，年增发电量为 0.71 亿千瓦时，水能利用提高率为 4.03%。年初水位偏高，5 月前主要以加大发电量削落水库水位，1—5 月发电量 11.07 亿千瓦时，占全年发电量的 65.2%。由于 5—6 月水库来水大幅减少，导致 6 月末水库水位偏低。7、8 月采取减少发电量的措施，两个月发电量仅为 1.40 亿千瓦时。第四季度主要考虑杭州市顶潮拒咸和下游生态用水安排发电量。

2010 年总发电量 23.65 亿千瓦时，发电用水 121.9 亿立方米，平均单耗为 5.15 立方米/千瓦时，年增发电量为 1.87 亿千瓦时，水能利用提高率为 8.55%。2—3 月流域降水量异常偏多，水库水位迅速上涨，3 月 3 日起电站加大发电运行，5日改为满负荷发电运行以削落水库水位，当月水库水位最高达105.55米（3月8日19时），月发电量5.13亿千瓦时。4月6日，5号机组检修完毕，电站9台机组满负荷发电，至4月28日，水库水位削落至102.28米，电站停止满发运行，4月份共发电量5.54亿千瓦时，创历年月发电量最高纪录。为在梅汛期到来前将水库水位控制在合理高度，5月份和6月上半月电站比计划加大发电量，6月15日控制水位为101.71米。在6月份降水量、来水量异常偏少的情况下，6月下半月及时调整发电计划，降低出力运行，下半月发电量仅0.21亿千瓦时。7月份流域降水量异常偏多，水库水位持续上涨。梅汛期末水位抬高至105.65米，实现了水库调度“汛期不弃水、汛末高水位”目标，为电网迎峰度夏、上海举行世博会期间保障供电和杭州市顶潮拒咸提供了保障。7月9—12日，新安江水库、富春江水库均发生洪水，为提高梯级水库水能利用率，提高水库效益，新安江水库为富春江水库错峰，减小了富春江水库弃水量。7月、8月电网迎峰度夏关键期，新安江电站加大出力保电网安全稳定运行，月发电量均接近2.4亿千瓦时，9—12月为全年来水较少时期，电站集中力量组织检修，在保证杭州顶潮用水基础上，降低出力运行，月发电量维持在0.6亿—0.8亿千瓦时左右。

2011年，发电量20.26亿千瓦时，发电用水105.4亿立方米，平均单耗5.20立方米/千瓦时；经合理调度，在来水时空分布极端不均情况下，年增发电量为1.12亿千瓦时，水能利用提高率为6.62%。年初水库水位较高，1、2月增加出力，两个月累计发电4.21亿千瓦时。春季水库来水持续偏少，3—5月及时降低出力，三个月发电量仅为1.96亿千瓦时。6月份新安江流域连续出现4次强降水过程，水库水位由6月1日0时的97.99米上涨至20日的107.19米，6月21日浙江省防汛抗旱指挥部下令新安江水库开闸泄洪。21日9时36分溢洪开始，6月22日17时22分结束，共历时31.73小时。开闸时水库水位为107.18米，关闸水位106.73米。净削落水位0.45米。泄洪期间最大出库流量2860立方米/秒，最大开孔数为3孔，水库最高水位107.18米，共下泄水量3.17亿立方米(溢洪量1.85亿立方米，发电水量1.32亿立方米)。下半年按照电网需要适当加大发电量，以削落库水位。

2012年总发电量20.84亿千瓦时，发电用水110.2亿立方米，平均单耗为5.29立方米/千瓦时。由于调度合理，在来水时空分布极端不均的情况下，年增发电量为0.97亿千瓦时，水能利用提高率为5.13%。是年汛情早且来水多，为近60年来流域遭遇的第二场严峻早春汛，通过采取满发、大发和停发错峰措施，拦截洪水，有效控制和削落了水位，提高水库综合利用效益。3月3—9日，受南支槽东移，低层切变线和暖湿气流共同影响，流域出现大范围降水，形成年内第一场洪水，洪峰流量达到5440立方米/秒，水库水位迅速上涨。考虑下游兰江流量较大，新安江电站于3月2日13时～5日9时停机错峰，共停机68小时，减少下泄水量近2.6亿立方米。3月5日10时起，恢复8台机组满发运行以削落水库水位，至15日22时结束满发状态。之后仍然加大发电量以削落水位，为度汛腾出库容。4月23—25日，受高空低槽切变线和西南暖湿气流共同影响，流域内出现强降水，形成第二场洪水，洪峰流量8200立方米/秒，电站于4月24日16时—24时停机错峰。4月25日0时至30日24时，9台机组满发运行。5月2日9时—22日24时，8台机组满发。6月21日起，受强对流天气影响，钱塘江流域连续4天大到暴雨，形成当年第三场洪水，洪峰流量为5170立方米/秒，电站于24日9时再次为富春江停机错峰，满足钱塘江防洪需要。下半年主要考虑杭州市顶潮拒咸和下游生态用水安排发电量。

2013年总发电量22.56亿千瓦时，发电用水120.4亿立方米，平均单耗为5.34立方米/千瓦时，年考核节能电量1.66亿千瓦时，年水能利用提高率为8.88%。年初水库水位特别高，1—4月份加大发电量削落水库水位，汛期根据来水灵活调度水库。迎峰度夏期间加大发电量保电网稳定运行，7—8月发电量5.7亿千瓦时。9—12月在保障杭州市顶潮拒咸用水的基础上，减少发电量。

2014年总发电量18.06亿千瓦时，发电用水93.24亿立方米，平均单耗为5.16立方米/千瓦时，年考核节能电量2.53亿千瓦时，年水能利用提高率为15.57%。年初水库水位较低， 1—4月份减少发电量提高水库水位。5月中旬流域出现两次明显降水过程，水库水位迅速上涨，电站加大发电量以消落库水位，为梅汛提前腾空库容。由于汛期降水持续偏多，汛情明显，采取满发、大发和停发错峰措施，拦截洪水，有效控制和削落了水位，满足流域防洪需要。迎峰度夏期间加大发电量保电网稳定运行，7—8月发电量5.4亿千瓦时。9至12月在保障杭州市顶潮拒咸用水的基础上，根据电网需求加大发电量，以适当降低年末水库水位。

2015年总发电量27.98亿千瓦时，发电用水147.0亿立方米，平均单耗为5.26立方米/千瓦时，年考核节能电量1.47亿千瓦时，年水能利用提高率为6.00%。1月份结合迎峰度冬高峰用电需要有计划地增大发电安排，逐步将水库水位削落至99米以下。汛前2—4月，新安江流域持续多雨，来水偏多20%以上，水库水位迅速上涨，电站加大发电量以削落库水位，为汛期提前腾空库容。进入汛期以后降水仍然持续偏多，汛情明显，采取发电机组满负荷发电、大发和停发错峰措施，拦截洪水，有效控制和削落水位，满足流域防洪需要。迎峰度夏期间加大发电量保电网稳定运行，7—8月发电量4.5亿千瓦时。在保障杭州市顶潮拒咸用水基础上，根据电网需求加大发电量，以适当降低年末水库水位。

【主接线及运行方式】 2005年底，220KV母线正常接线方式：为双母线带旁路母线的运行方式，接正母设备：01号主变压器、02号主变压器、新杭2231线、新下2233线、新德2387线；接副母设备为：03号主变压器、新富2230线、新建2386线；旁路母线可任意接正副线；01、03号主变压器中性点接地；1～9号发电机组可随时运行；01、02、03号厂用变压器分段运行；01、02、03号配电变压器分段运行；直流设一、二、三套，正常一、二套分段运行，第三套直流装置作为备用，也作为两套蓄电池充放电维护时使用；全厂保护及自动装置均投入运行。

新下2233线退役，重新构成新杭2233线和新下2484线 2006年1月18日新下2233线路及该间隔（开关站7区段）设备退役，用一组新建的GIS间隔和新建的新安江电厂至杭州变电所220千伏线路构成新杭2233线，另一组新建的GIS间隔和新建的新安江电厂至下涯变电所220千伏线路构成新下2484线，新杭2233线及新下2484线于2006年1月26日正式投产。

新杭2231线更名新青2231线 因杭州变电所220千伏配电装置改造需要，于2006年2月13日至5月20日期间，将新杭2231线与杭青（临安青山湖）2402线在杭州变电所围墙外终端塔之间临时搭接，形成新青2231线临时接线，调度关系由浙江省调管辖。2006年5

月 21 日，新青 2231 线改回新杭 2231 线并投产。

2006 年 3 月 25 日，旁路间隔由五区段移位至开关站七区段（即原新下 2233 间隔区段）并投产运行。

新富 2230 线退役，重新构成新杭 2230 线　2006 年 4 月 24 日新富（富春江）2230 线退役，新富 2230 线路改造为送杭州变电所的新杭 2230 线路，延伸至杭州变电所的一段线路利用现在的杭下 2485 线的其中一段，形成新安江电厂至杭州变电所的新杭 2230 线。新安江电厂侧对应原新富 2230 间隔，杭州变电所侧对应原杭下 2485 间隔。新杭 2230 线于 2006 年 5 月 17 日投产。至此，因新安江电厂增容改造后进行的 220 千伏出线改造全部完成，最终形成三回至杭州变电所线路，分别为新杭 2230 线、新杭 2231 线、新杭 2233 线；一回至下涯变线路，为新下 2484 线；两回至建德变电所线路，分别为新建 2386 线、新德 2387 线。

新杭 2233 线更名新排 2233 线　2006 年 6 月 14 日新杭 2233 线退役，新杭 2233 线在 25 号杆塔处开口，接入淳安排岭变电所，原新杭 2233 线分段为新排 2233 线和杭排 2493 线。于 6 月 17 日，新排 2233 线和杭排 2493 线同时投运。至此，新安水电厂与电网的连接方式变成：二回至杭变线路，分别为新杭 2230 线、新杭 2231 线；一回开断至排岭变电所后再送至杭州变电所；一回开断至下涯变电所后再送至杭州变电所；两回至建德变电所线路，分别为新建 2386 线、新德 2387 线。

新下 2484 线改为新杭 2234 线　2013 年新下 2484 线与杭下 2485 线在下涯变站外搭接，形成新安江至杭州变电所第三回线路新杭 2234 线路，调度关系属于华东网调直接调度管辖。间隔不变，开关、保护等均为原新下 2484 设备。2013 年 4 月 12 日新杭 2234 线投产运行。

新建 2386 线和新德 2387 线正常运行方式　2013 年 6 月 30 日建德变电所至万松变电所的建万 2R59 线和建松 2R60 双回线正式投用，新安江电厂至建德变电所的新建 2386 和新德 2387 双线在正常方式下为新安江电厂侧新建 2386 和新德 2387 开关向线路充电运行，建德变电所侧双线开关热备用，同时建德变电所负荷转供装置投入自动运行（装置在启动条件满足且经动作延时后，首先动作切除建万 2R59、建松 2R60 双线。在确认建万 2R59、建松 2R60 双线开关跳开后，装置将动作合上新建 2386 单线。若新建 2386 线路检修或电压异常，则装置将自动选择合上新德 2387 单线）。至此，建德地区的供电正常情况下由新安江电厂改为金华局下属的 220 千伏万松变电所。

新杭 2230 线更名新大 2230 线　为配合杭州变电所升压改造工程，于 2015 年 5 月 1 日新杭 2230 线退役，新杭 2230 线和杭大（大陆变电所）2R51 线在杭州变电所围墙外终端塔之间临时搭接形成临时的新大 2230 线，2015 年 5 月 12 日投入运行，计划 2 年左右杭州变电所升压至 500 千伏后恢复原接线方式，在此期间内调度管辖权限为华东总调。

新杭 2231 线更名新阳 2231 线　为配合杭州变电所升压改造工程，于 2015 年 10 月 12 日新杭 2231 线退役，新杭 2231 线和岗阳 2P12 线在杭州变电所围墙外终端塔之间临时搭接形成临时的新阳 2231 线，2015 年 10 月 24 日投入运行，计划 2 年左右杭州变电所升压至 500 千伏后恢复原接线方式，在此期间内调度管辖权限为华东总调。

10.5 千伏系统接线变动　之前，10.5 千伏Ⅱ段母线接有 103、104、106 线，Ⅲ段母线接 102 线，因 103、104 线负荷相对较大，为避免 02 号配电变压器以及线路联络运行时电缆过载，并使各段负荷相对平衡，在 2015 年 5 月 28 日 将罗桐埠 104 线由Ⅱ段改接到Ⅲ段，开关站 102 线则由Ⅲ段改接到Ⅱ段。另外，为使得721厂供电更加可靠，在2015年5月29日增设一组滩头坞101线与林子坞106线联络闸刀（2014年7月19日林子坞106出线处并接一根电缆供721厂负荷，同年10月30日原103线供721厂接线全部拆除）。

2015年年底，新安江水电站电气主接线图如下：

图 11-2

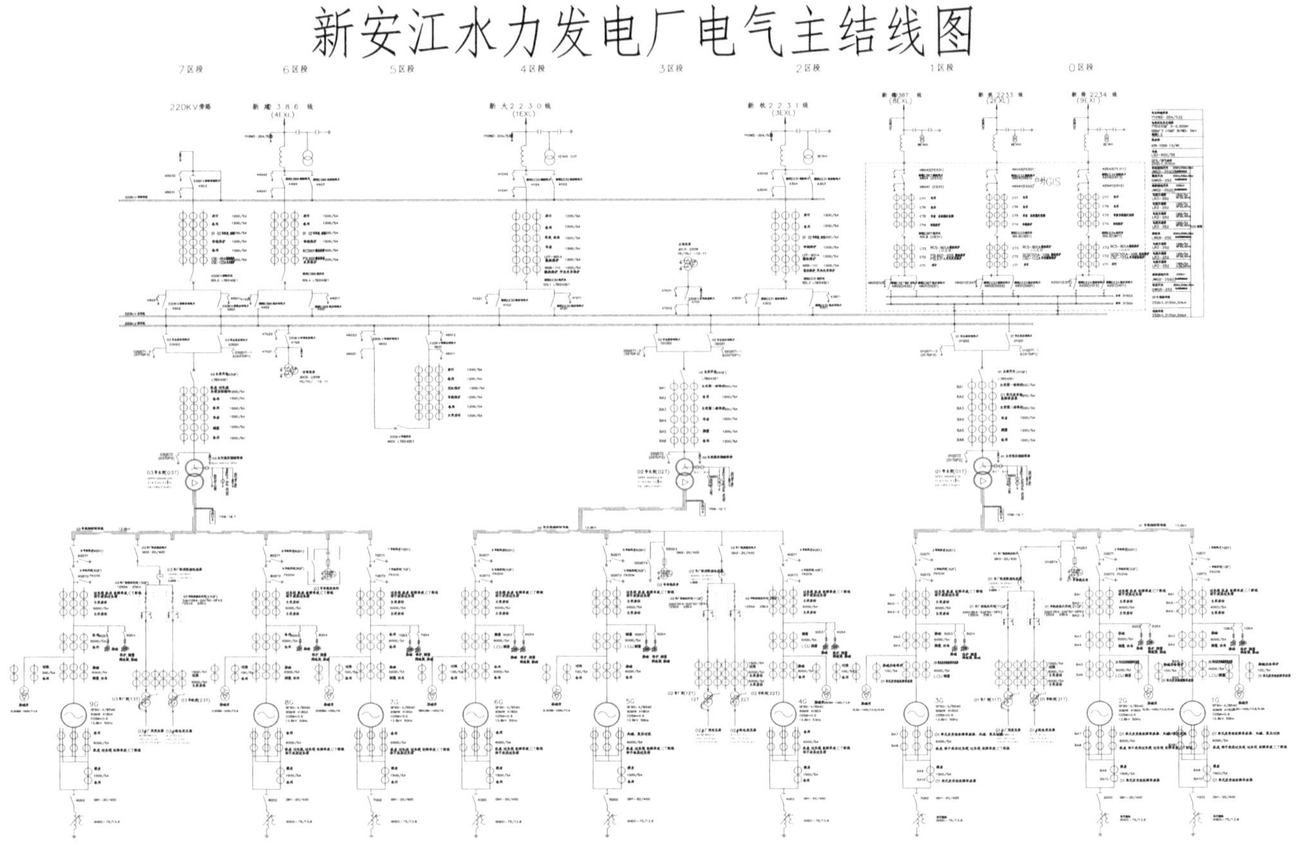

【调频、调峰】 随着华东电网系统容量越来越大，新安江电厂担负电网的调频、调峰作用相对变小，但仍起着积极作用。2007年1月前，全厂机组AGC未运投时，按华东系统频率在50+0.05赫兹范围内调整；AGC投用时，按50±0.1赫兹调整。2007年1月后，每天按华东网调下发的日计划调整出力。2009年12月起，未按计划出力调节将按华东“两个细则”考核。低负荷时间安排1～2台发电机组调相运行，以供系统事故备用及本厂电压调节之需。全厂可调出力由66.25万千瓦增容为85万千瓦；13.8千伏单元由原来的两机一变、一机一变，改为三机一变；主变压器改为三台额定容量30万千伏安的变压器，全厂主变压器空载损耗由1069.4千瓦下降到364.048千瓦，每年可节约损耗价值达390万元；220千伏线路从原来的5条增加到6条。直接送杭州变电所线路从原来1条增为3条。由于接线和设备的改变，大幅提高电站运行稳定性、设备运行的可靠性和电力输送容量，窝电现象不再发生。历年峰、腰、谷电量如下表：

：

表 11-3　　2006—2015 年峰、腰、谷电量统计表

年份	发电量（万千瓦时）				峰、腰、谷电量比（%）		
	合计	峰	腰	谷	峰	腰	谷
2006	116502.83	66345.07	32663.95	17493.8	56.9	28.1	15.0
2007	105108.61	88017.76	14775.86	2314.98	83.7	14.1	2.2
2008	155613.41	107102.66	30397.29	18113.46	68.8	19.5	11.6
2009	168344.18	103907.43	51632.03	12804.72	61.7	30.7	7.6
2010	236510.4	113556.67	72869.0	50084.73	48	30.8	21.2
2011	202571.69	106983.28	71819.25	23769.16	52.8	35.5	11.7
2012	208409.86	100327.13	79166.12	28916.6	48.1	38	13.9
2013	225588.14	118219.36	94599.56	12769.22	52.4	41.9	5.7
2014	180591.72	88955.65	75996.32	15639.76	49.3	42.1	8.7
2015	279782.73	143423.72	105249.97	31109.04	51.3	37.6	11.1

说明：2009 年 12 月，华东电监局下发《华东区域发电厂并网运行管理实施细则（试行）》和《华东区域并网发电厂辅助服务管理实施细则（试行）》

【事故备用】　新安江水库为多年调节水库，新安江电站水轮发电机组顶华东机组事故出力最为理想。新安江水电站备用机组在华东电力系统历次突发性事故情况产生时，均从备用状态快速改为带满负荷发电，以顶替电网事故出力，缓解与消除突发性事故给电网造成的冲击，使系统频率在较短时间内趋于稳定和恢复正常，有效缓解网内输电线路和大容量机组等发生故障时造成电网低频率或紧急拉电的被动局面。自 2005 年 9 台发电机组增容改造全面完成后，最大可顶出力由 66.25 万千瓦增加为 85 万千瓦，可顶出力超出改造前厂内总装机能力 18.75 万千瓦，带负荷能力与事故备用作用相应提高。2006～2015 年，新安江水电站共顶事故 181 次，年均 18.1 次。其中 2012 年最多，为 45 次。10 年共顶事故出力 5210.1 万千瓦，年平均顶出力 521.01 万千瓦。2015 年 7 月 19 日，±800 瓦复奉直流双极闭锁 590 万千瓦，新安江最大顶出力 85 万千瓦，持续时间 40 分钟，使华东系统频率由 49.95 赫兹上升到 50 赫兹并多增发电量 56.67 万千瓦时。历年顶系统事故次数和出力情况见下表：

表 11-4　　2006—2015 年顶系统事故次数、顶出力统计表

年份	次数（次）	顶出力（MW）	平均顶出力（MW）	顶最大出力（MW）
2006	5	1350	270	500
2007	17	5730	337	540
2008	18	6400	355	800
2009	7	2300	328	500
2010	11	2410	219	360
2011	12	3320	277	720
2012	45	10051	223	830
2013	37	10740	290	620
2014	27	9260	343	720
2015	12	4850	404	850

【流域降雨量】 2006—2015年，流域内平均年降水量为1759.8毫米。其间处于流域从少水期向多水期转换过程，呈现一年多一年少的状况。年降水量最多的是2015年，为2396.6毫米；最少的是2007年，为1351.8毫米。其中，2010年3月降水量达到387.4毫米，为建库以来同期最大值;2011年2月降水量为20.6毫米，为建库以来同期最小值。

表11-5　　2006～2015年流域降雨量统计表

年份	一月	二月	三月	四月	五月	六月	七月	八月	九月	十月	十一月	十二月	全年
2006	135.	118.4	61.8	176.5	372	152.	133	44.4	95	23.6	74	19.4	1405.8
2007	78.2	74.6	175.	169.2	100.	233.	130.	123.	133	51.2	25.3	57.4	1351.8
2008	82	53.6	75.1	120.9	192	621.	181.	165.	42.2	77.5	155.2	17.7	1784.2
2009	27.3	231.9	145.	165.9	125.	170.	242	172.	61.8	5.7	119.2	51.7	1519.8
2010	75.7	214.8	387.	222.8	207.	116.	340.	90.9	99.3	144.2	16.1	74.8	1989.5
2011	46.4	20.6	67.9	79.4	130.	750.	153.	177.	64.5	90.4	53.2	25.1	1659.5
2012	93.5	170.1	289.	279.9	209.	293.	89.3	235.	158.	55.3	82.6	124.4	2082.0
2013	28.2	107.5	209.	179.3	191.	470.	25.4	79.9	59.4	26.4	44.2	66.2	1488.0
2014	27.3	144.6	146.	134.7	284.	359.	333.	177.	142.	57.1	104.2	9.1	1921.2
2015	51.4	188.1	153.	225.6	316.	465.	234.	206.	110.	89.4	241.9	112.6	2396.6

【流域来水量】 2006—2015年，新安江流域内平均年径流量为108.5亿立方米，平均流量为344立方米/秒，平均年径流深度为1039.2毫米，平均年径流系数为59.1%。其间年径流量最大的是2015年，为160.5亿立方米；最小的为2007年，仅为58.01亿立方米。

表11-6　　2006—2015年流域来水量统计表

年份	一月	二月	三月	四月	五月	六月	七月	八月	九月	十月	十一月	十二月	全年
2006	6.615	5.247	4.638	10.44	27.25	7.682	8.825	1.937	2.825	0.8574	1.009	0.975	78.3
2007	2.088	2.386	10.47	7.152	4.4	12.47	5.257	2.762	5.686	3.109	0.8783	1.352	58.01
2008	3.01	4.39	2.54	7.54	7.38	50.1	8.08	9.29	2.85	1.749	9.364	0.8733	107.2
2009	1.365	12.6	14.66	11.28	5.173	6.265	14.16	13.49	2.603	1.158	3.265	2.286	88.31
2010	2.669	16.26	36.70	18.34	14.21	5.870	27.76	3.273	2.723	7.493	1.500	2.909	139.7
2011	2.398	2.517	3.043	2.556	3.996	61.38	7.784	6.265	3.184	3.191	2.940	1.825	101.1
2012	4.239	11.23	24.90	19.69	14.93	22.32	4.903	12.78	6.769	1.579	2.358	5.906	131.6
2013	4.315	7.486	15.40	9.022	13.4	36.48	5.581	1.882	1.468	1.042	0.703	1.349	98.13
2014	0.8238	3.188	9.242	9.128	18.51	24.04	30.86	10.82	8.434	1.537	2.825	2.853	122.3
2015	2.071	9.209	14.14	19.91	16.26	35.71	18.49	12.03	3.977	3.857	15.97	8.831	160.5

【2011年水库开闸泄洪】 2011年6月，新安江流域从少雨转为多雨的天气形势，新安江流域连续出现强降水过程：6月4日3时～6日14时受西南暖湿气流和北方冷空气共同影

响，流域共降水172.0毫米；9—11日受西南暖湿气流影响，流域出现连续大到暴雨过程，3天降雨量147.0毫米；6月13日8时—18日14时受梅雨峰影响，流域降水261.1毫米；6月18日14时—20日17时，流域降水95.3毫米。水库水位由6月4日2时的97.987米上涨至16日3时105.03米，6月16日全厂进入防汛值班状态。从16日15时起，发电机组开始满发运行. 6月20日0时至16时，为富春江水库停机错峰16小时。6月20日18时，水库水位达到107.18米。6月21日浙江省防汛抗旱指挥部下令新安江水库开闸泄洪，21日9时36分开始泄洪，至6月22日17时22分结束，共历时31.73小时。开闸时水库水位107.18米，关闸时水位为106.73米，净削落水位0.45米。泄洪期间最大出库流量2860立方米每秒，最大开孔数为3孔，水库最高水位107.18米，共下泄水量3.17亿立方米，其中溢洪量1.85亿立方米，发电水量1.32亿立方米。

【运行值班模式】 2007年8月8日，运行倒班模式从五值二班倒改为“6+2值班”模式，即设六个值班值和两个值守值，实行定期轮换。

六个值班值实行五值两班倒方式，另一个值从事运行操作、应急处理（称操作值），六个值每36天为一个轮换周期，每个值设四个岗位：设值长、值班工程师、主值班员和值班员。值班值倒班次序：早班08:10—16:30，通宵班16:30—08:10。

两个值守值分别进行巡回检查、应急处理、试验配合、定期工作、签收工作票、代班、文明卫生等工作，实行定期轮换：一个值守值称为巡回检查值（简称巡检值），另一个值守值称为签收工作票值（简称签票值）。分别设值长、副值长、值班工程师各1名，主值班员4名和值班员3名，两个值守值每月1日早班进行轮换。六个值班值和两个值守值之间的部分人员也实行定期的轮换（每年轮换一次）。

该倒班模式保证了现场安全生产足够的力量，实现运行值班和巡检操作分开，可适应生活基地向杭州转移的需要和顺利过渡到远期减少生产空闲时值班人员（提高劳动生产率），保障生产现场忙碌时能召集人员支援现场、使人力资源得到优化。且利于老职工的安排(通常在值守值工作)，发挥其技能，解决不适应长期倒班作业困难，劳动生产率得到提高，为向厂部输送运行技术力量创造了条件。

该值班模式获2008年度中国电力企业联合会全国电力企业管理现代化创新成果一等奖。

【运行标准化管理】 2006年至2015年运行分场积极地开展标准化管理，主要有：

修订运行规程 2007年1月，鉴于设备改造工作不断完善，一批全新设备相继投入运行，原运行规程不能适应需要。为此对2003年版的运行规程合订本及新增设备运行规程的单行本作全面修订和增补。其中新投用220千伏 GIS 设备和工业电视系统，220千伏母线保护更新为BP-2P型微机保护，220千伏线路使用CSC-101A、PSL602、RCS-901A等型号微机保护；厂用变压器、配电变压器保护、直流系统及EUPS装置已更新，消防及通风系统已改造。故对于上述部分规程修订工作调整和增补较大。同时对总则、水轮发电机组、主变保护、设备规范、附录和事故处理部分也作相应修改。

2010年1月，鉴于全厂增容改造完善化工作不断推进、设备不断完善，为适应现场安全生产、运行管理工作需要，根据国家电网公司《安全生产工作规定》现场规程制度3—5年进行一次修订的要求，对2007版运行规程合订本进行全面的修订。该次规程修订的依据是：机组油压启闭机、厂配变高压开关已经改造完毕，直流系统已经完善，消防系统、通风系统以及辅助设备也已基本完善，新杭 2233 线路的开断成为新排 2233 线路，水轮发电机组铭牌正式批文，以及各级调度所下达的稳定限额、运行规定。

2013 年 6 月，根据国网新源控股有限公司标准化建设对运行规程按设备统一分册、统一格式的要求，对运行规程加以修编。修编后的运行规程修共 30 分册，分别为第 01 分册《总则》、第 02 分册《电网调度》、第 03 分册《水库调度》、第 04 分册《发电机》、第 05 分册《主变压器》、第 06 分册《13.8KV 母线设备》、第 07 分册《高压电缆》、第 08 分册《厂用电系统》、第 09 分册《直流系统》、第 10 分册《柴油发电机》、第 11 分册《监控系统》、第 12 分册《机组保护》、第 13 分册《主变保护》、第 14 分册《母线及线路保护》、第 15 分册《励磁系统》、第 16 分册《同期装置》、第 17 分册《高压 GIS 设备》、第 18 分册《出线场设备》、第 20 分册《水轮机》、第 22 分册《调速器系统》、第 23 分册《供排水系统》、第 24 分册《压缩空气系统》、第 25 分册《闸门及启闭设备》、第 26 分册《通风及空调系统》、第 27 分册《消防系统》、第 28 分册《照明系统》、第 30 分册《通信系统》、第 31 分册《水库及大坝》、第 34 分册《水库与边波》、第 35 分册《水工检测系统》。其中，第 30、31、34、34 分册内容首次加入运行规程，第 19、29、32、33 分册为抽水蓄能电站特有，不在其中。

编写事故处理预案　2008 年 9 月，为在电力生产过程准确、快速、高效处理事故（异常），特编写现场事故处置预案。包括全厂停电、水轮发电机组、主变压器、220 千伏母线、220 千伏线路、厂用电及 10 千伏系统、其他事故处理预案等 7 个部分，共 71 个预案，涉及全厂所有主设备和部分辅助设备。

编写设备巡回检查及定期试验轮换规程　2013 年 6 月，随着电厂标准化建设工作的展开，由厂标准化委员会提出，编写了设备巡回检查规程及设备定期试验轮换规程。

设备巡回检查规程主要引用国网新源控股有限公司设备巡回检查管理标准，依据新安江水力发电厂运行管理制度和运行巡回检查作业指导书的内容编纂而成。2014 年 9 月，鉴于 PDA 巡检装置的使用和新设备投运后部分运行巡回检查内容的变更，进行了一次修订。

设备定期试验轮换规程主要引用国网新源控股有限公司设备定期试验轮换管理标准，依据新安江水力发电厂运行定期试验切换制度和运行规程有关内容编纂而成。

汇编设备模拟试验卡　2006 年 1 月 1 日，开始执行新安江水力发电厂设备模拟试验卡。汇编了水轮发电机组、主变压器、220 千伏系统、厂用电系统、10 千伏系统、和辅助设备等六部分，包括各种主辅设备的运行模拟试验措施和 374 种操作，内容丰富、步骤详细、实用性强。对运行的安全操作和快速配合检修起到重要作用。

【华东区域发电厂“两个细则”管理】　2010 年 6 月华东电网有限公司根据华东电监局颁布《华东区域发电厂并网运行管理实施细则》（试行）、《华东区域并网发电厂辅助服务管理实施细则》（试行）（以下简称“两个细则”）其管理试运行始于当年 1 月 1 日至 4 月 30 日，5 月 1 日进入实施阶段。要求在华东电网直接调度的 13 家电厂开展“两个细则”管理工作，对不具备并网基本要求和基本辅助服务要求的电厂进行考核，对提供有偿辅助服务的电厂进行奖励。

新安江电厂高度重视并根据“两个细则”有关要求开展工作。厂部组织各部门对照有关规定，查找本厂设备运行和管理存在的问题和差距，完善了机组AGC、一次调频、PSS等功能。开展机组黑启动、孤网运行等试验研究，并制定《新安江电厂黑启动手册》。组织开展对“两个细则”监测及预警系统的研究与开发，对设备运行中发生的电量考核作及时预警，获得新源公司科技进步成果三等奖。运行分场制定“两个细则”作业指导书，并开展有关“两个细则”工作的劳动竞赛。通过完善设备管理，全厂“两个细则”管理取得较好经济效益。

【电网大面积停电后的黑启动试验】 21世纪以来，华东电网已进入“多馈入、交直流混联、特大型”电网的崭新阶段，电网结构日趋复杂，受端电网特性日益明显，短路电流超标、交直流交互影响、电压稳定等问题，对电网的安全稳定运行构成较大威胁。因此，华东电网大面积停电的潜在威胁始终存在。为保障安全可靠供电，推进应急体系和标准化建设，促进现场标准化作业，根据华东调通〔2010〕297号文下达的“华东电力系统黑启动方案”，新安江水电站被列为华东电网黑启动的首选电源点，其黑启动试验亦是华东电网黑启动研究极其重要组成部分。为此，新安江电厂全力组织力量开展本厂黑启动试验并取得显著成果。

2010年1月，编制完成新安江电厂黑启动试验方案和新安江电厂黑启动能力试验大纲，并于3月17日，通过了华东电网公司调通中心组织的专家审查，明确了新安江电厂黑启动试验开始时间和完成时间。3月，成立不涉及系统的运行方式试验工作组，并进行相关试验，记录主要检查辅助设备在全厂交流失去后的工作性能和相关参数。4月20日，为掌握全厂机组的黑启动、带厂用电小系统运行性能及多台机组之间的协调运行特性能力，根据华东公司统一计划和部署，在新安江水力发电厂进行黑启动性能见证试验。集中组织的涉网设备黑启动试验，主要检查独立单元单机、多机并列运行低负载冲击的稳定，检查二个单元小系统2～6台发电机组空载并列运行以及低负载冲击的稳定性。组织措施落实到位，专门成立由现场总指挥领导下的运行试验小组、参数测试小组、应急检修小组、运行及异常处理小组、安全监督和计划小组。试验由现场总指挥指挥，各组各负其责，团结协作，全部试验顺利完成，取得成功。华东电网公司调度通信中心领导在现场指导试验。

2010年7月至2011年7月，根据《2010年新安江水力发电厂黑启动试验总结》和《新安江水电厂黑启动能力试验报告》，为了更直观指导现场黑启动应急处理能力，汇编《新安江水力发电厂黑启动手册》。规范黑启动的流程、操作、演练、管理等内容。于2011年11月通过华东电网公司组织专家审查。该成果在国内常规水电厂具有借鉴、推广价值。随着设备的技术改造，2013年4月28日修订了《新安江水力发电厂黑启动手册》。

结合新安江电厂黑启动试验进行的《水电厂多机等值系统黑启动试验研究》，其中多台小容量机组并列一起，等值一台机组，代替中大型机组作为电网黑启动电源的方法在2012年12月被华东总调列入《华东电力系统黑启动方案》开始采用。《水电厂多机等值系统黑启动试验研究》成果在2013年3月获国网新源控股有限公司科技进步二等奖。

【规章制度管理】 根据华东电网公司以《关于印发华东电网有限公司标准化建设工作大纲及工作进度安排的通知》（华东电网战略〔2007〕133号）及厂年中工作会议精神，成立生产技术管理制度、标准规范修订领导小组和工作小组，2007年8月9日，召开生产技术、生产计划管理制度、规程修订启动会议。布置落实规章制度、标准的修编工作，于同年12月底前完成规程、制度的修订、修编。新增“合同管理标准、计划编制管理标准、技术改造计划管理制度、统计工作管理制度、大修项目和费用计划管理制度”等制度。共完成生产管理制度82个，规程15个。

2011年，新安江电厂划转新源公司。根据新源公司2012年10月16日召开的一体化管理标准发布电视电话会议上总经理林铭山、总经济师梁维列的讲话精神，及公司《关于一体化管理标准体系运行实施工作意见》（新源标准〔2012〕353号）文件要求，识别新源公司发布的适用新安江电厂的一体化管理标准，制订厂一体化管理标准实施工作，于2014年2月底前完成全部制度、规程的修订。有关规程按新源公司“技术标准编写规范”要求进行编写。共完成生产管理制度43个，规程62个。根据国网新源控股有限公司关于印发2015年规章制度建设工作方案的通知[经法〔2015〕6号文件]要求，逐步将原厂有关制度、细则等规章制度修改成执行手册，共完成执行手册29个。（详见附录第页：《2006—2015年规章制度目录》）

【生产质量管理】 新安江电厂检修质量管理实行三级验收制度，分别由班组、部门、厂部组成三级验收人员，按照检修项目的重要性和复杂性，验收级别分为一、二、三共三个等级，按照级别由相应人员进行验收，验收标准依据国家相关规范、检修规程、施工措施以及作业指导书等，确保检修质量优良。

2013年9月11日，新安江电厂印发《国网新源水电有限公司新安江水力发电厂关于开展2013年全国“质量月”活动的通知》（新电安质〔2013〕110号），制定详细方案，统一部署，开展“质量月”活动，活动的主题为“打造经济升级版，实现质量强国梦”，活动要求突显“质量月”活动实效、扩大“质量月”活动影响、打造“质量月”活动品牌、深化“质量月”活动内涵。

【设备缺陷管理】 为实现对设备缺陷的发现、录入系统、处理（延期）、验收、关闭、统计分析的全过程管理，按照新源公司下发的《设备缺陷管理标准》，和《设备缺陷管理手册》，新安江电厂相应制定《缺陷管理执行手册》，明确规定各岗位人员职责及统计考核等内容。

为进一步做好设备缺陷管理工作，从2015年1月起，生产技术部每月组织召开一次设备运行分析会，分析该月缺陷发生、处理情况，对未处理缺陷制定消缺计划并严格执行。

2007年9月28日，华东电网有限公司的EIS系统正式启用，新安江电站各类缺陷发现后即主动填入该系统，缺陷延期、关闭在该系统中进行，缺陷分类为甲、乙、丙三类。2011年11月1日起，电站各类缺陷填入新源公司的maximo系统，缺陷分类变更为一类、二类、三类和非运行设施缺陷。2014年6月30日起，新源运检部将缺陷分类为危急、严重、一般和非运行设施缺陷。

表 11-7　　2006—2015 年较大缺陷情况如下表

年份（年）	发现缺陷（个）	已消缺陷（个）	消缺率（%）	本年度较大缺陷
2006	265	256	96.6	5 月 11 日 23 时 55 分 1 号机 13#套筒的双联臂螺杆断裂
2007	278	256	92.09	2 月 8 日 10 时 30 分 检查发现 03 号主变流变 B 相金属膨胀器动作； 5 月 21 日 18 时 0 分 检查发现 03 号主变 B 相低压套管破裂； 11 月 20 日 23 时 0 分 检查发现 6 号机推力冷却器油位异常升高(属冷却器破裂引起)
2008	305	302	99.02	1 月 1 日 17 时 39 分 220 千伏旁路开关跳闸，原因为开关操作机构的辅助接点存在不明原因的动作使三相不一致保护动作误跳开关； 2 月 13 日 9 号机开机启励失败，原因为启励电压监视继电器 DY 接点卡住不返回
2009	256	255	99.6	1 月 22 日 10 时 0 分 2 号机推力油槽油位异常升高（原因为油冷却器两根铜管胀口漏水）； 1 月 26 日 12 时 26 分 5 号机停机中 23 号导叶剪断肖剪断和工作门落不到底
2010	284	237	83.4	5 月 29 日 20 时 30 分 3 号机开关泄压到 0； 7 月 9 日 8 时 59 分 220KV 副母 C 相避雷器阀片损坏接地冲顶，造成 220KV 副母差动动作，跳开 220 母联及副母线上所有设备开关； 12 月 4 日 5 时 45 分 新排 2233 开关压力降低禁止重合闸及合闸，原因为开关 C 相压力转换接点未到位所致； 12 月 16 日 5 时 07 分 新下 2484 开关压力降低禁止重合闸及合闸，原因为油泵启动接触器线圈开路
2011	197	196	99.5	6 月 7 日 6 时 50 分 4 号机开关液压系统大量漏油； 6 月 30 日 12 时 16 分 2386 线路闸刀由于轴承锈蚀导致分闸过程中拉不开，造成间歇性放电。
2012	141	141	100	4 月 25 日 0 时 30 分 1 号机推力瓦温度过高保护误动作停机； 4 月 14 日 11 时 25 分 新杭 2230 线路保护改造投产后开关异常跳闸。原因为：新建 2386 线路 LCU 在改造，由于新杭 2230 线路 LCU 与新建 2386 线路 LCU 之间通讯系统功能模块配置不合理导致新杭 2230 开关跳闸
2013	99	99	100	12 月 9 日 10 时 50 分 220 千伏 GIS 正母线 GM13 气室存在铝屑，导致 B 相对地放电，引起 220 千伏正母差动动作
2014	142	142	100	6 月 12 日 7 时 25 分 5 号机开机并网不成功，重发开机令后，并网正常； 6 月 26 日 11 时 03 分、7 月 1 日 11 时 48 分、7 月 2 日 12 时 12 分、7 月.3 日 9 时 09 分 新杭 2231 线路 A 相高阻接地故障； 7 月 14 日 8 时 25 分 4 号机运行中，24 号活动导叶双连臂断裂； 9 月 13 日 19 时 40 分 1 号机带 95 兆瓦负荷运行，由于 LCU2110 输入板故障引起跳机
2015	145	145	100	2 月 27 日 7 时 56 分 2 号机开机过程中灭磁开关跳闸，原因未查明； 4 月 10 日 22 时 25 分 7 号机备用中，开关密度继电器法兰密封圈长期振动损坏导致 SF6 泄露至闭锁分合闸压力（SF6 气压 540Kpa）

【设备隐患管理】 新安江电厂对生产设备隐患管理实行安全第一、预防为主、综合治理的方针，通过排查，及时掌握设备健康水平和劣化趋势，开展隐患防范控制、治理整改，及时消除设备隐患，提高设备健康状况和稳定运行水平。

新安江电厂于 2011 年 4 月整体划归新源公司后，自 2012 年年初起正式开展隐患管理工作。按当年 3 月 19 日新源公司下达的《国网新源控股有限公司生产设备设施隐患排查治理管理办法(试行)》，全面进行生产设备隐患排查治理。隐患排查方式分为专项检查、安全性评价和日常巡检。

隐患管理方式有发现隐患及时在生产管理系统填报隐患信息、治理计划、治理（控制）措施、应急方案；及时进行隐患等级评定，按隐患状态严重程度划分一类、二类、三类三个级别；定期进行隐患动态评价及治理（控制）措施的实施，实行隐患动态跟踪管理；及时组织隐患治理、验收关闭。

2012 年隐患管理情况 全厂共发现隐患80 项，均为三类隐患，其中按计划消除隐患75 项（含列入下年度进行消除的即变更关闭6 项），并于生产管理系统中完成隐患关闭流程，计划消除率 100%，另 5 项隐患按计划以后年度结合设备检修时消除。该年隐患详细情况见下表。

表 11-8　　2012 年度新安江电厂隐患情况表

序号	隐患名称	生产管理系统编号	治理状态	来源
1	右岸坝头山体岩石发现裂缝并有可能坍塌	新安江-C-2012-074	关闭	巡检
2	新安江 220 千伏新杭 2233 线路避雷器放电计数器安装位置低	新安江-C-2012-063	关闭	安全性评价
3	新安江 220 千伏新德 2387 线路避雷器放电计数器安装位置低	新安江-C-2012-062	关闭	安全性评价
4	7 号机工作闸门旁通阀锈蚀较严重	新安江-C-2012-066	关闭	安全性评价
5	6 号机工作闸门旁通阀锈蚀较严重	新安江-C-2012-068	关闭	安全性评价
6	4 号机转子风扇曾出现裂纹	新安江-C-2012-064	隐患治理	安全性评价
7	7 号机转子风扇曾出现裂纹	新安江-C-2012-065	关闭	安全性评价
8	5 号机工作闸门旁通阀锈蚀较严重	新安江-C-2012-069	变更关闭	安全性评价
9	4 号机工作闸门旁通阀锈蚀较严重	新安江-C-2012-070	隐患治理	安全性评价
10	1 号机工作闸门旁通阀锈蚀较严重	新安江-C-2012-067	关闭	安全性评价
11	9 号机组未安装纯机械过速保护装置	新安江-C-2012-071	关闭	安全性评价
12	8 号机组未安装纯机械过速保护装置	新安江-C-2012-072	隐患治理	安全性评价
13	7 号机组未安装纯机械过速保护装置	新安江-C-2012-073	关闭	安全性评价
14	6 号机组未安装纯机械过速保护装置	新安江-C-2012-078	关闭	安全性评价
15	5 号机组未安装纯机械过速保护装置	新安江-C-2012-079	变更关闭	安全性评价
16	4 号机组未安装纯机械过速保护装置	新安江-C-2012-080	隐患治理	安全性评价
17	1 号机组未安装纯机械过速保护装置	新安江-C-2012-075	关闭	安全性评价
18	3 号机组未安装纯机械过速保护装置	新安江-C-2012-076	关闭	安全性评价
19	2 号机组未安装纯机械过速保护装置	新安江-C-2012-077	隐患治理	安全性评价
20	物资公司临时油库，存放其他可燃物品	新安江-C-2012-061	关闭	安全性评价
21	新安江 220 千伏新下 2484 线路避雷器放电计数器安装位置低	新安江-C-2012-060	关闭	安全性评价
22	消防异常记录不全，责任制落实不好。	新安江-C-2012-059	关闭	安全性评价
23	85 廊道 9#坝段渗漏水严重	新安江-C-2012-057	关闭	安全性评价
24	厂房气体灭火气瓶间气瓶阀门位置不一致	新安江-C-2012-058	关闭	安全性评价
25	220 千伏旁路保护隐患	新安江-C-2012-056	关闭	专项检查
26	新下 2484 线路保护第一套高频保护隐患	新安江-C-2012-055	变更关闭	专项检查
27	新排 2233 线路保护第一套高频保护隐患	新安江-C-2012-054	关闭	专项检查
28	01 号主变开关投运 10 余年未大修	新安江-C-2012-053	关闭	专项检查

29	01号主变正、付母闸刀轴承易发卡	新安江-C-2012-044	关闭	专项检查
30	01号主变冷却器冷却效果不好	新安江-C-2012-045	关闭	专项检查
31	升压站未设置独立直流系统	新安江-C-2012-042	变更关闭	专项检查
32	03号主变保护（双套）电流回路未独立隐患	新安江-C-2012-041	关闭	专项检查
33	01号主变保护（双套）电流回路未独立隐患	新安江-C-2012-043	关闭	专项检查
34	透平油库消防水系统未采用无缝钢管、钢质阀门，固定水喷雾灭火系统无联动功能。	新安江-C-2012-040	关闭	专项检查
35	40油库未配置火灾自动报警系统等	新安江-C-2012-039	关闭	专项检查
36	40油库未配置火灾自动报警系统等	新安江-C-2012-034	关闭	专项检查
37	透平油库消防水系统未采用无缝钢管、钢质阀门，固定水喷雾灭火系统无联动功能。	新安江-C-2012-035	关闭	专项检查
38	106电缆层无火灾自动报警装置，无固定灭火装置；电缆敷设不符合规范要求	新安江-C-2012-036	关闭	专项检查
39	电缆道电缆敷设存在动力、控制电缆混放、缠绕情况	新安江-C-2012-037	关闭	专项检查
40	厂房消防设施未采用专用供电回路	新安江-C-2012-038	关闭	专项检查
41	新杭2231CT平台爬梯高度大于3米且倾斜角度大于75度，不符合“国网公司重大反事故措施”第20.3.4的条款规定	新安江-C-2012-033	关闭	专项检查
42	3号水轮发电机组异常振动不能自动紧急停机隐患（无保护出口）	新安江-C-2012-029	关闭	专项检查
43	9号水轮发电机组异常振动不能自动紧急停机隐患（无保护出口）	新安江-C-2012-028	关闭	专项检查
44	8号水轮发电机组异常振动不能自动紧急停机隐患（无保护出口）	新安江-C-2012-023	变更关闭	专项检查
45	7号水轮发电机组异常振动不能自动紧急停机隐患（无保护出口）	新安江-C-2012-022	关闭	专项检查
46	6号水轮发电机组异常振动不能自动紧急停机隐患（无保护出口）	新安江-C-2012-021	关闭	专项检查
47	8号机出口架空母线底部无防护网	新安江-C-2012-047	关闭	专项检查
48	5号水轮发电机组异常振动不能自动紧急停机隐患（无保护出口）	新安江-C-2012-027	变更关闭	专项检查
49	4号水轮发电机组异常振动不能自动紧急停机隐患（无保护出口）	新安江-C-2012-026	关闭	专项检查
50	2号水轮发电机组异常振动不能自动紧急停机隐患（无保护出口）	新安江-C-2012-025	关闭	专项检查
51	9号机组工作闸门在监控失灵时，只能手动关闭闸门，将机组安全停机，不能远方控制关闭闸门，将机组安全停机。	新安江-C-2012-030	关闭	专项检查
52	9号机出口架空母线底部无防护网	新安江-C-2012-046	关闭	专项检查
53	8号机组工作闸门在监控失灵时，只能手动关闭闸门，将机组安全停机，不能远方控制关闭闸门，将机组安全停机	新安江-C-2012-016	关闭	专项检查
54	7号机组工作闸门在监控失灵时，只能手动关闭闸门，将机组安全停机，不能远方控制关闭闸门，将机组安全停机	新安江-C-2012-024	关闭	专项检查
55	7号机出口架空母线底部无防护网	新安江-C-2012-048	关闭	专项检查
56	6号机出口架空母线底部无防护网	新安江-C-2012-050	关闭	专项检查

57	6 号机组工作闸门在监控失灵时，只能手动关闭闸门，将机组安全停机，不能远方控制关闭闸门，将机组安全停机	新安江-C-2012-020	关闭	专项检查
58	5 号机组工作闸门在监控失灵时，只能手动关闭闸门，将机组安全停机，不能远方控制关闭闸门，将机组安全停机	新安江-C-2012-032	关闭	专项检查
59	5 号机出口架空母线底部无防护网	新安江-C-2012-052	关闭	专项检查
60	4 号机出口架空母线底部无防护网	新安江-C-2012-049	关闭	专项检查
61	4 号机组工作闸门在监控失灵时，只能手动关闭闸门，将机组安全停机，不能远方控制关闭闸门，将机组安全停机	新安江-C-2012-031	关闭	专项检查
62	3 号机组工作闸门在监控失灵时，只能手动关闭闸门，将机组安全停机，不能远方控制关闭闸门，将机组安全停机	新安江-C-2012-017	关闭	专项检查
63	3 号机出口架空母线底部无防护网	新安江-C-2012-051	关闭	专项检查
64	2 号机组工作闸门在监控失灵时，只能手动关闭闸门，将机组安全停机，不能远方控制关闭闸门，将机组安全停机	新安江-C-2012-018	关闭	专项检查
65	2 号机出口架空母线底部无防护网	新安江-C-2012-019	关闭	专项检查
66	消防设备未采用专用供电回路	新安江-C-2012-015	关闭	专项检查
67	厂内电缆道（井）电缆敷设存在动力、控制电缆混放、缠绕情况	新安江-C-2012-014	关闭	专项检查
68	106 电缆层无火灾自动报警装置，无固定灭火装置；电缆敷设不符合规范要求	新安江-C-2012-013	关闭	专项检查
69	厂坝区上坝公路边坡时有落石掉块现象，两坝头有局部塌方、滑坡的可能	新安江-C-2012-012	关闭	专项检查
70	升压站未设置独立直流系统	新安江-C-2012-010	关闭	安全性评价
71	03 号主变保护（双套）电流回路未独立隐患	新安江-C-2012-008	关闭	安全性评价
72	透平油库消防水系统未采用无缝钢管、钢质阀门等。	新安江-C-2012-011	关闭	专项检查
73	01 号主变保护（双套）电流回路未独立隐患	新安江-C-2012-009	关闭	反措
74	1 号机组工作门在监控失灵时，只能手动关闭闸门，将机组安全停机，不能远方控制关闭闸门，将机组安全停机	新安江-C-2012-006	关闭	专项检查
75	40 油库未配置火灾自动报警系统等	新安江-C-2012-005	关闭	专项检查
76	1 号水轮发电机组异常振动不能自动紧急停机隐患（无保护出口）	新安江-C-2012-007	关闭	专项检查
77	新杭 2230、220 旁路、新建 2386、新杭 2231CT 平台爬梯不符合“国网公司重大反事故措施”第 20.3.4 的条款规定	新安江-C-2012-004	关闭	专项检查
78	03 号主变冷却效果不良，运行温度高	新安江-C-2012-002	关闭	专项检查
79	03 号主变低压侧局部过热	新安江-C-2012-003	关闭	专项检查
80	1 号机出口架空母线底部无防护网	新安江-C-2012-001	关闭	专项检查

2013 年隐患管理情况 全厂共发现隐患 6 项，均为三类隐患，其中按计划消除隐患 5 项，并于生产管理系统中完成隐患关闭流程，计划消除率 100%，另 1 项隐患按计划以后年度结合设备检修时消除。该年隐患详细情况见下表。

表 11-9　　2013 年度新安江电厂隐患情况表

序号	隐患名称	生产管理系统编号	治理状态	来源
1	主厂房桥机操作人员轨道行走无防坠落措施	新安江-C-2013-007	关闭	专项检查
2	5 号水轮发电机组异常振动不能自动紧急停机隐患（无保护出口）	新安江-C-2013-005	关闭	专项检查
3	8 号水轮发电机组异常振动不能自动紧急停机隐患（无保护出口）	新安江-C-2013-006	关闭	专项检查
4	主厂房火灾自动报警系统覆盖存在多处盲区	新安江-C-2013-004	关闭	专项检查
5	发电机、透平油库及 40 油库固定水喷雾灭火系统无自动、联动动作功能	新安江-C-2013-003	隐患治理	专项检查
6	新下 2484 线路保护第一套高频保护隐患	新安江-C-2013-001	关闭	专项检查

2014 年隐患管理情况　全厂共发现隐患 7 项，均为三类隐患，其中按计划消除隐患 5 项，并于生产管理系统中完成隐患关闭流程，计划消除率 100%，另 2 项隐患按计划以后年度结合设备检修时消除。该年隐患详细情况见下表。

表 11-10　　新安江电厂 2014 年度隐患情况

序号	隐患名称	生产管理系统编号	治理状态	来源
1	升压站未设置独立直流系统	新安江电厂-C-2014-007	关闭	专项检查
2	5 号机组未安装纯机械过速保护装置	新安江电厂-C-2014-006	隐患治理	安全性评价
3	5 号机工作闸门旁通阀锈蚀较严重	新安江电厂-C-2014-005	隐患治理	安全性评价
4	61 廊道安全栏杆锈蚀严重	新安江电厂-C-2014-004	关闭	专项检查
5	03 号主变消防保护不能自动投入	新安江-C-2014-001	关闭	专项检查
6	02 号主变消防保护不能自动投入	新安江-C-2014-002	关闭	专项检查
7	01 号主变消防保护不能自动投入	新安江-C-2014-003	关闭	专项检查

2015 年隐患管理情况　全厂共发现隐患 21 项，均为三类隐患，其中按计划消除隐患 6 项，并于生产管理系统中完成隐患关闭流程，计划消除率 100%，另 15 项隐患按计划以后年度结合设备检修时消除。本年隐患详细情况见下表。

表 11-11　　2015 年度新安江电厂隐患情况表

序号	隐患名称	生产管理系统编号	治理状态	来源
1	主厂房缺少水淹厂房保护	新安江电厂-C-2015-022	隐患治理	专项检查
2	部分电缆未涂刷防火涂料	新安江电厂-C-2015-019	隐患治理	专项检查
3	电缆道内部分动力电缆存在中间接头	新安江电厂-C-2015-017	隐患治理	专项检查
4	部分电缆道防火封堵不合格	新安江电厂-C-2015-020	隐患治理	专项检查

5	部分电缆通道防火阻隔不合格	新安江电厂-C-2015-021	隐患治理	专项检查
6	电缆道部分区域动力电缆和控制电缆混放	新安江电厂-C-2015-018	隐患治理	专项检查
7	厂房透平油库油罐间等未使用防火门	新安江电厂-C-2015-007	隐患治理	安全性评价
8	4号发电机空气间隙超标	新安江电厂-C-2015-015	隐患治理	检修
9	4号机线棒端部绝缘存在隐患	新安江电厂-C-2015-014	隐患治理	检修
10	4号机转子磁极结构不合理	新安江电厂-C-2015-013	隐患治理	检修
11	6号机推力轴承及上机架金属缺陷	新安江电厂-C-2015-009	隐患治理	检修
12	4号机转子风扇曾出现裂纹	新安江电厂-C-2015-011	关闭	安全性评价
13	4号机导水机构锈蚀	新安江电厂-C-2015-012	隐患治理	检修
14	厂房电缆道水喷雾灭火管路和喷头需调整和补充	新安江电厂-C-2015-016	隐患治理	专项检查
15	主变水喷雾自动灭火系统不满足规范要求	新安江电厂-C-2015-008	隐患治理	安全性评价
16	水轮机层无火灾自动报警系统，厂房无消防应急广播隐患	新安江电厂-C-2015-005	隐患治理	安全性评价
17	监控系统机房未设置独立调试终端室	新安江电厂-C-2015-003	关闭	安全性评价
18	缺少与浙江省调度数据网的直联通道	新安江电厂-C-2015-006	关闭	安全性评价
19	厂房第3套蓄电池放电容量不足	新安江电厂-C-2015-002	关闭	安全性评价
20	220kV GIS设备基础及连接件锈蚀严重	新安江电厂-C-2015-010	关闭	安全性评价
21	微机防误装置模拟屏安装位置不合理	新安江电厂-C-2015-004	关闭	安全性评价

【技术监督管理】 新安江电厂2011年划转到新源公司。相应的上级技术监督组织机构由华东电网公司转变为国网新源公司技术监督组织机构。技术监督管理也由华东电力试验研究院转变为国网新源控股有限公司技术中心。2012年初开始依据新源公司各专业《技术监督导则》和年度设备检修、技改、科技等项目计划，在生产管理信息系统编制各专业《技术监督年度工作计划》。技术监督网定期（年中、年度）召开工作会议，分析、检查、总结技术监督工作，制定工作目标，指导开展技术监督工作。

2013年，技术监督服务由华东电力试验研究院提供变为浙江省电力试验研究院技术服务中心。专业技术监督内容变化为电能质量与节能监督、绝缘监督、电测监督、励磁监督、热工自动化监督、金属监督、化学与环保监督、继电保护及安全自动装置监督、水机监督、水工监督等10项专项监督。2015年，专业技术监督内容变化为电能质量监督、电气设备性能监督、电测监督、热工监督、自动化监督、金属监督、化学监督、节能与环境保护监督、保护与控制系统监督、水机监督、水工监督、信息通信监督等12项专项监督。

2015年，技术监督服务由浙江省电力试验研究院技术服务中心提供变为上海明华电力技术工程有限公司。下半年，新安江电厂依据《新源控投有限公司技术监督管理手册》，制定《新安江电厂技术监督管理执行手册》，并于12月发布执行。

【金属监督解决上导、推力水压表频繁打坏缺陷】 针对3、6号机上导、推力水压表频繁打坏的缺陷，金属监督网多次组织对该缺陷进行技术分析讨论。并提出在推力、上导进排水管路上加装高速复合式进排气阀的解决方案。利用3号发电机组2008年2月份的B级大修机会，在3号机推力、上导进排水管路（风洞内）各安装一只D040-16-2型高速复合式进排气阀。机组复役过程各水压表平稳显示，管路无异常。经过近半年多的运行，各水压表开机过程运行一切正常。结合机组检修，2015 年该解决方案已在多台机组上安装使用。

【采用多种方法进行金属检测】 2009 年起，新安江电厂充分吸取俄罗斯萨扬－舒申斯克水电站事故的教训，在金属检测方面加大力度，采用多种方法（超声波检测 UT、渗透检测 PT、宏观检查 VT、磁粉检测 MT）进行金属检测，在部分设备上发现了金属缺陷，及时处理，保证了设备安全。2010 年，在 9 号机大修过程中，对水轮发电机组主要受力部件共 35 处作了金属检测。发现水轮机转轮叶片出水边与上冠连接处有 2 处裂纹，委托转轮制造厂家作了处理；发现水轮机层下游侧蜗壳取水管弯头处有一条裂纹，由检修部作了处理。

【化学检测 SF6 分解物发现故障点】 2013 年 12 月 9 日 10 时 50 分，新安江电厂 220 千伏正母差动保护动作跳闸，造成 220 千伏正母线失压和正母线上连接元件跳闸。事件发生后，运行及维护人员现场详细检查正母线母差范围内一次设备，未发现明显故障点，GIS 所有气室 SF6 气体压力正常。经调度同意用机组带主变压器对正母线相关设备零起升压至额定电压正常。接着，维护人员组织检测各 GIS 气室 SF6 分解物含量，继续寻找故障点。同日 15 时维护人员检测发现 GM13 气室 SF6 分解物综合值较高（正常＜12 ul/l，测试值 67.5 ul/l），其他气室 SF6 分解物综合值均为零。根据数值初步判断故障原因为该气室 B 相接地，故障点查明。

【取得热工技术监督上岗证】 2007 年 11 月下旬、2012 年 9 月中旬，自动化班部分人员参加华东电力试验研究院举办的计量检定人员上岗培训班。经过培训、考试，培训人员都取得计量检定人员上岗证。

【检修检定热工仪表】 2012 年，检修部自动化班检定全厂主辅设备表计及变送器 580 只，校检率为 100%，校前合格率为 99%；校验 0.5 级仪表、仪器、水银温度计共 64 只，合格率 96%。

【落实检修作业管理标准】 国网新源控股有限公司于 2012 年 10 月 16 日发布了 Q/GDW 46-001—2012-20405《检修作业管理标准》，新安江电厂依据标准，在此后的每次检修中，均严格执行标准要求，检修前做好策划工作，成立检修组织机构，编写技术文件，准备工器具及材料；在检修中做好过程控制和安全、质量、进度等管控及现场作业面管理。修后按照要求及时完成检修总结的编写和审批工作。

2013 年 10 月 24 日，国家电网公司“水电厂标准化检修检查小组”到新安江检查标准化检修开展情况。检查组听取电厂开展 6 号水轮发电机组 A 级检修标准化作业的情况汇报，检查作业现场，翻阅指导手册、作业指导书等技术文件，认为在各方面都基本达到公司要求。

【综合对标管理】 新安江电厂在 2011 年成建制划归新源公司后，正式组织开展综合管理对标工作，作为企业改进管理的重要手段，也为参与行业在安全生产、经营发展、管理评价等方面进行绩效评比做好基础工作。发展计划部为综合管理归口管理部门，牵头组织开展全厂综合管理对标工作。

2011 年综合管理对标工作 新源公司 2011 年 11 月 9 日以新源生[2011]368 号文发布 2011 年水电单位综合管理对标体系，水电单位 7 家（丰满电厂、松江河电厂、白山电厂、新安江电厂、富春江电厂、莲水电厂和国投公司）。该体系确定以安全管理、生产运行、经营管理和人力资源四大专项指标共22个分指标，并明确各指标的评价体系。各分指标按权重折算，满分采用百分制，各单位按综合得分情况排名，新安江电厂排名第一。该年综合管理对标工作包括基础工作（权重10%）、指标评价(权重50%，详见下表)、管理评价(权重40%)三大分项。基本信息指标不列入考核范围。

2012年综合管理对标工作 2012年4月10日，成立厂综合管理对标机构，设领导小组和工作小组，对标办公室设于发展计划部。

按公司发布的2012年综合管理对标体系和实施方案，制定厂2012年综合管理对标工作方案，分解2012年度综合管理对标指标到部门，层层分解，步步落实；加强对标指标的跟踪管理，实行对标工作监督考核管理；每季度召开对标工作会议，对照检查、分析、整改，按公司上半年度公布的7家水电单位综合管理对标结果，进行经验总结和整改；按公司综合管理对标归口部门布置，定期组织编报对标季度、年度汇总数据和自评价报告。

2012年的综合管理对标成果：

该年度新安江电厂在7家水电单位综合管理对标评价综合评分最高，得分为80.62分，排名第二。其中生产技术管理评价和行政正职安全工作管理评价两项权重较大指标在7家水电单位分别获最高分，取得领先成绩。

表11-12　　2012年综合管理对标指标考核情况表

序号	指标名称	指标单位	得分	名次	备注
1	人身事件	分	100	并列第一	
2	设备事件	分	95	并列倒一	8级设备事件一次
3	电网事件	分	100	并列第一	
4	质量事件	分	100	并列第一	
5	安全检查问题整改及时率	%	100	并列第一	
6	隐患治理及时率	%	100	并列第一	
7	信息系统事件	分	100	并列第一	
8	机组台均非计划停运次数	次/台	0	并列第一	
9	发电方向启动成功率	%	100	并列第一	
10	效可用系数年度计划完成率	%	103.11	并列第三	
11	强迫停运率	%	0	并列第一	
12	缺陷消除率	%	100	并列第一	
13	隐患措施落实率	%	15	并列倒一	隐患措施实际已落实，但在PMS中填写措施位置不符合导致扣分。
14	HPMS 实用化指标	%	100	并列第一	
15	厂用电率	%	2.37	并列倒二	
16	洪水预报精度	%	100	并列第一	
17	宣传报道	分	581	并列第二	
18	公文考评	分	98	第一	
19	发电量完成率或容量电费执行率	%	112.23	并列第一	
20	资金归集率	%	98.76	倒一	
21	重点预算项目调整比例	%	0	并列第一	
22	招标计划准确率	%	100	并列第一	
23	物资采购招标成功率	%	100	并列第一	
24	物资招标合同签订及时率	%	100	并列第一	
25	物资采购申请审批及时率	%	97.59	倒二	
26	物资采购订单审批及时率	%	98.1	并列第一	
27	全员培训率	%	99.64	倒二	

序号	指标名称	指标单位	得分	名次	备注
28	ERP系统应用指标得分	分	90.112	第二	
29	办公事务管理评价	分	119.60	并列第二	
30	综合计划管理评价	分	100	并列第一	
31	人力资源集约化管理评价	分	1.84	并列第三	
32	财务集约化管理评价	分	95	并列第二	
33	行政正职安全工作管理评价	分	138.3	第一	
34	生产技术管理评价	分	105.9	第一	
35	对标基础工作管理评价	分	103	并列第一	
36	科技信息管理评价	分	98.5	并列第一	
37	物资管理评价	分	100	并列第一	
38	党风廉政建设管理评价	分	97.97	并列第二	
39	审计管理评价	分	97	并列第四	
40	精神文明建设管理评价	分	100	并列第一	

2013年综合管理对标工作 该年度起，厂综合管理对标工作划归生产技术部归口管理，生产技术部牵头组织开展全厂综合管理对标工作。

按新源公司发布的2013年综合管理对标体系和实施方案，召开年度工作布置会，确定综合管理对标工作2013年度目标，分解年度综合管理对标体系；加强指标的跟踪管理，实行对标工作监督考核管理；每季度召开对标工作会议，对照检查、分析、整改，按公司公布的7家水电单位综合管理季度对标结果，总结经验和整改提高；按公司综合管理对标归口部门布置，定期组织编报对标季度、年度汇总数据和自评价报告，定期上报综合管理对标工作开展情况。

2013年的综合管理对标成果：新源公司以新源运检〔2014〕18号文公布2013年综合管理对标情况通报，新安江电厂综合得分为84.44分，在7家水电单位内排名第三（主要原因为G15发生事故）。管理评价专项得82.5分，排专项第一。排名领先主要因为运维检修管理评价（生产管理系统评价指标）和行政正职安全、质量工作管理评价等两个权重大的小项指标得分均为第一。

表11-13　　2013年综合管理对标指标考核情况表

序号	指标名称	指标单位	得分	名次	备注
1	人身事件	分	100	并列第一	
2	设备事件	分	100	并列第一	
3	电网事件	分	90	最后	八级电网事件一次
4	质量事件	分	100	并列第一	
5	信息系统事件	分	100	并列第一	
6	安全检查问题整改及时率	%	100	并列第一	
7	隐患治理及时率	%	100	并列第一	
8	非计划停运率	%	0	并列第一	
9	非计划停运发生率	次/年	0	并列第一	
10	发电方向启动成功率	%	100	并列第一	
11	效可用系数	%	89.79	并列第二	
12	缺陷消除率	%	100	并列第一	
13	一/二类缺陷消缺平均时长	%	101.5	倒二	发生一次一类设备消缺时间长
14	机组检修工期计划执行准确率	%	100	并列第一	
15	检修技改项目完成率	%	100	并列第一	

序号	指标名称	指标单位	得分	名次	备注
16	检修技改项目计划完成偏差率	%	0.14	并列第二	
17	反措年度计划完成率	%	100	并列第一	
18	日常维护年度计划完成率	分	99.48	并列第三	
19	技术监督年度计划完成率	%	100	并列第一	
20	水务数据整编及时率	%	100	并列第一	
21	值班业务管理	分	100	并列第一	
22	新闻宣传及舆情评价	分	580	第二	
23	公文考评	分	100	并列第一	
24	发电量完成率或容量电费执行率	%	101.63	并列倒二	按容量电费执行率统计
25	综合厂用电率	%	2.15	最后	
26	资金归集率	%	100	并列第一	
27	年度招标采购计划准确率	%	100	并列第一	
28	年度招标采购计划及时率	%	100	并列第一	
29	评标专家出席率	%	82.86	第一	
30	集中采购合同签订及时率	%	100	并列第一	
31	年度两级物资集中采购率	%	100	并列第一	
32	年度两级非物资集中采购率	%	100	并列第一	
33	ERP 系统应用指标得分	分	100	并列第一	
34	办公事务管理评价	分	103.94	第一	
35	综合计划管理评价	分	98	并列第一	
36	人力资源集约化管理评价	分	105	并列第一	
37	财务集约化管理评价	分	94	第五	
38	行政正职安全工作管理评价	分	134.6	并列第一	
39	运维检修管理评价	分	96.29	第一	
40	对标基础工作管理评价	分	103	并列第一	
41	科技信息管理评价	分	98	并列第二	
42	物资管理评价	分	106	第一	
43	党风廉政建设管理评价	分	101	并列第二	
44	审计管理评价	分	103	并列第三	
45	精神文明建设管理评价	分	100	并列倒二	

2014 年综合管理对标工作 生产技术部作为厂综合管理对标工作归口管理部门，牵头组织开展全厂综合管理对标工作。按国网新源公司发布的 2014 年综合管理对标体系，召开年度工作布置会，确定 2014 年综合管理对标工作年度目标，分解 2014 年度综合管理对标体系；加强指标的跟踪管理，实行对标工作监督考核管理；每季度召开对标工作会议，对照检查、分析、整改，按公司公布的 7 家水电单位综合管理季度对标结果，进行经验总结和整改提高；按公司综合管理对标归口部门布置，定期组织编报对标季度、年度汇总数据和自评价报告，定期上报综合管理对标工作开展情况。

2014 年的综合管理对标成果 ：据新源运检〔2015〕32 号文公布的 2014 年综合管理对标情况通报，新安江电厂得分为 70.44 分，在 7 家水电单位内综合排名第三。被新源公司推荐为 2014 年度水电单位综合管理对标标杆单位，并代表水电单位在新源公司年度综合管理工作会议上交流经验。年度运维检修专项工作成绩突出，被新源公司评为年度运检管理先进单位。

表 11-14　　2014 年综合管理对标指标考核情况表

序号	指标名称	指标单位	得分	名次	备注
1	人身事件	分	100	并列第 1	
2	设备事件	分	95	并列倒 1	制造厂家设备原因引起 8 级设备事件一次
3	电网事件	分	100	并列第 1	
4	质量事件	分	100	并列第 1	
5	信息系统事件	分	100	并列第 1	
6	安全、质量检查问题整改及时率	%	100	并列第 1	
7	隐患治理及时率	%	100	并列第 1	
8	非计划停运率	%	0.02	倒 1	制造厂家设备原因
9	非计划停运发生率	次/年	0.3	并列倒 2	制造厂家设备原因
10	发电方向启动成功率	%	100	并列第 1	
11	等效可用系数	%	93.44	并列倒 2	
12	检修技改项目完成率	%	100	并列第 1	
13	检修技改项目计划完成偏差率	%	0.02	并列第 1	
14	检修技改储备项目申报合格率	%	100	并列第 1	
15	缺陷消除及时率	%	97.18	倒 2	
16	机组检修安全质量得分率	%	100	并列第 1	
17	技术监督评价指数	%	98	并列第 1	
18	大坝安全评价指数	%	100	并列第 1	
19	防汛工作得分率	%	97	并列第 4	
20	值班业务管理	分	100	并列第 1	
21	新闻宣传及舆情评价	分	100	并列第 1	
22	公文考评	分	100	并列第 1	
23	发电量完成率或容量电费执行率	%	110	并列第 1	
24	综合厂用电率	%	103	并列第 3	
25	竣工决算编制完成率	%	100	并列第 1	
26	应收电费回收率	%	100	并列倒 2	
27	年度招标采购计划准确率	%	100	并列第 1	
28	年度招标采购计划及时率	%	83.02	倒 2	
29	评标专家出席率	%	73.68	并列第 2	
30	集中采购合同签订及时率	%	100	并列第 1	
31	ERP 系统应用指标得分	分	99.68	并列第 4	
32	办公事务管理评价	分	99.5	第 5	
33	综合计划管理评价	分	108	并列第 2	
34	人力资源集约化管理评价	分	106	并列第 1	
35	财务集约化管理评价	分	99	第 5	
36	行政正职安全、质量工作管理评价	分	109.21	并列第 3	
37	运维检修管理评价	分	110.44	第 1	
38	对标基础工作管理评价	分	102.1	并列第 4	
39	科技信息管理评价	分	99	并列第 2	
40	物资管理评价	分	102.8	并列第 3	
41	党风廉政建设管理评价	分	100	并列第 1	
42	审计管理评价	分	101	并列倒一	
43	精神文明建设管理评价	分	109	并列第 2	
44	法律工作和企业管理评价	分	111	并列第 1	

2015年综合管理对标 2015年4月28日，接新源公司新源运检[2015]1129号文发布的2015年水电单位综合管理对标指标体系，确定安全质量、运维检修、经营发展、管理评价四个专项（29项小指标）。同上年相比，指标调整幅度大，计减少了15项分指标。指标设计强调过程管理和工作质量，并加大依法治企考核比重。新安江电厂在7家水电单位内综合得分为66.89分，排名第一。

表11-15　　2015年综合管理对标指标考核情况表

序号	指标名称	指标单位	得分	名次
1	安全、质量事件	分	100	并列第1
2	非计划停运率	%	0.00	并列第1
3	非计划停运发生率	次/年	0.00	并列第1
4	等效可用系数	%	92.56	第4
5	运维人员效率指数	分	0.58	并列第3
6	检修技改项目管理规范性	%	93.97	并列第2
7	标准项目执行到位率	%	99.96	并列第1
8	设备健康指数	分	77.90	并列倒数1
9	检修标准化评价得分	分	99.40	并列第2
10	设备状态评价准确率	%	98.80	第1
11	发电量	分	108	第2
12	综合厂用电率	%	109.00	第2
13	竣工决算编制完成率	%	100.00	并列第1
14	应收电费回收率	%	100.00	并列倒1
15	利润	分	116.00	第2
16	单位千瓦生产可控费用	元	23.89	第4
17	科技成果指数	分	80.00	并列第2
18	办公事务管理评价	分	101.29	第1
19	综合计划管理评价	分	103.00	并列第2
20	人力资源集约化管理评价	分	103.00	并列第1
21	财务集约化管理评价	分	100.00	并列第1
22	行政正职安全质量工作管理评价	分	104.60	第1
23	运维检修管理评价	分	99.75	倒2
24	科技信息管理评价	分	96.50	倒1
25	物资管理评价	分	105.50	并列第3
26	党风廉政建设管理评价	分	97.00	倒3
27	审计管理评价	分	114.50	第4
28	精神文明建设管理评价	分	103.43	并列第2
29	法律工作和企业管理评价	分	111.00	第1

【大修管理】 **2006年大修管理** 2006年3月9日，华东电网有限公司《关于新安江水力发电厂2006年大修项目和费用计划的批复》，暂核定电厂2006年总的修理费为4605.0万元。8月29日，《关于新安江水力发电厂2006年度大修项目和费用计划调整的批复》（华东电网生〔2006〕649号文），对上年暂缓的两项大修项目，即8台次水轮发电机组D级检修和大坝坝体火山灰混凝土补强加固工程安排在当年开工，计划费用分别为240.0万元和

670.0 万元。9 月 21 日，《关于新安江水电厂 2006 年检修计划调整增加项目的批复》（华东电网生〔2006〕726 号文），对新电生计〔2006〕102 号文作了具体批复，调整增加项目 8 项，核定费用计 510.0 万元。11 月 27 日，《关于直管单位 2006 年检修调整项目计划的批复》（华东电网生〔2006〕906 号文），批准大修项目 22 项，核定费用 853.0 万元。由此，华东电网有限公司核定新安江电厂 2006 年度的大修理费用总计 6878.0 万元。（资金完成率为 99.67%）

新安江电厂实际实施大修理项目 128 项，完成 127 项，坝体火山灰水泥混凝土检查补强灌浆处理主体工程于 2006 年年底已完工，辅助扫尾工程预计春节前完成。财务实际发生大修理费用共计 6855.355145 万元，比华东电网有限公司核定的计划费用节余 22.644855 万元。

2007 年大修管理 2006 年 12 月 30 日，华东电网有限公司《关于新安江水力发电厂 2007 年大修项目和费用计划的批复》（华东电网生〔2006〕1057 号），核定 2007 年大修理费用为 4868 万元。2007 年 2 月 14 日，《关于新安江水力发电厂 2007 年部分大修项目和费用调整的通知》（华东电网生〔2007〕105 号）对电厂大修理项目部分进行了调整，主要是暂缓专项工程“7～25 坝段及左岸平洞主帷幕检查孔灌浆”，其费用 548 万元移作“2 号水轮发电机组大修定、转子配套检修项目”使用，其中 2 号水轮发电机组大修转子磁轭配套检修项目费用核定为 390 万元，定子配套检修费用核定为 158 万元。8 月 20 日，华东电网生〔2007〕576 号文对“7～25 坝段及左岸平洞主帷幕检查孔灌浆”工程进行了调整，同意立项，核准项目费用为 548 万元。由此，华东电网有限公司核定 2007 年度的大修理费用总计 5416.0 万元。

2007 年电厂实际实施的大修理项目共 88 项，其中：主设备 32 项、电气设备 12 项、公共辅助设备 15 项、大坝金属结构 1 项、生产建（构）筑 11 项、安措项目 4 项、非生产设施 3 项、专项工程 2 项、大修理前期项目 5 项、其他 3 项，项目全部完成。其中重点项目 2 号水轮发电机组增容改造后完善性大修的子项目共有 21 项，核定费用 1054.0 万元，实际发生 1052.62 万元。当年财务实际发生的大修理费用共计 5406.46 万元，比华东电网有限公司核定的计划费用节余 9.50 万元。（资金完成率为 99.82%）

2008 年大修管理 2008 年 1 月 7 日，华东电网有限公司《关于新安江水力发电厂 2008 年大修项目和费用计划的批复》（华东电网生〔2008〕18 号）核定 2008 年度总修理费用为 4819.2 万元，其中设备检修费 4030.8 万元。项目费用分批下达，第一批下达费用计 3200 万元。5 月 14 日，《关于下达新安江水力发电厂 2008 年第二批大修项目和费用计划的通知》（华东电网生〔2008〕275 号）对暂列预备的厂房顶溢流面环氧砂浆老化大修项目安排年内开工，下达第二批费用 1619.20 万元。6 月 13 号，《关于新安江水电厂 2008 年大修项目补报的批复》（华东电网生［2008］356 号），新增 2008 年大修理计划，合计费用 992 万元。6 月 24 日，《关于新安江水电厂安全防卫技防监控系统完善化工作的批复》（华东电网生〔2008〕378 号），将物防完善化列入大修项目，计划资金 20 万元。7 月 2 日，《关于华东电网有限公司直管单位增补大修项目的批复》（华东电网生〔2008〕400 号），增补三个项目，费用 661 万元。《关于新安江水电厂 2008 年大修理项目调整的通知》（华东电网生〔2008〕648 号），决定将电厂上报的 2009 年检修计划中的 14 个项目提前下达，列入 2008 年大修理计划，计划费用 478.39 万元，其中 7—16 坝段坝基固结灌浆工程（第二期）200万元，主厂房1号桥机完善大修96万元。由此，华东电网有限公司共批准2008年度大修理计划费用6970.59万元，

按华东电网有限公司分两批下达的项目、计划调整的项目以及增补的相关项目和费用计划，2008年电厂计划大修项目115项，实际实施项目115项，除1号机大修项目和实训基地建设项目需跨年完成外，其他均已完成。其中7～16坝段坝基固结灌浆工程597.07万元；1号机转子磁轭更新599.38万元；1号机导水机构更新404.72万元。实际发生的大修理费用共计6953.05万元，比华东电网有限公司核定的计划费用节余17.54万元，资金完成率为99.75%。

2009年大修管理　2008年12月，《关于新安江水力发电厂2009年第一批大修项目和费用计划的批复》（华东电网生〔2008〕837号），下达首批项目费用计 2893万元，其中设备检修费2219.5万元［含大坝三轮定期检查、7—16溢流坝段基础固结灌浆处理（二期）工程及开关站工频接地体及地网改造三个专项工程］，安措项目费用23.5万元，材料费440万元，修缮费210万元。2009年6月，华东电网生〔2009〕374号文批复下达了电厂2009年第二批大修项目和费用计划1246.35万元，其中以7号机B级大修项目和厂房顶13～14坝段溢流面环氧老化处理，另有4个项目为华东公司增补项目。7月，华东电网生〔2009〕456号文，批复厂房综合整治大修为重点工程，核定项目费用为795万元。12月，《关于新安江水电厂2009年调整和增补大修项目计划的通知》（华东电网生〔2009〕766号），对大修项目进行调整和增补，将2010年大修计划中紫金滩通信机房搬迁和厂房继保室扩展盘位两项目提前列为2009年项目，并增补防汛物资及仓库整治项目，增列展览室改造和厂区招待所综合整治两项目，以上五项目合计费用计划为595.17万元。同月，《关于新安江水电厂2009年大修项目计划调整的通知》（华东电网生〔2009〕819号），对上报的2010年大修计划中部分项目提前下达，并增补2个项目，费用计划680万元。4月，华东电网生〔2009〕271号批复文，将电厂紫金滩旧房拆除以及左右岸上坝公路两工程改列为大修项目，费用分别为205.6万元和363.24万元。由此，2009年度华东公司共批准大修项目119项，计划费用6778.36万元。

电厂实际实施项目120项（含水电实训基地），发生大修费用共计6770.05万元，比华东公司核定电厂的计划费用节余8.31万元，资金完成率为99.88%。

2010年大修管理　2009年12月《关于新安江水力发电厂2010年第一批大修项目和费用计划的批复》（华东电网生〔2009〕880号），下达首批项目费用2264.54万元，材料费440万元，修缮费220万元。2010年8月，华东电网生〔2010〕359号文批复下达2010年第二批大修项目和费用计划1679.8万元，其中厂房顶11-12坝段溢流面环氧老化处理和17-25坝段基础固结灌浆处理（一期），大坝三轮定期检查整改项目为重点项目。9月，《关于新安江水力发电厂增报2010年大修理工程项目计划表的批复》（华东电网生〔2010〕564号）费用1919.33万元,其中下游河道清淤费用500万。11月，《关于新安江水力发电厂2010年新增大修项目和费用计划的批复》（华东电网生〔2010〕748号）对电厂大修项目进行调整和增补，将2011年大修计划中17-25坝段坝基固结灌浆补强处理（二期）等项目提前列为2010年项目，并增补库岸林木养护、绿化、防火等四项目，合计费用2029.47万元。由此，2010年度华东公司共批准大修项目149项，计划费用合计7963.14万元，其中易损易耗材料

和一般修缮工作费用合计660万元，工程方面的费用为7303.14万元。

完成100万以上重点项目，包括大坝三轮定期检查整改，厂房顶13-14#坝段溢流面环氧老化处理，17-25溢流坝段基础固结灌浆处理(一期)工程，水轮发电机组小修（C、D级），5号机B级大修常规项目，大坝下游河道清淤整治工程（一期），辅助设备防腐油漆整治工程，17-25坝段坝基固结灌浆补强处理（二期），塘坞护坡修筑工程，开关站防护遮拦、围墙大修，落实电监会“二项细则”的调整试验。

2010年实际发生的大修理费用共计7957.96万元，比华东电网公司核定电厂的计划费用节余5.18万元，资金完成率为99.929%。

2011年大修管理 华东电网生〔2011〕69号、华东电网生〔2010〕272号，分二批批复新安江电厂2011年大修理项目计划，共有107项，计7212.93万元；其中第一批61项（含修缮和一般材料），计2559.13万元；第二批48项，计4653.8万元。2011年4月17日新安江电厂划转至国网新源公司，将《修缮》和《水电厂智能化改造方案编制》项目调整为生产成本其他项下，《一般材料》不作检修项目。实际执行检修项目106项，共计检修项目费用为5852.93 万元。

2011年实际实施年度B级机组检修 2台，费用 200万元，C、D级机组检修16台(次)，费用344.6万元，共计544.6万元,实际完成544.53万元，完成率99.99%。

年度下达的30万元以上非标准检修项目共计46项，共计4474.73万元,实际完成4472.28万元，完成率99.95%；30万以下非标准检修项目共计57项，共计833.60万元，实际完成832.79万元，完成率99.9%。

⑦ 2012年大修管理 国网新源公司《关于下达2012年综合计划的通知》（新源发展〔2012〕37号），下达新安江电厂年度检修项目 54 项，总费用 4796.56 万元；另有一项目安全专项列检修费用98万元。

2012年实际完成检修项目 55项，其中完成机组标准A、B、C、D检修 8 项（1-4号机组小修、5-9号机组小修各为一个项目），完成公用系统检修 47 项目，非标项目中机电设备检修项目 44 项(30万元以下项目)，水工(构)建筑物检修项目 3 项。实际共完成4894.39万元,完成率为99.99 %。

2013年大修管理 国网新源公司《关于下达2013年综合计划的通知》(新源发展〔2013〕72号)，下达新安江电厂年度检修项目 36 项，费用 4133.1 万元，另有3项目安全专项列检修费用75万元，总计4208.1万元。

2013年，实际完成检修项目 39项，其中机组标准A、B、C级检修9 项（2、4、5、7、8、9号机组C修、1号机组B修、6号机组A修各为一个项目）1024.97万元；完成公用系统检修 25 项目，完成资金3106.49万元。其中：非标项目中机电设备检修项目 20 项（30万元以项目1项），完成资金1613.01万元；水工（构）建筑物检修项目 7项（30万元以下项目1项），资金1493.47万元。完成3项安全专项74.96万元。全年共完成4206.42万元。完成率99.96%。

2014年大修管理 国网新源公司《关于下达2014年综合计划的通知》(新源发展〔2014〕19号)，下达新安江电厂年度检修项目14项，其中1项生产辅助设备设施检修项目。年度资金预算1892.86万元。另计划调增水毁应急项目，资金计划98万元。合计：1990.86万元。

2014年实际完成检修项目14项、机组标准A、B、C、D级检修 8 项，资金212.97万元；完成公用系统检修 7项目，资金1777.83万元；非标项目中机电设备检修项目3 项，资金359万元；水工建筑物检修项目 4 项，资金1419.13万元。全年实际完成资金1990.80万元，完成率为99.99%。

2015年大修管理 国网新源公司《关于下达2015年综合计划的通知》（新源发展〔2015〕59号），下达新安江电厂年度检修项目24项（含2项安全专项），其中1项生产辅助设备设施项目。年度资金预算2737.6万元。

2014年实际完成4、9号机组B级检修各1项，6台机组C级检修1项，费用775万元；完成公用系统检修17项目，资金1668.7万元；水工建筑物检修项目2项，资金243.9万元；安全专项2项，资金50万元。

全年实际完成资金2734.401万元，完成率为99.88%。

表11-16　　2006—2015年大修投资完成情况表

序号	年份	年度计划投资（万元）	实际完成投资（万元）
1	2006	6878.00	6855.35
2	2007	5416.00	5406.46
3	2008	6970.59	6953.05
4	2009	6770.05	6778.36
5	2010	7963.14	7957.96
6	2011	5852.93	5849.67
7	2012	4894.56	4894.39
8	2013	4208.1	4206.42
9	2014	1990.86	1990.80
10	2015	2737.6	2734.4
	合计	53681.83	53626.86

【技术改造管理】 **2006年技术改造** 2006年1月27日，华东电网生〔2006〕94号《关于2006年直管控股单位第一批技术改造项目计划的通知》批准电厂2006年技改项目12项，其中结转项目8个，新项目4个。3月10日，华东电网生〔2006〕180号《关于2006年直管单位第二批技术改造项目计划的通知》批准电厂18个项目。12月1日，华东电网生[2006]936号《关于新安江水力发电厂2号发电机磁轭和定子改造提前订货的批复》，同意2号发电机定子改造列入2006－2008年技术改造计划。全年的技改项目共31项，当年计划投资3469万元，当年资金安排3215万元。

华东公司在下达计划时，要求在当年完成的项目是25项。其中的8号机励磁装置更新项目随机组大修在2007年1月份投产，当年已完成安装调试和静态模拟。7号机更新项目工作门用在8号机上，11月安装完毕，随8号机大修投产。01、02、03号厂配变保护装置更新项目的计划进度在2007年12月，当年的计划仅需完成一个单元的厂配变保护装置的更新。实际完成三个单元的厂配变保护更新。全年完成26个项目，另有5个项目计划结转到2007年。项目完成率达100%。实际完成项目资金3078.91万元，资金完成率95.77%。

2007年技术改造 华东电网生[2006]998号《关于2007年直管控股单位第一批技术改造项目计划的通知》批准电厂2007年技改项目9项，其中结转项目5项，新项目3项。2007年2月7日，华东电网生〔2007〕79号《关于2007年直管单位第二批技术改造项目计划的通知》批准电厂18个项目，其中有6个项目需结转到2008年。

2007年6月14日，华东电网生〔2007〕390号《关于新安江水力发电厂2号机组励磁装置更新概算的批复》，批准该项目概算由120万元调整为173.54万元，当年拨款120万元。2007年11月9日，华东电网生〔2007〕739号《关于新安江水电厂调整01单元厂配变高压开关改造项目投资计划的批复》，项目概算和当年资金分别调整为107.57万元。

全年的技改项目共29项，要求在当年完成的项目21项，当年完成21项，项目完成率达为100%。另有8项结转到下年度。当年拨款3677.07万元，实际发生资金3633.91万元，完成率为98.93%。

项目变更情况：2号机励磁装置更新项目中的设备经过招标采购，设备费超概算，故项目投资由120万元调整到173.54万元，当年资金计划未变。

01、02、03号厂变及配变限流熔断器柜更新改造项目，因改造方案调整，电厂以新电生计〔2007〕61号《关于报送新安江电厂厂变配变高压开关改造方案的请示》，要求将方案变更为在厂变配变高压侧串联限流电抗器方式的方案。2007年6月，公司批复厂配变高压开关改造方案，同意将限流熔断器方案改为限流电抗器方案。2007年8月份，完成高压开关柜的招标采购，设备于12月25日到货。设备的安装计划在2008年一季度完成。

当年计划投资2号发电机定子改造及2号机励磁装置更新项目，2008年1月下旬投产后完成转资手续。完成5、8、9号机组进水口快速启闭机安装及液压操作系统更改。2号启闭机随机组大修投产。坝顶左岸门机安装调试后于11月份验收。右岸门机安装开工，计划2008年5月竣工。旧门机在两台新门机正式投运后拆除。

厂房通风系统原为库水喷冷却方式，风道多为当年厂房浇筑时所预留的土建混凝土风道，经过四十年的使用，风道的污染严重影响了厂房内的空气质量。也影响了上游副厂房的送排风效果。该次改造方案为拆除原4台喷淋冷却通风机，安装8台组合式空调机、送排风机，更换原通风风道，对原固定的土建风道及支风道内壁进行不燃玻璃钢材料衬砌整修等。

改造后，减少和取消不必要的管件，管路走向合理，送排风简洁，优化送排风系统气流组织；确保空气不受到二次污染，提高厂房空气品质；对空调风管进行保温隔热处理，减少冷却损失，提高降温和除湿效果；对风管系统进行减振和降噪处理，降低震动和噪声对周围环境的影响，改善设备降温条件。

2008年技术改造 2007年12月24日，华东电网生〔2007〕858号《关于下达直管单位2008年第一批技术改造项目计划的通知》批准电厂2008年技改项目14项，其中结转项目7个，新项目7个。2008年2月26日，华东电网生〔2008〕111号《关于下达华东电网有限公司直管单位2008年第二批技术改造项目计划的通知》，批准电厂5个项目。6月24日，公司下达《关于新安江水电厂安全防卫技防监控系统完善化工作的批复》，统一技防完善化列入当年技术改造项目。7月2日，公司下达《关于华东电网有限公司直管单位增补技改项目的批复》，批准2个项目。全年的技改项目共22项，当年基金计划2610.65万元。要求当年完成19项，另有3个项目需结转到2009年。

全年完成技改项目19项，项目完成率为100%。当年拨款2610.65万元，实际发生资金2608.73万元，完成率为99.93%。

项目变更情况：2008年11月10日，电厂以新电生计〔2008〕101号文向华东公司提出《新安江水电厂关于调整“坝顶门机轨道更换”分项工程及所含费用的请示》，要求将坝顶门机改造项目中的轨道及附件更换分项目调整为轨道整修。同月，华东电网生〔2008〕719号文批复同意，轨道整修费用为60603.43元，其差额571136.60元作为工程结余。

2009年技术改造　2009年1月5日，华东电网生〔2009〕20号《关于下达直管单位2009年第一批技术改造项目计划的通知》，批准电厂2009年技改项目10项，其中结转项目3个，新项目7个。3月24日，华东电网生〔2009〕205号《关于下达华东电网有限公司直管单位2009年第二批技术改造项目计划的通知》，批准电厂9个项目。5月19日，华东电网生〔2009〕337号《关于下达新安江电厂2009年技术改造零购项目计划的通知》，批准电厂零购项目54个，其中生产管理用车两辆。8月27日，华东电网生〔2009〕560号《关于下达新安江电厂第二批零购项目计划的通知》，同意浙AE1205载货车报废更新为冷藏车，项目列入技改中的小零类。9月25日，华东电网生〔2009〕633号文，下达新安江水电厂220千伏线路侧加装避雷器项目的通知，同意新建2386、新杭2231、新杭2231线出线配置避雷器。

公司下达全年的技改项目共22项，当年项目资金计划2167.31万元，工期计划为当年全部完工。当年实际完成22项，项目完成率为100%。实际发生资金2135.83万元。因设备零星购置时退税约22.93万元，按照设备退税数可减小考核基数的规定，则当年的资金完成率为99.60%。

其他说明：华东电网招标〔2009〕62号文同意4、7号机组启闭机设备用直接采购方式（2007年7月已通过招标采购2套液压启闭机，2006年11月经批准续签3套液压启闭机，为保持9套启闭机技术性能的统一，同意直接采购剩余4套液压启闭机）。

2010年技术改造　2010年3月，华东电网生〔2010〕142号《关于下达新安江水电厂2010年第一批技术改造项目计划的通知》批准电厂2010年技改项目14项。6月18日，华东电网生〔2010〕415号《关于下达新安江水电厂2010年第二批技术改造项目计划的通知》下达电厂17个项目。12月20日，华东电网生〔2010〕862号《关于下达新安江水电厂2010年第三批技术改造项目计划的通知》下达电厂3个项目。

当年计划项目共34项，计划当年完成28项，实际完成28项。项目完成率100%，另有6项结转到下年度。

公司下达年度计划投资资金2104.40万元。因有两个项目前期工作影响及第三批项目计划下达太迟等原因，经公司同意后调整为1432.78万元。实际发生1430.93万元，资金完成率99.87%。

2011年技术改造　2011年3月3日，华东电网生〔2011〕135号《关于下达新安江水电厂2011年第一批技术改造项目计划的通知》，批准电厂技改项目24项，其中上年结转项目3项，新项目24项。计划总投资3159.08万元，年度资金计划2050.94万元。

2010年12月20日，华东电网生〔2010〕862号《关于下达新安江水电厂2010年第三批技术改造项目计划的通知》，因计划下达迟，当年未发生项目费用。2011 年 1 月，分别完成三个项目的设备采购。2011 年 3 月，华东公司已在 ELS 系统中下达 4 号机调速器更新、4 号机接力器更新、4 号机减压阀更新等三个项目和年度资金 117 万元。4 月 19 日，华东电网生〔2011〕 272 号《关于下达新安江水电厂 2011 年第二批技术改造项目计划的通知》，下达电厂 24 个项目，计划投资 1923.35 万元，2011 年计划资金 1932.35 万元。

9 月 2 日，电厂向新源公司上报《关于 2011 年综合计划调整的请示》（新电生产〔2011〕76 号）。12 月，公司同意调增项目 10 项，其中增加计划投资 506 万元，调减计划投资 232.29 万元（新杭 2230 线保护装置更新及新杭 2231 线保护装置更新项目结转到 2012 年，减少投资 109.93 万元；02 号主变冷却系统更新项目因方案变更，减少 123.36 万元）。

2011 年，电厂技改项目共计 61 项，当年计划资金 4365.00 万元。计划在当年完成的项目共 58 项。当年完成项目 58 个项，项目完成率 100.00%。完成资金 4333.88 万元，资金完成率为 99.29%。

2012 年技术改造 2012 年，国网新源控股有限公司下达电厂 2012 年的结转项目 3 项，新立项 57 项，合计 60 项，其中安全专项计划 2 项，调增项目 1 项，原有计划项目投资调减 1 项。计划完成 57 项，计划结转到下年度 3 项，实际完成 57 项，项目完成率 100%。年度计划总投资 4303.6 万元，实际完成投资 4295.91 万元，完成率为 99.82 %。

2013 年技术改造 2013 年，国网新源控股有限公司下达电厂年度技改项目 46 项，总投资 3306.18 万元。（其中年初下达 45 项，投资 3484.38 万元，年中调整增加 1 项目，投资减少 178.2 万元）。

2013 年实际完成技改项目 43 项（另有 3 项计划跨年到 2014 年），资金完成 3298.30 万元，完成率为 99.76 %。

重大项目实施情况：计算机监控系统改造项目于 2010 年立项，同年 6 月，国家电网公司批复可行性研究报告，12 月完成计算机监控系统设备采购招标，中标单位为佛山安德里茨技术有限公司，2011—2013 年，随设备检修同步完成相应的计算机监控设备安装调试。

项目主要技改内容，包括更换厂级监控系统，更换 9 台水轮发电机组及主变、开关站、公用设备就地控制单元，站控层主要配置 2 台监控主机、3 台操作员工作站、3 台历史数据等服务器，AGC 等应用工作站，就地控制层主要配置 9 套水轮机组就地控制单元，1 套公用就地控制单元，3 套主变就地控制单元和 1 套 220 千伏开关站就地控制单元。其中，2013 年主要完成 1、6、7 号机组及 03 号主变监控、公共系统监控改造。项目至此全部竣工。

设备改造后，计算机监控系统具备集中数据采集、运行监视、异常报警等 SCADA 功能外，还具有集中远方操作、AGC、AVC、优化运行分析等功能，语音报警、事故或故障时有语音提醒功能。具有较强的硬件故障报警功能，增强机组 LCU 与调速器、保护及辅助设备的通信功能；具有较强的运行分析功能，实现非电量与电气量以及设备状态之间关联的分析能力和状态检测分析系统；加强辅助设备与监控系统的通讯，便于运行监视。

2014 年技术改造 2014 年，国网新源控股有限公司下达新安江电厂年度技改项目 12 项，其中安全专项技改 1 项，总投资 1140.69 万元。实际完成技改项目 12 项，完成 1140.20 万元，完成率为 99.96 %。

重大项目实施情况：7 号机转子磁轭改造，包括旧磁轭拆卸后对 8 个支臂进行测量处理；转子磁轭冲片材料为 4.5 毫米厚的 16Mn 钢板；制动环板厚度增到 60 毫米，并且制动环板由两瓣制造，现场拼焊成整圆而成；通过制动环板上的螺丝调整转子磁极安装高度；增设转子磁轭上压板；磁轭通风槽片更新；拉紧螺杆更新等。

设备改造后，彻底解决机组在转飞逸转速工况下，磁轭产生切向拉应力，同时磁轭在离心力的作用下产生径向弹性变，甚至造成转子磁轭的破坏，发电机转子将造成扫堂的重大隐患。经过更新后的转子磁轭屈服极限应力将满足运行要求，会极大提高了机组的运行可靠性。

7 号水轮机导水机构更新改造，是根据金属密封结构形式对导水机构设备进行更新，主要包括顶盖（含上迷宫）、底环（含下迷宫）、活动导水叶设备更新；对固定导水叶进行相应的修型；采用具有自润滑功能的铜基复合轴套和耐磨材料的抗磨板，更新活动导水叶的套筒、上、中、下轴套、拐臂、调速环（含立、平面抗磨板）。设备改造后彻底解决导水叶漏水较大，导致机组无法正常停机或机组在停机状态发生自转的缺陷，同时降低机组耗水率，提高水轮机运行效率，提升设备健康水平。

新增开关站直流系统，主要包括建造一栋房屋建筑，一楼为蓄电池室，二楼为充电装置及直流配电盘室。房屋为二层建筑，占地 130 平方米左右，框架结构；购置安装直流电源装置一套、充放电装置一套、蓄电池 208 只等。这套直流系统的建立，满足国家电网公司《发电厂重大反事故措施》 “升压站内断路器控制电源及保护、监控系统的电源，应取自升压站配置的独立蓄电池组” 要求；当任意一套直流装置故障，影响的设备可以再减少一半。极大地提高设备的安全可靠性。

2015 年技术改造　2015 年 2 月，新源公司下达电厂技术改造项目 17 项，其中安全专项技改 1 项。年度资金预算 2556.90 万元。9 月，《新安江电厂关于报送 2015 年综合计划调整和 2016 年项目预安排建议的请示》（新电发计〔2015〕56 号），提出生产性技改调整建议，分别为（1）调增 220 千伏母线保护双重化改造项目；（2）调增新杭 2234 线路保护改造项目；（3）10 千伏电缆道加装监视检测系统项目的采购中标价大于项目采购预算，调增 45.65 万元；（4）技防系统改造项目的采购中标价大于项目采购预算，调增 96.54 万元；（5）厂坝区污水系统改造项目经招标后，中标价小于采购预算，调减 148.0 万元。11 月，新源发展〔2015〕329 号下达《2015 年综合计划调整计划和 2016 年预安排项目计划的通知 》，批准调增项目 2 项，调增 86.90 万元。原有计划项目投资或规模调整 3 项，调整-5.81 万元。2015 年生产性技术改造项目年度调整幅度为 81.09 万元。

2015 年，完成生产技改项目 18 项，另有 5 号机转子磁极改造项目结转到 2016 年。完成资金 2628.07 万元，年度资金完成率为 99.62 %。

表 11-17　　2006—2015 年技术改造投资完成情况表

序号	年份	年度计划投资（万元）	实际完成投资（万元）	序号	年份	年度计划投资（万元）	实际完成投资（万元）
1	2006	3215.00	3078.91	6	2011	4365.00	4333.88
2	2007	3677.07	3633.91	7	2012	4303.60	4295.91
3	2008	2610.65	2608.73	8	2013	3306.18	3298.30
4	2009	2167.31	2135.83	9	2014	1140.69	1140.20
5	2010	1432.78	1430.93	10	2015	2637.99	2628.07
合计						28856.27	28584.67

·主设备及装置检修·

【概况】 2006年至2015年间进行了6台发电机组A级完善性大修（1、2、3、5、6、8、9号机），9台次机组B级大修（1、2、3、4、5、6、7、8、9号机），三台主变压器分别进行一次大修以及冷却器的技术改造，6台次发电机开关大修，通过对主设备的技术改造和检修提高了设备的可靠性。

【发电机组大修】 **1号发电机组2008年A级大修** 1号水轮发电机组完善化大修工程于2008年9月23日开工，经过拆卸、检修、安装、试验于2009年1月23日10点正式报投产，工期历时177天,检修项目206项，其中标准项目97项，非标准项目109项。主要有定位筋更新、定子铁芯重叠、定子线圈全部更换，转子磁轭整体更新，转子绕组检修，更新尾水管过流段导流段、导水机构、工作门槽检查、工作门油压启闭机及其操作系统，机组外围油、水、风系统检修等。机组经过速度、甩负荷等试验项目和72小时试运行，机组各部振动、摆度及温升等各项试验数据均符合国标、厂标要求，检修质量优良。

发电机定子线圈由原B级环氧云母绝缘更新为漆包环氧粉云母双玻璃丝F级绝缘，定子线棒槽楔更换为分半槽楔，槽底、线棒上下层间垫条采用适型毡，线棒端部焊接采用银铜焊。

定子72根定位筋全部更换，下环板由原来的72块齿压板更换为4瓣下压板，现场整体焊接；更换所有齿压条，上齿压板；更新定子矽钢片，由原来的27段改为44段；增加通风沟，加大通风量，改善通风条件。

发电机转子磁轭更新重叠，转子磁极清扫打压合格后进行吊装，转子圆度测量合格。更换推力轴瓦。分解检查上导油冷却器，其中一只冷却器一根水管涨管处漏水，经配件厂处理后，耐压试验合格。

发电机大轴顶端补气阀更新为XBF-300型缓冲式真空破坏阀（原三号机使用），开启真空度为0.04 兆帕 ；全开真空度为0.06兆帕。

1号机组2013年B级大修 2013年02月21日至4月9日， 1号水轮发电机组B级大修比计划工期提前两天完成，检修项目共计64项（含非标准项目、技改项目30项），其中非标准项目“压力钢管伸缩节大修、螺丝更新”，因工期及人员问题，经厂部同意只对压力钢管伸缩节螺栓进行抽样探伤检查，未发现异常。非标项目“原机组旁通阀管路封堵”，因方案不成熟，经厂部同意不做。其余均完成。机组机械试验项目共6项，均完成。主要非标准项目包括：上导瓦更新，推力冷却器更换为绕簧式冷却器。推力轴承瓦及托盘更新，由哈尔滨兴华公司制造。大轴补气阀更换为XBF-300型缓冲式真空破坏阀。

2号机组2007年A级大修 2007年9月3日至2008年1月25日，完成2号水轮发电机组A级大修，机械检修项目共计91项，其中非标准项目44项，机组机械试验项目6项，其中主要的非标准项目：

发电机定子线圈全部更换为漆包环氧粉云母双玻璃丝F级绝缘，定子线棒槽楔更换为分半槽楔，槽底、线棒上下层间垫条采用了适型毡，线棒端部焊接采用银铜焊。

定子72根定位筋全部更换，下环板由原来的72块齿压板更换为4瓣下压板，现场整体焊接；更换所有齿压条，上齿压板全部更换；定子矽钢片更新。发电机转子磁轭更新重叠，转子磁极清扫打压合格，转子圆度测量合格。

对上导托盘部分铬钢块脱焊进行补焊，抗重螺母裂纹补焊处理，5号抗重螺栓头部4圈丝扣变形，用三角锉进行了处理。更换上导油冷却器端盖。

2号机2012年B级大修 2号机B级大修于2012年2月8日开工，经过拆卸、检修、安装、试验于2012年3月28日16时正式报投产，工期历时50天，共有检修项目176项（非标准项目41项，标准项目135项）。主要的非标准项目：调速器更新，压油装置组合阀更新，伸缩节螺丝更新，推力冷却器更新，加闸电磁阀更新，发电机层盖板更新、推力以上部件改造等。

顶转子油泵更新为杭州雷恩公司生产的MP60C型电动液压泵，机械转速继电器取消，更新上导轴瓦，瓦面有两条平行深度约为2.5毫米，宽度为6毫米的出油沟。

发电机层盖板更换为新型盖板，主要结构采用钢板焊接结构，由24块小盖板拼接而成整个盖板，每块小盖板上都设有四个起吊螺钉孔。盖板与基础之间采用密封垫密封，有效降低厂房内噪音。盖板采用梁式结构可以有效增加盖板自身的刚度，不容易变形。同时盖板分块数量由原来的56块改为24块，采用无螺栓连接设计，凭借盖板自身重量与密封垫的摩阻力固定，方便机组检修时拆卸与安装操作。大轴补气阀更换为XBF-300型缓冲式真空破坏阀。

3号机2008年B级大修 2008年2月11日至3月26日，3号水轮发电机组B级大修，检修项目共计56项。其中非标准项目11项，主要有顶转子油泵及管路更新，大轴补气阀改造，加闸电磁阀更新等。顶转子油泵更新为杭州雷恩公司生产的MP60C型的电动液压泵。制动系统电磁阀更新为BCSY-A风闸控制系统。大轴补气阀更换为XBF-300型缓冲式真空破坏阀。机械转速继电器取消，增加一套电气信号转速继电器。

3号机2012年A级大修 2012年9月3日至2013年1月31日，3号水轮发电机组A级大修，检修项目共计77项。其中非标准项目30项，技改项目10项。非标及技改项目主要有转子磁轭更新重叠，加装制动环板，上导、推力瓦更新，大轴中心补气阀更新，上导冷却器更新为绕簧式冷却器，推力冷却器更新、发电机层盖板更换为新型盖板、技术供水系统加装进排水阀。油水风系统管路防腐等。实际检修时间为145天，比计划提前5天。

4号机2011年B级大修 4号水轮发电机组B级大修于2011年3月1日开工，经过拆卸、检修、安装、试验于4月18日正式报投产，工期历时49天，共完成检修项目136项（非标准项目44项、标准项目92项）。主要有大轴中心补气阀更新为XBF-300型缓冲式真空破坏阀，顶转子油泵更新，推力油冷却器更新，进排水管路安装补气阀，水导瓦检修，伸缩节螺丝更新，调速机更新接力器更新等。机组进行过速度、甩负荷等试验项目和24小时试运行，机组各部振动、摆度及温升等各项试验数据均符合国标、厂标要求，检修质量优良。大修严格按照“安全第一、质量第一”原则，服从全厂统一调度，圆满完成各项检修项目。

在进行定子清扫和检查时，发现4号机组定子出现槽楔及矽钢片损坏的情况，发现的主要问题6处定子损坏。具体部位示意图11-3如下：

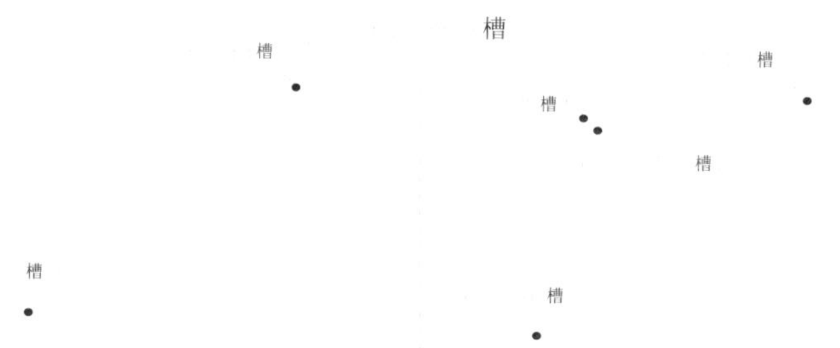

图 11-3

班组人员对各损坏部位均拍照留存，32-33 槽（上端部槽楔处）照片如图 11-4 所示：

图 11-4

根据现场检查的现象分析，认为可能是在运行过程中有异物掉入定转子间隙所致，且此异物有可能在坠落过程中有被挤压和断裂的现象。针对定子矽钢片损坏的部位，先进行清扫检查，再使用整形工具对损坏的部位进行整形，并使用锉刀对槽口毛刺部分修整，整形完成再次清扫处理部位，并刷一层硅钢片漆，待漆干燥后在表面刷抗弧灰脂漆；针对槽楔损坏的情况更换槽楔，退出槽楔后，检查线棒有无异常，然后按检修规程规定的相关检修工艺装复。后经耐压试验合格。

更新制动加闸电磁阀。新装 BCSY-A 风闸控制系统，其装置由三个手动拉阀 2SDF、3SDF、4SDF，一个手动转阀 1SDF 和一个卧式电磁空气阀 WDK-10-10 及铝合金一块集成块组成。更换 4301 和 4302 阀为不锈钢球阀，取消 4303、4304、4305 阀，部分管路取消；整个风系统通风试验 0.7 兆帕，10 分钟无漏气。

4 号机 2015 年 B 级大修 2015 年 10 月 12 日—11 月 20 日，4 号水轮发电机组检修项目共计 99 项，其中标准项目 76 项，非标准项目 20 项，技改项目 3 项。非标项目主要有工作门加装充水阀、顶盖排水装置拆除、机械过速保护装置安装、制动器更新、机组轴线调整、受力调整、旁通阀封堵、上风洞固定挡风板拆除，安装上风洞进人孔检修安全平台。

大修中，绝缘盒外移电位试验发现定子线棒下端部 181 号、189 号绝缘盒不合格，有烧焦现象。（见图 11-5）4 号机是增容改造中第一台采用银铜焊机进行定子端部焊接的机组，当年焊接技术欠佳，焊接过程中不慎将部分定子线棒下端部绝缘烧焦。经过对定子端部修补绝缘后，重新浇筑绝缘盒，试验合格。

按标准项目拆出 4 只磁极进行耐压试验，发现其中 14 号磁极下部引线有 3 片铜片断裂，重 新焊接并包裹绝缘。4 号机组是最后一台磁极引线从侧面引出的机组。磁极原位安装后，发现磁极引线有高差，其中 15 号磁极引线与两边磁极高差过大无法安装，检查发现磁极安装高程无变化，其他磁极也多有引线高差不一

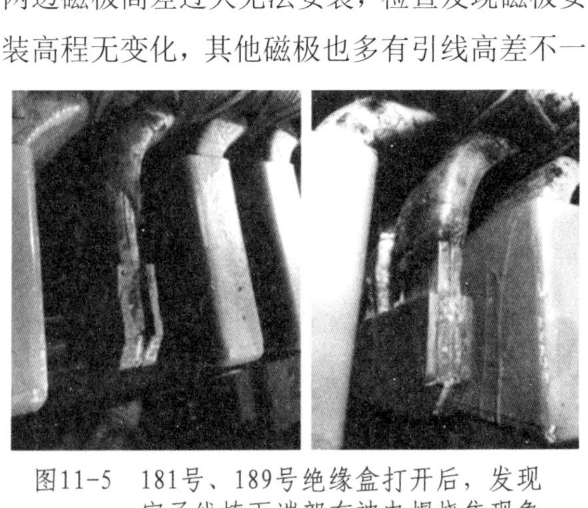

图11-5　181号、189号绝缘盒打开后，发现定子线棒下端部有被电焊烧焦现象

致现象。后将磁极重新拔出，对磁极引线进行整理并重新打孔，再次安装时先将磁极高程降低 16.6 毫米，连接磁极引线后，再用千斤顶将磁极顶回原位。检查发现 4 号机多只磁极引线高程差过大，磁极引线受机械外力过大，长时间运行容易造成铜片和绝缘的机械损伤。

由于当年改造经验不足，安装工艺欠佳，工期紧张，造成 4 号机组定子中心与迷宫中心不一致，历次机组大修对机组调中心及打受力都比较困难。2004 年大修发现原水轮机中心与发电机中心约有 2 毫米的偏差，通过对顶盖和底环的调整已有所改善。该次大修在机组中心调整合格后（迷宫间隙偏差率 13.2%），测量机组空气间隙发现，机组上部空气间隙偏差率为 16%（2011 年大修该值为 15%），超过《GB/T8564-2003 水轮发电机组安装技术规程》中＜8%的要求。

5 号机 2006 年 A 级大修 五号发电机组完善性大修是电厂“完善性改造”第一台机组。2005 年 9 月 1 日开工，经过拆卸、检修、安装，于 2005 年 12 月 20 日总体完工，2006 年 1 月 8 日报投产，工期历时 130 天,检修项目 121 项（非标准项目 62 项，标准项目 59 项）。检修项目主要有：工作门更新、液压启闭机更新、发电机镜板更新加厚、上导冷却器更新、转子磁轭更新，导水机构更换（包括底环、导叶、顶盖、调速环、套筒、拐臂、双连臂）。水轮机转轮更新并配套固定导叶修型改造，尾水锥管加装导流板、尾水管进人孔更新等。机组经充水启动、过速度、甩负荷及效率试验，水轮发机组振动、摆度及温升等各项试验数据均符合要求。

为减少镜板波浪度，镜板更换为厚度为 125 毫米的新镜板；上导油冷却器更新为绕簧式冷却器；转子磁轭材质更新为 Q345，机械强度增加，满足飞逸时机械应力要求。

推力头委托加工，对上、下平面作抛光处理。经检查发现，在推力头推力立筋对应的上、下侧面有多条裂纹，经打磨其中一条裂纹发现：该裂纹由两条裂纹组成，两条裂纹方向基本相同，相互之间有少量距离，但没有连通。邀请华东电力试验研究院探伤和金相专家现场探伤取样和裂纹部位打磨分析，认为裂纹为原始裂纹，对机组运行不会造成多大影响。此次大修仅作原始详细记录，对裂纹不做处理。

5 号机 2010 年 B 级大修 2010 年 2 月 23 日至 4 月 5 日，对 5 号水轮发电机组 B 级大修检修项目共计 63 项（含非标准项目 17 项）。实际大修时间比计划提前 5 天。非标准项目包括：加闸电磁阀更新，顶转子油泵更新，大轴中心补气阀更新为 XBF-300 型的缓冲式真空破坏阀，机械转速继电器取消，加装一套电气测速装置，转轮叶片汽蚀及裂纹检查处理、焊缝探伤；导水叶套筒上、中轴套抽样检查、测量；导水叶套筒中轴颈密封抽样检查处理；油压启闭机及操作系统大修；工作门水密封更换；尾水管汽蚀检查处理；真空破坏阀检查处理；压力油罐安全定期检查；调速环端立面抗磨板检查测量，不合格的更新；压油装置控制系统大修；集油槽液位标示；旁通阀电机更换等。更换推力油冷却器，集电环更新；加闸电磁阀更新为 BCSY-A 风闸控制系统。

6 号机 2010 年 B 级大修 2010 年 2 月 23 日至 4 月 5 日 6 号水轮发电机组 B 级大修。计划标准项目 141 项，非标准项目 35 项，集电环未更新，实际完成 34 项。主要非标准项目包括加闸电磁阀更新为 BCSY-A 风闸控制系统，顶转子油泵及管路更新，大轴中心补气阀更新为 XBF-300 型缓冲式真空补气阀，取消机械转速继电器，加装一套电气过速保护。

6 号机 2014 年 A 级大修 2013 年 9 月 16 日至 2014 年 1 月 31 日，6 号水轮发电机组 A 级大修。检修项目 115 项（非标准及技改项目 31 项）。其中“压力钢管伸缩节大修”项目经抽查 20 颗螺栓探伤情况均良好，经讨论决定暂不更换，其他项目按要求完成。大修时间比计划提前 3 天完成。

非标准项目主要包括部件金属探伤，推力轴承托盘更换，风闸更新，集电环、碳刷更新，大轴补气阀更新，转子磁极更新，推力轴承、上导轴承瓦及其冷却器更新等。更换推力轴承瓦及托盘。转子磁极主要改造内容：40 只磁极更新，磁极引线、转子引线、穿轴引线更新，阻尼环欧姆接头更新，上挡风板更新，轮臂孔挡风板更新。

磁极绕组采用带散热翅的铜排，铜排尺寸规格为 8×60/66 毫米，绕组匝数为 30 匝。磁极绕组采用与原机组相同厚度的铜排，但增加散热翅使之有效的增大散热面积，利于磁极绕组的热量散发。

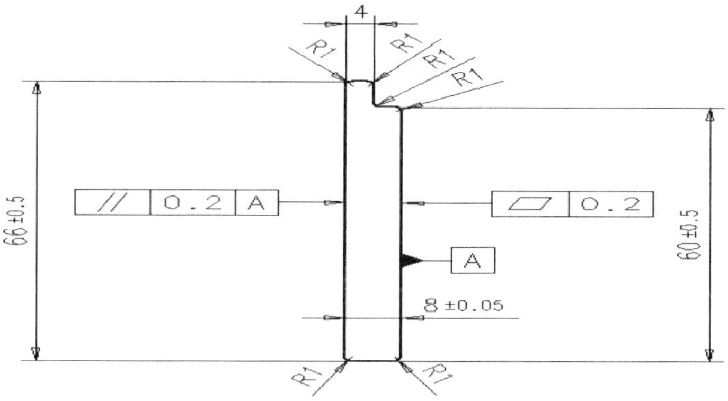

图 11-6　磁极铜排散热翅

更换极间连接线：极间连接采用两块成型铜母线作为连接线，在磁极极靴侧与磁极绕组的引出线通过螺栓连接，磁轭侧固定方式与原机组方式相同，引出线不需要包绝缘。转子引线采用 63 毫米×10 毫米的软铜母线 TMR，装配完毕整体包绝缘，可靠保证转子引线对地绝缘。更改原有旋转挡风板尺寸，将挡风板的内侧位置调整到至中心约 3420 毫米处。调整到此处后，此间连接及转子引出线固定更加方便。

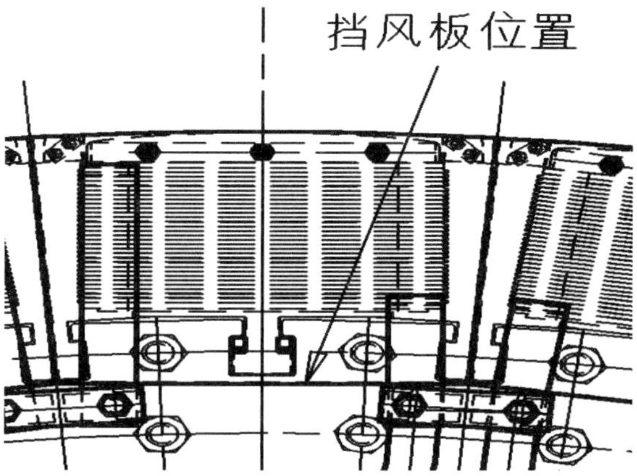

图 11-7

此次磁极改造较为成功，转子温升由原来的 110K（K 为温度差值）下降至 57K，下降 53K，效果良好。补气阀更新为中水集团制作的 BQF-X3000 型号，其补气装置安装在发电机大轴顶端的内腔处，并有消音装置，补气装置为不同直径大小 4 层的硅胶片，开启真空度 1.5 米；全开真空度为 3 米 。8 只风闸更新为天津市发电技术设备有限公司生产的 ZL280-BPD 型风闸。

7 号机 2009 年 B 级大修　2009 年 11 月 1

日至2010年1月4日，7号水轮发电机组B级大修，检修项目99项，其中非标准项目19项。主要非标项目包括部件金属探伤，集电环、碳刷更新，大轴补气阀更新为XBF-300型的缓冲式真空破坏阀，技术供水系统加装进排水阀，推力、上导瓦及其冷却器更新，取消机械转速继电器，加装一套电气测速装置；顶转子油泵更新；更新加闸电磁阀为BCSY-A风闸控制系统；转子下部14、20、28、36号风扇有裂纹，进行焊接处理。

7号机2014年A级大修 2014年9月2日至2015年1月29日7号水轮发电机组A级大修，检修项目91项（含非标准项目32项）。主要包括部件金属探伤，转子磁轭更新，转子穿轴引线及极间连接等更新，磁极引线配套改造，上导瓦更新，制动器更新为天津市发电技术设备有限公司生产的ZL280-BPD型风闸。

其间，通过8号机C修通风试验，表明上风洞固定挡风板对定子运行温度并无明显影响。为方便检修工作，拆除上风洞固定挡风板，增设上风洞进人孔检修平台。

8号机2006年A级大修 8号水轮发电机组完善性大修是电站“完善性改造”第二台机组。工程于2006年9月10日开工， 12月30日总体完工，于2007年1月25 日完成投产试验并报投产，工期历时138天。机械检修项目127项（非标准项目60项，标准项目67项）。主要有工作门更新、液压启闭机更新发电机镜板更新加厚、上导冷却器更新为四川东方电机厂生产的螺旋形绕簧式冷却器、转子磁轭更新、风闸更新，导水机构更换（包括底环、导水叶、顶盖、调速环、套筒、拐臂、双连臂），固定导水叶修型、尾水锥管拆除旧导流段并安装新导流段、尾水管进人孔更新、以及旁通阀和钢管排水阀处露管路加内衬等。机组经充水启动、过速度、甩负荷及效率试验，水轮发电机组振动、摆度及温升等各项试验数据均符合国标、厂标要求，检修质量优良。整个检修严格按要求进度进行，服从统一调度，在计划内圆满完成。

镜板厚度由114.7毫米增至125毫米，推力头运至哈尔滨与镜板配孔，销钉由8个改为2个，绝缘垫由原来1.8毫米增至3毫米。由于水轮机转轮更新后转轮中心高于活动导水叶中心，遂将整个转动部分降低3.3毫米。大修后瓦温、振动等各项指标合格，改造成功。

8号机2011年B级大修 8号水轮发电机组B级大修于2011年9月15日开工，11月2日正式报投产，工期历时49天。共有检修项目170项，其中非标准项目42项，标准项目128项。主要的非标准项目：调速器更新，压油装置组合阀更新，伸缩节螺丝更新，推力冷却器更新，加闸电磁阀更新为BCSY-A型风闸控制系统，发电机层盖板更新、推力以上部件改造等。机组经过速度、甩负荷等试验项目和24小时试运行，各部振动、摆度及温升等各项试验数据均符合国标、厂标要求，检修质量优良。

其间，上导轴承瓦2、3号瓦支持座的圆垫块有裂纹，重新制作安装；上导轴承抗重固定螺母除1号外，2、3、4、5、6、7、8号固定螺母焊缝均有裂纹，在螺母其他有效位置用电焊做补焊处理；顶转子油泵更新；机械转速继电器取消；碳刷更新为德国进口碳刷，运行后情况良好。

9号机2010年A级大修 2010年10月13日至2011年1月26日9号水轮发电机组大修。共完成10项非标准项目和24项标准项目，主要有大轴中心补气阀更新；顶转子油泵更新；推力油冷却器更换，上导油冷却器更换为绕簧式，进排水管路安装补气阀。同时检查发电机定子线棒绑线和定子线棒槽楔。经甩负荷试验、低油压动作试验和24小时试运行，机组摆度、振动、温度等技术均在合格范围内。

机组于2011年2月25日正式投入系统运行。

其间，发电机层盖板更新为新型盖板；取消机械转速继电器，加装一套电气测速装置；集电环刷框更新为新型恒压式、碳刷更换为新型耐磨碳刷。制动器分解清扫检查，管路耐压，制动系统电磁阀更新，更换为BCSY-A风闸控制系统，控制管路更新为不锈钢管路与不锈钢球阀；取消原手动操作9304、9305、9306阀门。励磁大线更新，电缆规格由1×120平方毫米、8根改为1×150平方毫米8根，提高了导电能力；励磁盘柜及开关更新为ＡＢＢ公司产品。

9号机2015年B级大修　2015年3月16日至5月12日9号水轮发电机组B级大修。检修项目84项（含非标准项目21项）。主要包括上导推力轴承瓦更新，上风洞固定挡风板拆除等。经过2014年8号机通风试验试验，发现上风洞固定挡风板对于定子运行温度并无明显影响，该次大修中拆除了上风洞固定挡风板，并安装上风洞进人孔检修安全平台。

【水轮机组大修】　1号水轮机组2008年A级大修　2008年9月23日至2009年3月19日对1号水轮发电机组A级大修，水轮机组部分共完成非标准项目25项，标准项目41项，机组机械试验项目4项。

1号机A级大修是属机组增容改造后完善性大修。主要非标准项目有工作门槽检查、工作门更新、油压启闭机及其操作系统全部更新、引水钢管脱空检查处理及明管段安全评估、超声波换能器检修、伸缩节钢管检查及防腐处理、钢管排水阀明管段反措加固、接力器推力杆背帽螺母加宽、压油槽等探伤、安全评估、原顶盖各部尺寸测绘、顶盖、底环、导水叶安装高程测量、尾水管过流段导流段更新、固定导水叶加长修型、座环修整、顶盖及上部固定止漏环更新，底环及轴套、铁壳更新、顶盖、底环上的导水叶端面止水封、压板全部更新、上、中、下轴套全部更换、活动导水叶全部更新，水封、压板更换、24只导叶套筒及密封装置更新，活动导水叶开度、接力器行程测量（10%、20%～100%），导水机构预装、调速环及抗磨板更新、调相浮筒更新(加长，电极位置配合转轮位置改造)，水车室脚踏板更新及墙体整治、刷漆，改造工程资料归档及大修消缺、实训基地预留水轮机部件清理。

其间，更新了工作门及油压启闭机，油压启闭机选用常州博士力士乐有限公司生产的QPKY型，进水口拦污栅进行抽检,清理拦污栅上附着物。

1号水轮机组2013年B级大修　2013年2月21日至04月10日，1号机B修标准项目共33个，均完成。非标准项目及技改项目共18个,压力钢管伸缩节螺栓进行抽样探伤检查，未发现异常;机组机械试验项目共6项，均完成。

非标准项目包括：压油槽自动补气装置更新，技术供水系统总滤水器更新，技术供水系统加装进排气阀，金属技术监督，压力钢管伸缩节大修、螺丝更新，机组充水方式改进，油水风系统管路防腐处理，技术供水管路系统保温层大修更新，蜗壳进人孔堵头更新，接力器吊出大修；21DDF更新；2号压油泵更新，原机组旁通阀管路封堵。

技改项目包括：调速器油系统增加在线滤油装置，调速器更新，技术供水系统减压阀更新，机械过速保护装置加装，水导轴承更新。

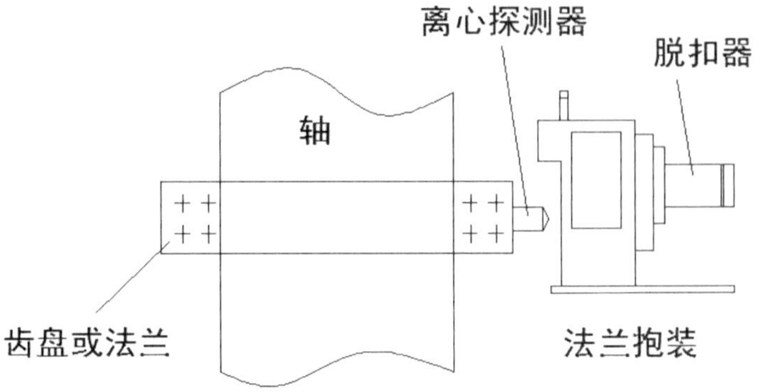

图 11-8 机械过速保护装置示意图

其间，在机组下风洞大轴法兰保护罩上安装一紧固圈(齿盘测速)和过速摆，在下风罩上配套装设一平台，在平台上安装液动阀，液动阀通过油管路连至调速器，当机组转速过高(达到 142%的额定转速)而电气过速保护失效时(即在整个电厂失去厂用电情况下仍能及时关闭机组)，过速摆动作液动阀，使液动阀改变油路失压(22bar)，最后通过调速器油回路失压后动作停机。

2 号水轮机组 2007 年 A 级大修 2007 年 9 月 3 日至 2008 年 1 月 25 日，2 号水轮发电机组 A 级大修。非标准项目 14 项，标准项目 41 项，机组机械试验项目 6 项。全部按照要求完成。

2 号水轮发电组转轮叶片在检查中发现 8 号叶片上冠出水边处有长度约为 20 毫米且两端未出头的裂纹，分析原因为金属疲劳裂纹，经过裂纹打磨，采用 G367M 焊条保温焊接，锤击消除焊接应力最后再打磨抛光。通过 PT 着色探伤未发现有新的裂纹。

拆卸时发现双联臂轴套的材质选择不当，造成用 50 吨的油压机才能压出来，建议今后要选择辽源厂家的轴套；旁通阀检查发现下游侧管路已腐蚀穿透处理，但还需设法彻底解决。

工作门及油压启闭机更新，油压启闭机选用了常州博士力士乐有限公司生产的 QPKY 型油压启闭机，进水口拦污栅作了抽检，清除拦污栅附着物。

2 号水轮机组 2012 年 B 级大修 2012 年 2 月 8 日至 3 月 28 日， 2 号水轮发电机组 B 级大修。水轮机部分非标准项目 13 个，标准项目 33 个，机组机械试验项目 6 项。

非标准项目：技术供水系统加装进排气阀，压力钢管伸缩节大修、螺丝更新，油水风系统管路防腐和保温层更换，压油槽自动补气装置更新，调速器更新，接力器更新，水导减压阀更新，金属检测，工作门加装充水阀，压油装置组合阀更新，调相浮筒更新。

3 号水轮机组 2008 年 B 级大修 2008 年 2 月 11 日至 3 月 26 日， 3 号水轮发电机组 B 级大修水轮机专业共完成非标准项目 13 项，标准项目 33 项，机组机械试验项目 7 项。

非标准项目包括：工作门测绘更新，转轮叶片汽蚀及裂纹检查处理、焊缝探伤，旁通阀明管段反措加固，钢管排水阀明管段反措加固，导叶套筒上、中轴套抽样检查，导叶套筒中轴颈密封抽样检查、处理，油压启闭机及操作系统检修、耐压，调相浮筒改造，尾水管汽蚀检查处理，真空破坏阀检查处理，压油槽安全定检，调速环端立面抗磨板检查处理，图纸资料校核。

双联臂轴套和销钉配合很紧，轴套材质选择不当，下次大修应更换。

3号水轮机组2012年A级大修 2012年9月3日至2013年1月31日，3号水轮发电机组A级大修水轮机部分完成非标准项目17个，技改项目10项，标准项目31个，机械试验项目8个。

非标准项目包括：油水风系统管路防腐，蜗壳进人孔堵头大修更换，引水钢管检查防腐处理，引水钢管安全评估，金属检测，水车室脚踏板更换、墙体、排水沟整治，机组充水方式改进，压油槽压力表计3102-1阀压力变送器接头渗油处理，导水叶拐臂编号，尾水管直锥段大修更换，压力钢管伸缩节大修，油压启闭机及操作室大修，技术供水管路系统保温层大修更新，导水机构更新配套固定导水叶修型，调相浮筒更新、管路吹扫，调速器压力油罐原安全阀封堵，主轴密封水箱漏水处理。

技改项目包括：导水机构改造，机械过速保护装置加装，调速环更换，技术供水系统减压阀更新，技术供水系统加装进排气阀，技术供水系统总滤水器更新，压油槽自动补气装置更新，压油装置组合阀更新，调速器更新，接力器更新。

导水机构进行了改造，范围包括：顶盖、底环、控制环、活动导叶、拐臂，更新尾水管直锥段和固定导水叶修型等。

通过对导水机构改造，解决了顶盖过流面、底环过流面、活动导水叶锈蚀、套筒漏水严重、导水叶漏水量大等问题。改造后机组漏水量大为降低。对固定导叶修型，活动导叶重新设计，优化了机组流场流态，在相同工况下，改造后转轮径向力有所降低，固定导水叶出流量分布平均性好，水流通畅；固定导水叶和活动导水叶表面压力最低值提高，更难发生脱流和空化，流态有所改善，机组效率有所提高。

3号水轮机组大修发现的问题：(1)、因首次加装机械过速保护装置，宜在机械过速保护装置的电磁阀及探头处加装保护罩，同时将动作条件改为有压动作（正常为无压状态）和加装隔离阀。(2)顶盖的减压环割除了与转轮减压环搭接的部分后，对机组运行振动摆度的影响待观察。(3)此次固定导水叶改造修型处理发现内部存在许多裂纹，须跟踪检查及时处理。(4)各台机组的顶盖减压环尺寸不尽统一，为防止顶盖减压环与转轮减压环配合间隙过小情况发生，顶盖更换时务必复核该部分尺寸。

4号水轮机组2011年B级大修 2011年3月1日至4月18日4号水轮发电机组B级大修水轮机部分非标准项目10个，其中“水导瓦更换”项目，经生产部、检修部和修配现场对水导瓦检查，发现塑料瓦较厚，还可使用一个大修周期，经厂部批准对水导瓦做加垫车削处理。“压油装置组合阀更新”项目经厂部确定未更新，采取整体分解检修，且2号组合阀阀座处漏油，视情况换上9号机组旧组合阀。其他项目按要求完成。标准项目32项，全部按要求完成。机组机械试验项目共6项，其中第4项“机组大修后甩负荷、低油压事故停机、动水关闸门等机械试验”经厂部批准机组大修后动水关闸门试验不做。其他项目按要求完成。

4号机非标准项目包括：技术供水总滤过器及减压阀检修，技术供水系统加装进排气阀，伸缩节螺丝更新，油水风系统管路防腐和保温层更换，压油槽自动补气装置增设，调速器更新，接力器更新，金属监督检测。

建议下次大修中更换水导瓦和调速环立面抗磨板。

4号水轮机组2015年B级大修 2015年10月12日至11月20日，4号水轮发电机组B级检修水轮机部分完成标准项目31项，非标准、技改项目23项。非标准项目主要包括机械过速保护装置加装、工作门充水阀加装、旁通阀封堵、水导瓦及瓦座更新、总滤过器更新。

其间，加装一套图拉柏机械过速保护装置，过速摆安装在大轴保护罩，145%机械过速保护装置过速动作。加装直径350毫米的双充水阀，充水阀实际行程为115毫米，预留密封压缩量为5毫米，联动试验，工作门死行程为176毫米。工作门起吊时间14分50秒，落门时间2分50秒。旁通阀进出水管用钢板封堵，探伤后刷防锈漆。

5号水轮机组2005年A级大修　2005年9月1日至2006年1月8日，5号水轮发电机组A级大修水轮机部分完成非标准项目28项，标准项目35项，机组机械试验项目6项。

5号机非标项目包括：水涡轮更换新型转轮，原顶盖各部尺寸测绘，顶盖、底环、水导安装高程测量，新旧转轮各部尺寸及配合相关尺寸复核，新转轮静平衡试验，转轮联轴、测圆，尾水管过流段加装新转轮配套导流板，尾水管人孔改造，固定导水叶修型、座环修整，顶盖及上部固定止漏环更新，底环、轴套、铁壳全部更新，顶盖底环上的导叶端面止水封、压板全部更新，下部固定止漏环更新（与底环为一体），活动导水叶及上中下轴套全部更新，活动导水叶加工处理、水封、压板配合更换，24只导叶套筒及密封装置更新，活动导水叶开度、接力器行程测量（10%、20%～100%），双联臂、双联臂销子、轴套更新，拐臂更新为分瓣拐臂，调速环平面、立面抗磨板更新，调速环及销子更新，钢管排水阀、旁通阀明管段加固，蜗壳进人孔堵头更新，工作门槽检修、工作门更新，油压启闭机室及其操作系统全部更新，水车室脚踏板及扶梯更换，尾水管检修平台改造，改造资料归档。

更新的大部件有转轮、顶盖、底环、活动导水叶、拐臂、调速环等，均由哈尔滨电机厂生产。水涡轮亦更换为该厂制造的HLA778-LJ-410型不锈钢转轮。工作门及油压启闭机作了更新，油压启闭机选用常州博士力士乐有限公司生产的QPKY型油压启闭机，进水口拦污栅作了抽检，清除附着物。

5号水轮机组2010年B级大修　2010年2月23日至4月5日5号水轮发电机组B级大修非标准项目13项，标准项目35项，机组机械试验项目6项。

5号机非标准项目包括：转轮叶片汽蚀及裂纹检查处理、焊缝探伤，导叶套筒上、中轴套抽样检查、测量，导叶套筒中轴颈密封抽样检查、处理(接力器下4只必检修)，油压启闭机及操作系统大修，工作门水封更换，尾水管汽蚀检查处理，真空破坏阀检查、处理，压力油罐安全定检，调速环端立面抗磨板检查测量，不合格的更新，压油装置控制系统大修，集油槽液位标示，旁通阀电机更换，图纸、资料校核。

6号水轮机组2009年B级大修　2009年4月1日至5月10日6号水轮发电机组B级大修非标准项目21项，标准项目35项，机组机械试验项目6项。

非标准项目包括：工作门测绘更新，油压启闭机及操作系统更新，压力油油罐安全定检，图纸、资料校核。油压启闭机和泵站进行了改造，油压启闭机选用常州博士力士乐有限公司生产的QPKY型油压启闭机，泵站由2台改造为3台，每台泵站控制3台油压启闭机。其中1、2、3号机组为一个单元，　4、5、6号机7、8、9号机组各一个单元，分别安装在2、5、8号机上。每个泵站安装一个容积为1800升的不锈钢油箱（含其附件：液位计、注油滤器、吸湿式空气滤清器、液位控制器、回油滤油器、放油阀、检修人孔盖、油温开关等），两台油泵电机组，控制阀块(含调压阀、方向阀、单向阀、调速阀、插装阀等）。

液压泵全部选用德国力士乐原装产品，有

额定压力高、效率高、寿命长、输出平稳、噪音低等特点。钟形罩、联轴器均选用德国进口产品。

6号水轮机组2013年A级大修 2013年9月16日至2014年1月31日，6号水轮发电机组A级大修水轮机组部分非标准项目16个，其中“压力钢管伸缩节大修”项目经抽查其中20颗螺栓探伤情况良好，决定暂不更换，其他项目按要求完成。技改项目7项，标准项目57项，机组机械试验项目8项。

非标准项目包括：水轮机部件金属探伤，引水钢管安全评估，机组充水方式改进，旁通阀封堵，压油泵及组合阀更新，超声波测流装置检修、换能器更换、调试，压力钢管伸缩节大修，油压启闭机及操作室大修，引水钢管检查防腐处理，技术供水管路系统保温层大修更新，油水风系统管路防腐，调相浮筒更新、管路吹扫，坝前引水6223-1阀更新为不锈钢闸阀，压油槽自动补气装置更新，蜗壳进人孔堵头大修更换，水车室脚踏板更换、墙体、排水沟整治。

技改项目包括：导水机构改造，机械过速保护装置加装，调速器更新，接力器更新，水轮机导轴承更新，技术供水系统减压阀更新（21DDF、23 DDF、25 DDF），调速器油系统增加在线滤油装置。对转轮检查时发现下迷宫环最上一环有拉毛现象，经打磨修型处理验收合格。

大修后机组甩负荷试验发现水导摆度偏大（-X：0.52毫米 +Y：0.36毫米），故做动平衡试验。在35、36号磁极靠36号边加60千克配重块后，水导摆度略有减小（X：0.48毫米 +Y：0.33毫米），再次在30、31号配27.25千克，40、1号磁极上配52.25千克配重块，水导摆度略有减小，但是上机架振动增大到0.96毫米,超过国标要求的0.90毫米上限。所以取消了最后一次配重。

大修后发现的问题：（1）加装图拉柏机械过速保护装置，为及时隔离机械过速保护装置，在机械过速进油管与出油管间加装隔离阀。（2）接力器基础螺丝分布圆直径不统一，今后要现场测量确认。（3）此次水导摆度较大（0.50毫米左右），须加强监视，观察水导摆度情况。（4）水导铸铁轴承体底座+Y方向组合面销钉孔上方存在一道裂纹，待下次大修更新基座。（5）11号大轴螺栓深度280毫米处存在异常回声。

7号水轮机组2009年B级大修 2009年11月1日至2010年1月4日，完成7号水轮发电机组B级大修水轮机非标准项目4项,标准项目41项,机组机械试验项目6项。

非标准项目包括：转轮叶片汽蚀及裂纹检查处理、 焊缝探伤，导叶套筒上、中轴套抽样检查、测量，导叶套筒中轴颈密封抽样检查、处理（接力器下4只必检修），油压启闭机及操作系统更新，工作门水封更换，调速器更新，尾水管汽蚀检查处理，真空破坏阀检查 、处理，压力油罐安全定检，调速环端立面抗磨板检查测量，不合格的更新，图纸、资料校核。

对尾水锥管段进行检查发现锥管段气蚀较为严重（尾水管尚未更新为不锈钢），对气蚀部分已作电弧气刨、打磨、堆焊再次表面打磨处理。另在-X方向锥管段上平面的水平焊缝处有约3.5米长裂纹，在X、-Y方向和-X、Y方向的垂直焊缝（从上平面往下），分别有400毫米和300毫米长裂纹已作电弧气刨、打磨、堆焊再次表面打磨处理。

7号水轮机组2014年A级大修 2014年9月2日至2015年1月29日，7号水轮发电机组A级大修非标准项目20项，其中“压力钢管伸缩节大修”项目经抽查其中11颗螺栓探伤情况良好，决定暂不更换。技改项目3项，标准项目43项，机组机械试验项目8项，全部按要求完成。

非标项目包括：水轮机部件金属探伤，引

水钢管安全评估，机组充水方式改进，压油泵及组合阀更新，压力钢管伸缩节大修，视情况更新螺栓，旁通阀封堵，油压启闭机及操作室大修，操作电磁阀上部加装防水保护罩，技术供水管路系统保温层视情况大修更新，调相浮筒更新、管路吹扫，压油槽自动补气装置更新，导流段更新改造，总滤过器更新，钢管排水阀更新，长柄阀更新，技术供水系统减压阀更新，水导减压阀更新，调相电控阀更新，水车室墙体、排水沟整治，更换水车室机组测速齿盘，调速器油管路增加液动阀（配合机械过速改造）。

技改项目包括：导水机构改造，机械过速保护装置加装，水轮机导轴承瓦更新。

尾水锥管导流段更新，仅用仓库原有导流段，尺寸有误差，安装后计算导流段内径比转轮下环最大内径 4～5 毫米，通过对导流段分半焊接（用千斤顶顶到底），焊毕将导流段上部刨除使之内径和转轮下环内径基本一致。检修后导流段与基础环之间的距离下降 15～17 毫米。

探伤发现压力钢管明管纵焊缝有一长 60 毫米，离内表面 15 毫米，自身高 3 毫米的裂纹，经浙江工业大学鉴定可暂不处理，需定期检测和安全评估。

大修后发现的问题：下次大修更新蜗壳进人孔法兰，尾水管进人孔左侧墙体发现一轻微渗漏小孔，用堵漏王封堵，注意观察。水导铸铁基座位于+Y 方向锈蚀坑洼严重，经涂蓝色 578 密封胶填充，下次大修时应更新。

8 号水轮机组 2006 年 A 级大修 2006 年 9 月 10 日至 2007 年 1 月 26 日， 8 号水轮发电机组 A 级大修完成非标准项目 26 项，标准项目 29 项，机组机械试验项目 6 项。

非标准项目主要有：原顶盖各部尺寸测绘，顶盖、底环、水导安装高程测量，转轮联轴、测圆，尾水管过流段加装新转轮配套导流板，尾水管人孔改造，固定导水叶修型、座环修整，顶盖及上部固定止漏环更新，底环、轴套、铁壳全部更新，顶盖底环上的导叶端面止水封、压板全部更新，活动导水叶及上中下轴套全部更新，活动导水叶加工处理、水封、压板配合更换，24 只导叶套筒及密封装置更新，活动导水叶开度、接力器行程测量，双联臂、双联臂销子、轴套更新，拐臂更新为分瓣拐臂，调速环平面、立面抗磨板更新，调速环及销子更新，钢管排水阀、旁通阀明管段加固，蜗壳进人孔堵头更新，引水钢管伸缩节前明管部分安全性评价，调相浮筒检修(浮筒清扫、内部电极检查、电极位置配 合转轮位置改造)，工作门槽检修、工作门更新，油压启闭机室及其操作系统全部更新，水车室脚踏板更新及墙体整治、刷漆，排水沟整治，尾水管检修平台改造，改造资料归档大修消缺。更新的大部件有顶盖、底环、活动导水叶、拐臂、调速环等，均由哈尔滨电机厂生产。

大修后存在的问题及建议如下：门机钢丝绳长度不够，迫使在工作门的顶部向下 1500 毫米处门的两侧各割 400×110 毫米槽口，作为临时过渡的锁锭位置。

8 号水轮机组 2011 年 B 级大修 2011 年 9 月 15 日至 11 月 1 日，8 号水轮发电机组 B 级大修。共有标准项目 32 项，全部按照要求完成。

大修发现的问题：水导瓦面磨损较多，加垫也多；导叶端面密封铜条有汽蚀，下次检修须更换。

9 号水轮机组 2010 年 A 级大修 2010 年 10 月 13 日至 2011 年 1 月 26 日， 9 号水轮发电机组 A 级大修，共完成非标准项目 17 项，标准项目 32 项，机组机械试验项目 6 项。

非标准项目包括：导水机构更换，固定导水叶修型，总滤过器排污阀更换，23DDF 更新，水导技术供水管路加装真空破坏阀，水导轴承推力瓦更换，大轴中心补气阀拆除 ，压油槽自动补气装置更新，压油装置组合阀更换，调速器更换，接力器更换，调速环更换，尾水管直锥段更换，水车室墙体整治、刷漆、排水沟整治，蜗壳进人孔堵头更新，机组部分承压部件金属检测，机组引水钢管伸缩节密封螺栓检查、探伤、密封更换。

9号机转轮为上海希科出品，型号为HLS66.46-LJ-410。对转轮叶片外观检查发现，每张叶片进水边负压面的下部有不同程度的气蚀现象，且经上海电试院探伤发现在11号叶片上冠出水边处有4处裂纹，裂纹细小集中，分析是金属的疲劳裂纹，经过与上海希科厂家协商，由厂家提出处理汽蚀和裂纹的方案（并派人处理）：用角向磨光机将裂纹打掉，在保证叶片线形前提下直接打磨抛光以符合通流部件标准要求，并作PT着色探伤未发现新裂纹。利用角向磨光机打磨掉气蚀处，预热焊接，做初磨处理，利用叶型模子对比，保证其流线良好，然后做精磨抛光处理，通过探伤检查验收合格。

转轮吊出后，发现固定下迷宫环有拉毛现象，长度约1/2周长，经检查调查分析，确认为上次检修造成，与水导轴承安装偏心有关。逐对拉毛区域作打磨、抛光处理。

9号水轮机组2015年B级大修 2015年3月6日至5月12日，9号水轮发电机组B级大修水轮机组非标准项目及技改项目16项，标准项目52项，机组机械试验项目8项，按要求完成。

非标准项目包括：9号机金属检测，总滤过器更换，21DDF更换，旁通阀封堵，长柄阀更换，9202阀及伸缩节更换，压油泵及电机更换（一台），水导润滑水减压阀更换，压油槽自动补气装置更换，压油槽液位计更换，调相浮筒更换，水轮机大轴测速齿盘更换，9107阀操作杆高度降低，管路颜色规范化刷漆。

技改项目包括：水导轴承瓦及瓦座更换，机械过速保护装置加装。

【更新机组调速器】 2011年始，对各台发电机组调速器更新换代。1、3、4、5、6、8、9号机组由能达公司WBDT-100/2.5型更换为该公司生产的MGC2000型微机调控制器。2号机由WBDT-100/2.5更换为北京水科院生产的CVT-100型微机调速器。

图11-9　2009年12月，9号机组转子检修中

MGC-2000系列是NSEDC调速器系列中一款标准型产品，采用单套可编程控制器作为核心，搭载伺服电机和比例阀实现自动控制，控制系统响应速度快、响应精度高、调试范围宽、加减速性能好。调节器具有适应性变参数PID调节功能；具有频率调节模式、功率模拟量调节模式、功率脉冲量调节模式、开度模拟量调节模式，并可根据不同的工况进行自动切换或人工切换；实现按实时水头修正导叶启动开度，空载开度，限制开度及协联曲线功能；实现手动自动，主用备用调节器无扰动的切换；具有诊断、容错和故障保护功能。

CVT-100-2.5型数字式双调节水轮机调速器由电气调节柜与机械调节柜两大部分组成，由调速器电气调节柜接收监控、保护等系统及机组多种传感器信号，如导水叶反馈信号、机组频率信号、电网频率、水头、有功等信号，经过计算与控制规律综合，下达导水叶、轮叶调节信号到调速器机械调节柜液压放大实现开停机、有功增减、调相、紧急停机、分段关闭等现地或远方操作。

表 11-18　　机组调速器改造情况

机组号	改造前调速器型号	改造后调速器型号	运行状况	改造时间
1	WBDT-100/2.5（能达公司）	MGC2000	良好	2012 年 10 月
2	WBDT-100/2.5（能达公司）	CVT-100	良好	2012 年 2 月至 3 月
3	WBDT-100/2.5（能达公司）	MGC2000	良好	2012 年 9 月至 12 月
4	WBDT-100/2.5（能达公司）	MGC2000	良好	2012 年 5 月
5	BWDT-100/2.5（事达公司）	MGC2000	良好	2014 年 9 月
6	WBDT-100/2.5（能达公司）	MGC2000	良好	2014 年 9 月至 2015 年 1 月
7	WBDT-100/2.5（能达公司）	未改造	良好	
8	WBDT-100/2.5（能达公司）	MGC2000	良好	2011 年 9 月至 11 月
9	WBDT-100/2.5（能达公司）	MGC2000	良好	2012 年 11 月

【01 号主变压器的三次整治】 01 号主变压器进行三次整治。2007 年 10 月，为防止低压套管渗油，将变压器低压套管拆卸返南京电瓷厂大修，更换密封，并加装缓冲空间盒，套管拆卸须割除封母接头重新焊接，采用充干燥空气排油法，缩短了主变压器检修工期。在整个检修过程始终充入干燥空气，主变压器箱内湿度均保持在 50%以下，每天工作完均对主变压器抽真空充入干空并保持 0.025 兆帕的正压力，有效杜绝主变压器在大修中受潮。

2008 年 11 月增加套管通风装置，用风为厂内低压空压机，降低了套管运行温度，套管运行条件改善。安装了气体继电器检修及巡检平台，气体继电器防雨罩开观察窗并引入照明装置，实现巡检时可观察气体继电器内部有无气体功能。

2009 年 2 月份 01 号主变压器停役期间，对该主变压器冷却器电源系统采取反事故措施，将原有电源的共用母线加以分段，即在公共母线上加装隔离开关，并为保证控制回路电源，在控制回路加装切换开关，分别引入 1、2 段电源，可进行两路电源的选择。通过改造，在正常运行时，该隔离开关处于合上位置，在公共部分有故障时，运行人员拉开此隔离开关，以保证无故障部分继续运行，从而保证主变至少有两台冷却器运行。

【01 号主变压器的两次消缺】 2006 年 4 月，对 01 号主变压器 A 相高压套管油位异常升高进行处理，更换 A 相高压套管。事后，高压套管生产厂家分析定性为异常套管上有沙眼，异常套管返生产厂处理后返回，用作备品套管。

2008 年 7 月 8 日，运行中的 01 号主变压器冷却器全停，经运行人员强送电成功。经检查，故障为 A、B 两相电源发生短路引起，当晚紧急抢修后恢复正常。

【01 号主变压器大修】 2012 年 10 月，01 号主变压器大修，完成以下工作：1. 01 号主变压器冷却系统和控制柜更新，提升冷却功率，每组冷却器风扇由两只改为三只，控制柜更新为安德里茨产品。2. 为达到主变压器保护双重

化电流回路独立的要求，将 01 号主变压器中性点间隙 CT 更新为双二次线圈 CT、中性点套管升高座内 CT 增加一组线圈。3. 01 号主变油枕及抽真空管路改造，改造后胶囊得到有效保护，降低了主变假油位风险，极大减少主变真空注油的工作量，也减少了注油中途因倒换管路带来的主变受潮以及人身安全风险。4. 加装 01 号主变压器冷却系统应急电源，加装后在冷却系统双路电源均失去的情况下（如配电室着火），可手动投入独立备用电源，手动使主变冷却器运行。5. 配合主变压器冷却系统改造，完成 01 号主变压器油枕胶囊、油流继电器、压力释放阀更换。

【02 号主变压器的两次整治】 2008 年 11 月份，02 号主变压器进行了两方面的整治。其一，变压器低压套管返南京电瓷厂大修，更换密封，并加装缓冲空间盒，套管拆卸须割除封母接头重新焊接，采用充干燥空气排油法，缩短主变压器检修工期。在整个检修过程中，始终充入干燥空气，主变箱内湿度均保持在 50%以下，在每一天工作完成后均对主变抽全真空后充入干空并保持 0. 025 兆帕的正压力，有效杜绝主变压器在大修中受潮。其二，增加套管通风装置，降低了套管运行温度，套管运行条件改善。安装气体继电器检修及巡检平台，气体继电器防雨罩开观察窗并引入照明装置，实现巡检时可观察气体继电器内部有无气体功能。

【02 号主变压器大修】 2011 年 12 月 02 号主变压器大修，主要完成工作： 02 号主变压器冷却器和控制柜改造，提升冷却功率，每组冷却器风扇由两只改为三只，控制柜更新为安德里茨产品；02 号主变压器安装在线监测综合系统；02 号主变压器中性点间隙 CT 更新、中性点套管加装 CT 线圈；02 号主变压器油枕抽真空管路改造；配合主变冷却系统改造，完成 02 号主变压器油枕胶囊、油流继电器、压力释放阀更换。

【03 号主变压器整治】 因 A、B 相低压套管渗油，2006 年 11 月将低压套管拆卸返南京电瓷厂大修，更换密封，并加装缓冲空间盒，套管拆卸割除封母接头重新焊接，采用充干燥空气排油法，缩短了工期。在整治过程始终充入干燥空气，主变箱内湿度均保持在 50%以下，在每天工作完成后均对主变抽全真空后充入干空并保持 0. 025 兆帕的正压力，有效杜绝主变在检修中受潮。整治中更换主变压器低压侧三相套管，在低压侧升高座加装检修平台。

【03 号主变压器大修】 2013 年 11 月份 03 号主变压器大修，主要完成工作有： 03 号主变压器冷却系统和控制柜改造工作，每组冷却器风扇由两只改为三只，控制柜更新为安德里茨产品，低压升高座进入盖板上加装冷却油管，冷却功率较改造前提升 50%；配合主变保护双重化改造，该主变压器中性点间隙 CT 更新、中性点 CT 增加一组线圈；完成该主变压器中性点闸刀及避雷器、中性点间隙 CT 设备移位；配合主变压器冷却系统改造，完成该主变压器油枕胶囊、油流继电器、压力释放阀、高压套管的更新；根据反措要求，完成该主变压器冷却器应急电源系统安装；降低主变压器低压侧运行温度，消除低压过热缺陷，完成该主变压器低压侧升高座铜排制作安装，以对低压涡流进行分流；安装在线监测综合系统。

【03 号主变低压套管爆裂抢修】 2007 年 5 月 21 日 18 时 45 分，03 号主变低压侧 B 相低压套管温度偏高发生爆裂，实施紧急抢修。抢修人员先后将 B 相封母割开，吊出 B 相低压

套管；派出专车连夜前往南京电瓷厂拉回备品套管，迅速进行安装、调试。24 日 10 时 51 分，03 号主变压器在完成抢修及各项试验工作后，顺利报投产，抢修工作经各方努力只用不到 51 个小时完成，03 号主变压器恢复运行。

【发电机组开关大修】 发电机组开关大修 6 台次。2009 年 11 月 26 日 6 号机组开关操作机构大修，更换了工作缸；2010 年 11 月份完成 9 号机组开关操作机构大修。2011 年 4 月份完成 4 号机组开关操作机构大修；2011 年 5 月 10 日再次更换 6 号机开关操作机构工作缸。2011 年 10 月份，完成 8 号机开关操作机构大修。2011 年 12 月份，完成 5 号机开关操作机构大修。2012 年 3 月 27 日完成了 2 号机开关大修。2013 年 1 月 10 日对 3 号机开关操作机构进行大修，由于工作缸发生多次内漏，更换该机组开关操作机构油管路相关部件，更新工作缸。2015 年 1 月份 7 号机组开关 A 级大修，项目包括开关本体解体、更换密封件、表带触指，操作机构解体、工作缸更换、更换密封件。

【3 号机组开关异常修复】 3 号机组开关多次发生异常：2010 年 5 月 13 日，因渗油，更换 3 号机组开关操作机构工作缸和密封圈。2010 年 5 月 29 日，3 号机组开关液压系统压力骤降至零，并大量跑油，检查发现为蓄压筒与工作缸连接处 O 型密封圈断裂使内部高压油泻出，更换密封圈后正常，开关经试验符合要求。2010 年 11 月 3 日，因渗油，更换 3 号机开关操作机构工作缸（用备品）。2011 年 12 月 13 日，因渗油，更换 3 号机开关操作机构工作缸（用备品）。

【7 号机组开关异常修复】 2007 年 1 月 4 日，7 号机组开关在运行中压力微动开关粘连卡死造成油泵不动作，引起油压下降，开关闭锁。为此举一反三，于 2007 年 1 月中旬至 4 月下旬对 9 台机组开关的压力微动开关全部做更换处理，共计 45 只。

2015 年 4 月 10 日，7 号机开关 SF6 密度降低闭锁分合闸，经过现场检查开关密度继电器接口密封圈损坏，现已更换新的备品密封圈，充气至 750KPA，开关经远方合分模拟正常。

【更换 01、02、03 号主变压器电流互感器】 2006 年 11 月，更换 03 号主变压器电流互感器。在更换过程中发现厂家发来的电流互感器的二次端子板密封处存在渗漏现象，后联系厂家处理。2008 年 11 月份，更换 01 和 02 号主变电流互感器，新互感器采用蝶式膨胀器，杜绝了盒式膨胀器常出现的假油位现象。对同样锈蚀严重的 01 和 02 号主变压器互感器平台更新制作，在厂家定制后运到现场拼装。

【更换 220 千伏母线电压互感器及检修平台】 220 千伏正、副母线电压互感器自 90 年代中期投入运行十几年，设备老化锈蚀严重，且存在渗漏油，列入 2009 年技术改造项目。是年 12 月，更换 220 千伏正、副母线电压互感器及检修平台，新互感器采用蝶式膨胀器，杜绝了盒式膨胀器常出现的假油位现象。新检修平台主体外委定制，加工完成后运到现场拼装。

【加装 220 千伏三条出线避雷器】 原新建 2386 线、新杭 2230 线与新杭 2231 三条 220 千伏出线由于开关站场地所限，未安装线路避雷器，线路设备的防雷和过电压保护依靠 220 千伏母线避雷器承担。为贯彻国家电网公司《预防多雷地区变电站断路器等设备雷害事故技术措施》（国家电网生〔2009〕1208 号）文件，于 2009 年 11 月，利用设备及线路停役检修，对三条线路出线端加装避雷器。至此，电站所有线路出线端均装有避雷器。

【更新220千伏正副母线及01号主变避雷器】 2010年11月至2012年11月期间，针对2010年7月9日220千伏副母线C相避雷器故障，对220千伏正、副母线避雷器及01号主变压器避雷器完成更新。

【220千伏开关、闸刀维修】 2013年9月，委托西安开关厂对新德2387开关本体解体大修，更换新德2387线路闸刀机构、新德2387线路地刀机构、新德2387开关外侧地刀机构、新德2387开关内侧地刀机构。

【更换机组开关电流互感器】 为配合主变压器保护双重化改造，2010年1月， 将4、5、6号机组开关室内电流互感器（共9台次）更换为三线圈电流互感器；2012年10月份， 1、2、3号机组开关内侧电流互感器（共9台次）更换为三线圈电流互感器，2013年11月份，配合主变压器保护双重化改造，7、8、9号机组开关室内电流互感器（共9台次）更换为三线圈电流互感器；完全达到电流回路独立要求。

【加装SF6泄漏及含氧量报警装置】 根据SF6电气设备规范要求，2007年12月对1～9号机组开关室加装SF6泄漏及含氧量报警装置。

【消除220千伏设备重要缺陷】

01号主变开关分合闸拉杆相连轴孔后部断裂 2006年4月16日在01号主变压器开关做接触电阻试验时合开关时，发现C相机构已动作而开关本体在分闸位置，打开操作机构箱门发现分合闸拐臂与分合闸拉杆相连轴孔后部断裂。检查发现分合闸拉杆轴孔一侧有明显的绿豆大小的气隙，为铸造质量问题。已整套更换合闸掣子。

03号主变B相电流互感器将军帽弹出 2007年2月8日10时30分 ，运行人员巡检时，发现03号主变压器B相CT顶部膨胀器的防雨罩被缓冲器顶开。存在低能量局部放电故障，系该主变压器B相CT在2006年10月27日由于二次端子渗油而排油并现场解体抽真空的时间不够造成，其时B相CT临时用沈阳变压器厂生产的一只旧备品代替。后将三相CT于4月9日全部更换（由牡丹江第一互感器厂免费提供）。

220千伏旁路开关在运行中出现偷跳 2008年1月1日，220千伏旁路开关在运行中出现无操作跳闸，经分析和回路模拟试验正常，未查出开关偷跳原因，后对B相更换辅助开关。

新下2484开关A相合闸电磁阀线圈烧坏及防慢分装置损坏故障 2008年3月26日，新下2484线开关在作保护模拟中发现A相合闸电磁阀线圈烧坏。更换电磁阀后测试开关的分/合闸动作时间及合/分闸线圈的动作电压值。发现机构未分到位，系直流拉开后导致液压储能电机不能动作，低油压保护未投入，造成开关液压机构压力过低，致使防慢分装置损坏，给予更换。

新建2386线路闸刀分不开故障 2010年6月30日，运行人员对新建2386开关停役的过程中，出现该线路闸刀分不开的情况，且A、B相之间连杆严重受力弯曲变形，经逐步检查，原因为B、C相线路侧旋转底座发卡转不动，经解体检查发现其内部轴承进水锈蚀，加之线路闸刀长期运行未操作，导致轴承发卡；对两底座更换备品，对全部底座作解体检修处理。接着对所用阿尔斯通D300隔离开关均作底座解体检修。

220千伏副母线C相避雷器故障 2010年

7月9日，因连日暴雨加之雷击造成220千伏副母线C相避雷器故障（避雷器内部闪络，压力释放动作泄压）。经现场检查，发现C相避雷器引线脱落，避雷器在线监测仪损坏，副母线电压变引下线横拉绝缘子其中一片有损伤痕迹。经抢修处理，更换C相避雷器及损伤的绝缘子，检查相关设备，并经试验合格后投入运行。220千伏正副母线避雷器分别于11月16日、19日完成更新。

220千伏GIS正母线GM13气室B相对地放电故障 2013年12月9日10时50分，220千伏GIS正母线预留母联间隔（G13）B相T接处屏蔽罩对外壳放电，原因为该气室T接头右边段属出厂时组装成，现场未做解体清扫，遗留的铝屑在运行中位移，在电场作用下位移至距离最短处造成接地放电。经处理恢复正常。后期对所有GIS正、副母线气室实施反事故措施。（见图11-10）

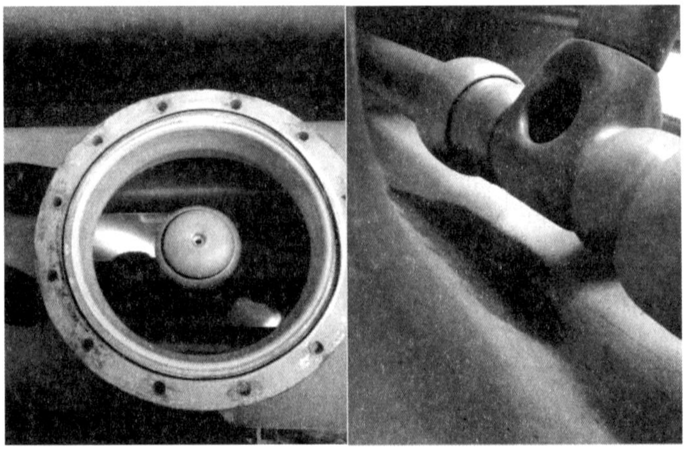

图11-10

【厂用电及10千伏系统设备技术改造】 **更新01、02号、厂用变压器、配电变压器变负荷开关** 2008年11月份，完成01、02号厂用变压器、配电变压器FURN装置的改造工作，01、02号厂用变和配变负荷开关更新改造为上海西门子开关有限公司生产的8BK20型开关柜，柜内真空断路器型号为3AH1264－2AF50－0FK2型，额定电压24千伏，额定电流1250安培，热稳定电流/3S 25千安，动稳定电流63千安，取消厂、配变高压闸刀，加装限流电抗器。

更换厂、配变高压侧电流互感器 为配合主变压器保护双重化改造，2010年1月对02号厂用变压器、配电变压器侧电流互感器（共6台次）更换三线圈电流互感器。2012年10月份， 01号厂用变压器、配电变压器高压侧电流互感器（共6台次）更换为三线圈电流互感器。2013年11月份， 03号厂用变压器、配电变压器高压侧电流互感器（共6台次）更换三线圈电流互感器；

10千伏Ⅰ、Ⅱ和Ⅲ段电压变压器中性点加装消谐器 2007年，针对10千伏压变熔丝多次发生熔断，主要原因为铁磁谐振，被列入2007年科研项目，在10K千伏Ⅰ、Ⅱ和Ⅲ段电压变压器中性点加装消谐器。

紫金滩至罗桐埠104线路由架空绝缘导线改为地下电缆 2008年4月，利用罗桐埠至紫金滩进厂公路改造之际，完成对架空绝缘导线更新为地下电缆工作。

滩头坞101线路改造 2009年1月，配合建德市自来水厂备用电源，对滩头坞101线路厂外部分改造，拆除原缆索桥顶架空线及原缆索桥顶至林子坞变电站架空线，将紫金滩箱式变电站至滩头坞箱式变电站电缆更新，将林子坞变电站改用原水晶厂106线路供电。

图11-11　2009年1月，拉过江电缆到滩头坞厂微波站

开关站变电站改造　2010年1月，完成开关站变电站改造，将原630千伏安变压器更新为容量800千伏安箱式变电站。

林子坞变电站改造　2010年1月，林子坞变更新为箱式变电站。

721厂电源改造　2014年7月份，完成721厂电源改造。缆索桥到721厂熔丝之间线路已运行30多年，721厂熔丝至该厂变压器线路已运行10多年，故障率高，瓷瓶绝缘老化，经常引起该厂停电。改造后721厂由架空线路改为电缆至新安江电站厂房106线路供电，并更新为箱式变压器。

紫金滩主用变压器及备用变压器改为箱式　2014年10月份，完成紫金滩主用变及备用变改箱变，紫金滩备用变改为罗桐埠104线供电。

10千伏线路连接方式改进　2015年5月份，在厂房母线层10千伏配电室增加一只联络手车柜，开关站102线路电缆与罗桐埠104线路电缆互换，滩头坞101线路电缆与林子坞106线路联络手车电缆接入滩头坞101线路开关内，滩头坞101线路电缆与林子坞106线路联络手车电缆接入林子坞106线路开关柜内，经过改进后，做到10千伏线路负荷分配均匀，在设备维护倒排操作时可以不停供电。

紫金滩变电站各闸刀状态接入监控系统　2015年2月份，紫金滩变电站各闸刀加装辅助接点，通过电缆接入监控系统。

·继电保护及自动化·

【概况】　2006年至2015年完成对监控系统的更新，220千伏母线保护实行双重化，发电机和主变压器安装消防保护，对220千伏线路保护改造，更新厂用电系统保护，许多新产品和新技术得到应用。

【厂配变保护装置】　原厂用配电变压器保护装置为南瑞DSA-119变压器保护（共6套），保护装置及保护管理机原安装在一块保护盘上，使得盘后电缆多，盘前操作压板多，给检修校验做隔离措施和运行操作带来一定困难，且因当时所购产品为南京自动化研究所新产品，软硬件设计均存在缺陷。2006年10月始，陆续将厂用配电变压器保护装置、400伏备用自投装置更换为DSA2116、DSA2361型定型产品。保护更新后出现电源插件故障，由厂家对3套厂用配电变压器保护电源插件作了更新，投入后运行正常。

【10.5千伏线路保护】　10.5千伏系统有三条进线，五路出线，一路备用电源进线，原保护测控装置为南京东大金智科技公司生产的DCAP3203型，两只母联开关（备用自投）为DCAP3230型号。虽运行较稳定，但装置面板无法正常显示，电源电压逐渐下降，且制造商已停止该DCAP系列装置产品生产。2010年9月保护更新改造为南瑞继保公司生产的RCS-9625CN型保护测控装置。

【主变压器消防保护】　根据国家电网新源公

司《关于印发公司系统电站主设备保护配置投运与整定原则的通知》，主变压器应按规程配置消防保护，发生火警时消防保护动作于跳主变压器。2014年年底至2015年年初，陆续将3台主变压器的火灾动作信号分别引入3套主变压器保护装置的非电量保护，实现主变压器发生火灾时非电量保护动作跳主变压器高压开关的功能。

【相量测量单元 PMU 装置】 原装置自2004年投产至2013年已安全运行10年，因设备老化，近年来频发硬盘损坏，装置死机等电源故障，为此于2013年年底对相量测量单元（phasor measurement unit）PMU装置进行更新。新PMU装置选用四方继保CSD-361 PMU装置，天线采用GPS和北斗两路卫星信号，装置采用19英寸4U标准机箱，分为CSD-361A，CSD-361B两个柜子。新装置具有配置灵活、硬件集成化程度高、超强的计算处理能力、保护级产品的硬件平台、特殊的采样回路设计、高精度的PMU、完善的本地数据记录功能；强大的通信功能、友好的人机对话界面等特点。原厂房继保护室旧盘已拆除，改造后的PMU装置安装在发电厂房新继电保护室。

表11—19　　主变、机组、厂配变设备保护配置情况表

设备名称	保护装置配置	操作回路
1号发电机	RCS-985RS发电机保护装置、RCS-985SS发电机保护装置	微机监控远方操作
2号发电机	RCS-985RS发电机保护装置、RCS-985SS发电机保护装置	微机监控远方操作
3号发电机	RCS-985RS发电机保护装置、RCS-985SS发电机保护装置	微机监控远方操作
4号发电机	RCS-985RS发电机保护装置、RCS-985SS发电机保护装置	微机监控远方操作
5号发电机	RCS-985RS发电机保护装置、RCS-985SS发电机保护装置	微机监控远方操作
6号发电机	RCS-985RS发电机保护装置、RCS-985SS发电机保护装置	微机监控远方操作
7号发电机	RCS-985RS发电机保护装置、RCS-985SS发电机保护装置	微机监控远方操作
8号发电机	RCS-985RS发电机保护装置、RCS-985SS发电机保护装置	微机监控远方操作
9号发电机	RCS-985RS发电机保护装置、RCS-985SS发电机保护装置	微机监控远方操作
01号主变压器	RCS－985TM变压器保护装置双重化 RCS-974非电量微机保护保护	微机监控远方操作
02号主变压器	RCS－985TM变压器保护装置双重化 RCS-974非电量微机保护保护	微机监控远方操作
03号主变压器	RCS－985TM变压器保护装置双重化 RCS-974非电量微机保护保护	微机监控远方操作
01号厂用变压器	南瑞DSA2116变压器保护	微机监控远方操作
02号厂用变压器	南瑞DSA2116变压器保护	微机监控远方操作
03号厂用变压器	南瑞DSA2116变压器保护	微机监控远方操作
10.5KV101线保护	南瑞RCS-9625CN保护装置	微机监控远方操作
10.5KV102线保护	南瑞RCS-9625CN保护装置	微机监控远方操作
10.5KV103线保护	南瑞RCS-9625CN保护装置	微机监控远方操作
10.5KV104线保护	南瑞RCS-9625CN保护装置	微机监控远方操作
10.5KV106线保护	南瑞RCS-9625CN保护装置	微机监控远方操作

10.5KV 岭后 101 备用线保护	南瑞 RCS-9625CN 保护装置	微机监控远方操作
01 号配变低压开关保护	南瑞 RCS-9625CN 保护装置	微机监控远方操作
02 号配变低压开关保护	南瑞 RCS-9625CN 保护装置	微机监控远方操作
03 号配变低压开关保护	南瑞 RCS-9625CN 保护装置	微机监控远方操作
10.5KV 备自投 I、II 段	南瑞 RCS-9651CN 保护装置	微机监控远方操作
10.5KV 备自投 II、III 段	南瑞 RCS-9651CN 保护装置	微机监控远方操作
发电机功角 PMU 装置	四方公司 CSD-361 PMU	

【220 千伏旁路保护】 2006 年 3 月原 220 千伏旁路保护由南京自动化设备厂的 WXB-11C 保护装置更新为四方公司的 CSC-101A 保护装置，并顺利投产。因 GIS 三条线路一次接线的限制，旁路保护不能带 GIS 线路保护运行。

【2230、2231 线路保护】 原新杭 2230、2231 线路保护采用南自公司的 WXB-11C 保护装置和南瑞公司的 LFP-901A 装置，至 2013 年运行已 10 多年设备已经到使用周期后期，且人机对话采用英文，屏幕狭小，设备售后维修保障困难，部分插件已停产。是年更新为四方公司的 CSC-101B 和南瑞继保公司生产的 PCS-901A 保护装置，配备微机保护双重化，保护、跳闸出口、重合闸、直流回路、电流回路等独立配置。2015 年 5 月，因对侧杭州变电所升级改造，原新杭 2230 线路保护更名为新大 2230 线路保护，根据会议精神将原杭变的 CSC-103B 光纤保护和 RCS-931A 光纤保护，迁移到新安江电站安装，和对侧保护大陆变电所形成配合，待杭州变电所改造结束后恢复。

【220 千伏母线保护】 根据国家电网公司有关规定，2015 年年初，华东电网调度中心要求华东电网所辖厂站须在当年完成 220 千伏母线保护双重化工作。从原有一套 220 千伏母线保护，增设第二套母线保护，形成双重化配置。新增加的母线保护装置与第一套母线保护功能完全独立，互不影响。该工作于年底完成。

【220 千伏故障录波器】 2015 年年底将对开关站 220 千伏故障录波器进行更新改造，原 220 千伏故障录波器为南京银山公司的 YS-88A 型，已接近使用年限，多次发生装置死机现象，2015 年底前完成装置更新改造。

表 11-20　　220 千伏设备的保护配置情况表

设备名称	保护装置配置	操作回路
新杭 2230 保护	CSC-101B 微机线路保护装置、PCS-901G 微机线路保护装置（暂更换为 CSC-103B 光纤保护保护和 RCS-931A 光纤保护）	微机监控远方操作
新杭 2231 保护	CSC-101B 微机线路保护装置、PCS-901G 微机线路保护装置	微机监控远方操作
220KV 旁路保护	CSC-101A 微机线路保护装置	微机监控远方操作
新建 2386 保护	PSL-602 微机线路保护装置、RCS-901A 微机线路保护装置	微机监控远方操作
新杭 2233 保护	CSC-101A 微机线路保护装置、RCS-901A 微机线路保护装置	微机监控远方操作
新德 2387 保护	PSL-602 微机线路保护装置、RCS-901A 微机线路保护装置	微机监控远方操作
新杭 2234 保护	RCS-985RS 发电机保护装置、RCS-985SS 发电机保护装置	微机监控远方操作
220KV 母联保护	PSL-631 微机线路保护装置	微机监控远方操作
220KV 母线保护	深圳南瑞 BP-2B 微机保护装置	微机监控远方操作
220KV 微机故障录波器	南京银山公司 YS-88A 故障录波器	

【开关站直流电源】 原开关站相关设备的220伏直流电源来自发电厂房继电保护室第Ⅰ套直流系统、第Ⅱ套直流系统。为提高开关站设备直流系统运行安全性，根据反事故措施要求，2014年11月在开关站新增两套直流系统，代替原厂房继保室第Ⅰ套直流系统、第Ⅱ套直流系统，供开关站设备单独使用。

装置选用深圳艾默生网络能源有限公司的充电柜、馈电柜、分电柜，以及武汉普华电气有限公司PWZD-01充放电柜；蓄电池组选用广东汤浅蓄电池有限公司UXL440-2N系列阀控式蓄电池。在新建的开关站新继电保护室新增2个直流充电柜，2个直流馈电柜，1个直流充放电柜。在开关站继保室增加3个分电柜。开关站直流接地巡检装置可在6～7秒左右报出直流接地支路，相对前代产品进步很大，但不能报瞬间接地。继电保护班人员对其改进，增加了瞬间接地报警功能。

【2006—2015年继电保护自动装置动作情况】 2006年至2015年6月，全厂继电保护及自动装置共计动作236次，动作正确率100%。

表11-21 2006—2015年继电保护正确率统计表

年份	220千伏保护		安全自动装置		总计		
	动作次数	正确次数	动作次数	正确次数	动作次数	正确次数	动作正确（%）
2006	14	14	4	4	18	18	100
2007	17	17	3	3	20	20	100
2008	9	9	2	2	11	11	100
2009	1	1	1	1	2	2	100
2010	31	31	5	5	36	36	100
2011	33	33	6	6	36	36	100
2012	15	15	3	3	18	18	100
2013	30	30	5	5	35	35	100
2014	31	31	5	5	36	36	100
2015	18	18	3	3	21	21	100
共计	199	199	37	37	236	236	100

【继电保护及自动装置校验】 2006—2015年完成主要继电保护、自动装置及其相应的二次回路校验共390套。保护改造并投产新设备55套，相关缺陷消除586项，继电保护动作正确率、故障录波完好率和继电保护及安全自动装置投入率均为100%。

【自动化监控系统】 原计算机监控系统为水科院H9000系统，运行后逐渐暴露出现地控制单元（LCU）随机故障上升、LCU运行不稳定、LCU备品备件缺失以及上位机运行分析手段不便等诸多问题，为此于2010年实行改造。是年1月18日国网公司以国家电网〔2010〕801号《关于新安江水力发电厂监控系统改造项目可行性研究报告的批复》对该项目正式立项。3月3日华东电网有限公司以华东电网生〔2010〕142号《关于下达新安江电厂2010年第一批技术改造项目计划的通知》批准计划投资2537.00万元，至2013年工程全部完工；其中2010年计划投资506.00万元，项目编号B011010076。新安江水力发电厂计算机监控系统改造项目采用公开招标方式。安德里茨（中国）有限公司中标。

安德里茨 NEPTUE 系统在上位机硬件方面采用可靠性和稳定性更高的ＳＵＮ服务器。新安江电厂采用两台冗余ＳＵＮ服务器，互为主备用，为全厂设备之间信息交流的集控站，提高了硬件维护性和兼容性，其操作系统采用 UNIX 系统，对计算机病毒有很高的防御作用，减少了网络计算机病毒危害的风险。

在原 H9000 系统，机组现场 LCU 安装一台工控机，若该机出现问题，上位机操作命令无法下达，LCU 收集的各种信息数据也无法上传。监控系统改造后所采用的安德里茨 NEPTUE 系统，取消现场控制单元的工控机，采用 PLC 直接上网，每套配有 1 套现场人机接口单元(MMI)--工业级液晶显示触摸屏。当与上位机系统脱机时，现场仍具有必要的监视和控制功能。与工控机相比，由于触摸屏无运动部件，系统软件全部固化，其可靠性高。即使触摸屏损坏或无法启动，不影响现场 PLC 的正常工作，上位机的命令正常下发，现场各种信号信息能够上传到上位机，大幅度降低现场设备运行的安全隐患。

安德里茨 NEPTUE 系统 PLC 电源采用交、直流供电模式，取消原 H9000 系统的 UPS。交流供电采自厂用电，另一路直流供电采用蓄电池供电，比原 H9000 系统采用一台 UPS 供电提高了供电可靠性和安全性。现场设备和维护工作量减少，维护成本降低。

安德里茨 NEPTUE 系统增加与 GPS 装置、调速器、励磁系统、继电保护装置、同期装置、“五防”系统、振动摆度装置等智能设备的通信。使监控系统收到的设备信息更全面，控制范围更广，功能更强大。

上位机采用安德里茨的 CAE250 软件包后，控制画面采用积木式框图，增加了人机对话界面，机组从停机备用—空转—空载—发电—调相，每一步执行条件满足与否都有明确提示，帮助运行维护人员分析、判断每个过程可能出现的问题，缩短事故、故障处理时间。上位机能调出下位机中的 PLC 程序，方便维护人员对设备运行情况的了解和诊断。

改造后的计算机监控系统采用成熟可靠标准化硬件、软件、网络结构和汉化系统。各项技术性能指标均达到部颁 DL/T 578—2008《水电站计算机监控系统基本技术条件》及 DL/T 5065—2009《水力发电厂计算机监控系统设计规范》要求，从部件、单机和系统多层次保证高可靠性要求，具有良好的可维护性。

计算机监控系统采用开放分布式体系结构，符合技术发展的趋势，系统功能分布配置，主要设备采用冗余配置，冗余设备采用热备工作方式。设电厂级和现场控制单元级。计算机监控系统的网络结构：计算机网络设备室两台模块化核心网络交换机和各现场控制单元交换机组成双星型交换式以太网。网络传输速率为 100Mb/s，通信协议采用 TCP/IP 协议。现场控制单元级按被控对象配置机组 LCU、开关站 LCU、主变压器 LCU、公用 LCU 等现场控制单元。

电厂计算机监控系统采用先进通用的计算机硬件和成熟的软件技术，系统结构和设计采用已在其他同等规模水电厂控制系统中基本标准化的设备和功能。适应功能扩展。

监控系统具有分布式数据库，全厂实时数据库和历史数据库分布在电厂级计算机中，系统功能分布在各个接点上，每个节点严格执行指定的任务和通过系统控制网与其他节点进行通信。

监控系统设计满足《电网和电厂计算机监控系统及调度数据网络安全防护规定》和《电力二次系统安全防护规定》要求，加强网络安全防护措施。

整个监控系统各节点硬件配置：2 台套主计算机；1 台套历史数据库服务器；2 台套操作员工作站；1 台套工程师工作站（兼培训工

作站)；1台套语音告警及ON-CALL工作站；2台套调度通信工作站；1台套厂内通信工作站；1台套水情通信工作站；1台生产管理信息工作站；2套横向正向安全隔离装置；1套卫星时钟装置；3台网络打印设备；2台便携式计算机；网络设备（包括网络主交换机及现地控制单元交换机的网络线、电/光缆等）；9套机组LCU；3套主变LCU（各含2套远程I/O）；1套公用LCU；2套开关站LCU。

【电厂控制级改造】 电厂控制级设备包括主计算机、历史数据服务器、操作员工作站、工程师工作站、语言报警及On-Call 工作站、调度通信工作站、厂内通信工作站、水情通信工作站、生产管理信息工作站等。

改造后的电厂控制级系统将数据库服务器和操作员工作站分开，实现更加稳定和高效的功能分配，在数据服务器的选型中突出大存储容量功能，在操作员工作站的选型中突出数据处理速度和多任务执行功能。各节点硬件配置如下：

2台套主计算机 2台套主计算机1主1备互为热备工作，主要完成：实时数据库(监控系统数据库的SCADA部分)的数据采集与管理，开关量报警处理、模拟量越限检查、数据库数据的指定计算、实时数据传播到工作站等任务；实现电厂AGC、AVC运行。

1台套历史数据库服务器 主要完成历史数据的存储、管理。系统按指定的周期把实时数据库缓冲区中的数据转储到该系统，实现数据的长期存档，服务器采用磁盘阵列存储技术，具备足够的存储容量，保证足够的保存时间。

4台套操作员工作站 操作员工作站实现运行人员对电厂的监视和控制，如电厂运行工况监视、越限告警、事故告警、控制调节、发电机启停和运行应用软件并显示执行结果等。本系统配置4台操作员工作站，其作用完全相同，布置在中控室。

1台套工程师工作站(兼培训工作站) 完成对电站监控设备的运行维护管理与开发，程序下载等工作并兼做电站运行人员的培训工作站。

1台套语音告警及ON-CALL工作站 完成电厂语音（在报警条件下向操作员发出中文语音报警信号）/电话报警、电话查询、事故自动寻呼（ON-CALL）及手机短信报警，并兼做报表制作等工作。ON-CALL系统具备可靠的操作系统及稳定的运用程序，支持中国移动、中国联通、中国电信等移动通信运营商的技术要求。

2台套调度通信工作站 全厂设置2台套调度通信工作站，直接接入电厂控制层以太网，以实现调度信号的直采直送。

作为与华东网调和浙江省调的调度通信，通信工作站1主1备互为热备用方式运行。每台调度通信工作站都可采用101和104规约完成对华东网调和浙江省调的点对点通信。与调度端采用101规约通信时，通过数字透传设备。

2台调度通信工作站可设置为主备通道，当主通信口出错率高于设定值或通信中断时自动切换为备用通信口运行。通道切换可由软件实现通道的软切换，也可在通信工作站上人工进行通道切换。

1台套厂内通信工作站 实现与大坝安全检测系统、返回屏管理机、工业电视系统、火灾报警系统、通风空调监控系统、微机五防系统等之间的数据通信，当与处于不同安全区之间的设备通信时，通信工作站采用具有访问控制功能的设备，防火墙或相当功能的设施，实现逻辑隔离。

改造实施过程中，在新老监控系统过渡阶段，本通信工作站与老监控系统厂内通信工作站进行通信链接，实现新老监控系统的数据交换。

1台套水情通信工作站 实现向水情测报系统发送电厂采集的信息，与水情测报系统采用具有访问控制功能的设备，并实现逻辑隔离。

1台生产管理信息工作站 主要负责用于电厂生产管理信息数据库的生成等，并满足MIS系统的访问要求。

2套横向正向安全隔离装置 设置2套通过获得国家安全权威机构安全检验证明，并通过电力行业的电磁兼容性检测的横向隔离装置，1套用于监控系统与电厂MIS系统之间交换数据的横向隔离，另1套用于监控系统网络与ON-CALL工作站之间交换数据的横向隔离。

横向正向安全隔离装置可根据安全策略（允许、拒绝、监测）控制出入网络的信息流，其本身具有较强的抗攻击能力，可限制外部对内部的非授权访问，特别是限制安全级别低的系统对安全级别高的系统的非授权访问。

1套卫星时钟装置 配置1套卫星时钟装置，由1面主时钟屏、1面扩展时钟屏、1套GPS天线、1套北斗天线、天线防雷器及设备之间的连接用电线、电缆、光纤和连接件等组成。主时钟屏布置在开关站继保室，扩展时钟屏布置在中央控制室，两屏之间通过光缆连接。

卫星时钟装置采用模块化结构，便于扩展。除向监控系统发时间同步信号外，还应满足继电保护系统、安全自动装置、故障录波装置、电能量采集系统、机组调速系统、励磁系统等设备的对时需要。

主时钟屏内主时钟时间信号接收单元能同时接收GPS卫星发送的协调世界时（UTC）信号以及北斗卫星发送的时间信号（1PPS和串行时间信息）作为外部时间基准信号。GPS和北斗信号作为基准的主从顺序满足华东电网调度要求。

3台网络打印设备 配置一台彩色激光打印机和两台黑白激光网络打印机。打印机可挂接在网络上，每台打印机均可设置为网络共享，也可设置为任一网络节点机专用。彩色激光打印机可以拷贝任何一台工作站显示器上的画面。

2台便携式计算机 主要用于系统调试和维护。

【网络设备改造】 网络设备用于连接电厂监控系统各节点计算机设备。连接电厂控制级和现场控制级的网络采用工业级交换式双星型光纤以太网，传输速率为100Mb/s，通信协议采用TCP/IP协议。网络具有容量大、速度快、开放性好、互联性强优点，确保监控系统的安全性和实时性。

改造后的监控网络由中央控制室冗余的核心网络交换机、各现场控制单元冗余的子交换机组成。核心网络交换机采用模块化、可网管的工业级交换式以太网交换机，现场控制单元子交换机采用可网管工业级交换式以太网交换机。核心网络交换机、子交换机支持可网管功能，实现对监控系统中所有网络设备的全面管理。

【现场控制单元改造】 改造后的监控系统共设15套现场控制单元(LCU)，分别为9套机组LCU、1套公用 LCU、3套主变压器LCU、2套开关站 LCU。

LCU完成对现场设备的数据采集及数据预处理，向网络传送数据信息，并服从主站的命令和管理。各LCU也具有监视、控制和调节功能，配备12英寸液晶触摸显示屏，在离线状态下能独立运行，完成其监控范围内的实时数据采集、处理、设定值修改、设备工况转换、调节控制等任务。

LCU的控制器采用可编程控制器(PLC)或专用控制器，具有100M以太网通信接口，能直接上以太网，取消工控机，克服通信瓶颈。为方便与其他相关设备通讯，控制器具有丰富的现场总线和串口通信接口，支持国际通用的现场总线通信和串口通信协议。

控制器采用冗余配置的CPU模件、现场总线模件、网络模件等。冗余模件的工作方式为在线热备，切换应无扰动。冗余的CPU之间采用光纤同步，实现数据共享。

控制器允许接入I/O点的容量大于实际可能使用容量，且留有足够储备。CPU字长不低于32位，负荷率不大于40%，支持浮点运算，自带实时时钟，并能接收卫星时钟装置的授时信号，实现时钟同步校正，其精度与SOE事件分辨率配合。软件能贮存在容量足够的闪存(Flash memory)中。

【机组LCU改造】 对照老LCU，新LCU取消温度巡检装置，现场RTD直接输入控制器RTD采集模块，提高可靠性和响应性。

改造后，每套机组LCU主要配置：控制器、12英寸液晶触摸屏、子交换机、独立的紧急停机可编程控制器(PLC)、微机自动准同期装置、手动同期设备、测速装置、交流采样单元(发电机电气量测量)、变送器、表计、中间继电器、电源转换装置、二次设备附件等。

独立的紧急停机可编程控制器（PLC）的要求：配置用于水力机械事故停机的可编程控制器(PLC)。当发生重要的水轮机组事故或LCU控制器冗余系统全部故障或工作电源全部失去时，该独立的PLC执行后备停机过程控制。紧急停机可编程控制器（PLC）的电源与LCU控制器电源相独立，其输入信号也与LCU控制器的相独立。紧急停机可编程控制器（PLC）的功能仅在最重要的水轮机组事故，包括过速、事故低油压、按下事故停机按钮、按下紧急落快速门或关闭进水阀门按钮等情况下启动。

测速装置配置共2套，每套都具备残压测速和齿盘测速双通道，齿盘采用机组现有的设备。

变送器配置1个有功功率/无功功率组合变送器，输出4～20毫安给电厂监控系统；1个有功功率变送器，输出4～20毫安给调速器用。

【主变压器LCU的改造】 老主变压器LCU集中控制3台主变压器，在改造期间无法一次性退出运行改造，须逐个对象依次退出后接入新主变压器LCU，改造期间新、老LCU同时运行。

考虑到今后某台主变压器检修退出运行时，不影响对其他主变压器的监控，该次改造3台主变压器设3套LCU，各LCU独立上网，主变控制器之间无须数据交换。

每套主变压器LCU包括控制器和2个远程I/O，控制器含本地I/O，2个远程I/O分别位于开关站和升压站，就地采集主变压器相关设备信息，控制主变压器配套冷却器、相应开关和闸刀。控制器和I/O采用双总线网连接。

改造后，每套主变压器LCU主要配置：控制器、远程I/O、12英寸液晶触摸屏、子交换机、微机自动准同期装置、手动同期设备、交流采样单元(主变压器220千伏侧的电气量测量)、表计、中间继电器、电源转换装置、二次设备附件等。

【公用LCU改造】 公用LCU的主要监控对象：220伏直流电源系统，空压机系统，深井排水系统，宽缝排水系统，水位测量系统，13.8千伏厂用变压器，13.8千伏配电变压器，10千伏厂用电系统，0.4千伏厂用电系统，液压启闭机等。其中厂用电控制系统、宽缝、深井控制系统的控制器AC70功能独立，尚可利用，暂不更换。因此，在老中央控制室保留用于厂用电控制系统的AC70，通过AF100与宽缝、深井控制系统AC70相连，并增加一个通信接口，与新公用LCU通信。新公用LCU预留远程IO

接口，以备厂用电系统更换控制方式后接入。

改造后，公用 LCU 主要配置：控制器、12 英寸液晶触摸屏、子交换机、表计、中间继电器、电源转换装置、二次设备附件等。

【开关站 LCU 改造】 考虑到 2 套老开关站 LCU 在改造期间无法一次性退出运行，须逐个间隔依次退出，再接入新开关站 LCU 中。因此改造期间，新、老 LCU 同时运行，新 LCU 布置在开关站继电保护室。

新 LCU 仍设 2 套：一套负责 3 回线路和母线联络开关间隔监控；一套负责另 3 回线路和旁路开关间隔监控。

改造后，每套 LCU 主要配置：控制器、远程 I/O、12 英寸液晶触摸屏、子交换机、微机自动准同期装置(适用多对象)、交流采样单元(220 千伏线路、母线联络、旁路的电气量测量)、变送器(220 千伏两段母线的三相电压、频率的电气量测)、表计、中间继电器、电源转换装置、二次设备附件等。

第一套开关站 LCU 包括控制器和 4 个远程 I/O，控制器含本地 I/O，4 个远程 I/O 负责 3 回线路和母线联络开关间隔的数据采集和监控，控制器和 I/O 采用双总线网连接。

第二套开关站 LCU 包括控制器和 4 个远程 I/O，控制器含本地 I/O，4 个远程 I/O 负责另 3 回线路和旁路开关间隔的数据采集和监控，控制器和 I/O 采用双总线网连接。

每个 LCU 设 4 个远程 I/O，各负责 1 个间隔设备的数据采集和监控。各远程 I/O 带独立的供电回路，1 个远程 I/O 的投退不影响其他远程 I/O 的正常运行，便于逐个间隔的改造接线和试验。为尽量减小某间隔改造对其他间隔正常运行的影响，两套开关站 LCU 在改造期间适当分工，第一套 LCU 用作正常运行，第二套 LCU 用作试验。对于正在改造的间隔，其远程 I/O 接入第 2 套 LCU，待试验完毕，该间隔远程 I/O 再改接至第一套 LCU。等所有间隔改造结束，移回 4 个远程 I/O 接线至第 2 套 LCU。使改造的风险降至最低。

表 11-22　　LCU 中 I/O 测点初步统计表

		AI	AO	DI	SOE	DO	RTD	备注
机组 LCU1～LCU9	本地 I/O	48×9		192×9	32×9	128×9	88×9	单个 LCU 组 3 面屏
	简易紧急停机的独立的 PLC				32×9	32×9		
主变 LCU10～12	本地 I/O	8×3		32×3	32×3	32×3		1 面屏（共 3 面）
	开关站远程 I/O	8×3		32×3	32×3	32×3		3 个合用 1 面屏
	升压站远程 I/O	8×3		64×3	32×3	32×3		3 个合用 1 面屏
公用设备 LCU13	本地 I/O	96	32	544	64	128	16	3 面屏
220kV 开关站 LCU14	本地 I/O	16		32		32		1 面屏
	远程 I/O	8×4		64×4	32×4	32×4		1 面屏
220kV 开关站 LCU15	本地 I/O	16		32		32		1 面屏
	远程 I/O	8×4		64×4	32×4	32×4		1 面屏

表 11-23　　改造后新计算机监控系统设备配置表

序号	设备名称型号	技术参数	功能说明	厂家
01	主计算机	SPARC T3-1 服务器		SUN
02	操作员工作站、工程师工作站、厂内通信工作站	Z600 Workstation Localization Kit SAT250 SCALA 6.43.09	监控系统数据、画面、程序修改；运行人员操作	HP
03	防火墙	ASA5505-K8	防止病毒	CISCO
04	17″彩色触摸屏：PPC-174T	Intel Pentium IV 2.8GHz CPU 2GB(2x1GB) DDR-333 SDRAM	对机组、主变、线路、公用监视控制	ADVANTECH
05	工业以太网交换机	RS900NC-24-D-MCMC00-XX	信息交换，站内环网冗余管理	加拿大罗杰康
06	光电转换器	4402S	实现辅机控制单元通过以太网交换机直接上网	JaRa
07	电源模块：POWERONE	SAT250 SCALA 6.43.09	柜内 24V 直流系统冗余供电	SAT
08	AK 机架电源模块：PS5622	AC82.5～286V/DC92～254V 输入，5VDC 输出，生产厂家：ANDRITZ	AK 机架设备冗余供电	SAT
09	AK1703 ACP	AK1703 ACP 装置配备两个单独的 CPU（M-CPU，CO-CPU） 主 CPU 模板及冗余控制器 CP-2010/CPC25 主 CPU 模板及冗余控制器接口卡 CM-2837	主控模块，用于冗余管理及串口通讯	SAT
10	串行通讯模块：	SM-2551/PROTOCOL	与励磁装置 MODBUS 通信	SAT
11	AK C1/C2 CPU：CP2010	逻辑运算及网络、外围模块通讯 设备 IP 地址：172.17.121.x	互为冗余，逻辑运算及网络、外围模块通讯	SAT
12	网络通讯模块：SM2556	CP2002 以太网通信子板	接入以太网交换机联网通信	SAT
13	数字量输入 DI 板：DI2110	通道数目：8×8 DC24V～64V 输入	数字量信号采集	SAT
14	数字量输出 DO 板：DO2201	通道数目：40 DC24～60V 输出	数字量输出控制	SAT
15	模拟量输入 AI 板：AI2300	通道数目：16 路 ±20mA 输入	模拟量输入采集	SAT
16	温度测量板：AI2301	8×4 路 RTD 输入	热电阻输入测温	SAT
17	电流源模块： SM2503	提供 2mA 恒流源	AI2301 子板	SAT
18	TM1703 Mic	主 CPU 模块 CP-6040/CPC60 MIC	紧停控制	SAT
19	主变冷却器主 CPU 模块	CP-6014/CPCX65	主变冷却器控制	SAT
20	开关站 LCU 现地控制单元主 CPU 模块	CP-2017/PCCX25	开关站 LCU 现地控制	SAT
21	DI-6102	16 路开关量输入模块(1ms)	数字量信号采集	SAT
22	DO-6200	16 路开关量输出模块	数字量输出控制	SAT
23	RS232/485 转换器	2115B(24VDC 电源供电)		SAT
24	交直流适配器	10A 电源(220V/24VDC)		SAT
25	AK CPU 与 AM 总线连接模块：CM0842	24VDC 电源供电，光电转换	扩展 AM 单元	SAT
26	扩展总线连接器：CM1831	24VDC 电源输入，5VDC 输出作为机架电源，1 光口作为扩展总线	AM 单元通信	SAT
27	GPS 对时模块	IRIG-B/SAT-STRING(24VDC 电源供电及导轨安装)	对时	北京波形
28	开出继电器	PHCENIX CONTACT 线圈电压：24VDC 接点额定电阻负荷：240VAC/6A	DO 开出	PHCENIX
29	紧停按钮：704	输入：220VAC±10%　输出：24V/5A 接点对数：7NO +1NC	现地手动紧急停机	
30	控制屏柜	屏体：2260×800×600 颜色： Z44		梅勒 MEHLER

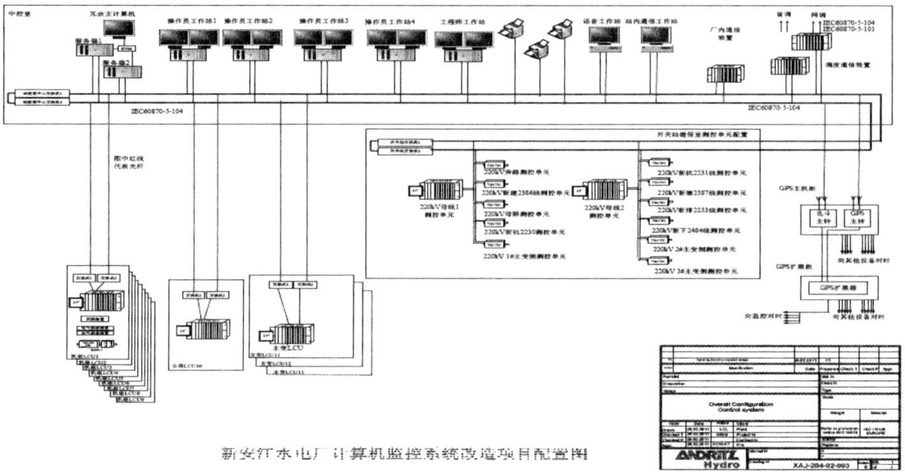

图 11-12 改造后新计算机监控系统配置图

表 11-24 监控改造项目时间表

监控改造项目	改造时间
上位机和主干网络	2011 年 7-9 月
1 号机组	2012 年 10 月
2 号机组	2012 年 2-3 月
3 号机组	2012 年 9-12 月
4 号机组	2012 年 5 月
5 号机组	2011 年 11-12 月
6 号机组	2013 年 9 月-2014 年 1 月
7 号机组	2012 年 4 月
8 号机组	2011 年 9 月-11 月
9 号机	2012 年 11 月
01 号主变压器	2012 年 10 月
02 号主变压器	2011 年 11-12 月
03 号主变压器	2013 年 10-11 月
公用	2012 年 6-8 月
220KV 正母线	2012 年 6 月
220KV 副母线	2012 年 6 月
220KV 旁路母线	2012 年 6 月
220KV 母联	2012 年 6 月
新杭 2230 线	2012 年 4 月
新建 2386 线	2012 年 4 月
新德 2387 线	2012 年 5 月
新杭 2231 线	2012 年 5 月
新杭 2233 线	2012 年 5 月
新杭 2234 线	2012 年 5 月

【五防装置更新】 新安江电厂根据《国家电网公司防止电气误操作管理规定》的要求，维护分场自动化班于 2015 年 5 月 21 日起开始五防系统更新改造施工。

5 月 30 日更新开关站五防从站的主机、显示器，软件版本升级为最新版本（joyo-j5.24.1105），在开关站 88 一区段、四区段及继电保护楼房顶安装无线基站 3 只，无线信号测试良好；在开关站继电保护楼安装接收装置一台，通过无线基站将开关站网门、爬梯、地线等信号传输至开关站继电保护室五防从站，接入五防系统，实现开关站虚点向实点的转变、无线信号的全覆盖和操作任务无线接收功能。更换从站主机、显示器及主（从）站电脑钥匙、充电座。

表 11-25 五防装置配制表

序号	名称	规格型号	单位	数量
1	JOYO 防误主机（升级）	WJBS7E—2	套	1
2	电脑钥匙（升级）	iKeyMU—1 型	个	4
3	充电座（升级）	iKeyCDZ—1 型	个	2
4	图形软件（升级扩容）	WIN2000/XP/WIN7 版	项	2
5	DELL 商用计算机 win7	E5400/2G/250G/DVD	台	1
6	DELL 显示器	22 寸液晶（黑色）	台	1

2015年5月下旬，对五防系统的数据库、通讯点表、图库进行完整的梳理，保证系统数据准确。厂坝区外10.5千系统的各闸刀位置实点逐步接入监控系统，对设备检修时需要装设便携式地线的地方，改为固定的五防地线，同时在五防画面中增加相应设备及闭锁逻辑。厂用电400伏系统的1-6A以及开关站变压器低压开关和III段开关的检修，试验位辅助接点引至保护测控单元，通过保护与监控通讯传输至监控系统，使五防程序及监控相关流程中相关点的状态实时显示。开关站作虚点向实点转变的试验。在开关站增设3个无线传输基站，通过无线基站将开关站网门、爬梯、地线等信号传输至开关站继电保护室五防从站，接入五防系统，实现开关站虚点向实点的转变。开关站E匙通系统的安装。对2233、2234、2387线路就地控制柜，01、02、03号主变压器、2230、2231、2386线路，母线联络、旁路开关分相开关，分别安装共51把E匙通钥匙并模拟通过，在五防主机绘制相关画面。五完善防与监控的104网络通信协议。原监控系统与五防通信采用主、从站模式，五防主机作为主站(CLIENT)，监控作为从站（servers），采用循环发送和变位上传模式。由于五防主机作为主站，对监控发总召唤不予响应，故监控系统长时间总招不回就认为通讯中断，造成运行人员无法正确判断通讯是否正常；经过完善配置后，监控与五防系统已互为主站（CLIENT）和从站（servers），采用总招与变位发送模式，彻底解决了监控系统中五防点品质位报错问题。

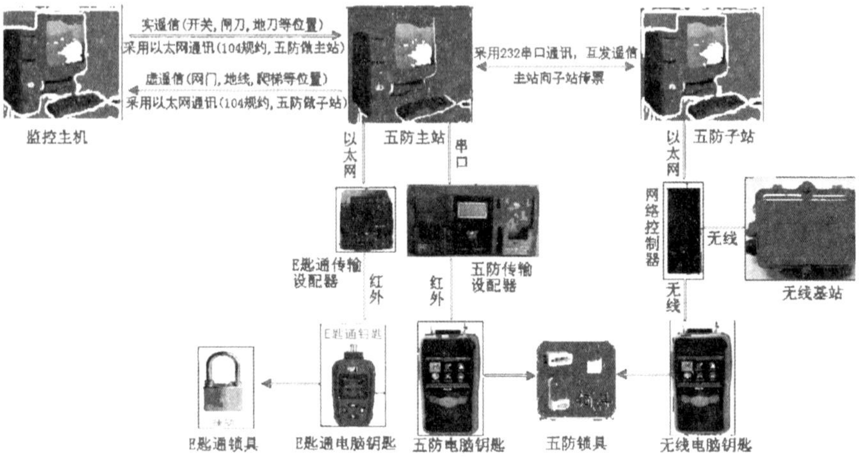

图11-13　五防通信网络图

【自动电压控制系统AVC装置】 新安江电厂于2011年9月结合监控系统改造采用上海申贝科技发展有限公司的YJD-AVC(M121/S121型）施工AVC自动电压控制系统。至2015年底止，已完成所有9台水轮发电机组的AVC下位机安装，2、3、4、5、8、9号机组的施工、调试。监控系统完成与AVC下位机的通讯联调。

电压是否能维持在合理范围运行，是电力行业特别重视的问题之一。YJD AVC自动电压控制系统能够根据各种运行方式，自适应跟踪调整，协调控制每台发电机组的无功功率进而实现对高压母线的控制。配合EMS主站区域无功系统设备实现对电网的无功功率优化，显著减少线路损耗，提高电能质量。

YJD AVC自动电压控制系统通过接收华东总调AVC主站系统下达的电厂母线目标控制电压值，根据目标控制电压值计算，自动得出电厂承担的总无功出力(或直接接收省调AVC主站系统下达的总无功功率目标值)，在充分考虑各种约束条件后，AVC软件将总无功功率合理分配给每台机组，发出增减信号给励磁系统，由励磁系统调节机组无功，使电厂母线电压达到目标控制电压值。同时在控制过程中保证发电机组在规定的参数范围内安全、稳定运行。

YJD-AVC系统主画面中，主要包括电厂发电机组和母线的数量，发电机组和母线的关系等。

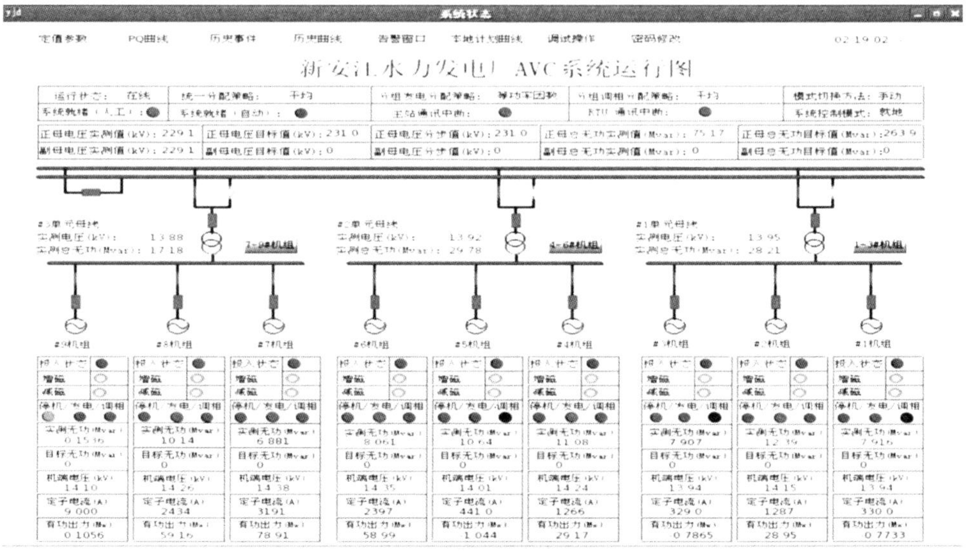

图9-13　新安江水力发电厂AVC系统运行图

电厂端AVC系统采用AVC中央控制单元（上位机）/AVC执行单元（下位机）配置方式，每套AVC系统配置两台中央控制单元(主/备)，AVC执行单元与机组一对一配置。电厂端AVC系统是以AVC中央控制单元为核心的，由AVC中央控制控制单元，AVC执行单元，机组励磁系统、电厂测控装置、电网调度中心相互作用共同构成系统整体。电厂端AVC系统通过调度数据网接收电力调度中心给出的电压目标指令，AVC中央控制单元在充分考虑各种约束条件后，计算出对应的控制脉冲宽度，以通信方式下发至AVC执行单元，由执行单元输出增减磁信号给励磁系统或电厂控制系统，由励磁系统调节机组无功出力。

中央控制单元有主备功能，主中央控制单元故障时，可切换至备用中央控制单元，保证系统正常运行。

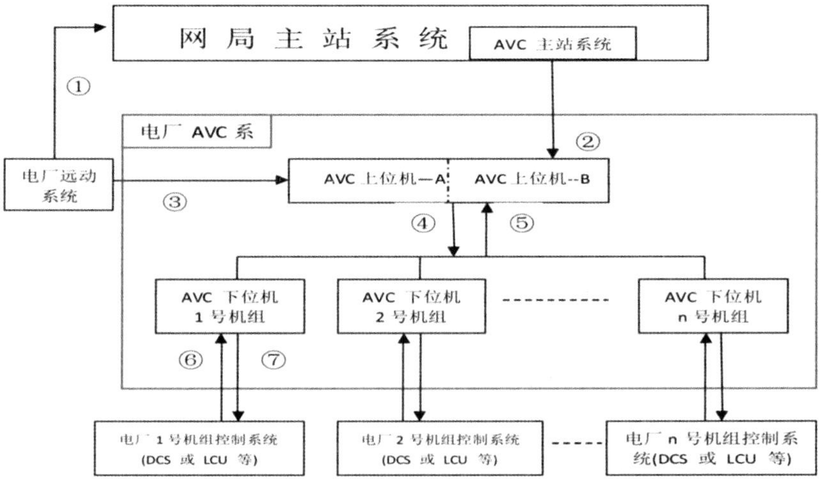

图9-14　中央控制单元系统图

新安江水电厂AVC的无功分配策略按照两大类分配方式：第一类为统一分配，忽略调相机组与发电机组间运行方式的不同；第二类为比例分配，调相机组与发电机组之间按照定比例份额进行分配，分配比例以各类机组平均无功进行比较。

·通信设备及辅助设施·

【概况】 新安江电厂通信设备分传输和交换两大类。传输主要由光纤和微波通信系统组成；电力架空地线复合光缆(OPGW)已成为电站与电力系统通信传输系统的主通道，微波通信为备用通道。通信交换系统主要由H20-20综合程控交换机、调度通信专用交换机和调度台组成，提供电站和电力系统的行政及调度通信。

2006年按照企业机构改革方案，通信班由电气分场划入科技信息部。2009年实施生产区域与生活区分离，紫金滩整治，通信值班点由紫金滩转移至滩头坞新安江微波站。2011年建立通信资源综合监控系统，实现远程监控管理通信设备。“新安江电厂通信系统智能保障平台开发研制”和“新安江电厂通信资源综合监控系统研制开发”两个科研项目，均获华东电网有限公司科技进步三等奖。2013年通信班与信息维护班合并，成立信息通信班，归属维护分场。

【厂通信系统组成】 新安江电厂通信系统由2.5G及622M光传输设备、微波传输设备、综合程控交换机、调度程控交换机及通信调度设备、通信资源管理设备、通信专用电源、蓄电池组以及综合配线架（音频、数配、光配）等通信设备组成。新安江电厂通信传输设备，主要传输华东网局和浙江省局数据网数据，提供华东电网和国家电网新源公司的信息内网、外网通道，建立华东网局、浙江省局、富春江电厂的2Mb行政交换通道，以及通过华东网局和富春江电厂组网的调度交换2Mb通道。综合交换机通过2MB方式分别连接市话（公网）和移动（虚拟网）。

表11-26　　新安江电厂主要通信设备统计表

序号	设备名称	设备数量	备注（设备位置）
1	NEC微波	4	新安江1台，白沙微波站3台
2	SMA16-64光设备	1	白沙微波站
3	SMA16-64光设备	2	载波室通信机房
4	SMA1/4传输复用器	1	新安江微波站
5	XMP1设备	1	白沙微波站
6	XMP1设备	1	载波室通信机房
7	PCM171设备	1	载波室通信机房
8	综合通信交换机（H20-20LH/1344）	1	载波室通信机房
9	调度交换机（IXP-256N）	1	载波室通信机房
10	罗行政交换机（H20-20M/816）	1	罗桐埠
11	ADV调度席	2	控制室
12	ADV调度席	1	防汛指挥部
13	事故录音系统	2	载波室通信机房
14	调度（维护）台	1	载波室通信机房
15	通信综合管理系统	1	信息通信班
16	光缆在线监测系统	1	信息通信班
17	通信开关电源（共8台）	8	载波、新安江、白沙、罗桐埠
18	蓄电池GFM-500（48V共10组）	10	载波、新安江、白沙、罗桐埠
19	白沙、新安江微波站防雷系统	2	白沙、新安江
20	新安江（微波）站铁塔	1	新安江微波站
21	白沙（微波）站铁塔	1	白沙微波站
22	综合配线架	4	载波、新安江、白沙、罗桐埠

【电力调度数据网改造】 新安江电厂调度数据网于1999年投运，接入华东调度数据（未接入省调数据网），主要用途为华东调度对新安江电厂下发AGC指令、远东数据及PMU数据上传等。根据华东电网华东电力调控分中心〔2014〕98号文第八条“部分电厂尚未完成华东分中心、省调两级调度数据网建设，要加快进度；已经完成建设的电厂，要尽快调整远东、PMU等业务，实现两点接入数据网” 的要求，于2015年下半年重新采购两套调度数据网设备（原重新建设有调度数据网系统，并增加一套至省调度数据网的设备）。

新安江电厂内部基于计算机和网络技术的业务系统，分为生产控制大区和管理信息大区，生产控制大区分为控制区(安全区Ⅰ)和非控制区(安全区Ⅱ)， 在生产控制大区与管理信息大区之间分别设置正（反）向安全隔离装置。安全I区与安全II区之间使用JuniperSSG5防火墙。

电力调度数据网在专用通道上使用独立的网络设备组网，安全I区与调度数据网之间安装有两套Netkeeper-2000Ⅲ 纵向加密认证装置，安全II区与调度数据网之间安装两套东软FW4120防火墙，在物理层面上实现与调度数据网的安全隔离。

【新增光纤通信通道】 2005年结合电厂扩容送出工程（GIS工程）的建设，新建新安江电厂—富春江电厂—瓶窑变电所OPGW光纤通信通道。通过瓶窑变电所—省调—网调光纤通道，组建新安江、富春江两个水电厂至各调度端2.5Gb/s的光纤通信电路，为新、富两厂提供宽带宽、高可靠、高质量的通信通道。光端机使用上海马可尼通信设备有限公司生产的SDH(SMA16-64)设备(STM-16)1台、SDH(SMA1/4)设备(STM-1)2台，配套设备PCM(XMP1)终端2台，综合配线柜3台、本地维护终端1台、高频开关电源2台、24芯G652的光缆5KM、阿尔卡特PCM(1511BA)终端2台。

2013年，新安江载波室SDH光通信设备改造。新增一台OMS1664设备，实现由二台OMS1664和一台SMA1/4（4+4） S4设备组成一个环网，二台OMS1664设备各有一个STM-16光接口分别与瓶窑和富春江二个站的设备相连，并且将原有经一台OMS1664设备接入的业务，分摊到二台OMS1664设备上分别接入，提高接入业务的可靠性。

2015年，载波室安装调试华为和思科各一台光端机，开通至杭州大陆变电所2230线路继电保护3条通道。

【微波设备改造】 2007年，浙南微波通信改造，原新安江微波站、白沙微波站使用的微波设备更新为NEC公司生产的微波设备。根据《华东DDN二级网技改工程》设计合同，由华东网调、浙江省调和天荒坪、富春江、新安江等3家电厂组成华东电力二级数据网，主要为远动、MIS系统子网和功角提供数字通道。2010年，白沙微波站接地系统改造，白沙微波站微波铁塔大修。2011年，微波站机房大修及完善工程，新安江微波站接地系统改造。

【电力通信调度系统升级】 新安江通信调度系统由综合交换机、调度专用交换机、中央控制室调度席、事故录音系统及电力系统传输设备组成。电力系统调度通信主要通过光纤（OPGW）和微波通信系统连接。华东网局、浙江省局、富春江电厂主要通过2MB通道直联。2009年，更新新安江综合通信交换机，新增综合通信交换机（型号HARRIS20-20LH-1344），替换1993年投运的广州哈里斯通信有限公司生产的程控数字交换机。承担新安江电厂的电力系统调度通信和行政通信任务。

2010年，开发“事故情况快速汇报系统”。

事故情况下，控制室能根据需要向指定的多个手机用户同时汇报，手机用户可以通过回拨再听相关录音内容。

2011 年，增加调度交换机。调度交换机与行政交换机上都有调度接口板，每个调度台的左右手柄分别与调度和行政交换机相连，无论哪台交换机有问题，调度台都可以正常通话。

2013年，更新中央控制室通信调度台2台，事故录音系统一套。

【接入浙江省电力调度数据网】 新安江电厂原有电力调度接入华东电力调度数据网后，转发至浙江省电力调度的数据网，不能满足华东电网必须两点接入数据网的要求。2015 年 10 月，依据浙江省电力调度的技术要求，新安江电厂配置了相应的路由器设备（1 台路由器和 2 台交换机），接入浙江省电力调度数据网，实现两点分别接入华东电力调度数据网和浙江省电力调数据网。确保电网安全、稳定、经济、优质运行。

【通信机房迁移】 2009 年，根据紫金滩区域整治要求，通信机房及班组管理房由紫金滩移至发电厂房原载波室。综合交换机承担新安江电厂的电力系统调度通信和行政通信任务。通过 2MB 方式分别连接市话（电信公网）和移动（虚拟网），承担系统组网、厂内和系统调度通信、厂内行政通信、紫金宾馆通信等功能。

【新安江库区水情自动测报系统改造】 新安江库区水情自动测报系统于 1991 投运，对电站防汛及调度作用重大、发挥巨大效益。2006 年 11 月，投资 39.80 万元，委托南京水文自动化研究所扬子科技开发公司对已建的水情测报系统进行技术改造。技改后采用手机短信 GSM-SMS 和超短波 VHF 两个信道来实现水情数据的传输，符合最新的水情测报技术要求，并有充分的通信信道储备，提高测站水情数据采集的可靠性，保证数据的连续性，极大地提升了水情系统运行的可靠性。

2007 年 5 月新安江库区水情自动测报系统增加短信功能，电厂利用双信道的通信优势，对系统运行的经济性、合理性进行分析研究，形成相应的技改方案。该方案从系统通讯组网优化方面入手，停用淳安火炉尖中继站，并对大坝右岸 320 米高层的中继站移位至白沙微波站，解决了原站供电和防雷存在缺陷，且便于管理系统通讯组网实行优化和改变。系统通讯组网改变后，各测站 SMS 短信工作方式不变，但减少了中继站，特别对原火炉尖中继站下属测站，升为一级中继站工作，使系统判别超短波通信故障方式更简洁，更能发挥短信通道的自动备用功能，保证水情数据的畅通，极大提高设备可靠性和运行经济性。该项目为自主科研，2007 年 8 月完成。

为提高洪水预报精度，使新安江电厂水情自动测报系统切实符合钱塘江流域对新安江干流的调洪要求，2009 年 9 月起至 2010 年，对系统实施技术改造。该项目投资约 170 万元。项目根据 2005 年《新安江水电厂水情遥测系统站网规划》，新安江电站水情自动测报系统水情测站在原有基础上增加 18 个雨量遥测站，新安江水库流域包括 10 个人工雨量观测站，根据防汛要求最少两个报汛手段，已有的 10 个外部人工水位、雨量观测站建成双设备运行，待条件成熟时取消人工观测报汛。并按项目要求在增加水情测站基础上，研制了一套精度较高的洪水预报方案及预报软件，以满足防汛要求。使用手机短信 GSM-SMS 和超短波 VHF 两个信道，实现水情数据的传输。技改后系统建设包括：一个中心站（新安江电厂 ）；两个中继站（黄山光明顶、白沙微波站 ）；46 个遥测站（10 个双设备测站）。

2011 年，电厂为提高上游水位测量精度，在坝顶左侧挡水面（电梯口斜对面上游测探测支架向左侧方向），安装雷达水位计。该项目由南京水利水文自动化研究所承担，2010 年 12 月中旬完成设备采购及安装， 2011 年 1 月 24 日设备及乙方安装人员现场安装调试结束，投入试运行。

2014 年 3 月，厂监控系统改造，安装于老控制室公用 LCU 盘的上游水位计原采用 BCD 码传输，电缆长度、芯数和测量精度不符合新监控系统的要求，影响运行人员对电站上游水位的实时监视。为此联合南京磊淼科技有限公司，采用 M4521 数模转换模块，设计新型水位模拟远传装置把上游水情系统水位数据接入新监控系统。同时，下游水位也接入新监控系统，为水库科学调度提供了依据。

2014 年 10 月，改造水情系统超短波设备，对 18 个超短波测站设备更新，项目投资约 50 万元。

【建立华东水库调度新安江分中心】 为实现水库调度信息的数据共享及联网优化调度，合理利用水源，华东电网于 2006 年建立水调自动化系统，并在新安江水电厂建立水库调度自动化系统分中心。是年 1 月 12 日在华东电力大楼召开华东电网水调自动化系统及分中心实时数据获取方式讨论会，2 月 9 日在新安江电厂召开分中心现场协调会，2 月 22 日在南京南瑞集团公司召开设计联络会，确定实施方案和进度安排。3 月 13～14 日在南瑞集团公司进行新安江水库调度自动化系统出厂验收，对系统硬件、主要软件及资料核实，达到出厂要求，并安排现场安装调试计划。4 月上旬完成新安江电厂分中心水调自动化系统的安装调试。6 月 25 日在华东电力调度中心召开水调自动化系统现场验收工作会议，系统投入试运行。2006 年 10 月正式投入运行。

华东电网水调自动化系统是以华东电力调度交易中心为中心站，包括新安江、富春江 2 个水电厂分中心站和福建、浙江、安徽 3 个省调中心站，通过华东网调电力调度数据网络将各分站相连，构成水调自动化系统网络。同时，通过电力调度数据网络与国家电网调度中心水库调度自动化系统交换信息。水库调度中心站系统通过华东网调二次系统安全防护网络与网调 SCADA / EMS、DMIS 相互交换信息。

新安江水库调度自动化投运极大提升新安江水库调度的技术手段和调度水平，也使华东水库调度更为科学。

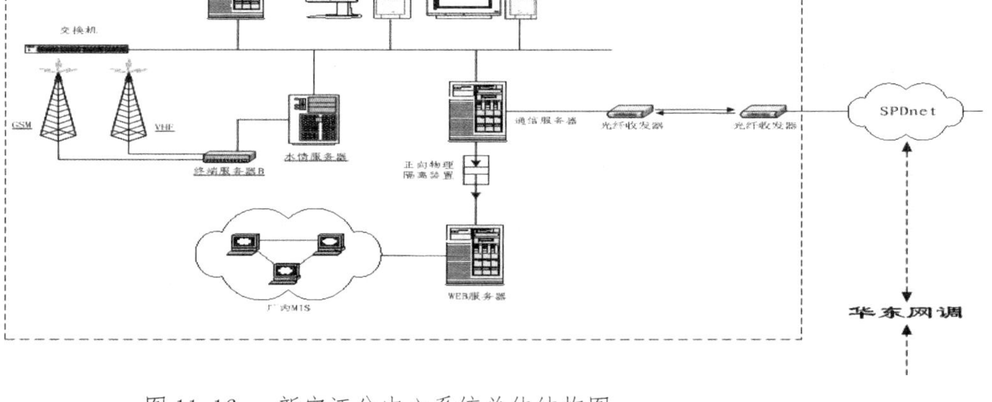

图 11-16　新安江分中心系统总体结构图

新安江水库调度自动化实现功能包括：水务计算实现自动化、实时性强；自定义所需图形报表制作、整编各项数据；WEB 发布，能访问下游梯级电站富春江的实时水情信息；水务信息自动上传至华东电网调度中心、国家电网调度中心。

新安江电厂水库调度监控系统与华东网调之间通过 SPDnet 连接，该厂系统安装于大坝上游侧的水库调度机房，布设有一段长约 1000 米光纤至监控系统的通信机房，通过 SPDnet 连接华东水调中心站。光纤收发器两台，分别安放在水调分中心机柜和监控系统通信机房。

新安江电厂分中心站与华东水库调度之间通信协议采用《电力系统实时数据通信应用层协议 DL476-92 在水调自动化系统中的应用（试行）》和南瑞水调通信软件，新安江分中心运行客户端，华东水调中心站运行服务端。

2009 年，在华东电网水库调度自动化的基础上，华东电力调度中心与大连理工大学开发了华东电网新富梯级水库联合优化调度系统。4 月 22—23 日，华东电力调度中心、大连理工大学、新安江水力发电厂、富春江水力发电厂及涌能公司有关人员参加技术联络会议。华东调度中心提出时间进度节点和系统运行模式等，新、富两电厂修改、新增技术细节等内容。5 月中旬在华东电力调度中心、新、富两电厂安装调试，6 月投入运行后，接受梅汛期考验并对系统不断完善。开发完成的功能： 防洪优化调度、 长期发电优化调度、 中期发电优化调度、 短期发电优化调度、 顶潮供水仿真调度、 洪水分析应用、 基础数据库管理。

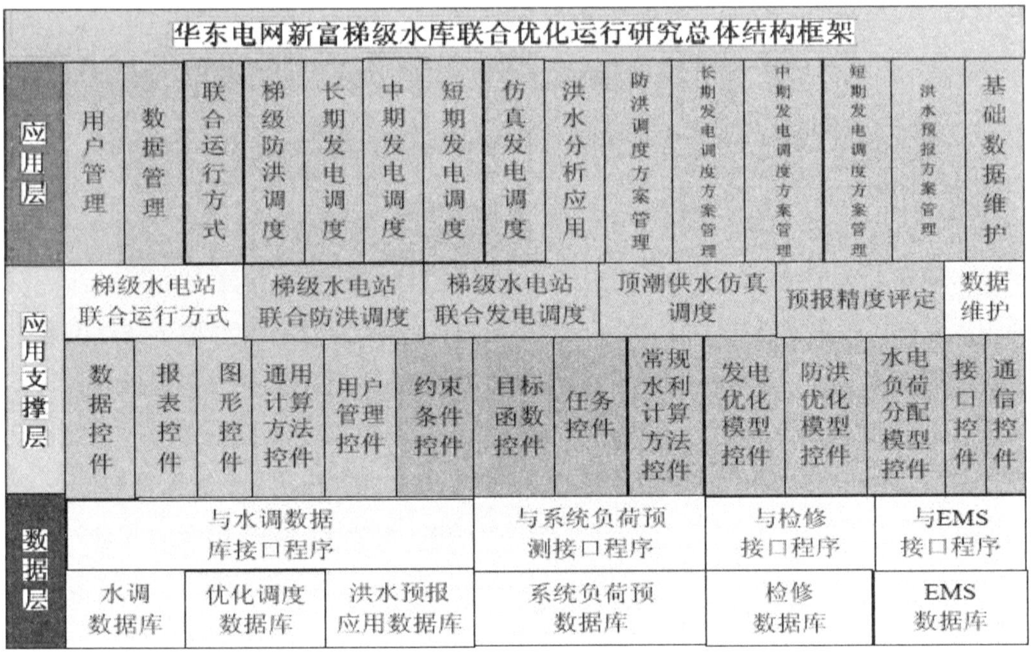

图 11-17　总体机构框架图

随着水库调度工作不断深入，水库调度系统新增一批有关科学调度应用软件，包括新、富两电厂梯级调度，分布式洪水预报等。2011 年，新安江电厂启动水库调度系统改造项目，经统一规划设计，在水库调度系统高级应用方面，与水库水情测报、调度、机组监控等关联系统形成统一平台。系统建设由水库调度平台应用、水库调度高级应用、水库调度三区应用三部分组成，并对整个水库调度系统硬件改造，以全面提升水库调度系统运行效率，极大方便水库调度管理人员使用，由参照智能化水电厂改造的硬件及网络架构，选择性价较高的设备。

系统运行设在新安江电厂水库调度中心，

应用跨越 II 区、III 区及公网等安全区域。具有信息采集、数据处理、经济运行与优化调度、运行维护与决策管理的综合应用功能。项目实施后总体网络结构图如下。

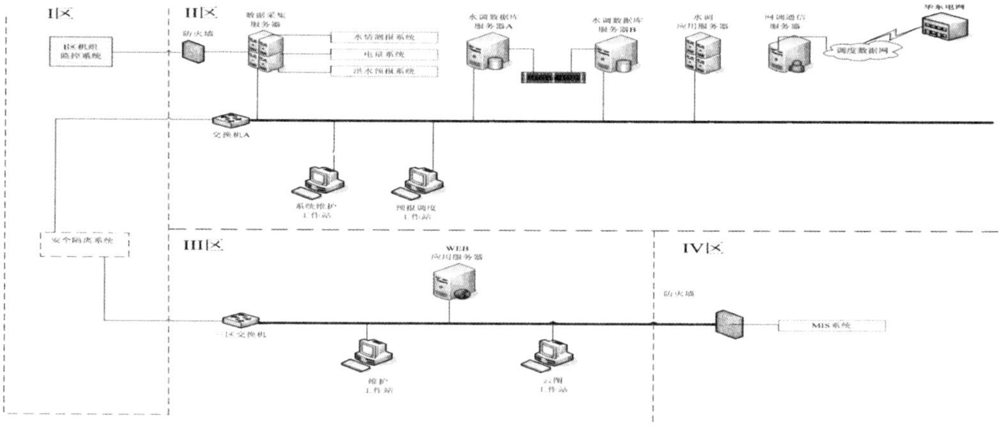

图 11-18　新安江电厂水调系统网络结构图

现场安装调试从 2011 年 12 月 1 日开始，14 日完毕。项目发生费用 168 万元。2014 年在电厂监控系统改造完成期间对水库调度自动化水轮发电机组信息接入方式实施技术改进，项目费用归口监控系统改造。

【实施洪水预报】 2010 年 3 月实施新安江水库洪水预报系统。该系统由河海大学研制，对提高新安江水库流域防洪管理水平，科学合理利用水库工程调度洪水，减轻上下游洪灾损失，最大限度发挥水库防洪和兴利综合效益，具有重要作用。

【大坝监测自动化系统更新改造】 为监测大坝安全运行情况，2005 年 1 月，新安江发电厂大坝安全自动化系统采用南京南瑞集团公司研制的 DAMS-Ⅳ型分布式采集系统，对 1997 年实施的第一期自动化监测系统完善化更新改造，主要更改内容：所有正垂线体及相应装置、倒垂浮桶装置、人工垂线观测架，一期工程的引张线、垂线传感器及采集装置等大部分设施。2005 年 9 月，自动化系统第二期更新改造，实现对扬压力、地下水位、1 号坝段表面裂缝、13～14 号坝段宽缝内基岩表面倾斜、环境量（水温、气温）监测数据的自动采集等。一期完善和二期改造都采用南瑞公司的 DAMS-Ⅳ型自动采集系统。

根据实际情况，工程主要分为扬压力仪器更换、绕坝渗流仪器更换、垂线坐标仪更换、引张线更换、多点变位计和测缝计更换、静力水准更换、温度计和环境量测温更换、分布式采集单元和智能采集模块更换等。

完成的主要工程量如下：更换分布式采集单元 DAU2000；更换各类采集模块；更换渗压计共计 122 支，垂线 26 支，引张线 20 支；更换量距仪 1 台，测缝计 12 支，多点变位计 6 支；更换静力水准仪 4 台；更换库水温度计 10 支，含增设环境量温度变送器 2 台；更新计算机采集设备和自动化安全监测系统，配备便携式采集计算机 2 台，各类采集计算机 4 台，服务器 2 台，工控机 1 台。前期紧跟土建施工，安装和更换监测仪器，跟踪观测，记录监测信息。

各施工部位进度由仪器采购、土建施工、仪器更换、自动化安装调试等部分合理控制。2012 年 9 月至 2013 年 9 月完成新安江大坝安全监测系统更新改造，包括仪器设备采购、率定、安装、观测，自动化设备制造、检验、安装及调试。2013 年 10 月自动化系统调试完成。11 月经各分项工程验收，新安江大坝安全监测自动化系统更新改造工程竣工。

经过完善化工程改造，新安江大坝安全自动化监测系统实现最新配置。系统共配备 IBM X3850 M3 服务器 2 台、联想工作站 1 台以及 4 台联想客户端，安装正版 Windows Server 2008 操作系统、正版 SQL Server 2005 数据库软件、南瑞 DSIMS4.0 大坝安全信息管理网络系统软件，实现管理各数据采集单元，存储所采集的数据，并进行数据处理。还配备 2 台便携式数据采集计算机，以方便现场采集数据。

数据采集单元分别布设在坝顶和坝体廊道中，对所接入的仪器按照采集计算机的命令或预先设定的时间自动控制、测量，就地转换为数字量暂存于 DAU 中，并根据采集计算机的命令向主机传送所测数据。数据采集装置（DAU）之间的通信采用 RS-458 现场总线，用双绞屏蔽线及电源线连接。现场与设在大坝自动监测管理中心的采集计算机采用光缆连接。

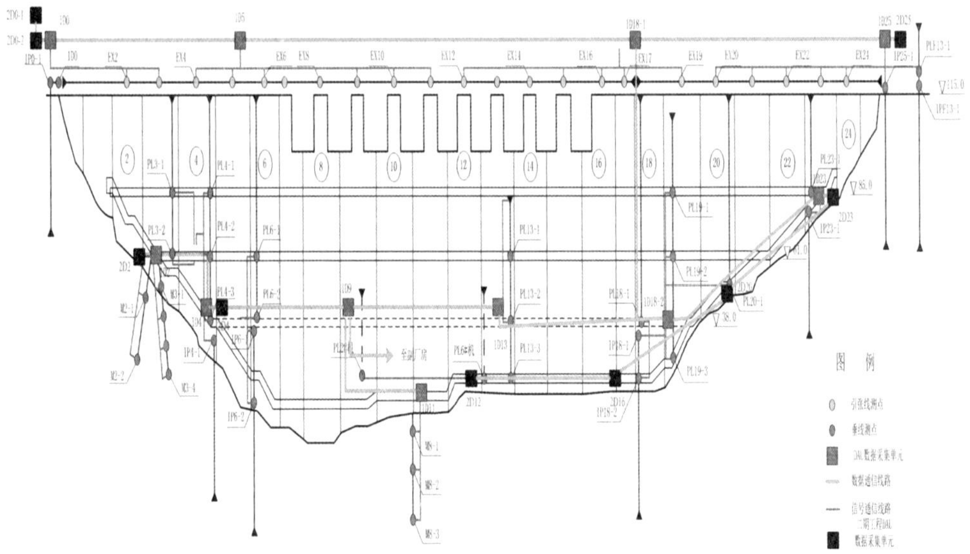

图 11-19　数据采集单元布置图

新安江大坝自动监测系统基本功能：

1. 监测功能　系统具备多种采集方式和测量控制方式：数据采集方式有选点测量、巡回测量、定时检测，并可在测量控制单元上进行人工测读；测量控制方式有应答式和自报式两种方式采集各类传感器数据，能够对每支传感器设置其警戒值。当测值超过警戒值，系统能够进行自动报警。

中央控制(应答式)方式由监测中心监控主机或主站管理计算机命令所有测量控制单元同时巡测或指定单台单点进行选测，测量完毕将数据存入监测中心的数据采集服务器。

自动控制(自报式)方式由各台测量控制单元自动按设定时间巡回检测、存储，并将所测数据送到监测中心站监控主机备份保存。

人工测量方式由每台测量控制单元均具备人工测量的接口功能。同时还支持人工通过软件界面添加人工测量数据。

2. 显示功能　显示监测布置图、监测控制点布置图、报警状态显示窗口等；在可视状态通过布置图指向各测点进行相应操作（测量、测值查询等）。

3. 存储功能　系统具备数据自动存储和数据自动备份功能。在外部电源突然中断时，保证内存数据和参数不丢失。各测控单元均带有备用电源，在断电情况下能继续工作一周。即使备用电源用完，测控模块中的测值数据也不会丢失。

4. 操作功能　监测中心站可远程操作现场测控单元；能监视操作、输入/输出、显示打印、报告现在测值状态、调用历史数据、评估系统运行状态；根据程序执行状况或系统工作状况发出相应的指令：系统运行管理（系统管理、过程信息文件的形成、进库、通信，利用键盘调度各级显示画面及修改相应参数等）、修改系统配置、系统测试、系统维护等。

5. 远程操作　通过计算机网络能对现场测控单元进行各项远程操作。

6. 自检功能　系统具有自检能力，对现场设备自动检查，并在采集数据服务器上显示故障部位及类型，为及时维修提供方便。

对于新安江大坝安全监测系统，系统做了冗余设计，确保自动化系统按时采集数据不被丢失。新安江自动化监测系统在如下几方面考虑了充分的冗余：DAU 出现故障，可以采用便携式计算机到现场采集；系统中的 DAU 是具有一定存储容量的数据采集单元，有一定的存储能力；即使 DAU 以后的通信线路和前方监控主机出现问题，DAU 照常继续采集和保存所测数据，直至故障修复，取走全部数据。若实测数据在传输或转存时丢失，保存在 DAU 中的数据仍可重新传输。

【工业电视监控系统投运】　2005 年，新增工业电视监控系统，设计 64 个监控点，主要设备有：摄像头、硬盘录像机、矩阵、AD 键盘、视频分配器、路由交换机、防火墙、视频光端机、服务器等工业电视设备，中心机房设在老中央控制室；新中央控制室通过 AD 键盘和矩阵进行实时监控，其他用户通过厂局域网进行实时监控和远端查询。项目总投资 151.6 万元。

2008 年 8 月，新安江水电厂安全防护监控系统安装投运，系统设计 25 个监控点。通过在厂区内的主要出入口、主要通道、走廊、活动场所、停车场和各功能楼内设置摄像机，对主要区域和重要部位实行监视控制，可直观地掌握现场情况和记录事件过程，及时发现并避免可能发生的突发性事件，为新安江水电站的安全与管理提供事实依据。监控室设于办公大楼一楼值班室。

图11-20　2009年9月，主厂房综合整治工程开工典礼

2009 年，建设通信设备视频监视系统。2010 年，在坝区内电机组室安装 9 台彩色红外一体化摄像机，用于监控电机组室内 9 条电机组管道。2011 年，增加坝顶主变压器、配电间、85 米高程水泵房及消防水泵房重要区域监控摄像机 10 台，通过“工业电视系统优化整合项目”生产厂房工业电视监控点位实现与消防系统报警点位的联动。2012 年，“220 千伏升压站监控系统建设项目”增加监控点位 16 个。2013 年，物资部增加监控点位 16 个，用于物资部环境监控。2014 年年底，全厂视频监控系统监控点位达到 148 个。

·生产设施与基本建设·

【概况】 2006年至2015年的十年间，通过对厂房综合整治，包括厂房空调系统的更新换代、中央控制室的装修、新建检修楼等改善了职工的生产环境；一批新技术、新工艺的运用，如机组振摆在线装置的更新升级、变压器和避雷器在线检测系统的投运提升了安全生产的检测手段；对辅助设备的改造和对电缆的综合整治，提高了安全生产水平。

【生产管理系统更新】 2006年12月28日，华东电网公司EIS系统(Enterprise Information System 企业级信息系统)在新安江电厂正式上线运行，系统采用德国SAP成熟管理软件开发实施，分别部署PM（工场管理）、MM（物料管理）、FICO（财务管理）、PS（项目管理）、HR（人资管理）5大模块。系统深化应用中，项目组借助EIS的PM模块开发电厂生产管理的各类应用，分别有运行值班管理、两票管理、设备缺陷管理、检修工单管理、设备异动管理、设备定级管理、整定单管理等模块。其中，运行值班模块记录运行工作日志，调度指令、设备运行状态等。两票管理实现运行操作票、检修工作票的电子化流转，提高两票合格率及工作效率。缺陷管理实现设备缺陷登记、消缺任务分配与督促、消缺注销闭环管理及消缺率统计等功能。

2007年，组织全厂生产技术人员开展设备KKS编码工作，梳理形成9000余条设备KKS编码。电厂在EIS成功上线的基础上，将KKS设备编码成果引入EIS系统中。10月，东软公司SEAS7.0科技档案管理系统投入运行。SEAS7.0系统提升SEAS6.1功能，实现在线浏览PDF、CAXA电子图等格式文件，提升文件检索能力。11月，委托上海东云信息技术有限公司，基于LOTUS NOTES数据库系统，开发建成标准化作业管理软件平台。平台将生产管理中基于流程化的管理作业如技术措施管理、安全措施管理、标准作业指导书、现场作业指导书等纳入统一管理。

2011年4月21日新安江电厂整体划转至国网新源公司后，EIS系统停止使用。6月，厂内分别抽调项目管理人员作为新源公司统一推行建设ERP系统的关键用户，开展ERP系统相关业务流程梳理优化。9月6日－8日、10月24—28日组织相关人员进行生产管理系统的培训。年末，新源SAP系统部分功能上线应用。新源SAP系统保留华东电网公司SAP系统的MM、PM、PS、FICO、HR五大功能，但剥离ERP系统PM模块生产管理主要的应用功能，开发专业的生产管理系统。新源公司生产管理系统选用IBM公司MAXIMO系统专业软件产品，功能涵盖电厂发电运行、水工、设备、大修技术改造项目、技术监督等生产技术管理内容，系统吸收兼并华东电网ERP系统中的生产管理业务，具备业务管理的完整性与独立性。同时，在项目管理、设备资产联动、工单领料方面新源生产管理系统与新源ERP系统在底层具有同步变更的机制，保证在项目、设备、领料工单编号上具有统一性唯一性。

2013年12月，新源公司生产管理系统的巡检管理功能在运行分场、维护分场的日常巡回检查工作中投入使用，系统引入20台bluebird BIP6000手持式巡检设备，通过手持巡检后将巡检数据导入生产管理系统，形成巡检工作记录。

【机组振动摆度在线监测装置更新】 2012年开始，对振动摆度在线监测装置更新换代。1-9号水轮发电机组从原EN3800更换为南瑞公司生产的SJ-9000型振动摆度装置。主要工作包括每台机振动、摆度14个传感器及底座安装、电缆敷设、屏柜的安装、通讯测试及软件调试。

2015年4月解决9号水轮发电机组振动偏大问题，主要完成振动传感器及底座的更换，9号机偶尔黑屏问题消缺，完成与试验单位的对比试验。

表11-27　　振动摆度装置改造情况表

机组号	改造前振动摆度型号	改造后振动摆度型号	运行状况	改造时间
1	EN3800	南瑞SJ-9000	良好	2013年4月
2	EN3800	南瑞SJ-9000	良好	2013年1月
3	EN3800	南瑞SJ-9000	良好	2012年9－12月
4	EN3800	南瑞SJ-9000	良好	2013年5月
5	EN3800	南瑞SJ-9000	良好	2014年9月
6	EN3800	南瑞SJ-9000	良好	2013年8月
7	EN3800	南瑞SJ-9000	良好	2013年9月
8	EN3800	南瑞SJ-9000	良好	2014年10月
9	EN3800	南瑞SJ-9000	良好	2012年11月

【主变压器在线监测系统安装投运】 01号主变压器、02号主变压器、03号主变压器在线监测系统分别于2011年12月、2012年12月和2013年12月安装投运。该系统选用宁波理工监测科技股份有限公司的MDD3000T型智能变压器在线监测系统。实现对变压器设备多渠道采集的运行状态信息、故障信息进行实时监测，提供嵌入式就地数据采集单元，数据直接以有线传输方式，通过光缆，上传至后台服务器，实现对主变压器油中溶解气体信息、局部放电信息、套管绝缘介损及电容量、铁芯及夹件电流等的在线监测。实现设备状态可视化，提高了设备受控能力。

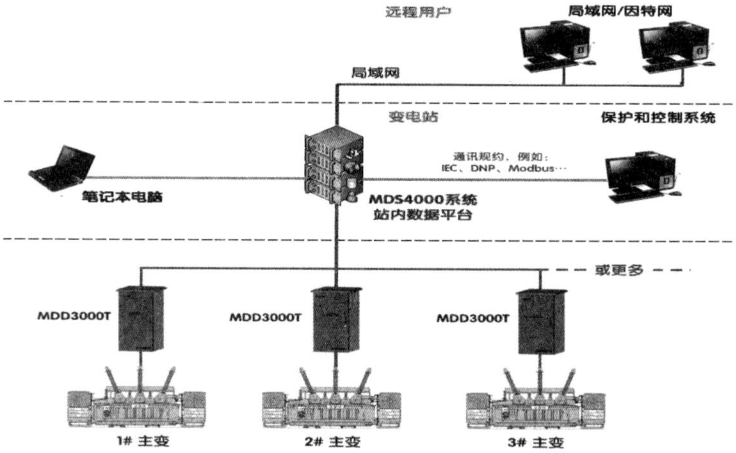

图11-21　新安江电厂MDD 3000T智能变压器在线监测系统构图

变压器智能组件柜：变压器智能组件柜由iMAS2020嵌入式处理器、色谱微水监测IED、套管绝缘监测IED组成。提供嵌入式就地数据采集单元，数据直接以有线传输方式，通过光缆上传至后台服务器。该主变压器智能组件柜放置在02号主变下游侧，主变压器油池与电缆沟之间。为了保证接地效果，新敷设接地铜排与智能组件柜的基础可靠连接。01、03号主变压器智能组件柜放置在01、03号主变压器下游侧，分别通过电缆连至02号主变压器在线监测智能组件柜，实现通讯连接。

变压器油中溶解气体监测装置：iMGA2020色谱微水IED采用色谱分析原理，采用负压动态顶空脱气技术和高灵敏纳米晶体半导体气体检测器，实现对变压器油中溶解气体的监测。主变压器油色谱监测取油法兰的安装于主变压器底部的DN150放油球阀上，通过加装三通阀与原阀门连接，一边连接油色谱的取样法兰，另外一边用挡板封死，以便以后检修放油使用。回油口采用取油口正上方的一个DN150蝶阀，并加装过渡不锈钢接头连接。

主变压器局部放电监测UHF传感器：将UHF传感器安装在变压器本体上，采用内置式安装。根据变压器手孔法兰尺寸加工一个固定内置式传感器的法兰，安装在变压器手孔上，法兰另留两个把手以便检修时使用，电缆布置走变压器本体上线槽拉到智能组件柜处。

变压器套管绝缘监测传感器：变压器套管绝缘监测传感器为套管末屏泄漏电流检测传感器，采用穿心式小电流互感器。套管的介损监测需要与相应套管高压侧同步的PT信号（100伏正弦波信号），需用提供高压套管相应的PT信号，并将信号引至变压器智能组件柜内。主变压器套管末屏泄漏电流传感器的安装采用外置式传感器安装，采用一个接口卡套将末屏引出，传感器安装在套管底部，电缆通过变压器上线槽拉到智能汇控柜。考虑室外须防止铜绿产生和因震动而产生松动，所有接线（面）进行搪锡处理，并对套管末屏的接地螺杆连接采用双螺帽紧固。

铁芯及夹件电流监测传感器:铁芯及夹件接地电流传感器采用穿心式小电流互感器，通过对电流信号的运算和处理，剔除杂波干扰信号，将小电流互感器串接在变压器铁芯和夹件接地钢板以检测铁心夹件对地泄漏电流。通过阈值判断，预测铁芯绝缘状况。

服务器：服务器屏（2260×600×800）放置于新监控机房内，监视显示器放置在中央控制室，按照长线驱动方式直接连到服务器，距离约20米，以方便在中央控制室及时查看在线监测平台的监测数据。服务器电源取自新继电保护室直流电源。智能组件柜与服务器之间采用光纤通信，通信状态良好。

调试：变压器在线监测系统安装结束后，经一系列调试，高压侧A、B、C相末屏传感器泄漏电流测试、局放传感器、铁芯、夹件传感器的泄漏电流测试接收正常，硬件运行稳定、与主IED通信正常，能正常接收传感器数据，以IEC61850报告方式及时上报实时采集的数据，后台服务器可正常接收与显示；变压器油中溶解气体监测装置正常采集的数据量：氢气、一氧化碳、甲烷、乙烯、乙炔、乙烷、二氧化碳、微水；主变高压侧A、B、C相避雷器动作次数运行稳定、与避雷器IED通讯正常，避雷器IED与主IED通信正常。所有IED数据可与主IED进行通讯，主IED可将所有过程层数据，上送到中央控制室在线监测平台。

【220千伏避雷器在线监测系统安装投运】

220千伏避雷器在线监测系统于2013年12月全部投入运行，经不断调试、完善，运行渐趋稳定可靠，实现对全厂220千伏避雷器全面监测、分析诊断各监测参数，进行故障预警、远程监测。帮助试验人员对现场试验数据与在线监测系统采集完成数据的分析比对工作，提高了电站运行经济效益和安全运行水平。

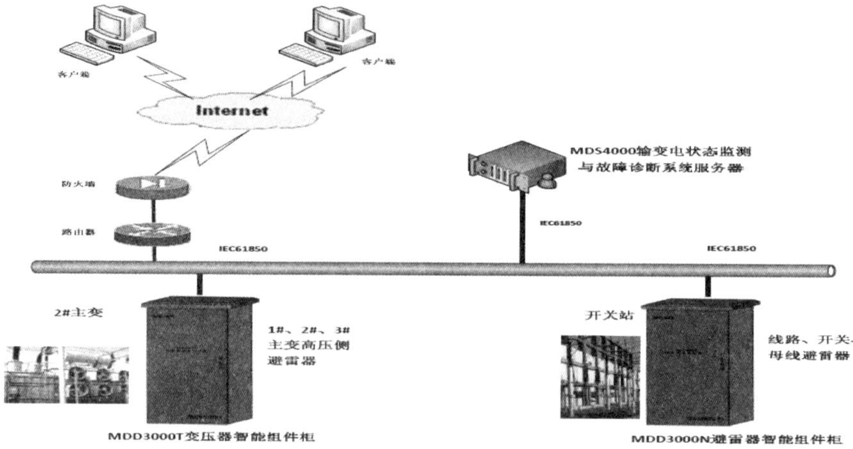

图 11-22　新安江水力发电厂避雷器在线监测系统总体结构图

新安江电厂避雷器系统主要由 1 套 MDD3000T 变压器智能组件、1 套 MDD3000N 避雷器智能组件和 MDS4000 在线监测系统软件组成。避雷器在线监测系统由 2 台避雷器监测 IED 组成，其中一台放置于 02 号主变压器智能组件柜中，另一台放置于开关站新立的避雷器智能组件柜内，两个组件柜各自通过多模光纤将信号统一接入新监控室内的 MDS4000 服务器。避雷器传感器分为两大区域，其中坝顶的 01 号、02 号、03 号主变压器的高压侧避雷器（共 9 组避雷器）传感器通过 4 芯屏蔽电缆连接后，接入主变压器智能组件柜内的避雷器监测 IED。开关站附近的线路（包括旁路）、开关、正母线、副母线侧的避雷器（共 27 组避雷器）传感器通过 4 芯屏蔽电缆连接后接入开关站附近新建的避雷器智能组件柜。

开关站智能组件柜安装：智能组件柜放置在右 88 米高程开关站 2 区段，浇筑水泥基础，基础高度为 30 厘米。为保证接地效果，新敷设接地铜排与智能组件柜的基础可靠连接。智能汇控柜从 88 米高程平台继电保护楼交直流电源柜接入电源电缆，电缆型号为 ZRKYJVP2-22 4×4，长度约 100 米。智能柜与新监控室服务器间铺设光缆进行通讯连接。

MOA2020-W 型避雷器智能传感器：利用设备停役周期，对 220 千伏各条线路避雷器（新杭 2234、新排 2233、新德 2387、新杭 2231、新杭 2230、新建 2386 等线路）及 220 千伏正母线避雷器、副母线避雷器、旁路避雷器、三台主变压器高压侧避雷器计数器进行更换，换成 MOA2020-W 型避雷器智能传感器并单独设置 ID 号码，各个传感器之间通过一根 4 心电缆级联后，最终汇入智能组件柜的避雷器 IED 中。

电缆铺设：坝顶的 01、02、03 号主变压器的高压侧避雷器传感器通过 4 芯屏蔽电缆连接后，接入 02 号主变压器智能组件柜内的避雷器监测 IED。220 千伏旁路、新建 2386 线、新杭 2230 线、新杭 2231 线通过一跟 4 芯电缆将各个传感器级联后，拉至开关站的新增智能组件柜；新杭 2234 线、新排 2233 线、新德 2387 线通过一根 4 芯电缆将各个传感器级联后，拉至开关站的新增智能组件柜；220 千伏副母线、220 千伏正母线通过一跟 4 芯电缆将各个传感器级联后，拉至开关站的新增智能组件柜。

调试工作:220 千伏避雷器在线监测系统安装结束，经一系列调试后，检查测试避雷器泄漏电流、阻性电流数据接收正常，硬件运行稳定、与主 IED 通信正常，能正常接收传感器数据，以 IEC61850 报告方式及时上报实时采集的数据，后台服务器可正常接收与显示；220 千伏避雷器动作次数运行稳定、与避雷器 IED 通讯正常，避雷器 IED 与主 IED 通信正常。所有 IED 数据都可与主 IED 进行通讯，主 IED 可以将所有过程层数据，上送到中控室在线监测平台。

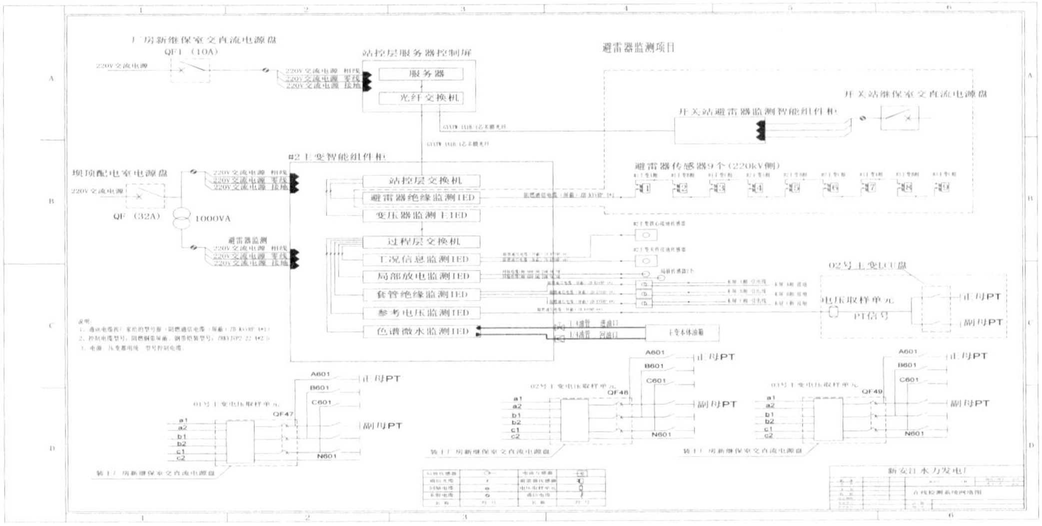

图11-23　主变、避雷器在线监测总系统图

【安装主变压器封闭母线干燥装置】 新安江电厂最早采用以压缩空气加热方法对封闭母线进行干燥，运行年限长，设备老化，备品难以采购，耗气量大。2013 年，03 号主变压器封闭母线安装空气循环干燥装置，由于封母管线长，落差大，存在较大的漏气现象，而袋置的风量小，干燥空气未能在封母内完全循环，未取得预期效果，半年后拆除。

2014 年 10—12 月，完成 01、02、03 号主变压器新的封闭母线干燥装置安装，采用干燥洁净、露点极低的干燥压缩空气，对其进行干燥，耗气量小、1 台带多台，达到预期效果。

【厂坝区接地网、避雷线改造】 **厂房内接地网改造** 2006 年 8 月，新安江电厂实业总公司按照新安江电厂大坝厂房内接地网改造方案，对水轮机层、励磁层、电缆道、三角廊道、开关层、副厂房、尾水平台和装配间、载波楼、和封闭母线层、伸缩节廊道、交通廊道、坝顶作了接地网改造。

厂房的原接地系统运行时间长， 接地导体腐蚀较严重及接地体材料截面热容量与截面偏小，无法满足设备安全要求，加之设备不断更新对接地系统要求高。改造后的接地网符合工程设计要求。

坝前水下地网改造 2008 年 12 月，电站坝前水下地网委托湖南圭臬高科技有限公司施工完成。改造后由新安江电厂、华东电力试验研究所和施工方共同对施工水下地网测量，开关站工频地网最大电阻值为 0.35Ω，达到设计 0.4Ω 要求，也为今后水下工频地网改造积累经验。

220 千伏开关站接地网改造 2009 年 9 月至 12 月期间，委托湖南圭臬高科技有限公司对开关站地网全面改造，以降低 220 千伏开关站地网接触电压和跨步电压。是年 12 月 30 日，由长沙科智防雷公司对改造后地网接触电压与跨步电压进行全面测试，数据全部合格。12 月 31 日，开关站地网改造工程通过竣工验收。

坝顶接地网改造 2010 年 8 月至 10 月，为降低坝顶地网接触电压、跨步电压和工业电视前端设备防雷，对坝顶地网进行全面改造。施工方为长沙科智防雷工程有限公司，完成后通过竣工验收。

过江避雷线基础钢架锈蚀处理 2015 年 3 月份，因过江避雷线基础钢架底部锈蚀较为严重，对其加固改造。

【厂房空调系统改造】 2006年至2007年，发电厂房空调及通风系统作整体更新改造。改造项目由杭州华鹰系统工程有限公司中标，施工单位为新安江电厂综合服务公司。内容包括主厂房通风空调系统以及防火、排烟系统改造。

通风系统改造工程分三个阶段进行，从2006年4月30日正式开工，主体工程2007年9月基本结束。对工程现场初验收，施工单位进行后期整改工作。

改造中采用南京天加空调设备有限公司生产的组合式空调机组代替土建喷淋室和离心送风机。在布置允许的条件下，对原大空调系统进行分解，采用空调机分层分区域布置的方式。

改造中利用现有风道系统，仍采用主厂房发电机层上、下游侧横向射流送风的方式。在上游侧39.25米高程左右两侧各一台组合式空调机组（1号、2号），风源用风管从室外引入，将16.0 $\times10^4$立方米/时空气分别由左右侧组合空调机组降温除湿处理后，经上游夹层送风道均匀送入主厂房发电机层；另一部分12.0$\times10^4$立方米/时循环空气，通过下游侧28.75高程左右两侧组合式空调机组（7号、8号）降温除湿处理后，分别均匀送入主厂房发电机层和水轮机层，在发电机层形成上、下游两侧横向射流，送入发电机层的空气在该层吸热后经楼梯孔、吊物孔等下渗至水轮机层或直接进入上游副厂房。进入水轮机层的空气吸热吸湿后部分进入副厂房，部分吸热后直接排出厂外。在上游副厂房39.25米高程顶部（约43.65米高程）设置排风管，通过主厂房上游侧行车轨道上部的排风门孔（需要改造）排除部分主厂房空气，该排风系统兼作主厂房事故时排烟，总排风排烟量约12.0$\times$ 10^4立方米/时。在39.25米高程出线层另设置送风系统，由39.25米高程的左右侧各设置一台柜式空调机组（3号、4号）的通过风管送风，以降低出线层的环境温度，该送风系统两侧各送约3.0$\times10^4$立方米/时风量。在上游副厂房的33.75米高程左、右两侧的原排风机房各设置一台3.0$\times10^4$立方米/时空气调节机组（5号、6号），由左、右两侧通过走廊吊顶风管分别向组合电气柜室等电气设备用房均匀送风，通过各室的排风系统（兼SF6事故排风系统）排出厂外。在9个电气开关室各设置一套排风兼SF6气体排风系统，排风量约6000立方米/时，每个排风支管均汇于排风总管，在排风总管上设置总排风机，风量为6.0$\times$ 10^4立方米/时，保证SF6气体能顺利排出厂外。上游副厂房中的28.75米高程为电缆层，取消送风系统，增设两端排风系统。电缆层由主厂房水轮机层进风，经电缆层吸热后由两侧风机将污浊空气排出厂外。两侧排风量各为3.0$\times10^4$立方米/时。上游33.75米高程的两个蓄电池室各设置一套独立的送、排风系统。

根据《水利水电工程设计防火规范》第10.01条要求，对封闭厂房中的主要疏散通道进行排烟设计，结合本改造工程，对主厂房发电机层和副厂房的主要疏散走道设置事故时机械排烟系统。所有事故时排烟系统的排烟风机均选择专用排烟风机，并受控于消防控制中心。风机入口处均配置280℃可关闭的排烟防火阀。所有的排烟口均为电动控制开启，排烟口均设于排烟区上部。当火灾时由消防控制中心电动开启排烟口，并联动开启相关的排烟风机排烟。对通风空调系统的防火采取如下措施：(1)在风管穿越通风空调机房处均设置防火阀，在风管穿越重要设备房间及危险性大的房间隔墙处和楼板处均设置防火阀；(2)厂房通风空调系统的风管采用无机不燃材料制作；(3)通风管道穿越防火墙处设置防火阀，穿越防火墙两侧各Zm范围内风管保温材料采用不燃材料。穿越处的空隙采用不燃材料封堵；(4)

风管及设备的保温材料、消声材料均选用不燃材料。(5) 防火阀动作温度均为 70℃，一般场所选用熔动防火阀，重要场所选用熔动、电动防火阀，危险性大的场所防火阀均配接位置信号，反馈至消防控制中心监控。

全厂通风空调系统的防火及排烟系统均受控于消防控制中心。一旦某场所发生火灾，由该场所的火灾探测器探测到火灾信号后，及时将火灾信号反馈到消防控制中心，由消防控制中心远方切除该火灾场所通风空调系统的电源，并关闭有关的防火阀，消防控制中心启动灭火装置灭火，并开启疏散通道排烟口，联动排烟风机进行事故时排烟。重要场所的防火阀、排烟口、排烟风机的工作状态均以电信号反馈到消防控制中心， 以便监视和控制。当确认火灾扑灭后，对所需事故后排烟的场所，由消防控制中心启动排烟口(或全自动防火排烟阀)，并联动排烟（排风）风机排除余烟。

改造效果:降低了发电机层的环境温度，由改造前的 25～26℃，降低到 21～23℃ ；降低上游副厂房电气设备室的环境温度，由改造前的 31～35℃，降低到 21.0～22℃；对通风空调系统设置防火设施，到达国家防火规范要求；日节约水量约 274.848 吨；通过通风系统改造，采用高效率空调风机，日节电 456 千瓦时，厂房检修人员感觉风感好，通风量增大，风流分布均匀，空气质量提高，改善了厂房工作环境及设备降温条件。经验收认为：通风系统项目工程整体质量优良，达到设计要求。

2015 年，部分厂房空调机冷却器更换。6 月 11 日至 7 月 15 日，更新厂内 3 号、4 号、7 号空调机冷却器，新冷却器由上海郎森热工机械有限公司制造，并由其负责改造安装。

【透平油库及空压机室通风系统改造】 由于油库、油处理室隔墙平行布置，拟采取独立的送风系统和并联的排风系统，2008 年实施通风系统改造。风源由厂房下游右侧空气处理室分别均匀地送入油库、油处理室。在油库侧设置一台 HTF-I-3.5#（4000CMH 480Pal,IKw）送风机，配接送风管后向油库均匀送风，另设置一台 HTF-I-4#（5000CMH 500Pa1.SKw）风机向油处理室均匀送风。排风系统设置一台 HTF -I-5#（7000CMH700Pa3.OKw）排风（兼排烟）风机，油库、油处理室各独立设置排风管，并联后接至排风机，然后经排风总管排出油库、油处理室的污浊空气。考虑排风对该区域的环境影响，总排风管出厂右侧外墙引至厂坝间高空排放。油库、油处理室送排风管均设置防火阀，火灾时关闭送、排风系统，火灾后利用排风系统排烟。送排风机及防火阀均受控于发电厂房火灾报警控制系统。参见油库、油处理室送排风系统示意图。

为改善压气机室的环境温度和湿度，利用厂房右侧的电缆道排风系统设置排风支管，排出部分压气机室热空气，保证压气机室的换气。由于电缆道排风能力有限，不能完全解决压气机室排热问题，需在压气机室内部设置一台风量约 20000CMH 的柜式空气处理机组，吸收压气机的热量，保证压气机室温度。空气处理机的冷水来源于主厂房下游右侧的空气处理机组供水管。空调器设置的位置根据压气机室设备布置的情况确定。空调器设置温度控制装置，根据室温情况调节进水量或送风量。

【透平油库设备清洗和改造】 2013 年 2 月 25 日至 6 月 5 日，由杭州博瑞清洗技术有限公司对发电厂房透平油库 5 台油罐清洗。8 月 23 日至 9 月 30 日，透平油库两台重庆工商大学科技开发总公司制造的 TY-II 型透平油滤油机整体更新为吉林省一机分离机械制造有限公司生产的 ZTYL6 真空透平油过滤机，并加装一台同厂生产的板框式加压滤油机及其配套设备，在必要时用以进一步降低透平油颗粒度，提升油品质量。

由于新换滤油机功率较旧滤油机大，动力电缆更换为ZRYJV-22，3×50+1×25；压纸器用风管安装；安装油库门；铺设防滑地砖。

【副厂房电梯改造性大修】 2012年4月10日至8月30日，副厂房电梯进行改造性大修，工程由杭州同安电力工程有限公司承包。电梯型号：TKJ1000/1.0，使用登记编号3010330182ST02020348，类型为曳引式客梯。制造单位：杭州新马电梯厂，额定载重量1000千克；额定速度1米/秒。日常维保单位桐庐扬帆电梯有限公司，检验单位浙江省特种设备检验研究院。

【检修楼电梯安装】 2013年12月12日，检修楼竣工，楼内新装电梯一部。电梯型号TKJ1000/1.5，使用登记编号31303301822014015001，类型为曳引式客梯。制造单位西子奥的斯电梯有限公司，额定载重量1000千克；额定速度：1.5米/秒。电梯经销商及日常维保单位桐庐扬帆电梯有限公司；检验单位浙江省特种设备检验研究院。

【水系统改造】 2006年8月份对右岸38米高程坝前引水管阀门及管路更新改造。12坝段的0212、0213、0318、0219号阀门更新；16坝段0220、0221、0226、0227阀门更新；7坝段0201和0201号阀门更新，0207、0208号阀门延至翌年5月份更新。

【宽缝及深井水泵控制柜改造】 2014年3月份，完成拦河坝宽缝水泵软启动控制柜及PLC控制柜改造安装及调试；4月份，完成1、2号深井1、2号水泵软启动控制柜和PLC控制柜改造安装及调试。全部换成北京安德里茨控制设备。

【坝顶柴油发电机投运】 2011年11月15日，坝顶柴油发电机投入运行，型号KDE625SS3 500KW，由无锡开普机械有限公司生产，主要作为厂用电备用电源使用，并在厂用电失去时，能为坝顶门型起重机提供电源以及机组黑启动提供电源。

【坝顶门机更新改造】 坝顶两台2×800kN门机至2003年已运行40余年，超过设备使用寿命，机、电故障率高，金属结构锈蚀老化，存在安全隐患。是年结合大坝第二轮定期检查，对两台坝顶门机作了全面的安全性测试、金属分析及评估，金属结构已不能满足电站安全运行要求，需要更新。

坝顶门机改造项目于2005年立项，2006年至经华东电网有限公司招标，由水利部三门峡新华水工机械有限责任公司中标，负责对门机的设计、制造、安装及旧门机拆除工作。选择郑州机械设计研究所作为门机改造项目的监理单位。

新设计制造门机为2×800/500/250/150kN坝顶双向门机，共二台，左、右岸各布置一台，基座安装在厂房坝段115.00米高程坝顶桥轨道上。门机主起升机构用于溢洪道工作闸门和溢洪道事故检修闸门的起闭和吊运，副起升机构用于进水口检修闸门的起闭和吊运、进水口工作闸门液压启闭机的安装及检修，上游回转吊用于进水口拦污栅及其他附属设备的起闭和吊运，下游回转吊用于坝面电气设备及零星物品吊运。门机主要由门架、小车行走机构、大车行走机构、上游回转吊机构、下游回转吊机构、液压抓梁、电缆卷筒装置、小车供电装置、大车供电装置、梯子平台栏杆、司机室及联动台、夹轨器、电气传动变频调速装置、PLC控制设备、门机起升高度和起重量测量装置、电缆电线及桥架、防雷接地装置、风速仪、照明配电箱及灯具、彩灯以及必要的附属设备组成。门机设计主起升额定载荷为2×800kN，副起升额定载荷为

500kN，上游侧回转吊额定载荷250kN，下游侧回转吊额定载荷150kN。

2007年12月6日，由新安江水力发电厂、监理方国电郑州机械设计研究所、设计方华东勘测设计研究院、制造方三门峡新华水工机械有限责任公司起重机公司、电控设备制造方四川海纳恒太科技工程公司、安装方三门峡新华水工机械有限责任公司设备安装公司、电气系统硬件设计方杭州恒力重机技术工程公司等代表组成验收组，对三门峡新华水工机械有限责任公司设备安装公司承包的新安江水电站坝顶2号（左岸）门机安装工程进行了初步验收。验收由监理单位国电郑州机械设计研究所主持。验收总体评价左岸门机的制造、安装质量均符合合同文件、国家有关设备安装的标准规范和设计文件的要求，验收合格。

2008年6月27日，由华东电网有限公司组织验收组，对三门峡新华水工机械有限责任公司设备安装公司承包的新安江水电厂坝顶1号（右岸）门机安装工程进行初步验收，验收由华东电网有限公司主持。验收总体评价：新安江水电站右岸门机的制造、安装质量均符合合同文件、国家有关设备安装的标准规范和设计文件的要求，验收合格。

依据特种设备管理要求，2006至2012年间起重设备的日常维护、缺陷处理工作由新安江电厂实业总公司下属同安公司负责；2013、2014年，电厂起重设备的日常维护、缺陷处理工作由杭州大力神起重运输有限公司负责；2015年该项工作由新安江电厂实业总公司承接；2006至2015年期间，根据特种设备管理要求按相应周期由浙江省特种设备检验研究院进行检验，对存在的缺陷进行整改后，核发运行许可证。

【坝顶2号门机大修】 2号门机于2007年投入使用，运行8年后，电线、电缆及电气零、部件到了使用寿命年限，金属结构锈蚀老化，频发机、电故障。经电厂相关部门及主管领导研究决定，对2号坝顶门机进行1次全面的机、电大修。大修由实业总公司负责管理，杭州大力神公司施工，工程于2015年8月4日至10月22日结束，历时两个半月完成各项预定任务，顺利通过国家技监部门及电厂的各项验收要求。

具体检修项目包括：金属结构部分整修；机械传动部分整修；电器控制部分整修；金属结构及吊钩探伤检测；主驾驶室及回转吊驾驶室外壳更换；整机防腐油漆。

【油压启闭机电气部分改造】 新安江电厂油压启闭机电气部分采用博世力士乐（常州）有限公司组装的一套ABB 9070AC31系列的PLC，3台油压启闭机泵站现场控制箱，9台工作门现场控制箱组成。主要用途为9台水轮机组工作门的监控远方启停及故障报警等。

2005年8至10月份，主站PLC控制柜和泵站操作箱现场安装；10月至2006年12月，现场3个泵站及9个现场操作箱调试，2007年1月，5号机组第一台泵站投运。

对使用过程发现的缺陷，随时予以改进。2007年1月始，在检修期间对设备改进。2007年1月至2009年11月，完成9台机组现场操箱增加延时功能和相应程序改进。2010年10月电站闸门改造开始，为保证蜗壳的稳定安全，将冲水阀改装，在闸门上并对程序进行修改。2010年12月至2015年2月，完成8孔闸门冲水阀改造。

【厂房桥机大修】 2009年对发电厂房2台200吨桥式起重机进行改造性大修。中标单位杭州起重机械有限公司于8月6日进场，严格按施工方案及安全措施施工，至2010年1月23日全部完成并顺利通过国家技监部门及新安江电厂验收。

具体项目包括：大车导电安全滑线改造安装，桥机更换零部件拆除，各机械项目整修，所有减速器更换，5吨电动葫芦更换，50吨副起升机构改造，司机室更换，所有电动机更换，电气部分改造大修，钢丝绳更换，整机调试、试运转，整机油漆。

【尾水门机更新改造】 原尾水门机型号为QM7.5×2-2.25，投运于1997年，安装在尾水平台上，形式为2×7.5T单向运行双吊点门式起重机，制造单位为杭州华新电力技术工程公司。鉴于长期户外运行设备存在严重缺陷，2013年委托浙江省特种设备检验研究院对尾水门机进行安全评估，根据评估报告，存在主要问题有：尾水门机金属构件腐蚀严重，主要受力构件厚度检测不符合要求，部分受力机构断面厚度腐蚀深度已达10%，达到报废标准；电气系统严重老化，已运行17年超过门机户外电气设备使用年限15年；尾水门机不能实现自动抓梁，需潜水员进行水下挂钩，存在安全作业风险；未装设防止钢丝绳脱槽的装置；每个机构未单独设置过流保护；大、小车运行机构未设行程限位器；进入起重机的门和司机室到桥架上的门未设电气联锁保护装置。

根据《国网新源公司生产技术改造原则》第9.3.2.10.2条“因环境潮湿影响，起重设备金属部件锈蚀严重，不能满足强度要求，应进行改造”要求。尾水门机改造项目于2014年立项，2015年经新源公司招标，由杭州江河机电设备工程有限公司中标负责对门机的设计、制造、安装及旧门机拆除工作。该项目于2015年下半年施工，新门机主要由结构（门架）、机房、司机室、起升机构、运行机构、安全装置等部分组成，抓梁机构，采用集装箱吊具通用的液压自动抓梁机构，并带有手动穿销退销功能，确保抓梁的可靠。

【尾水闸门大修】 电站下游侧尾水门设置四扇，闸孔净宽6米，净高4.85米，尾水管底高程13.79米，每边门槽宽度0.45米，深度0.75米。正常水位23.6米，千年洪水位30米。1、2、3号门为上海水电设计院制造，4号门为富春江水电设计总厂制造。

先后于2008年9月26日至10月25日、2009年10月7至30日、2011年6月20日至7月14日对1号和3号尾水门大修，内容包括闸门防腐处理，水密封更换，滚动系统大修等。

【溢洪闸门大修】 坝顶溢洪系统主要由溢洪道9扇溢洪闸门、1扇溢洪检修闸门和2台坝顶门机组成。每年主汛期前，作溢洪门起落试验，以检验溢洪系统能否满足汛期溢洪要求。溢洪闸门检修一般与水轮发电机组大修同步进行。大修时对溢洪门除锈、刷漆，检查处理水密封。2006年起，陆续对尚未大修的溢洪闸门的滚动系统进行大修，更换水密封条。

表11-28　　溢洪闸门历次大修情况表

溢洪门编号	大修时间	检修内容
5号	2006.10	滚动系统大修，水密封更换
6号	2006.11	滚动系统大修，水密封更换
7号	2007.11	滚动系统大修，水密封更换
8号	2007.11	滚动系统大修，水密封更换
9号	2008.10	滚动系统大修，水密封更换
检修闸门	2009.10	除锈、喷锌，水密封更换

【机组进水口检修门大修】 新安江机组进水口检修门共有三扇，闸门起吊形式为两台 2×80/30 门式起重机，闸门形式为平板定轮钢闸门，1 号、2 号门为上海水电设计院制造，3 号门为富春江水电设备总厂制造。

2009 年 7 月 14 日至 8 月 16 日对 1 号检修门大修,内容包括闸门防腐处理,水密封更换,滚动系统大修等。2012 年 7 月 5 日至 8 月 22 日对 2 号检修门进行了大修，2013 年 10 月 12 日至 11 月 25 日对 3 号检修门进行了大修。2015 年 7 月 27 日至 8 月 30 日 1 号检修门再次大修。

【消防设施建设】 2006 年实施消防工程改造项目，新增各主变压器及电缆道自动水喷雾灭火系统、主要生产区域火灾自动报警系统及继电保护楼、档案室等关键部位设置七氟丙烷气体灭火系统。2013 年实施紫金宾馆火灾自动报警系统改造及新老继电保护室七氟丙烷气体灭火系统建设工程。

受历史条件限制，电厂在建筑耐火等级、防火间距、安全疏散等建筑防火方面存在先天重大缺陷及隐患，消防设施完善程度、覆盖区域、可靠性等各方面与国家规范要求存在差距，2013 年保卫（人武）部形成《关于梳理消防工作的情况汇报》材料，对全厂消防安全管理、建筑防火、消防设施等方面存在的重大隐患作全面排查梳理，2014—2015 年开始实施新安江电厂消防系统改造可行性研究项目，统筹规划设计改造方案，计划 2019 年完成整体改造，切实提高消防安全管控水平，保障电力安全生产稳定局面。

截至 2015 年年底主要消防设施有：主要生产区域火灾自动报警系统、排烟系统，主变及电缆道自动水喷雾灭火系统，继电保护楼、档案室等七氟丙烷气体灭火系统，室内外消火栓系统，应急照明及疏散指示标志等。

【消防设施、器材维护】 2006—2010 年，电气分场承担火灾自动报警系统等维护工作，机械分场承担消防水系统、气体灭火系统维护内容；2011—2013 年外委具备有资质单位每季度进行定期维护保养及消除缺陷；2014～2015 年实施消防设施运行维护项目，由中标资质单位委派 2—4 名技术人员全年全时段进驻服务。同时颁发了《新安江电厂消防设施维护管理工作手册》规范管理，确保消防设施完好率 100%。

2006—2012 年消防器材维护工作由保卫（人武）部承担，2013—2015 年划归安全监察质量部维护。2012 年消防器材实施《消防器材维护卡》挂牌定置管理，落实责任人每月定期检查维护。2013 年根据最新国家相关规范要求淘汰 1211 等卤代烷型灭火器，调整、优化各类消防器材配置类型及数量，确保消防器材配置合理、充足、有效。

【中央控制室装修】 2009 年 10 月 21 日至 2010 年 3 月 11 日中央控制室进行整体装修。为不影响电力生产，制定《中央控制室装修期间运行值班补充管理规定》，在坝顶原防汛指挥部设立过渡中央控制室，于 2009 年 10 月 20 日经三级验收通过，10 月 21 日过渡中控室正式启用，运行人员迁至过渡中控室值班，历时 141 天。2010 年 3 月 12 日中控室装修竣工正式启用，恢复值班。

中控室该次装饰工程由新安江电厂投资、建德九鼎装饰有限公司设计、建德市广兴装饰工程有限责任公司承建，分为中控室装修、门厅装修、办公室装修、休息室装修、走道装修、电器安装工程等部分，并且更新控制台、气体灭火系统的管路，主屏新增 LED 电子显示屏、完善值班人员用餐和休息场所，使值班环境得到很大的改变，企业形象提升。

【新建生产检修楼】 2012年6月21日新源公司以新源发展〔2012〕220号《关于下达2012年综合计划（零购专项、小型基建专项、物资采购专项）的通知》批准了“新安江电厂生产检修用房”小型基建项目。2012年8月20日，公司以新源发展〔2012〕295号《关于印发新安江水力发电厂生产检修楼初步设计审查会会议纪要的通知》原则同意初步设计报告，核准工程建筑面积控制在2500平方米以内，工程概算总投资控制在890万元内。

生产检修楼地处原水工楼旧址，毗邻电站厂坝区和办公大楼，不属泄洪时交通管制区。大楼一共为五层，一层为门厅和会议大厅，二至五层为办公室，其中五楼还设有阳台。用地面积1968平方米，建筑面积2498.8 平方米，占地面积641.58平方米。建筑结构为框架结构，设计使用年限50年。按照新源公司要求，除了办理系统内部立项、审批，同时要求办理地方政府的审批和质量监督。2013年1月，建德市发展与改革局对生产检修楼项目进行核准(立项)；建德市住建局颁发《建设工程规划许可证》，建字第〔2013〕0160032号；颁发《建筑工程施工许可证》，编号2013-46。项目勘察单位是浙江省工程物探勘察院；工程设计单位是浙江城市空间建筑规划设计院有限公司；工程施工单位是浙江云龙建设有限公司；监理单位是杭州中河建设项目管理有限公司。

主体工程于2013年4月25日开工，12月27日主体结构验收，2014年1月2日开始装饰及配套完善化工程，4月30日完工，6月18日项目工程通过竣工验收。除了在建德市质检站办理土建竣工验收外，在建德市气象局办理防雷装置竣工验收(建雷验字2014第58号，在建德市公安消防大队办理消防验收备案（建工消竣备字[2015]第0004号)，委托建德市测绘大队进行竣工测绘和房产测绘。完成建筑面积为2498.8平方米，完成项目资金889.98万元，资金完成率99.998%。

【建造开关站蓄电池室】 新安江电厂开关站蓄电池用房为开关站直流系统土建配套工程，位于大坝右岸开关站88米高程平台。二层框架结构，建筑面积226.06平方米，楼层总高度为7.2米,结构总长15.6米,宽8.1米。一层放置蓄电池，二层放置配电盘柜。由新安江电厂投资建设，浙江城市空间建筑规划设计院有限公司设计，浙江钜元建设有限公司承建。工程于2013年9月2日开工,12月10日竣工。经验收，工程质量合格。

建造开关站蓄电池室是按照《国家电网公司十八项电网重大反事故措施》和直流系统安全性评价要求而设置，目的是为完善厂内直流系统主接线，提高直流系统安全运行水平和厂内黑启动时直流电源可靠性。

【原2号主变压器掩体改造】 原2号主变压器掩体位于大坝右岸坝顶以外约50米处靠山侧，夹层改造工程分为主体工程与附属工程两部分。主体工程建筑物为钢筋混凝土框架结构，共三层，建筑面积1588平方米。一至三层层高分别为4.5米、3.6米和4.9米，檐口高度12.4米。附属工程建筑面积87.5平方米，层高5米。工程于2008年12月28日开工，2009年6月11日竣工。

该工程为华东电网有限公司水电机组检修实训基地配套工程，需要将原举船道的钻探灌浆设备、钻杆、零配件等全部搬迁至该掩体。部分房间作为人民防空指挥部办公室及部分检修班组仓库。工程由新安江电厂投资并设计，建德市广元建设有限公司承建。

【电缆整治工程】 电缆整治工程是对副厂房主电缆廊道、开关站地垄及继电保护室夹层、厂房至开关站电缆斜井、厂房三角廊道以及至新中央控制室、厂房至坝顶电缆廊道、坝顶106米高程电缆、交通廊道以及水轮发电机组等电缆道进行整治，总投资1270余万元。由湖南拓溪水力发电厂下属公司施工，2011年开工，2015年12月基本结束。主要项目有回收废旧电缆、拆除旧电缆支架、重新规划电缆桥架走向并安装新电缆桥架、将电缆分类型和分规格敷设入桥架、按消防规范对电缆进行防火整治包括做防火隔断和防火封堵，对整改后的一、二次电缆桥架分类标识，对电缆桥架、防火阻断统一命名并第一次绘制了全厂电缆系统图。由副总工程师黄卫平编著的《电缆桥架命名规则》获得国家著作专利。

【华东实训基地建设】 2008年华东电网有限公司将水电机组检修实训基地建设任务下达到新安江电厂，要求开展前期设计试验和招投标工作。实训基地利用新安江电站闲置的原举船道绞车房改建，位于坝顶21～22号坝段的上游，绞车房室内净高10.80米，在内部加装两层，由一层改为三层，经改造后建筑面积约3511平方米。以绞车房为基础，在其上面安排三层，局部两层。各层以楼梯、电梯进行垂直交通联系，楼梯电梯均通至坝顶115.0米高程，在绞车房靠近左岸侧布置钢质消防疏散楼梯。

华东实训基地建设工程于2009年1月开工，同年10月竣工。工程设计单位建德市规划设计研究院，施工单位浙江云龙建设有限公司，监理单位杭州大江建设监理有限公司。

【老职工安置房建设】 2007年7月3日，华东电网计[2007]602号《关于新安江水力发电厂新建老职工安置房项目的批复》，同意电厂在滩头坞新建老职工安置房，工程概算559.65万元。由建德市规划建筑设计院设计，桐庐县建筑勘察设计有限公司勘察，建德市广元建设有限公司中标承建。工程于2008年3月20日开工，6月27日竣工，历时100天。

老职工安置房位于电站下游右岸滩头坞，共3幢房屋建筑， 1号、2号楼建筑面积均为1117.45平方米，3号楼建筑面积815.1平方米，合计3050平方米计，户数为44户。 1号、2号楼为四层砖混现浇结构，底层为钢筋混凝土架空层、建筑物高度13.95米，3号楼为三层砖混现浇结构、高度11.15米。其耐火等级为二级，不作抗震设防，防雷类别为三级，设计耐久年限按50年。实际完成项目资金556.924万元，资金完成率99.51%。

·水工观测和维护·

【概况】 新安江电厂重视大坝安全管理工作，根据《混凝土大坝安全监测技术规范》和《新安江大坝水工监测技术规程》的要求，加强大坝维护消缺工作，及时对坝基、坝体的一些缺陷开展分析研究处理工作，落实经费并统筹安排使用，针对大坝安全定期检查专家组提出的意见和建议，以及上级主管单位和大坝安全监察中心提出的审查意见，开展大量的工程处理、技术改造和科研工作，认真落实意见和建议的要求，确保新安江大坝的安全运行。大坝安全监测针对性强，成果可靠有效，分析及时到位，解决了大量的实际问题。新安江大坝安全第三次定期检查工作于2010年2月完成，新安江大坝再次被评定为正常坝。

【新安江大坝第三次安全定期检查】 新安江水电站大坝第三次安全定期检查工作于2009年1月正式开展，2010年2月结束，整个定检工作持续13个月。

本次定期检查由国家电力监管委员会大坝安全监察中心（以下简称大坝中心）负责和组织。大坝中心组成以蒋效忠为组长的10人专家组负责完成该次大坝安全定期检查工作，专家组对大坝中心负责。新安江电厂成立新安江水电站大坝第三次安全定期检查领导小组和工作小组，负责定检过程中现场的调度和配合，提供基本的工程资料，提交现场检查和运行总结等报告，并按该次定期检查的要求，落实专项检查项目的委托等。

该次定期检查涉及大坝结构、基础、金属结构、下游河床和监测系统等方面内容共7项专题报告。为保证专题报告质量和定期检查工作顺利，对各专题报告均指定负责专家和厂内负责人。

专家组在第二次定检成果的基础上，对照定检意见落实情况，分析加固处理效果，了解二次定检以来的运行情况，通过现场检查以及专项检查或分析，对大坝安全状况进行全面评价和系统排查。着重检查检测大坝的设计标准和防洪能力、结构的承载能力和稳定性（含地基、边坡和近坝库岸）、消能防冲效果 、大坝防渗体（含地基）的工作状态、结构（含地基、边坡和近坝库岸）运行性态、泄洪设施运行的可靠性、监测系统的完备性和可靠性等。2010年2月3日，专家组结合工程实际和专项研究成果讨论了定期检查报告，经与华东电网有限公司、新安江电厂的代表多次讨论、交流交换意见后最终定稿。定检专家组于2010年3月向新安江水力发电厂提交《浙江新安江水电站大坝安全第三次定期检查报告》，报大坝中心审查。

大坝中心以坝监〔2010〕14号“关于印发《新安江水电站大坝安全第三次定期检查审查意见》的函”致华东电网有限公司，同意专家组的意见，将新安江大坝评定为正常坝，以坝监〔2010〕9号《关于新安江水电站大坝等25座大坝安全定期检查审查意见的报告》报国家电力监管委员会备案，并印发《新安江水电站大坝安全第三次定期检查审查意见》，要求华东电网有限公司按审查意见的要求，研究落实大坝存在问题的处理措施，特别是右岸4#坝段侧向抗滑稳定、页岩钻探孔回填、溢洪道闸门胶木轴套更换、泄洪闸门启闭机备用柴油发电机设置等问题，应尽快组织实施。

华东电网有限公司高度重视该审查意见的要求，指示新安江电厂针对专家组提出的存在问题与意见落实计划，新安江电厂按此要求逐一落实并实施。

【召开新安江大坝第四次定检会议】 新安江水电站大坝安全第四次定期检查第一次会议于2015年4月27日—30日在国网新源水电有限公司新安江水力发电厂（以下简称新安江电厂）召开。会议由国家能源局大坝安全监察中心（以下简称大坝中心）主持，参加会议的有国家电网公司、国网新源水电有限公司、新安江电厂的有关领导、代表和定期检查专家组成员，共计30人。

会议听取新安江电厂关于新安江大坝第三次定期检查以来运行、现场检查及补强加固情况的介绍。专家组和与会代表赴现场检查，详细察看大坝、泄洪建筑物、近坝库岸及工程边坡、闸门及启闭机以及安全监测设施等。专家组查阅了相关技术资料，深入了解大坝运行中存在的问题，并从大坝防洪能力、坝基运行性态、大坝结构运行性态、泄洪消能设施可靠性、水工金属结构运行可靠性、近坝库岸及工程边坡稳定性等方面进行了分析和讨论。

根据《水电站大坝运行安全监督管理规定》《水电站大坝安全定期检查办法》及国家能源局对第四轮水电站大坝安全定期检查工作的要求，针对新安江大坝运行中存在的主要问题，会议讨论确定了该次定期检查专题研究内容及要求，制定了定期检查工作大纲（含工作计划），初步确定定期检查报告的编写目录和专家分工。成立专家组，张秀丽任组长，谢霄易任副组长，成员有沈海尧、陈炜旻、徐建强、金晓华、赵新华。会议讨论确定了该次定期检查工作大纲、专项检查项目、专家组报告编写目录和专家分工。

【大坝水平位移观测】 新安江水电站大坝水平位移监测系统，主要由坝顶视准线、正倒垂线、永久平面变形控制网组成。

坝顶视准线 坝顶视准线布置于坝顶，共3条23个测点，以监测坝顶的水平位移。第一条视准线位于坝上14.4米处的河床7—16坝段，其工作基点为坝区平面控制网点的“溢右”和“溢左”，设站点为“溢右”，后视点为“溢左”；第二条视准线位于左岸17—23坝段，其工作基点为坝区平面控制网点的“东档”和右岸视准线固定点“东档后”，设站点为“东档”，后视点为“东档后”；第三条视准线位于坝下6.5米处的右岸2—6坝段，其工作基点为坝区平面控制网点的“西档”和“西档后”，设站点为“西档”，后视点为“西档后”。每个坝段上布设一个视准线水平位移测点监测墩，其编号直接为相应的坝段号2—23。右岸2—6坝段和左岸17—23坝段的位移测点监测墩，设在挡水段下游栏杆边的各坝段中心处，墩高为80厘米，其侧面有不锈钢水平插座，供插入式活动觇牌使用；河床7—16坝段的位移测点监测墩，设在各闸墩的上游面中心处，墩高为80厘米，墩顶安置强制对中底盘。监测墩基础用孔深为1.5—2.0米呈梅花形布置的风钻钻孔，插入Φ25钢筋，并灌浆固结钢筋与钻孔，底座焊接于钢筋网中心钢筋上。

视准线监测采用WILD T3经纬仪，后视为固定觇牌，测点为活动觇牌。当水位在103米高程以下时，监测周期为1次/月，一般在中旬监测；当水位在106米高程以上时，增加测次。视准线工作基点的稳定性，取决于大坝平面控制网的监测结果，并进行相应的改正。

坝顶水平位移基本呈现年周期变化，主要受温度影响，一般在2—5月份产生向下游位移的较大值，8—11月份产生向上游位移的较大值。在年变幅中，温度分量约占55%～75%，其中两岸坝段占55%左右，河床坝段占75%左右。其原因主要是河床坝段的水平位移测点位于闸墩顶部上游侧，构件单薄，周边受气温影响显著；因此在年变幅中，温度分量所占比例大于两岸坝段。

库水位也是影响水平位移的重要因素。库水位升高，坝顶向下游变形，水平位移增大；库水位降低，坝顶向下游位移减小或向上游位移。水平位移与库水位变化基本同步。在年变幅中，水压分量约占20%—40%，其中两岸坝段占40%左右。2010年3月发生大规模超历史最大值现象。2010年3月处于低温期过后，水平位移一般在3月出现年度的最大值，2010年2月一直下雨，到了3月，新安江坝前水位一直高于105米，属于历史同期最高。超历史最大值可以理解，符合运行规律。时效位移且呈稳定或收敛稳定的趋势。

垂线监测 垂线监测是为掌握大坝在不同水位、温度、时间里坝体不同高程的扰度，以及上下游、左右方向的水平位移的规律。新安江大坝分别在左、右坝头、3、4、6、13、18、19、20、23坝段以及9坝段的2号机、13坝段的6号机布置了正垂线及倒垂线18条，共有28个测点。其中有9个倒垂测点，19个正垂测点，监测大坝上下游向和左右向水平位移，19坝段的61米高程测点只监测上下游向位移。所有垂线监测均采用读书放大镜监测，监测精度为0.05毫米，每月监测两次。

上下游方向的水平位移基本上呈年周期变化，主要是受温度影响：在低温时，向下游位移；高温时，向上游位移较大。一般在8—11月份产生向上游位移的较大值：而在2—5月份，产生向下游位移的较大值。至2014年年底，时效已稳定或趋于收敛稳定。如3、4、13、23等坝段的测点。除6、18坝段外，其余坝段的垂线坐标仪左右向的最大测值，右岸坝段发生在2—5月份，左岸发生在7—11月份；最小值右岸坝段出现在8—11月份，左岸坝段发生在在2—5月份。究其原因，在高温时，右岸坝段向右变形，左岸坝段向左变形；而低温时，则相反。6、18坝段有所不同，坝顶最大值分别出现7—9月份、12—3月份，最小值发生在2—4月份、8—10月份。2006年至2014年，垂线测值绝大部分符合运行规律。

2010年3月，上下游方向PL4-1、PL13-3、PL20-1和PL23-1测点超历史最大值，超值在2毫米以内。PL6-1和PL13-2测点超历史最大值，超值在1毫米以内。原因与坝顶水平位移一致，是2010年3月水位处历史同期最高，且3月本身会产生向下游位移的较大值，属于正常现象。2012年3月，上下游方向PL19-3、PL20-1测点超历史最大值，超值在1毫米以内。2012年水位正常，气温较低，从其它垂线的上下游方向过程线看，每年3月都有个峰值，应该受温度影响。2013年上下游方向（Y向）2个测点超历年最大值，超值在0.35-0.45毫米（见表6-4）。5个测点超历年最小值，超值-0.10毫米至-0.50毫米。分析原因，是2013年夏天的极高气温有一段时间高达40多摄氏度。大坝向上游变形，厂房向下游变形。超历史最大值的是厂房内测点，位于主厂房牛腿上的垂线MPL2号机和MPL6号机，超历史最小值是大坝内的测点。这些超值都是极高气温引起，都符合运行规律。

表11-29　　倒垂线布置情况一览表

编号	线体长度(米)	安装部位	深入基岩深度(米)	测点数
IP0	47.0	右岸0坝段	40.00	1
IP25	38.8	左岸25坝段	35.78	1
IPF13	28.0	左岸平洞F13断层	25.45	1
IP23	38.2	23坝段	35.00	1
IP18	62.0	18坝段	40.69	2
IP6	69.0	6坝段	40.50	2
IP4	35.0	4坝段		1

表11-30　　正垂线布置情况一览表

编号	线体长度(米)	安装部位	测点数
PLF13	28.0	左岸平洞F13断层	1
PL23	40.5	23坝段	1
PL20	63.8	20坝段	1
PL18	77.0	18坝段	1
PL13	65.0	13坝段	3
PL19	84.8	19坝段	3
PL4	76.8	4坝段	3
PL3	53.5	3坝段	2
PL6	77.0	6坝段	2
PL6号机	30.0	6号机	1
PL2号机	30.0	2号机	1

平面变形控制网 坝区平面控制网是为对坝顶视准线工作基点进行校测，确保工作基点的可靠性和监测与坝体相连的倒垂端点、近坝区岩体及滑坡体的位移而设置。整个平面变形控制网由8个点组成，分别为位于右坝肩灌浆平洞顶(120米高程)上监测房内的“西档”、“溢右”，左坝肩175 米、142 米高程平台上的“东档”“溢左”“西档”，以及大坝下游侧左岸的“新6”(距离大坝约180米)和右岸“新5”“新3”(距离大坝约400米、850米)。其中“西档”“溢右”“东档”“溢左”“西档”等五个网点位于坝轴线附近（约在坝上14.4米至坝下6.5米间），兼作大坝水平位移监测的工作基点。该网设计为全边角网，34个方向监测值，17个边长监测值，共组成14个三角形，最大交角为131°19′，最小交角为0°39′，最大边长为0.675千米，最小边长为0.173千米，平均边长为0.476千米，控制网平均高程约130米，网点高差相差较大，最大高差达138米，最大垂直角为12°23′。

平面控制网点结构为钢管标：采用孔径为φ146毫米钻孔钻至基岩下8～10米，用φ50毫米的钢管埋入孔底，砂浆回填钻孔固结钢管，钢管浇筑于监测墩柱身之中直至顶部，与对中底盘焊接。各网点监测墩均采用高为1.2米钢筋混凝土浇筑，并安装强制对中底盘，监测墩底部浇筑长1.2米×宽1.2米×高0.3米的底座。监测周期为1次/1年。该网最初建立于80年代，每年或隔年由水工分场用T3经纬仪按测角网监测，其起始边则由基线测量推算至新3和新5的距离为依据。之后河海大学使用ME3000测距仪测距、T2000电子经纬仪测角，进行边角全测网监测。1999年开始改用德国徕卡公司新一代高精度全站仪TC2003监测，对新安江监测网每隔一年用边角网监测和计算，由不同周期计算得到坐标的差值，即可得出该点的位移量，从而可以对该监测网的各点进行稳定性分析。2011年开始采用徕卡公司的新一代测量机器人TM30进行全自动监测，根据DL/T5178-2003《混凝土坝安全监测技术规范》的要求，每年监测一次。

【大坝垂直位移监测】 垂直位移监测采用Ni002A精密水准仪及相匹配的铟钢水准尺。垂直位移监测以附和线路或闭合的线路进行水准测量，测段高差严格执行往返测量，往返差及路线闭合差之限差等技术指标，均按国家二等水准测量精度要求施测。

坝顶垂直位移 在1～24坝段坝顶每个坝段布设一个垂直位移监测点，共24个测点，其编号为EM1—EM24，水准测量工作基点为“新观II”和“右8”，每月监测一次（其中2000年6月至2012年12月按3、6、9、12月每季监测，为符合DL/T5178-2003《混凝土坝安全监测技术规范》的要求，2013年2月开始恢复每月监测一次）。由于坝顶施工，破坏了测点V18、V19、V20、V24，2005年重新埋设后，测值出现突变，建议按资料分析成果修正，见下表3。

表11-31　　2005年坝顶垂直沉陷测点破坏前后位移突变量表

测点编号	V02	V18	V19	V20	V22	V24
位移突变量(毫米)	-2.33	11.03	11.55	8.57	-3.36	-6.29

坝顶垂直位移呈明显的年周期变化，主要受温度变化的影响：高温时，坝顶上抬；低温时，坝顶下沉。河床坝段年变幅受温度影响要比两岸坝段稍大，原因是河床坝段垂直位移测

点布置在闸墩上，受周边气温变化影响显著；与此同时，河床坝段布置机组，发电用水，水温的变化比两岸变化要大。因此，河床坝段温度影响垂直位移的年变幅稍大于两岸坝段。坝顶垂直位移变化规律总体上正常。最大沉陷量为15.90毫米，最大上抬量为11.10毫米。V01、V19、V21、V23在2013年超历史最大值，和2013年的极端高温天气有关，符合运行规律。

开关站垂直位移 1999年10月因右岸山坡88米高程平台开关站新建继电保护楼，将88平台的右沉6、右沉5、左沉6、左沉7这4个测点挖除，现开关站测点共有5个，编号为右沉1～右沉4、左沉8。同时新增房1～房5共5个测点，用以监测继保楼基础的稳定。2011年6月30日以后，因安装工业电视探头，房1测点被挡而停止监测。88米平台开关站垂直位移从1999年后由原每月监测一次改为每季监测一次。并在88开关站继保室的箱形基础上新增新继保室1#、2#两个点以监测新建继保楼的稳定，2000年11月20日开始首次监测，每年11月监测一次，截至2014年新继保室1#、2#点累计沉降7.7毫米和9.2毫米，相比上次站志记录的2006年数据多沉降2.1毫米和4.3毫米，不过从2012年开始这两个点已经稳定，不再下沉。其他测点的垂直位移变化规律正常。

70米高程平台开关站垂直位移220千伏区段测点编号为左1～左4、右1～右4，110千伏区段编号为沉1～沉10，每年11月监测一次。70米高程平台的沉6、沉7、沉5、沉9、沉8测点的下沉量大，截至2014年11月，沉6、沉7、沉5、沉9、沉8测点的下沉量分别为146.5、137.8、84.4、50.0、43.6毫米；时效呈匀速下沉，无加速趋势；其他测点的垂直位移变化规律正常。

岸坡垂直位移 右岸坡垂直位移共设20个测点，编号为右1-右11、A1-1-A1-3，洞1-洞3，右挡1～右挡3，左右岸坡沉陷1999年后由原每月监测一次改为每季监测一次。截至2015年6月，右岸边坡的最大下沉量为15.8毫米（右9测点），其时效基本稳定或呈收敛趋势。截至2015年6月，砌石护坡的最大下沉量为55.5毫米（挡1测点），其次分别为挡3，其下沉量为48.5毫米；挡2测点2009年9月以后遭碰撞，无法监测。挡1～挡3测点下沉的时效分量较大，但时效增量在逐年减小，呈收敛趋势。因此，除砌石护坡外，其他测点的垂直位移变化规律正常。

（1）左岸上坝公路有7个测点，编号为左1～左7，截至2015年6月，最大下沉量为64.6毫米（C408测点），其下沉的时效分量较大且时效呈下沉趋势；其他测点的垂直位移变化规律正常。

（2）左岸塌方区垂直位移共,21个测点，每年11月进行监测。如下表所示：

表11-32　　塌方区各年高程成果比较表

点号	点名	2011年高程（米）	2014年高程（米）	2014-2011（毫米）
	新观Ⅱ	115.6812	115.68050	-0.7
1	142基点	142.72340	142.72301	-0.4
2	175基点	176.07485	176.07412	-0.7
3	195基点	194.69115	194.69045	-0.7
5	142沉1	142.47686	142.47646	-0.4
6	142沉2	142.36780	142.36750	-0.3
7	142沉3	142.37763	142.37688	-0.8

8	C308	143.20983	143.20944	-0.4
9	C306	145.85211	145.85166	-0.5
10	C304	144.96351	144.96311	-0.4
11	175 沉 1	175.81768	175.81663	-1.0
12	175 沉 2	175.97036	175.96895	-1.4
13	175 沉 3	176.10255	176.10137	-1.2
14	175 沉 4	174.57355	174.56974	-3.8
15	C208	177.41180	177.41076	-1.0
16	C206	177.87049	177.86956	-0.9
17	C204	177.93233	177.93120	-1.1
18	C202	179.69936	179.69802	-1.3
19	新 6	179.76424	179.76214	-2.1
20	C108	197.48505	197.48379	-1.3
21	C106	197.17508	197.17341	-1.7

从表中可以看出，相对于 2011 年 C408 点有少量沉降，沉降量为 2.8 毫米，与 2013 年相比，此点变化很小。相对于 2013 年 BM 沉 13 有 1.4 毫米的上浮，其余点均没有明显沉降变化。从整体看，相对于 2013 年，所有点的沉降变化均为正，但数值量很小，原因可能存在系统误差。从表中可以看出，相对于 2011 年 175 沉 4 点有沉降，沉降量为 3.8 毫米，另外新 6 点有 2.1 毫米的沉降，此点在边角网监测中也发现少量位移，建议进一步关注。

85 米高程监测廊道垂直位移　85 米高程监测廊道垂直位移监测采用坝区二等水准网点“85 观 I”“85 观 II”作为起测工作基点，采用附合水准线路法监测，全线路单程监测 23 站，2000 年 4 月以前，每月监测一次；2000 年 6 月起，按 3、6、9、12 月每季监测一次至今。85 米高程廊道垂直位移呈明显的年周期变化，主要受温度变化的影响：高温时，坝体上抬；低温时，坝体下沉。由于坝体混凝土温度比气温滞后约 1—3 个月，因此一般在 8—11 月左右上抬量较大，在 2—5 月下沉量较大，年变幅在 5 毫米以内。变化规律与坝顶相同。

基础垂直位移　在基础灌浆廊道和 3 号排水廊道及宽缝内共布设 47 个垂直位移监测点，分别埋设在纵向灌浆廊道 6～18 号坝段、3 号排水廊道 6～16 号坝段，以及横向 6～7、10～11、13～14、16～17 号坝段的宽缝内，其编号为6-1(2) ～16-1(2)，6-7-1～6，10-11-1～6，13-14-1～6，16-17-1～6，18-1，水准测量工作基点为“基 1”、“基 2”和“基 4”。

坝基垂直位移在 2000 年 4 月以前为每月监测一次。2000 年 7 月后，按 1、4、7、10 月每季监测一次。测点变化规律正常。至 2015 年 6 月止，最大沉陷量为 2.70 毫米（16-2 测点，1981 年 6 月 23 日），时效位移较小，且均呈稳定收敛趋势。坝基的垂直位移变形正常。

【坝区Ⅱ等水准网】　新安江水电站拦河坝坝区Ⅱ等水准网始建于 1960 年，1993 年为提高水准网的监测精度，新安江电厂对坝区Ⅱ等水准网予以优化改进，改单一的水准闭合环为三个水准闭合环和一个附合水准线路，并分别在左岸电厂北大门山体基岩附近布设一组水准基点组，分别为 BM 基 A 下 1、BM 基 A 下 2、BM 基 A 下 3，另一组水准基点组布设在原汽车队的山体基岩处，为 BM 基 A 下 4、BM 基 A 下 5、BM 基 A 下 6。每个基点组有 3 个基点组成，依此作相互校核。整个水准网分别以 BM 基 A 下 3、BM 基 A 下 4 作为起算高程点。2006年底因车队搬迁施工，水准基点组BM基A下4、BM基A下5、BM基A下6被破坏。因此2006年后水准网仅以BM基A下3为起算高程点进行平差。2009年经过踏勘在右岸原位置附近重新埋设水准基点组，为新BM基A下4、新BM基A下5、新BM基A下6。电厂主网路线略图见附图，共分9个测段，4个水准闭合环，如下：

1. BM基A下3--C406
2. C406--右8--BM沉13-2
3. C406--85观Ⅱ--85观Ⅰ--BM沉13-2
4. BM沉13-2--新电7
5. 新电7--新电6
6. 新电7--0+130--基础廊道--新电6
7. 新电6--BM基A下3
8. 新电7--新BM基A下4
9. 新BM基A下4--BM基A下3

左岸塌方区布设一条水准支线。路线如下：

1. 新观2--142基点--175基点--195基点
2. 142基点--142沉1--142沉2--142沉3
3. 142基点--c308--c306--c304
4. 175基点--175沉1--175沉2--175沉3--175沉4
5. 175基点--c208--c206--c204--c202--新6
6. 195基点--c108--c106

坝区Ⅱ等水准环线监测，早期使用Ni004精密水准仪配一对5毫米刻画铟钢水准尺；90年代起，采用NI002A精密水准仪（DS05级）和与之相配的10毫米刻划铟钢水准尺；2002年起，采用DINI 12电子水准仪和与之相配的数码刻画铟钢水准尺。但因为监测精度受发电震动及测段高差大的影响较为明显，2009年恢复采用NI002A精密水准仪（DS05级）和与之相配的10毫米刻画铟钢水准尺进行测量。采用水准基点“基A下3”作为高程起始原点，其高程为36.6683米。每年10月进行校测，整个水准网较稳定。

【三向测缝】 为监测伸缩缝沿上下游方向、左右岸方向和高程方向的变化情况，分别在61米高程廊道3～21号坝段17条伸缩缝上、85米高程廊道1～24号坝段23条伸缩缝上、副厂房7～15号坝段的8条伸缩缝上和左岸142米高程平台下F13地柱梁的伸缩缝上各布置了1组三向测缝计。此外，为了监测裂缝的变化情况，在右坝头1号坝段的1号、6号#裂缝和右岸坡挡墙布置了5组三向测缝计，测缝计形式为三向型板式测缝计，2005年以前采用游标卡尺或百分表人工测读，游标卡尺最小读数0.02毫米，百分表最小读数0.01毫米。1999年前每旬监测一次，此后每月10日进行监测。2005年因3月因大坝安全监测二期自动化系统的需要，拆除原右坝头1号坝段的1号、6号裂缝的4组三向测缝计，并安装了4组差阻式三向测缝计，取消了原百分表进行的人工测缝监测方法，改为游标卡尺进行人工监测。

从历年观测资料显示，85米高程廊道、61米高程廊道、副厂房各测点的各伸缩缝沿上下游方向、左右岸方向和高程方向的变化量很小，表明各坝段之间的相对变形已趋于稳定。右坝头1号裂缝各测点测值上下方向（即垂直方向）的测值无明显的年周期变化外，前后方向（即沿缝面方向）和左右方向的错位主要受温度变化影响：低温时测值增大，高温时测值减小；最大值一般出现在12月一次年1月份，最小值一般出现在6—9月份。6号裂缝前后方向（即沿缝面方向）和左右方向（即开度方向）的测值基本呈年周期变化，主要受温度影响：高温时测值增大，低温时测值减小。沿上下方向（即垂直方向）的测值无明显的年周期变化规律。

2006—2014年，各测值稳定，仅一个测点例外：85J21－22上下方向最大值4.56毫米（2013年6月10日）超历年最大值0.01毫米，2014年已恢复，从长期看该点是在缓慢增大（但极其微小）。

【坝基扬压力监测】 坝基扬压力监测是大坝渗流监测系统中的重要方面，共布置浅孔扬压力监测孔 73 个、横向监测断面（全断面）孔 31 个、深孔监测坝基扬压力 22 个。监测方法采用压力表（1.5 级）、水尺测读，响测锤法进行监测。

浅孔扬压力大多数测点测值较平稳，与库水位、温度的相关性不明显，说明排水畅通，防渗帷幕工况总体较好。2006—2015 年期间，大部分扬压力孔符合运行规律，但是有两孔应引起特别注意：

1.23E1-2 在 2010 年、2011 年接近历史最大值后，在 2014 年继续接近历史最大值 88.8 米，2014 年最大值为 88.15 米，该孔始终在设计值的上方运行（超设计值），设计值为 85.23 米。（该孔还存在微渗，实际可能高于测值）。

2.20E1 在 2014 年超设计值，超历史最大值，而且超过很多。2014 年 4 月 29 日达到 76.54 米，设计值 63.01 米，历年最大值 65.25 米（1999 年 7 月 2 日）。发现超值后，首先想到的是否压力表问题，在 2014 年 7 月 3 日更换压力表，之后压力有所减小，但仍超过历史最大值较多（该孔还存在微渗，实际可能高于测值）。20 号坝段的帷幕灌浆施工在 2013 年完成。

左岸坝段的帷幕灌浆在 2013 年进行，除了正在渗漏的个别扬压力孔，左岸坝段的扬压力孔，在帷幕灌浆后没有明显减小，相反略有增加，需进一步分析原因或进行工程试验。河床坝段扬压力孔，部分孔压力在 2014 年明显增加，2014 年正进行河床坝段的帷幕灌浆。和左岸坝段类似，应该都与帷幕灌浆有关。

右岸坝段的扬压力孔，除了正在渗漏的个别扬压力孔，没有明显异常。

由于 2、3 号坝段的坝基为乌桐石英砂岩层，且普遍夹有软弱薄层页岩，尤其是斜穿坝段的厚层页岩（SH1、SH2），其渗透系数很小，且坝基下还有 F0 断层通过，加之经过帷幕补强灌浆，使渗入的水难以排出，引起较高的扬压力。6 号坝段坝基有 F1 断层穿过，并有水平向裂隙（伸入坝基约 5—10 米）；而在 20—23 号坝段坝基有 F11、F12 两条断层通过，20、21 号坝段有 EW 向破碎带分布；这些地质构造带虽经过灌浆等处理，坝基防渗有较大改善，但仍有局部薄弱环节。此外，左右两岸坡地下水位较高也是造成这一现象的原因。

针对部分测压管存在渗水现象，2014 年 12 月对 19E1、21E1-2 两孔进行改造，取出原有套管，按原尺寸埋入新的镀锌套管，安装新的孔口装置，目前上述测压管无渗水现象，工作正常。2015 年起拟扩大至其他浅孔扬压力测压管。

【横向断面的浅孔扬压力】 横向断面（全断面）中、上游测孔的水位，主要受上游水位的影响：上游水位上升，孔水位升高；反之上游水位下降，孔水位降低，且孔水位的变化滞后于上游水位的变化。河床坝段（9、12、18 号坝段）下游测孔的孔水位受下游水位影响：下游水位升高，孔水位上升；下游水位降低，孔水位下降。除 3E1、3E3、6E1、9E3-1、9E3、9E3-1、20E1、20E2 等测孔的扬压力有上升趋势外，其他测孔的扬压力呈下降趋势或基本稳定趋势。

【深孔扬压力】 深孔扬压力主要受上游水位的影响：上游水位升高，深孔水位升高；上游水位降低，深孔水位降低。同时，上游水位对深孔扬压力有一定滞后作用。下游水位对河床坝段的深孔扬压力也有一定影响。下游水位升高，深孔水位上升；下游水位降低，深孔水位下降。深孔扬压力的最大值两岸坝段明显高于河床坝段，主要与这些部位的地质条件有关。由坝基地质资料表明，在右岸坡坝段，有透水性较差的 SH1、SH2 等较厚页岩与 F1、F0 两条断层穿过固结层以下，岩体较破碎，同时有些坝段开挖深度未达到要求，后又经过补强灌浆，使渗入的水难以排出；在左岸坡坝段，20—23 号坝段坝基有 F11、F12 断层穿过，并有破碎带分布，深度也达到固结层以下。除 3 号坝段深 3 孔有不显著的增大趋势外，其他坝段的深孔扬压力呈下降趋势或基本稳定趋势。

【绕坝地下水】 右岸绕坝地下水位孔共设 26 个，左岸绕坝地下水位共设 22 个孔，常年正常监测孔左、右岸各 13 个，每月的 5 日监测一次，其余孔只在高水位和低水位时增加监测次数。从历年监测资料成果分析，上游水位对靠近库边和左坝肩的 UL1、UL4 和 UL18 及靠近库边和右坝肩的 UR1、UR4—UR6、UR16、UR20、UR22 等测孔水位的影响显著：上游水位上升，地下水位升高；上游水位下降，地下水位降低。基岩温度升高，地下水位有所减小；基岩温度降低，地下水位有所增大。降雨对地下水位的影响也较显著，尤其是靠近山坡的 UL2、UL5、UL14 、UR2、UR3、UR11、UR13 等测孔，一般在降雨较多的季节（4—9 月），地下水位较高；在降雨较少的季节（1—3 月、11—12 月），地下水位较低。地下水的水位滞后于降雨约 3～10 天。地下水位的测值，有从靠近上游的测孔向靠近下游孔减小的规律，以及从山坡到坝肩的测孔水位减小的规律，左、右岸地下水的变化规律较正常。绕坝监测孔的布置图如以下两图所示：

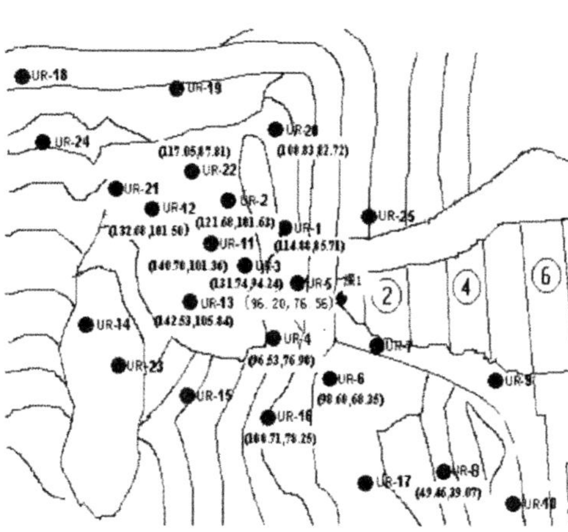

图11-24　右岸绕坝布置图

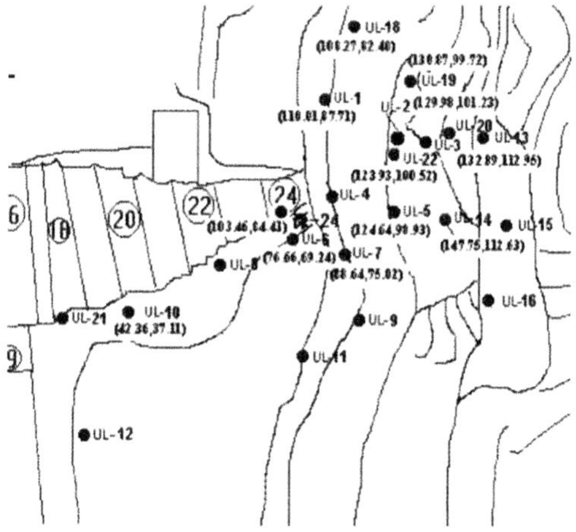

图11-25　左岸绕坝布置图

【坝基排水】 坝基渗漏量监测包括：灌浆廊道及 1、2、3 号排水廊道的渗漏量监测，共计 410 个排水孔。（1）灌浆廊道幕后排水孔（从 1 坝段到 24 坝段）共 173 个，其中除 1、17、18、24 坝段仅有 1～4 个孔外，其他坝段一般有 6～8 个孔。（2）1 号排水廊道排水孔（从 2 坝段到 23 坝段）共 146 个孔，其中除 1、17、23 坝段分别只有 1 个、3 个、3 个孔外，其余坝段一般有 6～8 个孔。（3）2 号排水廊道排水孔（从 6 坝段到 18 坝段）共 54 个孔，其中除 17 坝段只有 2 个孔外，其余坝段一般有 4～5 个孔。（4）3 号排水廊道排水孔（从 6 坝段到 16 坝段）共 38 个，每个坝段有 3～4 个孔. 坝体的渗漏量主要受库水位变化的影响。库水位较高时，渗漏量较大；库水位较低时，则较小；渗漏量滞后于库水位 3～10 天。灌浆廊道 2、3、7、12 坝段的渗漏量和灌浆廊道的总渗漏量的测值较大，最大值分别为 164 毫升/秒、169.8 毫升/秒、162.9 毫升/秒、262.0 毫升/秒、796.7 毫升/秒；最大年均值分别为：88.67 毫升/秒、118.95 毫升/秒、133.34 毫升/秒、114.04 毫升/秒、599.47 毫升/秒。产生较大的渗漏量的原因是所在坝段的地质条件复杂，其中 2～3 坝段坝基石英砂岩节理裂隙发育、岩体风化破碎，并有较多薄层页岩；7 号坝段有 F1 断层贯穿；12坝段有F3断层（破碎带20～30厘米），砂岩中夹有细砂岩和沙质页岩（厚2～15厘米），并分布有Fn1、Fn2等5条小断层以及4条小型破碎带，节理裂隙发育。但这些坝段经过多次的工程处理，渗漏量比运行初期已有明显的减小。1号排水廊道的2、7、9、23坝段以及3号排水廊道的6、11、12坝段的渗漏量较大，这与1号排水廊道的2坝段位于右岸坡坝段，岸边地下水通过F0等断裂破碎带渗入，从而形成1号排水廊道的渗漏量大于上游灌浆廊道的渗漏量；23坝段在左岸坡，F12断层在坝段右上角的坝基穿过，并有零星分布的逆向破碎带及倾向河床的剪切裂隙等地质构造，左岸的地下水通过这些地质构造渗入，引起渗漏量的增加；7坝段有F1断层、9坝段有F5和F51等断裂，砂岩中局部有薄层细砂层和砂质页岩，厚约3～25厘米，且有节理发育和小型破碎带，深层渗水可能绕过上游帷幕或者下游水沿这些断裂结构而产生渗漏有关。而3号排水廊道的6坝段主要由于右岸地下水位和下游水位及F1断裂和水平裂隙（在坝内延伸5～10米）渗流引起。9、11、12坝段主要是下游水沿F3-2、F5-1、F4、F4-n等断裂渗漏引起。2号排水廊道的渗漏量明显比上游的灌浆廊道、1号排水廊道以及下游的3号排水廊道的渗漏量要小。这主要是上游帷幕阻水和排水孔的排水及下游的排水，使渗入2号排水廊道的渗漏量明显地减少。

【坝体排水】 坝体渗漏量主要布置在85米高程廊道，共有22个测点，其中有效测点20个。每个坝段一般布置1个测点。其中12号-1、12号-5及20号-5测点的值于1991年10月开始测量，其他的测点从1984年开始测量。85米高程廊道渗漏量主要受库水位变化的影响。库水位较高时，渗漏量较大；库水位较低时，则较小；渗漏量滞后于库水位3～4天。

8～15号坝段在85廊道渗漏补强处理工程（2012.9.12～2013.1.9）处理后，成为干孔或接近于干孔，16号坝段渗漏明显减少，说明处理效果非常好。以曾经出现大量渗漏的9-2号孔为例，工程施工后接近干孔。

20号坝段在坝前缺陷处理工程后，排水量没有明显减少，测值平稳，说明引起渗漏的缝还在处理区域以下。

【F1断层防渗井防渗处理】 针对F1断层井在建坝时期就存在的缺陷，大坝第二次安全定期检查（2001年12月—2003年11月）以前，经多次试验和施工，采用普通水泥和改性水泥灌浆，但是F1防渗井多数预压骨料仍处于松散状态。大坝二次定检报告明确要求：F1防渗井已作了防渗处理，但仍存在胶结不良等问题，影响防渗体耐久性，应加强渗漏监测，必要时进行补强处理。

2005年3月至2006年6月进行化学灌浆试验。分两个试验区先后进行了灌浆工艺对比、灌浆参数优化及HK-G2和AK两组材料对比试验。试验结果表明AK浆材的可灌性优于HK-G2。2007年6月1日至2008年4月15日对F1防渗井进行化学灌浆施工，全部采用AK浆材。灌浆施工结束3个月后，进行质量检查。灌浆孔22只、检查孔2只，共灌入AK浆材64684.31升，封孔AK用量1016.8升，约计72.3吨。

从灌浆压水试验成果看，井洞或含井洞段最大透水率1.83Lu（吕容值），最小值0.023Lu，基岩段透水率最大值为3.504Lu，最小值为0.008Lu。说明这些区域F1防渗井洞骨料、乌桐石英砂岩和千里岗砂岩经过历年多次灌浆处理后，骨料空隙内和岩体裂隙内已有较多的充填物，透水率较小。I、II、III序和检查孔孔段透水率值，随着施工序次的递增有明显的递减趋势；说明经过上一序次的灌浆后，受灌体节理裂隙（含井洞骨料空隙）已得到不同程度的充填。

从灌浆情况看，各序次孔（段）AK化学浆液灌入量明显大于以往灌入普通水泥和改性灌浆水泥量，体现了AK化学浆液在处理低渗透性地层的优势。随着灌浆序次增加，单位灌入量成明显递减趋势。反映出经上一序次的灌浆后，岩体节理裂隙和井洞骨料空隙得以有效充填和胶结。

对F1防渗井能够取得较为完整的芯样，实际效果较为理想。从监测资料来看，试验后期2006年3月起，灌浆廊道6号坝段排水量就降为0（即干孔），邻近5、7号坝段的排水量变化趋势基本与6号坝段一致，说明洞井和岩体化学灌浆效果明显，进一步补强了防渗帷幕。

【主帷幕补强灌浆】 右岸坝基帷幕及右岸帷幕延伸段，已于大坝第二次安全定期检查以前作了补强灌浆。2007年9月至2008年8月，对7～25号坝段及左岸灌浆平洞主帷幕质量进行全面的检查。结果表明：坝基主帷幕历经五十余年的运行，总体是好的，但部分区（孔）段帷幕体也存在一定的缺陷。通过主帷幕检查孔压水试验、灌浆耗灰量、孔段涌水情况等资料进行分析，可以认为9～18号坝段、20号坝段、22～25号坝段及左岸平洞帷幕存在部分缺陷，这些缺陷的存在降低了地基和帷幕防渗能力，应及时进行防渗处理。

华东勘测设计院根据检查情况进行了设计，本次设计主要对9～18号坝段、20号坝段、22～25号坝段和左岸平洞帷幕进行补强灌浆处理。其中29～18号坝段、20号坝段、22～24号坝段在基础灌浆廊道内施工，24号坝段没有灌浆廊道的部分及25号坝段、左岸平洞自坝顶或平洞内钻孔，帷幕灌浆顶部高程108米。补强灌浆孔均为向上游倾7度孔，孔间距1.5米。灌浆按分序加密的原则进行，灌浆孔分三序施工。7～25号坝段及左岸平洞主帷幕补强灌浆孔总共布置223孔，孔深共15603米。考虑部分孔段用普通硅酸盐水泥有可能出现效果不佳的情况，需要对部分孔段进行AK化学材料灌浆。

主帷幕补强灌浆施工分两期进行，2013年4月至12月完成一期工程施工，孔位分布在16、17、18、20、22、23、24、25号坝段和左岸平洞，布置在灌浆廊道、坝顶和左岸平洞内，总进尺约7453米。2014年4月至12月完成二期工程施工，孔位分布在9～15号坝段，布置在灌浆廊道内，设计钻孔工程量5636米。两期总共灌入普通水泥167.76吨，AK浆材31.21吨。施工情况表明，帷幕孔单位注灰量随孔序增加呈明显递减趋势，说明浆液扩散范围能满足设计要求，分序加密原则进行灌浆可以对帷幕体形成有效的补强。

【坝基固结灌浆】 为了解右岸坝基进行补充固结灌浆的可灌性，于2002年在3号坝段坝基设两个钻孔进行固结灌浆试验。试验结果表明：新安江大坝基础历经多次的补强，岩体的抗渗性，已有不同程度的提高，但坝基局部区域岩石受断层等构造切割、挤压，岩体破碎，仍未得到很好的固结，其单位耗灰量也相对较大。

在3号坝段坝基灌浆试验的基础上，华东勘测设计研究院提出了坝基固结灌浆的设计，即利用灌浆廊道、排水廊道、检查廊道、交通廊道及宽缝等对坝基进行固结灌浆，灌浆材料采用超细或磨细的耐蚀42.5R普通硅酸盐水泥，孔深一般深入基岩面以下8米，在1号基础排水廊道内深入基岩面以下5米，最大灌浆压力0.8百帕，浆液水灰比采用1:1、0.8:1和0.6:1三个比级，灌浆合格标准透水率q≤3Lu（吕容值）。

全坝基固结灌浆采用分期实施的原则进

行，2～7号坝段于2005年2月至12月完成；7～16号坝段分两期进行，一期（7～12号坝段）于2008年9月至2009年1月完成，二期（12～16号坝段）于2009年3月至8月完成；17～25坝段于2010年12月14日开始，至2011年6月20日结束。

2～7号坝段坝基固结灌浆共完成钻孔3579.24米，压水实验434段次，灌浆段长1758.11米，累计灌入水泥25131.83kg。7～16号坝段坝基固结灌浆一期共完成钻孔1726.08米，完成压水试验296段次，灌浆段长1279.49米，累计灌入水泥28584.09千克。二期共完成钻孔1664.96米，压水实验341段次，灌浆段长1539.01米，累计灌入水泥36381.59千克。17～25号坝段共完成钻孔4496.00米，压水实验523段次，灌浆段长2152.40米，累计灌入水泥71740.46千克。

实际效果表明，以改性灌浆水泥（掺15%磨细矿渣粉）作为主灌材料，灌浆前根据孔段岩体透水率情况分别采用自上而下和自下而上分段孔内循环和排水孔细砂回填等施工工艺是可行的，孔深、孔（排）距、压力、段长划分和水灰比等设计参数合理。检查孔灌浆情况表明，检查孔平均单位耗灰量较固结孔有明显减少。本次灌浆达到设计要求，对坝基补强有效。

【页岩化学灌浆试验】 页岩化学灌浆试验在2002—2003年进行，结果表明ZHK-798对页岩裂隙有明显充填作用，有利于对页岩的保护，灌后取芯芯样较灌前更为完整，说明化学灌浆后整体性有所提高。试验报告是在大坝第二次定期检查后出来。2009年大坝第三次定期检查中，专家组明确提出，从工程角度出发，对页岩进行化学灌浆尚无必要性。页岩为陡倾角，坝基出露面积所占比例小，对坝段抗滑稳定和应力影响甚小；页岩即使泥化，由于坝基帷幕后渗透压力不大，页岩段幕后排水孔均有反滤保护措施，不会沿泥化页岩产生渗透破坏。因此，建议不进行对页岩直接进行化学灌浆施工。

大坝第三次定期检查报告中专家组还提出要求，对灌浆廊道内尚未封堵的页岩勘探孔抓紧妥善封堵，以防止在较高的水力梯度下发生渗透破坏。页岩勘探孔封堵处理自2013年4月6日开始，同年6月20日结束。未封堵的勘探孔有5个，分别为S02、S04、S05、S07、S09，其中S04孔淤积严重，达到14.05米，S04孔严重淤积可能是部分泥化页岩产生机械管涌所致，说明封堵的必要。

【大坝右岸4～6号坝段宽缝回填】 右岸大坝由于3、4号坝段的基岩面未开挖出足够范围的平台，存在侧向稳定问题，一直是大坝安全运行的一个隐患。1992年11月《首次大坝安全定期检查报告》提出，若各坝段间的横缝不能传递推力和剪力，在各种水位下，3、4、5号坝段在合力方向均不能满足规范规定的抗滑稳定要求。依据浙江大学1995年12月《新安江水电厂大坝右岸3～6号坝段稳定性分析》、华东勘测设计研究院2003年10月《新安江水电厂右岸坝段稳定复核报告》和2009年12月《新安江水电厂右岸3～7号坝段侧向稳定补充复核报告》，研究、复核结果表明：3、4号坝段在单独受力的情况下侧向稳定安全度不满足规范要求，考虑3～6号坝段联合受力后可满足规范要求，因此3～6号坝段间横缝的并缝处理可解决3、4号坝段的侧向稳定问题。在以往的工程处理方面，则进行了3～7号坝段横缝并缝灌浆试验2～7号坝基固结灌浆补强以及坝基面布置抗剪钢棒，这些工程处理措施在一定程度上增强了右岸大坝的侧向稳定，但3～6号坝段间横缝的连接强度提高程度仍未达到要求，未能彻底解决右岸大坝的侧向稳定问题。

根据大坝第三次定期检查结论的要求，华东勘测设计研究院于2014年5月提交了《新安江电厂大坝右岸4～6号坝段宽缝回填处理图》。4、5号宽缝的回填混凝土布置在该宽缝底部，厚8米（不含交通廊道厚度）。为保证交通及运行要求，在底部预留了一个交通廊道，并在廊道顶部设置受力钢筋。为保证回填混凝土与原坝体混凝土之间结合良好，在回填区域的侧壁设置了插筋。5～6宽缝的回填混凝土同样布置在该宽缝底部，厚3米。在回填区域的侧壁也设置了插筋。回填完毕后，在回填混凝土的顶部布置了2排基础排水孔、间距2米、深入基岩20米。

工程自2014年9月10日开工，至2015年1月20日前期完成。接缝灌浆和排水孔造孔尚未进行。4～5宽缝浇筑段分4层，高度分别为2、3、3、3米；4～5号宽缝浇筑段分2层：第一层浇平岩石，第二层3米。采用C20商品混凝土浇筑，共浇注混凝土1515立方米，布置插筋588根。施工期间埋设水管进行通水冷却，混凝土中间布置温度计，监测混凝土内部温度。根据设计图纸在侧墙上布置测缝计10支，依据监测资料，截至2015年8月，所有测缝计开度为0毫米或接近于0毫米，说明与坝体的接触面没有张开，分析应该是回填砼块侧壁插筋的拉结作用，因此接缝灌浆没法施工也没必要施工。

【大坝及水工结构水下修复】 根据新安江大坝第二次定期检查的水下检查报告，委托上海交通大学海洋水下工程科学研究院进行《新安江水电站大坝及水工结构水下修复项目设计》，由江苏神龙海洋工程有限公司施工，2007年9月10日正式开始水下修补作业，并于同年12月12日完成。

【坝体渗漏补强处理】 新安江坝体单孔渗漏量较大的排水孔主要集中在85廊道，其中9号坝段（85Q9-2）渗流量最大，最大渗流量为1764.7毫升/秒，多年平均为363毫升/秒，约占85廊道各坝段渗漏量的38%；该排水孔明显受库水位影响，1990—1994年期间渗流量持续增大，1994.5—1996.4实施9、10、12、20号坝段坝体缺陷防渗补强工程施工后明显减小，2003年之后又有增大趋势。其次为11号坝段，多年平均为210毫升/秒，约占22%。85廊道渗漏量存在异常现象，在大坝第三次定检期间进行了讨论，根据定检建议，华东勘测设计院进行了补强设计。灌浆孔布置在9、10、11、12、13、16号溢流坝段，在坝顶（溢流堰顶）设置一道垂直向下的帷幕灌浆孔，深入至85廊道底以下2米。

《85廊道渗漏补强处理》工程于2012年9月12日开工，至2013年1月9日结束。共完成钻孔1706.20米，灌浆段长1557.90米，累计灌入水泥25131.83千克。施工期间，根据现场实际，华东勘测设计院对85廊道渗漏补强处理工程作了调整。（1）帷幕灌浆孔由一排增加至两排，第一排孔中心线在桩号坝上0+004.86，第二排孔中心线在桩号坝上0+004.26，两排孔排距0.6米，孔距1.2米，两排孔错开0.6米布置。以先灌下游排，后灌上游排的原则，并呈梅花形布置的帷幕灌浆，使其浆液扩散距离满足形成整体防渗幕墙的要求。（2）骑缝封堵灌浆孔中心线调整至桩号坝上0+004.86。

85廊道渗漏补强处理工程实际施工中，灌浆材料只使用普通水泥和磨细水泥，未使用化学材料。85廊道排水孔在水泥灌浆后，排水急剧减小，因此没有进行设计方案中的封堵灌浆和重新造孔。

2014年4月9日—5月2日，浙江华东建设工程有限公司在完成坝前20、21号坝段局部水面以上缺陷处理，处理裂纹裂缝112.23米，防渗加固236.4平方米，处理高程范围99.05—108.9米。由于受施工条件限制，先处理水面以上的坝前裂缝和伸缩缝。从85廊道20坝段排水量变化看，施工前后变化不明显，说明20号坝段的坝体渗漏主要源头还是在85～99米高程。

【火山灰坝体混凝土补强】 坝体内使用江南水泥厂生产的300号、400号火山灰水泥的部位，强度偏低，混凝土质量较差。2005年9月，新安江电厂委托华东勘测设计研究院提出《新安江水电站4#～24#坝段火山灰水泥混凝土补强灌浆处理设计报告》，2006年8月25日组成大坝补强灌浆项目领导小组，9月2日开孔施工，采用磨细改性硅酸盐水泥，对4～24号坝段混凝土内部进行灌浆加固处理，施工共钻孔592个，孔径为75毫米，累计孔深6779.73米，灌浆耗灰约100吨。2007年3月24日顺利完成施工任务。施工中发现火山灰水泥部分进尺较快，大部分芯样上面都有蜂窝状气孔，说明强度较低，完整性较差。从火山灰混凝土质量分类情况看，拦河坝坝体混凝土质量差异性较大，在坝段不同部位均存在不同程度的质量缺陷，对火山灰混凝土补强灌浆是必要的。检查孔资料表明，通过此次补强灌浆工程基本达到大坝防渗防漏、增强密实度和提高大坝耐久性的目的。

【溢流面防护处理】 中国水利水电科学研究院、北京中水科海利工程技术有限公司（简称“科海利公司”），2003—2004年间在厂房顶溢流面的7、8号坝段采用弹性环氧砂浆进行过3次试验，试验面积为120平方米。前两次试验弹性环氧砂浆出现了问题（夏季高温起包，判断系混凝土内水的汽化形成），经过室内试验、室外模拟试验和原因分析，于2004年10月底在发电厂房顶溢流面完成弹性环氧砂浆涂层的试验任务（这次环氧明显不饱和，利于气体散发，不会形成鼓包）。从完成试验工作至2008年期间，弹性环氧砂浆未出现防护层开裂、脱空等质量问题。

从2008年至2010年，每年9—11月，由科海利公司对11号坝段至16号坝段老化的环氧砂浆进行了置换，总计置换老环氧砂浆涂层2480平方米。溢流面表面使用新型弹性环氧砂浆材料替代老环氧砂浆。

2011年6月因新安江大坝开3孔泄洪，弹性环氧砂浆及主副缝不锈钢压板出现较大程度的剥离破坏现象。11～14号坝段溢流面环氧砂浆共约1645平方米，本次泄洪共有14处出现不同程度损坏，破坏面积约为267平方米，占总施工面积的16.2%。科海利公司分析破坏原因，并作了材料改进。该次施工选择高增韧型环氧砂浆作为弹性环氧砂浆涂层的置换材料。并于2011年9月22日至11月14日，完成老化环氧砂浆涂层的全部置换及修补工作，9、10号坝段对涂层采取置换办法，11～14号坝段泄洪损坏处采用修补办法。

2013年9月29日至10月27日，委托北京汇博工程技术有限公司对大坝溢流面9条伸缩缝表面进行表面防护处理，每条缝长75米，合计伸缩缝长675米，施工处理采用清除伸缩缝内杂草，缝内嵌填柔性高弹砂浆，表面涂刷SK手刮聚脲复合胎基布柔性材料封闭的方案。

【主厂房综合整治】 2008年4月，委托华东勘测设计研究院进行厂房综合整治可行性研究与方案设计。综合整治列入2008年9月上报的2009年度大修理项目计划。2009年1月19日，华东电网公司生产部组织召开新安江水电站发电厂房综合整治设计方案审查会，并形成会议纪要。2009年2月委托上海勘测设计研究院进行厂房综合整治工程设计。其间，设计院与电厂、华东电网公司作了充分交流沟通，并多次踏勘现场，召开设计联络会议。电厂领导十分重视，亲自参加调研和设计联络会议，水工副总工程师、生产计划部和检修部等有关专业技术人员全过程参加沟通交流。设计单位于2009年5月初提交设计方案，5月21日华东电网公司再次组织审查，随后设计单位根据审查会议要求进一步完善细化设计。该工程于2009年9月30日，工程正式开工，新安江电厂成立以钱建明厂长为组长的“厂房综合整治大修理专项工程”工作管理机构，并于2010年4月16日全面完工。运行总体效果达到设计要求。现厂房经整治后环境焕然一新，美观、整齐、明亮、宽敞。

【尾水河道清淤】 2010年10月7日至12月30日，开展下游尾水河道清淤工程，由于河床高程不断淤高，形成了两大冲刷区。河道被大幅束窄和向左岸偏移，形成河道过水断面最小处，主流集中在左岸，左岸河道被冲深。这既造成电站尾水位抬高，减少发电水头，减少发电量，且严重危及护岸边坡的稳定和安全。2003年新安江电厂委托大连理工大学土木水利学院进行尾水河道整治工程数值模拟试验研究，提交了报告书，建议开展河道清淤整治工程，实施清淤开挖方案六（七）相结合整治方案。大坝以下至坝下960米的河段，清淤至海拔18.5～20.0米高程，清淤面积17.28万平方米。

该工程的实施较好地解决了大坝下游河床高程不断淤高、河道束窄、河道过水断面变小、左岸河道被冲深的安全隐患。保证了电站尾水位抬高，增加发电水头，从而增加了发电量，并保护了护岸边坡的稳定和安全。

【林子坞排水沟大修】 2012年3～4月出现连续阴雨天气，降雨量较大，右岸排水系统林子坞段接连出现3次漫流、溢流现象。严重的一次发生在5月11日，造成右岸进厂公路被淹无法通行、物资仓库无法正常使用，林子坞段上游排水沟部分段严重损毁、泥沙淤积。

2013年3月，委托综合服务公司对右岸山体排水系统林子坞段大修施工，如期完成，达到预期效果。

·安全与消防管理·

【概况】 2006—2015年，新安江电厂安全生产管理由厂长领导，生产副厂长具体分管，各级行政负责人负责，日常工作由安全监察质量部负责布置和检查督促。设立安全生产委员会、部门安全生产领导小组，形成厂、部门、班组三级安全网络。2006—2010年，安全监察部设主任1人，专职工程师3人；2011—2012年，安全监察部设主任1人、副主任1人，专职工程师3人。2013年后，根据国家电网公司机构设置，安全监察部改为安全监察质量部，原属保卫部的消防业务和生产技术部的可靠性管理职能并入安全监察质量部，设主任1人，专职工程师4人，增设消防专职、可靠性管理兼职。由厂志愿消防队承担动火作业监护、防火检查、初起火灾扑救、人员疏散等职责。实

图11-26　开展安全月消防培训活动

业总公司、综合服务公司分别于2010年起设立安全生产部和安全专职，落实各级安全生产责任制。

全厂安全网络组织健全，党政工团组织齐抓共管，重视职工安全教育培训，以防止习惯性违章为重点坚持开展安全活动，保障全厂电力生产安全。2012年12月获得国家电力监管委员会颁发的“安全生产标准化一级企业”称号。2015年7月被中华全国总工会和国家安全生产监督管理总局授予2014年度全国“安康杯”竞赛优胜单位荣誉称号。至2015年12月31日，实现连续安全生产4927天。

【调整安全目标】 新安江电厂每年根据《国家电网公司安全工作规定》和《国家电网公司事故调查规定》要求，制定年度安全工作目标，实行安全目标分级控制。建立安全指标控制和考核体系，形成激励约束机制。

2006—2011年，新安江电厂安全目标为：1.不发生人身重伤及以上的电力生产人身伤亡事故；2.不发生重大及以上设备事故；3.不发生恶性误操作事故；4.不发生重大火灾事故；5.不发生负主要责任的重大交通事故；6.不发生水电厂垮坝、漫坝和水淹厂房事故；7.不发生因本企业责任造成电网稳定破坏和大面积停电事故。除2010年集体企业在承包天荒坪机组检修工程中发生人员伤亡事故外，其他年度安全目标均全部实现。

2011年4月新安江电厂划转到国网新源控股有限公司，安全目标调整为：1. 不发生五级及以上人身、设备事件，六级及以上电网、信息系统事件；2. 不发生重大及以上交通事故；3. 不发生对公司造成较大影响的安全事件；4. 不发生五级及以上质量事件；5. 不发生突发事件、安全事故、质量事件和各类报表谎报和瞒报事件。

【定期安全例会及活动】 生产班组根据实际工作情况每天召开班前会和班后会，交代安全措施和注意事项，并做好记录。厂部每月底召开安全网例会和安全分析会，总结本月安全生产情况，部署下月安全工作任务。每季度召开一次安全生产委员会议，研究解决安全重大问题，决策部署安全重大事项。每年7月召开一次年中安全工作会议，总结检查上半年安全工作任务完成情况，部署下半年安全工作任务。每年初召开一次年度安全工作会议总结本单位上年度安全情况，部署本年度安全工作任务。根据国家电网公司安全生产月活动要求，结合本单位安全工作实际情况，每年6月份开展为期一个月的主题安全月活动。班组每周或每个轮值进行一次安全日活动，活动内容联系实际，有针对性，并做好记录。

【修订安全管理制度】 根据国网新源控股有限公司2012年10月16日召开的一体化管理标准发布电视电话会议精神，以及公司《关于一体化管理标准体系运行实施工作意见》（新源标准〔2012〕353号）文件要求，识别国网新源控股有限公司发布的适用新安江电厂的一体化管理标准，制订该厂一体化管理标准实施工作，于2014年5月底前完成了全部安全管理制度的修订，共完成安全管理制度30个。2015年12月底前又根据国网新源控股有限公司一体化管理标准新要求，将管理制度修订为执行手册共计22个，见丛录《2006—2015年安全管理制度目录》。

【规范特种设备管理】 新安江电厂特种设备安全管理执行《中华人民共和国特种设备安全法》、《中华人民共和国特种设备安全监察条例》以及相关特种设备使用管理规则；2013年9月，重新修订并颁发《新安江电厂特种作业人员安全管理规定》，2015年11月修订为《新安江电厂特种作业人员管理执行手册》。

特种设备依法使用、持证作业、定期检验、按期维修、按规定建档。2014 年 5 月，完成运行人员及检修人员压力容器操作人员的取证工作，特种设备安全管理员全部持证上岗。每年 4 月 10 日前，依法调整当年厂“特种设备安全管理领导小组及相关责任人” 并发文件加以明确。

2007 年 12 月至 2008 年 6 月，分别完成坝顶 1 号门机、2 号门式起重机更新改造，依法备案、取得使用合格证并投入使用。2009 年 9 月，完成厂房 1、2 号桥式起重机大修，依法备案、取得使用合格证并投入使用。2012 年，完成三根压力管道和 8 号机组压油槽的全面检测工作。2013 年，完成 2、3、4、5、6、7 号机水轮发电机组压油槽的全面检测工作。2014 年，完成了 1、9 号水轮发电机组压油槽、1-5 号调相储气筒、1-2 号制动储气筒、高压储气筒的全面检测工作。2015 年，完成坝顶 2 号门机和尾水门机更新改造工作；依法备案、取得使用合格证并通知投入使用。机组压油泵组合阀 2015 年前由本厂校验，此后全部委托浙江省特种设备检验研究院进行校验，使压力容器安全保护装置的使用合法化。2006—2015 年，连续 10 年获得建德市特种设备安全管理合格单位。

【开展职业病防治工作】 2007 年，根据《中华人民共和国职业病防治法》制定《新安江电厂职业卫生管理制度》并颁布执行。每年 7 月，对特种作业人员（包括：电焊、登高、起重及接触有毒有害物质作业等工种）进行职业病专项体检。2010 年起，对厂内能够引起职业病的各种危害进行辨识，根据检测机构的检测结果，对噪音、电离辐射超过国家标准的部位，和对可能产生有毒有害气体和物质的生产场所挂牌告知，并提示注意事项及应对措施；在上述场所配备必要的安全防护设施，包括护耳器、防毒面具等。在相关班组和部门配备六氟化硫检漏仪、氧量仪、有毒有害气体检测仪，用以防止人员伤害和职业病的发生。2011 年，编写和颁布《新安江电厂人身伤害突发事件应急预案》《新安江电厂突发公共卫生事件应急预案》等与职业健康相关应急预案。2012 年起，每年对全厂生产场所作业环境，包括噪音、粉尘、电离辐射、作业场所光照度、水环境等，委托有资质的检测机构进行检测。并向建德市卫生监督部门、浙江省安全监察局和浙江省电力监管办公室申报备案。

2014 年起，根据国网新源控股有限公司职业病防治标准，修订并发布执行与职业健康相关应急预案。每季度对厂生产场所作业环境（包括噪音、粉尘、电离辐射、作业场所光照度、水环境等）委托有资质的检测机构进行检测，并上报新源公司。

【增容改造工程通过省环保验收】 2007 年 3 月 14 日，新安江水力发电厂向浙江省环境保护局递交关于增容改造工程《建设项目竣工环境保护验收申请报告》。2007 年 11 月 9 日浙江省环境保护局批复，原则同意新安江水力发电厂增容改造工程通过环境保护验收。

【上级来厂安全检查】 每年组织进行春季、秋季等季节性安全检查，并组织开展各类专项安全检查。安全检查前编制检查提纲或“安全检查表”，对查出的问题制定整改计划并监督落实。上级主管部门领导每年来厂安全检查，防患于未然。

2009 年 2 月 24 日，国家电网公司信息安全专家组到新安江电厂，对企业信息安全工作进行深入检查。2009 年 11 月 24 日，国家电网公司水电厂秋季互检组一行 6 人到厂进行秋季安全大检查。2010 年 4 月 28 日，国家电网公司水电厂春季互检组一行 6 人到厂进行春季安全大检查。2010年12月2日，国家电网公司安监部副主任路寿山率安全检查组一行4人，在华东电网有限公司副总经理张怀宇等陪同下，进行安全专项检查。2011年11月18日，国家电网公司发电安全评价信息系统试点总结及推广工作会议在新安江电厂召开。2012年2月22日，国家电网公司防火安全检查组一行4人，对新安江电厂消防安全管理及电缆防火等工作进行详细检查。2012年02月28日，国家电网公司发电企业安全生产标准化达标评级试点单位工作座谈会在新安江电厂召开。2013年9月12日，国家电网公司专项督查组到新安江电厂督查技术监督和组织措施、安全措施（简称“两措”）工作。2014年3月12日，国家电网公司专家组到新安江电厂检查劳动防护用品管理情况。2015年3月26日，国家防汛抗旱总指挥部督察专员田以堂主任率队检查指导厂防汛工作；4月22—23日，国家能源局浙江监管办来厂检查安全生产工作；8月20日，央企在浙和省属企业安全检查组检查厂安全生产工作。

【工器具实施定期检验】 2014年6月起，按照国家电网公司《电力安全工器具管理规定（试行）》《电力安全管理规定》的要求，全额配置班组电力安全工器具，定期对班组配置的电力安全工器具、起重工器具等轮流送有检验资质的专业检验机构进行检验、维护保养；报废更新不合格的电力安全工器具。

【安全设施建设】 2007年起，按照《中华人民共和国安全生产法》《中华人民共和国劳动保护法》《中华人民共和国职业健康法》等国家的法律法规和相关的国家标准、行业标准、企业标准，每年编制安全设施项目计划并按计划实施。安全设施包括：安全警告警示标识、设备命名、管路命名及介质流向、阀门命名、道路交通标识标识、消防标志标识、安全警戒线、安全工器具、临时安全围栏、文字安全提示、职业健康危害告知等。

2010年，参与国家电网公司《安全设施标准　第四部分　水电厂》的制定。随后进一步完善新安江电厂的安全警告警示标识、安全警戒线、设备命名标志、管路命名及介质流向、固定栏杆、检修作业现场等安全设施的标准设置。2012年起，每年设立安全专项对全厂安全设施进行日常检修维护。2013年，参与国家电网公司《水力发电厂安全设施标准化建设验收评价大纲》的制定。

【开展安全培训活动】 新安江电厂每年对新进厂人员开展厂部、部门、班组三级安全教育，做好岗前安全培训；对外来施工人员实行进现场前安全教育培训，经考试合格后方可上岗作业；每年组织生产部门中层管理人员、班组长、专业人员参加安全教育培训，组织特种作业人员、安全员等取证、复证培训，确保人员持证上岗；每年开展安全学习培训，对生产人员进行《安全规程》考试，合格后方可参加工作；其间多次举办专项安全培训活动。

2008年6月26日，举办新安江水力发电厂《安全文化手册》首发暨安全生产知识竞赛大会。2010年3月3日，组织三级安全网成员收看国家电网公司召开的“三个不发生”百日安全活动电视电话动员会议及华东电网公司再动员电视电话会议； 6月10日，组织全厂职工参加全国安全生产应急知识竞赛活动。2011年6月9日，举办第一期“紧急救护取证”培训班，120余名职工参加（嗣后每年组织现场作业人员开展紧急救护取证、复证培训）； 6月27日—7月1日，开展“信息安全周”活动，举办信息安全培训讲座，260余名职工参加，所有电脑使用人员签订信息安全责任书； 10月，召开《电力安全事故应急处理和调查条例》

宣传贯彻会，解释含义并作动员。各部门开展学习与讨论，组织全员考试《电力安全事故应急处置和调查处理条例》，提高员工风险预控意识。2012年起，每年组织应急基干分队队员参加国家电网公司应急救援培训。2014年11月28日，参加学习贯彻新安全生产法电视电话会议，动员全体干部员工牢固树立“以人为本、安全发展”理念，知法、懂法、守法，推进全厂安全生产各项工作。2015年2-6月，开展新安全生产法知识竞赛活动。2015年6月16日，举办紧急救护知识技能培训班；9月24日，举办安全生产管理人员继续教育复证培训班。

2015年1月26—29日，新源公司考评组成员来新安江电厂进行“生产岗位安全资格认证”考评，认证内容包括笔试、AB级面试、C级行为测试，其中200人参加考评测试。

【开展风险管控工作】 新安江电厂坚持两票（工作票、操作票）分析评估，推行“一分钟风险预想”活动，大力反违章，强化作业现场风险辨识，扎实开展风险管控工作，确保工作现场各项安全措施落实到位，降低作业安全风险。

2006年9月27日，印发《“新安江水力发电厂安全生产违章记分及试岗、离岗、内部待岗规定（试行）”的通知》，提高对反习惯性违章工作的必要性和严肃性的认识，正确对待教育与处罚的关系，提高遵章守纪觉悟。2007年5月14日，组织学习国家电网公司开展“反违章、除隐患、百日安全活动”的通知，并对活动提出具体要求。

2008年8月，推广应用国家电网公司“安全监督与管理”业务应用系统。组织有关人员学习用户手册，熟悉、掌握该系统的操作方法，9月1日、2日，共计130余人参加国家电网公司第四期“SG186”工程安全监督与管理业务应用系统培训班。

2011年5月，分别召开机械专业和电气专业的隐患（危险源）排查会议，以隐患排查为重点，开展“两抓一建”安全风险管控活动，将隐患排查工作纳入常态化管理。

2012年5月组织生产一线员工进行《水电站安全风险辨识与评估规范》培训考试，促进员工掌握风险辨识手段，开展作业前的风险辨识与预想，落实风险防范措施。2012年10月起实行领导干部、生产管理人员现场到岗到位签名制度，明确规定：生产系统领导人员、安全管理人员和生产技术人员每天必须到检修现场进行安全督察、现场指导并执行签名制度。

2013年9月1日起执行《新安江电厂安全生产反违章管理实施细则》，从机制上加大反违章力度，努力杜绝人身伤亡事故和人员责任事故的发生，树立遵章守纪风尚，养成按章办事习惯，坚持落实各级安全生产责任制。推行“一分钟预想”“生产会议一分钟，班前一分钟”风险预想活动，不断强化各级作业人员的风险辨识与防范意识，提高作业人员的主动风险防范技能和水平。

【应急响应与演练】 成立以厂长担任组长的应急指挥部，应急组织体系由应急指挥部、突发事件应急办公室、专业应急处理工作组等组成。按照上级要求，编制总体应急预案1个，专项应急预案24个，现场应急处置方案101个，全部通过浙江省电监办和安监局的专家评审并在浙江省电监办和安监局备案。全厂上下积极开展应急演练，提高了对突发事件的应急处置能力。

为确保节假日期间安全生产工作有序开展，便于设备维护、消缺、防汛和抢修处理，从2009年12月28日起，实行节假日24小时生产值守制度。值守人员由正、副组长和若干值守组员组成，正、副组长由副总工程师或生产技术部、安全监察部及运行、检修、维护部门主任（副主任）轮流担任，值守组员由各专业管理人员、班组长、技术员及业务骨班干组成。值守含电气一次、电气二次、水轮机、发电机、水工等专业组员和司机、库管员。

为确保在事故情况下能有更多的运行值班力量，从 2007 年 8 月 8 日起实行运行值班两级 on-call 制度。一级 on-call 就是实行 24 小时现场倒班作业的人员、巡检人员和签收工作票人员在岗期间，二级 on-call 就是巡检和签票人员待命期间以及发电部所有管理人员都属于二级 on-call 人员，当生产现场需要时，由当班值值长发出 on-call 指令，上述人员立即无条件保证在规定时间增援生产现场，协助当班人员进行异常处理。当遇生产异常情况时，当班值长根据异常事件的严重程度，发出不同层次的召唤信号。

2008 年 6 月、2009 年 6 月，新安江电厂组织职工参加了国网公司迎峰度夏联合反事故演习。

2010 年 1 月 1 日起恢复执行《关于印发“新安江水力发电厂节假日生产值守制度（试行）”的通知》（新电企工〔2009〕85 号），在厂网主页上公布节假日值守名单。

2010 年 4 月 19—20 日，华东电网黑启动试验研究第一阶段的新安江水电站机组黑启动试验在新安江现场进行。在华东电网公司统一部署、华东公司有关部门组织下，电厂各级领导充分重视，机组黑启动试验过程组织严密、方案周全，安全措施到位，责职分工到人，安全有序地完成预期目标。通过总结经验，分析探讨试验中暴露的问题，采取针对性整改措施，修订有关应急预案，予以完善。

2011 年 8 月全面梳理应急管理制度，重新修订 21 个应急预案并组织演练。9 月 1 日，印发《新安江水力发电厂突发事件总体应急预案》等 21 个应急预案。

2012 年 2 月，举行 01 号主变压器消防灭火演练、突发全厂停电反事故演练，开展防火安全大检查、整改活动，提高员工应急处置能力，做实国家电网公司抽查迎检工作。4 月份，召开应急预案评审会议，邀请浙江省安监局、浙江电监办、建德市安监局、新源公司等有关专家对全厂 24 个预案进行评审，修改后报相关单位备案，强化厂应急工作。6 月 28 日，组织全厂性“厂房火灾应急预案”演练。10 月 19 日，开展“十八大保电”（保障中共“十八大”召开期间安全发供电）反事故演练。

2013 年 3 月 13 日，钱塘江水体受“邻叔丁基环乙酮”有机化学物质污染，紧急启动新安江水电站环境污染事件应急处置预案，加大下泄流量，稀释下游水体有害物质。12 月 12 日，参加华东电网黑启动演练，获得成功。

2014 年 3 月 7 日，开展全国“两会”召开期间保电反事故演习。4 月 23 日，完成浙江省人民防空办公室布置的“反恐、设备损坏”大型综合应急演练。5 月 20—22 日，按照浙江省军区和浙江省人民防空办公室部署，组织电厂基干民兵连进行防空、警戒演练，并召开现场会。

2015 年 12 月 23 日，新安江电厂应急指挥华东分中心成立。

【成立应急基干分队】 2012 年，根据国家电网新源控股有限公司指示，在新安江电厂成立国网新源控股有限公司华东应急基干分队，完成应急救援基干分队物资采购合同签订，和新源公司三支应急救援基干分队救援装备使用综合演练方案编制及演练承办准备工作。先后组织应急基干分队队员到山东泰安电力培训中心、四川成都应急培训中心进行应急技能培训，强化应急救援队伍训练，保障队伍“拉得出，顶得上”。12 月 27 日，在新安江电厂成功举办新源公司第一届应急救援基干分队综合演练，新安江基干分队最先完成救援任务（用时 29 分钟）。

2013 年 6 月 13 日，应急基干分队与富春江电厂举行长途拉练等项应急演练活动。7 月 17 日，在新源公司 2013 年应急技能选拔竞赛中，应急队员吴兵、张兵和浦睿诣分获个人总成绩前三名。8 月 15 日，基干分队在新安江参加国家电网为期 15 天的应急竞赛集训。2015 年 4 月和 6 月，应急基干分队分别参加桐柏抽蓄公司和洪屏抽蓄公司防汛应急演练。

【事故调查统计】 2006 年 1 月 4 日 9:20，电气分场变电二班钱某某等三人在发电厂房励磁层整理电缆盘，滚动电缆盘过程中，由于钱某某左手手套被角铁与电缆盘轮辐夹住，撒手不及，其左手拇指的末节被压伤，在 2 / 3 处有部分断离，即送医院再植成功。

2007 年 5 月 21 日 18:00，发电部运行人员检查发现 03 号主变压器低压套管下部有油，经查明为低压套管瓷套爆裂，经 51 小时抢修后 03 号主变压器成功投运。责任定性：一类设备障碍。责任人为设备制造单位南京电气（集团）有限责任公司。

2008 年 1 月 1 日 17:39，220 千伏线路旁路开关三相不一致保护误动，220 千伏线路旁路开关在旁路母线空充电状态开关跳闸，经分析认为：开关操作机构的辅助接点存在不明原因的动作，使三相不一致保护动作误跳开关。定性：设备一类障碍。责任人为设备制造单位北京 ABB 高压开关设备有限公司。

2008 年 7 月 21 日 8:49，8 号水轮发电机组大轴中心补气阀杆上轴端上窜位移 26 毫米，与机械转速继电器下轴端已接触；当机组在补气区域运行时，补气阀剧烈震动引起机械过速继电器动作导致“机械过速保护”报警，机组跳闸、停机、落工作门。定性：一类设备障碍。责任认定：制造厂家哈尔滨电机有限公司负主要责任，检修部发电机班负次要责任，生产计划部负有一定责任。

2008 年 12 月 9 日 9:52，检修人员配合拆除 2233 线路 A、B 两相阻波器一次接线时，周某某将已拆除的新杭 2233 线 A 相引线提高时，导线扭应力作用使引线与新下 2484 线 C 相引线安全距离不够导致放电，第一套另序 I 段、快速距离 I 段动作 C 相出口跳闸，重合闸动作成功。现场检查 2484 线一、二次设备正常，开关 C 相重合闸成功。定性：设备一类障碍。责任者：检修部变电班周某某负主要责任，检修部继电保护班裘某某负次要责任。

2010 年 5 月 29 日 20:30，3 号机组开关蓄能桶与工作缸连接处密封圈断裂导致 3 号机组开关机构大量跑油泄压。责任定性：一类障碍。责任人为设备制造单位苏州阿海珐有限公司。

2010 年 5 月 16 日 13:50，天荒坪抽水蓄能有限责任公司 2 号机组 D 级检修过程中，发生 2 号机调相压水气罐泄压事故，造成承接此次检修任务的新安江电厂多种经营企业下属公司杭州新安江电力工程有限公司员工两死两轻伤，并造成部分设备受损。

2010 年 7 月 9 日 8:59，220 千伏线路副母线 C 相避雷器阀片烧损，冲顶接地装置，导致 220 千伏 副母线差动保护动作，更换 220 千伏副母线 C 相避雷器及横位瓷瓶后恢复运行。责任定性及考核：雷击引起的一类障碍。

2012 年 4 月 14 日 11:26，在监控系统改造施工中，由于厂家参数配置不当，引起新杭 2230 开关跳闸。定性为八级设备事件。

2013 年 12 月 9 日 10:00，220 千伏线路正母线差动保护动作，跳开 220 千伏正母上所有断路器，造成 220 千伏正母线失压，1、3、4、5 号机组断路器跳闸，共计减负荷 35 万千瓦。20:15，除220千伏正母线外其他跳闸设备投入系统运行。12月13日22:30，220千伏正母线恢复系统运行。构成七级电网事件。

2014年9月13日19:40，1号机组因监控系统开关量输入板故障造成带负荷跳闸，减负荷9.5万千瓦。更换备用板后，经开机并网试验正常。9月14日1:06经调度同意，恢复系统备用。构成八级设备事件。

【健全防火安全责任制】 新安江电厂防火安全责任制实行厂、部门（分场、公司）、班组（值）三级管理，明确责任，建立健全消防安全体系。2012年颁发《新安江电厂志愿消防组织管理制度》；2013年颁发《新安江电厂消防安全责任制度》《新安江电厂森林防火管理制度》；2014年颁发《新安江电厂消防设施维护管理工作手册》。

【开展岗前消防教育培训】 电厂消防管理部门每年开展新员工、转岗人员、生产实习人员的岗前消防安全教育及全员培训工作。2006-2015年，取得"消防安全管理人合格证书"56人；"消防安全责任人合格证书"2人；"建（构）筑物消防员（初级）职业资格证书"7人。以此为骨干，严格全厂消防教育管理。

【做好消防重点部位管理】 2006—2014年，电厂消防重点部位为中央控制室、发电机组、主变压器、电缆道、继电保护室等27处。2015年新增仓储区气瓶库、化工库等部位，并正式发文公布。消防重点部位落实责任部门、责任人，颁发《新安江电厂火灾应急预案》并开展不定期演练，实行严格管理。

【消防安全检查与火灾隐患处置】 全厂性消防安全检查每年每季度结合重要节日及季节性安全检查同步开展，各部门每年每月实施消防安全检查，由各部门负责组织实施，检查出的火灾隐患立即整改并上报消防管理部门，不能立即整改的隐患录入生产管理系统隐患管理模块，实行闭环管理。

【建设工程消防建审、验收与备案】 2014年新检修楼建设规范履行消防备案手续，取得许可法律文件；2015年原教培楼装修履行消防备案手续。

【消防户籍化管理】 公安部于2013年上线《消防户籍化管理系统》，新安江电厂为消防重点单位，及时录入相关消防档案、管理制度、消防设施维护合同等基础资料，上传每日巡查记录、月度消防检查、应急演练等内容，接受公安消防机构督查、指导与考核。

科技与信息
Science Education and Information

·科技进步·

【概况】 2006年至2015年，新安江电厂承担科技项目55项，取得科技成果16项，其中7个项目获得上级公司二等奖以上奖项，获得国家级QC成果奖8个，省部级二等奖以上QC成果奖22个，厂内技术革新技术改造成果244项，获得实用新型专利11项。在信息技术方面，自2006年起国家电网公司开展“三集五大”及信息化的“四统一”建设工程，逐步开展网省公司级及国网公司级信息系统建设，2006年12月28日华东电网公司EIS系统在新安江电厂试点并上线使用。2011年4月21日，新安江电厂成建制划转至国网新源控股有限公司，2012年始，全面使用新源公司ERP系统、生产管理系统、协同办公系统等。2008年按照国家电网公司的统一部署，全面开展信息内外网网络隔离改造，建立独立的外网网络系统，2011年信息内网网络出口边界由华东分部直接迁移至新源公司。

【2006—2015年科技项目】 2006年华东电网有限公司（以下简称华东公司）批准科技项目共5项，分别为左岸导水墙贴坡混凝土设计水工模型试验；左岸2～7号坝段地质参数复核专题研究；月潭水库兴建对新安江水库影响的分析研究；新安江电厂网络升级项目；自主科研项目19项；总费用为364万元，均在年内结项，项目完成率和资金完成率均为100%。

2007年华东公司批准科技项目共5项，分别为：2号水轮机蜗壳脱空填充修补材料及工艺研究；水电厂标准化作业计算机管理流程研究；新安江水库防洪抢险应急预案编制；卫星遥感数据监测库区围填对水资源量的影响；自主科技项目，总费用396万元，均按规定时间结项，项目完成率和资金完成率均为100%。

2008年华东公司批准科技项目共7项，分别为：IT系统综合信息管理；电厂高压设备及电缆在线PD监测技术研究；新安江大坝健康诊断综合分析方法研究；水力机组承载支撑钢结构应力研究及安全性评估；新安江电厂机组无功调节方式优化；自主科研项目。总费用为550万元，均按规定时间结项，项目完成率和资金完成率均为100%。

2009年，华东公司批准科技项目共5项，分别为水力机组承载支撑钢结构应力研究及安全性评估；新安江电厂机组无功调节方式优化研究；新安江电厂通信资源综合监控系统研制开发；自主科研项目。总费用248万元，均按规定时间结项，项目完成率和资金完成率均为100%。

2010年华东公司批准科技项目共3项，分别为新安江水库流域月季年和主汛期降水量预报模型研究； 新安江电厂光纤网络及信息资源实时监控系统研制开发；自主科研项目。总费用169万元，均按规定时间结项，项目完成率和资金完成率均为100%。

2011年华东公司批准科技项目共4项，分别为新安江电厂引水钢管智能监测及预警系统建设研究；新安江电厂通信系统智能保障平台开发研制；新安江水电站大坝横缝沥青井处理技术研究；自主科研项目。总费用375万元，均按规定时间结项，项目完成率和资金完成率均为100%。

2012年新源公司批准科技项目共5项，分别为《水力发电厂电气设备预防性试验规程》编写；220千伏高压区域安全防护系统研制开发；发电机转子磁极更新改造方案研究；新安江水电站大坝横缝沥青井处理技术试验研究；群众性创新及专利管理。总费用218万元，其中本年度发生170万元。均按规定时间结项并通过新源公司验收，项目完成率为100%，资金完成率大于95%。

2013年新源公司批准科技项目共9项，分别为：弹性金属塑料瓦检修工艺研究；发电机推力轴承受力调整装置研制；基于单元件横差电流的转子匝间故障在线监测关键技术研究及应用；水轮发电机低噪音真空补气阀研究；基于宽缝回填混凝土处理右岸坝段侧向稳定措施的研究；新安江水电站尾水管混凝土剥蚀处理研究；通信网络设备分布式监控接入系统研发；通信、信息网络设备防雷系统智能化监测平台研制开发；群众性创新及专利管理；总费用408万元，均按规定时间结项并通过新源公司验收，项目完成率为100%，资金完成率大于95%。

2014年新源公司批准科技项目共8项，分别为新安江电厂消防系统改造可行性研究，新安江水库库容历史变化研究，新安江电厂尾水门机水下自动抓梁研究,新安江电厂基于监控系统与五防装置双向通信全面提升防误功能的研究,新安江电厂安全防护系统智能化平台研制开发，新安江电厂水轮发电机低噪音真空补气阀研究，常规水电站机组检修标准项目标准化研究，群众性创新及专利管理，公司批复8个科研项目费用290.3万元。

2015年，新源公司批准科技项目共4项，分别为新安江电厂水库配水后兴利优化调度方案研究及洪水复核研究，新安江电厂水电站金属构件检测新方法应用研究，新安江电厂大坝溢流面混凝土运行性态诊断及评价研究，新安江电厂群众性创新及专利管理，4个项目批复资金250万元。

【科技进步及创新成果】 2006—2015年取得多项科技成果。

2008年，“标准化作业管理流程控制平台”获华东电网有限公司科技进步三等奖，获奖人员：钱维良、高国庆、曾小平、洪建新、陈学珍、周尚东、董媛；《运行值班模式的创新建设》获全国电力企业管理创新一等奖，获奖人员：钱维良、黄卫平、王跃建、吴永文、徐良玉、赵品文、曾小平、张良岳、周尚东。

2009年，“新安江水电站右岸2～7坝段地质参数复核专题研究”获华东电网有限公司科技进步三等奖，获奖人员：张运雄、赵新华、陈连芳、查益华、何少云、周尚东、蔡志云；《现场作业管理标准化建设》获全国电力企业管理创新三等奖。

2010年，“资产全寿命周期管理策略及关键技术”获华东电网有限公司科技进步一等奖，获奖人员：李建华；“水轮机蜗壳脱空填充修补材料及施工工艺研究”荣获华东电网有限公司科技进步三等奖，获奖人员：张运雄、赵新华、陈连芳、查益华；“新富梯级水库联合优化调度系统”获华东电网有限公司科技进步二等奖，获奖人员：张运雄。

2011年，“电网企业纵深立体化信息安全防御体系”获华东电网有限公司科技进步二等奖，获奖人员：曾小平；“水力机组承载支撑钢结构应力研究与安全性评价” 获国网新源控股有限公司科技进步二等奖，获奖人员：徐良玉、李建华、杨斌；“新安江电厂通信系统智能保障平台开发研制” 获国网新源控股有限公司科技进步三等奖，获奖人员：李建华、杨斌、洪建新、曾小平、高国庆、包贵荣、赵建华、方望；“新安江电厂通信资源综合监控系统研制开发”获华东电网有限公司科技进步三等奖；获奖人员：李建华、杨斌、洪建新、曾小平、高国庆、包贵荣、赵建华、方望。

2012年，“220千伏高压区域安全防护系统研制开发”获国网新源控股有限公司科技进步三等奖；获奖人员：李建华、杨斌、洪建新、曾小平、高国庆、包贵荣、赵建华、方望；“水电厂多机等值系统黑启动试验研究”获国网新源控股有限公司科技进步二等奖；获奖人员：王跃建、黄卫平、周尚东等。

2013年，“‘两个细则’监测及预警系统”获国网新源控股有限公司科技进步三等奖，获奖人员：王跃建、黄卫平、周尚东等；“大坝安全监察水准平差算法改进与实施”课题获新源公司2012—2013年度职工技术创新成果三等奖，主创人赵新华、吴兵、李辉、周烨伟、汪新江、陈益明、余江丽。

2014年，“新型发电机推力轴承受力调整装置研制”创新课题获新源公司2013—2014年度职工技术创新成果一等奖，主创人杨斌、邓亚新、马俊、曹波、杨庆业、邓亚新、刘江、余贵成、顾承庆、胡银祥。班组“工作积分制”量化考核课题获新源公司2013—2014年度管理创新成果三等奖，主创人赵品文、盛晓栋、余金芳、朱克刚、陈立。

【开展技术革新、技术改进活动】 2006年新安江电厂技术革新、技术改进活动成果50项，其中一等奖3项；二等奖5项；三等奖24项；鼓励奖18项。一等奖分别为03号封闭母线(坝顶及106米高程)绝缘子密封面改进项目，主要完成人陈学珍、王跃建、郭为金、李军、蔡源、饶源、贾荣义等；03号主变压器低压套管末屏结构的改进项目，主要完成人郭为金、陈学珍、李军、蔡源、姜卫海；水库调度自动化系统应用项目，主要完成人赵新华、江伟、李福钢、黄酉明、姚舜。

2007年厂技术革新、技术改进活动成果47项，其中一等奖5项；二等奖9项；三等奖23项；鼓励奖10项。一等奖分别为化学灌浆AK浆液自动搅拌机设计改装项目，主要完成人蔡志云、杨 勇；1-9号机组对主变压器零起升压流程计项目，主要完成人王跃建、张良岳、章卫光、卢经、陈立、王晓健、周尚东、江 伟；厂用变压器、配电变压器保护及400伏备自投装置改造项目，主要完成人林阳、陈建新、王建华、周、萍；发电主厂房通风系统改造，主要完成人李建华、徐良玉、李冬华、杨斌、蒋斌、顾鸣、江伟、李军、宋晓枚、 竺志强、贾荣义；01～03号主变压器低压侧升高座加装通风装置的改进项目，主要完成人郭为金、王晓宏、余贵良、李军、干慈祥、杨月灿、朱丹平、汤红卫。

2008年厂技术革新、技术改进活动成果43项，其中一等奖1项、二等奖5项、三等奖26项、鼓励奖11项。一等奖为水轮发电机组调速器一次调频及孤网运行功能完善项目，主要完成人王跃建、江伟、傅建文、王晓健、陈立、柴岱嫣、占江浩、吴正良、王建勇。

2009年厂技术革新、技术改进活动成果25项，其中一等奖3项、二等奖3项、三等奖14项、鼓励奖5项。一等奖分别为发电厂房桥式起重机大修技术升级项目，主要完成人李建华、杨斌、徐良玉、赖江波、江伟、李冬华，贾增智、杨庆业、张贵禄；新安江水电厂事故（异常）汇报短信平台建设项目，主要完成人王跃建、黄卫平、王德强、张良岳、周尚东、洪建新、包贵荣、赵建华等；固瑞克高压无气喷灌机压力系统改进项目，主要完成人王程江、蔡志云、戴晓俊、方永忠、王建新、徐永祥、赵丹新、王俊等。

2010年，厂技术革新、技术改进活动成果21项，其中一等奖1项、二等奖4项、三等奖8项、鼓励奖8项。一等奖为落实“两个细则”设备、管理模式的改进与创新项目，主要完成人王跃建、黄卫平、傅建文、朱克刚、江伟、卢经、陈立、龙俊平、乔秋稔、陶建军、王晓健、周尚东、章卫光、吴正良等。

2013年，厂技术革新、技术改进活动成果24项，其中二等奖5项、三等奖13项、鼓励奖6项。

2014年，厂技术革新、技术改进活动成果34项，其中一等奖2项、二等奖5项、三等奖19项、鼓励奖9项。一等奖分别为计算机监控系统改造项目，主要完成人李建华、杨斌、傅剑文、郭为金、卢经、江伟、周尚东、陈立、占江皓、王晓健、柴岱嫣、朱咏敏、王建勇、章卫光、吴正良、朱克刚、卢江、郑贤喜等；水轮发电机磁极降温工艺及试验方法项目，主要完成人李建华、杨斌、徐良玉、曹波、马俊、杨庆业、刘江、顾承庆、俞宙。

【专利申报管理】 2012年至2013年，科研项目实施过程中与研发协作单位共同申报专利，共有5项发明专利处于实审过程中，分别为推力轴承弹性金属塑料瓦瓦面粗糙度修复控制工艺、弹性金属塑料瓦偏心距检查设备及检查修正工艺、一种井用黏性液体抽取装置、一种大坝沥青井内沥青抽取工艺、高弹性抗冲磨砂浆修补材料及施工工艺。

2014年，生产技术部设置科技管理专职专业开展专利管理。按计划申报发明专利和实用新型专利，明确国家电网公司、新源公司和新安江电厂为前三位专利权人，分别从科研项目、群众技术创新和QC成果中提炼专利素材。2014年共申请实用新型专利11项，发明专利2项，其中11项实用新型专利获得授权。

一种水轮发电机推力轴承受力平衡调整装置，2014年10月获得授权，发明人杨斌、陈和冲、马俊、曹波、邓亚新、邓金荣。

一种发电机转子磁极测温系统，2014年12月获得授权，发明人杨斌、曹波、陈和冲、杨庆业、张帆、顾承庆。

一种便携式气割焊接平台移动车，2015年3月获得授权，发明人金卫华、姚远、雷建培、邓金荣。

一种水轮机导水机构导叶检修捆绑专用装置，2015年3月获得授权，发明人孙远、蔡源、张贵禄、张志伟、朱发尧、马宏。

一种水轮机尾水上锥管起吊装置，2015年3月获得授权，发明人孙远、蔡源、张贵禄、张志伟、朱发尧、马宏。

一种主变压器高压套管末屏用于在线监测的接地装置，2015年3月获得授权，发明人楚霖松、姜卫海、王加强、王雄、陈璐。

一种水轮发电机推力轴承冷却器结构，2015年3月获得授权，发明人：徐良玉、刘江、顾承庆。

水情遥测系统数据采集控制装置，2015年3月获得授权，发明人黄酉明、俞建明、赵新华、姚舜、李福刚。

一种穿越背帽式扣锁，2015年4月获得授权，发明人黄卫平、姜卫海。

多模块数据采集主机，2015年4月获得授权公告，发明人曾小平、胡蔚、包贵荣、洪建新。

一种安全防护设备环境管理专业柜，2015年4月获得授权，发明人曾小平、胡蔚、包贵荣、洪建新。

【2006—2015年QC成果】 2006—2015年新安江电厂各单位共发布QC成果139项，先后在国家劳动部、人力资源和社会保障部、中国水利电力质量管理协会、华东电力行业协会等部门发布，总计获奖36项，9个班组16次被评为全国级优秀QC小组。

2006年3月17日，召开2006年QC成果发布会，电气、机械、运行、水工分场有关班组共发布成果11个，评出厂级一等奖2个，二等奖9个，其中变配电1班《控制ZF9—252 GIS设备安装质量》成果被推荐至华东电力行业协会和国家劳动部发布，均获一等奖，并被评为全国电力行业优秀QC小组和国家级质量信得过班组；继电保护班的《降低水轮发电机励磁系统故障率》成果获华东电力行业协会二等奖，被评为全国电力行业质量信得过班组；运行三值和水工观测班获华东电力行业协会优胜奖。

图12-1　2013年QC成果发布会

2007年3月30日，召开2007年QC成果发布会，华东电网有限公司主管到会指导。发电部、检修部、设备部有关班组共发布成果15项，评出厂级一等奖1个，二等奖12个，三等奖2个，其中检修部变电班《制作大电流电容式变压器套管末屏接地装置》成果被推荐至中国水利电力质量管理协会（简称水电质协）发布，并被评为全国电力行业优秀QC小组；发电部五值《6号机推力上导水压表频发性损坏的分析与对策》成果推荐至水电质协发布，被评为全国电力行业质量信得过班组；发电部三值《设备巡检中的危险点预控》被推荐至华东电力行协发布，获华东电力行业一等奖。

2008年4月2日，召开2008年QC成果发布会，发电部、检修部、设备部有关班组共发布成果12个，评出厂级一等奖2个二等奖10个，其中检修部变电二班《降低10千伏母线压变故障停运率》成果被推荐至水电质协发布，获一等奖，并被评为国家级优秀QC小组；检修部继电保护班的《降低高频通道故障率》成果推荐至水电质协发布，被评为全国电力行业优秀QC小组；发电部本部、检修部变电一班、自动化班和设备部电气班参加了华东电力行协发布，均获华东电力行业优胜奖。

2009年4月28日，召开2009年QC成果发布会，发电部、检修部、设备部有关班组共发布成果14个，评出厂级一等奖1个、二等奖9个、三等奖4个，其中检修部变电班《提高220KV开关动作正确率》和自动化班《提高工作门落门可靠性》成果被推荐至水电质协发布，均获一等奖，并双双评为国家级优秀QC小组；发电部四值《降低水轮发电机耗水率》成果推荐至水电质协发布，并获全国电力行业二等奖；检修部发电机班《推力油冷却器漏水原因分析及改进》成果获全国电力行业二等奖；检修部水工综合班的《提高灌浆压力稳定率》成果获人力资源和社会保障部二等奖。

2010年4月28日，召开2010年QC成果发布会，富春江电厂派员莅临发布会，发电部、检修部、设备部有关班组共发布成果10个，评出厂级一等奖1个、二等奖6个、三等奖3个，其中检修部发电机班的《提高我厂5号机通风量》成果被推荐至水电质协发布，获一等奖，并被评为国家级优秀QC小组；检修部变电班《缩短主变大修准备时间》和自动化班《提高厂站端远动系统设备月可用率》成果被推荐至水电质协发布，均获全国电力行业优秀奖；检修部水工综合班《提高灌浆压力稳定率》和设备部电气班《降低13.8千伏封闭母线湿度》成果分别获人力资源和社会保障部一等和三等奖。

2011年3月30日，召开2011年QC成果发布会，发电部、检修部、设备部有关班组共发布成果19个，创本厂QC成果发布会最高纪录，评出厂级一等奖3个、二等奖11个、三等奖5个，其中设备部电气班《减少13.8KV封母热风自动控制缺陷》成果被推荐至水人力资源和社会保障部发布，获一等奖，并被评为国家级优秀QC小组；检修部变电班《降低新安江电厂厂房照明功率密度值》和水工综合班的《提高涌水条件下帷幕灌浆合格率》成果被推荐至水电质协发布，均获全国电力行业优秀奖；发电部值班三值《提高运行调考平均成绩》成果获人力资源和社会保障部二等奖。

2012年3月28日，召开2012年QC成果发布会，发电部、检修部、设备部有关班组共发布成果18个，评出厂级一等奖1个、二等奖17个，其中检修班水轮机班《提高坝顶门机抓梁穿轴成功率》成果被推荐至水人力资源和社会保障部发布，获一等奖，并被评为国家级优秀QC小组；检修部自动化班《提高接力器位移传感器的测量精度》成果被推荐至水电质协发布，获一等奖，被评为全国质量信得过班组；设备部电气班《降低火灾报警系统缺陷数量》成果被推荐至水电质协发布，均获全国电力行业优秀奖；发电部值班四值《降低两个细则考核电量》成果获人力资源和社会保障部二等奖，并被评为人力资源和社会保障部质量信得过班组。

2013年4月8日，召开2013年QC成果发布会，发电部、检修部、设备部有关班组共发布成果19个，评出厂级一等奖2个、二等奖17个，其中检修班水轮机班《降低1号深井1号泵故障率》成果被推荐至人力资源和社会保障部发布，获一等奖，并被评为国家级优秀QC小组；设备部水工班的《缩短坝顶沉陷监测工作用时》检修部自动化班《降低AGC调节精度的考核电量》成果被推荐至水电质协发布，分别获得一等奖和优秀奖；检修部水工综合班和设备部电气班被评为全国电力行业质量信得过班组；检修部继电保护班、水工综合班、设备部水工班、发电部值班一值参加浙江省电力行业QC成果发布，继电保护班获得一等奖，其余均获二等奖。

2014年4月10日，召开2014年QC成果发布会，运行分场、维护分场、检修中心有关班组共发布成果16个，评出厂级一等奖2个、二等奖14个，其中检修中心水轮机班《推力轴承受力调整工具研究》成果被推荐至人力资源和社会保障部发布，获一等奖，并被评为国家级优秀QC小组；维护分场自动化班被推荐至水利部质量信得过班组发布，获第一名，被评为全国质量信得过班组；维护分场电气试验班被评为人力资源和社会保障部质量信得过班组；运行分场值班五值、一值、检修中心水工检修班参加水利部QC成果发布，五值获一等奖，一值和检修班获二等奖；运行分场值班三值、四值、检修中心电气一次班、发电机班均获浙江省电力行业优秀质量管理小组称号。

2015年4月21日，召开2015年QC成果发布会，运行分场、维护分场、检修中心有关班组共发布成果16个，评出厂级一等奖2个、二等奖14个，其中检修中心发电机班《发电机转子磁极新型测温方式研发》水工检修班的《提高扬压力孔19E1测点测值准确率》成果被推荐至水利部发布，分获一等和二等奖，维护分场电气试验班和运行分场值守一值被推荐至水利部质量信得过班组发布，分获第三和第五名。

【承办全国水电厂大型技术改造经验交流会】2010年9月13日至9月17日，中国电力企业联合会水力发电分会在新安江电厂召开全国水电厂大型技术改造经验交流研讨会。邀请上海交通大学金之俭教授为全体会议人员作关于智能电网、 高压实验新技术、新能源新材料等电力前沿科学讲座。三峡水电厂等六家单位代表作电气设备、发电机组设备、运行管理等方面专题报告。新安江电厂王跃建副总工程师作

《新安江电厂增容改造和运行》专题汇报。钱建明厂长等撰写的《新安江9号机组增容改造后真机验收试验》等3篇论文获得一等奖，5篇论文获得二、三等奖。

中国电力企业联合会水力发电分会副会长兼秘书长赵峰主持会议，全国水力发电系统近30家单位的专家及水电分会的领导出席。代表分若干专业小组就技术改造经验进行现场考察，电厂李建华副厂长、生产计划部相关专职工程师与代表小组进行技术改造经验对口交流。会上观看了新安江电厂建厂50周年专题片《光荣和梦想》。

·教育培训·

【概况】 新安江电厂职工教育培训由经营副厂长分管负责，并成立厂教育培训委员会，2014年厂教育培训委员会改由厂长任主任。厂教育委员会每年定期召开会议总结和部署工作，研讨激励职工学习热情、鼓励各部门（单位）和职工、群众积极主动参与教育培训活动的方法措施，理顺各部门（单位）的教育培训职责，充分发挥培训网络作用，促进学习型企业的建设。2005年11月撤销原教育培训科，主要职能并入劳动人事科，2006年4月成立人力资源部，原有教育培训职能纳入人力资源部管理。

【制度建设】 针对新安江电厂的特点和需求，制定了培训管理的相关制度。2007年，制定、发布《新安江水力发电厂帮学合同管理办法（试行）》（新电人资〔2007〕116号）。2008年，制定、发布《新员工培训方案（试行）》、《教育培训酬金管理办法（试行）》（新电人资〔2008〕67号）；《新安江水力发电厂教育培训管理实施细则》（新电人资〔2008〕71号）和《通信人员岗位培训制度》（新电生计〔2008〕29号）。2009年，制定、发布《新进厂大学生岗前培训有关规定》（新电人资〔2009〕100号）。2010年，制定、发布《新安江水力发电厂岗位业务竞赛管理实施办法》（新电人资〔2010〕63号）。

【培训计划】 2006—2012年，根据《华东电网公司教育培训管理暂行规定》《国网新源控股有限公司培训需求与计划管理标准》，每年9月由各部门提交下一年度培训需求，10月份，人力资源部编制下年度培训计划，上报主管公司，由主管公司审批下达。培训计划主要考虑高级管理人员每年参加岗位培训的时间，不少于96课时；管理人员以及技师、高级技师每年参加岗位培训的时间，不少于80课时；技能人员每年参加岗位培训的时间，不少于56课时的要求。

2013年始，根据《国家电网公司教育培训项目管理办法》，每年7月由各部门提交下一年度培训需求，人力资源部编制下年度培训储备计划，由上级公司审核下达下年度培训储备项目计划，再从审核的储备项目中直接选取下达。培训项目的管理纳入项目管理体系，单个培训项目，最少培训时间3天，管理人员单天培训经费不超过300元，技能（服务）人员单天培训经费不超过200元，新员工单天培训经费不超过100元。

【教育培训投入】 2006—2015年，职工教育培训常规投入2395.02万元，2007年根据上级规定教育经费占年度职工工资总额提取比例由1.5%提升到2.5%。2012年开始，教育培训常规投入的40%上交国网新源公司统一使用。

2008年6月3日，新安江电厂正式上报《关于华东电网有限公司水电机组检修实训基地建设的请示》(含实施方案)。2008年7月,华东公司以2008(生字)399号文增补技改费用83万元,项目编号B011008015;以08(生字)400号文增补大修费用467万元,项目编号C011008022;下达了项目。

表10-1　2006—2015年职工教育培训常规投入情况表

单位:万元

年　份	支出数	年　份	支出数
2006	68.8	2011	398.49
2007	192.15	2012	300.67
2008	174.36	2013	264.49
2009	262.71	2014	184.88
2010	319.90	2015	228.53
合　计	2395.02		

【日常及专题培训】　职工教育培训根据岗位类别分经营管理、技术管理、生产技能、生产服务五大类,按照培训类别分岗前培训、岗位培训、待岗培训和职业资格培训。培训主要发生在岗位培训。岗位培训主要包括脱产培训、现场培训、网络培训和在岗自学四种形式,现场培训主要形式为技术讲座、技术问答、技能示范、反事故演习、事故预想、学习日活动等。重点内容为安全规程、作业要点、操作技能、疑难问题等。管理和技术人员培训时间每月不少于4学时,生产班组员工不少于8学时。2006—2015年,每年举办3-4项专题培训,全年各类培训在4500~8000人次。

2006年,举办EIS项目专题培训,在埃森哲咨询公司专家指导下,由本厂科信部牵头,到12月初,全厂共有374人参加培训,累计培训量超过7000课时。组织完成KKS编码培训和PLC设备的外部专题培训等;配合新安江电厂综合服务公司产业调整需要,利用厂内资源并借助浙西电力培训中心资源,为集体企业转岗员工举办为期两个月的转岗培训,开设机械基础、电工基础和机械制图等在新岗位所必需的基础课程,并请培训中心老师对课程进行优化,使之切合综合公司的产业需要;根据新安江电厂实业总公司发展需要,举办了一期起重特种作业培训取证班。由省特检中心专家到厂,为杭新公司的40位起重相关人员培训,取得上岗作业证;为认真贯彻落实《电力安全工作规程》的规定,提高现场作业人员自救互救能力,邀请建德市红十字会到厂开展紧急救护换证、取证培训。此项培训每年开展一次。

2007年,为适应新安江电厂外部市场的拓展,与浙江机电职业技术学院联合举办进网电工取证培训班,共有75人参加培训,并取得电监部门颁发进网电工许可证。此后每两年进行一次复证培训;为适应新安江电厂外部检修市场的拓展,举办蓄能技术培训班。聘请天荒坪电厂以总工程师为首的一整套蓄能技术管理师资,到厂开展为期8天的系统集中授课培训和为期1周的现场培训,全厂近40人参加培训。

2009年,举办安全风险管理专题培训班,邀请长期从事安全风险管理研究的浙西电力技校金坚贞老师和国家电网公司系统开展安全风险管理较早、成效显著的温州供电局安监处王西瑶处长作专题讲座,生产系统70余人参加培训班;举办中级会计实务培训,邀请浙江财经学院两位老师分别讲解中级会计实务和财务管理的相关知识。全厂共42名财务及审计人员参加培训；举办中式烹饪技能培训班，邀请建德市行业协会专家，从中国烹饪史、菜系知识、烹调工艺学、营养与卫生、围碟的手法等方面进行培训，食堂工作人员参加培训。

2010年，根据《华东水电检修实训基地建管理办法》《华东水电检修实训基地建培训大纲》，采用基地编写实训讲义，与富春江电厂联合在实训基地举办6期培训班。

2011年，举办全面质量管理知识培训班，由国家电网企业管理协会华东分会组织，聘请国内较著名的专家、国家级QC高级诊断师郝春虎老师主讲。发电部、检修部、设备部、科信部的有关工程技术人员和班组QC活动骨干40余人参加培训；举办变压器在线监测新技术培训，邀请上海交通大学电气工程系科研副主任金之俭教授为全厂专业技术和技能人员讲授变压器在线监测的最新技术；为满足综合服务公司外部检修市场需要，分变电检修工、水电起重机械检修工、水轮发电机机械检修工和水轮机检修工四个专业，举办为期一个月的水电检修培训班，38人参加培训和鉴定，并全员通过；发电部围绕百日安全生产劳动竞赛展开系列培训，部门全体员工认真履行岗位职责，将“勤监视、勤巡检、勤分析、勤预想”的运行值班理念落实到运行值班的每个环节，将“为电网提供最优质的电能、为检修提供优良的服务”和“多发电发好电”的理念落实到生产实际中。

2012年，举办全面质量管理知识培训班，邀请国家一级注册诊断师唐伟武授课，一线班组的专业技术人员和近年新近厂大学生共30余人参加培训；举办了班组长岗位能力培训班，邀请杭州根特企业管理咨询公司专家，开设《基层管理者的必备素质和能力》《电网安全形势和班组安全管理》《管理基础和职责认识》课程，全厂30余人参加培训。

2013年，举办宣传贯彻“职工考勤及休假管理标准”培训班。全厂各部门负责人、班值长、考勤员等共50多人参加培训；贯彻落实《新安江电厂2013年标准化工作方案》，全年开展系列培训，学习贯彻上级公司各项标准和厂内工作标准；举办《特种设备安全管理知识》讲座，邀请浙江省特检院副院长和压力容器所所长到厂进行《中华人民共和国特种设备安全法》宣传贯彻和特种设备安全管理和安全使用知识讲座。厂特种设备分管领导、特种设备使用部门负责人和安全员、全厂部分特种设备持证作业人员共30余人参加培训；为解决青年员工职场迷茫，举办“职场人际关系管理”培训班，邀请知名讲师邓雨薇，就素养、心态、沟通、情商等方面，与40位青年员工交流和沟通；举办“班组长管理技能训练”培训班，邀请杭州根特企业管理咨询公司专家，就班组管理的方法、技能和经验，与全厂31位班组长分享和交流。

2014年，丰满培训中心送培到新安江电厂，全厂生产一线50余名员工参加听课，先后学习“水轮发电机组正常励磁、欠励、过励及励磁控制”“过电压及其保护”等专业实用课程；根据《国网新源控股有限公司生产人员岗位安全资格认证推广工作实施方案》，在新安江电厂进行认证工作，组织开展系列培训和竞赛，确保实现100%通过认证；举办“管理能力提升训练(MTP)”培训班，邀请知名讲师曾江涛，就如何管理下属和中高层干部做好工作进行讲解和交流，全厂40位中层管理人员参加培训；举办了厂廉政教育培训班，全厂中层及以上干部、职工代表组长等70余人参加培训。厂纪委书记傅剑文、党委书记刘俊勇、省纪委专家汪宛夫，在培训班进行廉政教育授课。

2015年，举办职工代表素质提升培训班，邀请省直机关工作委员会领导和专家到厂授课，全厂80多位职工代表参加培训；举办创新思维培训班，邀请杭州赛科专利代理事务所陈红珊专家到厂上课，全厂40多位职工参加培训；举办职工中层管理人员培训班，邀请知名讲师金剑锋就管理意识与工作思维方式；组织、判断与决策能力；分析和解决问题的技巧与步骤；提升管理干部的管理能力与领导团队的方法；培训下属的重要性、方法与步骤等五个方面进行讲解和经验分享，全厂40位中层管理人员参加培训；举办职工中层后备干部培训班，邀请知名沙盘实战专家王悦宇，开展了高效团队执行力提升沙盘训练，全厂40位中层后备干部和青年骨干参加培训。

【学历教育】 2006—2012年，依据《职工教育培训管理办法》(新电企〔2003〕122号)，职工参加自费学历教育（专业不对口），并完全利用业余时间学习（包括自学考试），凭毕业证书给予一次性奖励，奖励金额为：研究生2000元，大学本科1000元，大学专科600元。参加企业组织的学历班学习，按学费的70%奖励，未经报批备案的自费学习者，不享受以上有关待遇。2013年开始执行《关于企业职工教育经费提取与使用管理的意见》，职工参加自费学历教育，费用一律自理，企业提供考试学习时间便利，随着1996开始停止社会招工，新入职员工统一由大专院校毕业生组成，以及激励政策的变化，员工在职学历学习呈逐年下降趋势。

2006年，与河海大学联合办学的新安江电厂工程硕士班3月在紫金滩正式开班。继2005年18人通过全国考试后，当年又有9人通过入学考试，在读人数30人，毕业人数26人；与上海电力工业学校联合办学的新安江电厂职工中专班9月在新安江正式开班。共设发电厂及电力系统和电力企业管理两个专业，92位职工参加，其中全民所有制职工72人，集体职工20人。2008年12月全部毕业。

2007年，与上海电力学院联合办学的新安江电厂大专班在新安江正式开班。共有35人在上海市参加全国成人高考，当年录取18人，跟读12人，2011年29人取得大专学历。

2015年3月，与河海大学能源与电气学院合作，开办电气工程及其自动化专业工程硕士班，2014年10月共10人参加全国招生GCT考试，9人被录取。

图12-2 2006年3月，河海大学联合办学的新安江电厂工程硕士班在紫金滩正式开班

表 10-2　　2006—2015 年职工学历教育情况表

单位：人次

年份	中专毕业	大专毕业	本科毕业	硕士毕业
2005	—	18	8	—
2006	—	4	8	—
2007	—	13	10	—
2008	74	12	19	—
2009	—	20	5	2
2010	—	8	10	1
2011	—	16	8	11
2012	—	18	5	6
2013	—	1	1	5
2014	—	—	3	—
2015			1	
合计	74	110	78	25

【高校实习】　新安江电厂是高校学生实习的基地。10 年间，挂牌教学实践基地的有河海大学、河海大学闻天学院、南昌工程学院，签订教学基地协议的有浙江同济科技学院、浙江大学电气工程学院、清华大学电气工程及其自动化专业、上海交大电气工程专业、扬州大学水文专业的学生。实习分认知实习、专业实习和毕业实习，每期实习时间 1～21 天。

表 10-3　　2006—2015 年到厂实习的大专院校学生情况表

单位：人次

年　份	人次	年份	人次
2006	1587	2011	1560
2007	1345	2012	1389
2008	1145	2013	1466
2009	1427	2014	1120
2010	1256	2015	1921
合计	14216		

【技能竞赛】　2006 年，在参加华东公司组织的水电运行技能竞赛中，新安江电厂队发挥系列培训效果，展示综合素质，在参赛的新安江、富春江、水口、天荒坪、紧水滩、桐柏等 6 支队伍中取得团体第一名。张岳勇获个人第一名、卢江、郑贤喜分获个人第四、五名；在参加华东公司组织的直属水电起重技能竞赛中，新安江电厂队发挥培训效果和个人才艺，在参赛的 3 支队伍中取得团体第一名，赵震、刘纪林分获个人前二名，吴敏君获个人第四名：经过华东预赛培训选拔，新安江电厂有 2 位职工代表华东电网公司队参加全国电力行业电气试验工技能竞赛，展示风采，拓宽视野，看到了努力的目标。唐浩被破格晋升高级工。

2008 年，华东电网公司直管水电厂检修专业技术技能竞赛中，新安江电厂以团体总分第一的好成绩取得竞赛团体一等奖，饶源、姜卫海分获个人第二、三名。

2009 年，新安江电厂 1 人入选华东继电保护集训，2 人代表华东公司队参加国网信息竞赛。林婷婷代表华东公司队参加国网会计调考，并取得个人第十名；参加华东公司厨艺技能竞赛，在直（代）管单位7个代表队比赛中获得团体优胜奖、个人三等奖；参加华东公司直属单位水工仪器观测工技术技能竞赛，获得团体第二名，陈益明和李辉分获个人第二、三名。

2010年，参加华东公司直属单位水电运行技术技能调考，获得团体第二名，郑贤喜获得个人第一名，尹熙获个人第三名。

2012年，参加新源公司运行技能竞赛，取得团体第二名，郑贤喜、尹熙并列获优秀选手第三名。

2013年，新安江电厂的华东应急救援基干分队在国网新源公司应急技能选拔竞赛中取得团体第一，吴兵、张兵和浦睿诣分获个人前三名。并以华东应急救援基干分队为主代表新源公司（新安江电厂8人，白山电厂2人）参加国家电网公司组织的应急技能竞赛，在高水平的角逐中，实现了公司目标。

2014年，参加国网新源公司2014年青年员工岗位技能竞赛，在25支参赛队伍、50名选手竞赛中，获得个人第4名和第8名，团体第7名的成绩，李奎霖被破格晋升高级工。

2015年，参加国网新源公司生产人员岗位安全技能竞赛，在非运行维护一体化单位12支代表队中，获得团体第一名，叶友卫获个人第二名。

【外出培训】 2006—2015年，随着教育经费投入的增加，外培人数得到大幅提升，外出参加岗位培训的年平均人数达到300多人次，最高的一年649人次。

【培训资源建设】 2006年在厂教培网解决员工工余学习平台后，下半年，与中华培训网合作，构建新安江电厂网上管理学院，利用中华培训网的培训资源，搭建员工业余学习平台。2007年，新安江电厂网上管理学院升级为企业学习中心，除原有课程外，每年新增100门课程，另外平均每周有2次在线培训课程。

2007年，与浙西电力技校签订培训合作协议。协议规定，新安江电厂职工在浙西技校培训享受50%的培训费优惠，新安江电厂免费为浙西技校学员提供起重设备培训使用。

2008年，受中国电力联合会技能鉴定司委托，由新安江电厂专家参加水轮机检修工、水轮发电机（机械）和水轮机值班员三个工种的国家技能鉴定题库的修订工作，其中两个工种为主编。

2009年，承担国家电网公司生产技能人员职业能力培训丛书三个水电工种的教材编写任务，其中水轮机检修、水轮发电机为主编单位，新增水电继电保护工种的编写任务，这三工种的编写任务，在6月初已由华东电网公司任务升为国家电网公司任务，年底完成培训能力规范的编写任务。后因整体划转新源公司，此任务中止。

2014年，根据国家电网公司相关要求和新源公司具体部署，新安江电厂承担水电起重操作、水工检测专业和水库调度3个岗位培训课件开发的现场支撑任务。共完成课件61课时，文字数约50万字，试题900多题。其中，水库调度课件21课时，试题400余题，总课件字数约18万字；水工检测专业课件20课时，每个课件30～45分钟，共约800分钟，试题400余题，图片90多张，文字约13万字；水电起重操作课件20课时，文字约18万字，试题117题，图片573张，绳结手势示范视频21个，指挥手势示范视频3个。2014年年底，三个课件全部进入国家电网公司网络大学课程。

【人才开发】 全国电力行业技术能手，根据中电联1999年颁发《评选电力行业技能能手条件》、2010年颁发的《电力行业技能能手评选办法》，通过厂内推荐，上级公司评选产生。

专业带头人，根据2006年颁发的《华东电网有限公司专业带头人管理办法（试行）》，通过厂内推荐，上级公司评选产生。专家人才，依据《国家电网公司优秀专家人才管理办法》，分国家电网公司级、公司级、电站级，由对应组织按管理、技术、技能三类分别评选，并报上级审核。专家后备，依据《国家电网公司优秀专家人才后备管理办法》分国家电网公司级、公司级、电站级，由对应组织按管理、技术、技能三类，分别评选，并报上级审核。

2006年，张运雄被华东电网有限公司评为二级专业带头人，杨斌、赵新华、高国庆评为三级专业带头人。

2008年，张岳勇、李辉、蔡志云、马 宏、寇德安、李 宏、竺志强、张志忠、余贵良、卢经、干慈祥、陈建新等12人被新安江电厂评为作业带头人。

2008年，干慈祥被评为2008年度全国电力行业技术能手。

2008年，张岳勇被评为国家电网公司技能专家。

2009年，卢江被评为国家电网公司技能专家。

2010年，郑贤喜被评为2010年度全国电力行业技术能手。

2011年，宋正新、王程江、马宏、李宏、陈立、陈建新、张志忠等7人被新安江电厂评为作业带头人。

2012年，张运雄被评为国网新源公司管理专家，徐良玉被评为国网新源公司技术专家，张岳勇被评为国网新源公司技能专家。

2012年，新安江电厂评选出王利华、周尚东、郎国富、吴正良、章卫光、姚舜、查益华、竺志强、陈立、江哲文、余贵良、干慈祥、蔡源、饶源、王程江、郑贤喜等16人为电站级专家。

2014年，曾小平被评为国网新源技术专家，郑贤喜、余贵良被评为国网新源公司技能专家。

2015年，杨庆业被评为国网新源公司技术专家后备，周剑、胡军、童斌、盛剑辉、余晓燕被评为国网新源公司技能专家后备。

【担任全国电力工人技术教育水力发电委员会主委】 中国电力工人技术教育水力发电委员会，是在原中国电力工业部、中国电力企业联合会指导下，在原中国电力教育协会生产技术教育委员会领导下，联络、团结全国水力发电企业职工教育工作者，共同开展工作的一个协调组织。中国电力教育协会生产技术教育委员会（后改名全国电力工人技术教育委员会）下设三个分会，即：水力发电委员会、火力发电委员会、供电委员会。

在2005年的第十六届年会上新安江电厂当选为主任委员单位，2006—2011年先后组织、主持4次会议，制定并在全会通过协会章程，出版会刊3期。后因上级组织调整及企业所允许参加的协会控制等原因，暂停活动。

【职业技能鉴定】 职工参加职业技能鉴定主要分为二块：行业特有工种和社会通用工种。电力行业特有工种职业技能鉴定主要依靠华东水力发电国家职业技能鉴定站和丰满水力发电国家职业技能鉴定站，通讯班和水库调度参加地方行业特有工种职业技能鉴定，其他参加地方社会通用工种职业技能鉴定。

【华东水力发电国家职业技能鉴定站】 根据电力行业特有工种职业技能鉴定指导中心2000年7月10日转发劳动和社会保障部培训就业司5月17日（劳社培就司发（2000）10号）《关于同意建立电力行业特有工种职业技能鉴定站的批复》。2000年10月，作为华东电网公司职业技能鉴定中心所辖3个职业技能鉴定站之一的华东水力发电国家职业技能鉴定站获准建立。新安江电厂和富春江电厂为鉴定站共建单位，承担以华东电网公司系统内技能人员为主，社会上技能人员为辅的职业技能鉴定责任。

职业技能鉴定站根据国家《职业技能鉴定规范》和《职业技能鉴定指导书》的要求，在华东电网有限公司职业技能鉴定中心的指导下开展工作。2011 年，整体划转国网新源公司后，在国网新源水电有限公司职业技能鉴定中心的指导下开展工作。鉴定站 2015 年拥有考评员 84 人，其中高级考评员 16 人，水力发电专业高级技师评审专家 2 人，管理员 10 人，质量督导员 1 人。

2006—2015 年年底，共组织技能鉴定 11 批次，鉴定合格 483 人次。其中初级工 102 人，中级工 202 人，高级工 155 人，并颁发“职业资格证书”。同时，在华东公司职业技能鉴定中心指导下，对高技能人员进行鉴定，其中技师 21 人。

【水文勘测工技能鉴定】 2008 年，为了解决水库调度班人员的技能鉴定问题，经与杭州市水文局联系，全班 12 人参加水文勘测高级工的技能鉴定并全部通过，解决了水库调度人员的多年需求。2011 年，6 人参加并通过技师等级技能鉴定。

【厨师、点心师技能鉴定】 2009 年，为解决食堂工作人员的技能鉴定问题，经与地方行业协会联系，到厂举办厨师、点心师的高级工技能鉴定培训班。11 人参加了培训和鉴定，并取得高级工证书。

【通信工种技能鉴定】 2011 年，为解决通讯班工作人员的技能鉴定问题，经与浙江省电力行业鉴定中心联系，选派通讯工种人员参加省行业鉴定中心组织的技能鉴定培训班。6 人取得技师资格，1 人取得高级技师资格。

【职业资格证书数据采集】 2013 年，根据《关于报送电力行业国家职业资格证书全国联网查询数据信息的通知》（中电联技鉴考〔2013〕23 号），证书数据采集严格按照人力资源和社会保障部鉴定中心《证书数据采集表》的字段内容整理，一年度数据汇总成一个独立的 EXCEL 文件，须经《电力行业国家职业资格证书数据采集》软件系统审核无误。完成了 2003—2014 年度共 12 个年度所有证书数据采集、汇总和上报工作。

表 10-4　　电力行业国家职业资格证书查询数据信息汇总表

序号	年 度	国家职业资格证书分等级人次					合 计
		初级工（五级）	中级工（四级）	高级工（三级）	技师（二级）	高级技师（一级）	
1	2006	13	4	47	10		74
2	2007	9	7	23	0		39
3	2008	10	31	13	11		65
4	2009	15	24	7	0		46
5	2010	1	9	10	0		20
6	2011	46	41	17	0		104
7	2012	2	16	17	0		35
8	2013	6	29	2	0		37
9	2014	0	34	15	0		49
10	2015	3	7	4	0		14
	合 计	105	202	155	21		483

表 10-5　　2006—2015 年取得技师、高级技师职业资格名录表

年度	技师		高级技师	
	人数	姓名	人数	姓名
2006	1	王华	1	方金波
2007	2	王继荣、管淳	1	龙俊平
2008	13	沈志新　雷建培　姚　远　翟德颉 孙戈平　宋正新　胡　军　杨　英 唐　浩　王程江　洪　萍　从东标 陈敏强	4	贾荣义　李胜光　舒竹兴　卢　伟
2009	10	张世心　吴敏君　鲍献忠　陈益明 陈　立　王晓健　饶　源　余贵成 汪江峰　赵丹新	14	竺志强　陈建新　乔秋稔　苏松强 胡银祥　朱克刚　胡树明　周一平 严　鸣　王利华　赵品文　李靖华 陈敏强　张丽丽
2010	4	汤红卫　高　莉　宋晓玫　李建宇	5	邵建根　从东标　张启纲　唐　剑 陈升华
2011	19	昝元元　熊　勐　张　军　唐燕梅 姚　舜　俞建民　杨伟民　鄢卫东 陈　华　宋　迪　相　婷　张江丽 斯素芳　包贵荣　程　雯　钱　宇 沈文娟　张蕴清　洪建生	4	卢　江　郑贤喜　杨　英　方　望
2012	3	徐　尉　刘　江　徐　倩		
2013	6	盛剑辉　吴卫明　尹惠怡　许文勇 周天煜　吴忻达	8	唐　浩　王　雄　胡　军　翟德颉 王晓健　余贵成　姜鑫良　徐秀娟
2014	13	童　斌　侯建新　何灵平　周建和 徐亦竑　洪海燕　邵亦平　余国良 吴　歆　周烨炜　钱若毅　马　勇 王江林	4	张世心　鄢卫东　陈　伟　东王平
2015	7	王福润　李　欣　汪新江　胡电武 邹祖平　张红英　赵　震		
合计	78		41	

·信息化建设·

【概况】　新安江电厂作为华东电网公司贯彻国家电网“SG186 工程”的试点单位，2006 年 5 月 22 日启动 EIS（Enterprise Information System 企业级信息系统）项目建设。项目聘请埃森哲公司作管理业务咨询单位，使用德国 SAP 公司成熟的管理信息系统平台，分别部署 PM（工场管理）、MM（物料管理）、FICO（财务管理）、PS（项目管理）、HR（人资管理）5 大模块。2006 年 12 月 28 日 EIS 系统正式上线。2009 年 5 月，国家电网公司科技信息部主任李向荣一行在华东电网公司科技信息部主任陈春林陪同下检查指导新安江电厂信息化工作。

【信息内网改造】　2006年5月，华东电网科信〔2006〕609号文《关于2006年公司第二批科技项目计划的通知》批复新安江电厂信息内网改造项目，下达资金158万元，项目中标单位北京神州数码有限公司。网络改造后厂信息内网骨干链路具有冗余备份功能，分别配置思科 Catalyst7609 高端核心交换机，

Catalyst4506汇聚交换机及多台思科Catalyst3560接入层交换机，主干网络传输带宽提升为1000兆，终端用户桌面带宽提升为交换100兆，网络的接入容量扩至500个点以上。

【紫金滩办公楼信息机房改造】 2006年7月，紫金滩办公楼信息机房电源系统改造，购置安装山特ARRRAY系列UPS电源，配置6个独立4KVA UPS 模块，利用N+2 冗余技术，实现6个UPS 模块冗余并联，互为备份。更新UPS电池组，采用40节大力神12V/100AH蓄电池组成UPS供电电池组。

2010年10月办公楼信息机房的改造，依据国家电网公司C类机房标准改建，机房安装视频监控、消防、门禁、电压及环境温湿度监视系统，具备远程24小时监视值班条件。

【紫金宾馆多功能厅视频投用】 2006年7月，紫金宾馆多功能厅视频会议分会场投入使用，配置一套POLYCOM VSX8800视频会议终端和两台42英寸液晶电视显示屏，分会场实现接受华东电网公司及各直（代）管单位间召开网络视频会议的功能。

【开发杭州生活基地班车订座管理系统】 2006年通过自行开发设计的方式，使用PHP网页开发工具，建成并投用杭州生活基地班车订座管理系统。

【开通华东电力调度数据网】 2006年建成新安江、富春江、华东公司三点间155兆环路SDH光通信通道，完成PCM设备的安装调试，开通至华东电网总调622兆信息网、电力调度数据网光通信通道。

2007年9月，结合紫金滩-罗桐埠公路改造，将原先与10千伏电力线同杆架设的通信光缆撤除，从厂房载波室至罗桐埠实业公司7千米路段，地埋敷设两根24芯GYSTA光缆。

【科技档案管理系统升级】 2007年10月，引进东软公司SEAS7.0科技档案管理系统投入运行。SEAS7.0系统提升SEAS6.1功能，使用升级版SERVER 2000数据库，可实现在线浏览PDF、CAXA电子图等格式文件，提升文件检索能力。

【建成标准化作业管理软件平台】 2007年11月，委托上海东云信息技术有限公司，基于LOTUS NOTES数据库系统，开发建成标准化作业管理软件平台。平台将生产管理中基于流程化的管理作业如技术措施管理、安全措施管理、标准作业指导书、现场作业指导书等纳入统一管理。

【开展设备KKS编码工作】 2007年，组织全厂生产技术人员开展设备KKS编码工作，梳理形成9000余条设备KKS编码。在2006年EIS成功上线基础上，2007年项目组首创将“两票管理”、运行值班管理、缺陷管理、KKS设备编码等电厂生产管理业务在EIS系统中应用开发，并推行使用。

【自主开发绩效管理系统】 2008年4月，采用PHP开发工具，自主开发绩效管理系统。系统投用后，通过月度工作总结与自评的方式，厂级主管领导可对分管中层人员及分管部门开展绩效考评工作。

【外网网络建设】 2008年华东电网生〔2008〕111号文下达开展外网网络建设。是年5月，通过华东公司招标采购，网络核心选用美国网捷公司FastIron SX1600交换机，接入层选用网捷FES2402、FESx424交换机，建成的外网主干网络传输带宽1000兆，桌面带宽100兆，网络接入点300余个。外网终端购置安装150台 IBM THINKCENTRE 台式机；安装杭州鸿图软件技术有限公司机 IP 与 MAC 绑定软件，划分内外网 VLAN，实现网络设备的接入管理；安装贝塔网络管理软件，实现对网络流量、网络访问的在线监视；安装 SYMANTEC 网络防病毒软件实现对网络计算机病毒的防控。外网改造后原局域网划为信息内网，与华东内网连接使用 DDN 2M 和原有622M 作主用两路通道，新增2路 SDH155M 作外网主备用通道，信息内网备用路由器（Cisco 4000）DDN 2M 型更换成具有光口且能共享 SDH 155M 的路由器，直连核心交换机，内外网之间安装 juniper 隔离防火墙。

2008年11月，信息内网安装部署日立 JP1/SD 计算机桌面管理系统，系统实现远程桌面监视、远程协助、补丁分发、服务器远程管理等功能.

华东电网公司2009年1月委托上海电力试验研究院成立信息安全督查工作组，每半年对新安江电厂等华东公司下属单位开展信息安全技术督查。

【电子打卡考勤管理系统投用】 2009年3月，电子打卡考勤管理系统投入使用。考勤系统由杭州瑞丽声电技术公司开发，采用与食堂消费系统一卡通的ＩＣ卡打卡机，系统在电厂主业、实业总公司、综合服务公司同时使用，具有打卡考勤、出差调休申请审批、单位月度考勤表自动生成等功能。

【通信资源管理平台建设】 2010年10月，紫金滩办公楼三楼会议室改造成为视频会议室，视频会议终端采用 POLYCOM 公司的 VSX5000设备。同时，依据国家电网公司 C 类机房标准改建办公楼信息机房，机房安装视频监控、消防、门禁、电压及环境温湿度监视系统，具备远程24小时监视值班条件。

同年10月，建成通信资源管理平台，项目开发单位杭州圣博科技公司，系统实现通信与信息光纤网络的资源共享，详细记录电厂所有通信光缆、光配的基本信息，包括投用时间、光缆长度、光纤数量，光纤所属网络，光配端子的所连光纤编号及去向等信息，为网络故障的排除，建立事故应急预案提供技术支撑。11月，开发建成厂信息系统运行维护管理平台，通过平台记录与管理日常信息运维工作。实现用户请求或事件接收到问题处理的闭环管理。实施信息内网分域等级保护，通过网络分域隔离、访问控制等手段对关键用户、重要信息系统、数据库系统作了安全防护。

2011年1月，接入华东电网公司统一建设的绩效考核管理系统（系统建设单位杭州新世纪技术有限公司）。系统考核对象包括部门、中层、管理人员、班组工人等。4月21日新安江电厂整体划转至国网新源控股有限公司，随即开展计算机网络及信息系统整体切换迁移工作。

【厂门户网站系统更新】 2011年11月，新安江水力发电厂门户网站系统全面改造后投入使用。门户网站设立要闻、通知公告等栏目，集成新闻网、工会网、生产技术网、科技信息网等部门网站，同时嵌入新源公司企业管理门户的功能。厂内分别抽调人力资源、财务、物资、项目管理等部门专业人员作为新源公司统一推行建设 ERP 系统关键用户，开展 ERP 系统相关业务流程梳理优化，接受系统对应模块应用技术培训，年末系统部分功能上线应用。

2011年年底，新源公司门户系统上线使用，门户系统所集成的协同办公、生产管理、新源邮箱、经济法律、员工报销、财务预算、班组建设等信息系统于当年先后上线使用。新源ERP系统保留华东公司ERP系统的MM、PM、PS、FICO、HR五大功能，主要的人事、财务资产、设备、物资数据从国网华东分部ERP系统调取后导入。

新源生产管理系统选用IBM公司MAXIMO系统专业软件产品，功能涵盖电厂发电运行、水工、设备、大修技改项目、技术监督等生产技术管理的内容，系统吸收兼并华东ERP系统中的生产管理业务，具备业务管理的完整性与独立性。同时，在项目管理、设备资产联动、工单领料方面新源生产管理系统与新源ERP系统在底层具有同步变更的机制，保证在项目、设备、领料工单编号上具有统一性、唯一性。

【公司协同办公、经法等系统投用】 新源协同办公系统由新源公司统一建设并推广应用，系统主要包含办公收发文管理、会议管理、出差管理、档案管理等功能，其中档案管理模块涵盖文书档案管理及科技档案管理的内容，档案数据于2011年从国家电网华东分部处集中采集并导入。

经济法律系统由国家电网公司统一建设，新源公司2011年底推行使用。系统对合同的项目来源、资金来源、采购方式、合同甲、乙方信息进行登记管理，合同流程化运转，需通过安全、技术、采购、计划、财务、审计、法律等部门会签，分管厂领导审核，厂长批准等环节，实现对合同流转的全过程管理及合同信息的电子化保存。

2011年11月，完成电厂信息内网系统重组。包括信息内网改造，各层交换机IP地址重新规划、网络结构调整；终端计算机IP地址重新规划、调整，原有应用系统IP地址更换后，相应技术调整等。

2012年7月，国家电网公司统一建设的班组管理系统在新安江电厂推广应用，系统研发单位北京中电普华信息技术有限公司，系统在国网公司范围为生产班组提供一个安全、生产、技术及管理制度、班组风采的展示平台，作为班组达标创优的重要依据。10月，完成信息安全管控体系完善化建设。委托上海北信源信息技术有限公司建立北信源计算机桌面管控系统，对桌面终端计算机进行在线安全管控，应用国家电网安全U盘管理系统对管理信息交换转移事件进行记录与监督。替换原有赛门铁克产品，内外网全面部署卡巴斯基网路防病毒系统。

2013年3月，厂考勤管理系统采用汉王MP330人脸识别考勤设备替换原IC卡考勤设备，通过人脸识别设备的应用解决考勤代打卡的问题。4月，根据新源科信〔2013〕15号《关于开展管理信息大区时间同步工作的通知》文件要求，厂管理信息大区设备，包括网络设备、安全设备、信息系统主机设备等时间与国家电网公司一级时间源建立同步。9月，通过新源公司招标采购的方式，与上海辰华网络技术服务有限公司签订3年的通信电路维护服务合同，由辰华网络公司负责三年内新安江电厂至国网华东分部间调度数据网、调度电话网、信息内外网等网络的可靠运行。12月，根据新源科信〔2013〕97号《关于开展自建信息系统清理工作的通知》要求，全面梳理厂自建信息系统，逐步清理了除厂门户网站系统、考勤食堂

图12-3　2013年6月，召开标准化工作推进会

消费、网络安全管理等基础保障类应用外的系统，确保公司管理信息系统的唯一性与统一性。

2013年12月，新源生产管理系统的巡回检查管理功能在新安江电厂运行分场、维护分场中的日常巡检工作中投入使用，系统引入20台bluebird BIP6000手持式巡检设备，通过手持巡检后将巡检数据导入生产管理系统，形成巡回检查工作记录。

【安装车载监控设备】 2014年9月，根据国网新源控股有限公司办公〔2014〕42号《关于全面开展加装车载监控终端工作的通知》要求，新安江电厂、新安江电厂实业总公司、建德紫金综合服务公司三个单位分别与天津普迅电力技术公司签订车载监控设备采购合同，12月初完成62台车辆车载监控设备的安装，监控设备配置移动SIM卡，实时将车辆运行轨迹信息发送国网公司车辆监控管理平台。

【检修楼信息机房建设】 2014年11月，通过厂通讯基础设施及综合布线系统改造项目实施，完成缆索桥头检修楼信息机房的建设，机房面积60平方米，安装防静电地板、彩钢板墙面，布设14台机柜，作为信息内外网网络及信息系统设备的中心管理机房。12月，与中国仪器进出口公司签订瑞星网络版杀毒软件采购合同，在厂计算机内网中更换原国外品牌卡巴斯基防病毒软件，统一安装国产瑞星防病毒软件。

【食堂消费系统投入使用】 2015年3月，网络版食堂消费系统投入使用，系统接入厂计算机信息内网，分配不同用户权限，其中人员管理、充值管理、补贴管理、财务记账管理等分别由不同的人员在系统中操作，实现食堂与招待所间异地消费的功能。

【安全防护管理软件平台投运】 2015年5月，一体化的安全防护管理软件平台投入试运，系统接入独立的安全防护计算机网络之中，系统实现厂大门及哨所出入口车辆出入控制、厂坝区门禁控制、道路口视频监控等综合管理。

·档案管理·

【概况】 新安江电厂并被国家档案局确认为企业档案工作目标管理国家一级。文书档案管理一直归厂办公室，科技档案管理原属总工程师办公室，2006年5月起划归科技信息部。2013年7月“三定”工作后，档案工作归口厂办公室管理，将原有《档案管理标准》《档案工作突发事件应急处置管理办法》《档案安全应急预案》等制度重新整合，制定颁发《新安江电厂档案管理制度》。因档案库房所限，文书档案、科技档案分两地。科技档案的日常管理工作由生产技术部承担，以便科技档案收集和利用。现有专职档案员4人，兼职档案员18人。专职档案人员中，本科以上学历达100%，高级专业技术职称1人，中级专业技术职称2人，初级专业技术职称1人。接受档案岗位培训率100%。

新安江电厂2011年4月整体划转新源公司后，档案管理工作紧密围绕公司“三步走”发展战略，落实 “一流三化”管理提升工作要求，夯实档案基础工作，强化档案信息化管理，使全厂档案管理上了一个新的台阶，2013年—2015年连续三年被评为国家电网新源公司档案工作示范单位。

【规范档案建档】 企业文书档案按照《归档文件整理规则》、水电企业档案分类表(0～5大类)归档整理。根据年度—问题—保管期限—件号的分类法依次排列；科技档案按照水电企业档案分类表（6～9大类）实行分类、整理、组卷，按照目录代号—分类号—案卷号—件号依次上架排列；特殊载体档案按照水电企业档案分类表（0～9大类）实行分类、整理、组卷，按照目录代号—分类号—案卷号—件号依次上架排列。会计档案由财务部门根据会计档案整理规则，归档、整理、编目并保管一年后，移交厂档案室保管。

截至2015年年底，电厂档案室室藏科技档案共8190卷和79459件；文书档案共3819卷和7119件（以件为保管单位）；会计档案13486卷；荣誉档案447件；字画档案296件；特殊载体档案其中照片477卷，共36658张；声像307卷，共1618件。

表10-6　　2006—2015年新安江电厂室藏档案统计表

年度	文书档案（件）	会计档案（卷）	实物档案（件）	科技档案（卷）	照片档案（张）	声像档案（件）	光盘（张）
2006	493	220	21	309	668	17	19
2007	485	249	12	404	5145	12	3
2008	443	227	9	278	970	22	30
2009	423	240	16	213	2693	48	27
2010	399	155	13	345	2328	48	13
2011	411	147	11	311	2568	59	5
2012	530	142	11	156	1812	45	7
2013	468	147	15	613	492	31	2
2014	398	95	21	778	821	20	0
2015	336		11	515	520	20	26
合计	4050	1622	140	5922	18026	322	132

说明：2015年的会计档案在归档中，暂无数据

【工程项目文件收集整理归档】 基建、大修工程项目合同2012年及以前产生的合同，按生产、科研、基建、设备分类整理归档，2012年的部分合同及2013年后产生的合同，根据国家电网公司办公厅文件（办物质〔2013〕81号）国网办公厅关于印发《国家电网公司采购文件材料归档整理移交规范》的通知，招标活动、以竞争性谈判等非招标方式进行的采购活动，归档范围及归档要求均执行该规范要求。

图12-4　2007年至2010年，与杭州昕睿科技有限责任公司合作对建厂以来形成的特种载体档案进行了数字化处理

表10-7　　工程项目档案统计表

年份	合同数	归档卷数
2011	217	157
2012	334	174
2013	252	162
2014	149	98
2015	168	88

说明：2006至2010年合同未实行上述规范，也没有全部按工程项目文件收集整理归档，故未予列入

【完成档案数字化处理工作】 根据华东电网有限公司档案工作“十一五”规划的指导思想，为规范有序推进档案信息化建设，以档案信息开发利用为目的，完成档案管理从实体档案管理为主向实体和信息管理为主的转变，2007年，由华东电网公司办公室牵头成立公司档案数字化项目实施小组，各直管单位成立项目工作小组，对各单位的纸质档案进行数字化处理。

文书档案的数字化处理分两期进行，分别在2007年和2009年与杭州昕睿科技有限责任公司合作，对建厂以来永久、长期及1980年以后短期保管的文书档案进行数字化处理，并对光盘和硬盘的数据备份。

科技档案的数字化处理于2006年5 月启动，先进行抢救性科技档案数字化处理项目。随后在华东电网公司统一部署下，科技档案共实施五次档案数字化项目。特种载体档案的数字化分别在2006年、2007年和2010年与杭州昕睿科技有限责任公司合作，对建厂以来形成的特种载体档案进行了数字化处理，其中照片、底片24590张，录像带446盒和 VCD 光盘58张。形成63张蓝光光盘的电子数据，硬盘和光盘两套数据备份，分异地保存。

文书档案、特种载体档案数字化处理工作于2010年5月全部完成，经上级主管部门验收，档案数字化成果符合国家电网公司纸质档案数字化技术规范相关要求，无涉密档案上网情况。此项工作得到华东电网有限公司办公室的通报表扬。

表10-8　　档案数字化处理统计表

年份	文档扫描PDF处理（页）	图档扫描处理（页）	矢量化	光盘（张）	照片底片扫描（张）	视频数字化（盒）
2006.5—207.1	0	13257	400	11	14093	0
2007.3—2007.10	367101	5988	40	11	10497	681
2009.10—2010.11	292572	35171	100	323	0	64
2012.5—2015.6	589632	53507	0	80	6	0
2015.9—2015.12	149412	0	0	84	0	0

【档案自动化管理系统升级】 文书档案在1998年实现档案自动化管理，成为办公自动化 OAK 系统的子系统，实现文书档案案卷、文件的登录和检索，案卷的修改、删除、分卷、合卷、案卷标题自动拟制，卷内文件排序及文件目录编制、打印以及档案借阅管理、专题管理。2009年为配合国家电网公司协同办公系统在国网华东公司及新安江电厂的推广和应用，与清华紫光公司的人员合作，将档案数据由 OAK 系统向协同办公系统中迁移。

2001年，科技档案 SEAS2000系统投运，经厂局域网主页链接科技档案，可访问档案库。2009年为配合国家电网公司协同办公系统在华东公司的推广和应用，将档案数据由 SEAS2000系统向协同办公系统中迁移。2006年因特种载体档案的特殊性与杭州昕睿科技有限责任公司合作开发了厂声像档案管理系统，使图片、音频、视频实现真正意义上的电子化管理；并在2009年5月与杭州瑞利声电技术公司进行了系统升级改造。2010年并入华东协同办公系统。

2011年4月，新安江电厂整体划转至国网新源控股有限公司，所有的档案数据在2012年全部迁移至新源公司协同办公系统的档案管理系统，从文件起草、流转到归档，整个过程完整、通畅。于2012年通过新源公司办公室关于协同办公系统年度评价的验收。

【特种载体档案整理、录入】 2006年，对特种载体档案进行整理、归档。其中，照片、底片14903张，视频：649件。2007—2010年对已归档的特殊载体档案（照片、视频）录入声像档案管理系统。其中照片条目信息35317条，声像条目信息2615条。

【支援宜兴抽蓄公司科技档案业务建设】 2007年7月，新安江电厂科技档案专责人员接厂里工作布置，分批赴宜兴抽蓄公司从事档案业务指导。受派遣科技档案人员从确定分类大纲开始，帮助制定档案管理制度、档号整理规则，完善档案管理系统，涉及科技档案、光盘、照片及相关电子文件管理等全部档案业务。华东宜兴抽水蓄能有限公司于2003年8月开工建设，2008年12月建成投产，新安江电厂科档人员经过一年半工作，完成相关任务，改变了宜兴电站档案整理滞后工程建设的现状，为该站档案预验收顺利通过奠定基础。赴宜兴工作期间，新安江电厂实业总公司宜兴项目组和综合服务公司都给予科技档案工作极大支持，也与宜兴的同行结下深厚友谊。

【修复字画档案】 档案室收藏的名人字画是新安江电厂宝贵文化财富，但由于部分书画作品年代较长，加之使用不当，出现不同程度损坏，若不及时抢修，将无法弥补。从2011年上半年始，办公室着手安排字画修复工作，陆续将分散在各处的名人字画收归档案室统一保管，并多方联系专家，在经大量技术数据比对后，确定由中国美术学院字画装裱中心承接修复工作。工作于2011年8月1日开始，8月25日结束，共修复破损字画27幅，对留住传世墨宝意义不凡。

【向有关部门提供档案】 2014年10月，潘家铮档案馆征集497件科技档案文件，电子文件1.9GB，刻录DVD光盘一张。2014年12月浙江省省级文物保护单位“四有”建档收集12件科技档案文件，电子文件130M，刻录CD光盘一张。

为配合国家电网公司重要档案征集工作，提高重要档案的利用率，提高新安江电厂在国家电网以至在全国水电行业的知名度 ，档案室从2011年起，每年度为上级主管部门提供重要档案。目录清单如下：

表10-9　　国网公司重要档案征集移交目录清单

序号	题名	档案类别	形成时间	期限	数量	备注
1	周恩来总理题词	实物	1959. 4. 9	永久	1	复制件
2	董必武题词	实物	1964. 3. 25	永久	1	复制件
3	董必武题词	实物	1964. 3. 25	永久	1	复制件
4	中共中央副主席、国务院总理周恩来视察电站	照片	1959. 4. 9	永久	7	扫描件
5	中共中央副主席，全国人大常委会委员长朱德视察电站	照片	1961. 1. 31	永久	4	扫描件
6	中共中央政治委员，中华人民共和国副主席董必武视察电站	照片	1964. 3. 25	永久	5	扫描件
7	全国政协主席贾庆林考察新安江水电厂	照片	2010. 9. 13	永久	5	数码
8	国家电网公司总经理刘振亚一行到新安江电厂视考察调研	照片、视频	2011. 4. 25	永久	8	数码
9	国家电网公司副总经理栾军一行到新安江电厂指导抗洪工作	照片、视频	2011. 6. 20	永久	7	数码
10	交通运输部副部长翁孟勇一行考察新安江电厂	照片	2011. 8. 19	永久	5	数码

11	浙江省副省长黄旭明一行赴新安江电厂检查指导防洪度汛工作	照片	2013. 5. 14	永久	5	数码
12	水利部副部长李国英一行到新安江电厂检查指导防汛工作	照片	2013. 5. 23	永久	5	数码
13	国家能源局副局长刘琦一行视考察新安江电厂	照片	2013. 11. 10	永久	5	数码
14	国家人防办副主任柳庆森、南京军区副参谋长兰政将军及南京军区人防办主要负责人现场观摩新安江电厂防空演练	照片	2014. 11. 28	永久	13	数码

【档案编研出成果】 为纪念新安江水力发电厂建厂50周年，2010年3月编印出版《薪火相传，再创辉煌》新安江电站画册；2014年5月1日在大坝右岸建成开放新展览馆，展出新安江电厂图文并茂的馆藏资料，为2013年12月10日新安江水电站被浙江省人民政府列为第六批省级文物保护单位做出贡献。

【“全国科学大会奖”证书影印件归档】 1978年3月18日至31日，中共中央在北京人民大会堂召开全国科学大会，邓小平主持大会。会上，“新安江水电站”，以及电厂的“超低频交流耐压试验设备、数字式集中检测装置：JS-400数字式集中检测装置”等，荣获全国科学大会奖。新安江水电站获奖证书存于中国水电十二局金华基地。2017年10月13日，新安江水电站1978年荣获“全国科学大会奖”证书影印件归厂档案室，并在新安江水电站展览馆展出。

图12-5　全国科学大会奖证书

·保密管理·

【概况】 根据新安江电厂“三定”方案的要求，2013年9月，保密工作管理职能由思想政治工作部转至办公室归口管理。2014年，对厂保密委员会作相应调整，厂保密委员会组长由厂纪委书记调整为厂长担任。形成以主要行政领导人统筹安排，分管领导人牵头负责，有关部门专人实施的工作格局。

【推进保密工作管理】 厂保密工作结合形势要求和工作实际，每年制定厂保密工作计划。通过签订《员工保密承诺书》《涉密人员保证书》《保密工作责任书》，将保密工作层层落实，做到职责分明，责任到人，实现保密工作与业务工作同监督、同检查、同考核。每年在全厂范围开展一次涉密载体集中回收、清理工作，并交至浙江省保密局涉密载体销毁中心统一销毁，确保全厂涉密资料得到及时、安全的清理。重点做好涉密人员上岗、在岗、离岗、出国（境）前保密培训，提高其保密意识和保密技能，牢牢管住保密要害。2013年起，根据国家电网新源公司安排，向国家保密局提供本单位保密数据统计表。

【开展保密工作宣传培训】 2010年9月，开展以学习宣传新修订的《中华人民共和国保守国家秘密法》为重点的“保密宣传教育月”活动，制定《关于开展保密宣传教育月的活动计划》，有序有效地开展各项工作。

2011年9月，组织涉密人员到杭州参观“全国窃密案例警示教育展”，安排3名涉密人员参加国家电网新源公司组织的《中华人民共和国保守国家秘密法》培训。2014年1月，全厂职工参加国网新源公司办公室组织的2013年保密知识竞赛活动；6月，6名涉密人员参加浙江省涉密人员保密教育培训，并通过考核取得保密教育培训证书。

2015年1月，根据国网新源公司统一安排，组织相关人员参加公司系统举办的失泄密演示专题培训视频会。在办公大楼、厂坝区等重点工作场所张贴摆放保密知识宣传海报，重点宣传新形势下的安全防范知识和保密技术，通过典型案例进行分析警示，进一步强化员工预防泄密窃密的能力。

【配备保密硬件设备】 2014年厂保密办公室专门配置密码文件柜、涉密专用计算机等保密硬件设备，并指定专人保管。

【定期召开保密会议】 2009年6月召开厂保密工作会议，组织全厂中层以上干部和相关部门管理人员，观看泄密窃密案例教育片《警钟长鸣》。2010年 8 月，召开保密委员会有关人员会议，传达“华东电网公司网络保密检查工作安排”会议有关精神，就开展网络保密检查工作做了总体布置。

按照国网新源公司保密及信息安全检查要求，2011年10月14日厂保密委员会召开专题会议，通过“查制度、查台账、查现场、查教育”，排查安全隐患，严格自查评分、总结，进一步提升保密及信息安全水平。

2012年3月7日，召开厂保密委员会工作会议，传达新源公司《转发〈国家电网公司2012年保密工作要点〉的通知》和浙江省保密局的有关要求，对2012年保密工作计划作出部署。9月26－28日，承办省部属企事业单位第十二保密协作组第十次会议，省保密局领导传达省保密会议精神，各协作组交流总结保密工作。

2014年2月19日召开厂保密委员会工作会议。对发生的违规使用外网传递带敏感字信息邮件事件进行深刻剖析，贯彻落实上级有关部门对保密工作的要求。

2015年6月9日召开厂保密委员会工作会议。布置落实《国网新源公司办公室关于组织开展保密管理专项检查活动的通知》（办公〔2015〕42号），对检查工作要求做具体说明，对检查内容作了梳理；学习宣传《2014年全国窃密泄密案件通报》。

【检查指导保密工作】 2011年10月20日，接受由国家电网新源公司办公室、科技信息部联合开展的保密及信息安全检查活动。2012年9月24-26日，开展保密检查“回头看”，对保密工作按专业面组织诊断分析。2015年7月1日，根据《国网新源控股有限公司办公室关于组织开展保密管理专项检查活动的通知》（办公〔2015〕42号）要求，“一流三化”区域联创协作组对新安江电厂保密工作进行现场检查指导，协作组主要对电厂保密工作的领导责任制度、保密制度建设、保密宣传教育、涉密人员管理、计算机网络和办公自动化设备管理等方面作了检查。

【保密信息化建设】 2007年，为顺利推进企业信息化建设，按照“业务谁主管，保密谁负责”原则，在新安江电厂实施办公管理自动化、财务 FMIS 系统，以及作为华东电网企业级信息系统试点工作，明确专人负责保密工作，确保保密责任落实到位，保密委员会协同科技信息部，严格网络涉密信息检查工作，组织对企业内、外网的主页进行保密检查。在确保国家秘密和企业秘密安全的前提下，开展信息化建设工作。

【强化信息安全措施】 2008年，新安江电厂实施并完成了信息外网建设和内外网分离工作，此后员工的工作文件只能在信息内网保存和使用。2012年，新安江电厂实施了新源公司管理下的桌面管控系统，并配套使用了安全优盘传递工作文件，防止工作文件被外部人员直接拷贝带走。2013年开始，新安江电厂开展全员签订《信息安全承诺书》工作，并将此列入每年的固定工作。国网新源公司通过春季、秋季安全检查以及信息安全专项督查等方式对新安江电厂开展常规信息安全督查，查找并督促整改信息安全的薄弱环节。

2015年7月，国家电网公司华东分部受国家电网公司委托，对新安江电厂开展监控系统安全和信息安全专项督查工作。

企业管理
Enterprise Management

·行政管理·

【概况】 2006年—2015年，新安江电厂经过了两次工商登记变更。2006年11月30日，企业名称由华东电业管理局新安江水力发电厂变更为华东电网有限公司新安江水力发电厂。2012年6月19日，由华东电网有限公司新安江水力发电厂变更为国网新源水电有限公司新安江水力发电厂。

厂行政管理机构为办公室，其间随同机构改革经历了多次变更，2006年机构改革后，撤销厂办公室、成立企业工作部；2010年12月，企业工作部更名为办公室。办公室行政管理职能总体未发生较大变化，主要业务包括文秘、会议接待、督察督办、信访、值班应急、法律事务、档案管理、制度建设、社团管理和综合服务等十项，2013年实行“三定”（定员、定岗、定编）后，原由党办（思政部）负责的品牌建设、保密管理及党委公文、印章、会议管理等工作职能划归办公室归口管理，形成十二项主要业务。

办公室行政管理人员总体保持在5～6人，岗位包括主任、副主任、秘书、企业管理、法律事务、标准化、文书、档案，另有文印和驾驶员等辅助人员5～7人，其中主任由厂长助理兼任，企业管理、法律事务、标准化三个岗位一般由1人承担，驾驶员在2013年“三定”后划归后勤服务中心。

十年来，办公室密切围绕企业发展中心任务，统筹全局、协调各方，强基固本、规范管理，各项业务取得显著成绩。办公室风险意识、标准化和信息化水平、精益化管理水平不断提高，领导力、管控力和影响力持续增强，为企业安全健康发展提供了坚强保障。

【2006—2011年组织机构、岗位编制改革】 2006年2月21日，新安江电厂根据企业发展需要和在华东电网有限公司中的定位，按照华东电网总〔2005〕572号文要求，在华东电网有限公司领导及相关职能部门的指导下，制定《新安江水力发电厂2006年机构编制方案》。该方案经厂内多层次专题会议讨论和厂十一届七次职工代表大会讨论审议，以新电办〔2006〕13号文上报华东电网有限公司。

2006年4月28日，根据华东电网有限公司批复意见，印发《新安江水力发电厂主业机构改革方案》《新安江水电厂多种经营企业机构改革方案》《新安江水电厂机构改革员工聘用上岗实施意见》。方案明确了调整后的主业组织机构、岗位设置和各部门主要职责。明确多种经营企业人员编制，由多种经营企业自行制定。

1. 机构编制遵循“精干高效、确保安全、设置合理、平稳过渡、逐步完善、有利发展”的基本原则。

2. 根据机构编制的基本原则，设正编部门14个及厂工会，人员编制总数为491人（其中副总师5人、中层管理人员29人、一般管理人员67人，含检修部人员287人）。

3. 各部门机构设置、主要职责情况如下表。

表13-1　新安江电厂各行政机构主要职能表

序号	新部门名称	原部门名称	主要职能	备注
1	企业工作部	办公室	企业的办公室职能（含文书档案管理、机要秘书和公关）、企业管理和企业发展规划、企业管理协会、法律事务等。下设小车班。 编制14人。其中主任1人、副主任1人	后更名为“办公室”（新电人资〔2010〕102号）
2	人力资源部	劳动人事科 退管办	一般人员人事管理和考核、劳动管理、工资管理、社保管理、培训管理、职业技能鉴定站管理、人力资源分析及规划、派出劳务人员及待岗人员管理等。下设培训中心（与职业技能鉴定站一套人马二块牌子）、社保管理中心（下设退休人员管理办公室）、人才交流中心。 编制11人，其中主任（兼人才交流中心主任、社保管理中心主任）1人、副主任（兼培训中心主任）1人	
3	财务部	财务科	财务管理、会计核算、综合统计等。 编制7人。其中主任1人	
4	审计监察部（与纪委合署办公）	审计科 行政监察室	审计、行政监察、纪检职能。 编制3人。其中主任1人	又分别设立审计部和监察部。（新电企工〔2006〕139号）
5	综合产业部		多经企业业务指导、协调，多经政策研究，多经咨询委员会、股东会、董事会、监事会等日常工作。编制4人。其中主任1人	新设部门
6	思想政治工作部	党委办公室 厂团委	厂党委党务、文秘、宣传管理（含文字和图像）、厂部党务管理、团委、企业文化（含史志管理）、双文明建设、职工思想政治工作研究会等。 编制5人。其中主任1人、厂部支部书记1人、团委书记1人（兼）	
7	组织人事部	组织科	中层管理人员的人事管理和考核、职称管理、后备干部管理、离休干部管理等。 编制3人。其中主任1人	
8	保卫（人武）部	人保科	治安管理、厂区保卫、消防管理等，与人武合署办公。下设协警中队。 编制7人。其中主任（兼人武部长）1人，副主任（兼协警中队长）1人。协警人员另列编制	
9	厂工会	厂工会	工会、职工技协管理。 编制4人。其中副主席1人	
10	安全监察部	安监科	安全监督管理、环境保护监督、设备安全性评价等。编制3人。其中主任1人	
11	生产计划部	总工办 计划科	生产管理（含计划）、技术管理、技术监督、基建管理、项目实施监督及合同管理等。 编制11人。其中主任1人、副主任2人	后更名为“生产部”（新电人资〔2010〕102号）

12	科技信息部	信息中心	信息管理、信息开发、计算机管理、科技管理、科技档案管理、通讯管理。下设通信设备班。 编制 25 人。其中主任 1 人、副主任 1 人	
13	发电部	运行分场	全厂机电设备运行管理、调度及水库运行管理。下设 5 个发电运行值和 1 个水库调度班。 编制 72 人。其中主任 1 人、副主任 2 人	将水工分场水库调度班、测报班合并后成建制划入
14	设备管理部		全厂机电设备和水工设施的管理和维护，是设备主人。下设电气维护班、机械维护班、水工观测班等 3 个班组。 编制 30 人。其中主任 1 人、副主任 1 人	新设部门。将原水工分场水工观测班成建制划入，并从原机械分场、电气分场部分检修维护工作划入
15	检修部	机械分场 电气分场 水工分场	承担全厂机电设备、水工设施检修，承担外部检修和工程项目的实施。下设变配电、继电保护、自动化、高压试验、发电机、水轮机、机械综合、水工综合班等 8 个班组。 编制 287 人。其中主任 1 人、副主任 3 人	整合原各检修分场、机电安装公司、水电建筑工程公司。并将原运行分场电梯班的工作划入

4. 2007年9月25日，根据（建人字〔2006〕141号）《关于同意成立新安江水力发电厂人才交流服务中心的批复》的规定，下发《关于成立新安江水力发电厂人才交流服务中心的通知》（新电人资〔2007〕93号），成立新安江水力发电厂人才交流服务中心。该中心作为内部员工服务机构，根据厂内的人才需求与交流情况，提供人才推荐、人事代理和人才评价等服务。

5. 经2007年12月12日厂长办公会议决定（会议决议通知书08—1），成立物资部。编制32人，其中主任1人、副主任1人。

6. 2010年12月20日，下发《关于部分组织机构、岗位调整的通知》（新电人资〔2010〕102号），成立后勤部。编制42人，其中主任1人、副主任1人。

7. 2011年12月15日，下发《关于增设机构及岗位的通知》（新电人资〔2011〕93号），增设发展计划部，编制4人，其中主任1人。加强企业计划管理、电价管理、对外营销、综合统计、经营活动分析等管理职能。

【完善企业制度】 2007年新安江电厂开展大规模厂内规章制度修编工作。通过工作标准修订，明确各级人员工作职责、权限、奖罚办法，减少工作中的缺位、错位和越位；管理制度修订明确了生产、行政等方式方法，为技术、行政、思想政治等管理活动提供行为准则；规程规范、标准化指导书为技术活动流程提供标准。有效解决了机构改革、外界形势变化和时间推移导致的规章制度滞后和失效，为克服和杜绝管理理念及方式办法的经验主义、实现标准化作业提供了平台，利于企业实现可持续发展。年内完成人力资源、安全生产、保卫、行政、党群等部门管理规章制度修编21类、194个，初步形成全厂各级人员、部门工作标准，围绕检修（电气、机械）、运行三大规程，修订规程规范（技术标准范畴）17 个，标准化作业指导书初具规模。

【规章制度建设】 2013年12月，为保障管理模式的规范转变，固化“三集五大（人力资源、财务、物资集约化管理；大规划、大建设、大运行、大检修、大营销体系）”改革成果，使日常经营活动有章可循，国家电网公司（简称国网公司）在已完成的制度建设成果基础上，将原管理标准和工作标准全面融入规章制度体系，开始推行通用制度，构建统一适用的制度体系。新安江电厂根据通用制度建设要求，2014年3月开始进行通用制度宣传贯彻培训工作，并在厂网页上建立“制度管理”专栏。2015年2月28日，国网公司基本完成5批451项通用制度的发布工作。3月16日至4月22日，公司下发306项公司适用通用制度。2015年5月，新安江电厂成立规章制度管理委员会，通过《新安江电厂2015年规章制度建设方案》，在公司适用通用制度的基础上，识别出厂适用通用制度293项，不适用制度13项，并着手开展厂级执行编制工作。

【公文管理全面实现信息化】 作为企业行政管理基础工具和上传下达的基本方式的公文管理，原按照行政公文和党委公文加以区分，分别由办公室和思政部归口管理，2013年“三定”以后统一划由办公室归口管理。

2009年，协同办公系统正式上线运行，除涉密公文外，所有公文统一纳入平台实行电子化管理，公文处理的速度、效率、准确性都实现较大提升。据统计，在2010—2015年这6个系统上线以来的完整年度里，平均每年处理公文1794份，其中收文1638份，发文156份。发文中，上行文平均为44份，占比28%。

表13-2　2011—2014年收发文数量统计表

年份	收文数量	发文数量	上行文	下行文
2010年	1203	135	45	90
2011年	1690	132	48	84
2012年	1851	159	59	100
2013年	1861	202	48	154
2014年	1800	166	42	124
2015年	1425	139	23	116
平均	1638	156	44	111

公文管理要求严格，审批流程多、行文格式严。审批流程包含起草人拟稿、部门负责人审稿、相关部门负责人会签、办公室核稿、分管领导核签、主要领导签发共6个环节。除“相关部门负责人会签”外，其余5个环节均为必须环节。行文格式主要遵照中办和国办发布的《党政机关公文处理工作条例》执行，主要要求涵盖了行文规则、体例格式、流程问题、主旨内容和其他等方面，全面、细致、严格。国家电网公司和国网新源公司也分别发布有具体的管理办法，其中新源公司按季度对公文进行评比、考核和通报，要求公文必须实现零差错。

2012年，中办和国办发布《党政机关公文处理工作条例》对公文处理的要求做调整后，新安江电厂执行国家电网公司和国网新源公司据此对相应的管理要求进行调整。主要变化：调整标准结构、公文装订，组成公文的要素划分由眉首、主体、版记三部分修改为版头、主体、版记三部分，文公标题编排规则增加长短适宜、使用梯形或菱形的具体条款，版记部分取消主题词，抄送机关、印发机关和印发日期字体调小，对密级编排位置、签发人排列方式、成文日期、附件标注字体、页码编排方式等。

为确保公文严格规范、及时、有效，新安江电厂采取多种方式提升公文管理水平。每年举办文档业务培训班，组织学习《党政机关公文条列》、国家电网公司和国网新源公司公文管理办法，从行文规则、体例格式、流程、主旨内容等方面，分析办文工作中存在的问题，总结经验，形成《公文常见错误解析及文字材料编写基本要求》，促进公文起草人员不断提升水平，取得良好效果。历年在新源公司系统公文考评中名列前茅，连续多年实现公文办理无差错。

【提升文字材料水平】 文字材料主要包括会议文件、领导人发言稿和经验总结交流等。厂一级重要文件材料一般由办公室组织起草，分管领导人审核后，由厂长办公会议或党委会审核通过，主要包括每年年度、年中、季度工作会议上厂长、党委书记向全厂作的工作报告和总结讲话，在华东电网公司和国网新源公司年度、年中工作会议及其他重要会议上的表态发言等，平均每年10份左右。一般文字材料由归口部门组织起草，办公室参与核稿，分管领导人审核通过，主要包括在上级单位和本厂专业性会议的发言，迎接上级领导检查的汇报，报送给上级单位的工作汇报、经验总结等，平均每年有20～30份。

年度工作报告作为每年厂“两会”（职工代表大会、年工作会议）的核心文件，是最重要的文字材料之一，一般从筹备到完成接近一个月时间，其间从起草、审核、征求意见到定稿会返回修改十余次，实现全面真实准确地反应全年工作成绩，部署来年工作；准确分析形势，找出问题和不足，明确努力和发展方向；兼顾鼓舞员工士气，激发奋斗热情等作用。厂长工作报告一般由上一年工作回顾、形势任务分析，下一年重点工作部署三部分组成。上年工作回顾和下一年重点工作部署主要从安全管理、生产任务、经营管理、“三个建设”（思想建设、作风建设、组织建设）等几个方面着手，根据企业实际和形势要求，适当提出一些阶段性重点工作，含近年来特别强调的依法治企、标准制度建设、党的群众路线教育实践活动、集体企业生存和管理等。形势任务分析主要从社会整体发展要求、国家电网公司和上级单位的管理要求、地方发展和民生需求三个层次梳理对企业的期望和影响，从安全生产、经营管理、干部队伍、企业和员工发展等方面梳理存在的不足和问题，重点提出近段时期需要集中精力开展的主要任务，号召全体干部员工团结一心、共同奋进。

随着外部形势的不断变化和企业的持续发展，各级领导和员工都对文字材料的质量提出了更高要求，文字材料管理逐步向精细、适宜、实用方向发展。近年来，新安江电厂在文字材料水平提升上采取多项措施，全厂各部门的整体文字材料水平得到稳步提升。一是加强交流学习，学习分析上级单位的优秀材料、领导修改的重点内容，在继承基础上创新提升。意见实行人员交流锻炼机制，多人次参加上级单位的重要文字材料编写工作。二是加强协同配合，横向加强与各专业部门的沟通联系，确保资料收集及时、准确、全面和统一，纵向加强与上级单位办公室的沟通联系，准确把握最新动向和要求，在办公室内部建立资料共享、材料共审机制，凝聚众人智慧。三是注重实用，以文辅政。年初制定重点工作任务和二十四节气表，每季度进行阶段总结和再部署，把握关键节点，促进落实。

【“三标一体”工作】 2011年在标准化建设工作基础上，积极推进“三标一体”（质量、环境、健康安全三个管理体系一体整合认证）工作，把新安江电厂“三标”体系纳入国网新源控股有限公司统一的标准化体系平台，建立结构图、明细表，修订完善291个技术标准、225个规章制度、228个岗位工作标准。

【标准化建设】 2013年2月26日，根据公司《2013年标准化工作方案》，新安江电厂印发《新安江电厂2013年标准化工作方案》，制定“标准宣贯培训”“标准体系完善提升”“标准深化应用”三项重点任务。3月20日，印发《国网新源水电有限公司新安江水力发电厂关于调整新安江电厂标准化组织机构及职责的通知》，在保持原标准化组织机构框架基础上作了调整和优化。截至到2013年6月底，新安江电厂发布厂级业务名录、技术标准、管理标准明细表及有效规章制度清单，确立17个管理模块和611项业务，识别出适用的管理标准216

项，补充发布3项。转版发布检修规程、运行规程和运行图册等技术标准165项，承担公司《水电厂设备运行巡检工作手册》《水电厂设备定期轮换试验工作手册》《水电站重大反事故措施》及国家电网公司《水电站电气设备预防性试验规程》编制工作。同时，结合公司岗位职责体系建设，制定发布工作标准212项，并根据“三定”情况及时调整修订，确保业务流程清晰、职责分工明确、人员岗位全覆盖。发布规章制度立改废计划，计划新制定规章制度16项，修订制度73项，废止制度67项。

【办公自动化管理系统上线使用】 协同办公系统是国家电网公司为协调、推进并督促落实公司日常工作，保障政令畅通，强化信息枢纽能力，形成覆盖公司全系统的一体化办公综合管理平台。2009年11月1日，协同办公系统在新安江电厂正式投入使用，系统共设置公文管理、督查督办、会议管理、值班管理、综合协调、办公事务、信息采编、会议室预订等8大模块。系统的投用极大提高了企业各项办公事务管理工作的效率。由于2011年4月新安江电厂成建制划转至国网新源水电有限公司管理，同年8月15日，新源协同办公系统在新安江电厂正式上线使用。

【业务接待费使用下降】 2006—2010年新安江电厂围绕厂整体工作思路和工作重点，本着“热情、必须、节俭”的原则举办会议和做好接待工作，接待费用严格按照《新安江水力发电厂接待费使用管理办法》执行，业务接待费基本维持在同一水平。

2011年划转新源公司后，各级领导到厂视察指导较多，协助新源公司有关部室主办业务活动、会议较多；大规模接待及重要接待增多，业务接待费同比上一年增长149%。2012年，贯彻国家电网公司“三节约”（节约一分钱、节约一张纸、节约一寸导线）活动精神，本着合理、节俭、有利的原则，在接待和会议管理中坚持廉洁务实，热情周到，不铺张浪费，不超标准，合理使用各项费用，当年业务接待费同比下降13%。2013年，按照“八项规定”和公司各项要求，进一步加强 公务接待管理，细化制定实施要求，明确审批流程，严格预算管理，业务招待费同比下降71.50%，举办会议数量同比减少23%。

2014年，执行国家电网公司厉行节约反对浪费相关精神，制定厂关于贯彻执行《国家电网公司接待工作管理办法》和《国家电网公司会议管理办法》的补充说明，在公务接待和会议管理工作中，科学合理制定方案，年业务招待费同比下降82.47%。

【设立法律事务专职】 新安江电厂法律事务由办公室（原企业工作部）归口管理，办公室主任及企业管理主管分别为法律兼职人员，主要涉及企业招投标法律保障工作，企业合同法律审核，企业常年法律顾问管理，企业法律咨询，企业纠纷的协助解决，企业重要决策的法律审核把关，组织企业法律知识培训及普法宣传工作等。2006年机构改革后法律事务由企业工作部企业管理专责兼职，2013年“三定”工作，在厂办公室设立法律事务管理专责。截至2013年年底，经函授或网络教育法律专业毕业的职工有16人。

法律工作人员参与企业重大决策、决议的记录和督查督办，在重大问题决策方面提供具体的法律意见或建议。常年法律顾问对企业重大决策进行把关，包括主业与多种经营分开、规范集体企业相关制度制定和法律风险防范等，以防范公司重大经营决策过程中的法律风险。2014 年对重大经营决策事项的法律审核率达到100%，为依法治企奠定良好基础。

【外聘法律顾问解决债权纠纷】 2006—2008年由浙江贤哲律师事务所律师兼任新安江电厂的常年法律顾问，2009年始与浙江阳光时代律师事务所签订常年法律服务合同。外聘的律师团队，为电厂提供常年法律咨询、培训服务，对企业经营活动所涉及的法律文件审查把关，在年底出具《年度法律服务工作报告》。常年法律顾问由厂办公室归口管理。

借助于厂常年法律顾问的力量进行法律纠纷案件咨询、处理，厂办公室（原企业工作部）全程参与、监督管理。2005年7月15日新安江电厂就山水房地产开发有限公司“房地产拆迁”一案向建德市人民法院提起诉讼，2006年5月18日法院一审判决（〔2005〕建民一初字第650号）：山水房地产开发有限公司按合同条款交付车库和柴间，为新安江电厂办理“房屋所有权证”和“国有土地使用权证”，并支付违约金489789.72元。山水房产不服判决，向杭州中院提出上诉，于2006年8月2日二审开庭，法庭建议就相关事宜进行调解，2006年12月25日法院二审判决（〔2006〕杭民一终字第948号）：维持原判。因山水房产对判决仍存在异议，2007年1月至2008年9月由建德市法院执行局及浙江省高院对纠纷进行调解，对超出约定的置换面积38平方米部分协商处理，最终达成协议（〔2008〕浙民再搞字第17号）。2008年11月3日，新安江电厂在山水房产开发有限公司履行协议全部义务后，向建德市人民法院申请结案。

【增强招投标法律保障】 2012年，新安江电厂成立招投标（采购）工作领导小组，办公室法律专职参加招标全过程。2014年，按上级单位要求，严格履行《国家电网公司招标活动法律保障工作管理办法》规定的职责，为厂招标（采购）活动提供法律保障服务，监督、指导招标（采购）人员严格执行招投标的法律、法规、规章，对合同文件条文进行法律把关，同时对授权、用印等监督管理。是年新安江电厂签订合同142份，2015年，签订合同167份，法律审核率100%。

自2013年始，新安江电厂办公室法律专职进入国网新源控股有限公司（简称公司）法律保障人才库，由公司经济法律部集中调派，为公司招标采购活动提供法律保障服务，2014年参加公司第七批非招标项目评审法律保障工作，2015年参加公司第二批非招标项目及第四批招标项目评审法律保障工作。

【开展普法工作】 2006年，新安江电厂贯彻《关于印发〈华东电网有限公司关于开展法制宣传教育的第五个五年规划〉的通知》（华东电网战略〔2006〕983号）的文件精神，开展“五五”普法工作，成立以党委书记、厂长为正副组长的“五五”普法工作领导小组。在全厂范围内组织、宣传贯彻国家及地方、华东电网有限公司“五五”普法精神和工作要求，指导、协调、督促普法工作开展。2010年强化依法治企，积极深入地开展“五五”普法工作，加强合同法、公司法等法律制度的学习，完善企业内部的科学决策机制和风险控制机制，提高依法经营管理和依法维权的能力和水平。

2011年，贯彻落实中央企业法制工作第三个三年目标的具体工作要求，结合同年启动的“六五”普法活动开展工作，以“围绕中心，服务决策”的工作思路，紧密围绕科学发展、和谐发展和可持续发展这条主线，按照公司深化“两个转变”，成立组织机构，推进“三集五大”工作的总体要求，全面深化依法治企工作，将法律工作融入企业经营管理的各个方面。编制《新安江水力发电厂法制宣传教育的第六个五年规划》，开展以“学法律、讲权利、讲义务、担责任”为内容的法律宣传教育，通过举办法制讲座、法律知识竞赛等形式，增强普法工作的针对性和实效性，努力实现“事后补救型向事前防范、事中控制”的目标转变。同时，结合国家电网公司规章制度建设要求，开展通用制度与法律风险防范宣贯，强化全员风险防范意识。

【启动“国家电网”品牌标识标准化工作】 2011年1月30日，召开“国家电网”品牌标识标准化工作会议，落实华东电网公司“国家电网”品牌标识标准化工作会议精神。厂长助理兼厂办主任王德强、思政部主任帅以政分别对《国家电网品牌标识推广应用手册》作了宣讲，就近期各相关部门开展品牌标识标准化具体工作任务和时间节点进行了部署。要求各单位认真对照标准和要求进行检查，2月中旬全面完成整改工作，确保“国家电网”品牌标识必要项目使用正确，确保通过国网公司的考核验收。厂领导班子全体成员和有关部门单位负责人、相关工作人员参加会议。

【社团管理工作】 2013年机构改革“三定”前，社团管理由各职能部门按专业管理（属松散型多头管理），据统计参加的社团有38家，其中2006年后新参加社团6家。改革后由办公室统一管理。

2014年5月8日，根据《国网新源控股有限公司科技信息部关于开展社团组织情况调研的通知》要求，统计汇总本企业及相关参加并定期缴纳会费的国际、国家、行业及地方各类社团组织，按照《国家电网公司社团组织管理办法》要求，梳理上报24家。经过与国网新源控股有限公司科技信息部多次沟通斟酌，于2014年7月7日审查通过15家。其中1980年在新安江电厂成立的中国水力发电工程学会，按新源公司要求退出。全国大型水电厂(站)劳动竞赛委员会不在批复之列，但考虑到其在水电厂的影响还予保留。

社团组织虽属民间性质自发性组织，但在为企业的安全生产、经营发展等方面提供了技术、人才、政策等平台的支撑。经批复的社团组织严格按照《国家电网公司社团组织管理办法》要求，与企业的生产、经营等业务联系更加紧密，在企业发展、内外交流、经营管理、学术研究、技术创新、行业评优等方面更能发挥作用。

表13-3　　2014年新源公司核准参加社团组织情况统计表

序号	社团组织名称	主办单位	参加时间	会员级别	人员担任职务
1	中国电力企业联合会水电分会	中国电力企业联合会	1989年	副会长单位	钱建明任副会长
2	浙江省电力行业协会	浙江省科学技术协会	2003年	理事单位	钱建明任理事
3	建德市企业家协会	建德市经信局	2003年	副会长单位	钱建明任常务副会长
4	大坝安全监测专业委员会	中国水力发电工程学会	1992年	委员单位	赵新华任委员
5	全国水轮机标准化技术委员会	全国标准化委员会	1988年	委员单位	李建华任委员
6	全国水轮机标准化技术委员会控制设备分技术委员会	全国标准化委员会	1992年	委员单位	江伟任委员

	(SAC/TC175/SC1)				
7	中国电工技术学会大电机专业委员会	中国电工技术学会	1988年	理事单位	李建华任理事
8	全国大型水电厂(站)青年工作学组会	中国电力职工思想政治工作研究会	1987年9月	理事单位	苏文博任理事
9	浙江省思想政治工作研究会(浙江省企业文化建设协会)	浙江省委宣传部	1985年	理事单位	刘俊勇任理事
10	浙江省机关党的建设研究会	浙江省直属机关工作委员会	2014年		
11	建德市会计协会	建德市财政局	2003年	副会长单位	余金芳任副会长
12	建德市统计学会	建德市统计局	2005年	理事单位	鲁昌生任理事
13	杭州市经济文化保卫协会(原杭州市经警协会)	杭州市公安局	2006年	理事单位	高峰任理事
14	浙江省社会治安综合治理协会	浙江省公安厅	2009年	理事单位	钱建明任理事
15	浙江省总会计师协会	浙江财政厅	2005年	会员单位	余金芳任会员

·干部管理·

【概况】 新安江电厂对职工、中层干部先后实行行政、党委分管和行政统管方式。2006年4月以前，设劳动人事科和党委组织科；此后，撤销劳动人事科和党委组织科，设立人力资源部（培训中心、社会保险中心、人才交流中心）和组织人事部。2006年4月至2013年7月期间，人力资源部负责厂人力资源开发；厂内部机构、人员编制管理；一般管理岗位和生产服务岗位人员的管理、招聘、考核、调动、人事档案管理；员工劳动合同、薪酬福利和员工绩效管理、社会保险的管理、劳动计划和统计、人才交流；作业带头人、工人技师评聘；专业技术、管理、技能人才队伍的建设和培训；职工教育培训工作；退休人员管理工作；同时负责华东水力发电国家职业技能鉴定站的日常工作；负责全国工人技术教育水电厂委员会的组织领导工作。

组织人事部负责全厂党组织、党员管理；协助党委开展创建“四好”领导班子；中层干部的管理和干部人事档案管理；中层后备干部的管理工作；全厂专业技术人员专业技术资格的申报、确定、认定、评聘、培训等工作；专业带头人的推荐、选拔、培养、管理、考核等工作；党员、干部政审外调及受理工作；离休干部管理、统战、民主党派方面和人才援藏工作。

2013年7月撤销组织人事部，职能合并至人力资源部（人员交流中心）。人力资源部（人员交流中心）除原有职能外，增加了干部人事管理、专业技术资格申报评审、干部人事档案等管理职能，与后勤服务中心共同负责离休干部管理；取消了退休人员的日常管理和全国工人技术教育水电厂委员会的组织领导工作职能。

【中层干部管理】 2008年4月2日制定颁发《新安江水力发电厂中层后备干部管理办法》（新电党委〔2008〕5号），对后备干部的选拔、培养、考核和管理等方面作出明确规定，保证企业中层后备干部队伍稳定发展。

2008年7月8日制定颁发《新安江水力发

电厂中层干部管理规定》（新电党委〔2008〕14号），确定中层干部的范围、资格条件、选拔任用、考察、任免、考核、交流、纪律和监督的工作程序和制度。7月23日分别制定颁发《新安江水力发电厂中层员工月度考核和月度奖金分配办法》《新安江水力发电厂中层员工年度绩效考核暂行办法》。办法规定中层员工月度考核实施和月度奖金分配方法，中层员工年度绩效考核结果作为对中层员工工资调整和奖惩的依据。通过实施，一定程度上规范了中层员工的管理，对调动全体中层员工的工作积极性，加强执行力建设有较大促进。

2013年12月13日，分别重新制定颁发《新安江电厂中层干部管理办法》（新电党〔2013〕27号）的通知、《新安江电厂中层后备人员管理办法》（新电党〔2013〕28号）的通知。更好地适应新源公司干部管理要求。

2015年3月16日制定颁发《新安江电厂中层管理岗位竞聘执行手册的通知》（新电党〔2015〕4号），明确规定，中层岗位任职采用公开竞聘形式，通过岗位竞聘调动广大员工积极性，进一步加强干部队伍建设，建立健全“公平、公正、公开、民主、择优”的选人用人机制，优化人力资源配置。

【中层干部结构】 截至2015年12月31日，新安江电厂中层干部共77人，其中中层正职36人，中层副职26人，协理员15人。大学本科及以上学历的干部占现职中层干部总数的70.1%；拥有高级专业技术资格的干部占现职中层干部总数的33.8%。

【中层干部换届】 2006年5月，实施全厂机构改革。根据机构设置情况，对中层干部全面调整，重新聘任，聘期为3年。

2008年9月，中层干部聘期届满，再次全面调整，重新聘任，聘期为3年。

2011年12月，按照新源公司《关于新安江水力发电厂机构设置和中层干部调整的批复》（新源人资〔2011〕207号）意见，对中层干部进行调整，重新聘任，聘期为3年，于2014年底到届。

2013年8月，按照新源公司根据《国网新源控股有限公司关于新安江电厂“三定”工作实施方案的批复》（新源人〔2013〕51号）意见，结合厂现有机构设置和人力资源状况，实施“三定”工作，全面调整中层干部，重新聘任，聘期为3年。

表13-4　　2006—2015年中层行政领导人员名录

部门	职务	姓名	任职时间	备注
副总师	厂长助理	王德强	2009.12.8—2014.2.21	
		余敬基	2014.2.21—	
	副总工程师	姜培忠	继任—2006.7.7	
		王跃建	继任—2011.12.22	
		张运雄	继任—2012.10.12	
		陈学珍	2006.5.12—2007.3.15	
		郭为金	2007.3.15—	
		黄卫平	2011.12.22—2015.4.27	
		赵新华	2013.3.08—	
		徐良玉	2014.2.21—	
	副总会计师	余金芳	继任—2008.5.29	
	副总经济师	王跃建	2011.12.22—2014.2.21	

厂长办公室	主 任	宋建国	继 任 —2006.6.12	
	副主任	王乃虎	继 任 —2006.5.12	
企业工作部	主 任	王乃虎 王德强	2006.5.12—2008.9.19 2008.9.19—2010.12.21	
	副主任	王德强 曾杨玲	2006.6.12—2008.9.19 2009.12.8—2010.12.21	
厂办公室	主 任	王德强 余敬基	2010.12.21—2014.2.21 2014.2.21—	
	副主任	曾杨玲	2010.12.21—	
总工程师办公室	主 任	陈学珍	继 任 —2006.5.12	兼
	副主任	张运雄 徐良玉	继 任 —2006.2.17 2006.2.17—2006.5.12	兼
生产计划部	主 任	徐良玉	2006.5.12—2010.12.21	
	副主任	赵新华 高国庆	2006.5.20—2010.12.21 2006.6.08—2010.12.21	
生产部	主 任	徐良玉	2010.12.21—2013.8.6	
	副主任	赵新华 高国庆	2006.5.20—2013.3.8 2010.12.21—2013.8.6	
生产技术部	主 任	徐良玉	2013.8.6—	
	副主任	高国庆 邓亚新 曾小平 卢 经 曹 波	2013.8.6—2014.1.9 2013.8.9—2014.3.12 2013.8.6— 2014.2.13— 2014.3.20—	
信息中心	主 任	骆军贤	继 任 —2006.5.20	（副科级）
科技信息部	主 任	洪建新	2006.5.20—2013.2.27	
	副主任	骆军贤 曾小平	2006.5.20—2007.3.15 2007.4.2—2013.8.06	（负责信息系统工作）
计划科	科 长	何南生	继 任 —2006.7.26	
劳动人事科	科 长	黄长德	继 任 —2006.7.07	
人力资源部	主 任	赵品文 赵品文	2006.5.29—2008.9.19 2008.9.19—	（副科级）
	副主任	张启纲 骆军贤	2006.6.8— 2013.8.6—	 （正科级）
发展计划部	主 任	王跃建 杨 勇	2011.12.22—2013.8.6 2013.8.6—	 （副科级）
人武保卫科	科 长	罗时光	继 任 —2006.7.7	
	副科长	高 峰 陆建新	继 任 —2006.6.5 继 任 —2006.6.5	
保卫（人武部）	主 任	陆建新 许星明	2006.6.5—2011.12.22 2011.12.22—2013.2.27	
	副主任	高 峰	2006.6.5—2011.12.22	
经济民警中队	中队长	陆建新 许星明	继 任 —2011.12.22 2011.12.22—2013.2.27	兼
经济民警中队	指导员	陆建新	继 任—	兼
财务科	科 长	余金芳	继 任 —2006.5.20	兼

财务部	主　任	余金芳 尹六燕 尹六燕	2006.5.20—2008.5.29 2008.9.19—2011.12.22 2011.12.22—2013.8.6	兼 （副科级）
财务资产部	主　任	尹六燕	2013.8.6—	
	副主任	韩卓颖	2013.8.9—	
安全监察科	科　长	姜培忠	继　任　—2006.7.2	兼
安全监察部	主　任	吴永文	2006.5.30—2013.5.22	
	副主任	陈　斌	2011.12.26—2013.8.9	
安全监察质量部	主　任	陈　斌	2013.8.9—	
企业管理办公室	主　任	洪建新	继　任　—2005.12.6	
审计科	科　长	潘建华	继　任　—2006.5.20	
监审部	主　任	潘建华	2006.5.20—2006.12.8	
审计部	主　任	洪木兴 贺　跃 贺　跃	2008.9.19—2011.12.22 2011.12.26—2013.8.9 2013.8.9—	（副科级） （副科级）
综合产业部	主　任	唐远涛 张建新 储新艺	2006.5.20—2008.9.19 2008.9.19—2009.2.24 2009.2.24—2013.8.6	
集体企业管理中心	主　任	储新艺	2013.8.6—	
上海联络处	主　任	宋建国 王乃虎 王德强 余敬基	继　任　—2006.12.19 2006.12.19—2008.10.8 2008.10.8—2014.2.21 2014.2.21—	兼 兼 兼 兼
杭州办事处	主　任	宋建国 王乃虎 王德强 余敬基	继　任　—2006.12.19 2006.12.19—2008.10.8 2008.10.08—2014.2.21 2014.2.21—	兼 兼 兼 兼
	副主任	杨新建 洪木兴	继　任　—2011.12.22 2011.12.22—2013.2.27	
行政监察室	主　任	李　琦	继　任　—2006.7.17	与纪委合署办公
物资部	主　任	周新华	2008.9.19—2010.12.21	
	副主任	尹　熙	2013.8.9—	
运行分场	主　任	吴永文 朱克刚	继　任　—2006.5.30 2013.8.6—	
	副主任	黄卫平 卢　江 郑贤喜	继　任　—2006.5.12 2013.8.6— 2013.8.9—	
发电部	主　任	黄卫平 朱克刚	2006.5.12—2011.12.22 2012.8.21—2013.8.06	
	副主任	张良岳 李福钢 朱克刚 卢　江	2006.5.20—2009.12.8 2006.5.12—2013.8.6 2009.12.8—2012.8.21 2011.12.26—2013.8.6	
电气分场	主　任	郭为金	继　任　—2006.5.12	
	副主任	王晓宏	继　任　—2006.5.12	
设备部	主　任	王晓宏 傅剑文	2006.5.12—2009.12.8 2009.12.8—2013.8.6	

	副主任	盛 谷 刘双华 李冬华 朱发尧 赖江波	2006.5.20—2007.3.15 2007.3.15—2008.9.19 2008.9.19—2009.12.8 2009.12.8—2011.12.22 2011.12.26—2013.8.6	
维护分场	主 任	傅剑文 杨 波	2013.8.6—2014.2.21 2014.2.13—	
	副主任	李福钢 杨 波 龙俊平	2013.8.06— 2013.8.6—2014.2.13 2014.2.13—	
机械分场	主 任	熊锡荣	继 任 —2006.7.7	
	副主任	杨 斌 徐良玉	继 任 —2006.5.20 继 任 —2006.2.17	
检修部	主 任	郭为金 杨 斌 王晓宏	2006.5.12—2007.3.15 2007.3.15—2009.12.8 2009.12.8—2013.8.7	
	副主任	杨 斌 何少云 傅剑文 朱发尧 刘双华 李冬华 杨 波	2006.5.20—2007.3.15 2006.5.20—2008.9.19 2006.5.12—2009.12.8 2008.9.19—2009.12.8 2008.9.19—2013.8.6 2009.12.8—2013.8.9 2009.12.8—2013.8.6	
检修中心	主 任	李冬华 刘双华	2013.8.9—2014.3.12 2014.3.12—	
	副主任	刘双华 赖江波 马 俊 邓亚新	2013.8.6—2014.3.12 2013.8.6— 2013.8.9— 2014.3.12—	
水工分场	主 任	赵新华	继 任 —2006.5.20	
后勤部	主 任	丰勇华	2010.12.21—2013.8.6	
	副主任	金水华	2010.12.21—2013.8.7	
后勤服务中心	主 任	丰勇华	2013.8.6—	
	副主任	李建宇	2013.8.9—	

表 13-5　　2006—2015 年中层党群系统领导人员名录

单 位	职 务	姓 名	任 职 时 间	备 注
党委办公室	主 任 负责人	林云生 帅以政	继 任 —2006.4.3 继 任 —2006.7.11	负责工作
思想政治工作部	主 任	帅以政 余敬基 帅以政	2006.7.11—2009.2.24 2009.2.24—2010.7.6 2010.7.6—	

厂人武部	部长	罗时光 陆建新 帅以政	继　任　—2007.7.11 2007.7.11—2008.9.19 2014.5.14—	兼 兼 兼
组织科	科　长	康忠连	继　任　—2006.7.11	
组织人事部	主　任	宋建国 骆军贤	2006.5.12—2007.3.15 2007.3.15—2013.8.6	
纪　委	副书记	李　琦 陆晓敏	继　任　— 2012.6.19—	
监察部	主　任	潘建华 余敬基 陆晓敏	2006.12.8—2008.4.8 2008.4.8—2009.2.24 2009.2.24—	
工　会	副主席	刘兴义 李　琦	继　任　—2007.4.17 2007.4.17—2011.12.28	
工会办公室	主　任	余敬基 苏文博	2011.12.22—2014.2.21 2014.12.30—	
	副主任	苏文博	2014.06.16—2014.12.30	
团　委	书　记	刘双华 余敬基 苏文博	继　任　—2007.8.20 2007.8.20—2012.11.28 2012.11.28—	 （副科级）
运行分场党支部	书　记	张良岳 朱克刚	继　任　—2006.7.20 2013.9.6—	
发电部党支部	书　记	张良岳 黄卫平 李福钢	2006.7.20—2011.5.10 2011.5.10—2011.12.28 2011.12.28—2013.9.6	
电气分场党支部	书　记 主持书记工作	于发明 王晓宏	继　任　—2005.7.13 2005.7.13—2006.7.6	
设备部支部	书　记	盛　谷 刘双华 王晓宏 李冬华 傅剑文	2006.7.26—2007.4.3 2007.4.3—2008.9.26 2008.9.26—2009.3.17 2009.3.17—2009.12.8 2009.12.8—2013.9.6	
维护分场党支部	书　记	李福钢	2013.9.6—	
机械分场支部	书　记	姜　涛	继　任　—2006.7.26	
检修部党支部	书　记	姜　涛 刘双华	2006.7.26—2008.9.26 2008.9.26—2013.9.6	
检修中心党支部	书　记	刘双华	2013.9.6—	
水工分场党支部	书　记	盛　谷	继　任　—2006.5.20	
机关党支部	书　记	曾秀英	继　任　—2006.7.26	
党群人保党支部	书　记	曾秀英 李　琦 许星明	2006.7.26—2007.11.20 2008.9.26—2011.12.28 2011.12.28—2013.9.6	
生产经营党支部	书　记	潘建华	2006.7.26—2007.4.3	
经营党支部	书　记	潘建华 张建新 储新艺	2007.4.3—2008.9.26 2008.9.26—2009.3.17 2009.3.17—2013.9.6	
生产党支部	书　记	洪建新 赵新华	2007.4.3—2008.9.26 2008.9.26—2013.9.6	
机关第一党支部	书　记	丰勇华	2013.9.6—	
机关第二党支部	书　记	骆军贤	2013.9.6—	
机关第三党支部	书　记	赵新华	2013.9.6—	
生活卫生支部	书　记	洪木兴	继　任　—2006.8.23	

汽车队党支部	书　记	许星明 周新华 许星明	继　任　—2002.4.29 2002.4.29—2005.11.30 2005.11.30—2006.7.26	
物资后勤党支部	书　记	储新艺 盛　谷 丰勇华 金水华	2006.7.26—2009.3.17 2009.3.17—2010.12.27 2010.12.27—2011.5.10 2011.5.10—2013.9.6	
地勘装饰支部	书　记	徐坤林	1996.12.23—2006.7.26	
实业总公司本部党支部	书　记	李国平 许星明 李　琦 王晓宏	继　任　—2006.7.26 2006.7.26—2011.12.28 2011.12.28—2013.9.6 2013.9.6—	 兼 兼 兼
综合公司党支部	书　记	郭平方 葛京顺 郭平方	继　任　—2006.7.26 2006.7.26—2013.9.6 2013.9.6—	
实业总公司党总支部	书　记	徐戈扬 何国兴	继　任　—2008.9.19 2009.4.17—2011.3.22	兼 兼
	副书记	许星明	2007.5.11—2011.3.22	
离休干部管理办公室	主　任	康忠连	继　任　—2006.7.11	兼
退休职工管理办公室	主　任	马金花	继　任　—2006.2.21	

表 13-6　2006—2015 年多种经营和厂办集体企业行政领导人名录

单位	职务		姓名	任职时间	备注
实业总公司	总经理		徐戈扬 何国兴 杨晓群	继任　—2008.9.19 2008.9.19—2013.2.27 2013.3.4—	兼 兼
	副总经理		黄开琪 贾泽民 陈建国 何国兴 王乃虎 唐远涛 郭亚峰 王晓宏	继　任　—2006.7.26 继　任　—2008.9.19 继　任　—2008.9.19 2006.5.12—2008.9.19 2008.9.19—2013.2.27 2008.9.19—2011.12.22 2011.12.22—2014.2.21 2013.8.7—	
	总工程师		何少云 张海峰	2009.4.17—2010.6.18 2011.12.22—	
	总会计师		白俊星	2009.12.8—2013.2.27	
	总经济师		楼世红	2011.12.22—2014.4.9	
	总经理工作部主任		杨晓群	继　任　—2013.3.4	
	经营管理部	经　理	唐田荣 白俊星 白俊星 周宇辉 周宇辉	1998.12.29— 2006.5.29—2008.9.19 2008.9.19—2009.12.8 2009.12.8—2011.12.22 2011.12.22—2013.8.7	 （副科级） （副科级）

	财务资产部	经　理	周宇辉	2013.8.7—	
	市场发展部	经　理	郭亚峰 姜　涛	继　任　　—2008.9.19 2008.9.19—2010.12.21	
		副经理	唐远涛 楼世红 何少云	继　任　　—2006.5.20 2007.4.2—2008.9.19 2008.9.19—2009.4.17	
	安全生产部	经　理	姜　涛 张建新 王晓宏	2010.12.21—2011.12.22 2011.12.22—2013.8.7 2013.8.7—	
	工程部	经　理	姜　涛 朱发尧	2011.12.22—2013.08.07 2013.08.09—	
		副经理	朱发尧 孙　远	2011.12.22—2013.8.9 2013.8.9—	
	综合管理部	经　理	黄开琪 姜　涛	继　任　　—2006.7.26 2013.8.7—	兼
	监察审计部	经　理	唐田荣 许星明 李　琦	继　任　　—2008.9.19 2008.9.19—2011.12.22 2011.12.28—2013.2.27	
生活服务公司	经　理		王　卫	继　任　　—2006.5.20	
	副经理		丰勇华	继　任　　—2005.11.30	
	卫生院	院　长	金水华	继　任　　—2006.8.23	
后勤分公司	经　理		王　卫 丰勇华	2006.5.20—2007.3.15 2007.3.15—2010.12.21	
	副经理		丰勇华 盛　谷	2006.5.20—2007.3.15 2007.3.15—2010.12.21	
千山一水饮用水有限公司	副经理		丰勇华	继　任　　—2006.05.20	（主持工作）
紫金城市建设开发有限公司	总经理		郭亚峰	2007.3.28—2011.12.22	
	副总经理		王　卫	2007.3.15—2011.12.22	
	总工程师		张海峰	2008.9.19—2011.12.22	
杭州紫金宾馆	经　理		宋建国 杨新建 洪木兴	继　任　　—2006.5.20 2006.5.20—2011.12.22 2011.12.22—2013.2.27	兼
建德市梅花城市建设开发有限公司	经　理		楼世红	2008.9.3—2011.12.22	

单位	部门	职务	姓名	任职时间	备注
物资公司		经　理	何国兴	继　任　　—2006.5.12	
			张建新	2006.5.20—2008.9.19	
			周新华	2008.9.19—2010.12.21	
		副经理	周新华	2006.5.20—2008.9.19	
汽车队		队　长	许星明	继　任　　—2006.7.07	
		副队长	张建新	继　任　　—2006.5.20	
杭州建德市新安江电力工程有限公司		总经理	郭为金	2006.5.23—2007.3.28	兼
			杨　斌	2007.3.28—2009.12.17	
			王晓宏	2009.12.17—	
		副经理	朱发尧	2006.6.8—2009.12.8	
			李冬华	2009.12.17—	
			杨　波	2009.12.17—	
紫金水电建筑工程分公司		经　理	张运雄	继　任　　—2006.5.12	兼
		副经理	周新华	继　任　　—2006.5.20	
			何少云	继　任　　—2006.5.12	
紫金机电安装公司		总经理	李建华	继　任　　—	兼
		副总经理	章品勋	继　任　　—	兼
		经营部副经理	孙春福	继　任　　—2006.5.20	
综合服务公司		总经理	葛京顺	继　任　　—2006.5.21	
			顾　鸣	2006.5.21—2008.9.19	（副科级）
			顾　鸣	2008.9.19—2013.5.23	
			葛京顺	2013.5.22—	
		副经理	郭　军	继　任　　—2006.5.21	
			叶新力	继　任　　—2006.6.20	
			郭平方	继　任　　—2006.6.20	
			葛京顺	2006.5.21—2013.5.22	
			陆晓敏	2006.5.21—2009.2.24	
			张建新	2009.2.24—2011.12.22	
			唐远涛	2011.12.22—	
			金水华	2013.8.7—	
		总会计师	郭　军	2006.5.21—2013.2.27	
	综合管理部	经　理	陆晓敏	2006.5.21—2009.2.24	兼
			张建新	2009.2.24—2011.12.22	兼
			王　卫	2011.12.22—2015.5.27	
			陈　峰	2015.9.8—	（副科级）
	经营部	经理	郭　军	2006.5.21—2013.2.27	兼
	财务资产部	经理	黄　卓	2013.8.9—	（副科级）
	市场发展部	经理	周灵敏	继　任　　—2011.5.3	
			叶新力	2011.12.22—2013.8.7	
			周灵敏	2013.8.7—	
		副经理	施　翔	2009.12.8—2011.12.22	
	工程部	经理	叶新力	2008.9.22—2011.12.22	
			施　翔	2011.12.22—	
		副经理	陆　炜	2015.9.8—	

综合服务公司	安全生产部	经　理	叶新力 王　东	2013.8.7—2015.6.18 2015.9.8—	（副科级）
	安全监察部	经　理	周灵敏	2011.5.3—2013.8.7	
	制造部	经理	孙春福 陈和冲	2006.5.20—2011.12.22 2011.12.22—	2013年8月7日前为制造公司
		副经理	李艳华	继　任　　—2015.3.27	
		总工程师	陈和冲	2006.6.21—2011.12.22	
	旅游公司	经理	郭平方 杨　俊	2000.12.21—2013.8.7 2015.9.8-	兼
		副经理	洪木兴 樊全忠 杨　俊 王玮江	2006.8.23—2008.9.19 2006.9.21— 2011.12.26—2015.9.8 2013.8.9—	2013年8月主持工作
	新安江电力水晶厂	副厂长	储新艺	继　任　　—2006.7.26	主持工作
	紫金物业有限公司	经理	葛京顺 王忠庆 王明亮	继　任　　—2006.6.10 2006.6.10—2008.8.26 2008.8.23—	
		副经理	王明亮 金水华 盛　谷 陈建军	2006.6.10—2008.8.26 2006.8.26—2010.12.21 2010.12.21—2015.4.27 2015.9.8—	
	上海华东消防工程有限公司	经理	王英明 叶新力 王忠庆	继　任　　—2006.6.20 2006.6.20—2008.8.23 2008.8.23—	
		副经理	王程远 吴忠敏	继　任　　—2009.12.17 2006.6.20—	
	昭通新安江企业管理有限公司	总经理	周灵敏	2008.9.19—2011.12.22	兼
		副总经理	施　翔	2008.9.19—2009.12.17	兼

【干部交流】 2007年2月，项晓光（2003年8月招聘至千岛湖培训中心工作）任千岛湖培训中心主任；同月，宋建国从新安江电厂调至千岛湖培训中心任副主任兼党支部书记（劳动、工资关系暂由新安江电厂代管，2014年4月开具“解除劳动合同证明书”报送华东电网有限公司）。

2007年2月，新安江电厂工会主席丁荣彬调至天荒坪抽水蓄能公司。

2007年2月，程超美从富春江水力发电厂调至新安江电厂，任厂党委委员、纪委书记。

2007年11月，新安江电厂1人，调至浙江桐柏抽水蓄能有限公司。

2009年11月，新安江电厂副厂长章品勋调至富春江水力发电厂任厂长。

2010年6月，新安江电厂1人，调至浙江仙居抽水蓄能有限公司筹建处。

2012年9月，新安江电厂张运雄调至福建厦门抽水蓄能有限公司筹建处。

【人事档案目标管理达公司一级标准】 2013年12月13日，根据新源公司人力资源部

《关于开展人事档案管理达标验收工作的通知》(新源人资〔2013〕134号)文件要求，新安江电厂成立以分管副厂长任组长的人事档案工作达标工作小组，人力资源部、财务部、物资部、生产技术部等负责人和相关人员为小组成员，按照公司人事档案目标管理一级标准的要求，购置新型自动选层档案柜，通过应用干部人事档案多媒体管理系统软件，大力开展“五个建设”组织管理建设、制度体系建设、软硬件设施建设，基础业务建设和队伍建设等方面工作，实现厂人事档案的制度化、规范化、科学化管理。

至2013年年底，全厂有干部人事档案共509卷，其中厂级领导9本(副本)，中层干部59卷，普通员工档案441卷。经新源公司干部人事档案工作目标管理检查验收小组考评，于2014年10月29日发文通知，新安江电厂自发文之日起具备公司干部人事档案目标管理一级。

【开展专业技术资格评审工作】 2006～2015年，新安江电厂的专业技术资格评定工作均按照相关文件要求执行，即员级、助理级的专业技术资格由厂自行负责考核认定，中级和副高级专业技术资格则需上报国家电网公司人才评价指导分中心负责考核评定或审批。

为进一步规范专业技术资格评审工作，根据国家电网公司人才评价指导中心相关文件精神，结合实际，2008年11月26日制定《新安江水力发电厂专业技术人员资格评审工作管理规定》(新电组织〔2008〕111号)。

根据厂内机构变化情况，2014年3月4日厂，调整厂专业技术资格鉴定委员会及下辖的专业技术资格鉴定工作小组组成人员(新电人资〔2014〕25号)。2006—2015年，认定和评审技术资格人员共138名。

表13-7 2006—2015年认定和评审技术资格人员情况统计表

年度	初级资格	中级资格	高级资格
2005	4	8	2
2006	0	9	1
2007	6	4	4
2008	6	3	5
2009	8	5	9
2010	9	3	5
2011	4	1	5
2012	5	9	2
2013	14	9	5
2014	3	4	0
2015	1	5	5
合计	60	60	43

表13-8 2006—2015年取得高级专业技术资格人员表

年份	姓名	级别	专业技术职务名称
2006	朱克刚	副高级	高级工程师
2007	陈　斌	副高级	高级工程师
2007	何少云	副高级	高级工程师
2007	刘双华	副高级	高级工程师
2007	骆军贤	副高级	高级工程师
2008	黄卫平	副高级	高级工程师
2008	李福钢	副高级	高级工程师
2008	章卫光	副高级	高级工程师
2008	王德强	副高级	高级工程师
2008	李春华	副高级	高级工程师
2009	傅剑文	副高级	高级工程师
2009	王　东	副高级	高级工程师
2009	杨　波	副高级	高级工程师

2009	李冬华	副高级	高级工程师
2009	江　伟	副高级	高级工程师
2009	徐　霞	副高级	副研究馆员
2009	陆晓敏	副高级	高级政工师
2009	汪　丰	副高级	高级政工师
2010	吴正良	副高级	高级工程师
2010	杨　勇	副高级	高级工程师
2010	姜卫海	副高级	高级工程师
2010	陶建军	副高级	高级工程师
2010	曾小平	副高级	高级工程师
2011	周　剑	副高级	高级工程师
2011	斯素芳	副高级	高级工程师
2011	杨庆业	副高级	高级工程师
2011	江哲文	副高级	高级政工师
2011	潘建华	副高级	高级经济师
2012	鲁昌生	副高级	高级工程师
2012	吕志峰	副高级	高级政工师
2013	王晓宏	副高级	高级工程师
2013	周尚东	副高级	高级工程师
2013	蔡　源	副高级	高级工程师
2013	陈连芳	副高级	高级工程师
2013	杜慧敏	副高级	高级经济师
2015	郑贤喜	副高级	高级工程师
2015	曹　波	副高级	高级工程师
2015	饶　源	副高级	高级工程师
2015	王建勇	副高级	高级工程师
2015	陈卫清	副高级	高级经济师

说明：2014 年未评审高级专业技术资格

表 13-9　　2006—2015 年取得中级专业技术资格人员

年份	姓名	级别	专业技术职务
2006	卢　江	中级	工程师
2006	程红漫	中级	工程师
2006	周　剑	中级	工程师
2006	王加强	中级	工程师
2006	陈　华	中级	工程师
2006	来　芳	中级	工程师
2006	盛　谷	中级	政工师
2006	江哲文	中级	政工师
2006	李　静	中级	馆　员
2007	陈伟东	中级	工程师
2007	姜卫海	中级	工程师
2007	鄢卫东	中级	工程师
2007	帅红卫	中级	馆　员
2008	金卫华	中级	工程师
2008	潘　炼	中级	政工师
2008	董　薇	中级	政工师
2009	苏文博	中级	工程师
2009	占江皓	中级	工程师
2009	林　阳	中级	工程师
2009	饶　源	中级	工程师
2009	胡　蔚	中级	工程师
2010	周　晨	中级	工程师
2010	金　超	中级	会计师

2010	姜　涛	中级	经济师
2011	邓亚新	中级	工程师
2012	曹　波	中级	工程师
2012	董　媛	中级	工程师
2012	尹　熙	中级	工程师
2012	王晓健	中级	工程师
2012	孙　正	中级	工程师
2012	余晓燕	中级	工程师
2012	邓金荣	中级	工程师
2012	翟德劼	中级	工程师
2012	韩卓颖	中级	会计师
2012	曹　波	中级	工程师
2013	陈尊杰	中级	工程师
2013	张　兵	中级	工程师
2013	王　俊	中级	工程师
2013	王昊飞	中级	工程师
2013	叶友卫	中级	工程师
2013	孙　远	中级	工程师
2013	闫营臣	中级	工程师
2013	王福润	中级	工程师
2013	林婷婷	中级	会计师
2014	盛晓栋	中级	工程师
2014	夏书生	中级	工程师
2014	张　帆	中级	工程师
2014	傅威宜	中级	工程师
2015	何小龙	中级	工程师
2015	楚霖松	中级	工程师
2015	倪　健	中级	工程师
2015	浦睿诣	中级	工程师
2015	吴昕达	中级	工程师

【技术干部援藏帮扶】 2006—2015年，新安江电厂坚决贯彻落实国家电网公司和华东电网有限公司关于人才援藏的有关指示精神，持续开展对西藏电力有限公司的人才帮扶工作。按照相关要求，精心选拔了厂内优秀技术干部支援西藏建设，先后派出3批、共3位技术骨干支援西藏。均圆满完成对藏人才帮扶工作，得到援助单位的高度评价和国网公司的充分肯定。2008年3月，国网公司表彰人才援藏工作先进单位和先进个人，新安江电厂被评为国家电网公司人才帮扶工作先进单位。

刘双华，2005年5月响应国网公司号召，积极报名，经过组织挑选，被华东电网有限公司选送到西藏电力公司直孔电站工程建设指挥部，参加直孔电站工程建设。2006年11月圆满完成援藏任务回厂，被国网公司评为人才帮扶工作优秀帮扶人员。

何少云，2007年9月根据国网和华东公司要求，经过组织挑选，赴西藏巴河雪卡水电站工程建设指挥部，参加电站工程建设工作。本次为二次进藏（何少云曾于2003年12月至2005年1月首次进藏参加援藏任务），2008年

图13-1　2015年12月，欢迎技术干部孙正赴西藏沃卡发电公司进行为期一年半的帮扶工作后回厂

9月圆满完成援藏任务回厂，被国网公司评为人才帮扶工作先进帮扶人员。

孙正，按照2014年6月国家电网公司对藏人才帮扶工作部署和派援单位新源公司相关要求，通过自愿报名、严格选拔、组织考察等程序，赴国网西藏沃卡发电公司进行为期一年半的帮扶工作。

【西藏直孔水电厂干部到厂调研】 2007年1月29日—2月1日，西藏直孔电厂党委书记、副厂长边巴，生产副厂长魏杰及综合处、发电部负责人等一行7人专程到新安江电厂调研，了解企业发展情况和学习管理经验，同时感谢华东公司党组、新安江水电厂领导班子和技术干部对西藏电力建设的大力支持。临行前，西藏朋友赠送哈达以道吉祥如意！

【选拔干部到华东公司挂职】 2006年至2011年间，新安江电厂共4人被选拔到华东电网有限公司挂职锻炼。

徐良玉，2004年1月至2006年2月，到华东电网公司生产部生技处挂职锻炼。

张运雄，2006年7月至2009年1月，到华东电网公司生产部发电处挂职锻炼。

帅以政，2009年2月至2010年7月，到华东电网公司思想政治工作部宣传处挂职锻炼。

余敬基，2010年7月至2011年4月，到华东电网公司思想政治工作部宣传处挂职锻炼。

【电力干部到厂挂职、挂岗】 根据国家电网公司和新源公司的统一安排，2009年至2015年间，分别有5批、共6位青年管理和技术骨干到新安江电厂锻炼实践。到厂锻炼期间，根据各自特点制订详细的实践锻炼计划，并有意识地交任务、压担子，支持实践锻炼人员大胆工作要求，与挂职人员相互切磋、取长补短、共同提高，切实达到实践锻炼人员更新思想观念、学习先进管理方法、提高管理能力的目的，确保实践锻炼取得成效。

表13-10　　2009～2015年电力干部到厂实践简况表

序号	姓名	挂职岗位	所在单位	所在单位职务	挂职锻炼时间
1	乔景辉	厂长助理	丰满发电厂	副厂长	2009年7月27日至10月26日
2	刁黎辉	厂长助理	白山发电厂	总会计师	2010年4月12日至7月11日
3	韩树军	厂长助理	松江河发电厂	纪委书记兼代理工会主席	2010年7月1日至9月30日
4	张立锋	多部门实践锻炼	西藏电力有限公司	发电处处长	2012年5月3日至7月6日
5	尼玛扎西	多部门实践锻炼	西藏电力有限公司巴河发电分公司	运行分厂主任	2012年5月3日至12月3日
6	郭琳玲	多部门实践锻炼	西藏电力有限公司巴河发电分公司	运维检修部副主任	2015年7月16日至12月31日

【选派干部到新源公司挂岗（借用）】 根据新源公司本部工作的需要，为加大优秀年轻干部的选拔培养力度，2011 年至 2015 年，新安江电厂共有 18 名优秀年轻干部到公司本部挂岗锻炼或借用工作。

2011 年 6 月，骆军贤、杨波、李福钢、李冬华、李靖华、金超等 6 人到新源公司本部挂岗锻炼（借用）。

2012 年 4 月，张运雄、胡蔚 2 人到新源公司本部挂岗锻炼（借用）。骆军贤、李靖华完成挂岗锻炼（借用）返厂。9 月，高国庆借用到新源公司本部工作，张运雄结束挂岗锻炼返回。

2013 年 3 月，刘双华到新源公司本部挂职锻炼，李冬华、李福钢、杨波完成挂岗锻炼（借用）任务返厂。6 月，赖江波借用到新源公司本部工作。

2014 年 2 月，王东、张兵、尹熙、朱克刚等 4 人到新源公司本部挂岗锻炼，胡蔚完成挂岗任务返厂。3 月，刘双华完成挂岗锻炼任务返厂。6 月，余晓燕借用到新源公司本部工作。

2015 年 3 月，邓亚新到新源公司本部挂职锻炼，王东、朱克刚、赖江波完成挂岗锻炼（借用）返厂。

·发展计划·

【概况】 根据新源公司《关于新安江水力发电厂机构设置和中层干部调整的批复》（人资〔2011〕207 号）意见，2011 年 12 月 15 日增设发展计划部，主要职责包括企业发展规划、综合计划管理，合同管理、综合统计管理，发电量计划、电价管理以及发电业务、电力监管业务管理、小型基建管理等。2013 年 9 月，新安江电厂“三定”（定员、定岗、定编）方案实施后，非生产技术改造、非生产大修管理职能划入发展计划部。

【综合计划管理】 2011 年 4 月 21 日，新安江电厂整体划转到新源水电有限公司后，由原项目计划管理调整为综合计划管理。2012 年 7 月下达新源发展〔2012〕248 号文《关于调整公司综合计划业务管理流程的通知》，明确综合计划包括电网基建、小型基建、生产技改（含安全专项技改）、非生产技改、零购、信息投入、生产大修（含安全专项大修）、非生产大修、研究开发、管理咨询、教育培训、股权投资等各个方面，包括计划指标和专项计划。2013 年 5 月下达新源发展〔2013〕223 号文《国网新源控股有限公司关于印发<国网新源控股有限公司综合计划项目储备库管理办法（试行）>的通知》，综合计划业务增加了项目储备管理环节，新安江电厂 2014 年起开始执行。

综合计划管理经过完善和提高，到 2015 年止，已规定项目储备、计划编制、审批、下达、执行、检查、调整、考核（考评）等 8 个过程的管理。实施统一编制、统一上报、统一下达、统一调整的“四统一”管理模式。明确了综合计划启动暨专项计划建议编制（储备库）、综合计划编制（总控目标确定、计划草案编制）、综合计划执行、综合计划检查与考核四个阶段。

【编制综合计划储备库】 2013 年 5 月根据国网新源公司要求，增加综合计划储备库环节，储备库的项目储备按照可研论证、审查、批复三个环节，提前一年编制。2013 年编制完成 2014 年综合计划储备库。

表 14-11　　新安江电厂综合计划储备库指标汇总表

指标名称	计量单位	2014 年综合计划储备库		2015 年综合计划储备库		2016 年综合计划储备库	
		投入资金	项目数	投入资金	项目数	投入资金	项目数
一、发展投入指标							
（一）固定资产投资							
1. 基本建设	万元						
小型基建	万元						
2. 技术改造	万元						
其中：生产性技改	万元	1168.09	12	2302.19	16	1287.87	15
安全专项技改	万元	215.5	2	193.7	1		
非生产性技改	万元						
3. 零购	万元	214.23	10	253.95	13	319.95	10
（二）其他专项计划							
1. 大修项目	万元						
其中：生产性大修	万元	1975.04	14	2687.6	27	2808.02	22
安全专项大修	万元	59.8	3	50	2		
非生产性大修	万元	120	5	114	3		
2. 研究开发费	万元	399.3	12	326	9	308.3	7
3. 信息化建设	万元	34	2	90.7	3	25	1
其中：资本性	万元	34		49.9		23	
成本性	万元			40.8		2	
4. 管理咨询费	万元						
5. 教育培训	万元	315	45	266.57	30		
合计	万元	4534.96	105	6375.41	104	244.67	19

【经济法律管理应用系统上线运行】 2011年10月15日根据新源公司的统一布置和《合同管理标准》要求，新源公司的“经济法律管理业务应用系统”正式上线运行，新安江电厂的合同业务开始在该系统上流转审批。

【下达综合计划指标】 2012—2015年全厂综合计划下达项目共计736项，下达资金34390.16万元；调整项目9项，调整资金143.61万元；完成项目531项目，完成资金23260.28万元。具体见表。

表 13-12

2012—2015 年新安江电厂综合计划指标汇总表

指标名称	2012 年综合计划下达		2012 年综合计划调整		2012 年综合计划完成		2013 年综合计划下达		2013 年综合计划调整		2013 年综合计划完成	
	资金（万元）	项目数（个）	资金（万元）	项目数（个）	资金（万元）	项目数（个）	资金（万元）	项目数（个）	资金（万元）	项目数（个）	资金（万元）	项目数（个）
一、发展投入指标												
（一）固定资产投资												
1. 基本建设												
其中：　小型基建	200	1			200		690	1			690	1
2. 技术改造					4295.91							
其中：生产性技改	3846.4	57	80	1		55	3484.38	45	-195	-1	3298.16	44
安全专项技改	545.64	2	-168.47			2						
非生产性技改												
3. 零购	147.2	6			147.03	6	163.33	6	13.5	2	175.36	7
（二）其他专项计划												
1. 大修项目												
其中：生产性大修	4894.56	55			4894.39	55	4133.1	36			4134.84	36
安全专项大修							75	3			71.6	3
非生产性大修							149	2			149	2
2. 研究开发费	358	7	51	1	408.93	7	116	6			118.99	6
3. 信息化建设	206	4	92	2	297.8	5	355	4	-36.47		346.3	5
其中：资本性	46		27		73.03		128				127.44	
成本性	160		65		224.84		227		-36.47		218.87	
4. 管理咨询费												
5. 教育培训	275.02	113			275	113	331.38	78			264.49	78
二、资产质量指标												
1. 资产总额	32621.00				39054.94		41008.00				40668.70	
2. 资产负债率	100				100		100				100	

3. 应收电费余额	3296						4625				4495	
三、经营业绩指标											
1. 发电量	15. 65		2. 92		20. 84		17. 00		4		22. 56	
2. 营业收入	36805. 00				39189. 07		47436. 00				48240. 26	
3. 利润总额	-1183. 00		589		228. 21		6164. 00				8480. 44	
4. 可控费用	10924		304		10618		11372		728		11304	
5. 职工人数	573. 00		4		556. 00		536. 00		1		537. 00	
6. 工资总额					12513. 80				12600. 00			
7. 全员劳动生产率	995436		446442		590780		605931				675266	
四、特性指标												
1. 综合厂用电率	2. 55				2. 37		2. 55		-0. 1		2. 15	
2. 台均机组非停次数			1. 00		0. 00		1. 00				0. 00	
3. 等效可用系数			88. 40		91. 15		85. 55				89. 79	
4. 启动成功率			98				99				100	
一、发展投入指标												
（一）固定资产投资												
1. 基本建设												
其中：小型基建												
2. 技术改造	1140. 69											
其中：生产性技改	1110. 89	11			1110. 4	11	2363. 2	16	81. 09	5	2440. 97	18
安全专项技改	29. 8	1			29. 8	1	193. 7	1			187. 1	1
非生产性技改			171	1	170. 9	1						
3. 零购	191	9			190. 64	9	235. 93	13	16. 32	2	277. 73	13
（二）其他专项计划												
1. 大修项目												

其中：生产性大修	1892.87	14	98	1	1990.8	15	2687.6	22			2687.55	22
安全专项大修							50	2			46.86	2
非生产性大修	120	5			119.98	5	114	3			113.94	3
2.研究开发费	248.3	11			248.22	11	211	9	-8	1	202.35	9
3.信息化建设	136.5	3	37.26	2	159.12	5	332.7	4	-42.2	2	290.29	4
其中：资本性	40		12.34		44.73		291.9		-42.2		249.5	
成本性	96.5		24.92		114.39		40.8		0		40.79	
4.管理咨询费												
5.教育培训	273.29	48			184.88	48	251.61	34			228.53	34
二、资产质量指标												
1.资产总额	35907.00				37657.70		38000.00				37173.86	
2.资产负债率	100				100		100				100	
3.应收电费余额	4625				4625		4625				4625	
三、经营业绩指标												
1.发电量	15.00		2.2		18.06		15.00		8.5		27.98	
2.营业收入	48136.00				47931.33		47876.00				47961.79	
3.利润总额	9907.00		2672		13015.80		12134.53		-742		12062.91	
4.可控费用	9072		853		9899		11617		-240		10891.85	
5.职工人数	495.00		8		501.00		497.00		-4		494	
6.工资总额												
7.全员劳动生产率	594050				787300		858919		-18919		826334	
四、特性指标												
1.综合厂用电率	3.33		-0.39		2.41		2.81		-0.71		1.78	
2.台均机组非停次数	1.00				0.11		0.50				0	
3.等效可用系数	89.72				93.43		91.61				94.26	
4.启动成功率	99				100		99				100	

说明：2012 年-2015 年综合计划下达项目共计 632 项，下达资金 30412.4 万元；调整项目 19 项，调整资金 190.03 万元；完成项目 637 项，完成资金 30462.34 万元。

【规划计划信息管理平台投用】 新安江电厂于2014年9月9日正式开始使用国家电网新源公司统一的“规划计划信息管理平台”。规划计划信息管理平台专项计划模块20个：综合计划模块、零星购置模块、生产技改模块、生产大修模块、非生产技改模块、非生产大修模块、研究开发模块、信息化模块、小型基建模块、管理咨询模块、教育培训模块、电价管理模块、发电量计划模块、施工进度计划模块、外事模块、物资需求模块、电源基建模块、安全专项（大修）模块、安全专项（技改）模块、人力资源模块。年度综合计划的上报和下达等在该平台中完成。

【综合统计】 综合统计工作由一名副厂长负责领导。根据《中华人民共和国统计法》、《中华人民共和国统计法实施细则》《国家电网公司统计管理规定》，本着科学严谨、实事求是、准确及时、完整有效、优质服务的原则开展工作。

2006年1月1日至7月7日综合统计工作隶属计划科管理；2006年7月7日至2008年5月隶属财务部管理；2008年5月至2013年7月隶属生产技术部管理；2013年7月至2015年12月隶属发展计划部管理。

综合统计数据向外报送单位：国家电网公司、华东电网有限公司（后为国家电网华东分部）、国家电网新源控股有限公司、浙江省电力公司、国家能源局浙江省监管办公室（原浙江省电监办）、杭州市统计局、太湖流域管理局。

表 13-13

2006—2015 年综合统计主要数据表

年份	资产总额	营业收入	利润总额	装机容量	发电量	关口电量	综合厂用电率	厂用电	调相用电	自用电	等效可用系数	固定资产投资	大修投入	职工人数	降雨量	来水量	发电单耗
单位	亿元	亿元	亿元	MW	亿 kwh	亿 kwh	%	万 kwh	万 kwh	万 kwh	%	亿元	亿元	人	mm	M^3	M^3/kwh
2006	3.531	0.293	—	822.5	11.57	11.11	3.94	776.53	1373.90	1201.42	93.43	0.31	0.49	633	1387	78.19	5.65
2007	3.394	0.314	—	822.5	9.68	9.22	4.78	798.88	1454.91	1268.17	92.54	0.343	0.66	606	1369	57.99	5.50
2008	3.235	0.316	—	827.5	15.22	14.69	3.94	799.67	1861.81	1158.42	92.74	0.356	0.66	599	1784	107.15	5.27
2009	3.074	0.305	—	850	16.98	16.49	2.92	770.87	1430.39	1110.02	93.21	0.221	0.656	588	1520	88.31	5.34
2010	2.724	0.304	—	850	23.65	23.13	2.20	763.43	1281.48	1133.20	93.90	0.162	0.761	579	1993	139.71	5.15
2011	3.077	1.344	-2.488	850	20.62	19.77	2.42	791.32	1332.10	1151.98	92.48	0.447	0.585	559	1659	101.08	5.20
2012	3.905	3.919	0.022	850	20.84	20.35	2.37	664.30	1326.36	1279.36	91.15	0.472	0.499	556	2082	131.6	5.29
2013	4.067	4.824	0.848	850	22.56	22.07	2.15	432.29	1098.56	1418.01	89.79	0.416	0.436	537	1488	98.13	5.34
2014	3.765	4.793	1.301	850	18.06	17.62	2.41	123.06	1124.95	1366.89	93.43	0.1502	0.211	517	1912	122.3	5.16
2015	3.717	4.796	1.206	850	27.98	27.48	1.78	408.34	1178.54	1310.91	94.26	0.312	0.285	494	2397	160.5	5.26

说明：2010 年及以前，在华东电网公司管理期间，未下达利润指标

【发电量、上网电量】 发电量计量点在机组出口，上网电量计量点在220千伏出线。上网电量用于衡量是否完成华东公司下达的年度电量计划指标。发电量用于衡量是否完成新源公司下达的年度发电计划指标。由于重视优化调度，2010—2013年连续4年，发电量均超20亿千瓦时，创新安江电厂建厂纪录。

表13-14　　2006—2015年发电量、上网电量统计表

单位：万千瓦时

年份	月份	全口径		全民		杭投公司	
		发电量	上网电量	发电量	上网电量	发电量	上网电量
2006	1	3253.74	2849.14	1820.88	1594.45	1432.86	1254.69
	2	14231.56	13822.99	9590.93	9315.58	4640.64	4507.41
	3	13255.82	12867.68	8301.02	8057.96	4954.80	4809.72
	4	3798.10	3492.40	2160.96	1987.03	1637.14	1505.37
	5	39495.05	38993.12	27146.63	26801.63	12348.43	12191.49
	6	11691.87	11317.79	7891.90	7639.39	3799.98	3678.39
	7	6367.22	5975.69	4372.99	4104.09	1994.22	1871.60
	8	15782.36	15356.25	10179.16	9904.33	5603.20	5451.92
	9	2211.84	1870.55	1261.67	1066.99	950.17	803.55
	10	3232.63	2877.55	2271.30	2021.82	961.32	855.73
	11	1386.17	1029.07	689.89	512.16	696.28	516.91
	12	984.89	685.13	619.24	430.77	365.65	254.36
	合计	115691.26	111137.35	76306.57	73436.21	39384.69	37701.14
2007	1	8966.13	8547.95	5701.59	5435.67	3264.54	3112.28
	2	5814.83	5472.51	3684.85	3467.92	2129.98	2004.59
	3	5477.14	5099.32	2935.76	2733.24	2541.38	2366.07
	4	8505.12	8157.60	5295.95	5079.56	3209.17	3078.04
	5	10928.44	10549.76	7151.28	6903.48	3777.16	3646.27
	6	2185.61	1835.43	1209.04	1015.33	976.57	820.10
	7	18387.88	17906.22	12762.82	12428.51	5625.05	5477.71
	8	19225.86	18722.46	13216.17	12870.12	6009.69	5852.34
	9	8684.91	8314.15	5668.05	5426.08	3016.86	2888.07
	10	2280.26	1929.84	1265.84	1071.31	1014.42	858.53
	11	4426.95	4083.02	3234.14	2982.88	1192.81	1100.14
	12	1927.65	1562.83	1199.40	972.40	728.25	590.42
	合计	96810.77	92181.09	63324.89	60386.52	33485.88	31794.57
2008	1	15478.95	15001.22	9962.12	9654.66	5516.83	5346.56
	2	10465.92	9988.60	6680.30	6375.63	3785.62	3612.97
	3	6235.35	5828.12	4211.78	3936.71	2023.57	1891.41
	4	961.57	572.15	654.24	389.28	307.34	182.87
	5	2117.00	1706.07	1275.41	1027.85	841.58	678.23
	6	36210.58	35655.00	25301.86	24913.66	10908.71	10741.34
	7	27518.83	26965.12	18573.17	18199.46	8945.66	8765.66
	8	22121.78	21609.93	14425.30	14091.53	7696.48	7518.40

年份	月份	全口径		全民		杭投公司	
		发电量	上网电量	发电量	上网电量	发电量	上网电量
	9	7453.64	7057.93	3932.63	3723.85	3521.01	3334.09
	10	4021.78	3669.97	2448.05	2233.90	1573.73	1436.07
	11	7889.55	7509.48	4539.05	4320.39	3350.50	3189.09
	12	11710.70	11307.28	6028.93	5821.23	5681.78	5486.04
	合计	152185.64	146870.87	98032.84	94688.14	54152.80	52182.73
2009	1	21035.26	20587.78	13648.28	13357.94	7386.98	7229.84
	2	14876.41	14473.59	9544.69	9286.24	5331.72	5187.35
	3	31380.39	30880.77	21552.42	21209.27	9827.97	9671.49
	4	24656.37	24224.53	15978.59	15698.74	8677.77	8525.79
	5	18656.50	18246.73	11270.31	11022.77	7386.19	7223.96
	6	12924.60	12534.14	7522.64	7295.37	5401.96	5238.77
	7	4298.91	3909.52	2280.28	2073.73	2018.63	1835.79
	8	9674.45	9260.22	5943.54	5689.06	3730.91	3571.16
	9	14410.98	13949.92	9518.99	9214.45	4891.98	4735.47
	10	5617.09	5275.04	3177.80	2984.29	2439.29	2290.75
	11	8729.02	8318.48	4841.07	4613.38	3887.96	3705.10
	12	3558.68	3203.27	2016.10	1814.75	1542.58	1388.52
	合计	169818.64	164863.99	107294.70	104259.99	62523.95	60603.99
2010	1	15306.49	14872.44	10500.55	10202.78	4805.94	4669.66
	2	1938.96	1617.90	1315.07	1097.31	623.89	520.59
	3	51319.57	50750.88	35145.78	34756.32	16173.80	15994.57
	4	55381.23	54774.46	38282.40	37862.96	17098.83	16911.49
	5	22098.41	21673.34	15029.27	14740.18	7069.14	6933.16
	6	14320.52	13931.86	9640.57	9378.92	4679.96	4552.94
	7	23407.20	22921.64	16004.54	15672.54	7402.66	7249.10
	8	24149.38	23645.79	15955.30	15622.58	8194.08	8023.21
	9	7395.51	7014.64	4326.26	4103.45	3069.26	2911.19
	10	7181.67	6824.88	5193.90	4935.86	1987.77	1889.02
	11	6844.99	6481.68	5349.97	5066.00	1495.03	1415.67
	12	7165.53	6787.28	5600.53	5304.90	1565.00	1482.39
	合计	236509.47	231296.79	162344.12	158743.81	74165.35	72552.98
2011	1	28269.28	27786.37	22098.35	21720.86	6170.93	6065.51
	2	13789.53	13387.92	10515.08	10208.83	3274.45	3179.08
	3	8175.34	7777.18	4731.72	4501.27	3443.63	3275.91
	4	5235.29	4869.48	2493.30	2319.08	2742.00	2550.40
	5	6161.83	5782.02	3535.48	3317.56	2626.35	2464.47
	6	33796.21	33319.23	23059.26	22733.82	10736.95	10585.41
	7	34698.42	34199.35	23727.60	23386.33	10970.81	10813.02
	8	20401.70	19970.07	12927.83	12654.31	7473.88	7315.76
	9	10054.52	9693.60	5308.26	5117.71	4746.26	4575.89
	10	20998.43	20600.87	12905.43	12661.09	8093.00	7939.78
	11	4770.16	4448.88	2667.03	2487.40	2103.13	1961.48

年份	月份	全口径		全民		杭投公司	
		发电量	上网电量	发电量	上网电量	发电量	上网电量
	12	16220.98	15833.03	9647.57	9416.84	6573.41	6416.20
	合计	202571.69	197667.99	133616.90	130525.09	68954.79	67142.90
2012	1	7789.36	7437.94	4584.51	4377.67	3204.85	3060.26
	2	16824.88	16457.13	10627.69	10395.40	6197.19	6061.73
	3	34191.93	33718.40	23146.34	22825.78	11045.59	10892.61
	4	32043.85	31613.42	21807.91	21514.97	10235.94	10098.45
	5	44347.94	43826.75	30396.36	30039.13	13951.58	13787.62
	6	18645.07	18253.33	13693.78	13406.07	4951.29	4847.26
	7	8889.09	8445.78	6899.51	6555.42	1989.58	1890.36
	8	9846.36	9418.15	7504.42	7178.06	2341.94	2240.09
	9	12462.63	12108.20	9509.22	9238.78	2953.41	2869.42
	10	5637.45	5268.01	4159.74	3887.14	1477.71	1380.87
	11	3220.64	2797.45	2510.03	2180.22	710.61	617.23
	12	14510.67	14116.71	11153.10	10850.30	3357.57	3266.41
	合计	208409.87	203461.26	145992.62	142448.96	62417.25	61012.31
2013	1	27854.76	27351.35	19256.06	18908.05	8598.70	8443.30
	2	16003.00	15617.13	11310.08	11037.37	4692.92	4579.76
	3	27147.85	26653.65	18654.00	18314.42	8493.85	8339.23
	4	18257.70	17819.10	12755.83	12449.40	5501.87	5369.70
	5	23746.99	23326.78	17180.90	16876.88	6566.09	6449.90
	6	22922.37	22503.31	16090.14	15795.98	6832.23	6707.32
	7	37552.76	37008.79	26169.90	25790.81	11382.86	11217.97
	8	19568.34	19170.62	13617.76	13340.99	5950.58	5829.64
	9	7057.66	6748.79	4982.30	4764.25	2075.36	1984.54
	10	6359.12	6061.07	4757.65	4534.66	1601.47	1526.41
	11	6094.21	5802.09	4700.80	4475.47	1393.41	1326.62
	12	13023.36	12678.71	9318.27	9071.66	3705.09	3607.04
	合计	225588.14	220741.38	158793.69	155359.95	66794.45	65381.44
2014	1	6417.91	6098.82	—	—	—	—
	2	4702.13	4421.95	—	—	—	—
	3	3096.07	2765.93	—	—	—	—
	4	1847.20	1552.37	—	—	—	—
	5	15291.57	14949.37	—	—	—	—
	6	21138.64	20797.92	—	—	—	—
	7	27188.94	26795.47	—	—	—	—
	8	27150.58	26722.71	—	—	—	—
	9	25026.08	24586.95	—	—	—	—
	10	18932.83	18538.50	—	—	—	—
	11	15367.33	14964.26	—	—	—	—
	12	14432.42	14044.80	—	—	—	—
	合计	180591.72	176239.06	—	—	—	—
2015	1	19728.04	19319.63	—	—	—	—
	2	10030.81	9756.28	—	—	—	—

年份	月份	全口径		全民		杭投公司	
		发电量	上网电量	发电量	上网电量	发电量	上网电量
	3	26965.74	26527.62	—	—	—	—
	4	26948.47	26510.88	—	—	—	—
	5	43878.15	43380.90	—	—	—	—
	6	25556.68	25105.77	—	—	—	—
	7	18532.88	18111.67	—	—	—	—
	8	26053.12	25595.06	—	—	—	—
	9	16579.51	16219.63	—	—	—	—
	10	13353.12	12948.78	—	—	—	—
	11	14274.21	13889.62	—	—	—	—
	12	37882.01	37432.30	—	—	—	—
	合计	279782.74	274798.13	—	—	—	—

说明：2012 年 12 月 31 日，杭州华东电力投资经营有限公司（杭投公司）的 26 万千瓦发电容量已回归新安江电厂根据上级要求，2013 年电量统计仍分为全民和杭投公司两部分，实际电量收入已全部纳入电厂核算，杭投公司电量只作为统计用

【累计发电、上网电量】 新安江电厂自 1960 年发电至 2015 年年底累计发电量 894.91 亿千瓦时（其中包含杭州华东电力投资经营有限公司 63.70 亿千瓦时）。自 2002 年关口电能表移至 220kV 线路后，上网电量累计 241.14 亿千瓦时（其中包含杭州华东电力投资经营有限公司上网电量 61.62 亿千瓦时）。

【历史最大年发电量】 2015 年发电量达到 27.98 亿千瓦时，创历年发电量最高纪录。2015 年初发电用水单耗 5.26 立方米/千瓦时，为发电以来历年较低发电用水单耗第四。2015 年年初，水库水位 100.81 米，年末水库水位 101.94 米。由于 2015 年全球厄尔尼诺现象严重，水库流域全年降雨及来水量都较大，分别为 2396.7 毫米（为发电以来年降水量第二位，1930 年以来年降水量第六位）和 160.5 亿立方米（为发电以来年来水量第三，1930 年以来第 6）。第一至四季度降雨和来水量除第二季度明显偏大外，其他季度比较均衡，数值也较大，分别为 393.5 毫米、25.4 亿立方米；1007.6 毫米、71.9 亿立方米；551.7 毫米、34.5 亿立方米；443.9 毫米、28.7 亿立方米。

【综合厂用电量】 由电站年发电量减去上网电量所发生的综合厂用电量，包含调相电量、厂用电量、自用电量和变压器损耗。自用电量是厂区及附近区域所用 101、103、104、106 线路电量之和。

变压器损耗电量受发电量影响，成正向关系。调相电量主要受总调下达的运行方式影响，同时也受发电量影响：发电量大，相应的调相运行小时数就少一些，成反向关系。近年变压器损耗电量增大、调相电量减少，年度发电量增大是主因，但自用电量明显增大，厂用电量却在减少，维持了综合厂用电率在上级下达的控制指标内。

表 13-15　　2006—2015 年综合厂用电统计表

单位：万千瓦时，%

年度	月度	调相电量	自用电量	厂用电	变压器损耗	综合厂用电率
2006	1	159.82	128.79	53.83	62.16	12.43
	2	124.18	125.37	36.20	122.82	2.87
	3	104.46	102.00	63.57	118.11	2.93
	4	111.07	69.19	58.86	66.58	8.05
	5	39.89	80.47	68.28	313.29	1.27
	6	110.75	115.84	40.26	107.23	3.20
	7	126.05	106.14	78.52	80.81	6.15
	8	99.38	110.13	81.58	135.03	2.70
	9	127.35	78.02	67.99	67.93	15.43
	10	135.54	123.22	47.87	48.46	10.98
	11	144.49	94.76	85.24	32.62	25.76
	12	90.91	67.49	94.34	47.02	30.44
	合计	1373.90	1201.42	776.53	1202.05	3.94
2007	1	120.62	133.25	49.33	114.98	4.66
	2	123.98	117.38	70.91	30.05	5.89
	3	132.65	102.40	57.85	84.92	6.90
	4	108.55	122.81	49.65	66.51	4.09
	5	106.17	99.44	56.61	116.47	3.47
	6	128.39	110.52	78.65	32.61	16.02
	7	111.68	103.07	51.26	215.64	2.62
	8	125.79	120.06	110.55	147.01	2.62
	9	115.22	108.10	45.97	101.46	4.27
	10	134.72	50.81	80.17	84.73	15.37
	11	110.85	113.03	94.44	25.60	7.77
	12	136.29	87.30	53.51	87.72	18.93
	合计	1454.91	1268.17	798.88	1107.71	4.78
2008	1	109.46	83.72	106.56	177.99	3.09
	2	161.38	101.90	73.25	140.79	4.56
	3	150.48	101.08	76.80	78.88	6.53
	4	204.90	75.88	89.08	19.56	40.50
	5	202.66	65.92	77.64	64.70	19.41
	6	206.25	74.31	75.06	199.95	1.53
	7	129.04	103.70	52.77	268.20	2.01
	8	137.99	127.29	34.79	211.77	2.31
	9	145.73	135.99	69.75	44.24	5.31
	10	147.80	63.83	73.81	66.37	8.75
	11	143.14	99.20	40.31	97.42	4.82
	12	122.97	125.58	29.85	125.01	3.44
	合计	1861.81	1158.42	799.67	1494.88	3.49
2009	1	126.35	121.30	46.89	152.94	2.13
	2	103.00	96.96	69.31	133.55	2.71
	3	83.13	88.81	58.65	269.03	1.59
	4	102.01	101.27	72.54	156.01	1.75

年度	月度	调相电量	自用电量	厂用电	变压器损耗	综合厂用电率
	5	101.12	82.74	51.79	174.12	2.20
	6	117.99	102.02	67.27	103.18	3.02
	7	172.80	84.23	51.02	81.33	9.06
	8	114.93	108.92	61.93	128.46	4.28
	9	124.70	96.90	34.18	205.28	3.20
	10	119.80	84.98	80.02	57.26	6.09
	11	139.60	65.80	85.73	119.41	4.70
	12	124.96	76.09	91.54	62.81	9.99
	合计	1430.39	1110.02	770.87	1643.38	2.92
2010	1	128.62	69.21	67.11	169.11	2.84
	2	150.99	63.84	61.11	45.12	16.56
	3	11.01	108.66	88.50	360.51	1.11
	4	6.94	79.23	69.79	450.81	1.10
	5	98.38	70.06	83.50	173.13	1.92
	6	104.16	87.14	43.68	153.69	2.71
	7	117.56	120.11	70.02	177.86	2.07
	8	131.65	96.62	55.21	220.10	2.09
	9	132.96	123.22	71.46	53.24	5.15
	10	127.84	75.25	72.51	81.20	4.97
	11	130.96	112.37	28.03	91.96	5.31
	12	140.40	127.50	52.51	57.84	5.28
	合计	1281.48	1133.20	763.43	2034.57	2.20
2011	1	73.63	109.30	61.59	238.38	1.71
	2	137.13	131.75	64.50	68.22	2.91
	3	141.12	79.78	55.68	121.58	4.87
	4	149.74	124.05	68.28	23.75	6.99
	5	159.26	77.18	50.70	92.66	6.16
	6	69.29	116.70	32.54	258.46	1.41
	7	69.98	96.97	91.59	240.52	1.44
	8	105.95	80.87	55.46	189.36	2.12
	9	124.38	120.60	63.32	52.62	3.59
	10	98.78	62.66	89.21	146.90	1.89
	11	121.20	64.38	49.84	85.86	6.74
	12	81.64	87.74	108.60	109.96	2.39
	合计	1332.10	1151.98	791.32	1628.29	2.42
2012	1	112.51	54.14	58.24	126.54	4.51
	2	72.28	134.67	77.84	82.95	2.19
	3	49.85	77.96	59.01	286.72	1.38
	4	44.91	109.94	69.82	205.76	1.34
	5	30.35	67.57	53.94	369.34	1.18
	6	89.76	108.86	70.26	122.87	2.10
	7	191.57	123.02	76.53	52.20	4.99
	8	169.14	114.27	52.10	92.69	4.35
	9	97.09	115.92	35.97	105.44	2.84
	10	154.50	116.25	35.80	62.89	6.55
	11	221.16	122.34	34.96	44.73	13.14

年度	月度	调相电量	自用电量	厂用电	变压器损耗	综合厂用电率
	12	93.23	134.43	39.83	126.46	2.71
	合计	1326.36	1279.36	664.30	1678.59	2.37
2013	1	101.21	137.46	40.85	223.88	1.81
	2	126.07	95.32	34.78	129.70	2.41
	3	116.83	121.23	36.67	219.46	1.82
	4	138.28	110.88	32.77	156.67	2.40
	5	72.07	117.06	35.54	195.55	1.77
	6	82.88	115.81	34.14	186.23	1.83
	7	74.75	130.12	40.21	298.89	1.45
	8	62.50	129.22	39.05	166.95	2.03
	9	83.53	112.13	33.38	79.83	4.38
	10	88.98	111.94	33.30	63.84	4.69
	11	81.41	109.61	34.32	66.79	4.79
	12	70.05	127.23	37.27	110.10	2.65
	合计	1098.56	1418.01	432.29	1897.90	2.15
2014	1	98.05	116.50	33.81	70.73	4.97
	2	111.43	101.24	30.71	36.80	5.96
	3	108.55	120.97	32.59	68.04	10.66
	4	107.77	114.16	30.07	42.83	15.96
	5	75.13	112.42	33.13	121.51	2.24
	6	49.10	109.47	32.97	149.18	1.61
	7	73.68	120.42	37.50	161.87	1.45
	8	72.83	118.04	37.97	199.03	1.58
	9	98.55	105.58	42.70	192.31	1.75
	10	97.74	107.30	38.63	150.67	2.08
	11	130.15	110.55	35.73	126.65	2.62
	12	101.98	130.25	37.26	118.13	2.69
	合计	1124.95	1366.89	423.07	1437.75	2.41
2015	1	89.95	131.39	36.66	150.41	2.07
	2	70.66	84.05	37.87	81.95	2.74
	3	100.98	111.95	34.10	191.09	1.62
	4	109.00	106.27	32.23	190.09	1.62
	5	45.77	102.66	34.22	314.61	1.13
	6	117.59	106.59	33.74	192.99	1.76
	7	129.93	115.82	33.00	142.47	2.27
	8	113.29	116.52	34.95	193.30	1.76
	9	98.75	103.42	31.33	126.38	2.17
	10	148.84	106.14	32.44	116.93	3.03
	11	125.69	108.31	31.31	119.27	2.69
	12	28.09	117.79	36.50	267.34	1.19
	合计	1178.54	1310.90	408.34	2086.83	1.78
最大年份		2008	2013	2008	2015	2007
最大值		1861.81	1418.01	799.67	2086.83	4.78
最小年份		2013	2009	2015	2013	2015
最小值		1098.56	1110.02	408.34	110.10	1.78

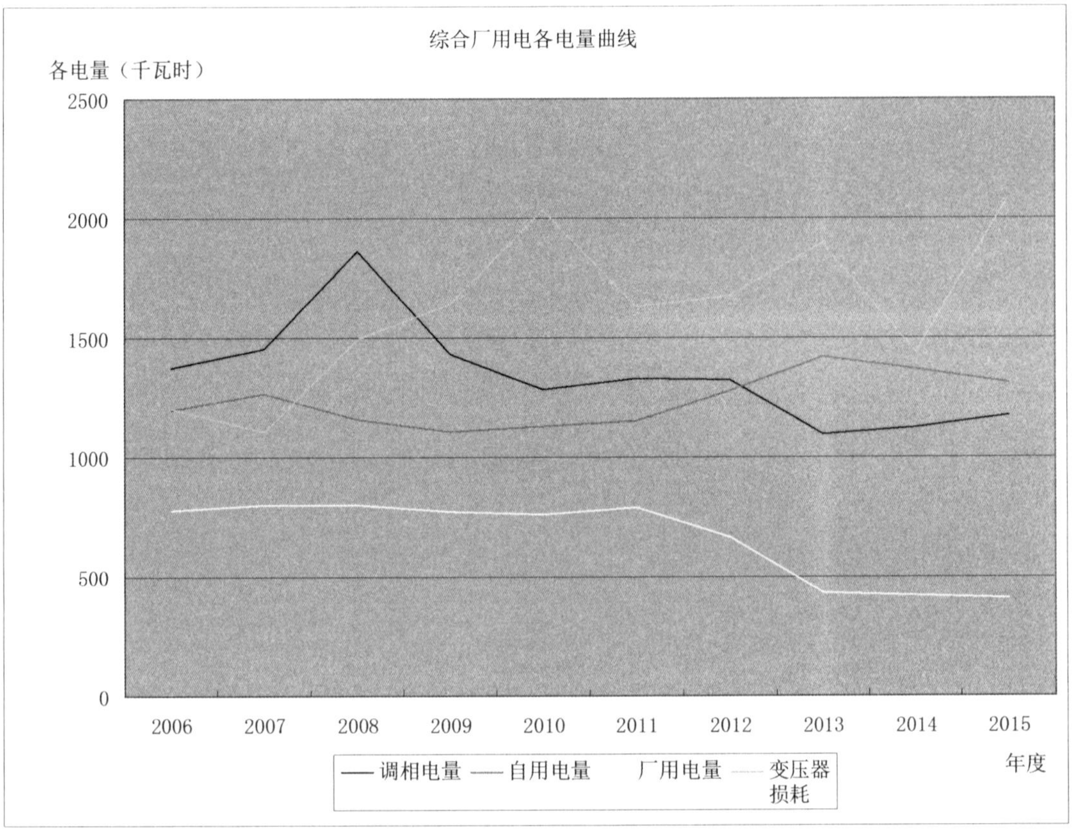

图 13-2　综合厂用电个电量曲线

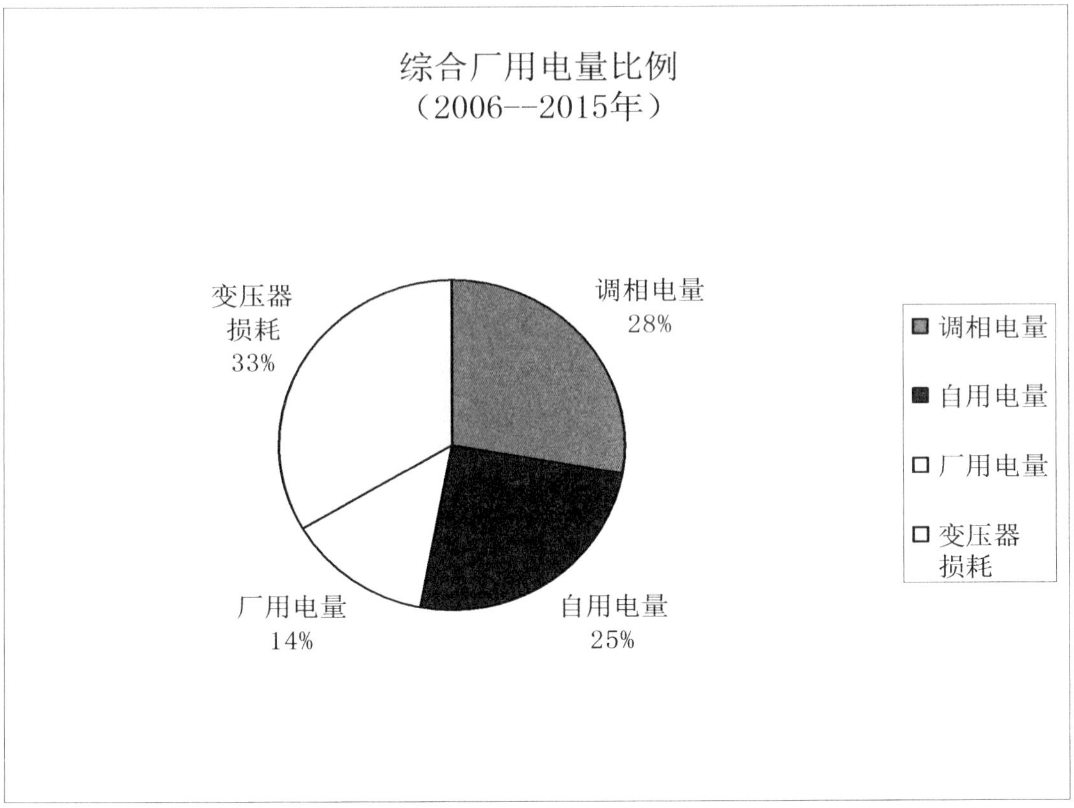

图 13-3　综合厂用电量比例

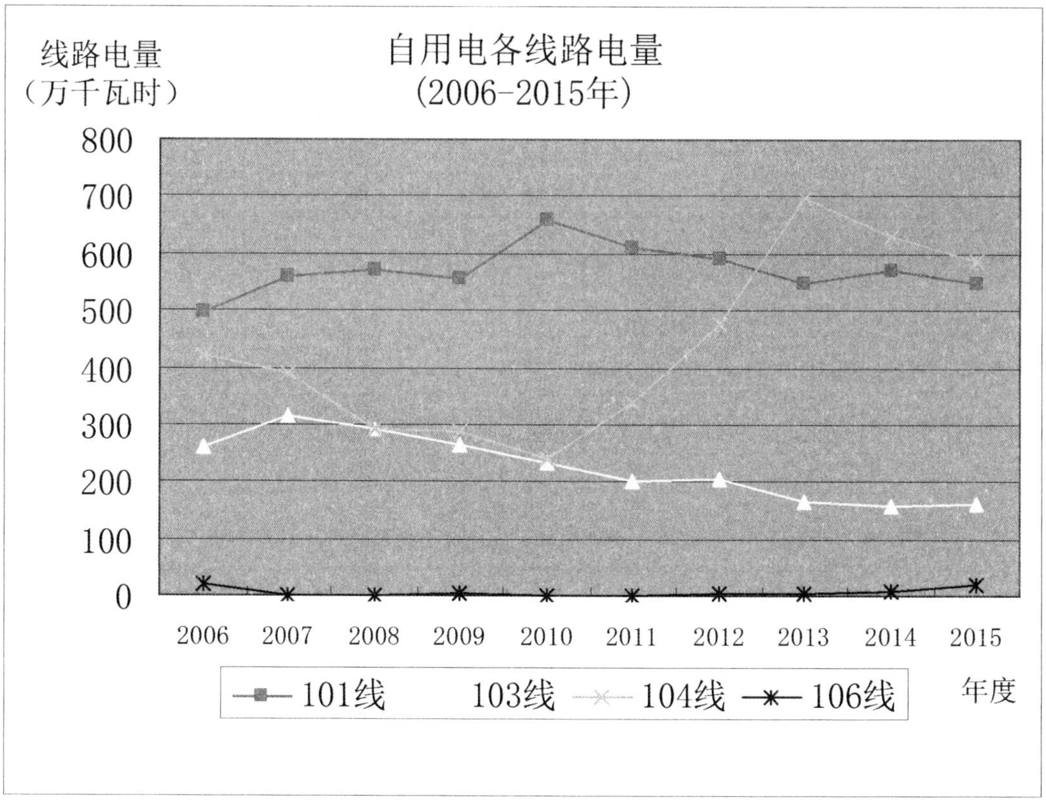

图 13-4　自用电各线路电量

【合同管理】　2006 年 4 月 28 日，新安江电厂总工程师办公室和计划科合并为生产计划部，原计划科的合同管理职责转入生产计划部，并沿用 1994 年 2 月发布的《经济合同管理标准》（Q/1130041 08 07-94）合同管理制度。2013 年成立发展计划部，合同管理工作划归发展计划部，颁发《新安江电厂合同管理办法》（新电发计〔2012〕27 号），替代《经济合同管理标准》（Q/1130041 08 07-94）。

2014 年 9 月 15 日，为适应国家电网公司“一法两则”及新源公司合同管理相关要求，编制执行《新安江电厂合同管理的补充说明》。

新源公司为规范公司系统合同管理工作，做实做细合同全过程管控，有效防范经营风险，维护公司合法权益， 根据《中华人民共和国合同法》等法律、法规，确保公司系统合同管理工作的一致性和统一性，由经济法律部于 2015 年 9 月 2 日和 10 月 27 日先后颁发修订的《国网新源控股有限公司合同管理手册》和经整合含《国网新源控股有限公司融资类合同承办实施细则》和《国网新源控股（水电）有限公司购售电类合同承办实施细则》的《国网新源控股有限公司合同管理手册》。嗣后，新安江电厂依此规定严格执行。

表 13-16　　2006—2015 年新安江电厂合同签订情况汇总表

类　别	时间	合同数量	合同金额（万元）	备注
支付类合同	2006	197	6590.4291	
	2007	224	5373.2536	
	2008	270	8004.6948	
	2009	318	8538.0592	
	2010	274	9798.0321	
	2011	313	9644.9972	
	2012	323	10958.2837	
	2013	232	11574.6477	
	2014	143	7956.296217	
	2015	166	13189.3598	
收入类合同	2012	1	55500	含杭州华东电力投资经营有限公司机组
	2013	1	55500	
	2014	1	55500	
	2015	1	55500	

【合同专用章】 2006 年 4 月 28 日，新安江电厂总工程师办公室和计划科合并为生产计划部，原计划科的合同专用章由连同合同管理职责一起转为生产计划部负责。2011 年 12 月，根据厂办公室〔2011〕118 号《关于印发〈印章管理办法〉等三项规章制度的请示》及厂长批示，生产计划部及物资部的合同专用章移交办公室统一管理。

2011 年 4 月新安江电厂整体划转到新源公司管理后，合同专用章需要更换，根据《新安江电厂印章管理办法》及《新安江电厂合同管理办法》相关规定，2012 年 3 月正式启用“新安江水力发电厂合同专用章”，原“华东电网有限公司新安江水力发电厂合同专用章（1）”“华东电网有限公司新安江水力发电厂合同专用章（2）”同时作废。

2012 年 8 月，根据国家电网公司创新机制体制改革的统一部署，新安江电厂企业名称更换为“国网新源水电有限公司新安江水力发电厂”。为规范管理，自发文之日起正式启用“国网新源水电有限公司新安江水力发电厂合同专用章”，原“新安江水力发电厂合同专用章”同时作废。

根据 2014 年 9 月 15 日厂分管领导批示意见，10 月 8 日合同专用章正式移交发展计划部管理。

【经济法律管理业务应用系统】 2011 年 10 月 15 日根据新源公司的统一布置和《合同管理标准》要求，新源公司的“经济法律管理业务应用系统”正式上线运行，新安江电厂的合同业务开始在该系统上流转审批，至 2014 年底合同业务实现 100%上线流转审批。

【购售电合同】 2012 年，新安江电厂与华东电网有限公司签订《2012 年新安江电厂电能购售电合同》，此后购售电合同均每年一签。合同主要明确：

1. 容量：新安江电厂向华东电网公司出售机组容量， 2012 年为 59 万千瓦，2013 年及以后为 85 万千瓦。

2. 电价：2012 年，根据国家电网公司《关于核定新源水电公司部分水电厂上网电价等问题的请示》（国家电网财〔2011〕1775号），新安江电厂（含杭州华东电力投资经营有限公司机组）全年的容量电费暂定为55500万元（含税）。2013年及以后，55500万元全额为新安江电厂。

3. 电厂上网电量关口计量点：220千伏出线电能表。

4. 考核：考核的主要指标及标准如下表13-17。

表13-17　　2012—2015年新安江电厂向华东电网售电考核办法

考核条目	考核指标	考核标准
机组实际可用容量	按机组考核，年机组可用率指标（a）由华东电网公司根据机组次年检修计划，在每年年底前核定并下达	机组实际可用容量 e=机组额定容量*（8760－F）/(8760*a) F为机组考核的实际年度停运小时，包括机组计划检修、定检、因乙方原因导致的非计划停运，以及主变、电厂出线检修需要机组陪停等情况。机组实际可调容量超过额定容量的以额定容量计。 闰年上述8760相应调整为8784
超年度计划检修	因机组超年度计划检修等电厂原因，造成机组低谷发电或额外弃水	单机额定容量发电1小时扣5小时
超年度计划检修	因机组超年度计划检修等电厂原因，造成电厂高峰发电容量不足或备用容量不足	单机额定容量发电不足1小时扣5小时，单机额定容量备用不足1小时扣2小时
无法按照调度要求提供备用	因电厂擅自行为导致无法按照调度要求提供备用	每发生一次扣100小时
水情预报信息报送	电厂应按照水情汇报制度向华东公司报送长、中、短期水情预报信息	每漏报一次扣10小时。
水调自动化系统	（1）月平均通信畅通率不低于95%; （2）月平均数据准确率不低于90%; （3）月平均数据合格率不低于98%。	每发生一次扣10小时。
洪水（洪量）预报准确率	首场洪水不低于70%;其他场次不低于80%。	每低于一次扣10小时，因水情报送偏差造成水库弃水或负荷高峰期间水库蓄水不足，按损失等比加扣。
水能利用提高率	每年不低于2%	每发生一次扣10小时。
电厂年度实际可调容量(E)	为全厂实际可调发电容量，并扣除全厂扣减利用小时数（A）对应的容量	E=[全厂各机组e合计－单机额定发电容量*A/(8760*a)] 闰年上述8760相应调整为8784

自2012年第一个电能购售电合同执行到2015年的4年间，新安江电厂全体职工共同努力，每年均未发生被考核事件。

【并网调度协议】 2005年11月起，新安江电厂与华东电网有限公司签订《新安江水力发电厂并网调度协议》，该协议每三年一签，先后于2005年11月、2008年11月、2012年4月、2015年（8）月签订过四次。2015年后改每六年一签。

《新安江水力发电厂并网调度协议》的主要条款有含并网的条件、并网申请、调试期的调度管理、电厂的技术参数、调度运行、发电计划、水库调度、设备检修、技术监督、继电保护及安全自动装置、调度自动化、电力调度通信、不可抗力、违约责任等。

执行10年来，新安江电厂全体员工共同努力，明确各自的职责，加强调度指令执行力，提高自身管理水平，加大设备改造的投入，提升设备自动化和健康水平，未发生被考核事件。

【调整自用电用网电量的缴费方式】 自20世纪80年代以来，厂10千伏系统上一直向浙江省电力公司（建德市供电公司代收）缴纳自用电电费，随着负荷的不断增加，电费逐年升高，最高达1000万元。1999年关口计量点由发电机出口前移至220千伏出线端，上网电量已不包括厂自用电量，出现了不合理的缴费方式。2012年厂发展计划部成立后，根据《关于新安江、富春江、望亭发电厂关口计量点迁移的通知》（华东电计〔2001〕004号）、《关于填报关口表计结算电量报表的通知》（华东电生〔2001〕087号）文件的精神，于2012年7月，邀浙江省电力公司、杭州市电力公司，建德市电力公司等单位在新安江电厂磋商，形成《新安江电厂用网电量计算方式调整协调会会议纪要》（浙电会纪字〔2012〕247号），明确从2012年7月起，在新安江电厂有机组运行的情况下，停止自用电费的缴纳。较大幅度节约了生产成本。2013年3月19日以《国网新源水电有限公司新安江水力发电厂关于印发〈新安江电厂10kV系统电量计量管理办法〉的通知》（新电发计〔2013〕31号）形式，对自用电量的缴费和管理作了明确规范。

【机组发电许可证】 为规范依法治企，2009年，华东电网有限公司统一向国家电监会申请办理了新安江电厂1—8号机组发电许可证。2015年6月18日新安江电厂向浙江省电力监管办申请办理了1—8号机组发电许可证的更名，由华东电网有限公司新安江水力发电厂更名为新源水电有限公司新安江水力发电厂，申请增办了9号机组发电许可证。

【实行容量电费机制】 2011年4月21日成建制划转至国网新源水电有限公司后，新安江电厂与国网华东分部于2012年起采用签订购售电合同方式实施容量电费结算，其每年计划统配上网电量14.5亿千瓦时，容量电费5.55亿元。2012年容量电费为3.7426亿元，系总额扣除杭州华东电力投资经营有限公司机组上网电费所得。

【“两个细则”】 “两个细则”（华东区域并网发电厂辅助服务管理实施细则、华东区域发电厂并网运行管理实施细则）于2010年开始试行，2011年1月起正式实施。华东区域的新安江电厂等17个发电企业参加考核。

华东区域并网发电厂辅助服务管理实施细则明确的辅助服务补偿项目：有偿调峰补偿、AGC补偿、有偿无功补偿、备用补偿、黑启动补偿。华东区域发电厂并网运行管理实施细则明确的运行管理考核项目：发电计划考核、调峰考核、一次调频考核、AGC考核、母线电压考核、旋转备用考核、非计划停运考核、黑启动考核、检修考核、违反调度纪律考核、二次设备考核。

新安江电厂为华东电网提供的辅助服务贡献大，管理工作突出，每月得到的补偿费为17家单位之首，考核扣款情况为17家单位之尾。2011年7月至2015年12月，净收入3017.1万元。2011年1-6月的补偿收入纳入华东电网有限公司财务，在此未作统计。

表13-18　新安江电厂“两个细则”实际辅助服务补偿与并网运行考核结算净收入表

（单位：万元）

年 / 月	2011	2012	2013	2014	2015
1	—	54.450175	60.509705	55.016803	63.662462
2	—	54.676039	61.179413	44.720828	35.361523
3	—	48.625843	60.612203	41.989755	62.005546
4	—	56.341367	63.685697	37.690475	48.302243
5	—	49.286432	70.807633	43.653384	50.312432
6	—	54.798987	79.470612	37.420064	68.790341
7	63.694076	73.681102	66.702992	49.284326	66.876927
8	68.989630	59.827809	48.509254	59.372388	73.953321
9	66.344945	49.930200	48.472535	64.836117	55.799669
10	61.658525	45.750386	47.455893	57.579923	60.49214
11	59.333486	59.512239	42.797913	63.157259	52.896941
12	52.121810	54.383230	46.864349	55.471351	37.978553
合计	372.142472	661.263809	697.068199	610.192673	676.432098

【26万千瓦多种经营发电容量回归主业】 新安江电厂自1999年实行发电机组增容改造以来，有26万千瓦发电容量所有权归属杭州华东电力投资经营有限公司（其中：1号、2号、7号和8号机组各2万千瓦，3号、5号、6号机组各为2.25万千瓦，4号和9号机组分别为1.75万和9.5万千瓦）；新安江电厂发电容量为59万千瓦。根据《关于华东电网有限公司主多分开多经资产收购整合方案的批复》（国家电网财〔2011〕179号）、《关于印发杭州华东电力投资经营有限公司等四家公司重组整合方案的通知》（新源水电财〔2012〕9号）规定，2012年12月31日杭州华东电力投资经营有限公司的26万千瓦发电容量回归至新安江电厂，此时电厂发电容量增至85万千瓦，全部为国有性质。

·财务管理·

【概况】 新安江电厂财务管理工作由一名副厂长分管领导。以严格财务制度、严守财经纪律为准则，全面实行计算机管理。2006—2013年沿称财务科，设科长1人，不设副科长。2013年“三定”改为财务资产部，设主任、副主任各1人。2011年4月新安江电厂由华东电网有限公司成建制划转至国网新源控股有限公司后，原来的成本中心考核形式转变为利润中心的考核形式。

【国网公司核定容量电费】 2011年5—12月，厂财务科会同生产部按照厂基本情况、资产经营情况、电价测算及建议方案四大方面，完成新安江电厂电价测算方案的编制，经过新源公司审核和修改完善，最终定稿并上报国家电网公司。同年12月国网公司核定新安江电厂电价机制为单一网内容量电费，容量电费5.55亿元/年。

【新源公司调整新安江电厂财务核算】 新安江电厂从2011年4月划转新源公司后，财务管理及会计核算发生较大变化，具体有以下几点：

1.由原来的成本中心改为利润中心。新安江电厂作为华东电网有限公司的成本中心，只核算成本，不核算利润及权益；划转新源公司后，每年下达利润指标，核定国网内部容量电费，每月结算。

2.增值税缴纳情况不同。主要体现为增值税的核定及缴纳发生了改变。由原来的按供电量80元/万千瓦时定额征收变为按电费收入的17%计提，实际缴纳金额有较大的增加（提高）。

3.财务考核指标有较大变化。华东电网有限公司采用可控成本指标考核，新源公司对分公司考核主要企业负责人年度业绩指标。企业负责人财务考核指标主要有利润、可控费用、电费回收余额及财务集约化任务完成率。以上指标考核分值及具体考核方法每年有相应的变化。

2011—2015年成本、收入及利润一览表

表11-19　　单位：万元

年份	收入	成本	利润
2011	13442	38327	-24876
2012	35611	38834	-3242
2013	48240	39770	8480
2014	47931	34920	13015
2015	48130	35842	12227
合计	193354	124481	5604

【制定出差管理执行手册】 2007年3月，参照《财政部关于印发〈中央国家机关和事业单位差旅费管理办法〉的通知》（财行〔2006〕313），制定《新安江水力发电厂国内出差差旅费管理办法》。2012年12月、2013年3月，参照国网新源公司出差管理办法,结合新安江电厂实际，修订出差管理办法，加强出差管理。

2015年5月，贯彻执行《国网新源控股有限公司差旅费管理实施细则》，制订《新安江电厂出差管理执行手册》，原管理办法废止。

【制订资金支付审批细则】 2011年11月，根据新源公司《关于全面执行"一本制度标准、六个操作手册"财务制度体系的通知》要求，制订《新安江水力发电厂资金支付审批细则》等内部控制财务管理操作细则，规范会计核算，强化内部控制执行力度。

【规范原始凭证管理】 为更好落实《国网新源控股有限公司原始凭证管理操作手册》，2014年12月财务资产部结合日常报销、财务管理中的问题和难点，组织全厂员工培训，通过学习较全面了解新源公司对原始凭证管理要求，规范业务人员办理经济业务的流程，提升会计信息质量和依法治企水平。

【杭州华东电力投资经营有限公司资产回归主业】 根据《关于印发杭州华东电力投资经营有限公司等四家公司重组整合方案的通知》（新源水电财〔2012〕9号）要求，杭州华东电力投资经营有限公司于2012年12月回归主业，原资产6484.39万元，及负债和权益全部并入新安江电厂主业账上。

【固定资产管理】 2007年新安江电厂完成原有资产与设备的一对一及一对多的对应。同时资产类别、折旧码等资产静态数据维护，由华

东电网公司财务部统一管理、实施，新安江电厂遵照执行。

2008 年制订《新安江电厂 EIS 系统固定资产管理办法》，完善固定资产相关管理流程，重新划分固定资产的分类，完善固定资产领用、处置手续。资产卡片通过与设备建立联动关系生成，设备管理部门在设备投产时创建设备卡片，设备卡片注明设备名称、制造厂商、规格型号、单位与数量、保管人（EIS 系统中设置为必输项），并且填写设备资产联动通知单送财务部。财务部分管会计根据设备资产联动通知单以及其他原始单据进行复核，财务部主任审批通过后由分管会计根据通知单对应的设备资产关系进行资产过账。卡片与账、物相符。2009 年，开展全厂固定资产大清查。完善固定资产信息，针对 IT 资产管理中出现的问题，会同科技信息部，制定颁发《新安江电厂 IT 资产管理办法》。

2011 年 4 月 22 日成建制划转新源公司，同年 11 月账务系统从华东以余额的方式转到新源公司。2012 年重新梳理固定资产明细信息，结合 MKSM 系统，实行资产与 MKSM 系统中设备的对应。

2013 年，新源公司启动固定资产报废流程线上审批工作，同年固定资产报废流程直接在线上审批，审批过程为使用部门发起--归口部门鉴定--财务资产部审核--厂领导审批，同年财务资产部重新完善固定资产报废操作细则，明确使用部门需要报废一项资产，必须按要求在线下填写固定资产报废处置明细清单，经归口部门鉴定--财务资产部审核--将报废资产上交物资部门。上述步骤完成，才能在线上提交，确保实物资产报废入库与账面报废的同步，废旧物资顺利处置。

根据财政部、国家税务总局《关于完善固定资产加速折旧企业所得税政策的通知》（财税〔2014〕75 号文）精神，2014 年 12 月完成单项资产价值在 5000 元以下的资产一次性提足折旧进入当期成本费用的工作。从 2015 年 1 月 1 日起，单项资产价值在 5000 元以下的资产不再执行年限法计提折旧，采用一次性计提进成本。

2006—2015 年固定资产价值变动情况表

表 11-20　　单位：万元

年份	增加数	减少数	期末数
2006	7760	4745	102960
2007	2354	931	104383
2008	6075	406	110052
2009	3348	1637	111763
2010	1197	704	112256
2011	4007	274	115989
2012	21690	491	137188
2013	3495	712	139971
2014	4245	604	143612
2015	1072	296	144388

【提缴库区维护基金】 2006—2008 年库区维护基金每月根据上网电量按 1 分/千瓦时计提并上缴华东电网公司；2009—2010 年 6 月根据华东电网公司的要求，停止计提库区维护基金。2010 年 7 月按 8 厘/千瓦时计提，根据财政部《关于印发<大中型水库库区基金征收使用管理暂行办法>的通知》（财综〔2007〕26 号）的要求，上缴财政部驻浙江省特派办。

【计提水资源费】 从 2009 年开始计提水资源费，2009 年 9 月根据上网电量按 1 分/千瓦时补提当年 1—8 月份的水资源费， 9 月起每月上网电量按 8 厘/千瓦时计提上缴给浙江省水利厅。

【调整福利费应付】 2007 年 1 月起，不再按工资总额的 14%计提福利费，福利费按实际发生列支，发生金额不突破应付工资的14%。2011年划转新源公司后，公司人力源资部每年下达福利费总额指标及单项指标，每年发生金额控制在公司下达的范围内，单项指标之间不得串户。

【职工教育经费】 整体划转新源公司后，教育经费每季按计提金额的40%上交新源公司，由公司统一组织使用。2014年，按照《国家电网公司教育培训项目管理办法》(国网〔人资/4〕2013—2014）的规定，职工参加培训而发生的旅费全部在成本及差旅费中列支。

【社会保险费用】 社会保险费2006年～2011年6月包含基本养老金、企业年金、基本医疗保险金、补充医疗保险金、住房公积金、失业保险金、工伤生育险。从2011年7月1日起，增加一项社会化管理服务费用，具体为在省社保中心参保的部属企业退休人员社会化管理服务资金由地方税务局按月征收，部属企业按职工工资总额的1%缴纳社会化管理服务资金。计提的费用在企业社会保险费中列支。

2011年9月1日起，新安江电厂离休人员划归浙江省医疗保险服务中心管理。计提的费用在社会保险费中列支。

表13-21　　2006—2015年社会保险费用种类及列支渠道一览表

种类	年 份	计提比列	列支渠道
基本养老金	2006—2009.7 2009.9—2011.6 2011.7—至今	20% 14% 15%	生产成本 生产成本 生产成本(其中1%为社会化管理服务费用)
企业年金	2006 2007 2008—2012 2013—至今	15% 10% 8.33% 5%	5%在成本，10%在福利 成本、福利中各列支5% 生产成本 生产成本
基本医疗保险金	2006 2007 2008—至今	9.5% 11.5% 11.5%	5.6%在成本,3.9%在福利 7.6%在成本,3.9%在福利 生产成本
补充医疗保险金	2006 2007 2008—2010 2011—至今	4.5% 4% 2% 5%	4%在成本,0.5%在福利 生产成本 生产成本 生产成本
住房公积金	2006—至今	12%	生产成本
失业保险金	2006—2014 2015年起	2% 1.5%	生产成本 生产成本
工伤保险	2006—2007 2007—至今	0.5-1.5% 0.5%	生产成本 生产成本
生育保险	2007—至今	0.5%	生产成本

【成本费用归口包干管理】 2006年—2015年，新安江电厂成本费用实行成本费用包干制度，财务归口管理、指标分解下达，并按年度下达管理费用可控部分归口表及财务指标分解表。全部成本项目通过财务管理信息系统下达，对各责任中心加以控制，厂预算管理办公室逐月对各责任中心下达预算定额。各责任中心执行厂财务部统一下达的财务预算，控制目标费用。部分费用项目的归口部门则按年度预算，编制预算执行计划，使归口费用（暂定为办公用品、电话费两项）按年度、月度分解至分场、科室。所有成本支出项目均纳入财务预算范畴，未纳入财务预算或未经预算审批的支出，财务部门不予付款。

遇下列情形，由预算项目归口部门和预算项目管理部门，提请预算管理办公室对成本预算进行调整：厂部签发生产、检修任务的变动；突发性事件导致的生产、检修任务变动；因企业改革需要，导致部门或责任中心职责范围的变动；上级主管部门同意的其他项目计划的调整。调整事项及所需调整费用，由预算管理办公室汇总，统一报给厂预算管理委员会审批。由此使企业经济效益和完成经营目标更加紧密地结合在一起。

【成本指标考核】 2006—2010年，华东电网有限公司采用成本指标考核，将总成本分为可控成本和不可控成本两项，可控成本包括材料费、大修理费、可控管理费用三项，其他成本项目作为不可控成本；公司于年初下达可控成本指标，追加成本项目可以调整，至年终考核，全年可控成本实际发生数不超过核定数即为完成指标。

2011年起，新源控股有限公司采用可控成本指标考核，公司于年初下达可控成本指标，每年9月份进行预算调整，11月份下达调整预算，公司在企业负责人考核指标中含有可控费用一项考核，具体考核方法每年有所不同，但总体都不得超过公司调整后的预算。2014年起部分费用指标（业务招待费、会议费、公务用车费用、工资、五项补贴、职工福利费、工会经费、职工教育经费、社会保险费、外部劳务费、信息系统运行维护费、团体会费及研究开发费）实行单项考核。

表13-22　　2006—2015可控成本完成情况表

单位：万元

年份	指标计划数	指标实际数	下降%
2006	9509	9460	0.51
2007	8019	7946	0.91
2008	10536	10446	0.85
2009	10368	10264	1.00
2010	12652	12514	1.09
2011	11539	11089	3.9
2012	11228	10618	5.43
2013	11564	11303	2.25
2014	9925	9898	0.27
2015	11377	10892	4.26

表 13-23　　　　2006—2015 年发电成本支出表

年份	发电总成本（万元）	其中库区维护基金及水资源费（万元）	单位成本（元/千千瓦·时）
2006	23639	758	311.76
2007	23872	628	380.02
2008	26156	975	268.2
2009	26511	1005	247.09
2010	38428	1672	237.77
2011	35797	3131	385.13
2012	35590	2892	239.07
2013	38735	5439	172.04
2014	34005	3736	188.74
2015	34947	4385	124.90

【财务信息化管理】 2006 年 5 月 22 日，作为华东电网公司贯彻国家电网“SG186 工程”的试点单位，新安江电厂启动 EIS(Enterprise Information System 企业级信息系统）项目建设。项目聘请埃森哲公司作管理业务咨询单位，使用德国 SAP 公司成熟的管理信息系统平台，FICO（财务管理）模块，历经一年时间，完成调试、初始化、试运行等工作。2006 年 12 月 28 日 EIS 系统正式上线。第一期 800 系统运行到 2007 年 9 月退出。

从 2007 年 10 月开始第二期 888 系统上线运行，实行财务管理信息系统（FMIS）计算机核算与 EIS 信息系统双轨运行。

2008 年 5 月，华东电网有限公司财务处组织公司及直属单位的财务、计算机专业人员进行验收并批复，认为新安江电厂 EIS 信息系统软件经过 15 个月双轨运行的实践和完善，双轨运行结果 EIS 财务模块所反映的会计科目余额、财务报表等数据经核对均与 FMIS 完全一致。同时财务部门各岗位分工科学、合理，符合内部控制要求，同意从次月开始采用单一核算。在华东电网有限公司统一组织下，EIS 信息系统进行了二期及三期的升级，系统功能逐步完善与提升。

2011 年随着新安江电厂成建制划转至新源公司，全面开展计算机网路及信息系统的整体切换迁移工作，厂财务部配合公司项目组，组织人员作为新源公司统一推行建设 ERP 系统的关键用户，开展 ERP 系统相关业务流程梳理优化，接受系统对应模块应用的技术培训，完成相关数据的清理及提供。同年 7 月份，财务部严格按照新源公司要求，全面启动 ERP 新系统的上线准备工作。10 月 28 日，以 10 月底各科目的余额并入到新源控股有限公司账套内，顺利完成数据迁移。并于 11 月 1 日正式上线。

考虑到会计记账年度的整体性，公司财务部同意 2011 年 11 月—12 月记账凭证仍然采用原尺寸格式打印，会计凭证采用按凭证类型排序整理及装订，从 2012 年 1 月 1 日起，记账凭证采用 A4 纸记账并打印，会计凭证一律采用按凭证流水号整理并装订。同年管控系统正式投入使用，有效实现 ERP 和财务管控系统的分类处理与双向集成，具备“一键式”报表功能，进一步提高了会计信息质量和会计核算效率。

2012 年对 ERP 信息系统的功能逐步提升及完善，资产报废全部实现线上审批。从 2015 年开始，资产报废功能进一步改进，实现资产完成报废后自动转入废旧物资库的功能，做到了报废资产账务与对应的报废实物相对应，为废旧物资评估拍卖处置提供了原始资料。

【财务预算管理】 2006年1月至2011年4月，年度预算均由华东电网有限公司财务部下达。厂财务部于每年10月上报下一年成本费用预算，华东公司对上报的预算进行审核批复，并于次年2月下达，厂财务部根据每年批复的成本预算口径，对生产成本中的可控费用进行总额控制。对按部门归口的差旅费、办公费预算，于每年4月分解下达至各责任中心。年度预算每年10月上报一次调整，经华东公司财务部审核批复后作出相关预算调整。

2011年4月至12月，新安江电厂虽已成建制划转至新源水电有限公司，但仍执行华东公司下达的2011年度财务预算。2012年起，新安江电厂预算管理遵照新源公司相关要求执行。财务预算具体分为年度预算与月度预算两类。年度预算分别于前一年的10月及当年的2月在财务管控系统中两次上报，首次上报的年度预算为上报新源公司审批的预算草表，二次上报的年度预算则是根据新源公司下达的年度预算数在管控系统中进行上报备案。年度财务预算下达后，财务部对按部门归口的差旅费、办公费进行分解，下达至各成本中心。月度资金预算一般于每月25日在财务管控系统中进行上报，下月新源公司根据新安江电厂上报的月度资金预算在每月15日前拨付经费，各部门根据每月上报的预算数安排使用资金，财务部考核每月预算使用情况，没有预算不予支付。

【资金账户管理】 2006年1月至2011年9月15日，新安江电厂共开立有6个银行账户：开立于中电财总部华东分公司的基本户，开立于建德市工商银行的基本户（为中电财账户的二级结算户），开立于建德市交通银行的纳税账户，开立于建德市工商银行的住房维修金账户，以及分别开立于杭州、上海作为驻杭、驻沪办事处日常业务的结算账户。

划转至新源公司后，根据公司“收支两条线”的资金管理要求，2011年9月16日，新安江电厂在中国电力财务有限公司直属营业部新开立电费收入户1个及基本户1个，同时废止原基本户功能，并于2012年4月1日销户。

2012年6月27日根据国家电网公司通知要求国网系统内单位基本户均需开立于当地的农业银行，因此新安江电厂于建德市农业银行新开立基本户1个，原电费收入户与原基本户功能合并，同时停用原上述2个账户，并于2014年8月7日销户。截至2015年6月，新安江电厂共有6个银行账户：开立于建德市农业银行的基本户，开立于建德市工商银行的基本户（为中电财账户的二级结算户），开立于建德市交通银行的纳税账户，开立于建德市工商银行的住房维修金账户，以及分别开立于杭州、上海作为驻杭、驻沪办事处日常业务的结算账户。

2012年7月后，新安江电厂报销业务不再使用现金结算，一律通过网银转账。

新安江电厂划转至新源公司前日常生产经营所需经费均由华东电网有限公司拨付，月末资金不设结存余额限制。2011年5月至12月，由于新安江电厂电价未定，日常经费仍由华东公司拨付，待电费收入确定后自电费结算金额中扣减。

2012年1月起按照容量电费合同正式结算电费收入，每月与华东公司结算电费收入，同时上缴新源公司。日常经费由新安江电厂财务部每月上报下月度资金预算，经新源公司核定后，于每月15日前一次性下拨当月资金。月末资金实行归集制度，所有银行账户月末余额都归集到本单位农行基本户，同时农行账面资金余额不得超过200万元。

·物资管理·

【概况】 新安江电厂物资管理工作在分管副厂长的领导下，由物资部归口管理。主要职责为厂内物资计划管理、采购管理、物资供应、仓储管理、供应商管理、废旧物资管理及处置等工作。物资部下设备品库、设备库、恒温库、五金库、化工库、钢材库、劳保库、电气库、工具库、办公用品库、土产库、防汛物资库、废旧物资库及一个废旧物资露天堆场。

2006年1～4月，新安江水力发电厂实业总公司物资分公司作为物资部前身，负责厂内物资管理。5月，电厂开展组织机构改革，汽车队撤销，其下属客车班、货车班并入物资公司，客货运输及杭州通勤班车管理等原汽车队职能划归物资分公司负责。2008年10月，在物资分公司基础上同时挂牌设立新安江水力发电厂物资部。2011年10月物资分公司撤销，单独设置厂物资部。2013年8月，因厂“三定”工作需要，部门客货运输及杭州通勤班车管理职能划归厂后勤中心负责。

【物资计划编制】 2010年前，厂内物资计划每年下半年根据下年度设备大修、技改、小型基建等项目开展需求情况初步编制年度物资计划，计划实施当年再进一步补充、调整，计划管理仅限于形成固定资产的项目物资，日常零星消耗性维修材料由班组根据实际检修工作需要，于每月20日前编制经部门审核的下月度材料计划并上报至物资部。

随着国家电网公司物力集约化工作的深入推进，物资精细化管理要求日益提高。按国网新源控股有限公司物资部要求，自2011年9月起，新安江电厂年度物资计划编制工作不再限于货物类计划，施工、服务类需求计划均纳入物资计划统一管理范畴。2013年7月，国网新源控股有限公司物资年中工作会议明确提出年度物资计划全覆盖，所有成本性、资本性的外部采购合同支出均纳入物资计划集中管理，未编制年度计划的各项采购计划均属计划外采购。年度计划实施中，凡涉及计划的新增、调整及变更等，均需在ERP系统年度物资计划管理中上报，并经新源公司项目主管部门审核下达后实施。因公司集中采购实施要求，物资计划编制涵盖年度需求计划、批次采购计划及批次外采购计划编制工作，对物资计划编制工作提出了更高、更细、更具可操作性要求。

【年度需求计划】 在2011年整体划转国网新源控股有限公司前，电厂物资年度需求计划管理仅限于大修、技改、小型基建、零星购置项目实施中涉及的主要设备、大型物资采购需求，其余成本性、资本性的零星耗材、检修施工及其他服务类需求均不纳入年度计划管理范畴，计划管理要求相对较低、也较宽松。根据国网公司“三集五大”工作要求，物资计划管理要求日益提高，也更具刚性。自2012年起，电厂年度需求计划每年年底根据下年度综合计划、固定资产投资计划和财务预算，并分析、结合历年需求情况，进行科学预测编制形成，上报新源公司审查通过后实施，是厂内下年度确定采购策略、采购模式、采购批次及编制批次采购计划的主要依据。年度需求计划编制的主要范围包括基建、技改、大修理、信息化、固定资产零购、科研等项目所需对外购置的物资与服务，其主要内容包括项目名称、类型、产权属性、资金性质、资金来源、需求单位、计量单位、需求数量、估算单价、需求时间及拟安排采购批次名称等信息，是全年度采购计划编制的指导性计划。

【批次采购计划】 2011年整体划转新源公司

前，各项采购活动以自主实施为主，不涉及批次采购计划的编制与管理工作。2012 年后，随着公司集中采购工作的深入推进，各项采购活动逐步纳入公司集中管控、实施，下属基层企业根据项目开展情况须编制按批次计划并按此计划参与国网公司及新源公司的批次集中采购。批次采购计划根据项目建设进度或生产经营实际情况，结合年度需求计划编制的物资（或服务类）采购计划，纳入公司集中采购活动。批次采购计划包括常规批次采购计划、协议库存采购计划和超市化采购计划、授权采购计划等，年度需求计划的具体执行及采购活动安排的依据。常规批次采购计划、授权采购计划每二个月一个批次，协议库存采购计划和超市化采购计划每年一个批次，厂所有采购计划均纳入新源公司统一集中管理，并由公司本部根据批次采购计划统一组织采购活动。批次外采购计划系因国家利益、政府要求、电网安全、项目计划调整等因素，造成物资需求部门无法按规定及时报送批次采购计划而产生的采购计划，或因设备严重缺陷、事故等危及电网安全而产生的紧急采购计划，以及因政府重要政治经济活动、项目计划调整等因素产生的临时采购计划两类。批次外计划均需按规定实施后补报计划并上报备案。至 2015 年 6 月，新安江电厂发生紧急采购计划、临时采购计划各一项。

【自主采购】 2011 年 4 月，新安江电厂划转至国网新源公司前，厂内所有在《中华人民共和国招标投标法》规定必须招标的范围外项目，均由电厂各项目主管部门自行组织采购，其中货物类由物资部组织实施。2011 年 4 月—2013 年 7 月，除国家电网公司办公用计算机等协议库存物资、办公用品超市化目录内物资外，对成本性支出 20 万元以下货物、30 万元以下服务、50 万元以下项目物资、100 万元以下施工类等限下项目采购，由厂内按新源公司限下非招标采购方式自主实施，其采购策略主要根据具体项目情况按单一来源采购、询价采购和公开竞争性谈判采购三种方式进行，各项目采购策略在年度计划上报中明确，并由新源公司物资部审批下达后实施。非限下项目由新源公司按限上非招标或招标方式统一组织实施集中采购。

【招标、非招标集中采购】 随着国家电网公司物力集约工作的深入推进，2011 年 5 月-2013 年 7 月，对成本性支出的 20 万元及以上货物、30 万元及以上服务、50 万元及以上项目物资、100 万元及以上施工类等限上采购项目，且符合《国家电网非招标方式采购活动管理办法》规定的非招标条件，按限上非招标采购方式纳入新源公司本部统一组织的非招标集中采购。

2013 年 7 月后，根据国家电网公司“一级平台管控、二级平台采购、三级物资供应”的二级采购模式运作要求，新源公司下属基层企业不再具有自主采购权，所有采购项目均纳入国家电网公司、新源公司集中采购平台。厂物资部根据年度物资需求计划负责组织编制采购需求计划及相关项目采购文件，按国家电网公司、新源公司采购批次参与集中采购。2014 年 1 月起，国家电网公司对所设定的限上、限下采购界限标准进行调整，与《中华人民共和国招标投标法》规定招标采购限额接轨，即除工程建设项目服务类 50 万元及以上、货物类 100 万元及以上、工程建设类 200 万元及以上须实行招标采购外，其他均按非招标方式实施。

根据新源公司《物力集约化管理体系纲要》精神要求，至 2015 年新安江电厂采购管理工作已达到“物资集中采购管控范围 100%、物资集中采购率达到 98%”要求。

【超市化采购】 为全面推进物力集约化管理，充分发挥公司集团化运作、规模化采购优势，有效降低采购成本，对采购单价低、规格品种多、需求频率高、数量无法准确预测且不属于国家法定必须招标的办公用品及零星水电物资实施超市化采购。超市化采购每年一个批次，合同一年一签，两大类物资分别由国网公司和新源公司组织实施采购。

2012年6月11日，国家电网公司直属单位办公用品超市化采购电子商务平台正式上线，随后电厂分别于2013年3月、2014年6月与国家电网公司办公类物资超市化采购成交单位直接签订两年度的办公用品超市化采购合同；2013年6月，国网新源公司按照“总部统一组织、直属单位具体实施”模式组织开展水电物资集中采购工作，并以新源物资[2013]44号文下发通知，新安江电厂于2013年9月、2014年11月分别与新源公司水电物资超市化采购成交单位签订两年度的水电物资超市化采购合同。水电物资超市化涵盖工器具、仪器仪表、辅助设备设施、水电（专属）材料、配件、低压电器、办公类用品、装置性材料、金属材料、建筑材料、劳保类用品、五金材料、燃料化工等12大类物资。超市化采购各标包采购资金完成情况见下表。

表13-24　水电物资超市化采购资金额统计表

标包名称	合同期	合同额（万元）	完成采购额（万元）
劳保办公	2014年1—12月	65	91.45
机电产品		115	313.87
燃料化工		80	14.77
金属材料		75	106.49
省级零星物资	2015年1—12月	180	145.85
零星物资包1		260	698.07
零星物资包2		280	704.16
办公用品	2013年7月-2014年6月	213	175.36
	2014年7月-2015年12月	53	21.21

【授权采购】　对采取已有的批次招标、非招标、协议库存、超市化等集中采购方式无法满足需求的个别零星、特殊采购需求，国网新源控股有限公司于2014年8月下发《关于印发国网新源控股有限公司物资授权采购实施方案的通知》（新源物资〔2014〕187号），明确授权采购范围、计划编制、报审、采购及合同备案等环节管理，是公司集中采购活动的必要补充。

2015年6月，新安江电厂根据本企业生产、经营工作需要，新源公司批准电厂上报授权采购计划，共7个批次、50项、计划资金898.09万元，累计完成资金859万余元。

【采购文件编制】　2013年7月前，非招标采购文件公司未统一规定模板与格式，由电厂自行组织编制。2013年8月起，新源公司对非招标采购文件的编制统一规定标准模板，按物资、非物资两种项目类型，采购方式分单一来源、询价采购、竞争性谈判及邀请竞争性谈判等共7个模板。

2014年12月，修非招标采购文件模板订，科研类项目采购文件模板从非物资类中单独列出。2015年4月，公司再次对非招标文件模板进行修订，要求采购文件按专用与通用两部分进行编制。非招标采购文件内容主要由采购公告、应答人须知、评审办法、合同条款及格式、应答报价格式、技术标准和要求、应答文件格式等七部分组成，其中合同条款及格式、技术标准和要求由项目单位组织编制的内容，其余为公司标准格式内容，不得修改、调整。

2012年10月前，公司对公开招标项目采购文件的编制仅明确招标文件的上报方案模板、技术规范及商务部分主要内容，其余内容由各单位自行组织编制。2012年11月，新源公司统一组织编制《抽水蓄能电站主体工程招标采购文件范本》，作为各单位编制招标文件参考文本。2014年12月，新源公司统一发布货物类28项、工程类30项、服务类54项招标采购文件技术规范范本，并明确规定须按公司规定范本编制招标采购文件，各文件由商务部分（专用、通用）、技术规范（专用、通用）、合同条款及格式、货物清单及单价分析表（工程量清单）等部分组成，系统内招标文件编制工作得以进一步规范。

【专项检查非招标采购】 2012年10月25—28日，由国家电网新源公司物资部贾晓杰带队，对新安江水力发电厂非招标采购工作进行全面专项检查。此次专项检查主要针对2009年1月至2012年7月间厂内自主实施的非招标采购项目的合规性、合法性、采购流程及过程文件完整性进行检查。主要内容就非招标管理制度建设情况、非招标采购流程是否符合相关规定、相关资料是否齐全，限上非招标采购是否履行审批手续、采购策略尤其是单一来源采购是否符合公司规定以及物资采购计划执行情况、合同签订及备案是否及时等12个方面。通过专项检查，对新安江电厂非招标采购尤其在施工服务类项目采购工作中存在的部分项目违规拆分肢解、采购过程资料不完整、签字不全、计划外合同未严格履行变更审批手续以及关联交易等方面的突出问题提出批评建议。物资部随后组织厂内各相关部门对2009年以来的所有采购活动按公司管理标准作全方位整改，对无法整改的问题如实上报新源公司主管部门，为电厂今后严格执行公司采购流程、进一步规范采购行为奠定了基础。

【对接新源物资管理信息系统】 2006年5月，根据华东电网有限公司的统一部署，新安江电厂正式启动企业级信息管理系统（EIS系统）建设工作。在项目顾问组艾森哲公司专家的指导下，通过半年多的努力，同年12月底，EIS系统的五大业务应用模块之一的物资管理模块顺利上线运行，同时停用仅有单一统计功能的在用系统，厂物资仓储管理信息化水平得到大幅提升。

2011年4月，新安江电厂整体划转新源公司，同年7月至11月，新安江电厂物资部参加新源公司新划转单位物资管理模块关键用户培训及新划转单位ERP项目三期建设工作，对关键用户设置、初始库存调整、数据核对、流程操作、实际工作需求及新老系统差异等方面内容进行协调、沟通，并于2011年11月3日完成在用EIS系统物资模块与新源公司ERP系统物资模块的顺利切换、对接。

【参与完成水电物料主数据建设】 2006年11月23—24日，新安江电厂物资部牵头，选派3人参加华东电网有限公司招投标管理中心在上海召开的物料主数据核对工作会议，规范和统一华东公司系统内物料主数据信息。

2010年1月27日—5月20日，新安江电厂参与并配合完成国家电网公司相关水电物资编码标准研讨、水电物料标准编制、统一水电物资分类标准管理方案及分类标准审查等各项工作。

2010年11月15日，华东电网有限公司在上海召开库存物料主数据切换准备工作会，会后新安江电厂即冻结厂内所有水电物料并切换为国家电网公司标准物料编码。此次共完成307个旧物料（涉及库存金额3849572.40元）的切换工作。

【物资清仓利库工作】 2011年9月5日，新安江电厂下发《关于开展物资清仓利库工作的通知》（新电物资[2011]77号），同时结合厂内实际制订《新安江电厂清仓利库工作实施方案、效能监察方案》，成立以厂长为组长的领导小组、以物资部主任为组长的工作小组、以监察部主任为组长的效能监察小组，严格按要求全面落实、有序推进该项工作开展。以8月31日盘点基准日的历史账目信息为依据，经过近一个月的努力，于2011年9月30日完成所属物资仓库11个库位、1个料场的仓库及库存物资信息情况清查盘点工作，盘点厂内库存物资共计355个行项目，其中有账有物339项，金额4728622元，有物无账16项（为修旧利废及部分随机备品、配件），金额621412元，涉及资金总额535万余元。对有物无账物资，于2012年1月按新源公司物资部要求及时完成入账。

【物资仓储标准化建设】 新安江电厂作为新源公司第一批仓储标准化建设推广单位，于2013年6月开展对物资仓库标准化建设工作。依照《国家电网公司仓储标准化管理指导意见》《国网新源控股有限公司物资仓储管理标准》《国网新源控股有限公司仓储标准化管理手册》实施，一期投资75万元，彻底改造库房内外墙、地坪、货架、屋顶渗漏、库房编号、标识标牌、门窗、库区地标、电缆沟道开挖、各类线路布设、监控系统、地面区域标线及消防等几十项设施，经过6个多月努力，于2014年1月22日一次性顺利通过新源公司仓储标准化建设工作验收，使厂物资仓库面貌发生根本性改观。

2014年5月，作为厂仓储标准化建设二期项目，投资27万余元，历时两个月整治物资部管理用房内外墙、库区外围围墙、库区配电室等处，使物资仓库整体标准化水平得到提升。

【学习交流仓储管理业务】 2006年12月12—13日，由艾森哲公司顾问对物资仓储管理人员开展为期两天的EIS系统应用培训。因综合服务公司开拓外部仓储管理市场需求，厂物资部于2012年1月9日、11月28日就综合服务公司外派仓储管理人员组织开办两期ERP系统知识及其应用培训，并安排一周跟班现场学习，使相关人员能较快适应新的工作岗位要求。

2014年2月，新安江电厂被新源公司定为仓储标准化建设示范单位，同年4月18日，新源公司下属18家仓储标准化建设第二批推广单位到现场学习交流。

【物资备品管理】 2007年起，根据厂内现有设备情况，物资仓库增补了坝顶门机、坝顶油压启闭机、微机调速器、消弧线圈、220千伏电流互感器、主变压器中性点避雷器、水轮发电机组上下端绝缘等相关部分常规备品。

2007年7月起，针对厂内设备更新情况，组织人员对《新安江水力发电厂事故备品清册》先后作4次调整、修订。2008年9月新安江电厂生技部组织修订《新安江电厂生产设备常规备品管理制度》，同年按水工、电气、机械三大类编制《新安江电厂常规备品清册》，作为指导厂内常规备品储备依据。为方便日常检修工作，新安江电厂常规备品以相关使用班组储备、管理为主，由物资部配合。2012年12月5日，新源公司以《关于下达事故备品备件储备定额的批复》（新源物资〔2012〕247号）形式，正式确定《新安江电厂事故备品备件储备定额清单》。新安江电厂事故备品领用、日常管理严格按电厂《事故备品管理制度》执行，每年两次会同生产技术部进行清查、保养，确保事故备品备件的性能完好、随时可用。至2015年6月末，物资仓库存货余额579.4万元，其中事故备品431.58万元，约占总库存余额的75%。

【供应商管理制度】 2006年10月，组织修订《新安江水力发电厂供应商管理办法》，并按此办法开展厂内供应商日常管理工作。

2012年11月，新源公司发布《国网新源控股有限公司供应商管理办法》，新安江电厂按该办法统一执行，废止《新安江水力发电厂供应商管理办法》。2014年4月，国家电网公司发布了《国家电网公司供应商不良行为处理管理细则》《国家电网公司供应商资质能力核实》《国家电网公司供应商绩效评价管理细则》三项通用管理制度；6月，国网新源公司印发《供应商关系管理工作方案》（新源物资〔2014〕168号）。厂内供应商管理工作按国网公司和新源公司制度执行。

【供应商主数据管理】 新安江电厂供应商主数据的日常维护、管理工作归口厂物资部统一负责。厂内所有供应商须维护进入ERP系统供应商库，取得相应供应商编码才可使用。供应商维护入库前由物资部会同相关项目部门做好供应商资质能力核实工作，对供应商的资质、业绩、三证（组织机构代码证、税务登记证、营业执照）等信息进行核实，并按国家电网公司供应商主数据申请流程填报申请表上报新源公司审核，由新源公司上报国家电网公司在MDM平台中创建供应商主数据后，由厂物资部在ERP系统中维护入库。截至2015年12月，新安江电厂已创建入库的在用供应商主数据415条，日常供应商信息维护管理工作正常，符合公司管理规定要求。

【供应商评价机制】 供应商的定期绩效评价机制是供应商管理工作的重要内容，从供应商供货质量、响应速度、服务态度、售后服务、合同履约等方面进行综合评估和量化打分。新安江电厂物资部自2010年起开展对供应商进行量化评价。

2010—2012年间，采用抽取部分供应商评价方式进行，其间完成36家供应商评价，其中优秀9家、良好21家、合格6家。2013年根据新源公司要求，组织对年度限上非招标及招标项目供应商进行评价，共9家，评价结果优秀4家、良好5家。2014年起根据《国家电网公司供应商绩效评价管理细则》，采用供应商一年两次绩效评价（年中、年末次）及一单一评价方式进行。2014年1月-2015年6月，共完成物资、工程、服务类供应商180余家、1200余条绩效信息评价，对于供应商评价中发现的重大履约问题按《国家电网公司供应商不良行为处理管理细则》进行处理。

新安江电厂自供应商评价工作开展以来，2013年6月出现因供应商不服从项目单位安全管理事件，并在2014年年中的供应商绩效评价中以“停止2014年第四批招标（含非招标）中不予授标”的处罚。

【废旧物资回收】 废旧物资统一由厂物资部回收、管理，厂内各类物资（含固定资产、重点低耗品、库存物资及检修拆旧料）按相关管理规定完成认定、审批手续，符合废旧物资条件后移交物资部。物资部设立专门废旧物资仓库和废旧物资露天堆场，并指定专人负责保管。对不同类别的废旧物资，视情形拆解、分类、分库回收管理，对计算机、服务器、笔记本电脑等可能涉密的废旧物资，入库前销毁处理其存储介质。凡回收入库的废旧物资，与厂内正常库存物资一样，纳入厂库存物资管理范畴管理。电厂在库废旧物资建立废旧物资管理实物台账，入、出库和在库废旧物资台账完备，并按规定做好日常维护、定期检查、防火防盗等管理工作。

2008年6月，厂物资部根据厂内废旧物资管理工作需要，拟订《新安江水力发电厂废旧物资管理办法》，2010年10月修订，进一步明确厂内废旧物资报废、回收、管理及处置各环节相关工作要求。2013年12月，新源公司物资部发布物资工作一体化管理标准，新安江电厂废旧物资管理工作按公司《废旧物资管理标准》执行。自2014年国家电网公司物资通用管理制度发布后，厂内废旧物资管理工作按国网公司物资通用管理制度相关规定执行。

【废旧物资处置】 废旧物资处置工作遵循“统一回收、归口管理、集中处置”的原则，各单位、部门和个人不得擅自处置厂内废旧物资。原则上每年处置一次，处置前须完成处置清单编制、并经有资质的评估机构进行价值评估，作为废旧物资处置、竞拍依据。整个处置过程在厂废旧物资处置工作小组全程参与和领导下开展，并在厂纪委、监察、审计、工会等相关部门人员协同监督下实施，处置收入及时回收进电厂财务账。

2013年前，根据《新安江水力发电厂废旧物资处置管理办法》《新安江水力发电厂废旧物资处置委托代理协议》，电厂内废旧物资委托电厂实业总公司按公开竞价方式集中处置，实业总公司作为受托方在处置过程中发生的处置成本（包括运输、拆卸搬运、仓储、器械使用、综合管理、安全措施、利润、税务及其与处置废旧物资相关的成本支出），以委托代理费方式向电厂财务收取。

根据《国家电网公司废旧物资处置管理办法》《国家电网公司废旧物资网上竞价管理细则》，自2013年起，新安江电厂废旧物资处置工作纳入国网公司网上竞拍处置平台统一实施。同年8月23日，首次参与国网公司年度第十一批次废旧物资网上竞拍，2014年8月22日参与国网公司年度第十二批次废旧物资网上竞拍，均顺利成交，达到预期目标，取得较好经济效益，为电厂日后的废旧物资管理、处置工作积累了宝贵经验。

·员工队伍·

【职工队伍状况】 新安江电厂2006年底有全民所有制在册职工633人（女性职工159人）。其中生产服务岗位为350人，管理岗位（含企业经营者和专业技术人员）为283人。有182人在多种经营企业工作。职工中，本科及以上学历114人，大专学历209人，中专、高中及以下学历310人，大专及以上学历人员占全部职工人数的51.03%；具有高级职称39人，中级职称93人，初级职称90人；具有高级技师16人（其中8人具有高级职称），技师53人（其中3人具有中级职称），高级工141人，中级工67人，初级工91人。具有中级及以上职称和技师及以上技能的人员占全部职工人数的30%。

到2015年底，新安江电厂全民所有制在册职工491人（女性职工101人）。其中生产服务岗位为329人，管理岗位（含企业经营者和专业技术人员）为162人。与集体企业签署借用协议人员1人。职工中，本科及以上学历193人，大专学历192人，中专、高中及以下学历106人，大专及以上学历人员占全部职工人数的78.41%；具有高级职称55人，中级职称72人，初级职称73人；具有高级技师49人，技师90人，高级工115人，中级工54人，初级工42人。既有专业技术资格又有技能等级的83人，生产技能岗位双师型人才8人，既无专业技术资格又无技能等级的24人，“三无”人员1人。人才当量密度约0.97，高技能人才比例79.59%。

表 13-25　　2006—2015 年职工人数、分类、增减情况表

单位：人

年份	年末人数		经营者	技能人员	工程技术人员	管理人员	服务人员	其他人员	新进人员			离厂人员			
	合计	女性							小计	大学生	其他	小计	退休	工作调动	其他
2006	633	159	10	301	81	192	0	49	16	3	13	82	25	0	57
2007	606	146	10	289	81	174	0	52	7	6	1	34	31	3	0
2008	599	140	10	296	41	164	86	2	9	9	0	16	15	0	1
2009	588	135	9	277	44	151	104	3	5	5	0	16	14	1	1
2010	579	132	7	276	44	148	101	3	4	4	0	13	11	1	1
2011	559	127	7	271	41	147	89	4	5	5	0	25	19	5	1
2012	556	125	9	290	25	167	62	3	14	14	0	17	16	0	1
2013	537	114	9	275	19	163	69	2	3	3	0	22	19	2	1
2014	501	104	8	297	21	137	36	2	1	1	0	37	17	15	5
2015	491	101	8	294	20	134	33	2	15	15	0	25	20	4	1

表 13-26　　2006—2015 年全厂人员文化、年龄结构情况表

单位：人

分类	学历结构							年龄结构				
	总计	研究生	大学本科	大学专科	中专技校	高中	初中及以下	29岁及以下	30～39岁	40～49岁	50～54岁	55岁及以上
2006 年	633	2	112	209	112	82	116	37	180	272	89	55
2015 年	491	2	191	192	79	10	17	40	54	185	113	99

【人员招聘和离职】 2013 年 1 月，新安江电厂 1 人参加公开招聘，录用到新源公司财务资产部。

2014 年 1 月，新安江电厂 1 人参加公开招聘，录用到新源公司安全监察质量部。同年 3 月，新源公司检修分公司成立杭州分部，新安江电厂 14 名员工参加公开招聘被录用到分部。

2014 年 5—12 月，新安江电厂 6 名招聘的大学生由于个人原因辞职离开企业（其中：2008 年进厂 1 名、2009 年进厂 1 名、2012 年进厂 4 名）。

2015 年 9 月，新安江电厂 4 名员工参加公开招聘，录用到新源公司检修分公司杭州分部。

2006—2015 年间，新进大学生共计 55 人，其中 2015 年 15 人。

表 13-27 2006—2015 年新进大学生统计表

单位：人

2006	2007	2008	2009	2010	2011	2012	2013	2014	2015
3	6	9	5	4	5	14	3	1	15

【奖惩管理制度】 2007 年 5 月 18 日，制定下发《新安江水力发电厂关于印发<员工请假审批规定>的通知》(新电人资〔2007〕56 号)。规范员工请假手续及审批程序。

2008 年 7 月 30 日，制定下发《新安江水力发电厂职工违纪处理实施细则（试行）》（新电人资〔2008〕67 号附件 1：人力资源部分管理制度目录“一”)。

2009 年 4 月 28 日，制定下发《关于印发<新安江水力发电厂计算机考勤管理系统考勤管理办法>的通知》(新电人资〔2009〕43 号)。12 月 8 日，制定下发《关于印发<新安江水力发电厂职工待岗管理办法>的通知》（新电人资〔2009〕99 号)。

2012 年 3 月 19 日，为强化考勤管理，制定下发《关于落实公司<进一步加强考勤管理工作的通知>的通知》(新电人资〔2012〕20 号)。重申了上下班考勤管理、各种假期管理和行政值班管理等制度。

2013 年 3 月 28 日，根据公司标准化工作的要求，发布了《职工考勤及休假管理标准》（新电办〔2013〕45 号)。

2014 年 3 月 4 日，根据《国网新源公司人资部关于贯彻落实<国家电网公司员工奖惩规定>的通知》（新源人资〔2013〕118 号）的要求，制定下发《新安江电厂关于印发<新安江电厂员工奖惩实施细则（试行）>的通知》（新电人资〔2014〕28 号)，原 2008 年 7 月 30 日印发的《新安江水力发电厂职工违纪处理实施细则（试行)》(新电人资〔2008〕67 号附件 1：人力资源部分管理制度目录“一”）同时废止。

2015 年 3 月 16 日，制定下发《中共新安江水力发电厂委员会关于印发〈新安江电厂中层管理岗位竞聘执行手册〉的通知》（新电党〔2015〕4 号)。同年 11 月 20 日，根据《国网新源控股有限公司岗位竞聘管理实施细则》（新源企协〔2015〕214 号附件 3）的精神，制定下发《新安江电厂岗位竞聘管理执行手册》（新电人资〔2015〕68 号)，《中共新安江水力发电厂委员会关于印发新安江电厂中层管理岗位竞聘执行手册的通知》（新电党〔2015〕4 号）同时废止。

【经济协警转劳务外包】 2006 年 10 月，新安江电厂经济协警中队 44 名警员与新安江电厂全部终止或解除劳动合同，厂坝区安全保卫业务实行劳务外包。

【职工子女退伍军人不再照顾安置】 2006 年 12 月 8 日，制定下发《关于落实退伍军人安置工作的实施意见》(新电人资［2006］138 号)。对退伍军人安置工作明确了实施意见：经征求地方政府批准同意，一律实行有偿转移安置的办法；按照国务院（国发〔2005〕23 号）文件关于《大力推进城镇退役士兵自谋职业》的精神和建德市政府〔2004〕69 号《符合安置的城镇退伍义务兵，基本实行自谋职业，并积极鼓励转业士官自谋职业》的规定，凡本厂职工子女入伍退役后将不再照顾安置；在职工子女入伍时，配合地方政府职能部门做好退伍后安置就业政策的宣传解释工作。

【成建制划转国网新源公司】 2011年4月，新安江电厂成建制划转至国网新源公司，全民所有制在册职工568人（女性职工129人）整体转入。

·薪酬绩效·

【带薪年休假标准调整】 2006年，根据华东电网有限公司有关规定，员工休假标准调整为：工龄满1年不满5年，年休假为7天；满5年不满10年，年休假为10天；满10年不满20年，年休假为14天；满20年及以上，年休假为17天。上述年假期，企业可根据需要统一安排集中休假。厂内对职工年休假统一安排休假7天，分别在元旦1天，春节、五一节、国庆节各2天。

2009年，由于国家政策的变化，根据华东电网有限公司《关于公司薪酬福利有关规定的补充意见》，年休假天数按职工累计工作时间确定：满1年不满10年的，年休假5天；满10年不满20年的，年休假10天；满20年的，年休假15天。

【机构改革后员工岗位薪点区间设置的规定】 2006年4月，新安江电厂机构改革对员工岗位重新设置，根据（华东电网人〔2003〕112号）精神及（新电劳〔2004〕50号）《新安江电厂工资方案》的具体内容，对机构改革方案中各岗位薪点工资区间归纳设置。对各岗位薪级区间做出明确规定，并从2006年8月起执行。

薪点区间以（华东电网人〔2003〕112号）精神及（新电劳〔2004〕50号）《新安江电厂工资方案》为依据，在C、D、E区各类人员规定的薪点工资大区间内，对各类岗位的薪点区间进行明确划定。薪点区间设定的指导思想是尽可能往上靠，提高了绝大部分岗位薪点区间，新员工薪点工资有了明显提高，暂时减少了老员工封顶的可能性，有利于提高工资在收入中所占的比例。

中层管理人员C区分三个层区：提高了实业总公司副职的薪点区间，提高了部分正职岗位（14、15岗人员）的薪点区间。部分正职（14岗）岗位提高幅度较大（提高4个薪点）。

班值长及一般管理人员D区：

班值长分四个层区：a. 值长（17－28）；b. 生产大班组班长（15－26），c. 生产大班组副班长或组长或队长（13－24），d. 其他班长含杭州紫金宾馆餐饮经理、客房经理（11－22）。层次分明。

一般管理人员分三个层区：a. 安全监察部及生产计划部专职（15－26）；b. 其他生产部门专职、党群经营多经等部门主要管理人员（13－24）（提高4个薪点）；c. 其他管理人员（9－20）（提高2个薪点）。减少层次，规避管理人员分层难的问题。

生产服务人员E区分五个层区：a. 运行值班员、主业主检修工、后勤专业人员（11－22）；b. 主业检修工及多经生产岗、后勤专业人员（9－20）（提高4个薪点）；c. 社会通用工种主要岗位（7－18），d. 其他社会通用工种（5－16）（提高2个薪点）；e. 实习试用其他（1－12）。取消后勤专业人员（原卫生院医生、护士）按职称资格升薪，食堂炊事员按技能等级证书升薪的方法。

各岗位薪点工资区间设置规定如下。

表 13-28　　主业薪点区间

区间	薪点区间	岗　位
B 区（8 个薪点）	35-40	厂级领导正职
	31-38	厂级领导副职
C 区（10 个薪点）中层管理人员	25—34	副总师(实业总公司总经理、副总经理)
	23—32	中层正职
	19—28	中层副职
D 区（12 个薪点）班、值长及管理人员	17—28	运行值长（含副值长）
	15—26	1. 安全监察部：电气安全监察主管、机械安全监察主管 2. 生产计划部：电气一次主管、电气二次主管、机械主管、水工主管、运行主管、生产调度主管、工程计划主管、基建主管 3. 设备部：水工观测班班长、机械维护班班长、电气维护班班长、 4. 科技信息部：通信班长 5. 运行值班工程师、水库调度班班长 6. 检修部：变配电班班长、自动化班班长、继电保护班班长、高压试验班班长、发电机班班长、水轮机班班长、机械综合班班长、水工综合班班长
E 区（12 个薪点）	13--24	1. 企业工作部：企业管理主管、秘书、文书、文书档案主管。 2. 人力资源部：劳动计划统计主管、劳动组织主管、薪酬福利主管、社保管理主管、社保账户主管、专职培训师、技能鉴定主管。 3. 财务部：会计核算、报销审核、综合统计 4. 监察审计部：审计员、行政监察员 5. 综合产业部：主管 6. 思想政治工作部：党务主管、宣传主管、青年工作主管、企业文化主管 7. 组织人事部门：组织人事主管、离休干部工作主管 8. 厂工会：办公室主管、文体主管、女工主管 9. 人保主管、 10. 设备部：水工观测副班长、机械维护副班长、电气维护副班长 11. 科技信息部：网络主管、系统主管、计算机设备管理、通信设备主管、科技档案管理员、通信副班长、通信技术员 12. 发电部：机电运行专工、水库运行专工、安全管理专责、水库调度副班长
	13—24	13. 检修部：变配电专工、机电保护专工、自动化专工、发电机专工、水轮机专工、水工结构专工、地质专工、工程主管、安全专责、变配电组长、变配电班技术员、自动化班组长、自动化班技术员、继电保护班组长、继电保护班技术员、高压试验班副班长、高压试验技术员、油水化验技术员、发电机班组长、发电机班技术员、水轮机班组长、水轮机班技术员、机械综合班组长、电焊技术员、起重技术员、水工综合班组长、灌浆技术员、维护技术员 14. 实业总公司：安全生产协调、企业资质管理、秘书、企业发展、市场开发、经营部主管、经营部会计、薪酬福利、社保统计、审计、物资分公司业务经理、设备采购、计划采购、安全调度、饮用水营销、医务主管、杭新公司业务经理、厂内工程协调、安全员、技术员、钻探灌浆队队长、
	11—22	小车班班长、仓库班班长、客车班班长、物资综合班班长、饮用水生产班班长、食堂班长、杭州紫金宾馆餐饮经理、客房经理
	9—20	1. 主业：退休管理主管、培训管理、出纳、协警主管、消防主管、发电部统计核算专责、检修部综合管理专责 2. 实业总公司：文书、档案管理、出纳、物资分公司综合管理、物产管理、后勤分公司综合管理、杭州紫金宾馆会计、杭新公司概预算、成本核算员、综合管理
	11—22	1. 设备部：主观测工、机械主维护工、电梯主维护工、电气主维护工 2. 运行主值班员、运行值班员、水库调度主值班工、水文主测报工 检修部：主量器具管理检修工、变配电主检修工、自动化主检修工、继电保护主检修工、主高压试验工、主油水化验工、发电机主检修工、水轮机主检修工、主电焊工、主起重工、主灌浆工、主潜水工、水工主维护工、主油漆工

	9—20	1.设备部：观测工、机械维护工、电梯维护工、电气维护工 2.科技信息部：网络设备维护工、通信值班工、通信检修工 3.水库调度值班工、水文测报工 4.检修部：量器具管理检修工、变配电检修工、自动化检修工、继电保护检修工、高压试验工、油水化验工、油务工、发电机检修工、水轮机检修工、电焊工、起重工、灌浆工、潜水工、水工维护工、油漆工、木工 5.医生、化验、药剂、护士 6.驾驶员
	7—18	协警管理员、物资分公司起重工、车辆维护、
	5—16	文印、仓库保管员、通勤工、饮用水生产操作工、炊事员、杭州紫金宾馆总台服务员、紫金宾馆维修工、
	1—12	实习试用其他

根据《关于印发公司薪酬福利有关规定补充意见的通知》（华东电网人资〔2009〕74 号）的有关规定，各岗位的岗位薪点区间向上延伸 2 薪，各单位的职层区域随之相应调整。薪点区间调整从 2009 年 1 月 1 日起执行。

经过历年考评结果升薪，较多人员岗位薪点到达或即将到达薪点区间上限，为激励员工提升绩效，由人力资源部提出，经厂职工代表组长会议讨论通过，并经厂长办公会议决议，中层及以下人员各岗位的岗位薪点区间向上延伸 4 薪，薪点区间调整从 2012 年 12 月 31 日起执行。

【奖酬分配管理办法】 为健全厂内部分配制度，进一步规范分配行为，完善激励和约束机制，根据上级公司的相关规定和厂绩效考核管理办法，经厂第十二届六次职工代表大会讨论通过，从 2012 年 1 月起，执行《奖酬分配管理办法》，2003 年 10 月 1 日起试行的《奖金考核管理办法》停止执行。

办法的奖酬包括：绩效奖（月度绩效奖、季度绩效奖、年度绩效奖），安全生产奖，劳动竞赛奖，厂长嘉奖。

绩效奖，约占可分配奖酬总额的 70%。根据绩效考核结果进行分配。 安全生产奖，约占可分配奖酬总额的 20%。以安全生产、人身安全、信息安全为主要考核依据。劳动竞赛奖，约占可分配奖酬总额的 2%（工资总额的 1%）。用于奖励在企业劳动竞赛、技能比武、班组建设、全面质量管理，以及生产、经营、管理等各方面的先进个人、先进集体等。厂长嘉奖，约占可分配奖酬总额的 8%，用于奖励在厂安全生产、技术创新、科技进步、经营管理、企业文化建设等各方面工作中取得优异业绩和特殊贡献的集体和个人。

绩效奖由人力资源部考核分配，中层及以上人员由组织人事部负责考核计奖（2013 年组织人事部合并后归并人力资源部考核）；安全生产奖由安全监察部考核分配；劳动竞赛奖由厂工会考核管理；厂长嘉奖由厂长审批使用。

【单位负责人实行年薪制】 2011 年 1 月 1 日起，根据《华东电网有限公司直管单位负责人年薪管理办法》，副厂级及以上领导人实行年薪制，人员包括单位负责人（含领导班子成员）和单位退居二线的原领导班子成员。

年薪由基本薪金、绩效薪金和业绩考核奖励三部分构成，一般情况下比例为 4:3:3。基本薪金是直管单位负责人的基本收入，与岗位薪点工资挂钩，根据各直管单位的经营规模、管理职责、安全生产责任，以及本单位的经济效益增长水平等因素综合确定。绩效薪金根据公司业绩指标完成情况按以下公式确定；业绩考核奖励是根据《华东电网有限公司直管单位领导班子考核管理办法》规定，以直管单位负责人年度业绩考核分数确定的工资收入。

一次性奖励是根据华东电网公司下达的重点工作任务和突发事件处理等完成情况，由华东电网公司党组研究确定，给予直管单位负责人的一次性奖励。

年度内获得华东电网公司、省部级及以上荣誉称号或其他表彰而给予的奖励，可在办法之外单独核定。

基本薪金由其所在企业按月支付。绩效薪金和业绩考核奖励由华东电网公司确定后书面通知各单位，从所在单位应付工资中列支，分期兑现：80%当期兑现，其余20%延期至华东电网公司上年度财务决算报告经国家电网公司审核通过后再行兑现。

按办法领取年薪收入后，不得再从所在企业及关联企业领取任何其他工资性收入。企业负责人在子企业兼职取酬或领取地方政府物质奖励的，须先行报请公司审核批准或备案。

2011年4月起新安江电厂成建制划转至国家电网新源公司，根据《国网新源控股有限公司企业负责人薪酬管理办法》（新源人〔2008〕169号）的规定，新源公司《关于各单位负责人2011年度绩效薪金的通知》（新源人〔2012〕8号）确定了单位负责人2011年度的绩效薪金标准。基本薪金在公司未核定之前，暂按2011年基本薪金水平按月发放，待公司核准下达后再进行相应调整。

2012年起负责人薪酬按《国网新源控股有限公司企业负责人薪酬管理办法》及《国网新源控股有限公司企业负责人年度业绩考核管理暂行办法》（新源人〔2012〕237号）规定执行。

企业负责人的薪酬由基本年薪、绩效年薪和一次性业绩考核奖励年薪三部分构成，比例为4：4：2。基本年薪是企业负责人年度的基本收入，主要根据企业规模、员工平均工资、地区差异等因素综合确定。企业主要负责人年度基本年薪由公司根据企业具体情况每年核定一次。绩效年薪与年度经营业绩考核结果挂钩，以基本年薪为基数，根据企业负责人年度业绩考核分数确定。除基本年薪和绩效年薪外，根据各单位全年经济效益完成情况及企业负责人业绩考核情况，给予企业负责人一次性业绩考核奖励。

企业主要负责人的基本年薪每年由公司党组研究确定，书面通知负责人所在企业。企业其他负责人的基本年薪由企业根据其任职岗位、责任、风险和贡献大小，按企业主要负责人基本年薪的80%～90%提出基本年薪方案，并连同相关材料报公司核定。

企业负责人基本年薪从负责人所在企业应付工资中列支，由其所在企业按月支付。绩效年薪的80%在年度考核结束后当期兑现，20%延期兑现。

【保健食品费纳入工资总额管理】 根据国网新源公司依法治企工作的要求，从2013年起保健食品费由劳动保护成本改入工资总额管理。新安江电厂以《新安江电厂关于进一步加强保健食品费管理的通知》（新电人资〔2013〕157号），对接触有毒有害享受保健食品的工种进行规范，保健食品费按月核定标准，不再按天计算。

表 13-29　各岗位、工种月保健标准表

部门	岗位（工种）	月标准（元）	备注
运行分场	运行分场主任（副主任）	10	
	安全质量员	15	
	运行管理	15	
	发电值班员	30	
	值守值班员	35	
维护分场	维护分场主任（副主任）	10	
	安全质量员	15	
	分场专工	15	
	自动化班检修人员	35	
	继电保护班检修人员	35	
	变配电班检修人员	35	
	高压试验人员	30	
	油水化验人员	20	
	量器具管理检修	20	
	通信检修	15	含班长技术员
检修中心	检修中心主任（副主任）	10	
	安全质量员	15	
	检修中心专工	15	
	发电机班检修人员	35	
	水轮机班检修人员	35	
	起重工	35	
	电焊工	35	
	潜水工	75	
	水工维护工	30	
	钻探灌浆工	35	
	水工观测工	35	
后勤服务中心	炊事员	15	
办公室	文印	30	
安全质量部	主任	10	
	应急管理	10	
	安全监督管理	20	
	消防安全管理	20	
生产技术部	主任（副主任）	10	
	运行管理	10	
	电气二次管理	10	
	电气一次管理	10	
	水工管理	10	
	水机管理	10	
	生产计划管理	10	
	工程管理	10	
	通信管理	10	
物资部	仓库保管员	10	化工库、油品库

【制定绩效考核办法、细则】 新安江电厂绩效考核工作起于 2001 年，考核办法或考核细则根据实际情况变化，历经多次修订和调整。2006 年至 2012 年，绩效考核办法沿用 2004 年印发的《新安江水电厂职工绩效考核实施办法》（新电劳〔2004〕85 号）。2007 年，对新电劳〔2004〕85 号文进行补充，增加了直接界定 C 档（基本合格）职工的标准。2008 年 2

月 21 日，制定下发《关于印发<华东电网有限公司新安江水力发电厂绩效考核管理办法(试行)>的通知》。同年 7 月 28 日制定下发《新安江水力发电厂中层员工年度绩效考核暂行办法》(新电组织〔2008〕64 号)，规范中层员工的绩效考核。

2011 年 1 月 28 日，制定下发《新安江水力发电厂绩效考核管理办法(试行)》(新电人资〔2011〕4 号)。2012 年，制定下发《国网新源水电有限公司新安江水力发电厂全员绩效管理实施细则(试行)》。2013 年，配合厂"三定"工作对绩效考核系统调整升级。由人力资源部牵头，在各部门推广一线员工"工作积分制"考核。

【绩效考核信息系统投入使用】 2010 年 7 月，在华东电网公司的牵头下，由杭州新世纪股份有限公司提供技术支持，开始建立绩效考核信息系统。2011 年，考核信息系统开始测试运行。2012 年 1 月 1 日绩效考核信息系统正式投入使用。

系统实现全员绩效考核的信息化覆盖，涵盖绩效目标分解和设定、执行跟踪、绩效考核、绩效改进的全过程管理，固定、规范了流程。

【实施全员绩效考核管理】 2012 年 10 月，根据《国家电网公司全员绩效管理暂行管理办法》，新安江电厂制订并通过了《国网新源水电有限公司新安江水力发电厂全员绩效管理实施细则(试行)》。

绩效考核以业绩评价为核心，实现绩效目标层层分解、压力层层传递，是一个涵盖绩效目标分解和设定、执行跟踪、绩效考核、绩效改进的绩效全过程管理体系。考核实行绩效经理人制度。考核人员分为四类：企业负责人副职、部门负责人、管理人员和一线员工。各级考核双方由绩效合约明确。

绩效考核体系中企业负责人副职、部门(含部门负责人正职)、管理人员三类人员采用"目标任务制"进行考核。一线班组员工采用"工作积分制"进行考核。年度考核结果分为 A、B、C、D 四个等级。原则上，A 级占比 25%、B 级 40%，C 级 30%，D 级 5%以内。员工的绩效薪金采取月度考核预兑现、年度考核总兑现的方式。员工按照年度绩效等级进行累计积分，A 级计 2 分，B 级计 1.5 分，C 级计 1 分，D 级计 0.5 分。

表 13-30　　2006—2015 年员工绩效考核情况汇总表

年份	参加考核人数	A（人数）	B（人数）	C（人数）	D（人数）
2006	613	138	473	0	2
2007	583	146	437	0	0
2008	574	146	428	0	0
2009	570	131	437	0	2
2010	556	140	412	2	2
2011	542	134	408	0	0
2012	533	131	402	0	0
2013	522	135	211	176	0
2014	488	131	309	48	0
2015	460	120	294	46	0

·社会保险·

【基本养老保险缴费调整】 从2009年7月起，根据《浙江省地方税务局直属税务一分局浙江省社会保险事业管理中心关于调整省本级社会保险费申报征收有关问题的通知》（浙地税直发〔2009〕52号）规定，缴费基数实行按用人单位全部职工的工资总额确定，企业基本养老保险费单位缴费比例由原来的20%调整为14%。

【杭州市基本医疗保险实施“一卡通”】 2011年1月1日，根据《杭州市人民政府办公厅转发市劳动保障局关于杭州市基本医疗保险“一卡通”实施办法的通知》（杭政办函〔2010〕292号）规定，为健全完善医疗保险制度，进一步提升医疗保障服务能力和保障水平，方便参保人员就医、购药，杭州市出台基本医疗保险“一卡通”实施办法。

办法实施后，参保人员（在职职工、退休人员）必须持市民卡和证历本至定点医疗机构就医（含门诊和住院），发生的医疗费用会通过统一的结算信息系统进行实时结算。扩大了就医选择范围。在原有的基础上，增加了一批“一卡通”定点医疗机构。在职职工的门诊个人账户不再返还，将通过市民卡进行就医结算。与协议医院（建德一院、电力医院）的协议关系结束。

在2010年11月办法正式出台后，厂人力资源部随即宣传贯彻，给308名退休职工办理证历本，将大部分在职职工和退休职工就医关系转到杭州，在“一卡通”实施尚未通畅之前，在职工、医保、各医院之间不断地联系沟通，进行协调。

【设立重大疾病补充医疗救助的暂行办法】 从2011年1月1日起，为进一步落实华东电网公司党组对职工的关怀，增强职工抵御患重大疾病的能力，提高救助水平，拓展保障途径，逐步完善多层次的补充医疗保险服务体系，根据《华东电网有限公司补充医疗保险办法》（华东电网人资〔2008〕154号），设立重大疾病补充医疗救助的暂行办法。

办法规定：参保人员患重大疾病（按保险行业规定25种），在职职工最高按10万元、退休职工和离休干部最高按5万元标准试行，以后逐步提高，补充医疗保险的缴费比例由2%调整为5%。办法下达后，厂人力资源部即召开退休职工会议，宣讲办法具体内容，办理重疾人员相关待遇。

【华东公司代管企业年金和补充医疗保险】 2011年4月新安江电厂整体划转到国网新源公司后，企业年金和补充医疗保险新源公司委托华东电网有限公司代管。

【社会化管理服务资金征缴】 从2011年7月1日起，根据《浙江省人力资源和社会保障厅浙江省财政厅中国人民银行杭州中心支行浙江省地方税务局关于推进省部属企业退休人员社会化管理服务工作的实施意见》（浙人社发〔2011〕220号）规定，为保障广大退休人员基本生活，维护社会和谐稳定，省部属企业按职工工资总额的1%缴纳社会化管理服务资金，应缴纳的社会化管理服务资金在每月缴纳基本养老保险费时一并向企业基本养老保险参保地缴纳。

【离休人员医保归属浙江省医保管理】 从2011年9月1日起，为切实做好离休人员的医疗保障工作，离休人员参加浙江省省级医疗保险服务中心管理。根据《关于省级单位离休人员有关医疗待遇的通知》（浙劳社医〔2003〕131号）和《关于调整在杭省属企事业、行业单位、中央企业离休干部“两费”保障经费筹资标准的通知》(浙人社发〔2011〕234号)规定，向省医保中心申报离休干部及其配偶信息资料，缴纳医药费保障经费，离休干部及其配偶享受文件规定的医疗待遇。

【企业年金缴费比例调整】 2013年1月1日起，根据《国网新源控股有限公司关于印发〈国网新源控股有限公司企业年金管理暂行办法〉的通知》(新源人〔2013〕274号)规定，企业年金企业缴费比例从8.33%调整为5%，个人缴费比例从1.67%调整为1.25%。

【住房公积金缴费调整】 根据《国家电网公司关于加强住房公积金管理工作的通知》(国家电网人资〔2013〕575号)规定，2013年7月1日起，住房公积金缴存标准进行调整，缴存基数最高不得超过杭州市城镇单位在岗职工平均工资的3倍，单位和个人缴存比例不得高于12%。2014年5月起新进厂工作人员住房公积金补贴政策不再执行。

【失业保险缴费比例调整】 2015年1月1日起，根据《浙江省人力资源和社会保障厅、浙江省财政厅、浙江省地方税务局关于调整失业保险费率有关问题的通知》(浙人社发〔2015〕3号)规定，全省失业保险费率下调，企业缴费比例由2%调整为1.5%，个人缴费比例由1%调整为0.5%。

·审计管理·

【概况】 新安江电厂2006年6月机构改革前设审计科，配科长1人，审计员1人，后调整为监察审计部，设主任1人，审计员、行政监察员各1人。2008年4月调整为审计部，设主任1人，审计员1人。2013年8月实施“三定”方案，审计部岗位调整，设主任1人，财务审计管理1人。

【落实华东电网公司审计整改意见】 2006年遵照华东电网有限公司《关于新安江水电厂2005年度资产经营责任审计意见的通知》要求，持续地运用华东电网公司审计成果，不间断落实整改意见，跟踪加强内部整改。会同其他职能部门分析、整改、落实审计意见，积极参与垫支工程款、出借资金催收和处理等工作。参与催收科龙电站垫支款，收回101.85万元，累计收回达到168.47万元。对建德市紫金水利水电工程公司乾潭项目工程款，随时追踪，经常了解动态，提醒有关人员抓紧该项工作。其他有关出借资金，一方面在事前参与，协助完善手续，做好风险防范，到期参与催收；另一方面对部分借款根据税务管理要求，提出调整处理形式的建议，实现合理节税。

【厂内多种经营公司审计】 2006年4月，对所属建德市紫金水利水电工程有限公司和建德市紫金建筑装饰工程有限公司进行财务审计。审计中发现的不足之处及建议包括内部往来和其他应收款、其他应付款业务应及时核对清理；外委工程相关结算单应编制统一格式单据，既方便日常核算又严格符合记账要求；完善各类对外合同条款，强化对合同金额为估算价及附补充协议的项目管理；警示有关单位工程项目费用核算方式应规范化，规避经营风险；进一步总结和巩固审计成果，并为后续项目积累经验。

【食堂财务专题审计】 2006年7月针对食堂财务会计管理比较薄弱的情况，组织食堂财务专题内部审计，对历年遗留问题和往来账务组织专门清理，提出账务调整建议。

【厂工会换届经济责任审计】 2007年7月就厂工会换届经济责任审计中发现的工会财务岗位职责分工未严格执行内部控制制度、会计基础管理不够规范问题，会同财务部及时修订工会财务管理会计核算规定，采取切实可行整改措施，逐步追踪完善。

【厂级领导届中经济责任审计】 2007年8月27—31日华东电网有限公司审计部对新安江电厂厂级领导干部届中经济责任和往年整改情况进行现场审计，在内控管理、财务管理方面提出审计意见。遵照华东电网有限公司《关于新安江水电厂领导干部届中经济责任审计意见的通知》要求，会同其他职能部门分析、整改、落实审计意见，地把落实审计整改措施作为经营管理最重要工作，对遗留问题重点研究，跟踪监督，常抓不懈，查漏补缺，不留死角，进一步提升经营管理水平。

图13-5 2008年7月，华东公司审计部进点新安江电厂，开展厂长任期经济责任审计。

【关联交易专项审计调查】 2006年8月、11月华东电网有限公司审计部先后对新安江电厂2005年度资产经营责任及经营收支预算执行情况作了现场审计，对关联交易进行专项审计调查。新安江电厂按照要求积极配合并提供相关审计基础资料。审计后提出意见，包括对以前审计中提出的遗留问题须重点研究、加强会计基础工作及内部控制制度执行、加强工程管理及规范招投标工作、加强工程概（预）算、工程结（决）算管理、进一步规范主业与多种经营企业的关联交易，防范经营风险。

【历年遗留问题和往来账务专题调查】 2007年，对实业总公司下属各公司2006年度财务决算审计，对各公司财务核算和管理提出了改进建议，同时开展历年遗留问题和往来账务专题调查分析，提出相关账务调整意见。积极参与公司组织整合、股权调整，投资项目前期研究考察、合作谈判，合作项目的定期审计检查，在防范经营风险方面发挥了作用。2007年9月，对所属单位临时工使用情况进行调查，反映了劳动合同文本调整、续签以及用工管理形式改进、劳务承包形式风险评估等方面的现状。

【社会保险中心财务收支审计】 2008年6月，组织实施厂社会保险中心财务收支审计，梳理以前年度的延伸审计分析，初步复核的社会保险账户管理体系、社会保险费用提取实缴差额等问题提交专题会议处理。

【厂长任期经济责任审计】 2008年7月，华东电网公司审计部派人到厂实施厂长任期经济责任审计。厂长任期经济责任审计是国家审计署对电力系统的审计进点前的预审计，上级审计组成员带来了国网公司层面乃至国家政策层面全新的理念、角度和视野。审后做好关联交易、固定资产管理、内部控制、会计核算及基础管理四个方面审计意见的反馈及整改。

【实业公司总经理离任审计】 2008年10月，根据规定进行新安江电厂实业总公司总经理离任审计，由于实业公司下属单位多，工作量大，盘查全公司的资产、债权债务以及资产的安全、完整和保值增值情况；财务管理及内部控制制度健全、有效，各项费用开支按规定程序和权限报经审批，及其使用效益情况；任职期间资产经营责任考核指标及主要经济指标完成情况；对外投资、经济担保、出借资金和大额合同等重大经营活动和决策符合厂部有关规定，决策程序、风险控制及其影响情况；总经理遵守国家法律、法规和廉洁自律情况，通过一系列项目的审计为客观评价提供依据。审计意见和建议包括完善重大事项决策程序、重大投资须充分评估经济效益和风险、加强往来清理和债权债务管理、项目负责人经济责任制以及固定资产管理等。

【规范审计管理】 2009年，遵照华东电网公司的要求逐步完善审计综合管理系统的应用，筛选录入审计管理平台的各种数据，细化流程控制，逐步规范审计行为，设计“完成审计项目整改落实情况返回单”和“审计项目整改落实终结报告单”。对照《国家审计署关于内部审计工作规定》和《内部审计准则》规定要求，严把审计程序关，注意审计项目的立项，审前调查，制定实施方案，印发审计通知书，实施审计过程及审计报告征求意见等各环节的规范记录。

【内控制度审计】 2009年，先后于5月和9月对新安江水电厂配件厂、兰溪紫金水电检修有限公司内控制度审计，其间反复沟通交换审计意见，多次回访督促检查审计意见的整改落实，审计项目实施形成闭环管理，达到审计促管理成果目的。

【开展内部控制评价活动】 2009年7月22日，根据华东电网直属单位审计工作布置的“利用审计成果，开展内部控制评价”专项活动方案的要求，对照直管单位开展内部控制评价自查自纠指导提纲和华东公司全面风险管理工作的统一部署，邀请华东公司审计部主任到厂开展经济案例警示教育讲座，全厂中层及以上干部和财务、审计管理人员等共90余人听取讲座。

按照国家电网公司“依法治企”要求，针对完善内控制度建设、加强审计监督方面提出指导意见，特别强调在项目与经济管理工作中，要提高法制意识和风险意识，认清违规和违法的界限，执行有关法律规定和规章制度，全面加强风险管理工作。通过讲座，使与会人员受到一次深刻的法规知识与典型案例警示教育。8月，在厂内开展经营管理存在问题的问卷调查，落实华东公司风险管理的要求，参加人数120余人，收回问卷110余份，整理出存在问题，提出部分建议和意见。

【参加国网公司审计】 2009年10月国家电网公司驻上海特派员办公室抽调新安江电厂审计人员对一些省的电力公司进行大规模的审计工作。参审人员从重大经营决策、财务收支、工程投资三方面整理出总结报告。在完成一个多月的审计配合任务后，国家电网特派办专门发函新安江电厂给予表扬。

【融入新源公司审计管理模式】 2011年新安江电厂划转新源公司后，为尽快适应新源公司审计的管理模式，解决审计工作中的具体问题，结合以前审计的一些做法，在原基础上新建立一整套与新源公司相接轨所需标准流程文书，包括审计立项审批书、审计工作方案、调整审计工作方案、审计工作底稿、审计工作记录、审计调查记录、后续审计工作底稿、审计报告征求意见书等，使得审计工作较快较好地融入新源公司。

【参加新源公司审计】 2012年4月、9月，遵照新源公司要求，临时抽调新安江电厂审计人员参加北京十三陵蓄能电厂、山西西龙池公司、英大证券有限责任公司等经济责任审计项目；2013年6—10月参加蒲石河公司经济责任审计项目、国家电网依法治企综合检查第三十五组金融小组工作；2014 年 2 月、6 月参加山西西龙池公司经济责任审计项目和国家电网公司人力资源管理专项审计。通过外出审计，拓宽了审计人员的知识面，更好的熟悉公司工作流程，加深业务沟通交流，促进融入新源公司特色的审计工作模式。

【“小金库”专项治理自查自纠】 2010 年 8—12 月贯彻落实国家电网公司《关于深入开展“小金库”专项治理工作的通知》精神，全厂共有 14 个部门、下属 3 个生产单位和 2 个多种经营公司及下属 9 个子（分）公司参与“小金库”专项治理工作。此项治理进一步增强了严格执行财经法规的严肃性自觉性，促进和加强企业管理秩序，开启“小金库”专项治理长效机制。

【配合国家电网公司对华东领导人审计】 2011 年 2—4 月期间，国家电网公司开展对帅军庆董事长、贺锡强总经理离任审计延伸部分的审计工作。在时间紧、任务重、内容多、审计时间跨度长等情况下，按照原华东公司规定要求，新安江电厂做好延伸审计的各项工作，精心准备，严格标准，不搞形式、不走过场，有问题不隐瞒、不袒护，客观公正，扎实工作，迎接国家电网公司的审计。在各部门展开的五年来自查基础上汇总检查材料，并整理出在过去工作中按常规做法和以往年度审计关注情况还需要查漏补缺的问题和方面的工作提纲，包括各种调查资料的准备、有关工程项目资料完善、关联企业工程项目材料准备、协调各部门相关工作、审计进度表的上报。经努力顺利完成该项审计任务。

【依法从严治企自查自纠工作】 2011 年 11 月开展国网新源公司布置的依法从严治企自查自纠工作。按国家电网公司依法从严治企总体部署和《国网新源控股有限公司依法从严治企自查自纠实施方案》要求，在厂领导人指导下，与全厂相关的 8 个部门共同配合，对照平时工作重点 “检查十一个方面”精神，实事求是开展自查自纠，深入查找经营管理工作中存在的问题、薄弱环节和潜在风险，彻底排查整改，举一反三，以点带面，堵塞管理漏洞，防患经营风险，提升管理水平。

【落实审计专项检查“回头看”工作】 2012 年 7 月，开展审计专项检查整改落实情况“回头看”工作，制定审计专项检查工作方案，明确自查自纠工作内容、职责分工和具体时间要求，采用各部门自查自纠和工作小组核查相结合的方法，排查在生产经营管理、集体企业管理、内部控制等方面存在的各类问题。8 月初，制定具体措施，上报清理报告，通过督促整改落实，达到不断规范管理的各项要求。

【国网依法治企综合专项检查】 2012 年 10 月 8 日，国家电网依法治企综合专项检查第三十三组正式进点检查，按照迎检要求，在专项检查期间及时准确地提供相关资料，实事求是反映工作情况；按照检查组要求，落实职责分工，加强沟通汇报，尽全力做好配合服务；迎检结束后开始检查发现问题整改工作推动阶段。

2013 年 4 月 22 日新源公司印发《关于开展 2013 年依法治企检查工作的通知》以来，对照八个方面主要内容，认真制订工作计划，加强管理基础工作，对存在问题和潜在风险进行排查梳理，增强依法治企的自觉性和主动性。8 月 22 日，国网依法治企综合检查第三十四组正式进点检查，按照检查组要求，落实职责分工，加强沟通汇报，尽全力做好配合服务。12 月 19 日上报国网依法治企综合检查发现问题整改落实报告。整改措施包括财务管理方面规范各项成本费用开支；集体企业管理方面规范主业与集体企业的资产财务关系，按同标准、同管理、同考核要求规范管理集体企业各项工作。整改工作由各专业分管领导齐抓共管，各专业部门协同合作，共同推进整改落实工作顺利开展。

【新源公司多种经营重组整合审计调查】 2013 年 6 月 17—22 日新源公司主（主业）多（多种经营）分开、集体企业重组整合审计调查审计组现场工作期间，由厂分管领导人牵头组织迎审工作，各部门全力协作，圆满完成迎审配合工作。现场工作结束以后在人员股权清退、多种经营资产处置整合过程程序、集体企业与主业劳动人事管理关系、历史遗留问题等方面进行沟通反馈。

【依法治企排查整治存在问题】 2014 年完成国家审计署延伸审计调查资料报送、人力资源管理专项、主业多种经营分开“回头看”、集体企业财务稽核等检查配合，审前开展自查自纠，审中积极协调，审后认真整改，切实把迎审迎检作为提升基层单位管理水平的机会。2014 年 11 月 12 日成立厂依法治企存在问题排查整治工作组，负责全厂排查整治的总体协调和部署，对可能易发多发、屡查屡犯问题领域和环节进行排查，同时积极配合新源公司检查组督导，落实相关意见。通过排查整治工作，把依法从严治企作为长期坚持的基本方针，加强内控体系建设，完善内部管理。

2015 年 2 月 13 日厂部召开专题会具体布置迎审自查整改工作，协调督促各部门对照工作内容，依据现行规章制度负责归口业务的自查自纠，至 3 月 20 日完成组织动员、自查整改、资料整理阶段性工作，自查报告及重点问题自查附表经汇总、复核、审核后按时上报，加强与新源公司审计部的沟通和信息反馈，做好当年迎审准备工作。

【集体企业专项审计】 2012 年 3 月开展所属集体企业专项审计工作，实施新安江电厂配件厂负责人离任经济责任审计，在应收账款和合同管理方面落实加强内部控制措施。8 月完成集体企业清产核资专项财务审计，按照清产核资专项工作方案时间节点核查厂属集体企业基准日的资产、负债和所有者权益，为后期整合重组打下基础。

2013 年 12 月结合“三定”人员调整和规范集体企业管理要求，根据干部管理、党风廉政建设需要，实施新安江电厂实业总公司原负责人任期经济责任审计，加大从严管理的力度，在物资采购管理、长期股权管理控制等方面提出整改意见。结合人员调整和规范集体企业管理要求，将热点、敏感问题作为重点关注的内容，提升时效性。

根据干部管理、党风廉政建设需要，2014 年 2 月实施建德市紫金综合服务公司原负责人任期经济责任审计，在物资管理、长期股权管理控制、会计基础工作等方面提出整改要求。

【对厂项目工程全过程审计】 2006 年参与新安江电站下游右岸边坡支护及进厂铁路综合治理、坝体火山灰混凝土补强加固、厂配电变压器保护装置更新、8 号机组励磁装置改造、机组进水口快速启闭机制造等大宗工程项目招投标、合同洽谈及经济合同签证审计 215 份，金额 6474.94 万元，协同其他职能部门促进增收节支 55.63 万元，保证相关经济活动合规合法符合程序，维护企业正当权益。

2007 年参与 F1 断层防渗井化学灌浆补强、7-25 号坝段及左岸平洞主帷幕检查土建施工、大坝及水工结构水下修补工程、2 号机组励磁系统改造、水库接地网改造等大宗工程项目合同洽谈、招投标工作和矽钢片等废旧物资竞卖处理等 50 余人次，严格履行经济合同签证审计 234 份，金额 6874.94 万元，协同其他职能部门促进增收节支 19.38 万元。

2008 年先后参与水电机组检修实训基地、大坝溢流面环氧砂浆老化处理、水工增补、已拆除门机竞卖等大宗工程项目合同洽谈和招投标，及经济合同签证审计 282 份，协同其他职能部门促进增收节支 38.04 万元。

2010年2月根据国家电网公司部署和华东电网公司《围绕工程建设领域突出问题、开展专项治理工作》的文件精神，在时间紧迫的条件下，克服困难，采取有效措施完成9台机组、项目资金达1400多万元的进水口快速启闭机及液压操作系统改造工程专项审计工作，在项目决策流程管理、工程造价和标准、项目招投标管理、项目合同管理、资金使用管理、工程质量管理等方面对专项工程履职行为的合法性、合理性以及工程管理的效益性、安全、廉政评价，在规定时间里完成规范项目管理，促进工程建设领域的健康运行要求。

【厂对外工程项目审计】 2010年4—5月，实施原杭州新安江电力工程有限公司近两年整体经营状况专题审计，包括天荒坪2号机组B级大修项目、宜兴2号机组B级检修工程项目、福州外部工程经济效益专项审计工作。其间抽查百余册凭证、明细账目以及会计报表、合同和有关工程项目方面的资料，结合工程项目实际情况，实施合适必要的审计程序，揭示管理中存在的问题，提出有关方面改进的审计建议，被审计单位高度重视，及时制定了整改方案和措施，切实提高管理。

【集体企业部分承揽项目审计】 2011年1—4月实施对合同项目工程量较多、资金量较大的发电厂房火灾报警系统工程和紫金宾馆改造工程项目专项审计，专项审计调查集体企业承揽的部分项目，列出工程项目执行过程出现的问题，提出整改建议意见，改变了一些不符合同约定的做法，堵塞管理漏洞，帮助集体企业提高经济效益。

【抓好重点项目审计】 严格国家财经法规和公司制度执行监督，抓好重点项目业务审计。2014年6月、11月根据新源公司年度审计计划要求，拓展审计监督领域，推动工程项目管理规范性审计，完成计算机监控系统技改项目、生产检修用房竣工结算及竣工决算审计并按要求上报备案。

【“小金库”专项治理审计调查】 2011年6月按照国网公司“小金库”专项治理工作方案中明确的专项治理工作范围、内容，开展全面复查工作，做到工作全覆盖，不留死角。按时向新源公司报送各种报表和情况说明表。完成对所属单位财务保险柜清理、现金账和报表的核对工作。对厂工会管辖的职工爱心基金账户、厂工会职工技协开展审计分析工作，提出进一步完善化的意见和建议，夯实风险防范基础的运用。

【废旧物资处置专项审计】 2011年10月完成新源公司布置的废旧物资处置专项审计工作。主要针对废旧物资管理过程中现行管理制度、报废审批及回收、库存管理、处置事项进行审计调查分析。在审计调查分析的基础上，按照精细化管理要求提出进一步完善基础数据，适时建立废旧物资测算管理制度，细化项目建议书，确保报废的资产尤其是技改大修工程中拆除清理的废旧物资应收尽收等意见，促进废旧物资报废、回收、处置等环节、流程的规范化、标准化和制度化。

表13-31　　2006 — 2015年完成审计项目统计表

名称年份	2006	2007	2008	2009	2010	2011	2012	2013	2014	2015
审计项目（个）	8	7	8	7	6	6	5	4	4	2
签证审计（份）	215	234	282	48	93	86	89	0	0	0
审计建议（个）	0	0	1	0	6	0	0	0	0	0
被采纳审计建议（个）	0	0	1	0	6	0	0	0	0	0
累计促进增收节支（万元）	55.63	19.4	38	70.1	37.6	62.97	18	0	0	0
累计查出违规金额（万元）	0	0	0	0	0	0	0	0	0	0

企业文化
Corporate Culture

【概况】 新安江电厂的企业文化形式多样，内涵丰富，经历数十年的提炼、充实、改进而日臻完善，特色鲜明，凝聚众多职工智慧。企业文化建设在党委领导和厂长支持下，由党委职能部门主管，全厂性文娱体育活动由厂工会负责组织，并建有企业文明办公室、文学艺术联合会等。在企业机构改革中，2005 年 12 月至 2006 年 6 月一度撤销宣传科（其职能归入党委办公室），2006 年 6 月起设立思想政治工作部统筹企业文化建设和发展。全厂文化事业持续发展，成效显著。

·文化建设·

【考察企业文化建设】 2006年4月10日，厂长钱建明、党委书记刘俊勇及思政部负责人，随华东电网公司副总经理赵首先、胥传普，与公司有关部门和直属(代管)单位等负责人，前往江苏省南通市如东县供电公司学习考察企业文化建设。思政部将如东县供电公司企业文化建设经验发言稿，拍摄到的宣传窗、宣传牌照片，编辑成《如东学习专辑》，分成“经验材料篇”“考察剪影篇”“管理理念篇”“漫画哲理篇”刊载在厂新闻网上，供全厂学习，把“爱心、平安”活动和企业文化建设做深、做细、做实。

【编印“企业安全文化手册”】 2008年6月，新安江水电厂编印并首发具有本企业特色的华东电网公司系统第一本《企业安全文化手册》。《手册》对企业内已有安全文化作了梳理、提升，提出“安全生产天天从零开始”的管理理念，形成安全思想、安全责任、安全管理和安全价值等多方面的安全理念，并以精练的语言、图文并茂的形式阐述了安全使命和安全哲理。

厂召开宣贯《手册》会议，班组组织学习讨论，明确安全承诺和安全目标，树立“关爱企业、关爱他人、关爱自己、关爱家庭、关爱社会”的思想，营造“关爱生命，安全发展”的氛围，加强安全风险管理教育培训，推行作业安全风险预控，推进安全风险管理体系建设。

【庆祝发电50周年系列活动】 2010年4月22日迎来新安江水力发电厂（成立于1959年12月）和新安江水电站发电50周年华诞。为了回顾50年来的发展历程，充分展示50年来的丰硕成果，全面总结50年来的管理经验，更好地推动企业的建设与发展，决定以“保安全、创效益、谋发展，为企业持续发展再上台阶做出新贡献”为目标，开展发电50周年庆祝活动。活动以举办“一台大型庆祝会、一处厂史展览馆、一套纪念书画碟、一项美化环境圈、一个系列参访游”（五个一）为重点，广泛开展各种纪念活动。

4月22日，隆重召开发电50周年庆祝大会。省委书记赵洪祝、省长吕祖善发来贺信。一批曾参与电站建设和管理的老领导，全国政协常委、原国家电力监管委员会主席柴松岳；原国务院特区办主任、浙江省省长葛洪升；原中华总工会副主席苏立清和原武警水电政委孙华锋少将等亲临大会。全国政协原副主席钱正英，全国政协委员、两院院士、中国工程院原副院长潘家铮为新安江水电站发电50年各题词作诗一首。发来贺信、贺电的有中国电力企业联合会水力发电分会、浙江省人民政府防汛抗旱指挥部、中国长江电力股份有限公司、中国水电顾问集团华东勘测设计研究院、华东天荒坪抽水蓄能有限责任公司。

图14-1　2010年4月22日，隆重召开发电50周年庆祝大会，厂职工自编自演的大型文艺演出《光耀天地间》。

华东电网公司副总经理赵首先、张怀宇、黄良宝，中共浙江省直属机关工委、浙江省总工会、建德市等有关单位领导和长江电力股份公司、紧水滩水电厂等电厂代表，电厂历届厂领导代表，历年省、部级劳动模范以及曾经在电站工作过的干部职工及其家属代表与电厂在职职工、离退休职工等千余人参加庆祝大会，并观赏厂职工自编自演的大型文艺演出“光耀天地间”。

其间，利用厂区原教育培训楼，改建成新展览馆，系统地展示新安江水电站的建设、发展历程和辉煌成就。出版《新安江水电站志（1989-2005）》《薪火相传　再创辉煌——新安江水电站画册》《光荣与梦想——纪念发电50周年电视专题片》《职工书法摄影集》《纪念发电50周年征文集》《优秀成果论文集》。完成厂庆建设规划所确定的基建任务。包括厂坝区公路、原教培楼改建展览馆、紫金滩环境综合整治、发电厂房装修等。围绕厂庆活动主题开展形式多样、丰富多彩的参观访问活动。包括老领导、老职工座谈交流会，参观厂区、大坝、展览馆等，组织附近风景区旅游。庆典活动期间到厂参加活动嘉宾200余人（其中应邀嘉宾194人）。24家兄弟单位向庆典活动赠送纪念品。通过活动，增强职工的凝聚力和向心力，弘扬爱厂敬业、无私奉献的企业精神，进一步推进企业文化建设。

【宣传贯彻“国网企业文化手册（2010版）”】

2010年6月2日，全厂隆重举行“建设统一优秀企业文化”主题实践活动动员大会暨《国家电网公司企业文化手册（2010年版）》授书仪式，厂领导向各部门发放了《手册》并对厂开展主题实践活动做出全面部署。组织全厂干部职工进行《手册》学习交流，领导干部深入班组，召开座谈会，带头谈认识、谈体会、写心得，引导员工认清形势，转变观念，把干部员工的思想认识统一到国家电网公司党委的决策部署上来。运用厂新闻网页、简报、橱窗等媒介和载体，展示《国家电网公司企业文化手册（2010版）》内容，让统一的企业文化深入人心。

【编写文化故事和漫画】　2010年7月，厂召开企业文化故事、企业文化漫画创作会，按

图14-2　2010年6月2日，厂领导向各部门发放国网企业文化手册（2010版）

照国家电网公司统一组织编辑企业文化故事集《建设国家电网精神家园（Ⅰ）》、企业文化漫画集《国家电网人的管理智慧（Ⅰ）》征集方案的要求，动员和组织各单位，发挥广大员工参与企业文化建设的积极性和创造性，围绕基本价值理念，以“责任、创新”文化为重点，创作企业文化故事和漫画。

发电部、检修部、设备部、党群、经营、实业公司及综合公司等部门负责人迅速行动起来，根据会议要求，明确指导思想，落实到人，共创作企业文化故事9篇、企业文化漫画4篇，充分反映各部门各单位在“建设统一的优秀企业文化”主题活动第一阶段中，实施企业文化精品工程的成果。厂思政部组织对作品加工、提炼，在规定时间内选出优秀作品于8月5日前送交华东电网公司。经过评选，有4篇企业文化故事、3篇企业文化漫画被华东电网公司推荐给国家电网公司。企业文化故事分别是《梅汛电站不发电》(帅以政)、《忠诚卫士》(王俞柬)、《握紧拳头创佳绩》（汤雪萍)、《献给大山的爱》（吕志峰）；企业文化漫画：《四统一》(韩卓颖)、《智能电网》(徐霞)、《安全不牢、地动山摇》（张一国)。

【评选最可爱水电人——十大标兵】 2011年4月，厂党委、行政、工会研究决定，开展评选全厂“最可爱水电人——十大标兵”活动。以此发掘五十多年来企业优秀人物，发扬企业优良传统，更好地树立标杆典型，让全厂职工学有榜样，赶有目标，推进创先争优活动，迎接建党九十周年。

厂成立“最可爱水电人——十大标兵”评选委员会，由厂劳动竞赛委员会和各党（总）支部书记组成。评选范围为全厂职工，包含离退休职工。评选要求一是要有先进性，具有厂的优良传统，具有难能可贵的品质，具有值得宣传和推广的价值，具有对全厂职工示范引领作用；二是要有代表性，在“安全、技术、经营、管理、服务”等方面有突出的业绩，某一领域最优秀的代表；三是要有群众性，贴近一线，贴近基层，贴近职工，侧重选拔立足岗位做贡献，在平凡岗位上作出不平凡业绩的职工。

评选中先由各党支部牵头在全厂范围内推荐不超过10人，其中本支部限推2人。全厂职工踊跃参加，认真填写心目中“最可爱的水电人”。截至4月11日，共收到参与表1102份，其中在职职工有777份，离退休职工325份。4月13日，厂劳动竞赛委员会召开会议，选出全厂20名“最可爱水电人——十大标兵” 入围人选，接着由各支部撰写事迹并进行二轮推荐， 评委会最终评选出干慈祥、王跃建、朱孝成、李建华、陈学珍、周锡峰、林甘川、唐群一、徐百铮、钱建明为“最可爱水电人--十大标兵”。在厂庆祝中国共产党成立90周年大会上进行了表彰，播放个人事迹电视专题片。厂新闻网、宣传窗等集中展示事迹，并编印专刊和进行演讲。

【荣获省企业文化建设示范单位称号】 2011年11月30日，浙江省隆重召开企业文化建设大会，围绕“弘扬中华文化精髓、共铸企业文化辉煌”主题，表彰全省企业文化建设先进典型。新安江水电厂和阿里巴巴、万向集团等25家单位被授予“浙江省企业文化建设示范单位”称号。中共浙江省委书记赵洪祝向大会发来贺信，省委常委、宣传部部长，中宣部思想政治工作研究所所长、全国思想政治工作研究会秘书长等出席大会，厂党委书记刘俊勇出席大会并接受颁奖。

【举办5期企业文化全员轮训班】 按照2012年党委工作要点和厂“2012年加强‘五统一’企业文化建设实施方案”， 从5月份开始，厂先后举办五期“企业文化和文明礼仪”培训班，对全体员工进行培训。厂党委书记、厂长分别到场作动员讲话，要求大家深刻理解、准确掌握国家电网公司“五统一”（统一价值理念、统一发展战略、统一企业标准、统一行为规范、统一公司品牌）企业文化体系的核心内涵，珍惜重视此次文明礼仪讲习机会。思政部主任帅以政主持培训，培训内容结合了中国传统文化礼仪，通过幻灯播放、现场讲解、试题答卷等方式，阐述中华文明礼仪的重要性和发展史，对坐姿、站姿、仪表行为等方面作了演示和互动，指导规范员工在人际交往、仪容仪表、参加会议、接听电话、交通行车等方面的行为，深化落实国家电网公司“五统一”企业文化要求，努力提升员工思想道德水平和文化修养。

同期还举行“企业文化与文明礼仪”试题答卷考试，按考试成绩评出一、二等奖，全厂员工都参加了培训活动。

【举办企业文化、文明礼仪大赛】 2012年7月，600余名员工开展“安全年暨企业文化、文明礼仪”演示大赛，全体员工组成台上和台下4支联合方阵。大赛第一部分是台上方阵必答抢答；第二部分是台下方阵由组委会随机抽人上台作答；第三部分是由各代表队表演一个小品，将日常工作中不符合“价值观”要求的6个小“地雷”，埋设在小品中，让其他各队方阵进行“挖雷”竞赛，从而提升全体员工在日常工作中，对暗藏在细枝末节问题的洞察力和免疫力。通过这种寓教于乐、别开生面的大赛，强化了全员参与性、互动性和大赛的形象生动性，检验了 “安全年”“安全生产月”活动成果和全员企业文化、文明礼仪培训成效，进一步明晰企业文化“五统一”要求，赢得全体员工的好评。

【开展厂区文化环境建设】 2012年，根据国网新源品牌建设提升年的要求，加强品牌标识日常维护和新增设施标识使用管理。新建印有国网品牌标识、统一格式的班组园地宣传栏和工作看板（共36块）。将企业愿景、企业使命、企业宗旨、核心价值观和企业精神等《国网公司企业文化手册（2010版）》内容，制作成电杆灯箱，布置在电站坝顶和厂区（共49幅）。主厂房两侧增加 “诚信、责任、创新、奉献”、“拉得出、顶得上、以保障电网、电站和人身安全为天职”大型标语。副厂房、中央控制室墙上新增国网标识、企业精神，办公楼主要会议室更新网厂标识背景墙，做好网页、会议文件、桌签、名片、信纸信封等品牌标识推广应用。

厂企业文化建设已列入企业各部门、责任人的业绩考核项目。对班组考核中检查出的一些单位、部门理念牌和制度牌、宣传牌标识不符合标准的情况，逐一整改，进而把国家电网公司基本价值理念融入企业管理、制度建设。

【参与新源项目获国网优秀成果奖】 2013年， 按照国家电网公司统一部署的企业文化重点项目“‘创新管理理念，做强直属产业’落地实践”，新源公司组成新安江电厂和桐柏抽蓄公司等担任主要创造人的课题小组，周密开展工作，推进企业文化“五统一”要求全面融入“三集五大”（ 人力资源、财务、物资集约化管理；大规划、大建设、大运行、大检修、大营销体系）体系建设。该项目在国网新源公司政工部的精心组织下，由新安江电厂负责执笔完成，上报国家电网公司。经网上联评、专家评审、网上公示等环节，7月26日，国家电网公司印发《关于表彰企业文化优秀成果、优秀案例、优秀论文的通知》，新源公司“‘创新管理理念，做强直属产业’落地实践”，获国家电网公司企业文化优秀成果三等奖。

【电站列入省级文物保护单位】 接浙江省

人民政府文件（浙政发〔2011〕2号）《浙江省人民政府关于公布第六批省级文物保护单位的通知》，新安江水电站（含白沙大桥）列入省级文物保护单位。2013年12月10日，建德市人民政府专程送碑至电厂，立碑在新安江水电站展览馆门前。由此，拥有50多年历史的新中国首座大型水电站将根据《中华人民共和国文物保护法》，加强电站保护区域管理，落实保护措施，管理和合理利用好文化遗产，促进社会主义精神文明建设，进一步提升国家电网公司水电企业的品牌形象。

【摄制微电影《坝》获奖】 2014年9月16日下午，由新安江电厂和建德市人民检察院共同出品廉政教育微电影——《坝》，在建德市金马影院举行隆重的首映仪式。浙江省直属机关工委纪工委书记朱玉平，建德市委常委、常务副市长郭坚，新安江电厂厂长钱建明，市检察院检察长江波均等单位代表讲话。近200人参加了本次首映仪式。

这部微电影主要讲述新安江电厂和检察机关在开展“检企共建”廉政建设活动中，电厂总工程师在负责工程招投标过程时，面对恩情、责任、法律交织的矛盾冲突，流露内心在情与法之间痛苦徘徊和激烈斗争的自然心理现象。后来在检察联络室的帮助下作出艰难的选择，最终坚守住内心责任，演绎了一段曲折动人、扣人心弦的故事。

电影《坝》在浙江省检察机关预防职务犯罪微电影评选中，从58部电影作品中脱颖而出，荣获第一名，并代表浙江省参加全国检察机关预防职务犯罪微电影评选。

2015年5月28日，微电影《坝》在台州黄岩举行的第四届浙江企业文化建设大会上，荣获浙江省诚信微电影征集活动一等奖。

【新一轮《年鉴》编纂启动】 2014年12月26日，新成立的《年鉴》编辑办公室召开厂年鉴编纂工作第一次会议，按照《新安江电厂年鉴（2006—2015）编纂实施方案》精神，讨论《年鉴》编写大纲，制定近期工作任务。十年来，厂安全生产和经营管理都经历了许多重要变革，也发生很多重要的大事。续修年鉴，承前启后，力求全面、系统、客观、准确地反映企业在改革、发展与稳定等各项工作中的基本面貌；以及在发展过程中遇到和存在的突出问题等，为《站志》的续编打好基础，为厂和社会经济发展的决策提供科学的依据，也是今后对青年一代进行爱国主义和优良传统教育的生动教材。《年鉴》断限年代2006年至2015年，计划用两年左右时间，完成编纂任务。

【举办“三个文化”专题讲座】 2015年7月31日下午，在俱乐部举办 “三个文化”专题讲座，厂工会主席王德强和本企业员工交流“和文化、敬文化、谢文化”的内涵和意义。提出在职工中重点培养“和”文化，团结礼让，内心祥和，心平气和，守规则，讲道理；培育“敬”文化，尊重自己、尊敬他人、尊重劳动成果，做人有敬意，做事有敬畏；培植“谢”文化，时时心存善念，心怀感恩，知恩图报。引导员工加快思想转变,紧跟企业发展重心，努力形成企业与员工共同发展的良好氛围，实现“美丽电站、幸福新源”的目标。近280名职工听取讲座。

·文体活动·

【荣获“浙江省群众体育先进单位”光荣称号】 2006年10月15日浙江省人民政府、浙江省体育运动委员会在台州市召开浙江省群众体育先进表彰大会，新安江电厂被授予“浙江省群众体育先进单位”光荣称号。

厂工会文体主管管淳作为授奖单位代表参加表彰大会，受到省长吕祖善、中国奥委会名誉主席何振梁的亲切接见并合影留念。

【获华东公司"天蓄杯"羽毛球赛团体、男单双冠】 2007年5月24日华东电网公司"天蓄杯"职工羽毛球赛在华东天荒坪抽水蓄能有限公司电厂羽毛球馆隆重举行，经过三天的激烈鏖战，新安江电厂运动员力挫群雄，以团体六场赛全胜的战绩摘得团体冠军，同时卢江和王福润两位选手在男子单打项目中分别夺得冠军、亚军的佳绩。

【开展职工大众体育运动会】 为活跃全厂职工的体育活动，2007年11月16日厂工会举办全厂职工大众体育运动会，比赛项目设：1、时代列车；2、鹊桥相会；3、二龙戏珠；4、摸石头过河；5、手足情。厂工会所属八个分工会积极组织职工参赛，由于比赛项目的趣味性与竞技性有机结合，大大提高了职工的参与性，运动会气氛热烈，有效推动新安江电厂"全民健身与奥运同行" 活动的开展。

【举办元宵联欢表彰大会】 2008年2月21日正月十五元宵节，厂工会首次结合厂党政工每年一度的先进表彰，举办2008年全厂元宵联欢表彰大会。第一次将先进表彰与职工文艺演出相结合，联欢表彰大会以安全生产、和谐幸福为主题，形式欢乐、内容向上、催人奋进。

图14-3 2013年2月元宵联欢表彰大会会场

从2008年至2015年，元宵联欢表彰大会已连续举办八届，深受全厂职工欢迎，成为企业文化的亮点。

图14-4 2015年2月元宵联欢表彰大会

【开展"新电杯"奥运火炬接力跑】 为迎接2008北京奥林匹克运动会， 2008年4月30日北京奥运会倒计时100天，由建德市政府、建德市体育局牵头，新安江电厂承办 "新电杯"奥运火炬接力跑。参加奥运火炬接力跑的2008人由10个方阵组成，全部来自全市各政府机关、企事业单位、中学、街道，本厂方阵为208人。充分展示了宣传奥运精神、参与奥运、弘扬奥运，"全民健身与奥运同行"。

【获建德市十四届体育运动会团体冠军】 建德市第十四届体育运动会于2008年12月12日在新安江落下帷幕，比赛从6月开始到11月结束。本届运动会紧紧抓住2008北京奥运会的契机，以"全民健身与奥运同行"为主题，新安江电厂代表队参加了成年部（机关/企事业组）的广播体操、围棋、象棋、射击、乒乓球、羽毛球、篮球、拔河等项目比赛。该组别共有32个参赛单位代表队，新安江电厂最终夺得团体冠军。

【厂体育协会换届】 2009年3月25日至3月31日厂体育协会进行换届，修订厂体育协会章程，并选举主席、副主席、秘书长、副秘书长。厂体育协会下设乒乓球、羽毛球、篮球、排球

（气排球）、太极拳、棋牌、国标舞、健身操、瑜伽、钓鱼等协会分会，选举出分会会长、副会长、秘书长。

换届前全厂职工均可根据厂体协各类分会设置，结合个人特长及爱好，填写申请表要求参加厂体协相关分会组织，提出申请的人数为585人。

【2010年厂庆文艺演出】 2010年4月22日是新安江水电站建成发电50周年华诞，厂工会在厂党政指导下和全厂职工的积极参与下，成功举办《光耀天地间》大型文艺演出。文艺演出充分展示几代“新电人”艰苦奋斗、严谨求实、勇于拼搏、科学进取、团结奉献的艰辛历程，激励新一代“新电人”继承优良传统，振奋精神，再创辉煌。

整台文艺演出由厂工会全程策划，所有节目均由本厂职工自编、自导、自演，参与文艺演出的演职人员有百余人，其中在职80余人，离退休20余人。他们用了近一年的业余时间刻苦排练，精益求精，尽善尽美，奉献了一台精美节目，获得所有来宾和全厂职工的高度好评。

【乌克兰班多拉美声乐团赴电厂演出】 浙江省文化厅、省演出协会组织“文化艺术进基层”巡演活动，专程安排“乌克兰班多拉美声乐团”于2011年4月26日到新安江电厂，为全厂职工献上一场技艺精湛的美声音乐会。乐师们身着鲜明的哥隆克浪漫主义时期的传统服饰，弹奏乌克兰最古老的传统拨弦乐器班多拉，以演奏绝美的音色与优雅甜美的歌声相伴，曲目涵盖古典、现代以及乌克兰传统歌谣，展现高雅音乐的唯美、抒情、动听，受到全厂职工欢迎。

【厂领导参加省直机关领导干部运动会】 2011年9月4日，浙江省直属机关第三届厅以上领导干部运动会在浙江体育职业技术学院举行，省委常委、秘书长、政法委书记李强致开幕词，全省74家省直单位近350名厅以上领导干部参加。新安江电厂应邀参加此次运动会，7位厂级领导人全部换上运动装集体参赛，在运动场上挥汗如雨，激情拼杀，共参加网球、射击、乒乓球、羽毛球、飞镖、定点投篮等六个项目。

【开展纪念建党90周年红歌演唱】 2011年6月24日，新安江电厂召开庆祝中国共产党成立90周年大会，大会举行了《党旗飘飘》庆祝中国共产党成立90周年红歌演唱，以纪念建党90周年为契机，大力宣传党的光荣历史，缅怀党的丰功伟绩。厂属各单位共260余名职工参加红色经典歌曲合唱，昂扬的旋律，激情的歌声，催人奋进。近700名职工参加大会。

【参加浙江省红色经典歌曲合唱大赛】 为纪念建党90周年，2011年6月25日由中共浙江省委宣传部、中共浙江省直属机关工作委员会等6家单位举办的《永远跟党走》——浙江省红色经典歌曲合唱大赛，在杭州黄龙体育馆举行决赛。新安江电厂合唱团的46名职工历经近半年业余时间的专业培训准备，经过大赛的层层选拔，以出色的合唱水平，成为浙江省唯一电力行业代表队，代表省部属企事业单位的共产党员，参加决赛。最终，新安江电厂合唱团演出的红色经典歌曲《在太行山上》，在全省19支合唱团参加的决赛中，以9.706分的成绩，获得此次大赛的三等奖。演出结束后，浙江电视台节目主持人席文采访新安江电厂合唱团，赞扬在党的90周年生日即将来到之际，唱出了对党的深情。

【发放健步走计步器】 为新安江电厂“全民健身”活动的深入开展，促使职工健身强体，更好地投入工作，2012年11月16日厂工会以分工会为单位为全厂职工发放健步走计步器。

职工姓名与计步器编号相对应，一人一号，计步时间从统一发放之日起累计，当职工个人计步器累计至30万步、60万步、90万步时，本人可分段向所在分工会申报，由分工会校对登记后报厂工会，经厂工会审核给予健身成效奖励。

【鼓乐新曲《国网员工之歌》报送公司】 2012年12月30日，新安江电厂鼓乐新曲《国网员工之歌》获得国家电网公司职工优秀文艺节目三等奖。

为参加国家电网公司职工优秀文艺节目评选，按公司要求，是年8月15日完成鼓乐新曲《国网员工之歌》创作定稿，并邀请舟山鼓乐老师到厂指导，组织厂鼓乐队员集中排练。10月15日将最佳彩排录影报送国网新源公司，由新源公司报送国家电网公司参加评选职工优秀文艺节目，最终在国家电网公司所属单位报送的众多节目评选中入围获奖。

【参加浙江省首届女子体育节体能比赛】 2012年10月23日，新安江电厂代表省（部）属企业体协代表队出征，组队参加浙江省首届女子体育节体能比赛。比赛中本厂参赛队员凭着过硬的体能和技能，获得个人全能中的多个单项第一，最终在全省众多参赛代表队中脱颖而出，夺得浙江省首届女子体育节体能比赛一等奖。

【组织新源公司华东协作组篮球赛】 2013年9月12—14日，国网新源公司党工团共建华东协作组篮球赛在浙江省建德市新安江举行，新安江电厂承办本次比赛。新安江电厂、富春江电厂、天荒坪公司、仙居公司、桐柏公司、宜兴公司、绩溪公司、响水涧公司、琅琊山公司、响洪甸公司、仙游公司、佛子岭公司、金寨筹建处、厦门筹建处等14家单位的11支篮球队参赛。最终新安江电厂篮球队以全胜战绩夺得冠军，代表华东赛区参加国网新源公司决赛。

【美国温第安纳音乐会管乐团慰问演出】 2013年6月9日，在浙江省文化厅文化艺术交流中心安排下，美国温第安纳管乐团到新安江电厂开展文化艺术交流活动，进行2013《寻梦中国》音乐会慰问演出，为职工们呈上一场高水准的管乐专场演奏。

此次演出，乐团除演奏一批世界名曲和脍炙人口的经典曲目外，还与本厂职工互动表演了《月亮代表我的心》《康定情歌》《好汉歌》《天路》等源自中国的歌曲，最终以合唱《同一首歌》圆满结束本场公益演出。

【举办首届职工气排球赛】 2014年8月25—26日，新安江电厂首届职工气排球比赛在新安江实验小学体育馆举办。为积极响应新源公司提升员工身体素质的号召，进一步活跃员工业余文化生活，推动“全民健身”活动的开展，厂工会决定举办《新安江电厂首届职工气排球赛》。比赛通知发出后，各分工会都非常重视，认真组织，积极参赛。此次比赛共八支团体代表队，按照要求每支队伍报运动员8名（其中男运动员4—6名、女运动员1—3名，运动员中须领导干部或分工会主席有一名；且上场5名队员中均须含领导和女职工）。比赛中，各代表队充分展现团结协作、默契配合、敢打敢拼的精神风貌。最终检修中心代表队获得冠军。

【开展“站起来、走出去”体育活动】 按照中华全国总工会《关于进一步加强职工体育工作的意见》精神及《国网新源控股有限公司关于推行全员健康管理的指导意见》，2014年5月8日厂工会印发《关于开展“站起来、走出去”

体育活动的通知》。要求全厂职工每人至少申报一项适合自己的健身锻炼项目，领导干部带头参加并认真坚持、率先垂范。进一步推动全员健康管理，倡导健康的生活方式，通过健身锻炼，培养全厂职工良好的精神状态和健康体魄，全面提高职工身心健康水平。

【开展“健步走”全民健身活动】 2014年7月29日，新安江电厂开展“健步走”全民健身活动。当天早晨6时，近470名参加“健步走”活动的职工从罗桐埠集合点有序出发，职工们挥着写有“我运动 我精彩”“绿色环保 健康出行”“生命不息 运动不止”的小旗帜，全程步行5千米至厂区紫金滩，宣传坚持体育锻炼的意义，倡导运动健康、低碳出行、快乐工作，助推“健步走”活动的开展。

【参加全国大型水电厂“优秀厂歌”评选】

2015年6月3日，在全国大型水电厂（站）劳动竞赛委员会成员单位“优秀厂歌”评选会上，新安江电厂厂歌《新安江电厂之歌》在参选的四十余家单位厂歌中，被评为优秀奖。词曲作者分别为管淳、杨震，在上报参评的“优秀厂歌”声像电子版制作中，厂工会对厂歌的原手抄版曲谱，请专业音乐人进行校订，对厂歌的原手抄歌词也进行了重新校订，并完成统一制作电子版本工作。

【绿道“健步走”活动】 2015年5月30日周六，厂工会开展以“积极工作、健康生活、绿色环保”为主题的职工健步走活动。本次活动地点为杭州市政府新投资建造的三江两岸沿江徒步绿道，乌石滩到子胥野渡段，全程12千米。

全程徒步行走中，大家不忘绿色环保，不乱丢弃杂物，还捡拾起沿途的弃物，充分展现了国有企业员工的良好形象，使健步走活动与员工素质提升有机结合，丰富了活动效果。

【举办“新电旅游杯”气排球赛】 2009—2015年，先后举办十五届“新电旅游杯”气排球赛，共接待参赛运动员近4000人。

【小型多样的文体娱乐活动和艺术创作】

2008年9月26日，厂摄影协会精心组织1号发电机转子起吊专题拍摄，并安排在协会活动中对各幅作品点评、分析。12月，厂DIY手工制作社举办一场主题为“新年送福，福到平安”的活动。

2009年，厂文学艺术联合会组织开展纪念改革开放30周年文学、书画、摄影作品展，8月12日举行了一场“迎国庆、庆厂庆”诗歌朗诵比赛。

2010年，厂文学协会在千岛宾馆隆重举办《难忘的岁月》读书会，祝贺《难忘的岁月--新安江水电站50华诞纪念文集》顺利出书。厂集邮协会申请举办一次邮品制作开发的活动，设计了一款邮资纪念封，纪念厂庆（发电）五十周年。

2014年10月，厂老年体协书画展举行评比活动，挑选出13幅优秀作品。

2015年1月，厂体协健身舞培训班开班，组织学习广场舞《小苹果》等。2月，书协与“小书法家”们携手开展“大手牵小手，传承书法艺”迎新春、送春联活动。

【女职工迎“三八”活动丰富多彩】 2006年3月8日，在厂灯光球场举行齐心协力旱地行舟比赛， 200余名女职工参加了比赛。

2007年3月8日，厂工会组织全厂300余名女职工游览杭州西溪国家级湿地公园，赏落梅、看新柳，使女职工们平时疲劳和紧张的身体得到放松。

为迎接北京奥运会的召开，2008年“三八”期间，举办一场“庆三八 迎奥运”趣味运动会。运动会设滚雪球、海底传月、趣味接力、跳长绳4个项目，248人次参加比赛。

2009年3月3—4日，组织172名女职工分两批参观世界最长的跨海大桥--杭州湾跨海大桥。

2010年 “三八”期间，各分工会组织召开各种形式的座谈会，通过优秀女职工本人谈体会或者身边人介绍事迹等方式，宣传女职工中的先进典型，用身边优秀女职工的事迹激励全厂女职工爱岗敬业。

2011年3月，厂工会组织开展了“关爱女职工，倡导健康生活理念，全方位提高女职工素质”为主题的“三八”节活动，以各分工会为单位，赴新安江温泉旅游度假村开展活动。

2012年3月8日在厂俱乐部举行“庆‘三八’强体质 促和谐”趣味运动会，共有176名女职工参加跳长绳、踢毽子、象限跳、两点侧滑4个比赛项目。

图14-5 2012年“三八”节开展女职工文体活动

2013年“三八”国际劳动妇女节来临之际，举办“幸福在这里”系列活动，227名女职工参加 “幸福在这里”交流活动，“幸福在这里”征文活动共收到51篇征文。

为迎接2014年第104个“三八”国际劳动妇女节的到来，厂工会组织开展 “幸福新源健康相伴”为主题的活动，活动形式多样、内容丰富，有登山、健步走、做健身操、参加公益劳动等，在职女职工227人参加活动。

2015年“三八”节期间，在全厂女职工中开展以“宣传依法治国理念，积极维护女职工合法权益和特殊利益，充分发挥女职工的优势，为推动‘幸福新源，美丽电站’做出贡献。”为主题的法制宣传教育系列活动，191名女职工参加维权行动月宣传教育活动，277名女职工和中层及以上管理人员参加女职工维权行动月知识竞赛活动；3月10日还组织全厂女职工收看国网新源公司工会举办的“巾帼建功”表彰会暨“最美丽的您”事迹分享视频会议。

【女职工主题活动精彩纷呈】 2008年厂女职工委员会提出“搞一场活动，立一个主题，改一个观念，找一份感动”的女工工作思路，并以此为指导思想开展丰富多彩的女职工活动。积极参加国家电网杯“同一个世界，同一个梦想”全球华人迎奥运征文活动，全厂女职工共完成征文120篇，其中有4篇征文参加国家电网公司征文评选，3篇入围华东电网公司征文评选。5月23日组织“同一个世界，同一个梦想”女职工迎奥运美文配乐朗诵会。从中挑选表现突出的选手重新组合、排练，参加于6月10日在华东电网公司千岛湖培训中心举办的“同一个世界、同一个梦想”直（代）管单位女职工迎奥运美文配乐朗诵选拔赛，获得第三名和第五名。9月，在厂文学联合会社换届改选之时，针对女职工的特点和喜好，组织成立了符合女职工特点的DIY手工制作社。10月下旬举办了一场女职工才艺作品展示活动，共有190人的207件作品参加展示。12月在国家电网公司女职工“讲诚信、树形象、比贡献”征文及格言征集活动中，全厂女职工共完成征文29篇，格言21条，从中挑选出2篇征文和3条格言推荐到华东公司工委参加评选，其中“安全是生产的第一原则，诚信是做人的第一准则”获华东公司优秀格言奖。2010年为配合建厂五十周年纪念活动，开展“我手绣我心，电站在心中”为主题的活动。此次活动共完成以电站泄洪为图案70×46厘米的十字绣作品17幅，作为一份特殊礼品送给来厂参加庆祝活动的嘉宾；另一幅120×76厘米的作品在新安江电厂展览馆展出。同年8—10月上海世博会期间，开展“我眼中的世博会”一照一文活动，全厂女职工共提交合格作品101组，用相机和文字记录世博会的盛况和美景，成为女职工们心中的永恒。

·文学艺术·

【女职工读书活动有声有色】 2006年10～12月，根据华东电力工作委员会的要求积极开展女职工读书活动，全厂280多名女职工参加了活动，收到读书心得278篇，共评出读书心得一等奖3名，二等奖7名，三等奖10名，并推荐6篇到华东电网公司工会。

为全面推动女职工读书活动的持续开展，2007年初，华东电力工作委员会为每位女职工订阅《读者》杂志。根据要求，新安江电厂在女职工中开展读《读者》征文活动，全年共收到女职工的读书体会文章一百五十篇，经过评选，评出了一等奖3名，二等奖6名，三等奖12名。2008年11月26日，在厂俱乐部举办女职工《读者》美文朗诵会，各分工会派出20名选手参加朗诵，朗诵会共有12个节目，参赛的所有文章都来自《读者》。2009年10—12月在全厂女职工中开展一次“用心荐文 精彩共享”——读《读者》荐文活动，共有161位女职工参与此项活动，收到荐文表162份。2013年3月8日起在全厂女职工范围内开展“书香国网 牵手幸福”女职工主题读书征文活动。活动以国网新源公司推荐的书目为阅读材料，以“幸福在这里”为主题，持续两个多月，共收到征文51篇，推荐5篇优秀征文参加公司“书香国网 牵手幸福”主题征文评选，其中2篇分获三等奖和优秀奖，新安江电厂获得优秀组织奖。2014年4—7月，厂工会积极组织全厂女职工开展“书香国网 阳光健康”主题读书系列活动，活动以新源公司工会推荐的书目为阅读材料，分为读书活动、读书征文、读书交流三个分项活动。本次活动共收到征文77篇，14名女职工以朗诵的形式上台分享12篇推荐书籍中的优秀段落、读后感、读书笔记。2015年4～10月期间，厂工会组织开展女职工“书香国网 幸福家园”主题读书系列活动，分为征文和“书香人家”主题家庭创意活动。

【文学艺术联合会换届】 2008年9月19日，新安江水力发电厂调整厂文学艺术联合会人员机构，成立由刘俊勇、陈学珍、程超美、帅以政、陈文盛、王俞柬、马俊、江哲文、施建锋、苏松强、王华、盛谷、李靖华、陈华建、杨勇、潘炼、张慧、王玮江、董薇、程红漫、张江红、尹惠怡、管淳等23人组成第二届厂文联理事会。对所属6个分协会也作出调整，组织机构与人员如下：

文学协会会长：王俞柬　副会长：马　俊　秘书长：江哲文

书画协会会长：施建锋　副会长：苏松强　秘书长：王　华

集邮协会会长：盛　谷　副会长：李靖华　秘书长：李靖华

摄影协会会长：陈华建　副会长：杨　勇　秘书长：潘　炼

艺术团团长：张　慧　副团长：王玮江　秘书长：董　薇

DIY手工制作社社长：程红漫　副社长：张江红　秘书长：尹惠怡

因厂内“三定”工作及机构、人员变动，2014年2月27日对厂理事会和所属分协会调整：

顾　　问：陈学珍、程超美

名誉主席：刘俊勇

主　　席：王德强

副 主 席：傅剑文、帅以政

秘 书 长：陈文盛

书画协会会长：施建锋　秘书长：陈樟归

摄影协会会长：陈华建　副会长：杨勇　秘书长：潘炼

文学协会会长：马俊　副会长：李建宇　秘书长：江哲文

集邮协会会长：盛谷　副会长、秘书长：李靖华

DIY手工制作会长：汪晓玫　副会长：赵海霞　秘书长：尹慧怡

艺术团团长：张慧　　副团长：王玮江　秘书长：董薇

厂工会专职管淳、程红漫为理事会成员。

【厂摄影协会组织专题拍摄】 2008年9月26日，值1号机完善性改造大修的转子起吊项目，厂摄影协会精心组织专题拍摄，15名厂摄影协会会员，拿着各自相机，围绕转子起吊，拍下精彩的瞬间，并在协会活动中对各幅作品点评、分析，部分作品选登载在厂新闻网，供全厂职工欣赏和交流。

【文学艺术联合会年度评选】 2010年起，厂文联理事会都召开年初工作交流会，总结上年文联工作，安排新年任务，评选上年先进分协会。摄影协会获2009年先进分会，艺术团获2010、2011年先进分会，文学协会获2012年先进分会，书画协会获2013年先进分会，手工制作社获2014年先进分会。

【举办改革开放30年文化节书法作品展】 2009年1月8日在俱乐部举办纪念改革开放30年文化节书法作品展。厂书画协会会员利用业余时间勤练书艺，交出各自满意作品。圆满完成厂纪念改革开放30年文化节书法作品征集。

图14-6　2010年10月，厂书法协会开办笔会，辅导会员提高技艺

【开展五十周年厂庆和建国六十国庆文学创作】 2009年2月18日，厂文学协会召开座谈会。围绕2009年国庆60周年和2010年厂庆五十周年征文活动，进行热烈讨论，布置相应工作任务。座谈会上，各位会员围绕文学创作各抒己见，每一位会员都认真作了发言，有的会员谈创作体会，有的会员表示继续学习，不断提高写作水平，还有会员提出丰富文学创作活动意见，为文学创作的繁荣献计献策。

【“迎国庆 庆厂庆”诗歌朗诵会】 2009年8月12日上午，新安江电厂在紫金宾馆多功能厅举行“迎国庆 庆厂庆”诗歌朗诵会，各分工会、厂文学协会等积极组派选手参赛。选手们在诗歌朗诵中，展现了祖国的欣欣向荣、民族的团结和睦、企业的奋进发展，既朗诵出诗歌的意境，又表现对诗歌的认识，舞台上展示了职工风貌。经过评委们评判、打分，生产经营分工会选手获一等奖；综合公司分工会选手获得二等奖；发电部分工会、物资后勤分工会、厂文学协会选手获三等奖。

【情景剧《家》上演华东电网公司】 2009年国庆前夕，由厂自编自导，职工段丽萍、谢丽芳、吴歆主演的情景剧《家》在华东电网公司庆祝中华人民共和国成立60周年文艺会演中上演，该剧反映2008年华东电网抗冰救灾抢修中，发生在电网职工家中感人场景，展现华东电网人的时代风采，演出获得好评。

【退休职工唐国兴加入中国书法家协会】 2010年11月从浙江省书法家协会获悉，退休职工唐国兴获准加入中国书法家协会。唐国兴凭着对书画艺术的兴趣爱好，长年累月坚持不懈地从事创作，曾自费拜师学艺中国美术学院进修一年，努力提高艺术素养，多次参加全国性书画艺术赛事，作品在中国书画院举办的第三届“金鼎奖”全国书法美术大展赛中获金奖，在中华书画学会等单位组织的“亚欧杯国际书画艺术大奖赛”中，荣获金星奖。作品入选《全国书法美术优秀作品集》。

【职工获廉政建设书画摄影作品优秀奖】 2010年5月至12月，由司法部、全国普法办公室主办，司法部法制宣传司、驻司法部监察局和法制日报社承办，中华全国法制新闻协会协办的第八届全国法制宣传暨廉政建设书画摄影作品展评选活动中。新安江电厂职工2幅摄影作品（《青莲荷下好小西憩》，刘建国摄影，《智慧之光》，施和平摄影）获得优秀奖。

【厂文协举行安全生产赛诗会】 2011年12月10日桐庐大奇山景区，新安江电厂文学协会举办一场以安全生产为主题，别开生面的赛诗会。各位会员立足安全生产，围绕企业文化，精心创作诗歌，热情抒发自己对“快乐工作、快乐生活”的感悟与理解。诗歌“安全施工三件宝，施工现场离不了。头上戴着安全帽，防止砸伤损失小。腰上系着安全带，高空坠落生命保。脚上穿着防滑鞋，确保防滑不跌倒……”朴素易懂，迎来热烈的掌声，赢得过往游人驻足观赏。

【职工书画作品获省直机关书画展优秀奖】 浙江省直属机关工作委员会于2014年9月下旬在杭州举办“建设两美浙江、喜迎建国65周年”省直机关干部书画展活动。新安江电厂文联书画协会根据活动要求，认真组织、积极筹备，精心创作，选送了6幅作品参加活动。在参赛的326幅作品中，实业公司职工施建锋的硬笔书法《弟子规》、退休职工唐国兴的画《紫金滩上奇观》、物资公司职工陈樟归的软笔书法《七律.长征》获得优秀奖。

·名人轶事·

【中国国民党名誉主席连战游览新安江水库】 2006年10月14日，中国国民党名誉主席连战偕夫人，经新安江电站码头浏览新安江水库，新安江电厂厂长、党委书记在码头迎送连战一行。

13日连战抵达杭州，对浙江进行为期三天的参观访问。寻访祖父连横的故居，与浙江方面协商修复和开发其祖父连横曾经居住过的杭州玛瑙寺，当晚夜游西湖，次日前往杭州建德拜访夫人连方瑀85岁高龄二舅父汪积功。随后游览千岛湖（新安江水库）等杭州名胜。15日，连战离开杭州转赴上海参访，而后前往海南博鳌参加国共两党双方联合举办的两岸农业合作论坛。

图14-7　2006年10月14日，中国国民党荣誉主席连战一行游览水库

连战，台湾台南人，祖籍福建漳州，1936年8月出生于陕西西安。2005年4月26日，时任国民党主席的连战率领访问团抵达南京，正式开始其在大陆的“和平之旅”。4月30日，中共中央总书记胡锦涛会见连战，达成五项愿景，对两岸关系产生了积极影响。卸任后，任国民党荣誉主席。

【中共党史著名专家逄先知参观电站】 2007年4月17日，中共中央文献研究室原主任逄先知一行到建德市参观考察新安江电厂。逄先知参观了新安江电厂展览馆和电厂发电机组，听取讲解员讲解电站建设历史和发展情况，他对我国自行设计、自制设备和自行施工的第一座水电站赞叹不已，对电厂的发展变化给予好评。

逄先知1950年到毛泽东主席身边工作16年，历任中共中央办公厅秘书，中共十三至十五大代表，第八、九届全国人大常委、内务司法委员会委员，中共中央党史研究室主任，先后参与编辑《毛泽东选集》《邓小平文选》等重大题材图书和文献片。

【世界著名乒乓球冠军庄则栋参观电站】 三届世界乒乓球锦标赛男子单打冠军，我国乒乓外交的历史性人物庄则栋偕夫人，2008年3月25日下午参观新安江水电站展览馆、发电厂房和坝顶。对电站建设成就感到鼓舞。20世纪70年代，庄则栋曾在国际乒坛中创下 “三个第一”，第一个3次夺得世界冠军，第一个3次夺得国内冠军，第一个3次夺得国家队内部循环赛冠军，为国家赢得了荣誉。

【著名画家陈宁尔再访新安江】 2009年7月13日下午，新安江水电站厂房大型油画《周恩来在新安江》作者、著名画家陈宁尔先生再访新安江，重新踏上电站的土地。陈宁尔站在自己创作的《周恩来在新安江》油画前，感慨万千，直呼“很亲切，就像回到了家”。该次是继2003年后，再次抵达电站访问。

陈宁尔，中国美术家协会会员，1966年从浙江美院毕业后，相继创作了许多革命历史画作，知名的有《更喜岷山千里雪》《朱德在太行山》《硬骨头六连战旗红》《孙中山先生像》等作品。1978年陈宁尔应邀到新安江水电站创作完成大型油画《周恩来在新安江》，为了画好这幅油画，其到新安江水库实地观察了三年，倾心创作该幅细致写实大气磅礴的画作，给电站留下了一笔珍贵的财富。

【施建锋当选省硬笔书法家协会二届理事】 2006年5月27日在浙江省硬笔书法家协会第二次代表大会上，新安江电厂职工施建锋当选第二届理事会成员，是浙江省电力系统唯一一名理事。施建锋还应北京故宫出版社编辑部邀请，完成编写《宋代黄庭坚松风阁名帖临写指南》一书。2013年12月在中国硬笔书法协会全国书法教育职称评定答辩会上，施建锋通过正教授职称评定。

【唐国兴书画作品被人民大会堂收藏】 老职工唐国兴，现为中国书法家协会会员，中国国画家协会理事，中国书画院研究员，中国收藏家协会特聘书画家，国家一级美术师，中国武术家协会会员。2015年其书法作品《朱熹诗》，被北京人民大会堂收藏。

唐国兴能将太极文化和书画融合在一起。2009年、2010年参加第六、第七届浙江省国际武术比赛暨传统武术锦标赛（老年组），陈式太极拳获得第一名，杨式太极拳分别获得第二、三名。2010 年被评为“中国传统文化杰出贡献人物”，并聘任为中国传统文化交流协会副会长。2014 年书画作品入选中国八达岭新长城文化榜，留作永久纪念。他的作品在国家电网公司纪念建党九十五周年书画大赛中国画作品获得第二名、在纪念抗战七十周年全国书画大赛中获得金奖等。曾在日本、韩国、俄罗斯、澳大利亚等国展出。

人民美術報

2015年

87期

一书一画之：

著名书画家唐国兴作品欣赏

图14-9 2015年唐国兴书法作品刊登在《人民美术报》

职工生活
Staff Life

·职工食堂·

【概况】 新安江电厂职工食堂由后勤服务中心管理，2015年配有专职炊事员10人，并雇用部分外聘工及返聘工。每日三餐开伙，按月公布伙食收支情况。

2006年至2015年间，开展“健康食堂”创建、业务培训、技术比武和改造食堂设施、更新添置设备等工作，努力提高职工食堂管理水平，不断提高食堂员工环境卫生健康意识和服务质量，改进服务态度，做到月度饭菜花色品种达50多个。主打中餐保持12个菜肴，每周中餐供应面食多样化，品种有水饺、手擀面、大馄饨、炒面、小肉包。随着季节变化，经常调整花样，有炒粉干、菜包、炒年糕、面片等，深受职工喜爱。至2015年职工食堂炊事机械设备齐全，工作环境及卫生条件符合要求，饭菜定价根据成本核算，职工基本满意。

图15-1　2012年9月，开展创建健康食堂活动

【组织培训活动 创建健康食堂】 2006年5月，组织食堂职工开展劳动竞赛，举办红、白案技能比武，设一、二、三等奖。2012年7月，食堂全体工作人员进行预防“食物中毒”知识培训及演练；8月，根据国网新源公司创建“健康食堂”活动要求，组织食堂全体员工开展红、白案技能专项比武竞赛和“消防知识”培训及演练。2013年4月，为创建“健康食堂”，改造食堂的地面砖、排水沟，并增设蔬菜初加工间、切配间、农药残留化验间及检测设备。

同年7月，组织开展“食堂消防”演习。9月，聘请建德市餐饮协会秘书长为食堂炊事人员进行“食品安全知识、健康知识、营养学知识”的专门培训。为厂创建健康食堂，通过饮食干预为职工健康保健提供依据。10月，通过国网新源公司创建“健康食堂”验收授牌。

【更新及添置食堂设备】 2006年8月，更新购置和面机、打蛋机各1台；2007年8月，更新柴油灶2台，压风机1台；2008年8月，更新添置洗碗机1台，绞肉机1台，同年10月，就餐刷银机更新升级，取消光电卡，升级为IC卡；2010年10月，根据环保要求并为改善炊事上灶人员的作业环境，取消柴油灶及锅炉房，投入30余万元添置大电磁灶2台、小电磁灶1台、海鲜蒸柜2台、馒头蒸车2台、电加热管蒸饭车2台、低汤灶2台、电消毒柜1台；2011年7月，投入9万余元购置进口洗碗机1台；2014年在创建健康食堂过程中，共投入40余万元添置设备和改造环境。2015年1月，职工食堂就餐刷银机升级为网络系统；同年2月，更新添置现场送餐三轮电瓶车1辆。

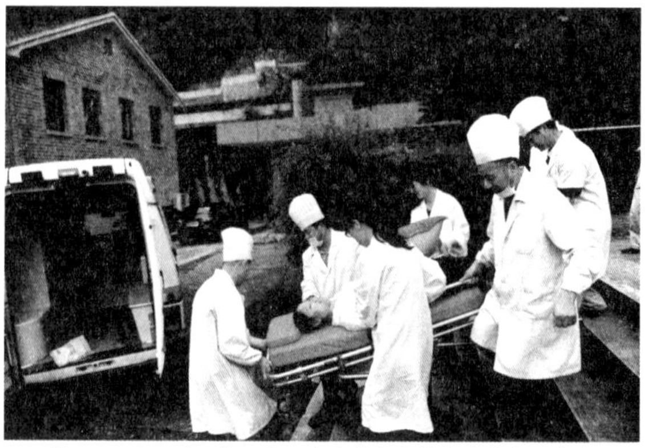

图15-2　2012年6月，职工食堂举行食物中毒应急预案演习

【关闭现场食堂】　为防止小动物进入副厂房（现场），2007 年 6 月关闭为发电部所设的现场食堂，改由职工食堂送餐方式。中餐二荤二素，晚餐通过紫金宾馆小灶加工，由食堂人员专门送餐到中央控制室。

【考取国家厨师资质】　提升炊事人员的专业水平，2009 年 8 月对专职人员进行为期三个月的厨师等级培训。经培训考试合格，有 8 人达到国家特三级中式点心师资质，9 人拿到国家特三级厨师资质证书。

【举行厨艺技术技能竞赛】　2009 年 4 月 28 日，厂厨艺技术技能竞赛在职工食堂拉开序幕，同时选拔人员参加华东电网公司厨艺技能竞赛。参赛人员包括食堂、旅游公司餐厅相关岗位人员，分中餐厨师组、面点组，分别在厂职工食堂、紫金宾馆厨房烹饪作业间比赛，通过比赛展示选手手艺，促进厨艺交流、提高业务技能。

竞赛结果，面点组徐建新获一等奖，徐秀花、赵海燕获二等奖，张秀芝、赵春霞获三等奖；中餐组潘正明获一等奖，胡阳坚、叶智获二等奖，郎庆芳、孙冬茹、寿建明获三等奖。

【同行业技能比武获奖】　2009 年 5 月，根据华东电网公司要求，新安江电厂在举行厂内厨艺技能竞赛后，选拔出徐建新、潘正明 2 人，前往千岛湖培训中心参加华东电网公司厨艺技能竞赛，获得集体优胜奖、个人刀工技能三等奖。

【餐饮具通过疾控中心监测】　2009 年 6 月 17 日，建德市疾病预防控制中心对新安江电厂职工食堂实施餐饮具监测检验，主要项目是大肠菌群。在食堂工作人员配合下，疾控中心检验人员用餐具大肠菌群快速检验纸片、菌落总数检验纸片等作为餐具消毒效果的监测指标，该监测检验有利于监督从业人员手和衣物等方面卫生质量，预防食物中毒，保障民众食品安全。检测结果，数值符合国家标准。

·医疗卫生·

【概况】　新安江电厂职工医疗卫生工作委托生活服务公司代管，设立卫生院，配备院长 1 人，执业医师 4 人，药剂师 1 人，检验师 1 人，护师 4 人。负责常规门诊医疗、健康教育、预防保健、健康体检、职业健康体检和计划生育等工作。2006 年 8 月电厂实施机构改革，卫生院撤销改为医务室，划归紫金物业公司管理。2007 年 2 月，新安江电厂与建德市第一人民医院签订医疗服务协议，成立罗桐社区卫生服务站，为全厂职工（含离退休）提供健康保健服务。2013 年 9 月撤销医务室，合并成立服务班，编制归属后勤部，现为后勤服务中心。

【职工健康体检】　自 2007 年起，职工健康体检由原两年一次变更为一年一次，委托中国人民解放军第一一七医院和杭州职业病防治院派遣医务人员来厂体检。2007 年至 2015 年间检查发现患有肿瘤的职工 26 人，为患病职工能得到及时治疗提供了支持帮助。2013 年开始编制新安江电厂职工健康体检团检报告，为创建健康食堂，保障职工健康提供膳食依据。

表 15-1　　历年参加健康体检人数表

年　份	健康体检人数
2006	1066
2007	1085
2008	1132
2009	1169
2010	1186
2011	1237
1012	1265
2013	1080
2014	1155
2015	1232

表 15-2　　职工健康体检发现重大疾病统计表

单位：人

年份	肺部肿瘤	肝脏肿瘤	胃部肿瘤	肾肿瘤	甲状腺肿瘤	前列腺肿瘤	膀胱肿瘤	妇科肿瘤	慢性粒细胞白血病	合计
2007	—	1	—	1	—	—	—	—	—	2
2008	1	—	1	1	—	—	—	1	—	4
2009	—	1	1	—	—	—	—	—	—	2
2010	—	—	1	—	—	—	—	1	—	2
2011	—	—	1	—	—	—	—	2	1	4
2012	2	—	—	1	—	1	—	1	1	6
2013	1	—	—	—	1	1	—	—	—	3
2014	1	—	—	1	—	1	—	—	—	3
2015	1	—	—	—	—	—	1	—	—	2
合计	5	2	4	4	1	5	1	—	2	28

说明：2006 年管理人员变动，没有统计重大疾病情况

【职业病防治】　2006 年，按照《职业病防治法》要求，2007 年起每年安排职业健康体检和生产场所危害因素检测评价。2014 年，按照国网新源控股有限公司要求，每季度进行生产场所危害因素检测评价。2016 年按照公司要求变更为每半年检测一次。针对厂房水轮机、发电机的噪声，厂房内配备耳塞，针对电焊尘，作业中配备防尘口罩，开启通风设备。

表 15-3　　历年参加职业健康体检人数表

单位：人

年　份	职业健康体检人数
2006	85
2007	89
2008	96
2009	112
2010	92
2011	100
2012	98
2013	110
2014	113
2015	109

【职工义务献血】 依照《中华人民共和国献血法》的要求，每年按照建德市义务献血领导小组的安排，组织职工自愿报名参加义务献血活动。2007—2008年度、2009—2010年度被评为杭州市无偿献血先进单位。

表15-4　　职工义务献血统计表

年 份	献血人数	献血总量（Ml）	年 份	献血人数	献血总量（Ml）
2010	37	11000	2013	48	18700
2011	40	12500	2014	31	10800
2012	36	11300	2015	39	13800

说明：2006至2009年因管理人员变动没有统计资料

【发放计划生育奖励费】 计划生育是一项基本国策，国家从1982年把计划生育定为基本国策开始，对符合计划生育政策只生育一个孩子的育龄夫妇发放独生子女奖励费，发放时间从申报独生子女到年满14周岁止，每对夫妇每年100元。新安江电厂遵照执行，双职工100元，单职工50元。发放符合条件人数见表。

表 15-5　　独生子女人数统计表

单位：人

年 份	全民职工	集体职工	年 份	全民职工	集体职工
2011	85	41	2014	94	34
2012	95	40	2015	83	25
2013	105	51			

说明：2006至2010年因管理人员变动没有统计资料

【卫生防疫】 2006年8月电厂实施机构改革后，卫生防疫工作由紫金物业代管，围绕预防厂区重大疫情、增强职工保健等方面开展工作。重点针对一级水源保护区保护，配合上级卫生防疫部门做好厂区及周边区域的卫生防疫工作。食堂工作人员每年按照卫生防疫部门要求进行健康体检并取得健康证后上岗。食堂按照公司健康食堂要求做好就餐炊具清洗消毒，食品制作严格按照食品安全法规要求，食品采购、储藏、制作按照食品安全操作规程进行。每年进行食物中毒应急演习，预防群体性食物中毒。

【爱国卫生】 爱国卫生运动是一项群众性的卫生运动，我厂以预防和减少疾病、保护职工健康，开展爱国卫生运动，专门成立爱国卫生运动领导小组。每年按照“四害”习性定期投放杀灭药物。同时做好厂区园林绿化防虫害及养护工作。清扫厂区道路，及时清除厂区绿化区域杂草、树叶。制定控烟工作制度，生产场所严禁吸烟。1986年被评为建德市爱国卫生先进单位，1992年被评为杭州市爱国卫生先进单位，1995年被评为浙江省爱国卫生先进单位，2005年被评为全国文明单位。

·治安保卫·

【治安保卫职能划转】 2006年6月以前新安江电厂治安保卫职能由人民武装保卫科（人保科）承担，具体负责厂治安保卫、人民武装（人防）、消防等工作。2006年6月易名保卫（人武）部。2013年9月1日，根据厂“三定”工作要求，撤销保卫（人武）部，治安保卫职能划转到后勤服务中心，设专职保卫人员3人，下辖经济协警中队。

【保卫视频监控投入使用】 2006年8月，新安江电厂所有财务室安装110联动报警装置，实现与地方公安部门的直接联动。9月，新安江电厂首套保卫视频监控设备投入使用。重点对厂南、北大门及1号哨、缆索桥、修配仓库等区域和主要出入口进行实时监控。

【职工户籍集中迁移】 2007年10月，为解决职工子女的就学、就业、就医，根据杭州市人民政府函，新安江电厂对家住杭州市滨江区中兴花园和上城区复兴南苑，且符合户籍迁移条件的职工及家属集中办理从建德往杭州的户籍迁移工作，截至2009年共办理户籍迁移420户，1041人。

【综合治理管理】 围绕《社会治安综合治理目标管理责任书》，加大“综治”检查考核力度，根据“考核细则”要求，对职工私家车在厂坝区违章行驶、停车，员工在禁烟区吸烟，大坝上下游禁区内钓鱼等违规违纪现象的当事人，进行教育处理，落实各项防范措施。

2009年，被杭州市林业水利局、杭州市反恐工作协调小组列为《杭州市重点行业、重要目标反恐怖防范系统建设规范》水利行业试点单位，配合完成反恐试点单位前期范本的制定工作。2010年4月17日开始对电站旅游（参观）实行实名制售票，参观、旅游人员出入做到全过程在控、可控。8月制定《新安江水力发电厂道路交通事故应急预案》，为及时实施救援，最大限度减少人员伤亡和财产损失，提高道路交通事故应急处置能力提供了依据。

2013年9月，修订《新安江水力发电厂治安保卫管理制度》和《新安江水力发电厂外聘工治安消防交通管理规定》。10月28日，浙江省公安厅厅长刘力伟率省、市公安机关有关人员对新安江电厂反恐及安全保卫工作进行检查和调研，肯定该厂所做工作。

按照人防“七有”工作目标，2013年组建人防专业队，实施“一研、二谋、三藏、四防、五演练”的人防五步工作法，通过模拟二战英国空袭德国鲁尔水坝和美军石墨炸弹瘫痪南斯拉夫电力系统等战例，开展现代防空实战演练。2014年5月，浙江省重要经济目标人防工作建设现场会议在全厂召开；11月，南京军区基层人防规范化建设现场会在厂召开，取得圆满成功。

【重大活动安全保卫工作】 2008年北京奥运会、2009年国庆60周年、2010上海世博会等重要时期，新安江电厂党政领导专题研究安全保卫工作，实行主管区域分工负责巡查监管承包责任制。加强防范措施，实行安保管理人员24小时带班值勤，双人双岗，厂坝区重点要害部位增设巡逻流动哨，游客高峰时段对特殊地段增派临时执勤哨；物防：加固参观通道大门并加装安检门，各哨所安装伸缩门、挡车器强光探照灯等，大坝下游水面禁区加设拦索绳。强化视频监控系统，扩大监控覆盖率，对大坝各重要点面实时监控。厂坝区实行交通管制，外来施工人员须由专人带队进出厂房，及时登记、注销。地方军事、公安等部门研讨治理安保隐患，根据《新安江电厂反恐防暴预案》

组织反恐防破坏实兵演练，落实改进措施。

2011年6月下旬大坝开闸泄洪期间，完成中央首长及上级领导来厂检查视察，接待媒体记者，维护旅游（参观）秩序的重任。

【开关站实施封闭式管理】 根据国家电网《变电站安全技术系统配置指导意见》及《新源公司电力设施保护管理标准》要求，2012年起对新安江电站右岸220千伏开关站实行封闭式管理，70、88米高程上下游路口设置门禁系统于同年9月投用。

【协警中队管理】 新安江电厂协警中队隶属厂后勤服务中心，有警员53名，其中驻勤制警员20人，电厂综合公司职工15人，建德市保安公司外派保安员18人。

图15-3 2014年5月，重要目标警戒分队在厂区巡逻

2006年10月—2009年9月，新安江电厂与建德市紫金物业管理有限公司建立劳动关系，以协议劳务外包方式承担厂值勤保卫工作。2009年10月1日起，新聘人员由建德市紫金物业管理有限责任公司与建德欣安劳动事务代理服务公司签订劳动派遣协议，然后以劳务外包的形式将警员派到厂协警中队，代理期三年。

2012年11月6日起，4号哨和南大门交由新安江电厂综合服务公司职工值守。2013年3月20日起，3号哨和5号哨交由综合服务公司职工值守。2014年3月12日起，1号哨、2号哨和北大门的夜班值勤任务交由建德市保安公司保安员值守。2015年2月1日起，建德市保安公司保安员接手厂坝区所有7个哨所的夜班值勤任务。2014年，由国网新源公司拨付119.98万元人民币翻修警队2、3、4、5、6号营房，并委托电厂物资部购置大量家具和食堂用具，明显改善警员的生活条件。

【警队事迹】 2008年2月26日晚，南大门哨兵和2号哨哨兵及时发现和救助一名落入新安江中的醉酒人员。5月28日根据建德市人武部的指示，中队派出11人赴更楼街道参加抗洪抢险，在齐腰深的洪水中，及时救助当地群众撤离被洪水围困的住房，受到在现场指挥抗洪抢险的建德市政府领导和市人武部首长的肯定。

2009年3月21日凌晨，2号哨哨兵杨伟发现对面变压器不断冒出火花，及时向班长报告，厂相关部门接报后及时赶到处置故障设备，避免了事故的发生。

2010年7月6日晚，警员宋成军巡逻中发现厂房有很大烟雾，立即报告中队，中队人员快速出击，与厂有关部门人员一起及时有效地控制住火情。

2008年四川汶川发生地震灾害后，中队积极响应电厂号召，组织警员向灾区捐款1940元，4名党员上交特殊党费800元，18名团员和17名青年上交特殊团费1520元，并捐助新被子3床和保暖内衣2套。

根据《中华人民共和国兵役法》的要求，中队每年积极安排警员回乡参加征兵体检，为部队输送优质兵员，十年间共有8名警员应征入伍。

2006—2015 年共完成地方公安及军事部门组织的演练 8 次、突击任务 12 次。参加开辟电厂林区防火带等义务劳动 900 余人次。

协警中队负责厂杭州通勤车管理，自班车开通以来，共出警 12460 人次，坚持原则，履职尽责，认真完成班车检票管理任务。

·生活环境·

【生活后勤管理变迁】 2006 年 4 月新安江电厂机构改革调整原生活服务公司部分职能后，成立后勤分公司，管理范围含饮用水生产、销售，职工食堂，医务室等。同年 6 月医务室成建制划入建德市紫金物业有限公司。

2010 年 12 月后勤分公司撤销，成立后勤部，行政关系由新安江水力发电厂实业总公司划至厂经营系统，主要职能为负责全厂房屋资产、非生产性资产、职工食堂、全厂卫生与计划生育、退休人员管理等后勤行政事务管理，负责职工体检、在职职工与退休人员异地医药费的报销渠道落实、就医地点的变更、医疗保险相关政策的宣传、企业内部医药费报销审核、职工俱乐部和离退休人员活动室等日常管理工作。

2013 年 7 月，根据厂“三定”方案，设置了后勤服务中心，负责后勤服务质量、环境卫生、食品安全管理，电力设施保护、治安及协警队伍管理，离退休人员管理，职工及家属餐饮服务，物业服务，房产及维修，公务用车、交通班车及特种车辆运输管理，职工各项健康体检等工作。

【厂区“生产、生活”分离】 2007 年 3 月，按照华东电网公司“生产、生活”分离的要求，紫金滩区域内的 154 户住户整体外迁，拆除房屋面积 25648 平方米。保留紫金滩区域内非生产性用房 12 栋，包括紫金宾馆、职工俱乐部、职工食堂、教育培训楼、档案楼等。

【牛坞口生活区整体搬迁】 2007 年 3 月，按照新安江电厂和建德市五年合作规划要求，原牛坞口生活区整体搬迁。共计拆除房屋 68 套，拆除附属设施 46501 平方米。

【罗桐埠小区整体搬迁改造工程】 为适应建德市旧城改造需要，提升新安江街道城西区的品位，以及改善新安江电厂职工及家属居住条件，2008 年 3 月起实施罗桐埠小区进行整体改造搬迁工程。拆迁旧房 35 幢，总建筑面积为 35321 平方米。改造工程设计总面积 130388 平方米，建造层高为 26 层的楼房 2 幢，建造层高为 24 层的楼房 2 幢，建造层高为 18 层的楼房 8 幢，建造层高为 12 层的楼房 1 幢。由中天建设集团公司中标负责基础开挖及楼房建筑。杭州大江建设项目管理有限公司负责施工监理。小区第一、二期工程先后于 2011 年 11 月竣工，2013 年 4 月通过验收交付使用。其中 467 套属回迁户，其余按商品房性质优先向电厂职工出售。2013 年逐步回迁。

【建造老职工宿舍楼】 2008 年为改善退养老职工生活居住条件，在滩头坞建造三栋 44 户、2985.07 平方米的老职工宿舍。2010 年年底，有 39 位符合分配条件的老职工搬进新居。

【实施“五水共治”】 2014 年按照中共浙江省委“五水共治”的要求，共投入五水共治费用 60 万元治理环境，并根据要求拆除紫金滩江边面积为 55 平方米的游泳池更衣用房。

【厂区绿化改造】 2007 年 3 月，根据新安江水力发电厂与建德市政府“五年发展规划协议”和生产生活分离的要求，完成牛坞口、紫金滩香樟树、紫竹林、女贞树等移位和绿化区域重新布置，厂行政召开绿化改造方案专题会议，由厂后勤部门组织，物业公司施工，在厂有关职能部门的支持下，投入500余工日，清理石块和杂物，运走表土、垃圾300余立方米，经过填补新土、整地、运送苗木草皮和放样，新植草皮1000余平方米，大小苗木5000余株，短期摆放鲜花3000余盆，大型盆花500多盆。至5月16日，完成6000余平方米绿化改造工程。绿化设计采用简洁明快、色彩和谐方案，淘汰一批招虫乔木和草皮，增加铺地植物面积，使区域内活动空间趋于开阔。

厂区环境绿化格调由栽培果树、收获水果为主，转变为以绿化、美化为基调，扩大活动空间为主的规划蓝图，绿化面积从原有3万余平方米逐步扩大至7万余平方米（其中草坪面积为5000余平方米），苗木品种从二十余个增加到二百余个。

后因停车需要以及管理问题，对紫金滩生活区内进行一些改造，砍伐一批树龄三四十年、生长繁茂的水杉、银杏、柏树等高大乔木；移栽、砍伐一些蜕化的草坪、桃、梅、文旦、石榴、金桔橘等观赏树种。

【办公楼维修】 2013年新安江电厂紫金滩办公楼维修费用40万元、检修费用50万元。2014年后勤办公楼维修费用36万元、综合办公楼维修费用45万元、档案楼维修费用33万元。部分消除了漏水、线路老化，木檐、瓦片腐烂，门、窗、地板霉烂，外墙面瓷砖、涂料破损脱落，供水管路锈蚀严重等问题。

【教育培训楼改建】 2009年保留紫金滩原教育培训楼（20世纪50年代末的两层结构青砖房），改建为新安江电厂展览馆，并于2010年新安江电厂发电50周年之际对外展出。2014年初，电厂展览馆后因展览扩充和电站参观线路调整需要，迁建至电站右岸2号哨对面原水泥仓库，教育培训楼改建装修为电厂实业总公司办公楼。

【紫金滩大桥移交地方政府】 2007年5月，紫金滩大桥由新安江电厂整体移交给建德市人民政府管理。

【新建紫金滩铁棚停车场】 为解决因职工自驾车不断增多而造成停车难的问题，2010年8月在紫金滩山边原10号、11号家属楼位置，建造铁棚停车场，面积2515平方米，有车位52个，费用约35万元；2014年10月增加草皮停车场2265平方米，新增车位148个。

【省爱卫会突击检查文明生产环境】 2011年11月4日，浙江省、杭州市爱卫会专家组到电厂，突击检查文明生产和环境卫生情况。爱卫会成员巡视厂坝区，实地检查主厂房、宽缝廊道、坝顶、尾水平台等处，听取工作情况介绍，对电厂创建全国文明单位，开展精神文明创建活动，美化、净化厂区环境卫生管理等提出指导性意见。

·离、退休管理·

【管理设置】 2006年2月，退休干部和工人由人力资源部管理和服务，配有工作人员9人（其中兼职科级主任1人）。离休干部由厂党委组织科管理，配有工作人员3人（其中兼职科级主任1人）。

2010年12月底，厂机构重新调整，成立后勤部，将退休工作划入后勤部管理。2013年9月份随着厂“三定”工作的开展，撤销后勤部，成立后勤服务中心，离退休管理和服务工作归于后勤服务中心。

为便于管理和服务，按居住地划分设立6个退休党支部，1个离休党支部。

截至2006年年底，全厂共有离退休人员390人(其中离休干部19人，全民所有制退休人员371人)。至2015年8月底，共有离退休人员466人（其中离休干部9人、全民所有制退休人员457人)。

表15-6　离退休人员历年人数情况表

年份	离休	退休	合计
2006	19	371	390
2007	19	399	418
2008	19	407	426
2009	19	413	392
2010	17	415	432
2011	17	427	444
2012	16	426	442
2013	14	435	449
2014	13	449	462
2015（8月底）	9	457	466

【离退休服务】 为方便退休职工就医，2007年6月为退休职工办理市民卡。2008年7月，因罗桐埠生活区改造，综合楼拆迁。离退休办公室搬迁至新安江街道环城北路电厂宿舍29幢一楼办公。活动室搬迁至环城北路山水公寓一楼。

2012年3月，根据国网新源公司要求，离退休职工信息纳入信息化管理，建立离退休干部信息库。2014年10月，完成193名中共党员居住地、电话等信息建档工作。

【厂领导看望慰问困难老党员】 2011年7月6日，厂党委书记刘俊勇，带领组织人事部人员，赶赴遂昌看望慰问退休困难老党员唐兴高及驻新安江的孙鸿祥、康清海、姚连高、唐群一等人，这5位老党员或久病瘫痪在床、或年事已高行动不便，生活困难。厂领导向他们转达浙江省直机关工委和厂党政领导的问候和祝福，并为他们送上“七一”慰问金。

【走访慰问离退职工】 新安江电厂离退休办公室做到“五必访”，重大节日必访、患病住院必访、生活困难必访、来信必访、告别仪式必访。把组织的关怀和温暖落实到离退休职工实处。

图15-4　2008年9月，厂领导慰问离、退休老同志

表15-7　2006—2015年慰问离退休人员统计表

年份	慰问病人	生活困难和节日慰问	告别仪式
2006	36	28	4
2007	42	30	3
2008	38	23	7
2009	46	26	11
2010	31	25	9
2011	52	50	9
2012	32	40	17
2013	30	50	9
2014	29	67	7
2015			

【离退休活动】 2009年9月25日，组织离退休老同志在紫金滩新电俱乐部文艺会演，庆祝中国共产党建党60周年。2010年4月6日，离退休职工在俱乐部参加建厂发电50周年庆祝活动,老年体协表演扇子舞等节目。9月8日至9月17日，组织266名离退休人员（年龄最大85岁），在厂医护人员陪护下，分4批赴上海参观世博会，感受社会发展、经济繁荣新貌。

·车辆管理·

【概况】 2006年全厂机构改革，撤销汽车队编制，整体划转至物资分公司，成立司机班，部分驾驶员调入厂办公室小车班和实业总公司小车班。2013年，根据厂“三定”工作要求，司机班与厂办公室小车班、杭州班车管理点划转至后勤服务中心，承担公务用车、工作通勤车、物资运输、杭州班车调度及通勤车订票等任务。厂实业总公司及综合服务公司各自设置小车班，独立行使职能。

【车辆管控】 新安江电厂按上级相关规定对车辆的行驶、维修、停放和相关费用等制定制度，实施管理。并根据实际情况适时作修订。2015年4月15日根据国家电网公司、国网新源控股有限公司关于公务用车、生产服务用车和集体企业车辆的系列管理规定，编制颁布《新安江电厂公务、生产服务用车管理执行手册》(新电后勤〔2015〕26号)。2014年12月所有车辆安装GPS车载监控设备，车辆信息全部录入“国家电网公司统一车辆管理平台”，从购置、调度、维护保养直至报废，车辆全寿命周期各环节全面接受国家电网公司管控。

【车辆维护保养】 原先采取国产车辆由厂车队实施维护保养、进口与合资车辆委托外部专业单位修理的模式，因2006年机构改革撤并厂汽车队后，全部与外部企业（主要是建德市汽车修配厂、建德市发达进口汽车修理厂）签订维护保养合同。按照国家电网公司统一要求，自2016年起采取由“集中采购”中标企业负责全厂车辆的维护保养。

【杭州通勤车】 开通于2005年7月21日，由浙江省外事旅游汽车公司承揽员工往返杭州与新安江的通勤车任务，执行《新安江水力发电厂杭州交通班车管理办法》（新电企工〔2010〕23号），首先采用电话和通勤车值班调度室预约订票和现场订票2种方式。2006年电厂科技信息部建成并投用杭州生活基地班车订座管理系统投用，职工可以直接通过厂网订票。为合理利用资源，结合实际需求，2012年将通勤车运行模式从每天早晚对开，调整为周五至周一对开、周二至周四早晨往杭州、傍晚回新安江的模式。

【私家轿车增多】 自2004年4月，员工开始规模购置私家轿车，至2015年总数已近500辆，且陆续进入更新换代阶段。2005年12月5日，在厂工会支持下，成立“新安江电厂驾驶员协会”。协会主要负责宣传贯彻道路交通安全法律法规，向企业员工提供技术咨询，协助会员办理车辆年审，联系提供车辆维修企业，举办技能竞赛。在加强行车安全及文化教育、服务全厂驾驶员方面发挥了较好的作用。

【北大门道闸系统投用】 2015年5月，新安江电厂一体化安全防护管理软件平台投入试运行。系统接入独立的安防计算机网络，可实现厂区大门及哨所出入口车辆控制、厂坝区门禁控制、道路口视频监控等综合管理功能。北大门车辆出入管理系统采用蓝牙技术自动识别车辆身份，蓝牙接收系统通过信息比对自动控制拦车道闸的启闭，实现对内外部车辆的自动识别功能。

【清理整顿公务用车】 2012年12月，中共中央“八项规定”出台后，在国家电网公司统一部署下，以公务用车为核心，在2013—2014年对全厂车辆进行清理整顿，经国网新源控股有限公司审批，期间对外出售7辆，报废3辆。2006—2015年期间更新购置车辆26辆，截至2015年12月31日，全厂车辆总数34辆。

表15-8　　新安江电厂2015年底拥有车辆一览表

序号	车牌号码	车辆品牌系列	车架号	发动机号	配置日期
1	浙AE5363	苏州金龙	LA6R1HSD29BA01096	G5BOM900137	2009-08-05
2	浙AE5353	苏州金龙	LA6R1DSC59B201452	21892998	2009-08-25
3	浙A87279	五十铃皮卡	LWLTFRED62L003676	4JB1T102B01260	2002-07-25
4	浙AD6K51	庆铃汽车	LWLNKRHH6BL066912	30081086	2011-09-28
5	浙AEZ538	其他	LWLDARHGX9L034108	30047694	2009-12-21
6	浙AE5915	苏州金龙	LA6R1FSD0ABA02742	G5BOMA00285	2011-01-05
7	浙AE6017	陕汽通家	LZGCB2M139X029303	1609G071135	2009-08-27
8	浙AE9591	其他	LJXYACH144T003262	40315525	2004-04-29
9	浙AE6096	其他	LE7D3327490A00049	21830442	2009-09-17
10	浙A1G237	庆铃汽车	LWLDARHG5CL083661	30106777	2013-04-16
11	浙A00189	其他	TS24104252008	0105074013C6	2005-12-01
12	浙A6ED02	别克GL8	LSGUA83B0BE037053	110950087	2011-07-01
13	浙AEG305	翼虎/Kuga	WF0YU93196KD09110	D09110AJ	2006-12-19
14	浙A6QX19	郑州日产	LJNMFEBG3CN072383	976483Z	2013-04-25
15	浙AEW360	福田汽车	LVCB1DWA69B030469	900202	2009-07-15
16	浙A5P206	帕杰罗	JMYLRV73W4J001036	6G72RC1251	2004-04-22
17	浙A1H291	南京依维柯	LNVU1CA30CVL01549	12M1061	2013-05-22
18	浙A75794	柯斯达	LCUFM53841S000333	2589846	2001-11-14
19	浙A2A652	奥迪A6L	LFV4A24F773019834	116897	2007-04-28
20	浙A1P919	雅阁	LHGCM566942009659	K24A42409673	2004-04-14

21	浙 A12L22	别克 GL8	LSGUD82C45E020875	57260264	2005-09-13
22	浙 A68J67	别克 GL8	LSGUD82C26E026563	67030414	2006-09-05
23	浙 A87651	柯斯达	LFMES58148S004463	8164073	2008-12-03
24	浙 AE1486	桑塔纳（停售）	LSVJF0335XB050283	0106340	1999-08-20
25	浙 A5BW32	奥迪 A6L	LFV4A24F8A3074719	280092	2010-09-29
26	浙 A0GV20	奥迪 A6L	LFV4A24F7A3080785	287104	2010-09-29
27	浙 AZ5836	本田 CR-V	LVHRE4898A5026460	4026458	2010-08-16
28	浙 A0D206	庆铃汽车	LWLFTRWK0BL007631	3E00647	2012-02-17
29	沪 BG8922	君威	LSGWK52W9YS124064	L4600710130	2000-07-19
30	浙 AE6677	苏州金龙	LA6R1FSD9BBA01834	G5B0MB00394	2011-09-20
31	新源无牌 4	其他	5D8AA23136R000316	0	2006-12-15
32	新源无牌 5	其他	F11051024	WP6G175E22	2011-12-31
33	浙 A3WJ81	江铃汽车	LJXCMDJDXAT070696	A6P04510	2010-09-14
34	浙 AEN877	曙光汽车	LDD5105BX70017919	SCY6458	2008-01-03
35	浙 AE3781	其他	LHNXYGC062R000349	J7T624F016512	2003-10-16
36	浙 AEM116	庆铃汽车	LWLNKRHH07L002999	30008854	2007-04-10
37	浙 AE2138	厦门金旅	LFZ611CD13A001191	11415	2003-09-04

党群工作
The Work of The Party and The Masses

·中共新安江水力发电厂委员会·

【概况】 2006年至2011年4月中共新安江水力发电厂委员会由浙江省直属机关工作委员会和华东电网有限公司党组双重管理。2007年电厂党委进行换届，成立了厂第九届党委。自2011年4月电厂划归国网新源控股有限公司管理，至2015年12月，中共新安江水力发电厂委员会由浙江省直属机关工作委员会和国网新源控股有限公司党组双重管理，其间，2013年2月厂党委换届成立厂第十届党委。因厂领导班子调整，2013年12月调整厂第十届党委委员，免去程超美厂第十届党委委员，增补傅剑文为厂第十届党委委员。

【组织机构管理】 2006年7月，厂机构改革基本就绪后，为适应生产工作的需要，根据行政机构的设置，撤销原有党（总）支部编制，对党（总）支部编制作了调整。调整后，厂党委所属党支部9个，总支部1个。分别为发电部党支部、设备部党支部、检修部党支部、生产经营党支部、党群人保党支部、综合服务公司党支部（含洪石岩项目组）、离休党支部、退休一党支部、退休二党支部、实业总公司党总支部。其中生产经营党支部包含厂部的生产、经营系统各职能部门；党群人保党支部包含厂部的党群系统各职能部门和保卫（人武）部。离退休各支部按原设置划分。实业总公司党总支部下设2个党支部，分别为实业总公司本部党支部、物资后勤公司党支部。其中，实业总公司本部党支部包含实业总公司本部各职能部门、杭州紫金宾馆、杭新公司(不含检修部)；物资后勤公司党支部包含物资公司、后勤公司。对千岛湖培训中心党支部的代管关系不变。同时确立党（总）支部书记一般以兼职为主，对职工或党员人数较多、工作性质较为独特、复杂的单位，可设立专职书记的原则。此次党支部编制调整后，成立了各党（总）支部“临时委员会”。

2007年3月，对党（总）支部的设置作适当调整，保留发电部、设备部、检修部、党群人保、实业总公司本部、物资后勤、综合公司、离休等党支部设置。撤销原生产经营党支部，分别成立生产党支部和经营党支部。生产党支部由生产计划部、安全监察部、科技信息部党员组成；经营党支部由企业工作部、人力资源部、财务部、审计部、监察部、综合产业部党员组成。为加强退休支部建设，方便退休党员组织活动，撤销原退休一支部和退休二支部，按照退休职工现居住的地域场所，组成六个退休党支部。对长住杭州、上海等地的党员，分别编入相应支部。即退休一支部由住罗桐埠生活区5～10幢的党员组成；退休二支部由住罗桐埠11～14、25、30幢的党员组成；退休三支部由住罗桐埠15～24幢的党员组成；退休四支部由住罗桐埠1、2、26～28幢的党员组成；退休五支部由住罗桐埠3、4、29幢的党员组成；退休六支部由住紫金滩、牛坞口生活区的党员组成。保留对千岛湖培训中心党支部的代管关系。2007年3—4月底，完成全厂所有党支部换届改选工作。

2008年9月，因厂中层管理人员调整，部分党支部成员变动较大，为加强党支部建设，对部分党支部成员进行充实、调整。王晓宏任设备部党支部书记，李冬华任设备部党支部委员，免去刘双华设备部党支部书记、委员职务。刘双华任检修部党支部书记，免去姜涛检修部党支部书记、委员职务，免去何少云检修部党支部委员职务。赵新华任生产党支部书记，免去洪建新生产党支部书记职务。张建新任经营党支部书记，李靖华任经营党支部委员，免去潘建华经营党支部书记、委员职务，免去余金芳、余敬基经营党支部委员职务。李琦任党群人保党支部书记。免去张建新实业公司党总支部委员、物资后勤党支部委员职务。

图16-1　2007年9月，中共新安江水力发电厂第九次代表大会代表合影

2009年2—3月，发电部党支部、设备部党支部、检修部党支部、生产党支部、经营党支部、党群人保党支部、实业公司本部党支部、物资后勤党支部、综合公司党支部、实业公司党总支部等在职党支部完成改选换届工作。厂离退休人员居住较分散，人员难以集中，各离退休党支部委员会未参加本次换届工作。

2011年4—5月，因行政机构变动，撤销实业公司党总支部，实业公司本部党支部改名为实业公司党支部，直接隶属厂党委领导和管理。其他党支部，本次换届均保留原有设置，本次换届的党支部为：发电部党支部、设备部党支部、检修部党支部、生产党支部、经营党支部、党群人保党支部、物资后勤党支部、实业公司党支部、综合公司党支部、离休党支部、退休一至六党支部。2011年5月完成了所有支部改选换届工作。

2013年9月，厂党委结合“三定”后行政机构设置和党员分布情况，决定对在职党支部设置和支部委员会成员进行调整。调整后，厂党委所属8个在职党支部分别为运行分场党支部、维护分场党支部、检修中心党支部、机关第一党支部、机关第二党支部、机关第三党支部、实业总公司党支部、综合公司党支部。离退休各支部按原设置划分不变，千岛湖培训中心党支部的代管关系不变。

2015年5月，离退休党支部进行改选换届。离休党支部继续单独设置。退休党员按照常驻地划分，以就近为原则，重新组成五个退休党支部。退休一党支部由紫金家园1～4号楼退休党员组成；退休二党支部由紫金家园5～15号楼以及新电小区30号楼退休党员组成；退休三党支部由电厂罗桐埠老宿舍1、2、26～29号楼（含山水公寓）退休党员组成；退休四党支部由居住在杭州滨江、复兴等地的退休党员组成；退休五党支部由散住建德市其他小区退休党员组成。

2015年新安江水力发电厂党群系统组织结构图（附后）

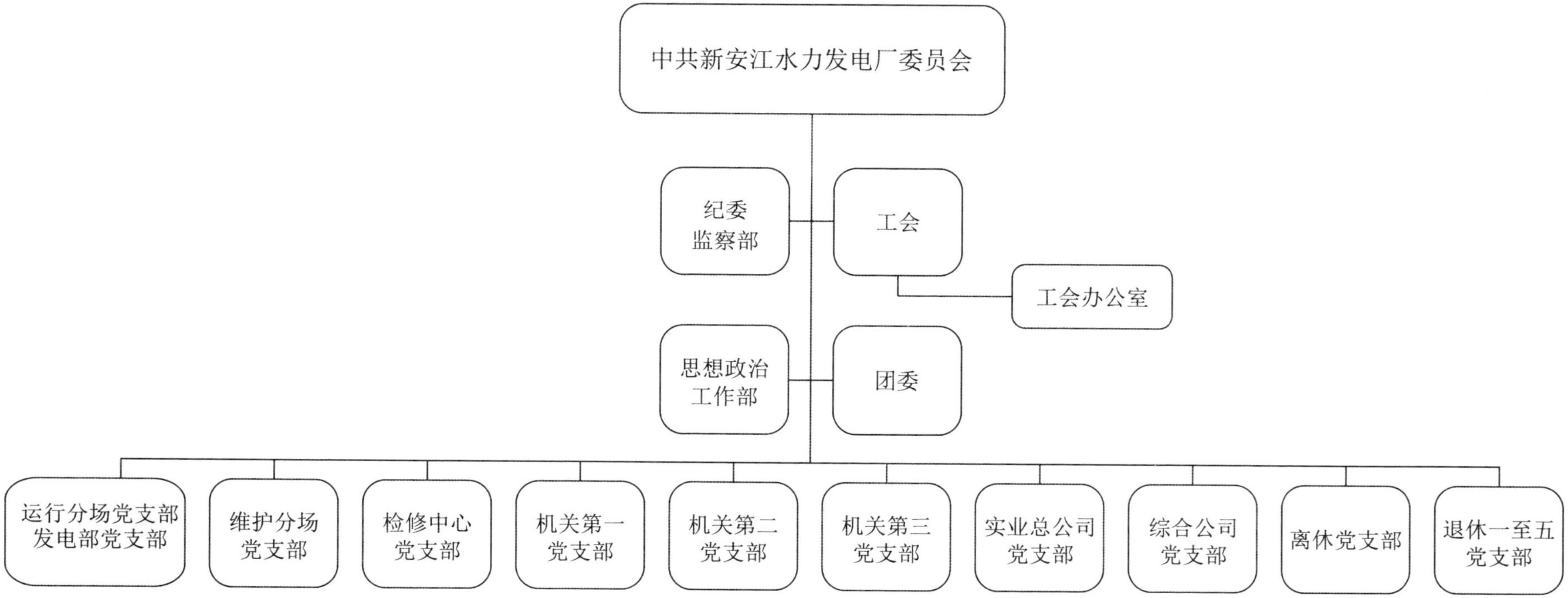

说明：2015年年底全厂党群系统职工人数为15人。全厂党员（含离、退休党员）总人数464人。
设有14个支部，其中有脱产支部书记1人、离退休支部书记6人

图16-2　**2015年新安江水力发电厂党群系统组织结构图**

【中共新安江水力发电厂第九次代表大会】 中国共产党新安江水力发电厂第九次代表大会于2007年9月27—29日在紫金宾馆多功能厅召开。

大会的主题是全面贯彻落实科学发展观，认真总结过去四年的工作，讨论确定今后四年的奋斗目标和主要任务，选举产生新一届党委会和纪委会，动员全厂党员和广大干部群众，继承和发扬自立创新的优良传统，为全面创建和谐向上的一流企业而奋斗！

出席大会的正式代表有115名，代表着全厂418名党员。28日上午8时30分举行开幕式。

经过代表充分讨论，大会一致同意两个工作报告；审议并通过党费收缴使用情况报告及相应的决议；选举产生中共新安江水力发电厂第九届委员会和纪律检查委员会。报经中共浙江省直属机关工作委员会批准（浙直企〔2007〕26号文），中共新安江水力发电厂第九届委员会由（按姓氏笔画为序）刘俊勇、李建华、余金芳、陈学珍、钱建明、章品勋、程超美等七人组成。刘俊勇为书记。纪律检查委员会由帅以政、姜涛、骆军贤、程超美、潘建华等五人组成。程超美为纪委书记。

大会确定今后四年的工作任务是坚持以中共十七大精神为指导，坚决贯彻落实上级党组织的部署，解放思想，自立创新，努力开创“安全生产进一步巩固，企业面貌显著改变，管理机制不断健全，人员素质全面提高，多种经营稳步发展”的新局面。

大会号召全厂各级党组织和全体共产党员要以强烈的政治责任感和历史使命感，团结全厂职工进一步解放思想，尊重科学，抓住机遇，苦干实干，奋发有为。在中共十七大精神指引下，在中共浙江省委、省直属机关工委、华东电网有限公司党组的领导下，在新一届党委的带领下，同心同德，励精图治，努力创建和谐向上的一流企业，共同创造新安江电厂美好的明天！钱建明主持会议，刘俊勇致开幕词，中共浙江省直机关工委委员、副巡视员郑长利，中共华东电网有限公司党组成员、纪检组组长王航等到会祝贺。大会听取刘俊勇代表中共新安江水力发电厂第八届委员会所作的《坚持科学发展观，弘扬自立创新的优良传统，为全面创建和谐向上的一流企业而奋斗》的工作报告，听取程超美代表中共新安江水力发电厂纪律检查委员会所作的《紧紧围绕企业发展，抓好党风廉政建设，为全面创建和谐向上的一流企业提供坚强保证》的纪委工作报告，并分组讨论和审议两个报告。

【中共新安江水力发电厂第十次代表大会】 中国共产党新安江水力发电厂第十次代表大会于2013年2月3—5日在紫金宾馆多功能厅召开。

大会的主题是深入贯彻落实科学发展观，认真总结过去五年的工作，讨论确定今后一届的奋斗目标和主要任务，选举产生新一届党委会和纪委会，动员全厂党员和广大干部群众，转变观念，凝心聚力，进一步加强党的建设、企业文化建设和队伍建设，紧紧围绕企业中心工作，适应企业发展方式的变革，推进企业安全健康发展，为加快实现“一流电站、一流企业”的目标而奋斗。

出席大会的正式代表有115名，代表全厂476名党员，2月3日上午9时举行开幕式。钱建明主持会议，刘俊勇致开幕词，中共浙江省委组织部干部三处副调研员章坚，国网新源控股有限公司思想政治工作部副主任王晓飞，中共浙江省直属机关工委企工部副部长闻士勤等到会祝贺。大会听取刘俊勇代表中共新安江水力发电厂第九届委员会所作的《转变观念 凝心聚力为实现“一流电站 一流企业”的目标而奋斗》的工作报告，听取程超美代表中共新安江水力发电厂纪律检查委员会所作的《健

全惩防体系 推动依法治企为企业安全健康发展保驾护航》的纪委工作报告，并分组讨论和审议两个报告。

经过代表充分讨论，大会一致同意两个工作报告；审议并通过党费收缴使用情况报告及相应的决议；选举产生中共新安江水力发电厂第十届委员会和纪律检查委员会。报经中共浙江省直属机关工委批准（浙直企〔2013〕12号文），中共新安江水力发电厂第十届委员会由（按姓氏笔画为序）王德强、刘俊勇、李建华、余金芳、杨斌、钱建明、程超美等七人组成，刘俊勇任书记。中共新安江水力发电厂纪律检查委员会由（按姓氏笔画为序）帅以政、陆晓敏、骆军贤、贺跃、程超美等五人组成，程超美任书记，陆晓敏任副书记。

大会确定今后的工作目标是按照新源公司“三步走”发展战略，全厂将以服务建设坚强智能电网，服务公司建设国际一流现代企业集团为目标，以科技创新、管理创新为手段，全面提升生产设备安全可靠运行水平，全面提升信息化自动化管控能力，全面提升风险识别及防范能力；贯彻和落实“三集五大”体系和公司一体化标准体系，建设统一文化，培育一流队伍，提升经营管理，构建和谐企业，努力创建“一流电站、一流企业”。

大会号召全厂各级党组织和全体党员要以强烈的政治责任感和历史使命感，进一步解放思想，真抓实干，抢抓机遇，奋发有为。坚信在中共十八大精神指引下，在上级党组织和新源公司党组的坚强领导下，在新一届党委会的带领下，全厂党员和职工同志一定能同心同德，励精图治，努力建设美丽电站，幸福企业，为创建“一流电站、一流企业”作出新的更大的贡献。

表16-1　　2006—2015年年末党员发展和全厂分布情况表

单位：人

年份	年末党员人数			发展党员	转为正式党员
	总数	其中			
		在职	离、退休		
2006	421	250	171	17	15
2007	426	247	179	5	15
2008	440	257	183	13	6
2009	440	251	189	3	6
2010	446	260	186	16	3
2011	449	261	188	4	15
2012	464	271	193	10	11
2013	476	283	193	14	15
2014	470	275	195	6	14
2015	468	278	190	6	10

【历年党内重大活动】 2006年是“十一五”计划开局之年。厂党委紧紧围绕“三主一确保”总目标，即以贯彻华东公司“四强化、两提升”“八个方面突破”部署为主导，以实施“爱心活动”“平安工程”为主题，以积极稳妥地进行企业机构改革为主线，扎实推进厂党委2006年度八项工作要点和厂长“1148”工作思路，确保实现与华东电网公司签订的“安全生产、经营目标、党风廉政”三项责任制，全面完成各项主要任务。先后取得“2006中国电力行业

十大最具社会责任感企业”等十多项国家和省、市级荣誉称号，努力营造了企业和谐向上、奋发有为的发展环境。

2007年厂实施机构改革后的第一年。厂党委以贯彻华东电网公司“巩固提高，创新超越”为基调，落实“一个坚持，三个突出”“一个确保，三个超越”为主导，创建一流的和谐企业为主题，扎实推进厂党委2007年度工作要点和厂长“1234”工作思路，全面落实“安全生产、经营目标、党风廉政”三项责任。

2008年，以学习中共十七大文件精神和“解决两个不匹配”（职工能力增长与收入的改善不相匹配，企业为职工改善待遇和对职工严格要求不相匹配）大讨论活动为主线，加强领导班子的思想建设。厂党委理论学习中心组从提高领导干部的理论水平入手，注重理论联系实际，深化政策的学习研究。年初制定了详细的学习计划，明确学习要求和中心组成员自学篇目，预安排各季度学习内容，紧密结合工作实际和思想实际提出学习思考题，研究新情况，分析新问题，形成新思路，争取新发展。学习重点突出中共十七大和十七届三中全会、科学发展观和浙江省第十二次党代会精神、新党章和“解决两个不匹配”大讨论活动要求。

2009年3月至6月，开展学习实践科学发展观活动。紧密围绕“党员干部受教育、科学发展上水平、人民群众得实惠”的总体要求，严格按照“高举一面旗帜、突出一个主题、把握一个载体、围绕一个总要求、明确三个着力点、做到两个结合”的目标要求，有序、有效地推进了“三个阶段、六个环节”的各项活动，做到规定动作不走样，自选动作有特色。亮点工作为注重安全生产，确保安全发展；注重思想引导，确保稳定发展；注重实践特色，确保和谐发展。开展活动期间，正值迎峰度夏、防洪度汛、设备检修等任务繁重。企业找准学习实践活动与当前各项工作的结合点，努力做到两手抓、两不误、两促进，统筹安排、协调推进学习实践活动各个阶段、各个方面的工作。

2010年，围绕华东电网公司党组的工作部署，以“创先争优”活动为主线，以“50周年厂庆”为载体，以“管理提升”为契机，以“三个建设”为保证，主动将“四项工作”融入企业中心工作，着力加强领导班子建设和党风廉政责任制建设，不断丰富文明创建工作的内涵，促进职工与企业共同发展，为实现企业生产经营目标、上海“世博会”保电和服务华东公司大局，提供坚强的政治、思想和组织保证。

2011年，以科学发展为主题，牢牢把握“巩固提升、学习创新、务实争先、团结和谐”的工作基调，紧紧围绕“安全生产、改革发展和队伍稳定”三大工作重点，夯实基础，加大改造，切实加强“三个建设”。严格按照换届程序，调整完善党支部、分工会和团支部设置，如期完成党政工团换届。

2012年，厂党委着重推进“融入发展战略、融入经营管理和融入文化建设”。组织开展深度融入国网新源公司管理大讨论，引导每个职工思考“转变观念本职岗位做些啥？提升素质专业知识缺些啥？文化融合文明礼仪学些啥？”增强贯彻厂规厂纪和党政工作部署的执行力，大力弘扬艰苦奋斗的优良传统，提高从“生产型”向“经营型”转型的认识，强化成本控制，提高投入产出效率，立足本职精打细算，加快推进管理一体化标准体系建设，全面提升队伍素质和企业素质，群策群力推进管理提升。

2013年，深入贯彻中共十八大精神，紧紧围绕“安全生产、经营管理和队伍稳定”，以加强思想道德作风纪律建设为重点，积聚正能量，为建设“美丽电站，幸福企业”，早日实现“一流电站、一流企业”目标，提供坚强的政治、思想和组织保证。党委、工会、团组织形成合力，助推人才队伍建设。引导员工融入公司加快发展大局中，调动全体员工尤其是集体所有制员工的积极性，提升思想素质和业务水平，让每位员工找准定位，提升自我，激发责任感、使命感；切实关心员工、服务员工，激发员工攻坚克难的信心和决心。

2014年，厂党委开展群众路线教育实践活动。围绕“为民、务实、清廉”主题，紧紧抓住反对“四风”（形式主义、官僚主义、享乐主义和奢靡之风）这一主线，按照“照镜子、正衣冠、洗洗澡、治治病”的总要求，以“听、严、实、深”四字认真抓好各个环节的工作，确保教育实践活动有力有序推进。在全厂范围分层分类调查研究，广泛听取群众意见，将248条意见建议分门别类，强化问题导向，从小事做起，从具体事情抓起，确保立行立改。强调“三对照、三重点”，严把对照检查材料质量，厂领导班子的对照检查材料经过“七上七下”修改完成，并在厂网站公布。高质量召开专题民主生活会和组织生活会，周密制订整改方案，坚持边查边整边改。突出群众普遍关心的重点问题整改，体现务实作风，开展整改落实情况“回头看”工作。

2015年，开展“三严三实”教育实践活动。厂党委委员坚持个人自学与集体学习相结合，深入学习习近平总书记系列重要讲话精神，举办党课活动，并重点分4 个专题开展学习研讨，从依法从严治企，严以修身，严以律己，严以用权等方面作主题发言。按照“三严三实”专题教育实施方案要求，从严从实稳步推进相关工作，确保专题教育取得实效。

·纪检监察·

【概况】 新安江电厂纪委与行政监察部门合署办公，2006年5月前为纪委和监察室，设纪委书记1人，纪委委员4人，监察室设主任1人，行政监察员1人。2006年6月因电厂机构改革，监察室调整为监察审计部，设主任1人，审计员、行政监察员各1人。2008年4月调整为监察部，设主任1人，监察员1人。2011年纪委增设纪委副书记岗位。2013年8月厂实施“三定”方案，监察部设主任1人，行政监察员1人。

【落实党风廉政建设责任制】 认真落实“一岗双责”“谁主管谁负责”和管理部门“各负其责”“管理监督一体化”的党风廉政建设责任制，每年层层签订党风廉政建设责任书。2007 年，重点组织开展“作风建设年”活动。2008 年以后，每年召开党风廉政建设和反腐败工作会议，传达上级会议精神，部署年度党风廉政建设和纪检监察工作。2009 年，以“六抓六落实”为重点加强反腐倡廉领导体制和机制建设，完善了党风廉政建设责任制检查考核方式，将责任制细化、量化，做到“五到位”。制定《预防腐败体系建设五年规划》，以“反违章”为抓手推动各项工作的落实。2010 年，重点贯彻落实“党风廉政责任制工作标准”，建立完善“五项机制”，对全厂安全、经营、党风廉政、民主文明管理等一系列制度进行梳理完善。2011 年，积极构建“三化三有”惩防体系，坚持完善反腐败领导体制和工作机制。2012 年，将严明党的纪律与加强监督检查紧密结合，制定年度监督计划和实施方案，建立协同监督机制。2013 年，认真落实“三项谈话”制度，开展纪委书记与各部门中层干部和新提拔干部、纪委副书记与各部门主管和关键岗位人员、部门负责人与部门成员廉政谈话 520 人次。2014 年，深入落实“两个责任”，以党的群众路线教育实践活动为契机，以协同监督和风险防控为保障，深入推进党风廉政建设和反腐败工作。2015 年，加强监督检查，把对上级重要决策部署落实情况的监督检查作为党风廉政建设的首要任务，抓好党内作风建设，紧盯“四风”新形势、新动向，强化“八项规定”精神的贯彻执行，健全完善惩防体系，认真开展履行八项规定精神、廉洁从业自查整改工作，对干部住房、公务用车、办公用房、集体企业承揽项目等进行认真梳理。

图16-3　部署2011年党风廉政建设责任制考核工作

【党风廉政建设宣传教育】 根据上级公司和省直机关纪工委工作部署，实施廉政教育关口前移，加强党风廉政建设学习教育。2006年，贯彻执行“四大纪律、八项要求”“八个坚持八个反对”“廉洁自律承诺书”等党风廉政建设有关规定，举办新任中层领导干部党风廉政教育培训班，组织集体诫勉谈话。重点以“杨大为、张杏泉案件”为警示开展教育。2007年，组织中层以上管理人员、党支部委员、党风廉政监督员和部分重要岗位管理人员180余人，赴浙江省党员干部法纪教育基地开展教育警示。组织收看《焦点访谈》等关于严格禁止利用职务上的便利谋取不正当利益的若干规定”专题节目，《温暖》及《反腐前线--案例选辑》等多部警示教育片。2008年，以“六个关注”为抓手（关注安全生产、关注干部队伍建设、关注企业文化建设、关注职工关心的难点和热点、关注企业党的建设、关注重点岗位和重要人员），认真开展“讲党性、重品行、做表率”主题教育活动。2009年，建立完善了“党委统一领导，纪委组织协调，部门密切配合，职工各展所长”的大宣教格局。在厂网主页上建立了“廉洁文化网页”，员工上传852条信息。组织开展了“廉政建设大家族”演讲何廉政时评等多项活动。组织开展《中国共产党巡视工作条例（试行）》《关于实行党政领导干部问责的暂行规定》《国有企业领导人员廉洁从业若干规定》和《关于开展工程建设领域突出问题专项治理工作的意见》等反腐倡廉重要文件学习主题教育活动。2010年，以提高反腐倡廉教育的针对性和有效性为重点，开展分层分类教育。以“学制度、促廉洁、保发展”为要求，组织开展了书画、摄影、小说、家属警言及舞蹈演出等活动，促进廉洁文化“四进”。发表各级各类报道达160余件次，反响良好。按照华东公司要求积极开展“小金库”专项治理工作，组织干部员工宣贯学习《设立“小金库”和使用“小金库”款项违法违纪行为政纪处分暂行规定》和《违反规定插手干预工程建设领域行为处分规定》等规章制度。2011年，组织开展先进典型示范教育、反面典型警示教育和党纪政纪条规等教育培训活动。组织“廉洁从业做模范，依法治企上水平”主题教育活动。开展廉洁从业“100个不准”学习讨论，开展向江小金同志学习和‘强管理，控风险，增效益’创先争优活动。2012年，组织开展“履职尽责保安全、依法治企促发展”主题教育活动，召开“依法治企专业组”工作推进会。将反腐倡廉教育活动作为一项重要内容列入党委中心组和党支部理论学习内容。建

图16-4　2007年6月，厂纪委组织警示教育现场会

立廉政培训制度，将廉政知识纳入各级领导干部培训、新入职员工培训、重点岗位员工培训。2012年，全面贯彻新源公司“安全年”活动精神，组织全体员工开展保密自查工作。组织观看保密警示教育片《至高无上的利益》，进一步增强干部员工的保密意识。组织员工观看《电力生产安全教育警示片》《国家电网公司安全事故调查规程宣贯培训讲座》等警示宣传教育片。组织职工集中收看中国共产党第十八次全国代表大会开幕实况直播，会后开展“十八大精神宣贯”等专题讲座。2013年，开展以“学党章、扬正气、转作风、促发展”为主题的反腐倡廉宣传教育活动，对外发布173篇文章、报道，建立“廉洁教育活动室”，重点开展贯彻中央“八项规定”精神活动，警示广大党员干部廉洁从业。认真贯彻落实新源公司“中国梦.国网情”主题学习活动要求，邀请中共浙江省委党校教授作深入贯彻中共十八大精神暨“中国梦”主题报告会，广泛开展形式多样的学习教育活动。组织党员干部召开《国网公司员工奖惩规定》宣贯会，各部门针对《规定》内容开展集中学习讨论。2014年，持续推进党的群众路线教育实践活动，开展各项自查自纠主题教育活动。组织全厂职工观看《焦裕禄》影片，弘扬焦裕禄精神，践行“三严三实”要求。以深化“两个责任”落实为主线，逐级开展廉政谈话提醒教育。与建德市检察院共设“检察联络室”。2015年，围绕“廉政安全，你我共责”，结合《党章》和《问责条例》的修订，制作宣传展板和易拉宝，强化宣传，重点加强对关键岗位人员的提醒教育，筑牢党员干部思想道德防线。利用“三会一课”党组织活动为契机，组织全厂党员干部集中观看廉政教育短片。组织召开党风廉政专题会学习《中国共产党纪律处分条例》《党员领导干部廉洁从业若干准则》《微腐败警示录》等内容。组织党员干部参观建德市看守所进行预防职务犯罪警示教育。

【廉洁文化建设】 积极推进廉洁文化建设，以国家电网公司“干事、干净”的廉洁核心理念为中心，营造尊廉崇廉氛围，建设和谐向上的企业文化。2006年，为厂购置安放了6台宣传电视屏，拓展宣传阵地。2009年起，每年组织中层及以上干部撰写廉政论文及心得体会，编辑印制系列廉洁文集《静思集》。建立《健全惩治和预防腐败体系2008—2012年工作规划实施细则》，对六大类工作进行了细化和责任分解落实工作。开展廉政时评，制作观看动漫教育片。举办厂“廉政建设大家谈”演讲活动。2010年，组织“廉政小小说”、摄影作品展出、书画作品展出活动，为建德市纪委举办廉政纳凉晚会提供文艺节目等活动。2011年，组织开展“廉洁文化创作周”活动，展出33幅摄影作品，48幅书法作品和4幅绘画作品。2012年，开展“履职尽责保安全，依法治企促发展”主题教育活动。电厂职工自编自导自演廉政小品《局长家的保姆》，获得职工好评。2013年，开展“一书一片”廉洁从业学习教育活动、“履职尽责保安全，依法治企促发展”主题教育活动。组织中层干部、重要岗位人员开展专题廉政教育，建立“廉洁教育活动室”。党员干部撰写廉政体会文章和论文45篇。发挥新源公司“反腐倡廉网”的作用，全年共发表173篇宣传报道。出版《中国水电站》廉政专刊。2013年，厂长、党委书记结合“依法治企、加强作风建设”、“加强干部作风建设、促进企业健康发展”给全体中层干部上党课，全体培训人员观看廉政警示教育片。2014年，组织干部员工学习党风廉政警示读本《警钟声声》。2015年，向新源公司反腐倡廉网站投稿100余篇，完善厂廉洁文化网站的信息数据。发放《习近平用典》《保持反腐倡廉高压态势不放松》《微腐败警示录》等书籍，在中层干部和支部开展廉政知识考试和问答活动。在重大节假日前，向中层以上领导干部发送廉政提醒短信。按照“廉政谈话记录本”有关要求，分级分层认真开展干部任前提醒、诫勉谈话。在反腐倡廉主题月活动期间将“警示教育”、“廉政风险大家谈、深入查”、“廉政安全交底”等工作落到实处，签署廉政承诺书 96 份、廉政交底责任状 96 份。

【巩固纪检工作成效】 2009年，在中国文化管理学会组织的企业文化理论与实践双峰论坛中，新安江电厂获得“廉洁文化建设十强企业”称号。2010年，在国家电网公司效能监察优秀成果评选中，新安江水力发电厂报送的《新安江电厂强化规范制度管理效能监察》获得国家电网自主立项三等奖。在国家电网公司“学制度、促廉洁、保发展”主题教育活动中，新安江水力发电厂多项工作获得国家电网公司的表彰。新安江水力发电厂报送的廉政小小说获得文学作品二等奖3篇、三等奖3篇。2011年，厂纪委和监察部首次同年荣获“浙江省纪检监察先进工作者”和“浙江省纪检监察先进组织”荣誉。2012年，电厂自主立项的《规范集体企业管理效能监察》获得了新源公司优秀项目二等奖。2013年，电厂再次荣获“浙江省纪检监察先进工作者”和“浙江省纪检监察先进组织”荣誉。电厂自主立项的《强化依法治企效能监察》获得了“新源公司优秀项目”二等奖。党委书记和厂长的理论文章分获浙江省属企业中心组成员理论文章一、二等奖。《中国水电站》杂志出版厂效能监察和廉政理论文章专刊，选编发表近50篇研讨论文。新安江水力发电厂被浙江省纪委等部门联合命名为“浙江省廉洁文化进企业示范点”。《新安江水力发电厂加强“防汛、防台、反恐”确保大坝安全效能监察》项目获得了“新源公司自主优秀项目”三等奖。2014年，纪检监察人员撰写的6篇论文在《中国水电站》《国家电网》《首席文化官》《科学发展 铸就辉煌》等杂志和书刊出版、收录。纪检监察组织及人员被建德市预防职务犯罪工作领导小组授予“建德市预防职务犯罪工作先进集体”和“建德市预防职务犯罪工作先进个人标兵”称号。与地方检察院合作拍摄的廉政微电影《坝》，荣获“浙江省检察系统公益微电影”一等奖，并在全国检察系统公益微电影评比中获得佳绩，在深圳第二届微电影节上摘获了“最佳影片奖”，在长春电影制片厂故事片评选中获得“最佳故事片”二等奖，2015年，在第四届浙江企业文化建设大会上获“浙江省诚信微电影和诚信故事”一等奖。厂监察部人员荣获“浙江省直属机关优秀党务工作者”荣誉称号。厂年度党风廉政建设责任制执行情况评价历年来均为“优秀”。

【促进企业提升管理效益】 2007年，厂纪检监察部门组织参加各类工程项目招投标监督和合同洽谈等50余人次，协同其他职能部门促进增收节支18.07万元。2008年，组织开展贯彻落实“七个不准”专项工作，按要求做好学习宣传、自查自纠、监督检查总结阶段工作。2008年，纪检监察部门参与华东水电机组检修实训基地土建工程、老职工安置房、河床7-16溢流坝段基础固结灌浆、电站大桥桥墩水下加固、新安江大坝健康症断综合分析方法开发等大宗工程项目招投标监督和合同洽谈等90余人次，累计会签经济合同256份。2009年，纪检监察人员参与各项合同洽谈和监督330余项，促进增收节支70.06万元。2011年，调整厂党风廉政建设领导小组和厂党风廉政建设工作小组成员。2012年，按照公司2013-2017年惩防体系建设工作规划要求，结合ERP和标准化建设，针对集体决策、工程建设、资金运作等重点领域，抓住风险识别、评估、监测、控制等关键环节，进一步完善长效机制建设。组织开展“依法治企”风险源点排查及相关工作，提出58项危险源点和73条措施。2013年，认真贯彻中央“八项规定”精神，贯彻落实改进工作作风国家电网30条和新源公司28条及厂制订的25条具体措施，针对“公务接待、公务用车、公务出差”等专门制订15条内控举措。2014年，认真组织开展党的群众路线教育实践活动，开展批评与自我批评，做好“三项对照”和“三个重点”的落实，聚焦反对“四风”。2015年，开展围绕重大决策、财务管理、招标管理和物资采购管理、落实八项规定等方面的依法治企自查自纠工作。对照“三严三实”，自查发现问题10个，分别制定整改措施，全部整改完毕。

【效能监察】 根据华东电网党组［2006］27号文件精神及公司统一部署，2006年，制定《新安江水电厂开展商业贿赂专项治理工作的实施方案》，查找关于合同管理、招投标管理、财务资金管理、设备物资的采购和管理、主多关联交易等方面共60多个问题或问题苗子，并严格落实整改措施。确定《新安江水力发电厂中层履行岗位职责的行政监察》和《有关工程垫资款的回收情况督促监察》效能监察为立项，加强对回收工作的监督检查，确保215.16万元的资金到账。2007年，修订《新安江水电厂效能监察工作实施细则》，组织实施年度立项《督促垫资工程应收款催讨》效能监察项目，继续加强不良资产管理和处置的效能监察，同时进一步规范废旧物资处置流程，实施现场监督。积极督促实施垫资工程应收款催讨效能监察工作，其中科龙项目当年已收回47.1万元。2008年，组织开展对中层干部执行力的监督检查，提出工作方案。组织开展“讲党性、重品行、做表率”主题教育活动，收集意见建议68条并逐项抓整改。组织实施《设备反措及人身反措计划项目实施情况》、《一号机A级大修工程》效能监察立项，纪检监察部门协同其他部门促进增收节支27.39万元，回笼废旧物资处理资金40.4万元，回收不良资产122万元。2009年，开展成本管理效能监察工作，在全厂范围内开展成本管理自查自检。在全厂范围内开展廉政安全危险源（点）风险排查、“反违章”调查，认真查纠存在的“危险源（点）”和“违章”问题。制订开展干部执行力建设效能监察，下达5份效能监察建议书，开展11个问题落实整改工作，协助分管领导下达100份干部执行力建设效能监察任务单，取得了较大的管理、经济和社会效益，共避免经济损失9.12万元，节资175.83 万元，增收502.835万元。2011年，确定“强化规范企业项目实施过程中的安全管理、合同管理、项目外委管理效能监察实施方案”的自主立项效能监察项目。同时，严格履行经济合同会审制度，会签各类经济合同257份，合同金额9457万元，累计促进增收节支62.97万元。2012年，制订实施“企业项目实施过程中的安全管理、合同管理、项目外委管理效能监察”“主多分开、规范集体企业管理效能监察”“三重一大”决策制度执行情况效能监察等三项自主立项效能监察项目。同时，利用协同监督工作平台，开展车辆清理整顿工作。2013年，开展1次“依法治企”情况自查，2次“依法治企”情况专项检查，对检查中涉及的11个部门的45个问题，监察部下达了19份“效能监察建议书”，针对发现的问题逐一给出了监察建议，效能监察办公室在协同办公系统中制发了72条“督查督办”业务，新制定规章制度9项，修订制度42项，废止制度84项，在管理、经济、社会、廉洁等方面取得了较好的成效。2014年，制定《新安江水力发电厂加强防汛、防台、反恐确保大坝安全》效能监察项目，围绕确保大坝安全，提高该厂防汛、防台、反恐能力开展效能监察工作，狠抓制度完善和落实，查漏补缺，强化规范管理，严格监督管理，开展1次防汛、防台、反恐情况自查，2次专项检查，下达9份“效能监察”建议书。通过优化调度水库，提高机组运行效率，成效显著，促使汛期节水增发电2.28亿千瓦时，增加经济收益1727万元。2015年，实施《加强水库调度管理增进地方与企业利益共赢效能监察实施方案》，多部门配合解决汛期厂内安全生产和水库调度工作，共同修编《防汛工作手册》和多项制度预案，增加经济效益1911万元。积极开展厂多经企业对外投资的欠款清欠工作，至2015年年底已追回1200余万元，基本消除了一个长期困扰的廉政安全隐患。

【协同监督】 根据新源公司工作部署，完善惩防体系制度建设。提高制度的科学性和执行力，完善内控机制，筑牢“以制度管权，按制度办事，靠制度管人”的规章制度防线。加强检查、考核和惩治力度，把廉政学习、培训、考试制度纳入党风廉政建设责任制考核体系，加强对相关个人和责任部门的考核。2011年，成立厂廉政风险防控机制建设领导小组和厂监督工作委员会，按照工作要求，定期召开监督工作委员会联席会议。2012年，制订厂协同监督工作手册，认真落实监督管理标准，抓好非招标项目的监督。2013年，修编完善《协同监督工作手册》，以“一本手册”“五项措施”为载体，进一步完善工作规则，细化监督事项，明确监督任务，构建覆盖全面的协同监督机制。按照“一书两报告”工作制度，全年共发出协同监督整改意见书19份，收到协同监督整改报告19份，提出监察建议45条，协同监督情况报告4份。协助新源公司完成了《协同监督工作手册》（常规水电）的编制工作。2014年，认真开展协同监督工作，全年共计下达33份整改意见书，努力完善各职能部门交流、解决问题和困难的协调平台工作机制。2015年，组织召开4次协同监督委员会联席会议，充分发挥职能部门监督作用，把“落实‘八项规定’‘四风’问题整改、依法治企问题整改、执行三重一大情况、效能监察和招标”作为协同监督重点监督内容进行研究，对全年发现的9个问题，分别下达了4份整改意见书，督促落实整改。

【建章立制】 2007年，修订《新安江电厂效能监察工作实施细则》《新安江电厂党风廉政监督员实施办法》《新安江电厂党风廉政建设责任制检查考核办法》《新安江电厂党政班子成员党风廉政建设责任分工规定》等制度。2008年，制定《中层干部管理规定》《中层后备干部管理办法》等管理规定和制度。加强对多经公司的工作指导，组织多经公司修编重点项目、重点工程的廉政安全管理办法等制度。2009年，重修工程项目和废旧物资管理相关制度，制订《干部执行力建设检查考核管理办法》《物资采购供货商管理办法》等制度。2010年，重修《招标采购监督管理制度》。2011年，制订《惩治和预防腐败体系本部部门责任分解》《集体企业监督管理办法（试行）》，修编《厂废旧物资处置管理办法》《厂公务车IC加油卡使用管理规定》和《供货商管理办法》。2012年，修订新安江电厂关于贯彻落实“三重一大”管理标准的实施细则。2013年，修订《新安江水力发电厂干部员工在业务交往中收受礼品的登记上交、处理办法》《新安江电厂党风监督员管理办法》等制度。2014年，制定《新安江电厂厉行节约反对浪费实施办法》《新安江电厂经费管理制度》《新安江电厂会议管理制度》等。2015年，制定《新安江电厂廉政风险防控手册》《新安江电厂公务、生产服务用车管理执行手册》等管理制度。

【信访案件处理】 加强信访举报处理和案件管理工作。重视做好企业内外反映的问题和上级转办的函件处理，逐一做好调查、核实、回复处理工作。在信访案件查办过程中，始终坚持“惩前毖后、治病救人”的方针，以保证党员干部清正廉洁，实现队伍和谐稳定。2006—

2011年，纪委共收到信访举报11件（次），信访件初核率、办结率均为100%。2012年，收到来信1件，经取证调查，将问题情况及时上报，办结率100%。2013年，收到信访案件2起，调查核实相关情况，及时进行答复并妥善处理。2014年，接待并办结来信来访4件次，责成相关人员进行处理，办结率100%。2015年，收到来信2件，经调查取证核实，均妥善处理完毕。按照新源公司要求，中层及以上干部每年统一及时填报“个人重大事项报告”，未发现领导班子成员利用职务之便为自己的子女亲属经商办企业提供方便等违反“七项要求”的情况。2011年1月30日，厂内一名员工因诽谤罪触犯《中华人民共和国刑法》，被判处管制一年零六个月，经厂党委批准，决定给予其开除党籍处分。

【检企共建】 2009年起，电厂与建德市人民检察院每年开展“检企共建”活动，建立“检企共建”工作联席会议制度，制定年度“检企共建”活动工作方案。双方共同组织开展预防宣传教育，建立重大工程项目信息抄告制度。在法律框架下，双方加强在涉及电厂人员和工程项目中的案件调查协作。利用检察院的教育预防平台，开展检察咨询，组织2场职务预防犯罪讲课。纪检监察部门协助分管领导召开廉洁从业座谈会。2010年，开展“学制度、促廉洁、保发展”活动。电厂与建德市检察院举办廉洁文化图片展，将“廉政时评”、《说廉》《静思集》《清风新电》《清韵集》等书刊进行汇编，通过检察院平台与地方部委办局和企事业单位进行交流学习。2011年，参加杭州市检察院13个区县市内部监督工作交流会。2013年，邀请建德市检察院胡明副检察长就“预防职务性犯罪”开展廉政警示教育。2014年，创新“检企共建”活动形式，丰富活动内容，就双方共同设立“检察联络室”进行研究部署，明确“检察联络室”职责。厂领导班子与建德市检察院班子成员共同召开检企共建联席会。厂组织中层以上领导干部旁听对当地城建公司有关领导利用手中权力渎职贪污案件的庭审。2015年，建德市检察院与厂共同设立的“检察联络室”揭牌启用，标志着厂与地方检察院的“检企共建”活动进一步向常效、规范、实效化迈进，“检察联络室”被浙江省高检作为模板向全省检察系统推广。

【加强纪检监察工作交流】 2006年—2010年，参加华东电网公司每半年组织召开的纪检监察工作交流会，分析工作，重点解决突出问题。2012年，组织召开华东片水电厂纪检工作交流会。2013年，参加华东片水电厂风险防控工作交流会。承办浙江省直单位纪检监察工作第八片组会议，省直机关纪工委领导进行工作指导，17家单位近40人参加会议，各单位重点围绕落实中央“八项规定”、廉洁风险防控等工作，交流纪检监察工作经验和反腐倡廉工作思路。2014年，参加公司召开的群众路线教育实践活动现场部署会，确保实践活动落到实处，取得实效。2015年，公司检查组来厂检查工作，结合具体案例，给全厂党员干部讲廉政党课，使党员干部认清形势，廉洁自律。浙江省14家检察院领导到厂考察“检察联络室”建设情况，经过交流进一步完善相关工作举措。

·新闻宣传·

【概况】 2006年5月前由党委宣传科主管，设科长1人，宣传、理论干事各1人。2006年6月厂机构改革，宣传科、党委办公室、团委合并调整为思想政治工作部，设主任1人，党务、宣传、青年工作主管各1人。2013年8月实施“三定”方案，思想政治工作部岗位调整，设主任1人，宣传管理2人，组织、人武管理各1人。各党支部设宣传委员1人。

宣传思想工作形式，有新闻网、宣传橱窗、宣传画册、书画图片展览等，每年召开宣传思想工作年会，总结和落实新闻宣传工作，评选优秀稿件、表彰先进，开展新闻宣传写作培训。党组织系统和行政、工会系统各级组织，在抓企业安全生产和经营效益的同时，抓好精神文明建设和企业文化建设，大力开展宣传思想工作，宣传报道列入班组定升级考核工作。

【宣传成果】 2008年8月，编撰完成《企业安全文化手册》，广泛开展《手册》宣传，营造企业安全文化浓厚氛围。2010年4月编撰印刷《薪火相传 再创辉煌》纪念新安江水电站发电50周年画册，栏目设置包括：电厂概貌、建设工地、领导关怀、企业管理、安全生产、科技进步、增容改造、企业文化、职工生活、综合效益。2011年3月完成厂新闻网改版，新版“新电新闻网”在栏目设置、文章搜索、图片展示、照片传递、稿件统计、信息交流等方面功能更趋完善。2011年4月新安江电厂成建制划转至新源公司后，厂新闻宣传工作列入新源公司综合对标考核项目，2012—2014各年度考核名列新源公司系统第二名。

【历年开展的宣传活动】 新闻宣传主题围绕各时期党的中心工作，结合企业实际确定。

2006年，学习宣传国家“十一五”规划，结合纪念中国共产党成立85周年和中国工农红军长征胜利70周年，开展主题宣传活动。3月30日，召开“爱心活动、平安工程”宣传动员大会暨2006年宣传工作会议。5月11日，举行“爱心，平安”主题演讲会。

2007年，以宣传中共十七大精神为主线，立足新电新闻网平台，在中国新闻杭州新闻网建立企业外宣网站，塑造企业形象。4月27日，召开宣传思想工作会议，落实开展和谐文化大讨论、创建和谐企业工作要求。宣传报道工作贴近安全生产、多种经营、技能竞赛、政治学习等，发挥宣传舆论优势。

2008年，强化对外宣传一个平台，抓住开展“两个不匹配”大讨论、庆祝改革开放三十周年、迎奥运征文、综合实施方案等环节，引导宣传骨干全面宣传贯彻厂党政各项部署。

2009年3月至8月，结合参加第二批深入学习实践科学发展观活动，开展主题宣传教育，拓展新闻网站内容，提高网站的可读性、可视性、互动性。宣传引导职工牢固树立社会主义核心价值观，大力弘扬“努力超越、追求卓越”的企业精神。

2010年，以“三个建设”为主线，宣传倡导“企业以员工为本，员工以企业为家”的理念。结合开展“学习年”活动，加强 “讲党性、重品行、作表率” 宣传教育活动。

2011年，开展纪念建党90周年系列宣传活动，编撰出版《最可爱水电人》，宣传厂十大标兵先进事迹。加强宣传创先争优、争创学习型党组织活动，在新闻网开设创先争优、我身边的共产党员等专题栏目，宣传身边闪光点，营造“学习先进、崇尚先进、争当先进”氛围。6月23日，召开厂新闻宣传工作会议，以“三提高、一深化”为抓手，落实新闻宣传重点工作。发电部获厂2011年度新闻宣传先进单位。

2012年，围绕“安全年”活动部署，搭建宣传载体，开展主题活动宣传，营造良好的舆论氛围。4月25日，召开深化“五统一”企业文化暨新闻宣传工作会议，以“一挖加三精”推进新闻宣传工作。加大向国网新源公司投稿力度，及时报道安全生产、防洪度汛、迎峰度夏、国庆和中共十八大召开期间保电等多方面工作动态。2013年，按照新源公司保电宣传要求，完成春节保电、全国“两会”保电、防汛演练、依法治企、国庆和“中共十八大”期间保电等重点工作报道，开展“中国梦 国网情”主题宣传活动，在厂新闻网开设专栏。全年在国家电网公司报纸及网站登稿3篇，在新源公司网站登稿290余篇，检修中心获厂2013年度新闻宣传先进单位。参加新源公司“两会”现场报道，完成系列采访报道，收到新源公司办公室感谢信。

2014年，开展中共十八届三中全会精神、党的群众路线教育主题宣传活动，党政领导班子成员深入班组宣讲。引导职工加快转变思想观念，紧跟新源公司大建设、大发展步伐，正确理解“幸福新源”内涵，加强新闻宣传和舆论引导。年度向新源公司网站、杂志投稿排名保持前列，在新源公司综合对标中受表扬。检修中心获厂2013年度新闻宣传先进单位。完成新源公司“两会”现场报道，收到新源公司办公室感谢信。

2015年，根据中央全面依法治国、从严治党要求，开展建设法治企业、美丽电站和幸福企业宣传教育，开展“三严三实”（严以修身、严以用权、严以律己；谋事要实、创业要实、做人要实）专题教育活动，发挥班组政治宣传员和通讯报道员作用，加强宣传思想工作。厂新闻网开设“每月一星”专栏，宣传职工先进典型事例。

【国家电网报社聘任兼职记者】 2012年6月，政工部潘炼被聘为国家电网报社驻新源公司记者站兼职记者，聘期三年。期间按时、高质量地完成了公司多项约稿任务，其中有新源公司“两会”专题约稿、《国网新源》杂志群众路线教育立行立改栏目约稿、《国网新源》杂志封面图片约稿、公司网站新闻宣传工作约稿、《亮报》读后感专栏约稿等。2014年7月，荣获国家电网报社驻新源公司记者站2013年度优秀通讯员称号。

【开展新闻写作培训活动】 为做好厂新闻报道队伍建设，厂政工部利用每年召开的厂新闻宣传工作会议，结合新源公司对新闻宣传工作的要求，对新闻报道员、新进厂大学生开展新闻稿件写作培训，对上一年的报道进行点评，提出下一年度的要求。2011年9月，邀请国家电网杂志编辑和新源公司新闻专责到厂为宣传报道骨干授课。2012年在国家电网公司报纸及网站登稿5篇，在新源公司网站登稿270余篇，稿件计分排名保持居前，厂新闻网登载职工稿件1600余篇，发电部获厂2012年度新闻宣传先进单位。

【宣传电力赞歌《爱如电》】 从2011年12月起，拨通新安江电厂职工手机，就能听到《爱如电》这首美妙动听彩铃，“我用心，爱如电……”这是一首宣传电业员工不畏艰险，在祖国大江南北架设电力线路，播撒爱心的歌曲。厂新闻网专门发布《爱如电》的歌曲、视频、曲谱，点击率很高，并给职工统一开通《爱如电》手机彩铃。通过“听、响、唱”，《爱如电》广泛传播，使职工感到自豪和肩负的责任。在每年一度的元宵联欢会上，电厂还组织演唱《爱如电》歌曲。

【中央电视台赴电站拍摄《北纬30° 中国行》】 2012年4月4日清明节，CCTV－4《远方的家》栏目组一行，在新安江电站拍摄《北纬30° 中国行》大型纪录片。摄制组先后赴电站展览馆、主厂房、坝顶拍摄，并攀上右岸山顶拍摄电站全景。据《北纬30° 》摄制组孙导介绍，中国北纬30° 从东至西，横跨吴越文化、荆楚文化、巴蜀文化和藏羌文化，集人文和自然景观于一体，该片是CCTV－4继《边疆行》之后，推出拥有150集的大型力作，节目赶在上半年开播。

·文明建设·

【创建全国文明单位】 2006年，新安江电厂在2003年创浙江省文明单位、2005—2006年度创国家电网公司文明单位基础上，开始瞄准创建全国文明单位目标持续努力。经过近6年的积极努力， 2011年7月13日，全国文明单位考核组一行3人到电厂检查，听取厂党政领导汇报后，分成现场查看、问卷访谈、查阅台账三个考核小组，实地专项检查。问卷组改变原定只到生产一线问卷的计划，直赴食堂，对五位炊事员进行问卷访谈：公民基本道德规范是什么？你厂何时成为浙江省文明单位？你对厂创建文明单位有何看法？当看到厂区挂着公民基本道德规范的横幅，问卷上清一色2003年成为省文明单位的答案，以及职工对评选文明职工的积极态度，文明办同志给予了赞许。现场查检组临时抽查了乒乓球室、俱乐部等地，并查看电站展览馆、厂坝区等地。台账组重点抽查创建规划和年度计划、总结，文明建设制度、企业文化建设、职业道德建设、城村共建、爱国主义教育基地建设等。检查组在给予肯定的同时，也指出在文明礼仪等方面的不足。

此次浙江省有30余家省部属企业申报全国文明单位，最终有6家单位当选。2011年12月，中央精神文明建设指导委员会印发《关于表彰第三批全国文明城市（区）、文明村镇、文明单位的决定》（文明委〔2011〕7号），授予新安江电厂“全国文明单位”称号。

【加强组织领导，夯实创建基础】 2006年，厂党政领导班子把创建文明单位工作列入企业重要工作议程。先后制订《2006—2008年巩固深化省级文明单位成果 争创全国文明单位规划》和《2009—2011年创建全国文明单位规划》，以及每年具体创建计划，明确创建目标，确保措施到位、责任落实；年内定期研究、部署各项文明建设工作。2010年，厂精神文明办公室有针对性地查找文明建设中的薄弱环节，在全厂开展“创文明集体、做文明职工、树文明新风”系列活动。重新修订厂《创建文明单位管理办法》，以及《文明单位、文明部室、文明职工考评标准》等规章制度。集中修订和完善党群管理类28项规章制度，建立了较为完善的思想政治工作体系。

【创新思想教育平台，提升职工道德素养】 2002年，全厂开始宣传贯彻《公民道德建设实施纲要》，以加强社会主义核心价值体系教育为抓手，推进群众性宣传教育和部门班组政治学习制度；2002年创建新电新闻网，2004、2011年相继改版，积极探索网络政工新模式。2007年，按照国家电网公司《企业文化手册》和《员工守则》，先后制订各部门（单位）《职业道德准则》，以及厂领导和各部门理念，层层签订文明建设和社会治安综合治理责任制，同年9月，新安江电厂荣获《浙江省职工职业道德建设十佳单位》称号。2011年，推广继电保护班文化园地经验，在全厂各班组设立文化园地，内容包括理念愿景（含国网、新源、本厂价值理念，部门、班组、个人承诺愿景），班组成员简介、风采、荣誉等。2008年起，结合年度厂级先进集体和个人的表彰，每年组织召开全厂职工元宵联欢表彰大会，形成传统特色文化；同年，健全厂文联组织，先后成立有6个文协（书画、摄影、文学、艺术团、集邮、DIY手工制作社）。2009年，设10个体协（羽毛球、乒乓球、气排球、篮球、棋牌类、钓鱼、太极拳、瑜伽、健身操、国标舞），组织职工活跃体育活动；至2015年，增至11个体协，将瑜珈、健身操、国标舞、排舞、广场舞合并为健身舞，增加健步走、网球、游泳协会。2011年，全厂开展评选建厂以来“最可爱水电人--十大标兵”活动，发掘本企业五十多年间文明建设的杰出代表。全厂职工包括全体离退休职工踊跃参加评选活动，通过三上三下，评选出全厂“最可爱水电人--十大标兵”。通过组织演讲，编印书籍展板，摄制电视专题片和在厂庆祝中国共产党成立90周年大会进行表彰，广泛宣传十大标兵事迹。

【加强企业文化建设，提升企业品牌形象】 2010年，加强企业文化精品工程、落地工程和评价工程建设，以厂庆50周年活动为契机，弘扬企业优良传统，加强优秀企业文化建设，先后出版企业《站志》《画册》《职工文集》《优秀科技成果论文集》等，组织文艺骨干自编自导自演《光耀天地间》大型文艺演出。以“弘扬‘三自’精神，再创新电辉煌”为目标，激发全厂职工的工作热情和创造力，充分展示企业良好精神风貌，有效地增强企业凝聚力、向心力，弘扬了优秀的企业文化。2009年，新安江电厂被中国文化管理学会评为“廉洁文化建设十强企业”。电厂团委在青年中大力开展“号、岗、手”文明实践活动，发电部三值、继电保护班、协警中队等被命名为“全国青年文明号”，继电保护班被国家电网公司命名为“青年安全生产示范岗”。

2006年，国家旅游局印发《关于批准发布新安江水电站等306家单位为“全国工农业旅游示范点”公告的决定》(〔2006〕92号)。2011年，中共浙江省委办公厅印发《2011—2015年浙江省红色旅游发展规划》的通知，新安江电站正式列入浙江省红色旅游经典景区。以统一环境文化设计、布置，全面落实厂坝区文明生产和环境整治，实现厂区生产与生活分离，全面提升企业整体形象。在1999年投用第一个展览馆基础上，2010年新投用了集图片介绍、视频播放、沙盘展示、荣誉陈列等功能的第二座厂史展览馆。同时作为浙江省党史教育基地、杭州市青少年教育第二课堂等授牌单位，每年接待各地学生等参观人员10余万人。

【开展文明结对，履行央企社会责任】 2005年起，按照浙江省“双万结对，共建文明”活动要求，新安江电厂与建德市洋程村结对，认真履行“新农村，新电力，新服务”的社会责任，2008－2010连续三年承办华东电网“欠发达地区小康行”活动，先后帮助结对村兴建了高山有机茶基地、高山生态养殖基地和里洋水库饮用水工程，并帮助建桥、修路，修建农电、学校等设施；组织企业党团员和职工参与洋程村义务植树、采茶等农村实践活动，安排洋程村党员干部和学生等参加电厂“七一”纪念活动，进行爱国主义教育。同期作为溪坪村结对帮扶组长单位，认真开展“低收入农户奔小康”活动，圆满完成帮扶目标任务。2010年在帮助各地抗震、抗旱、救灾等捐助活动中，发动职工共捐款20.9万余元。2011年6月上旬，当一辆装载20多吨苯酚的槽罐车发生泄漏事故流入新安江的危急时刻，新安江电厂立即启动紧急预案，紧急开启全部发电机组，以最大的发电下泄流量稀释污染河道，有效化解水体污染事故。6月中下旬，在钱塘江流域旱涝急转的关键时刻，以高度的社会责任意识和快速反应能力，先后拦蓄新安江水库流域洪水57亿立方米，科学合理坚持新安江水库在高水位运行条件下，拦蓄洪峰流量达19000立方米/秒的洪峰，为下游顺利错峰，有效保障钱塘江流域安全度汛，得到分管防洪工作的回良玉副总理和浙江省领导的充分肯定。

【继续保持全国文明单位】 新安江电厂继2011年创建全国文明单位后，先后制订实施《2012—2014年文明单位建设规划》和年度工作计划，巩固文明单位创建成果。2015年2月，中央精神文明建设指导委员会办公室印发《关于全国文明城市提名城市（区）和继续保留的全国文明村镇、文明单位名单的通报》（文明办〔2015〕3号），批复新安江电厂继续保持“全国文明单位”称号。

【学习雷锋精神，拓展志愿服务领域】 2012—2014年，厂青年志愿者服务队以学雷锋日、助残日、12·5国际志愿者日“三走进”为契机，开展志愿者广场维修家电活动、志愿者走进社区敬老为老活动；与建德团市委合作开展青年志愿者行动，积极参与社会公益，开展“助力五水共治”环保服务活动，组织志愿者清理乡村垃圾；走进儿童福利院开展送温暖关爱活动；坚持每年开展义务献血，缓解地方人民医院血库用血紧张局面。厂青年文明号集体，担当义务维修家电志愿服务主力军，举行以“岗位建功创一流、文明点亮中国梦”为主题的电站中央控制室汇报演示活动，免费接待高校实习生、中小学生学习参观活动，提高电站“窗口”服务水平。志愿者集体和个人多次被评为浙江省优秀志愿服务单位和个人。

图16-5　2014年6月，拍摄新源公司《爱在山水天地间》MTV

【开展读书学习活动，建设学习型单位】 2013—2014年，新安江电厂当选新源公司党工团共建华东协作组组长单位，组织15家相关单位召开启动大会，建立健全协作组工作机制，学习推广先进典型经验，组织成员单位现场学习观摩绿色基地，开展党工团特色工作业务交流，组织协作组篮球、乒乓球、羽毛球比赛。全厂通过问卷调查，撰写调研论文，将党工团区域共建协作经验，推荐到省直属机关工委。《建立联建联动联系机制、推进党工团区域共建协作》一文，获2014年省部属企事业单位党建调研论文二等奖。党员干部深化对全面建成小康社会和实现民族复兴“中国梦”的认识，深入开展党的群众路线教育实践活动。

【创新道德模范，推进道德经典传诵】 2012年，以建设社会主义核心价值体系为统领，建立健全各部门、各班组践行社会主义核心价值观承诺体系，在生产一线，建立道德讲堂。

学先进。2012年，新安江电厂最可爱水电人十大标兵之一的干慈祥，当选为中共浙江省第十三次党代会代表和入选国网新源公司“感动新源”十大人物行列。2013年，厂先后通过新闻网站视频在线和全厂职工表彰大会，播放干慈祥先进事迹专题录像。

诵经典。2013—2014年，厂先后组织新老党员道德论坛、女工诵经典读书会和全厂职工参加新源道德大讲堂唱歌曲。2011年，全厂在传唱红歌的同时，摄制《祖国有我》员工之歌MV；2014年，组织200多名职工在坝前共同唱响企业文化优秀歌曲，协助新源公司拍摄《爱在山水天地间》MV，获国家电网公司优秀歌曲金奖。同年，新安江电厂和建德市人民检察院共同出品的廉政教育片--微电影《坝》，通过讲述主人公在情、理、法之间纠结和徘徊中，最终坚守住道德底线的跌宕起伏、扣人心弦的故事。该片先后荣获浙江省廉政微电影一等奖和浙江省诚信微电影一等奖，并向全国最高人民检察院推荐。

【倡导文明风尚，做文明有礼浙江人】 2012年，针对全国文明单位检查中，全厂在文明礼仪方面的不足，全厂共举办五期企业文化与文明礼仪全员轮训班，厂党政领导和文明办主任组织讲授中华文化传统和礼仪知识，进行仪表仪容和基本礼仪动作规范演练，组织文明礼仪考试，并举办全体职工"安全年暨企业文化、文明礼仪大赛"，进一步检验全员文明礼仪培训成效，强化员工行为规范。2013年，新安江电厂在中国文明网建立本单位网页，运用微博、QQ 群等多种形式，传播网络文明。2015年，开展"践行核心价值观、争做最美国网人"活动，大力培育"和、敬、谢"文化，工会主席王德强向全厂职工作"三个文化"专题讨讲座。

【履行央企社会责任，坚持城村结对帮扶】 2009—2013年，新安江电厂作为浙江省龙泉市溪坪村结对帮扶组长单位，落实3家扶贫单位每年捐赠帮扶基金各4万元，帮助龙泉溪坪村进行电气化改造和村容村貌整治，落实村基础道路建设、村办集体经济援助和困难家庭慰问帮扶，并先后帮助销售农产品100余万元。2012—2015年，电厂在浙江省"双万结对，共建文明"活动中，深化与洋程村结对共建，帮助结对村发展生态农业，重点扶持高山生态猪禽养殖和促销，资助结对村建成社区服务中心，兴建蓝莓种植基地，组织党团员和职工到村中义务种植蓝莓和采茶。2014年，电厂按照浙江省直属机关工委要求，担任吾丰村结对帮扶组长单位，厂领导带队走村串户、访贫问苦，并与村委进行了深入探讨，确定五年帮扶目标，整合吾丰村得天独厚的旅游业与生态农业资源，发展新型观光休闲农家乐产业，带动吾丰村生产生活条件的改善、村集体经济发展。

【净化美化环境，构建优良企业文化氛围】 2012—2014年，对全厂范围统一整体设计环境文化，规范展示企业文化品牌标识，实现绿化、美化、净化、亮化"四化"工程，全面完成"国家电网"品牌标识标准化整改。2014年，在电站建设旧址新投用新安江水电站展览馆，集合历史和科普概念，增加教育内容。开辟青少年教育第二课堂，每年接待各地学生等参观人员10余万人。2015年，着重加强职工企业文化意识和行为培育，结合检修楼投用，统一实施环境文化布置，规范社会主义核心价值观、各部门承诺、班组文化上墙，弘扬优秀企业文化，打造优美整洁、规范有序、品位高雅的工作环境。

·人民武装工作·

【概况】 新安江电厂人民武装工作（简称人武）受厂党委和建德市人民武装部的双重领导。2006年-2013年，人武部与保卫部合署办公，2013年9月，厂"三定"工作后，人武保卫部撤销，人武工作并入思想政治工作部，设部长（由部门主任兼任）和干事各一人。

根据《杭州市人民防空指挥部关于在重要经济目标单位开展建立人防机构工作的通知》（杭人指[2013]1号）要求，于2013 年11月成立新安江电厂人民防空（简称人防）办公室，人防工作归属厂思想政治工作部人武专职统一管理。

【民兵组织建制】 民兵组织每年整组一次，确定出入转队人员、调配民兵干部，清点武器装备，集结点验民兵，组织建制为基干民兵连。

2006～2007年组建"高炮分队"：与新安江街道和新安化工集团共同组建高炮连，编为"杭州市防空第二团二营第二连"，编制35人；另与新安化工集团、寿昌、大同、李家、大慈岩、航头等镇组建应急分队，编制为“建德市防卫维稳二连”。2008—2009年“高炮分队”建制不变，增建“重要目标警戒分队”，编制29人，编制为“建德市重要目标警戒分队三分队”。为适应信息化条件下作战和市场经济发展要求，围绕“平时能应急、战时能应战”的总体要求，2010—2012年与新安江街道和更楼街道共同组建“新安江电厂警戒分队”，编制50人（其中新安江电厂30人），担负新安江水电站的安全防卫警戒任务。2013—2015年，新安江电厂单独组建“重要目标警戒分队”，编制58人。

表16-3　　2006—2015年新安江电厂基干民兵连干部任职情况表

职务	姓名	任职时间	姓名	任职时间
连长	陆建新 帅以政 许星明 帅以政	2006—2010 2010—2011 2012—2013 2014—	张　慧	2006—
指导员	王乃虎 王德强 余敬基	2006—2009 2010—2013 2014—	杨晓群 宋宏亮	2006—2013 2014—

【电站防空防卫作战演示】 2006年，根据台海紧张局势，为做好军事斗争准备，6月14日，杭州警备区司令员李大清、参谋长张力一行抵新安江电厂，对电站进行地形勘察和现场调研工作，观摩建德市人民武装部在现场所作的“新安江电站防空防卫作战计划”演示，听取电厂情况介绍，对加强新安江电站防空工作作重要部署。

【电站防卫论文获奖】 2006年11月28日，人民保卫部负责人参加杭州警备区、杭州市人防办组织的重要目标防护工作研讨会，由陆建新、张慧撰写的《试论现代战争条件下新安江水电站的防卫》获得二等奖。

【组织“八一”活动】 2007年建军80周年之际，根据中共建德市委、建德市人民武装部的指示，组织人员参加庆“八一”书画、征文大赛，并获得优秀奖。

【北京奥运会期间安保集训】 2008年3月14日，杭州市武警支队首长机关对新安江发电厂在北京奥运会期间的安全保卫工作进行调研。通过整组，3月20日重要目标警戒分队成建制前往建德市民兵训练基地参加点验。4月15日，组织民兵骨干前往建德市民兵训练基地参加轻武器实弹射击。

【撤回高炮和高射机枪】 2008年4月24日，经建德市人民武装部批复，三挺14.5四联高射机枪，作为爱国主义教育参观项目之一，对游客开放参观。2009年6月，原装备新安江电厂的6门65式双37高炮由杭州警备区撤回。2011年8月16日，三挺14.5四联高射机枪由建德市人武部撤回。

【应急队员抗洪抢险】 2008年初夏，建德地区突降暴雨，寿昌江流域发生几十年一遇的洪水，灾情严重。5月28日下午1时许，接到建德市人武部的指示，新安江电厂随即派出11名应急队员赶赴更楼街道参加抗洪抢险，在齐腰深的洪水中连续坚持了5个多小时，及时救助当地受困群众撤离，受到建德市政府领导和市人武部首长的赞扬，抗洪抢险事迹在当地电视台新闻栏目报道。

【重要目标防护演练】 2007年5月17日，由建德市人武部组织，重要目标警戒分队齐装满员，在经济民警中队集结，接受杭州警备区政委的点验。6月12日，抽调重要目标警戒分队班长以上骨干6人，参加为期三天的军事训练。同年，新安江水力电厂人武部获得建德市“先进基层人武部”称号。

2008年8月，代表杭州市重要目标单位，参加浙江省人防工作研讨会，并作“保障新安江水电站安全”的典型发言，介绍新安江电厂安全防范经验。2010年6月1日至2日，浙江省军区预任参谋120人，参加新安江水电站重要目标防护现场作业演练。2012年1月17日，根据杭州市人防办[2012]1号文件精神，对《重要目标防护抢险方案》重新修订，并于6月19日以新电保[2012]74号文件形式上报。5月23日，组织民兵骨干前往建德市民兵训练基地参加轻武器实弹射击。6月2日，浙江省军区预任参谋100多人，参加新安江水电站重要目标防护现场作业演练。

2015年2月，新安江电厂被中共建德市委、市人民武装部授予2014年度“武装工作先进单位”称号。

【省重要经济目标人民防空现场会】 2014年4月21日，浙江省、杭州市人防办到新安江电厂检查和指导人防工作，落实浙江省一级重点经济目标防空部署，听取新安江电厂人防办介绍近期人防工作计划、人防演练总体方案、具体实施步骤等，为该年浙江省重要经济目标经济单位人防工作建设现场会议做好准备。5月22日，经过近两个月的紧张准备，会议如期在新安江电厂召开，省、市人防办有关领导及各重要经济目标单位代表共70余人参加了此次会议。与会代表现场观摩新安江电厂组织开展的电站防空演练，实地察看人防建设情况。

【上级领导调研指导电站防卫】 2014年10月9日，杭州军分区政委雷林，政治部主任等一行，在建德市人武部部长、政委陪同下，到新安江电厂就人武工作和重要经济目标防卫情况进行调研，并实地察看了发电厂房、坝顶及电站警卫部署。2015年5月7日，杭州警备区参谋长赵壮志一行到新安江电厂调研人武和防汛防台工作，建德市人武部部长李广运陪同。杭州警备区要求建德市人武部和新安江电厂要加强军地联合机制，提高复杂情况下的电站防卫、防洪防台、救灾等应急作战能力，确保企业和当地人民生命财产安全。

【慰问烈士遗属】 2014年9月30日，是首个烈士纪念日。厂党委组织有关部门对新安江电厂宣国民、黄安团、徐金钱三位烈士遗属进行了走访慰问活动，为他们送去温暖，献上爱心，并号召全厂职工深切缅怀革命烈士，弘扬烈士精神，继承烈士遗志。

图16-6　2014年4月，实施人民防空演习

【南京战区基层人防建设现场会】 2014年10月10日，南京军区人防办副主任江兆全到新安

江电厂调研人防工程、队伍建设与信息化管理工作，为同年11月南京战区五省一市人防工作会议做好前期准备。鉴于新安江水电站的人民防空历史，战略地位重要性，以及电站人防建设工作成效，南京军区确定将新安江水电站被列为该次会议现场观摩单位。11月28日，“南京战区基层人防规范化建设现场会”在新安江电厂召开，国家人防办副主任柳庆森、南京军区副参谋长兰政，以及战区所属6省（市）及计划单列市以上的人防办主要负责人，共50余位代表与会。国网新源公司总经理林铭山要求认真做好准备工作，全面展示国网新源公司的良好形象，并派公司副总工程师曹新民赴现场参会。

与会代表亲临现场观摩电厂开展的人防演练。随着总指挥钱建明一声令下，专业人防队伍70余人迅速集结，模拟战时电站受攻击，开展人员疏散、电站警戒防卫、设备抢修等演练科目。与会代表高度评价新安江电厂在基层人防规范化建设上的成就，柳庆森、兰政勉励新安江电厂继续加强军事斗争准备，切实履行央企社会责任，为国防建设做出新的贡献。12月19日，新源公司下发督办通知，要求公司系统总结推广新安江电厂人防工作经验。

【公司推进人民防空工作】 2015年4月23日，国网新源公司安全质量部在新安江电厂召开人民防空工作讨论会，来自5家常规水电厂和4家抽水蓄能公司的相关负责人，结合新安江电厂人民防空工作经验，集思广益，探讨由新安江电厂负责起草的《国网新源控股有限公司关于推进人民防空工作指导意见（讨论稿）》，讨论会由公司安质部高国庆主持。7月7日，国网新源控股有限公司印发《国网新源控股有限公司关于推进人民防空工作的指导意见》（新源安监[2015]196号）。

【防空防灾警报试鸣】 为增强全民国防观念和防空防灾意识，提高全社会防灾减灾和应急避险能力，促进防空防灾一体化建设，根据《浙江省防空防灾警报试鸣制度》的规定，自2009年起，新安江电厂于每年5月12日进行防空防灾音响警报试鸣工作。

·新安江水力发电厂工会委员会·

【概况】 新安江水力发电厂工会委员会在上级工会的指导下，在厂党委的领导和厂行政的支持下，围绕企业中心工作，认真履行工会职能，努力在创新工作方法上动脑筋，在关心与服务职工上花力气，在提高职工素质上下功夫，配合厂行政抓好企业安全生产、经营管理、企业文化建设、职工生活等方面工作，充分发挥工会的桥梁纽带作用，团结动员广大职工为企业的改革、发展和稳定做出贡献。2009年被浙江省人民政府授予“浙江省模范集体”称号，2014年维护分场自动化班被全国总工会授予“全国工人先锋号”称号。

【厂十一届七次职代会】 2006年1月11日在紫金宾馆多功能厅召开新安江电厂十一届七次职工代表大会，听取审议新安江电厂组织机构设置方案报告，并对方案进行分组讨论，提出对方案的修改建议与意见。

【厂十一届八次职代会暨十三届四次工代会】 2006年2月23日—24日在紫金宾馆多功能厅召开新安江电厂十一届八次职工代表大会暨十三届四次工会会员代表大会。会议听取审议厂长工作报告、审议并决定新安江水力发电厂福利费预决算报告（2006年计划与2005年决算）、听取并审议新安江水力发电厂2005年业务接待费使用情况报告，听取厂级领导述职、述廉报告及民主评议、测评厂级领导和中层管理人员，听取并审议厂工会工作报告，听取审议厂工会财务工作报告。

【厂十二届一次职代会暨十四届一次工代会】 2007年2月8—9日在紫金宾馆多功能厅召开新安江电厂十二届一次职工代表大会。会议听取并审议厂长工作报告、审议决定新安江水力发电厂福利费预决算报告（2007年计划与2006年决算）、听取并审议新安江水力发电厂2006 年业务接待费使用情况报告，听取厂级领导述职述廉报告及民主评议、测评中层以上干部。

2007年8月9日，在紫金宾馆多功能厅召开新安江电厂工会第十四次会员代表大会，会议主要议程为：审议批准新安江水力发电厂工会工作报告、审议批准新安江水力发电厂工会财务工作报告、选举产生新安江水力发电厂工会第十四届委员会、选举产生新安江水力发电厂工会第十四届经费审查委员会。陈学珍被选举为厂工会第十四届委员会主席、李琦为副主席；白俊星、李琦、陈华、陈文盛、陈学珍、陈益明、陆晓敏、姜鑫良、程万里、董根土、管淳、潘建华、薛涌等13人组成新安江水力发电厂工会第十四届委员会，白俊星、赵品文、潘建华等3人组成新安江水力发电厂工会第十四届经费审查委员会，潘建华为经费审查委员会主任。

【厂十二届二次职代会暨十四届二次工代会】 2008年1月29—30日，在紫金宾馆多功能厅召开新安江电厂十二届二次职工代表大会暨十四届二次工会会员代表大会。大会听取并审议厂长2007年度工作报告，听取并审议新安江水力发电厂福利费预决算报告，听取并审议新安江水力发电厂2007度业务接待费使用情况报告，听取厂级领导人述职述廉报告及民主评议、测评中层以上干部，听取并审议厂工会2007年工作报告，听取审议厂工会2007年经费收支情况报告，听取审议2007年工会经费审查报告，审议通过《华东电网有限公司新安江水力发电厂职工代表大会实施细则》，签订“四项责任”书。

【厂十二届三次职代会暨十四届三次工代会】 2009年2月10—11日，在紫金宾馆多功能厅召开新安江电厂十二届三次职工代表大会暨十四届三次工会会员代表大会。大会听取并审议厂长工作报告，听取并审议新安江水力发电厂福利费预决算报告，听取审议新安江水力发电厂2008度业务接待费使用情况报告，听取厂级领导述职述廉报告及民主评议、测评中层以上干部，听取并审议厂工会2008年工作报告，审议厂工会2008年经费收支情况报告，听取并审议2008年工会经费审查报告，签订“四项责任”书。

【厂十二届四次职代会暨十四届四次工代会】 2010年1月27—28日，在紫金宾馆多功能厅召开新安江电厂十二届四次职工代表大会暨十四届四次工会会员代表大会。大会听取并审议厂长工作报告，听取并审议新安江水力发电厂福利费预决算报告，听取并审议新安江水力发电厂2009度业务接待费使用情况报告，听取厂级领导人述职述廉报告及民主评议、测评中层以上干部，听取并审议厂工会2009年工作报告，审议厂工会2009年经费收支情况报告，听取并审议2009年工会经费审查报告，签订“四项责任”书。

【厂十二届五次职代会暨十四届五次工代会】 2011年1月20—21日，在紫金宾馆多功能厅召开新安江电厂十二届五次职工代表大会暨十四届五次工会会员代表大会。大会听取并审议厂长工作报告，听取并审议新安江水力发电厂福利费预决算报告，听取并审议新安江水力发电厂2010度业务接待费使用情况报告，听取厂级领导人述职述廉报告及民主评议、测评中层以上干部，听取并审议厂工会2010年工作报告，审议厂工会2010年经费收支情况报告，听取并审议2010年工会经费审查报告，推荐新安江水力发电厂后备中层干部，签订“四项责任”书。

【厂十二届六次职代会】 2011年11月25日，在紫金宾馆多功能厅召开新安江水力发电厂十二届六次职工代表大会。主要议程：审议通过《新安江水力发电厂奖酬分配管理办法》，大会以举手表决的方式通过《新安江水力发电厂奖酬分配管理办法》。

【厂十二届七次职代会暨十四届六次工代会】 2012年1月16—17日，在紫金宾馆多功能厅召开新安江电厂十二届七次职工代表大会暨十四届六次工会会员代表大会。大会听取并审议厂长工作报告，听取并审议新安江水力发电厂福利费预决算报告，听取并审议新安江水力发电厂2011度业务接待费使用情况报告，听取厂级领导人述职述廉报告及民主评议、测评中层以上干部，听取并审议厂工会2011年工作报告，听取并审议厂工会2011年经费收支情况报告，听取并审议2011年工会经费审查报告，签订“四项责任”书。

【厂十三届一次职代会暨十五届一次工代会】 2013年1月24—25日，在紫金宾馆多功能厅召开新安江电厂十三届一次职工代表大会暨十五届一次工会会员代表大会。大会听取并审议厂长工作报告，听取并审议新安江水力发电厂福利费预决算报告，听取并审议新安江水力发电厂2012度业务接待费使用情况报告，听取厂级领导人述职述廉报告及民主评议、测评中层以上干部，听取审议厂工会2012年工作报告，审议厂工会2012年经费收支情况报告，听取并审议2012年工会经费审查报告、推荐中层后备干部，新安江水力发电厂集体合同签订，签订“四项责任”书。

【厂十三届二次职代会暨十五届二次工代会】 2014年1月23—24日，在紫金宾馆多功能厅召开新安江电厂十三届二次职工代表大会暨十五届二次工会会员代表大会。大会听取并审议厂长工作报告，听取并审议新安江水力发电厂福利费预决算报告，听取并审议新安江水力发电厂2013度业务接待费使用情况报告，听取厂级领导恩述职述廉报告及民主评议、测评中层以上干部，听取并审议厂工会2013年工作报告，听取并审议厂工会2013年经费收支情况报告，听取并审议2013年工会经费审查报告，签订“四项责任”书。

【厂工会第十五届会员代表大会】 2014年10月23日，在紫金宾馆多功能厅召开新安江水力发电厂工会第十五届会员代表大会。大会审议并批准新安江水力发电厂工会第十四届委员会工作报告，审议并批准新安江水力发电厂工会第十四届委员会经费收支情况报告和经费审查委员会工作报告，选举产生新安江水力发电厂工会第十五届委员会（由王德强、方塘基、苏文博、周烨炜、赵品文、胡军、姜鑫良、唐远涛、唐剑、董根土、程万里、程红漫、管淳等十三人组成），选举产生新安江水力发电厂工会第十五届经费审查委员会（由尹六燕、赵品文、贺跃等三人组成）。王德强被选举为新安江水力发电厂工会第十五届委员会主席、赵品文被选举为新安江水力发电厂工会第十五届经费审查委员会主任。

【厂十三届一次职代会暨十五届一次工代会】 2015年2月3—4日，在紫金宾馆多功能厅召开新安江电厂十三届一次职工代表大会暨十五届一次工会会员代表大会。大会听取并审议厂长工作报告，听取并审议新安江水力发电厂福利费预决算报告，听取并审议新安江水力发电厂2014度业务接待费使用情况报告，听取厂级领导述职述廉报告及民主评议、测评中层以上干部，审议新源公司职工代表述职报告、评议测评公司职工代表述职工作，审议决定新安江电厂集体合同并签订集体合同，听取并审议厂工会2014年工作报告，审议厂工会2014年经费收支情况报告，听取并审议2014年工会经费审查报告，听取并审议2014年职工代表大会提案情况报告，职工代表大会质量评估测评，签订“四项责任”书。

【合理化建议征集】 新安江电厂重视职工合理化建议，2011年在厂工会园地网站开通“合理化建议”平台征集，并取得一些实效。2015年 7月1日，厂工会组织开展新源公司“建议直通车”平台使用开展培训，在全厂范围推进“建议直通车”，部署开展“专项合理化建议月”活动。

【公司召开厂务公开现场推进会】 2013年9月24日，国网新源公司厂务公开现场推进会暨工会干部培训班在新安江电厂开班，公司各单位工会干部近80人参加会议。培训班对新源公司发展战略、国家电网公司员工奖惩规定、工会组织建设和民主管理、工会领导的方法与艺术、建设和弘扬统一的企业文化、职工心理健康与调适等组织授课。新安江电厂在会上作厂务公开工作典型经验介绍，泰山公司、天荒坪公司、宜兴公司分别作会议交流发言，与会人员现场观摩新安江电厂部门、班组厂务公开情况。

【召开厂务公开工作会议】 2014年7月16日，新安江电厂组织召开厂务公开年中工作会议。厂务公开领导小组、实施小组、监督小组成员共35人参加会议。领导小组组长钱建明厂长主持会议。会上，工会主席王德强从组织机构、公开内容、公开形式和工作监督四方面，简要通报2014年厂务公开的工作情况，部署下一阶段厂务公开民主管理工作任务。

2015年4月17日，新安江电厂组织召开2015年厂务公开联席会议。厂务公开领导小组、各部门主任、厂务公开办公室成员共25人参加会议。党委书记刘俊勇主持会议。会上，厂务公开办公室组织学习新源公司《厂务公开工作手册（常规水电）》，强调工作流程、建议、整改及问责等制度，进一步明确了公司对厂务公开工作的统一要求。 厂长钱建明指出，各部门要分解落实工作任务，做到厂务、部务、班组三级执行到位；结合新形势新常态，既要做到厂务公开规定内容、形式和范围的公开，也要确保临时事项的及时公开；要根据群众需求，创新方式方法，深化、细化合理化建议平台，促进厂务公开。党委书记刘俊勇强调，要在新源公司工作手册的指导下，全面开展好厂务公开工作。要制定印发年度厂务公开计划表，明确公开内容、责任部门和公开形式，公开工会园地网站，推进全厂职工参与学习、理解和监督。会议讨论通过了《2015年厂务公开工作计划》。

【配件厂厂务公开促进廉政】 2008年1月8日，配件厂组成专门工作小组，处理一批废旧材料。本次有建德市金箭炉料回收公司、寿昌物资回收部和更楼永元废品回收经营部3家单位参加竞标。经过工作小组的认真评标，一致认为建德市金箭炉料回收公司的价格较为合理，同意该单位中标。

【厂务公开工作成果】 2014年4月，《新源杂志》管理专栏刊登新安江电厂余敬基发表的《以“12345”法推进厂务公开工作》。

【华东起重技能竞赛获优】 2006年9月，在华东电网有限公司组织开展的起重操作、技能竞赛中，新安江电厂代表队分获团体第一，个人第一、二、四名;在水电运行专业技能竞赛中，分获团体第一、个人第一、四、五名的优异成绩，充分展示新安江电厂职工队伍 “拉得出，打得响”，具有过硬本领。

【华东工会组织竞赛活动】 2008年11月，新安江电厂组织参加华东电力工委组织的上海市经济工作系统 “党的十七大精神班组知识” 竞赛，初赛取得了第一、二、三名。决赛中新安江电厂发电部获得第一名。

2009年6月，华东电力工委和公司安全监察部在新安江电厂联合举办“安全伴我行”主题演讲比赛，新安江电厂职工饶源在比赛中获得一等奖，并作为华东公司唯一入选代表参加上海市总工会举办的“安全伴我行”演讲决赛，喜获二等奖。

【组织“三学三比”、“三节约”竞赛活动】 2009年厂工会根据华东电网公司的要求，围绕企业安全生产、经营管理、难点工作，扎实有效地组织开展“三学三比”(学技术、学管理、学先进，比观念、比实效、比贡献)、“三节约”为主题的劳动竞赛活动。各分工会结合本单位实际积极组织开展各项劳动竞赛，发电部开展优秀巡检能手竞赛、举办运行倒闸操作技能比武；综合服务公司、物资公司组织开展厨艺竞赛，并选拔人员参加华东电网公司竞赛；物资公司组织EIS技能竞赛；检修部开展电焊焊接比武，设备部开展设备巡检能手比赛；生产经营分工会开展了计算机技能大赛；党群保卫分工会组织协警开展军事技能竞赛等。

【班组安全管理成果PPT展示活动】 2013—2014年，连续两年组织开展班组安全管理成果PPT展示活动，全厂19个班组参赛，评出一等奖3名、二等奖5名、三等奖10名。运行一值、发电机班、继电保护班推荐上报国网新源公司、省直属机关部属企事业参赛班组安全管理成果PPT展示活动。其中，发电机班、运行一值获新源公司班组管理PPT成果展示二等奖。

2015年3月，厂工会在全厂19个班组中继续组织开展班组安全管理成果PPT展示竞赛活动，并评出一等奖1名、二等奖2名、三等奖3名。

【安康杯竞赛活动】 2008年11月28日，省直属企业工会考核考评小组莅临新安江电厂，考核检查新安江电厂工会重点工作目标、维权工作和“安康杯”竞赛活动开展情况。

2010年6月，检修部自动化班在2009年由中华全国总工会和国家安全生产监督管理总局在全国企事业单位开展的以“科学发展抓预防，预防为主重教育”为主题的“安康杯”竞赛活动中，被授予2009年度全国“安康杯”竞赛优胜企业（单位）光荣称号。

2012年10月23日，浙江省直属企业工会吴育杭主任一行抵新安江电厂，将中华全国总工会、国家安全生产管理总局联合颁发的“全国‘安康杯’竞赛优胜单位”奖牌和荣誉证书授予新安江电厂。是新安江电厂继2010年度浙江省“安康杯”竞赛优胜企业、2011年度浙江省“十一五”社会主义劳动竞赛先进集体后，获得的又一项劳动竞赛殊荣。

2013年，在浙江省省部属企业工会班组建设暨创建“工人先锋号”经验交流会上，新安江电厂被授予“浙江省‘安康杯’竞赛优胜单位”奖牌。2014年6月，厂工会组织职工开展公共安全健康知识普及竞赛活动。2015年开展职工新“安全生产法”知识普及竞赛活动。

2015年，新安江电厂被中华全国总工会和国家安全生产监督管理总局授予2014年度全国“安康杯”竞赛优胜单位荣誉称号，这是继荣获2012年度、2013年度浙江省“安康杯”竞赛优胜（示范）单位称号的又一次殊荣。

【获“全国工人先锋号”】 2014年4月底，维护分场自动化班被中华全国总工会授予“全国工人先锋号”班组集体最高荣誉称号，是浙江省部属企事业单位此次唯一获得该称号集体。6月13日，由浙江省总工会巡视员、省部属企事业工会主席率队，到厂为维护分场自动化班颁发“全国工人先锋号”“浙江省‘安康杯’竞赛活动示范单位”奖牌，并宣读表彰文件。

【大型水电厂劳动竞赛】 2006—2015年，新安江电厂连续十一年被中国能源化学工会授予“全国大型水电厂（站）劳动竞赛先进单位”荣誉称号。

【获上级公司“工人先锋号”】 2008年12月，新安江电厂检修部、发电部、保卫（人武）部被华东电力工委授予2008年度“工人先锋号”称号。2013年4月1日，继电保护班获“国网新源有限公司工人先锋号”优秀班组称号；4月28日，在浙江省“五一”劳动模范表彰大会上，新安江电厂自动化班被浙江省总工会授予“工人先锋号”荣誉称号。2015年1月19日，运行分场值班一值获“国网新源控股有限公司先进班组（工人先锋号）”称号。

【全厂班组建制变化】 2006年，全厂机构改革后，班组总数为28个。2013年，“三定”工作后，全厂班组总数为22个，其中一线班组19个，后勤班组3个。2015年4月，维护分场和检修中心陆续搬迁至检修楼，两分场10个班组的办公环境和硬件、软件条件得以改观。

【荣获“全国优秀质量管理小组”称号】 2010年9月18日至21日，由国家质检总局、工业和信息化部、中国质量协会、全国总工会、共青团中央、中国科协、全国妇联联合举办的全国第三十二次质量管理小组代表大会在西安召开。会上新安江电厂发电机班QC小组被授予“全国优秀质量管理小组”。

2012年9月24日，新安江电厂水轮机班QC（质量管理）小组成果《提高泄洪门机抓梁起吊一次穿轴成功率》在全国第三十四次质量管理大会上获表彰，该QC小组被中国质量协会、中华全国总工会、中华全国妇女联合会、中国科学技术协会联合授予“全国优秀质量管理小组”称号。

2013年9月，新安江电厂水轮机班QC小组再次获得“全国优秀质量管理小组”称号。这是新安江电厂连续第八年获得国家级优秀质量管理成果奖项。

【荣获“全国质量信得过班组”称号】 2012年12月11日，中国质量协会、工业和信息化部、国家质量检验检疫总局、全国总工会、全国妇联、中国科协联合授予新安江电厂自动化班组“全国质量信得过班组”荣誉证书。

2013年6月20日，水轮机班QC小组荣获人力资源和社会保障部优秀质量管理小组一等奖，发电部值班一值QC小组被人力资源和社会保障部授予“质量信得过班组”称号。

2014年6月22日，人力资源和社会保障部在银川市举办全国第二十二届优秀质量管理成果发布会，检修中心发电机班QC小组的《推力轴承受力调整工具研究》荣获劳动部QC成果发布一等奖，并被推荐参加中国质量协会举办的“全国优秀质量管理小组”评审，维护分场电气试验班被评为劳动部“质量信得过班组”荣誉称号。

【年度QC成果发布】 2011年4月，新安江电厂召开QC成果发布会，厂生产一线的19个

QC 小组展示科技成果，80 余名技术工人参加发布交流会。

2012 年 3 月 28 日，新安江电厂组织开展 QC 成果发布活动，展示基层班组在设备技改、运行管理、缺陷处理等方面的专题研究成果，为设备稳定和安全生产提供技术支持。

2013 年 3 月 27—29 日，浙江省质量协会组织召开“2012 年度浙江省电力行业优秀质量管理小组成果发布”，检修部继电保护班 QC 成果荣获一等奖，发电部值班一值 QC 成果、检修部水工综合班 QC 成果、设备部水工班 QC 成果分别荣获二等奖。4 月 1 日，从浙江省电力行业 2012 年度优秀质量管理成果发布会上传来喜讯，新安江电厂多项 QC 成果获评优秀质量管理成果奖。4 月 8 日，在紫金宾馆多功能厅举行 2013 年 QC 成果发布会，19 位参赛者代表本班做 QC 成果发布。

2014 年 4 月 16—17 日，新安江电厂举办 2014 年 QC 成果发布会，16 个 QC 小组发布各自成果。5 月 19—23 日，新安江电厂参加全国水利行业优秀 QC 小组活动成果发布，值班五值 QC 小组《缩短新入职员工当班所需时间》荣获本次发布会 QC 成果一等奖、检修中心水工检修班 QC 小组《降低新安江大坝 85 廊道渗漏量》荣获本次发布会 QC 成果三等奖，维护分场自动化班和运行分场值班一值被评为全国水利行业质量信得过班组。

2015 年 4 月 21 日，新安江电厂举办 2015 年 QC 成果发布会，共 16 个 QC 小组发布了活动成果。

【劳动保护监督检查委员会】 2008 年 9 月 17 日，为维护员工在劳动过程中的安全和健康，根据《中华人民共和国工会法》《中华人民共和国劳动法》和国家劳动安全卫生法律法规的有关规定，成立新安江电厂工会劳动保护监督检查委员会。主任陈学珍，副主任管淳、程万里，委员：龚志刚、马宏、干慈祥、陈文盛、李靖华、刘建国、张培志、王奇淳。委员会将根据全国总工会要求，认真做好本单位工会劳动保护工作，并依法落实相关维权责任。

2014 年 3 月 31 日，为了确保工会劳动保护的长效机制，根据人员变动较大的情况，厂工会调整新安江电厂工会劳动保护监督检查委员会。主任王德强，副主任管淳、程万里，委员：孙戈平、周剑、徐尉、徐建新、薛涌、方塘基、张志伟、竺新平。委员会的主要工作为：对劳动保护监督检查员的培训、保证劳动保护工作的有序开展、对基层劳动保护工作情况进行监督检查。同时配合安全生产，将劳动保护工作落到实处。

【女职工委员会】 2014 年 10 月 23 日，召开新一届工会委员会第一次全体会议，同时产生女职工委员会提名推荐名单，并一致通过由尹惠怡、江哲文、苏文博、吴敏君、汪晓玫、张凤兰、赵带娣、唐剑、程红漫、楚霖松等 10 人（按姓氏笔画为序）组成女职工委员会，选举苏文博为新安江水力发电厂工会第十五届女职工委员会主任，2014 年 11 月 3 日经浙江省部属企事业工会批复同意。

【女职工维权活动持续开展】 2007 年 11 月 5 日，首次签订《新安江水力发电厂女职工权益保护专项集体合同》。2007 年 9 月，第一次为全厂在职女职工购买《平安女性安康团体重大疾病保险》；截至 2015 年 6 月，已连续购买了 7 年。2008 年 9 月，在集体合同续订后，及时组织各分工会女职工开展《专项合同》的学习活动，通过活动增强了女职工们依法维权的意识。2012 年 7 月，《女职工劳动保护特别规定》正式颁布实施后，及时在全厂女职工中开展学习《女职工劳动保护特别规定》的活动，历时三个月，整个活动分为学习领会、效果检查两个阶段。2013 年 3 月，启用“女职工‘五期’特别保护提示单”，此项创新举措受到上级工会女职工组织的高度肯定，并在省部属企事业工会女职工维权工作现场经验交流会上作了重点推广。5 月组织全厂女职工及部分有关管理人员参加全国总工会开展的《女职工劳动保护特别规定》知识竞赛活动，226 名女职工和 37 名有关领导人、分工主席参加了竞赛，厂女职工委员会被浙江省部属企事业工会女职工委员会授予优秀组织奖。积极向有关部门反映，加大女职工“两癌”筛查的力度，经过各方协调，在 2014 年的女职工妇科专项检查中增加 HPV 人头乳头状病毒检查，为及早发现妇科癌症创造了条件。2014 年 12 月，在全厂育龄妇女中进行生育情况和哺乳场所的调查，通过调查，使女职工委员会及时准确地了解育龄女职工的需求，为更好维护女职工“四期”特殊权益提供了可靠依据。

【元旦春节送温暖】 2006—2015 年元旦、春节前后，厂工会组织开展“两节”送温暖活动，对困难职工家庭、遗属实行困难补助，补助金额 500～3000 元不等。

【建立职工爱心基金】 2008 年 8 月，“新安江水电厂职工互助补充保险基金会”更名为“新安江水电厂职工爱心互助基金会”，并颁布实施《新安江水电厂职工爱心互助基金会办法》。新办法在原有基础上调整补助金额、扩大补助范围（大病补助取消原来按病种类型予以补助的原则，修改为根据职工住院医药费自费部分金额的额度予以补助）；改变缴费形式（会员缴纳会费由原来的一次性改为每年缴纳）。2013 年 5 月，重新修订《新安江水电厂职工爱心互助基金管理办法》，更名为《新安江电厂职工爱心互助基金管理实施细则》，本次修订主要增加职工大病重病补助条款，调整了职工非供养直系亲属死亡的补助金额。2014 年 12 月，再次修订《新安江电厂职工爱心互助基金管理实施细则》，修订的主要内容是增加补助范围、调整补助金额。

【办理职工互助保障和保险】 2014 年 9 月，为全厂男职工购买《职工安康互助保险》；同年 11 月，为全厂职工办理“浙江省省级产业工会职工医疗互助保障协会”入会事项，并完成会员年费收缴。

·共青团新安江水力发电厂委员会·

【概况】 2011年4月22日，新安江电厂成建制划转至国网新源水电有限公司，厂团委由华东电网有限公司新安江水力发电厂团委更名为国网新源水电有限公司新安江水力发电厂团委。2011年至2013年，厂团委发扬优良传统，以加强团的建设、完成企业各个阶段中心任务为重点，结合全厂生产工作、社会活动和共青团特点，从实际出发，积极带领全厂团员青年开展团的活动，充分发挥团组织生力军和突击队作用。先后获全国大型水电厂青年工作先进单位，华东电网公司、新源公司五四红旗团委，省志愿服务优秀集体，国家电网公司五四红旗团委创建单位。

【团的组织】 共青团新安江水力发电厂委员会设团委书记（兼职）1 人，团委副书记 1 人（不脱产）。自2006年6月厂党委设立思想政治工作部至2013年“三定”工作前，团委办公室撤销，思想政治工作部设青工主管1人。2006年年初全厂团员总数为103人，分设为8个支部。至2015年6月，设团支部5个，有团员51人。

【团支部调整设置和改选换届】 2006年—2011年4月，厂团委分设团支部，下辖6个支部，设置为检修、发电设备、厂部、实业总公司、综合公司、经济民警中队团支部。2008年，按照华东电网公司团委指示，千岛湖培训中心团支部有关工作挂靠新安江电厂团委。2011年4月，换届的团支部为5个：发电设备团支部、检修团支部、机关团支部、经警团支部、实业综合团支部。支委会由3至5人组成，其中发电设备团支部由尹熙任书记；检修团支部由孙正任书记；实业综合团支部由金超任书记；经警团支部由赖华林任书记；机关团支部由董媛任书记。同期厂团委为超龄离团青年发放纪念品并致慰问信。

2012年9月，全厂团支部调整至4个，设置为检修、发电设备、机关、综合团支部。2013年全厂“三定”工作后，团支部调整为5个（运行、维护、检修、机关、综合团支部）。各支委会均由3人组成，其中运行团支部由何小龙任书记；维护团支部由孙正任书记；检修团支部由张帆任书记；综合团支部由赖华林任书记；机关团支部由陈海涛任书记。

【共青团新安江水力发电厂第十四次代表大会】 2007年7月10日，共青团新安江水力发电厂第十四次代表大会在紫金宾馆多功能厅隆重举行。33名团员代表参加会议，全厂各党支部书记、党群各部门应邀列席会议。共青团浙江省委青工部部长朱巧湘、华东电网公司直属团委书记潘志刚、建德团市委书记周扬、厂党政领导刘俊勇、钱建明、程超美、陈学珍出席会议并做重要讲话。会议听取并审议通过刘双华《做时代先锋 创青春伟业 在新安江电厂唱响和谐企业主旋律的实践中谱写新篇章》的厂第十三届委员会工作报告。大会选举产生共青团新安江水力发电厂第十四届委员会组成人员，名单如下（按姓氏笔画排序）：杨俊、苏文博、余敬基、陈晓华、金超、胡军、潘炼。报经共青团浙江省委批准，余敬基任书记、苏文博任副书记。

【共青团新安江水力发电厂第十五次代表大会】 2012年10月30—31日，共青团新安江水力发电厂第十五次代表大会隆重举行，全厂37名团员代表参加会议。共青团浙江省委副书记王征到会指导，厂领导钱建明、刘俊勇、程超美、陈学珍及共青团建德市委书记金鹏飞等出席会议，厂各党支部书记、党群部门负责人等列席会议。国网新源公司团委、全国大型水电厂青年工作学组、长江三峡电力公司团委等多家单位向大会发来贺信。会议听取并审议通过余敬基代表厂第十四届团委所作的《创新进取建功业 勇挑重担献青春 为企业“十二五”科学发展而努力奋斗》工作报告。大会选举产生共青团新安江水力发电厂第十五届委员会组成人员，名单如下（按姓氏笔画排序）：王蕾、尹

图16-7 2012年共青团新安江电厂第十五次代表会议合影

熙、孙正、苏文博、金孟、赖华林、潘炼。报经共青团浙江省委批准，苏文博任书记、孙正任副书记。

【出席团省委第十三次代表大会】 2011年8月，推荐产生共青团浙江省第十三次代表大会代表候选人苏文博，经厂推荐、共青团浙江省委考察、审批等系列程序，苏文博光荣当选为共青团浙江省第十三次代表大会代表。

【召开全国大型水电厂青年工作学组会议】 2006年9月22日—26日，全国大型水电厂青年工作学组第十九届年会暨团支部工作经验交流会在新安江水力发电厂召开。新安江电厂团委被全国大型水电厂青年工作学组评为青年工作先进单位。

【“冬日阳光”送温暖、献爱心活动】 2006年1月20日，厂团委、全国青年文明号继电保护班带着企业党组织的关怀、团组织的关心与帮助，深入到企业有特殊困难的青年家庭，慰问综合公司2户特困青年职工家庭，送上被子、食用油等慰问品以及慰问金。是月21日，厂团委组织青年志愿者献爱心活动，走访“团村共建”单位建德市大洋镇向阳村，慰问农村贫困户。

【为肿瘤患儿捐款】 2006年6月，厂团委从建德新闻网得知“梅城四岁肿瘤患儿呼唤社会救助”的求助信息，号召全厂团员青年伸出爱心之手，救助这个重病孩子的家庭。全厂青年纷纷响应，以实际行动为挽救孩子幼小的生命献出一份爱心。

【给农村困难家庭送关爱】 2007年新年伊始，厂团委积极组织“青春光明行--冬日阳光”团员青年青春温暖行动。在得知建德市大同镇朝阳村三胞胎家庭因经济困难生活陷入困境的消息后，全厂团员主动开展爱心募捐活动，纷纷奉献爱心，共捐款3725元。

【踊跃缴纳抗震救灾“特殊团费”】 2008年6月， 全厂132名青年职工参加抗震救灾“特殊团费”、希望基金募捐活动。代表全厂团员青年支援灾区心愿的“特殊团费”共计12220元汇至团中央指定账户。

【捐助罗桐社区聋哑大学生】 2008年8月，由厂团委牵头，检修团支部发起，组织开展为聋哑大学助学捐款，全厂共61名团员参加捐款。是月18日，检修团支部代表全厂团员青年向考取浙江师范大学的建德市新安江街道罗桐社区聋哑大学生黄炜彬送去了助学金和生活用品。

【开展“青春光明行”主题日活动】 2009年4月25日，厂团委按照华东电网公司的统一部署，组织团员青年志愿者服务队一行15人，到新安江街道罗桐社区开展“青春光明行”活动。第一分队为居民免费修理小家电服务，第二分队走访慰问困难户3户，送出慰问品、慰问金共计900元。

【爱心助学贫困大学生】 2010年 8月初，厂团委收到来自浙江大学结对助学大学生寄来的感谢信。此信源自电厂团员青年于去年捐助一品学兼优的大学贫困生。是月5日，厂团委再次爱心资助这位贫困学生，为她送上助学金2000元，以及就学所需生活用品等。

【开展“我们正青春”共建社区活动】 2012年5月21日，新安江电厂组织团员青年志愿者10余人至新安江文化广场开展“我们正青春”志愿服务活动，主要服务内容是小家电维修。6月20日晚，电厂团员青年参加罗桐社区“我们的生活充满阳光文艺晚会”，表演了歌伴舞联唱《我们正青春》，共庆中国共产党91周年诞辰。

2012年12月5日上午，电厂青年志愿者服务队参加建德市12·5国际志愿者日暨社区为老人志愿服务活动，为广大市民提供免费维修小家电服务。

【开展“学雷锋”志愿服务活动】 2013年4月，厂团委利用周末业余时间，组织青年志愿者分批到建德市儿童福利院，开展献爱心关爱活动。每年3月5日，青年志愿者前往街道社区，开展“学雷锋”志愿服务活动，活动主要内容有小家电义务维修、处理电脑缺陷和咨询服务。

【参加 “五水共治”环保志愿活动】 2014年1月25日，新安江电厂组织团员青年参加建德团市委开展的“五水共治”青年突击队、志愿服务活动，服务范围在320国道沿线和附近河道处。

【志愿者推动网络文明传播】 厂文明办公室组建网络文明传播志愿者小组，在中国文明网建立本单位户头，运用博客、微博、QQ群等多种形式，参与网络文明传播，助力全国文明单位复查验收工作。

【创建“青年文明号”】 2006年3月5日，厂团委组织厂各青年文明号、青年安全生产示范岗单位部分人员走上街头、走进社区，开展形式多样的服务活动。 2007年和2008年，运行三值、经济民警中队、继电保护班被继续认定为全国青年文明号；观测班被继续认定为浙江省青年文明号；自动化班获2008—2010年度“全国青年文明号创建单位”。

2009年，按照全国青年文明号新采用的年度评选制，根据华东电网公司团委要求，推荐继电保护班为全国青年文明号，并经团省委核批后报送华东公司参加评选。检修部自动化班被新命名为浙江省青年文明号。

2011年12月，自动化班被命名为“2010年度浙江省青年文明号”。2012年3月，自动化班被命名为“2011年度中央企业青年文明号”。2013年7月，中央控制室集体被命名为“2012年度浙江省青年文明号”。

【“青年安全生产示范岗”】 2006年，厂团委以“号”“岗”“手”活动为载体，开展“青春光明行--冬日阳光”“青年优质服务日”活动，“青年安全生产示范岗”集体安全工作责任制落实到位，签订安全生产承包责任书。

2006年，继电保护班被继续认定为国家级“青年安全生产示范岗”；机械水机班、水工观测班被继续认定为华东电网公司系统“青年安全生产示范岗”；运行三值、水库调度、监控班被认定为厂级“青年安全生产示范岗”。

2007年，继电保护班被继续认定为国家级“青年安全生产示范岗”；发电部三值、检修部水轮机班、监控班、实业总公司经营部等被认定为华东电网公司系统“青年安全生产示范岗”。

2008年，继电保护班、水轮机班、自动化班、实业总公司财务部、发电部三值被继续认定为华东电网有限公司系统“青年安全生产示范岗”。

2009年，自动化班获“浙江省青年安全生产示范岗”称号。

【与洋程村携手义务植树】 2008年，深化团村共建活动，植树节组织青年志愿者赴新安江电厂帮扶结对村建德市梅城镇洋程村，帮助该村在白茶基地栽种桂花树600余株，为村民维修家电、提供健康检查；参加建德市“志愿服务直通车三走进”活动。

2012年3月14日，经厂思想政治工作部和团委精心准备，厂50多名党员干部、青年团员等在党委书记刘俊勇、纪委书记程超美的带领下，到结对共建村——梅城镇洋程村海拔300多米的洋程山上，开展“义务种植果苗，共建绿色家园”活动。

【举办“相约新电 青春做伴”青年联谊会】 2013年5月28日，由新安江电厂工会、团委主办的“相约新电 青春做伴”青年联谊会在紫金宾馆多功能厅举行。电厂与地方检察院、部分机关单位的30余名单身青年欢聚一堂，厂纪委书记程超美、工会主席陈学珍到场助阵。

图16-8　2007年5月，与中共建德市委共同举办纪念建团85周年暨迎奥运新老团干部接力跑运动

【参加团建德市委火红五月演出活动】 2006年5月25日参加“火红五月 青春旋律--青年风采展示大会”。厂思政部主任帅以政、厂团委副书记余敬基率队，团委委员及50名团员青年代表参加演出活动。

【参加团建德市委接力跑活动】 2007年5月10日，为纪念中国共产主义青年团建团85周年，迎接2008年北京奥林匹克运动会，在新安江电厂团委与建德团市委等部门的精心筹备下，纪念建团85周年暨迎奥运新老团干部接力跑活动在新安江电站紫金滩隆重举行，来自建德市、新安江电厂的领导及历届团干部、建德市各条战线的团员青年近800人参加接力跑活动。

【被授予“杭州市少先队校外争章基地”】 2007年 10月，新安江电厂被共青团杭州市委、杭州市教育局、杭州市少工委授予“杭州市少先队校外争章基地”。

【参加“青年文体节”】 2008年，组织青年选手参加华东电网公司“青年文体节”，参赛队获团体第一名；组织青年代表社区参加建德市全民健身运动会获团体第二名；与厂工会配合，组织新进厂大学生才艺展示舞台表演。

【开展“奥运主题征文”】 开展“高举团旗跟党走，青春建功促发展”主题教育活动，团员青年4篇奥运征文获国家电网杯“同一个世界 同一个梦想”全球华人迎奥运征文活动纪念奖，1篇征文、4条口号撰写入选华东公司青年迎奥运征文、口号征集。

【被授予“杭州市青少年学生第二课堂活动基地”】 2009年6月25日，杭州市精神文明办公室向新安江电厂颁发由杭州市精神文明建设委员会授予的“青少年活动基地”牌匾，新安江水电站被列入杭州市青少年学生第二课堂活动基地。

【华东公司团委到厂开展青工安全教育现场会】 2010年 4月14日下午，华东电网公司团委书记潘永刚到厂，在检修部继电保护班主持召开青年职工安全教育现场会，特邀上海电力系统知名专家孙照宇讲课。继电保护班、自动化班等职工参加现场会。

【为超龄离团青年发放纪念品并致慰问信】 2011年4月，厂团委为78名超龄离团青年赠送纪念品及慰问信。

【开展纪念建党90周年党史党建知识竞赛】 2011年5月，厂团委举行“纪念中国共产党成立90周年党史党建”知识竞赛，引导广大团员青年增进对党史党建知识的了解。

【举行“央企在浙江，反哺社会情”民生服务活动】 2011年6月20日，新安江电厂在建德城区新安江广场举行“央企在浙江，反哺社会情”民生服务活动。活动内容主要包括图片展、宣传片放映、市民免费参观新安江水电站、便民服务等8个方面。

【举行团员青年座谈会】 2010年 11月，厂团委组织团员青年座谈会。邀请厂青年志愿者张帆介绍分享作为世博志愿者为中国上海2010年世界博览会服务的经历。

2011年9月7日，连续第五年举办厂级领导人与近年进厂的大学生中秋座谈会。厂党委书记刘俊勇、工会主席陈学珍、2006—2010年进厂大学生以及团委、工会相关人员参加座谈会。旨在缓解外地籍单身大学生员工的思乡情绪，是企业“家文化”理念的具体体现。

2014年9月4日，举行新进厂大学生员工中秋座谈会。厂党委书记刘俊勇、工会主席王德强以及人力资源部、工会、团委相关人员与2012—2014年进厂大学生欢聚一堂，共庆佳节，畅谈体会。会议组织观看励志青春微电影《圆梦大山》。

【开展“中国梦·国网情”主题教育活动】 2013年4月26日，厂团委开展“传承中国梦　弘扬正能量”迎五四活动，组织全厂团员来到爱国主义教育基地--建德市大洋镇“双童”烈士纪念馆参观学习，瞻仰烈士陵园，祭奠爱国英雄。5月，组织开展“传承中国梦”主题团日活动，并结合厂部“中国梦”主题征文工作要求，团员青年积极撰写心得体会文章，抒发各自心中的“中国梦·国网情”。

【开展新源公司党工团共建华东协作组活动】 2013年8月20日，国网新源公司华东片区党、工、团共建区域协作组启动会在新安江电厂召开。来自华东四省14家单位的党委书记、工会主席、团委书记及思想政治工作部门负责人参加会议。2014年8月，组织完成党工团共建华东协作组青年员工思想动态调查分析报告。

【举行新员工元宵座谈会】 2014年2月13日元宵前夕，新安江电厂举行新员工元宵座谈会。经营副厂长余金芳、工会主席王德强参会指导并送上祝福。2015年3月4日元宵节前夕，召开新员工元宵节座谈会。会议学习宣传国网新源公司《关于建设“美丽电站、幸福新源”的意见》精神，厂党委书记刘俊勇、工会主席王德强参会并送上节日祝福。

图16-9　2014年5月，厂“五四”青年节活动

【开展“奋斗的青春最美丽”五四主题活动】 2014年5月4日至5日，厂团委开展“奋斗的青春最美丽”五四主题活动，邀厂党委书记刘俊勇为团员青年上团课，引导广大青年团员快乐工作，在教育实践活动中积极以优秀党员为标杆，加强学习、努力工作。团员青年在经济民警驻地开展丰富多彩的活动，包括以篮球竞技为内容的“奋勇争先”、以团队接力滚铁环为内容的“春种秋收”、以集体配合跳大绳为内容的“同心跨越”、以竞赛包饺子为内容的“齐心协力”等项目。

【开展五四青春毅行活动】 2015年5月4日上午，组织厂团员、青年志愿者等，参加由建德团市委、市体育局、市“五水共治”办公室联合举办的“保护母亲河 青春在行动”五四青春毅行活动，旨在倡导生态文明理念，引导文明健康生活方式，宣传“五水共治”。当日下午，厂团委还组织参观杭州橡胶厂下涯分厂轮胎生产流水线，增强岗位敬业奉献意识，激励大家为建设“美丽电站，幸福新源”贡献力量。

多种经营
Diversified Economy

·新安江水力发电厂实业总公司·

【概况】 1993年，按照中国电力企业联合会《关于加强电力系统多种经营工作的几点意见》精神，逐步实现检修与运行分离，生产与生活分离，妥善安置富余人员为目标，成立“新安江水力发电厂实业总公司（以下称实业总公司）”，统管全厂多种经营其[中包括新安江水力发电厂综合服务公司（以下简称综合服务公司]。到2005年年底，经清理整顿重组，保留企业17家。

2000年，在电力系统深化改革的大背景下，新安江水力发电厂对实业总公司和综合服务公司实行“两母体”管理，综合服务公司从实业总公司划出单独设立。实业总公司为新安江水力发电厂下设二级管理机构，实行总经理负责制。先后设立综合管理部、经营管理部、工程管理部、安全生产部、审计部等部门。公司注册资本由当初成立时100万元，到2015年为2000万元（2002年增资1700万元，2013年增资200万元）。公司主要从事电力设备承装、承修、承试、送变电工程，室内室外设施维修维护，水工观测、水工灌浆工程，销售机电设备、建筑材料、金属材料、办公设备、电子计算机及配件，提供电力、测绘、起重、园林绿化技术服务和劳务服务等业务。

公司拥有一支长期从事水电机组和输变电工程安装检修的专业队伍，从缺陷处理、小修、施工用电运行维护、一般性大修、扩大性大修，逐步发展到水轮发电机组整机改造性大修，从对新安江水电站的维护管理到承揽江、浙、闵、徽、沪等省市重点电站的机组检修改造、变电站的扩（新）建及电站建筑物灌浆维护工程；拥有成套先进的安装、检修和维护的工具设备，具备独立承揽220千伏及以下各类变电站施工工程的能力。

公司长期以来承担着新安江水电站、天荒坪抽水蓄能电站、宜兴抽水蓄能电站、湖北白莲河抽水蓄能电站、浙江桐柏抽水蓄能电站等单位的水工建筑物观测、维护工作，具有丰富的大坝安全监测自动化系统管理经验，完成了大量的工程安全监测工作。

根据国家电网体改〔2010〕950号《关于深入开展主多分开工作的意见精神、国网体改〔2010〕1575号关于加快推进主多分开工作有关事项的通知》和国网体改综〔2011〕4号《关于制订和报送地（市）县层面主多分开实施方案》的通知精神，结合新安江电厂实际，在“三清理一规范”、 “五分开”、资产整合工作的基础上，于2010年9月开展主业与多种经营分开工作。厂部成立深入开展“主多”分开工作领导小组和工作小组，厂长任领导小组组长，党委书记和经营副厂长任副组长。工作小组组长由经营副厂长担任，成员为各有关职能部门的负责人及多种经营公司负责人。

为顺利推进“主多”分开工作，厂部还与各下属部室负责人、支部书记签订《主多分开工作责任书》；制定“主多”分开工作宣传贯彻方案，并多次在各类会议上宣贯国家电网公司、国网新源公司“主多”分开资产处置的相关精神，对离退休老同志、集体所有制职工还专门组织宣贯，统一思想，确保队伍稳定。

根据国家电网公司批准的主多分开多经资产处置方案，编制实施细化计划，各项工作分解落实到具体时间要求，各岗位环节工作人员按照实施计划各司其职，如期完成各阶段相关工作，

2005年以来，实业总公司设有党总支部1个，下辖公司机关、车队、装饰、生活卫生等4个党支部。设分工会1个，与厂经济民警合并成立团支部1个。2006年，由于厂机构改革，部门调整，厂党委对公司党总支部下辖党支部重新设置，成立公司本部党支部和物资后勤党支部。2007年4月，公司党总支部和公司本部党支部、物资后勤党支部分别进行换届改选。并在公司党总支部委员会中设副书记1人。2008年7月，公司党总支部为加强在外部工地党员的管理，经党委组织人事部同意，成立公司宜兴项目部临时党支部。2009年4月，支部委员会届满到期，公司党总支部和公司本部党支部、物资后勤党支部分别进行换届改选。2011年4月，由于部门调整，机构设置变化，厂党委决定不再设立实业总公司党总支部，成立实业公司党支部，并按期进行选举。党、工、团的正常活动随厂部统一安排，参与厂扶贫结对工作。

【公司领导更迭】 2006年，新安江水力发电厂实业总公司领导班子，由徐戈扬任总经理兼任党总支书记，黄开琪、贾泽民、陈建国任副总经理。5月，何国兴任副总经理，7月，黄开琪因年龄到届担任协理员。2007年4月，在公司党总支部委员会中设副书记1人，由许星明担任。

2008年9月新安江电厂对实业总公司领导班子进行调整，何国兴任总经理兼任党总支部书记，王乃虎、唐远涛任副总经理。徐戈扬、贾泽民、陈建国因年龄到届担任协理员。2009年4月至2010年6月何少云任总工程师。2009年12月至2013年2月白俊星任总会计师。

2011年4月，由于部门调整，机构设置变化，新安江电厂党委决定不再设立实业总公司党总支部，成立实业公司党支部，许星明任党支部书记。12月唐远涛调离实业总公司，郭亚峰任副总经理；张海峰任总工程师，李琦任党支部书记，许星明因年龄到届担任协理员。2011年12月至2014年4月，楼世红任总经济师。

2013年3月，新安江电厂对实业总公司领导班子进行调整，杨晓群任总经理，何国兴、王乃虎因年龄到届担任协理员。8月，王晓宏任副总经理，9月，王晓宏兼任党支部书记。2014年2月，郭亚峰因年龄到届担任协理员。

【公司注册注销企业情况】 实业总公司先后注册成立杭州新安江电力工程有限公司（职工持股）、浙江乾华实业投资有限公司（职工持股）、杭州紫金电力实业有限公司、兰溪紫金电力检修公司、杭州千山一水饮用水有限公司、建德市紫金水利水电工程有限公司、建德市紫金建筑装饰工程公司等分（子）公司，与他方合营投资设立杭州华东电力投资经营有限公司、安徽万宇房地产开发公司，参股上海华东电力消防工程有限公司、浙江八达股份有限公司等。2011年，杭州新安江电力工程有限公司更名为杭州同安电力工程有限公司。

2008年，根据国家电网公司“三清理一规范”和“五分开”的要求，建德市紫金水利水电工程有限公司、建德市紫金建筑装饰工程公司清算关闭。2008年12月，新安江电厂对副处级及以上领导人进行股权清退。

2012年5月，普通员工减持股份，杭州紫金电力实业有限公司、兰溪紫金电力检修公司清算关闭，杭州千山一水饮用水有限公司对外

转让。2012年7月，将持有杭州华东电力投资经营有限公司股份转让给上海华东电力发展公司。8月全体职工退出持有的杭州同安电力工程有限公司所有股份，并根据国家电网公司批复，新安江水力发电厂实业总公司收购，纳入集体企业的范畴。2012年9月底，全面完成“主多”分开多经资产处置任务。

表 17-1　　2006—2015 年实业总公司注册注销企业情况表

序号	企业名称	注册时间	注册资本（万元）	企业登记类型	行业分类	存续情况
1	新安江水力发电厂实业总公司	1993.5	1800	集体	批发零售业	存续
2	杭州千山一水饮用水有限公司	1999.7	200	有限责任公司	瓶（罐）装饮用水	2013.8.8 对外转让
3	兰溪市紫金水电检修公司	1999.12	120	有限责任公司	服务业	2012.5.22 注销
4	杭州新安江电力工程有限公司	2000.1	5000	有限责任公司	建筑业	2013.6.7 注销
5	杭州新安江电力工程有限公司紫金起重机械检修分公司	2000.1	分公司	其他有限责任公司	通用设备制造业	2007.7.3 注销
6	杭州华东电力投资经营有限公司	2000.8	4000	有限责任公司	投资与资产管理	2013.4.3 注销
7	建德市紫金水利水电有限公司	2001.12	100	有限责任公司	建筑业	2007.11.12 注销
8	建德市紫金水利水电有限公司紫金机电安装分公司	2001.12	分公司	其他有限责任公司	提供施工设备服务	2007.7.3 注销
9	建德市紫金装饰工程有限公司	2001.12	100	有限责任公司	建筑业	2007.11.12 注销
10	杭州紫金电力实业有限公司	2002.10	1500	有限责任公司	服务业	2012.6.14 注销
11	浙江乾华实业投资有限公司	2005.9	4200	有限责任公司	建筑业	2014.6.30 后转让

【资质管理】 为适应市场开发和企业自身提高素质的需要，实业总公司注重资质管理，专人负责资质管理，申报所需的相关资质，组织各类人员参加相关资质的考试，2005—2015年取得相关资质15项，2010年10月27日获得 ISO 14001环境体系认证，2010年11月11日获得 BS－OHSAS 18001职业健康安全管理体系认证。是浙江省工商企业信用 AA 级单位，浙江省纳税信用等级 AAA 级单位。

表 17-2　　实业总公司 2006—2015 年资质情况一览表

序号	资质类型	资质等级	取得时间	年审情况	备注
1	建筑业企业施工资质：主项-送变电工程（证书编号：B3492033018201）	专业承包三级	2002-04-05	无需年审	2017年01月01日后执行新标准
2	建筑业企业施工资质：增项-水工建筑物基础处理工程（证书编号：B3492033018201）	专业承包三级	2015-01-13	2020-01-12	
3	承装（修、试）电力设施许可证（许可证编号：4-3-00220-2009）	承装类三级	2009-04-24	2015-04-23	年审中
4	同上	承修类二级	2009-04-24	2015-04-23	年审中
5	同上	承试类二级	2009-04-24	2015-04-23	年审中
6	测绘资质（证书编号：丙测资字3321045）	丙级	2015-01-01	2019-12-31	
7	特种设备安装改造维修许可证（编号：TS3433235-2018）：桥式起重机	维修A级	2014-04-16	2018-04-15	
8	特种设备安装改造维修许可证（编号：TS3433235-2018）：门式起重机	维修A级	2014-04-16	2018-04-15	
9	安全生产许可证〔编号：（浙）JZ安许证字〔2005〕140012〕		2014-01-14	2017-01-13	
10	质量管理体系ISO 9001:2008及GB/T 50430-2007		2014-10-23	2017-10-22	每年需审核
11	环境管理体系ISO 14001:2004		2010-10-27	2016-10-26	每年需审核
12	职业健康安全管理体系OHSAS 18001:2007		2010-11-11	2016-11-10	每年需审核

【经营管理】 实业总公司机构设置：公司机关（经营管理部、综合管理部、工程部、监审部）、下辖紫金水电建筑分公司、千山一水饮用水公司、物资分公司、沪办、杭州紫金宾馆、汽车队、生活公司、机电安装分公司。2006年根据厂组织机构改革员工聘用上岗实施意见的精神，全体员工参照任职条件，进行双向选择报名参加应聘组合。截至2006年7月底，实业总公司全民职工158人，临时工150人。

改革后的机构设置：总经理工作部（含小车班）、经营管理部、监察审计部、市场发展部（抽水蓄能项目部、宜兴项目部）、杭州紫金宾馆（含办公室、客房部、餐饮部）、物资分公司（含公司管理部、仓库班、司机班、综合班）、后勤分公司（后勤公司绿化班及23名临时工划入综合服务公司--物业公司），杭州新安江电力工程有限公司--安徽万宇房产开发有限公司、浙江乾华实业投资公司--浙江紫新田园置业有限公司、杭州紫金电力实业有限公司--杭州华东电力投资经营有限公司、兰溪市紫金水电检修公司、杭州千山一水饮用水有限公司。

2010年12月，根据新电人资〔2010〕102号文《关于部分组织机构、岗位调整的通知》，撤销实业总公司市场发展部、后勤分公司、物资分公司。成立实业总公司安全生产部。

2011年12月，根据新电人资〔2011〕93号文《关于增设机构及岗位的通知》，增设实业总公司工程部。

表 17-3　　2006—2015 年实业总公司主要经济指标完成情况表

年份	从业人数	产值（万元）	利润（万元）	税收（万元）
2006	158	4853	457	631
2007	154	6915	711	910
2008	155	7185	735	934
2009	151	7751	830	1024
2010	135	11439	1272	1247
2011	99	14517	1532	1522
2012	85	11980	1235	1136
2013	76	4284	511	855
2014	74	3285	100	748
2015	73	3133	487	512

【制度修订】 实业总公司重视制度建设，2005年以来，先后制定和完善《安全、文明生产达标考核办法》《内部经营承包责任考核与奖励办法》《厂全民职工在实业总公司工作期间的劳动人事管理的有关规定》《多经系统中层管理人员的管理办法》，修改《教育管理制度》并印发《培训学习管理办法》，汇编经营管理制度，并且随着实业总公司业务范围和职能的调整随时制定切实可行的规章制度，适应形势变化。

2009年12月、2013年12月相继制订并编印两版《新安江水电厂实业总公司规章制度汇编》（以下简称《汇编》）。

《汇编》内容涵盖公司行政管理、党风廉政建设管理、人力资源管理、财务管理、工程、合同管理、文书、科技档案管理等方面，对公司各项工作开展作出明确具体规定。公司各级各部门依照电厂各项规章制度及《汇编》开展各项工作，切实履行职责，提高工作效率。

2006年6月厂机构改革后，实业总公司将《安全生产责任制》等18项安全管理制度进行梳理、归并、修订、新编。2011年5月，修订完成《新安江水电厂实业总公司安全管理制度》并印发。

【人力资源管理】 2006年年初，实业总公司拥有全民职工204人，临时工169人。

2007年实业总公司针对即将颁布实施新的劳动合同法，为规避用工风险，对公司所属各部门临时工进行全面梳理及清退，对所有与公司签订用工合同或协议的临时工（截至12月底临时工113人）发出书面终止劳动合同或协议通知书，不再续签。

从2008年1月起，实业总公司与建德市欣安劳动事务代理服务部签订劳务派遣协议，公司根据实际工作需要有105人作为劳务派遣用工。4月，实业总公司按实际工作情况及机构改革后人员、岗位完善工作，根据新安江电厂党政联席会议通知书“2008—1”的决定，对借用人员的岗位安置及部分岗位作适应性调整，杭新公司人员并入检修部。根据厂部对外部检修工作思路的调整及全面梳理、清退外聘用工要求，公司于2010年8月，清退22名劳务派遣检修辅助工。

2012年，根据国网新源公司“关于三清理一规范，主多分开”工作要求，注销水厂、同安等公司，人员进行安置；两个房产公司全民职工并入工程部岗位序列，水厂职工回主业，清退10名外聘工。杭州紫金宾馆停止对外营业，清退14名外聘工。

2013年根据新安江电厂“三定”工作精神，实业总公司组织机构、岗位名称进行新的设置和调整。截至2015年5月，实业总公司下设综合管理部--综合服务班、财务资产部、安全生产部、工程部。拥有全民职工73人，劳务派遣用工68人。

从2008年1月起至2014年12月，实业总公司与新安江电厂签订借工协议，实业总公司全民职工属借用人员。2013年1月起至2015年年底，实业总公司与综合服务公司签订借工协议，40人为集体借用人员。

根据新源公司“依法治企”规范劳务派遣用工管理的通知要求，实业总公司决定将原所有劳务派遣用工改为义务外包。从2014年12月1日起，与浙江雷博人力资源开发有限公司建德分公司签订；工程服务外包合同、后勤服务外包合同。根据国网新源公司要求，2015年启用集体企业业务应用平台上线管理操作系统。

【教育培训】 2006—2015年，实业总公司参与或自行主办的培训活动：新源大讲堂、劳动合同法实施细则、统计法培训、会计人员继续教育培训、审计人员业务技能培训、计算机保密安全检查操作培训、“三类人员（建设工程施工企业负责人、项目负责人和安全生产管理人员）”取证培训、人力资源管理师取证培训、电工进网作业许可证取证培训、注册建造师、注册招标师、电气工程师培训、职工各类技能鉴定、触电紧急救护、事故情况人员应急逃生培训、车驾人员安全知识、交通法规学习培训、中层管理人员绩效考核系统使用培训、履职尽职保安全、依法治企促发展培训、女职工特别条例学习培训、消防安全培训、安全生产管理与安全监督取证培训、检修标准化管理培训、EIS 系统培训等。

图17-1 2008年11月，实业总公司承接江苏宜兴抽蓄电站机组检修

【监察审计】2005年，成立实业公司监察审计部，制订《实业总公司内部审计工作管理办法》，履行公司内部行政监察和内部审计监督等职能。嗣后每年对总公司及下属分（子）公司进行财务审计，提出审计整改意见。

2008年，配合新安江电厂对实业总公司原总经理离任审计，按照厂审计部提出的要求，及时提出落实审计整改有关计划和措施。2009年，对公司参与福州工程、北溪工程和宁波奉化工程进行了专项审计。2010年，对公司参与宜兴2号机组、天荒坪2号机组 B 级检修工程作专项审计 。参与罗桐埠、梅城德源地产项目的行政监察、招投标、合同洽谈等有关监督工作。安徽万宇地产项目的财务检查、分析工作。2009年始，参与实业总公司在衢州科龙电站、安徽丰乐电站、乾潭道路的工程款和大丰、圣派借款清欠回收工作。2010年7月，分别完成衢州科龙电站和安徽丰乐电站工程款回收。大丰、圣派借款和乾潭道路工程款的清欠回收继续进行中。

图17-2 2008年4月，实业总公司承接江苏宜兴抽蓄电站机组检修，部分职工和家属合影

【安全管理】 新安江水力发电厂实业总公司在厂部统一领导下开展各项安全生产管理工作，生产副总经理协助总经理具体分管。实行各级行政负责人负责制，日常工作先后归属综合管理部、总经理工作部、安全生产部管理。设专职安全管理人员。按照“谁主管、谁负责”和“管业务必须管安全”的原则，集体企业的安全工作与主业“同部署、同检查、同考核”及无差异化的管理要求。

为保障安全生产目标的实现、安全责任落实到人，公司每年与各部门逐级签订《安全生产责任书》，从总经理到各部门的安全第一责任人，从部门到员工（包括外聘人员），做到人人签订，层层落实，使每位员工明确自己的责任和义务，形成了安全生产逐级负责的格局。

根据新安江电厂统一部署，实业总公司结合自身特点，积极组织开展班组安全活动，春季、秋（冬）季安全大检查活动，隐患排查治理、反违章活动、“安全日”活动和安全生产月活动。在各类安全活动中，认真学习贯彻上级安全生产电话会议精神和安全生产文件精神，学习国网新源公司和新安江电厂颁发的《安全简报》及各类安全生产文件，对《事故快报》《安全快报》所通报的事故和异常情况所反映的问题，结合公司实际举一反三，吸取经验教训。

在安全生产月活动中，布置和张贴活动的宣传画、横幅、标语，组织观看《生命的红线》等安全教育片，参加电厂组织的紧急救护培训、安全生产知识网络竞赛、安全讲座。公司结合自身安全的特点，组织开展安全讲座如“一把手”讲安全课活动，以强化红线意识，开展一年一度的《安规》学习和考试。组织开展实业总公司办公大楼逃生应急演练；施工现场逃生应急演练；人身触电事故应急演练；触电紧急救护、现场灭火、现场急救包扎、徒手心肺复苏演练；道路交通安全应急演练等。

内、外部工程安全管理中，严格执行《新安江水力发电厂承发包工程和外来工安全管理规定》和其他有关安全管理规定。在“大坝帷幕补强灌浆”“大坝下游主河道清淤整治”等工程中，对承包单位的营业执照和资质证书、法人代表资格证书、安全施工需要的机械、工器具及安全防护设施、安全用具、施工简历和近三年施工安全记录等进行审核，对承包工程人员、外来人员进行相关的安全培训和安全交底，并做好相应的登记、记录。

2006—2015年间，实业总公司承接了大量的外部工程业务，主要业务有电力设施施工、电站机组检修、变电站运行维护、电站大坝观测维护和灌浆施工等工程。公司坚持“安全第一、当修必修、修必修好”的原则。在每次检修前，召开全体检修人员动员会，对照检修项目逐条分析讨论存在的问题及安全注意事项。在进场前，参加业主召开的检修前安全技术交底会议、全体检修人经安全规程考试合格，特殊工种持证上岗并备案。在检修期间做好安全活动记录，各工作面负责人做好每天的工作日记及危险点分析，坚持召开班前、班后会，由各工作负责人布置当天的工作任务及对危险点的分析，对进入风洞及发电机内部工作的工器具实行登记制度，设立安全生产工器具台账及管理制度，每次检修前后均对工器具进行认真检查校验，确保工器具安全可用。文明生产方面，做到统一服装排队进场，对检修区域和运行设备区域实行隔离，在各工作面现场摆放工作项目、负责人的标识牌，工具箱内工具摆放整齐，对现场做到定置管理，每天工完场清，切断检修电源。

【车辆安全管理】 按照“谁管理、谁负责”，“谁使用、谁负责”的原则，对车辆规章制度、车辆台账进行全面梳理，并结合安全大检查、安全月活动等形式，对道路交通、车辆安全进行检查。对责任制的落实、规章制度执行、车辆台账登记情况进行全面的检查，严防酒后驾驶、疲劳驾驶、驾乘人员不按要求系安全带等行为发生，提高相关人员的交通安全意识。

十年来实业总公司实现安全行驶800余万千米无事故。2010年小车班被建德市交警部门授予“2010年度安全行车先进集体”的称号；在2014年开展的“中国梦 劳动美”为主题的劳动竞赛活动中，小车班荣获三等奖。

【外聘工安全管理】 根据外聘人员“点多、面广、人散”的特点，实业总公司邀请外面老师主讲、厂主管部门指导，公司组织以“治安、保卫、安全”为主题的培训学习班，讲解治安管理条例、消防知识、安全生产知识及进入厂坝区的规章制度，通过培训学习来增强提高聘用工的安全意识，并经过安全规程考试，合格者与公司签订安全管理协议书，有效地提高外聘人员的安全意识，为安全生产打下了良好基础。

按新劳动合同法的相关要求，依据外聘人员性质的不同，签订不同种类的劳务合同和安全管理协议书，抓好聘用工的安全教育和管理工作，全面清理外聘工队伍，最大幅度地精减外聘工人数，提高人员素质，对外聘工采取末位淘汰制，定期进行考核，对安全意识差的坚决辞退。

【事故选录】 2010年5月16日13时50分，在承包天荒坪抽水蓄能有限责任公司2号机组D级检修过程中，发生2号机调相压水气罐泄压事故，造成承接此次检修任务的杭州新安江电力工程有限公司员工两死两轻伤事故，并造成部分设备受损。

【内部工程管理】 实业总公司秉承服务主业的宗旨， 先后承接了新安江水电站坝体变形观测、下游河道水下地形测量、新安江水库近坝区淤积测量、新安江大坝防腐整治工程设计和施工、4—24号坝段火山灰混凝土补强工程、灌浆廊道 f1断层化学灌浆工程施工、坝基固结灌浆工程、大坝7－25坝段及左岸平洞主帷幕检查孔灌浆、右岸坝基地质参数复核及现场钻灌施工。其中新安江右岸坝基地质参数复核及现场钻灌施工项目获得华东电网公司科技进步三等奖。

2005—2015年，共完成厂内项目640项，合同金额17083.4万元。

【外部工程管理】 在2006年新安江电厂实行机构改革中，杭州新安江电力工程有限公司作了调整，取消下辖的四个分公司，其业务全部归并到杭州新安江电力工程有限公司，形成专业从事送变电工程检修安装、水电起重设备安装检修、大中小型水轮发电机组检修安装、相关建筑施工等的专业公司。

公司设总经理1人，副总经理2人，拥有一大批专业技术职称的人员，以及长期从事变电安装检修、水电设备安装检修的技术工人。并先后取得电力行业招投标工程施工所必备的“建筑业企业资质证书”，即电力设施承装类三级、承修二级、承试类二级，工程测量丙级，起重设备维修A级资质。可以承接水利水电工程、室内室外装修工程施工；水电设备、起重设备的检修；可以承接110千伏及以下电压等级的送电线路工程和变电设备安装及相关建筑物施工，可以承接中型水利水电工程及辅助生产设施建筑、安装、检修和基础工程施工，具备相应的“安全资格证明书”“电力施工企业安全施工合格证”。

外部生产任务以项目形式完成：即每项目成立一项目部，由经理任命项目经理，组建队伍，队伍中生产骨干人员从新安江电厂检修部抽调，一般生产人员从杭州新安江电力工程有限公司的聘用工中选取，2011年外聘工清理后，由新安江电厂综合服务公司工程部提供部分一般生产人员，项目结束相关人员回原部门。

2006年公司调整后制定了“一点一圈”的企业发展规划；即以杭州为中心，在条件成熟时公司将向杭州迁移，向四周拓展业务，形成以杭州为圆心，占领周围电站的市场格局。该规划一直指导着杭州新安江电力工程有限公司工作，2007年、2008年先后开拓宁波溪口抽水蓄能电站，宜兴抽水蓄能电站的检修市场。到2009年底外部市场拥有：

天荒坪抽水蓄能电站3台单机容量为30万千伏的抽水蓄能机组小修、大修以及其电气设备检修等重大工程项目；宜兴抽水蓄能电站4台单机容量为25万千伏的抽水蓄能机组小修、大修以及其电气设备检修等重大工程项目；浙江省温州市北溪水电站2台×2.5万千瓦、2台×6300千瓦水轮发电机组的小修、大修项目；及110千伏开关站的检修、试验项目；浙江省丽水应村水电站水轮发电机组（2台×2.5万千瓦）及110千伏变电站检修、试验项目；宁波溪口抽水蓄能电站2台单机容量为4万千瓦抽水蓄能机组小修、大修以及其电气设备检修等重大工程项目，基本形成了“一圈”的市场格局。

天荒坪电站上水库廊道裂缝查找和监测及天荒坪电站上水库水平截水墙帷幕补强灌浆等。奉化溪口抽水储能电站一号机隧洞修补灌浆。安徽黄山雨量站水位计自动化测报水尺井水下清理。宜兴抽水蓄能电站机电维护管理和水工观测及水工维护管理的委托服务项目。

变电项目有110千伏福州金山变电所改造工程和110千伏福州首祉变电所改造工程。

2011年华东电网公司改制成国家电网华东分部，新安江电厂也由华东电网公司划转到国网新源公司，多种经营企业管理不断规范；因天荒坪“5•16”安全事故的发生，直接改变杭州新安江电力工程有限公司的经营思路，明确规定已签约的合同继续执行，其他外部业务暂停；公司内部进行整顿，解聘大部分聘用工，公司更名为杭州同安电力工作有限公司。是年按新源公司要求，杭州同安电力工程有限公司利用自身优势服务新源公司的发展，相继恢复新源公司所属抽水蓄能电站检修、水工观测等业务。2013年6月杭州同安电力工程有限公司注销，由新安江电厂实业总公司收购。

【建德市紫金城市建设开发有限公司】 2007年3月5日，建德市人民政府与新安江水力发电厂签订“建德市与新安江电厂合作发展协议”。为确保合作发展协议商定的任务顺利完成，经电厂党政研究决定，成立建德市紫金城市建设开发有限公司。紫金城建公司主要职责是落实

“合作发展协议”的相关事宜。公司隶属于浙江乾华实业投资有限公司。

2007年3月9日，由电厂多种经营咨询委员会会议通过“建德市紫金城市建设开发有限公司”（以下简称“紫金城建”）成立方案。当月在建德市新安江街道注册并取得营业执照，于20日挂牌营运。企业注册资金由浙江乾华实业投资有限公司（300万元）、建德新盛投资有限公司（100万元）共同出资，后两大股东按原比例再次增资至2000万元。建德新盛投资有限公司于2014年撤出股份，浙江乾华实业投资有限公司增资至6000万元。紫金城建公司地址位于建德市新安江街道新安路92号“宏福大厦”6层。

紫金城建作为独立法人，具有房地产开发三级资质等级。经营范围为房地产开发、城市基础设施配套建设、旅游资源和水资源开发利用。

根据“合作发展协议”，紫金城建投、垫资建设紫金滩南岸饮用水供水管路、新电路改造工程（一、二期）、建德市罗桐埠“显樟露树”工程、新电路路灯工程等；罗桐埠生活区改造（一、二期）及洋安新景园项目的前期工程，服务赢得良好信誉。

2007年3月20日起落实紫金滩、牛坞口生活区搬迁户个人协议的签订。5月1日，牛坞口住房、生产生活管理房开始拆除。至5月15日，牛坞口三栋职工住房、生产生活管理房及其他配套设施全部拆除完毕。

2007年11月19日至2008年7月30日，建设新电路一期工程。该路段定义为城市景观道路，面层采用沥青浇筑。路段全长2780米，起点为电站大桥，终点为市自来水厂，车行道平均宽度为7米，采用全封闭施工，施工期间通行绕道江对岸白小线。

2007年10月8日至2008年2月1日，投资建设紫金滩南岸饮用水管路工程。管路全长1400米，管径为500毫米，厂坝区部分采用焊接无缝钢管，厂坝区以外部分采用球磨铸铁承插管。该项目主供农夫山泉饮用水有限公司后续工程，同时提供沿线周边用户生产生活用水。

2008年5月5日至2009年9月，建设新电路二期工程。该路段定义为城市交通道路，面层采用沥青浇筑。路段全长698米，起点为市自来水厂，终点为罗桐山庄大酒店，车行道宽度为7米，施工采用半封闭施工，由施工单位统一协调。

2008年3月5日起组织新安江电厂罗桐埠职工家属生活区住户签订拆迁协议，并陆续拆除原有住房，至3月底共有415户搬出小区；3月13日由拆房单位开始清理平整场地，地质勘查测绘单位进场测绘、钻探。5月上旬467户全部签订协议。后经多方努力至11月26日下午，最后一户拆迁户同意拆除。12月4日罗桐埠小区一期土地首次摘牌成功。

2009年10月10日至2012年12月14日，罗桐埠生活区改造项目（一期）工程正式动工，工程建设单位为建德市紫金城市建设开发有限公司，地质勘探单位为浙江中材工程勘测设计有限公司，建筑设计单位为浙江佳境规划建筑设计院有限公司，施工单位为中天建设集团有限公司，监理单位为杭州大江建设项目管理有限公司。一期工程包括6幢高层居住建筑，共384套住房（其中12号楼为政府安置用房，72套）。

2010年7月5日至2013年4月29日。建设开发罗桐埠生活区改造项目（二期）工程，包括7幢高层商业、居住建筑，共586套住房。

【杭州德源置业有限公司】 该公司注册资金为3000万元，股东构成：浙江乾华实业投资有限公司，性质为民营，持股比例为90%；杭州紫金电力实业有限公司，性质为民营，持股

10%。期间经过三次股权转让变更、一次增加注册资本变更和一次公司名称变更。2012年9月16日，杭州德源置业有限公司取得房地产开发企业资质证书，等级为三级。

2004年10月28日，根据梅城镇政府与浙江东洲实业集团有限公司10月15日签订的《合作开发协议书》，浙江东洲实业集团有限公司出资900万元（90%），建德市梅城新城建设有限公司出资100万元（10%）共同组建建德市梅花城市建设开发有限公司。

2005年11月，浙江东洲实业集团田园房地产开发有限公司（出资1040万元，占52%）与浙江乾华实业投资有限公司（出资960万元，占48%）共同出资2000万元成立浙江紫新田园置业有限公司。12月10日，浙江东洲实业集团有限公司将其在建德市梅花城市建设开发有限公司所持有的90%股权转让给浙江紫新田园置业有限公司。

2007年1月12日，建德市梅城新城建设有限公司将其在建德市梅花城市建设开发有限公司所持有的10%股权转让给浙江紫新田园置业有限公司。至此，建德市梅花城市建设开发有限公司成为浙江紫新田园置业有限公司的全资子公司。

2007年1月，通过拍卖取得梅城西湖山、老鼠山土地，用地面积77830平方米。

2008年9月，由于浙江紫新田园置业有限公司的股东浙江东洲实业集团田园房地产开发有限公司的法人代表资金链断裂出逃，浙江紫新田园置业有限公司注销，并将其在建德市梅花城市建设开发有限公司所持有的股权分别转让给浙江乾华实业投资有限公司（90%）杭州紫金电力实业有限公司（10%）；同时建德市梅花城市建设开发有限公司名称变更为杭州德源置业有限公司。

德源项目分3期建设，总建筑面积7万平方米，由建德市华新建筑有限公司承包建设，杭州市中河建设项目管理有限公司（建德分公司）负责监理。

2012年4月10日，杭州紫金电力实业有限公司（10%）将其在杭州德源置业有限公司所持有的股份转让给浙江乾华实业投资有限公司。股权转让后，浙江乾华实业投资有限公司出资额为3000万元，占注册资本100%。

根据新安江电厂"主多"分开工作要求，2015年，杭州德源置业有限公司完成转让工作。

【安徽万宇房地产公司】 2004年10月新安江电厂实业总公司与杭州万宇投资有限公司、浙江立升涂料有限公司合资成立的万宇房地产有限公司，该公司注册资金2000万元，实业总公司占32%股份。开发项目名称颍南明珠，位于安徽省阜南县县城中心区块，建设用地138亩，容积率1.6，是阜南县重点招商引资项目。项目于2004年4月开始拆迁，11月开工，共计拆迁706户，18家单位，2010年，完成全部建设、销售、回迁安置。项目的建成，极大地推动当地城市面貌的改变，成为阜南县商业、娱乐中心。

2015年末实业总公司组织结构图

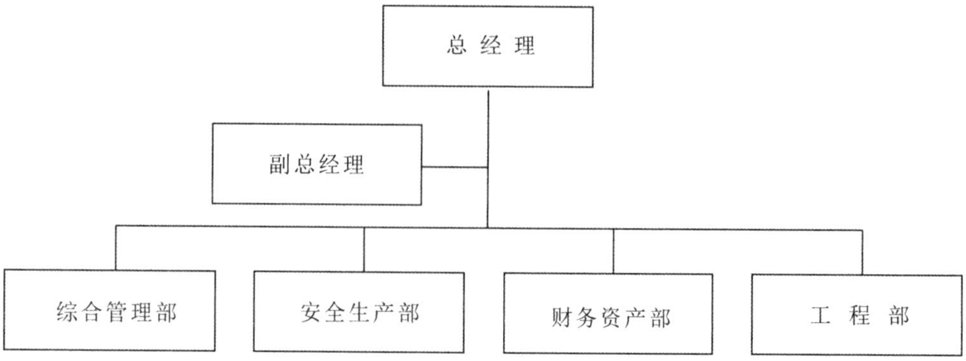

图17-3

·综合服务公司·

【概况】 新安江水力发电厂综合服务公司成立于1983年，行政隶属新安江水力发电厂，业务接受华东电网有限公司多种经营处和建德市有关部门指导，为独立核算自负盈亏集体所有制企业。2011年4月，综合服务公司随上级主管单位新安江电厂成建制划转至国网新源控股有限公司。2013年3月，公司名称及经营范围都同步变更，易名为“建德市紫金综合服务公司”。2013年8月公司完成“三定”工作，并作为厂办大集体企业资产运营平台之一，设置综合管理部、财务资产部、安全生产部、工程部、市场部以及制造部等部门。下辖新安江水电厂旅游公司、建德市紫金物业管理有限责任公司、上海华东电力消防工程有限公司。

【公司领导更迭】 2006年5月，新安江电厂调整综合服务公司领导班子，由顾鸣任公司总经理，葛京顺任副总经理兼党支部书记、陆晓敏任副总经理兼工会主席，郭军担任总会计师。

2009年2月，陆晓敏调离综合公司，由张建新任副总经理兼公司工会负责人。2011年11月，张建新调离综合公司，唐远涛任副总经理兼工会负责人。

2013年2月郭军因年龄到届担任协理员。5月葛京顺任公司总经理，顾鸣因年龄到届调任协理员。8月与电厂中层同步调整，唐远涛、金水华担任副总经理，葛京顺不再兼任党支部书记，由郭平方任综合党支部书记。

【企业工商变更】 综合服务公司2010年6月注销新安江电厂印刷厂。2011年5月对企业注册资本金进行调整，从69.2万元增加至300万元。

2013年3月，公司变更名为建德市紫金综合服务公司。经营范围作变更。5月完成建德新盛投资有限公司清算关闭。6月注销新安江水力发电厂配件厂，由综合服务公司本部设立制造部，公司存续其相关业务、资质等。

【机构调整】 2006年，综合服务公司根据市场现状，对所属产业、机构作调整，8月关闭注销新安江电力水晶厂，10月注销新安江水电厂水电服务队。公司财务、劳资合并设立经营管理部，财务实行分权管理模式，所属各单位独立设立财务室，此模式运营至2012年3月，根据公司实际经营需要，财务重新实行集中管理。

2008年9月，对公司所属部门作调整，设立工程部为科级建制单位。2011年8月成立安全监察部。2013年8月按电厂要求完成“三定”工作，对部分机构进行调整，经营管理部更名为财务资产部，安全监察部更名为安全生产部。

【安全生产管理】 综合服务公司重视安全管理，2011年5月经新安江电厂批复成立安全监察部，重新调整完善公司安全生产、防火组织网络，充实下属单位专职安全员。同时，新安江电厂将公司安全管理纳入考核体系。建立每月召开安全生产分析会、安全日活动、班前会和班后会、周生产安全例会、安全简报制度，保证上级有关安全生产法规、标准、规程、规定等在负责范围内贯彻执行；结合本班组实际情况，逐步完善各班组的安全管理，健全各种安全操作措施，包括对发包工程和临时工管理；制订本班组（个人）年度安全目标、措施，人人签订“安全生产责任书”并对照检查；对不安全事件进行分析定性处理，形成长效机制，营造安全生产氛围。公司安监人员加强厂坝区现场施工巡视、检查、监督工作，对班组长、安全员开展安全培训活动，提升班组安全管理水平；同时重点开展危险点、源分析控制，及时发现问题，消除隐患，堵塞漏洞，确保安全和施工质量。加强对特殊工种工作人员的培训和取证工作，并报安全生产部备案，及时在电厂安全网上公布。

至2015年12月31日，综合服务公司生产车辆安全行驶629700公里，机船安全航行862航次，连续安全生产无事故4638天，安全生产纪录创新高。

【公司经营业绩】 2006—2015年公司及下属旅游公司、配件厂、物业公司、消防公司经济指标完成情况：

表 17-4　　2006—2015 年综合公司主要经济指标表

单位：万元

年份	固定资产		流动资产	总产值	上缴税金	利润总额
	原值	净值				
2006	290	167	1898	1013	29	3
2007	318	176	1713	2343	71	8
2008	311	163	1726	1310	47	5
2009	281	158	2702	1185	42	7
2010	281	138	2515	2638	72	27
2011	329	121	3008	3781	127	29
2012	297	143	3743	2694	197	26
2013	336	141	2243	3594	158	-639
2014	366	145	2503	2484	116	-216
2015	378	140	2413	3628	181	403
合计				24670	1040	-347

表 17-5　2006—2015 年旅游公司主要经济指标表

单位：万元

年份	固定资产		流动资产	总产值	上缴税金	利润总额
	原值	净值				
2006	341	192	114	463	24	-49
2007	341	179	106	734	19	-92
2008	343	156	159	667	18	-17
2009	343	134	132	723	20	-208
2010	448	239	167	980	30	-197
2011	450	201	210	1118	35	-93
2012	563	277	215	1327	43	4
2013	571	237	310	1167	46	18
2014	583	202	310	1022	43	71
2015	586	156	463	1427	68	200
合计				9628	346	-363

表 17-6　2006—2013 年配件厂主要经济指标表

单位：万元

年份	固定资产		流动资产	总产值	上缴税金	利润总额
	原值	净值				
2006	107	23	1038	1034	37	1
2007	115	24	1202	1798	84	4
2008	116	20	1355	1329	72	2
2009	136	35	1170	991	108	2
2010	47	31	1308	806	93	1
2011	47	26	1422	1008	94	2
2012	48	23	1393	609	51	-40
2013	48	21	1154	386	18	-131
合计				7961	557	-159

表 17-7　2006—2015 年物业公司主要经济指标表

单位：万元

年份	固定资产		流动资产	总产值	上缴税金	利润总额
	原值	净值				
2006	213	122	109	610	34	-140
2007	31	22	144	1184	52	2
2008	211	192	124	847	41	2
2009	212	180	119	879	42	4
2010	207	168	196	1638	76	8
2011	208	155	162	1144	56	3
2012	208	144	304	1261	65	7
2013	211	137	196	1134	60	-23
2014	212	127	175	1682	92	-17
2015	205	116	347	1717	89	1
合计				12096	607	-153

表 17-8 2006—2015 年消防公司主要经济指标表

单位：万元

年份	固定资产		流动资产	总产值	上缴税金	利润总额
	原值	净值				
2006	98	50	279	875	30	28
2007	103	40	307	928	30	31
2008	103	25	677	1103	37	38
2009	117	24	1187	2131	76	22
2010	134	37	1222	2207	97	96
2011	146	34	1299	1570	73	80
2012	170	44	859	1015	47	50
2013	168	45	987	2078	84	96
2014	161	31	1013	2634	121	125
2015	161	20	1234	3275	140	164
合计				17816	735	730

表 17-9 2006—2015 年综合公司（汇总）主要经济指标表

单位：万元

年份	固定资产		流动资产	总产值	上缴税金	利润总额
	原值	净值				
2006	1049	554	3438	3995	154	-157
2007	908	441	3472	6987	256	-47
2008	1084	556	4041	5256	215	30
2009	1089	531	5310	5909	288	-173
2010	1117	613	5408	8269	368	-65
2011	1180	537	6101	8621	385	21
2012	1286	631	6514	6906	403	47
2013	1334	581	4890	8359	366	-679
2014	1322	505	4001	7822	372	-37
2015	586	156	4963	10047	478	768
合计				72171	3285	-292

【薪酬制度调整】 2014年年初，在新安江电厂领导下，依据相关政策并结合综合服务公司的实际，专门成立薪酬结构调整领导工作小组，在电厂人力资源部指导下，工作小组成员参照电力行业薪酬改革政策文件精神，结合公司实际情况编写了薪酬结构调整方案，经多方面征集意见，按照民主决策程序，有序完成公司薪酬结构调整工作，并于2015年1月1日起正式实施。

【职工社会保险和福利】 职工参加社会保险为五险一金：基本养老保险、基本医疗保险、失业保险、工伤保险、生育保险、住房公积金。根据综合服务公司实际情况，2013－2015年期间逐步完善企业年金、补充医疗保险、社会化服务资金和职工劳动保护待遇、职工疗休养、午餐津贴等。

【公司贷款融资】 2007年3月公司因经营资金短缺，首次向交通银行贷款90万元；同年12月增贷79万元。2009年贷款额度增至370万元，2010年为369万元；2011至2015年贷款额度都为500万元。

【企业资质情况】 综合服务公司“发电机定子线棒和弹性金属塑料轴承的制造和服务”获GB/T19001—2008--ISO 9001：2008质量管理体系认证；消防公司2011年完成S9001三个质量管理体系的认证和建筑业企业资质证书（2013年消防设施工程专业承包从三级升至二级）；物业公司水暖电安装作业劳务分包资质，物业服务企业资质证书（国家三级）；旅游公司旅行社业务经营许可证，全国工业旅游示范点，水路运输特种行业许可证（紫金宾馆）。

【人员管理】 2006年年初，公司在册职工301人，退休16人。除2007年从新安江水力发电厂实业总公司调进3人以外，公司一直未再进行招工。2013年8月公司根据主管单位的指示精神，对机构、岗位重新作了梳理与调整，全面完成综合服务公司机构、岗位、人员的“三定”工作。至2015年年底，公司在册职工231人，退休81人。

表17-10　　2006—2015年人员变动情况表

年份	在职职工(男)	在职职工(女)	年末在职总人数	退休人数	合计
2006年	139	160	299	17	316
2007年	142	155	297	22	319
2008年	140	147	287	30	317
2009年	139	137	276	40	316
2010年	138	122	260	54	314
2011年	138	119	257	57	314
2012年	138	113	251	62	313
2013年	138	105	243	70	313
2014年	138	101	239	73	312
2015年	138	93	231	81	312

【紫金物业管理】 建德市紫金物业管理有限责任公司成立于2003年4月，与原水电服务队是一套人员、二块牌子，并行运营至2006年，水电服务队注销，成立物业公司于6月正式运行。公司下设有综合部、经营部、工程部、环保部、客服中心、服务部、文印部、医务所共8个班组，同年在职人数135人。2006年9月取得“中华人民共和国物业管理企业三级资质证书”，主要经营：

1. 厂区保洁。保洁管辖厂坝区、办公区、厂区道路及生活区约10万平方米。设置责任区，每日清扫、搬运垃圾。健全奖罚制度，厂区道路达到“四不”“六净”标准，在历次建德市环境卫生大检查中，得到好评。

2. 绿化服务。2007年3月公司承接新安江大坝左岸175平台绿化工程施工。在沿山坡面种植攀缘爬山虎计54000株，面积1万多平方米，最终覆盖率达98％。同年9月始承接新安江电厂北大门至办公大楼沿江护坡2000米改造工程施工，共种植柳树500多株。至2015年，新安江电厂厂区范围绿化面积达39500平方米，厂区内绿树成荫。

3. 安全保卫。2006年物业公司配合新安江电厂落实安全保卫工作。结合综合公司产业调整，2012年12月1日，承接厂坝区南大门和4号哨所的安保执勤；2013年6月1日起，坝区3号哨所与5号哨所也划归物业公司执勤。

4. 水电维修。2006年起，公司承接新安江电厂紫金滩、罗桐埠和滩头坞三个区域的房屋及公共设施的维护工作，区域内约有千余住户，建筑面积14万平方米，住宅、办公楼、食堂、老年活动室和仓库等。房屋修缮主要负责屋顶漏水处理，门窗、墙面修理及室外装饰。三个区域的供电、给排水维护，包括变压器、总配电室、路灯以及电缆沟清理，盖板修复；整个雨水、废水、污水管网及井盖维护，化粪池、污水处理，自来水净化系统的运行维护。

2007年7月，公司承接紫金滩办公大楼装修管理服务工作。2012年6月承接新安江电厂生产检修楼给排水外围室外工程，并完成紫金滩办公大楼水电改造、紫金滩双回路电源改造工程。

【紫金宾馆改造】 2009年9月，经公开招投标紫金宾馆作为政府会议、出差人员定点下榻宾馆，成为政府采购定点宾馆。10月按要求对紫金宾馆动工改造，包括：所有的标准间、套房、宾馆大厅、大餐厅、公共厕所、外墙、2号楼增设电梯等。2010年4月初竣工，紫金宾馆以新的面貌接待新安江水电厂50周年厂庆贵宾。

【电站参观线路改道右岸】 2013年3月，电站缆索桥右岸原油库为游客接待中心；原水泥仓库改造成展览馆；原废料库改造成观光台；拆除南大门外的危旧平房、改造成停车场。同年8月完工，9月投入使用。改造后接待设施功能趋于齐全、布局较为合理。

【旅游公司接待疗休养团队】 自2005—2015年，接待上海铁路职工疗休养、浙江邮电管理局、衢州老干部局、巨化集团公司、浙江省监狱管理局等单位年接待近1万人次；作为苏州领众教育—全能少年夏令营固定接待基地，每年接待约1000人次。

2010年9月，承担组织新安江电厂职工参观上海世博会任务，分四批计579人次； 2014年承担分批组织电厂职工去云南疗休养约700人次；2015年承担分批组织电厂职工去舟山朱家尖疗休养约2000人次。

【加工机组盖板、线棒等配件】 2006年，配件厂根据电站厂房电缆层新型吊物孔盖板结构，承接结合现场实际，对发电机层吊物孔盖板重新改进施工。12月完成了发电机层1～8号机组盖板和开关站继电保护室吊物孔盖板的安装工作。2007—2008年，先后完成新安江电厂1～2号水轮发电机组线棒及其附件、燕尾筋、矽钢片等发电机定子部件加工任务和9号机组盖板的制作任务。改进后盖板平整、密封、安全可靠。

【完成生活区设施拆除和厂区整治】 2007—2008年物业公司配合新安江电厂综合实施方案，完成牛坞口、紫金滩、罗桐埠职工家属生活区住房搬迁和牛坞口生活小区水泵房公共设施拆除工作。2008年5月—2009年3月罗桐埠生活小区住宅楼拆除工作。2009年4—12月完成紫金滩生活区住宅楼拆除、现场平整和绿化等环境整治工作；并承担修建停车场、网球场、篮球场及上坝公路沥青路面的铺设工程。2010年4月，完成新安江电厂建厂发电50周年纪念会场及环境整体布置，为纪念活动顺利举办提供了优越条件。

2014年，相继完成紫金滩两个停车场的建造工程和紫金滩、滩头坞、林子坞等配电室的改造项目，以及新检修楼外围水电、路面、绿化配套工程。

表 17-11　　完成新安江电厂区工程施工项目一览表

年份	项目名称	备注
2012	4 号哨所、塘坞挡墙新建	配合建德市政府旅游西进，加强右岸上坝公路安全管理
	右岸上坝公路围栏制作安装	
2013	林子坞排水系统改造	彻底解决厂物资部防山洪隐患
	物资部仓库标准化改造	配合创建仓库标准化示范单位
2014	办公用房排污管道综合治理	响应并配合浙江省开展的治污水、防洪水、排涝水、保供水、抓节水的“五水共治”大规模治水行动的开始
	警队营房 2、3、4、5、6 号楼大修	工程对警队营房屋顶、外墙、厨房、食堂、宿舍等进行大规模改造，生活工作环境有了极大提高
2015	库区水情自动测报站运维服务	
	大坝下游尾水河道清淤服务	
	大坝上游库区漂浮物清理服务	
	发电厂房空调机年度检修	
	哨安防所及防护栏大修工程	
	库区自动测报站安全围栏大修	
	大坝溢洪门、检修门大修	
	生产用房检修	
	消防灭火管路及附件大修	

【完成“农夫山泉”供水管安装】 2011年6月—2012年4月，综合服务公司承接并完成“养生堂”“农夫山泉”ø300供水管路安装业务。

【承接发电机线棒和金属塑料瓦生产】 2005年，配件厂以洪石岩电站4台发电机定子制造、安装为依托，依靠新安江电厂技术优势，大力培养设备制造、安装方面的技术人才，于2006年4月完成首台洪石岩电厂发电机定子安装、试验工作，标志着新安江水力发电厂配件厂具有容量为2万千瓦等级发电机组定子安装能力，至2007年5月先后完成4台洪石岩电厂发电机定子制造安装任务。2007年配件厂线棒车间共完成线棒制作5800根（含乌溪江电厂修复线棒120多根），为配件厂建厂以来生产线棒最多的一年。

2005—2014年年底，配件厂先后为云南洪石岩、江门、五里亭、广西金鸡滩、金牛坪等电厂配套生产线棒31台套，并为沙溪口、紧水滩、乌溪江等电厂生产备品线棒9台；为白山电厂、丰满电厂、大化电厂及岩滩电厂、安康电厂等国内大中型电厂配套生产弹性金属塑料瓦435台套，产值1914万元。

2006年，以江都三站为依托，将弹性金属塑料瓦向水泵行业推广，并成功为上海电机厂、高邮水泵厂、无锡日立水泵厂及金华水轮机厂配套生产弹性金属塑料瓦296台套，创造产值925万元。

【生产线棒出口缅甸和马达加斯加】 2008年，配件厂再次与哈尔滨多能水电开发有限公司合作，生产缅甸太平江电厂4台6万千瓦水轮发电机定子线棒制造任务，并于2010年全面完成，线棒质量优良得到用户好评。

2009年，完成首台完全由法国监理监造的马达加斯加安德卡莱卡电站定子线棒制造任务，该线组线棒按国际标准生产，并对首检线棒进行电热老化试验，由配件厂厂长孙春福和占兆铭、王明晓等组成攻关小组，参照 IEEE 标准，完成线棒电热老化试验，试验时间均超出500小时（国际标准为250小时）。

【提高线棒电气性能获好评】 2012年6月，与哈尔滨电机厂合作生产紧水滩电厂6号发电机定子线棒，参照国内各大厂家均采用先进的VPR 生产工艺，技术协议要求线棒的介损起始值在1以下，0.6UN 与0.2UN 时的介损增量值在0.5以下。整机组线棒经过哈尔滨电机厂质检人员进行首检及终检，各过程均满足技术协议要求，并对全部线棒介损情况进行平均后介损起始值平均0.77，增量值平均0.38，线棒的破压等各电气性能参数均得到好评。

【梅城紫园物业管理】 2011年5月，综合服务公司承接杭州德源置业有限公司梅城紫园小区物业管理，该小区有7万平方米，分东西两苑，西苑为别墅区，有61栋；东苑为多层与小高层，共有377户。

【新安江紫金家园物业管理】 2012年12月，综合服务公司承接建德市紫金城市建设开发有限公司开发的紫金家园小区的前期物业。小区有小高层住宅一栋，高层住宅12栋，总户数1070户，总建筑面积约175000平方米。公司承接后，设小区管理服务处，出台管理方案，建立各项制度，配合开发商进行门窗、房屋、卫生间维修，错户电表检查等，很好地完成小区前期物业管理任务。

【盛世管家物业管理】 2009年3月，综合服务公司与建德市城兴城防工程建设有限公司合作成立建德市盛世管家物业管理有限公司。先后承接建德市碧江花苑、御景园小区及财政局和教委办公楼物业管理。

【对外承接安保、车辆和食堂服务】 2013年年底，综合服务公司中标国家电网新源公司宜兴抽水蓄能电站的安全保卫与车辆服务管理。2014年11月1日，与江苏句容抽水蓄能电站签署食堂委托管理服务。

【上海华东电力消防公司承接工程】 2006—2015年，共承接上海电力公司变电站消防项目38个。其中较大项目有2007年10月—2010年3月500千伏静安区地下变电站（即为上海世博会变电站）消防工程，此变电站容量为同类规模世界第二、亚洲第一，施工难度大，工程获得上海市鲁班奖。2007年7—12月上海徐行500千伏变电站消防工程；2008年1月—2009年5月上海南汇500千伏（远东）变电站消防工程；2008年10月—2009年11月上海500千伏漕泾（亭卫）变电站消防工程；2009年5月—2010年3月成都北路至华夏西路电缆隧道消防项目，隧道全长15.7千米； 2010年10月—2011年3月上海500千伏练塘变电站消防工程；2013年8月—2014年6月（地下）、2014年7月～2015年10月（地上）即墨及船舶变电站220千伏带110千伏地下变电站消防工程。2013年10月—2014年6月洋山港220千伏国内第一座多端柔性直流换流站消防工程。

2013年1月始承接上海自来水厂配套项目，至2015年年底已承接19个自来水厂配套项目。

【承接在建电厂物资仓储管理】 2012年1月，综合服务公司与国网新源建设有限公司签订现场物资仓储管理及服务委托协议，受托承担4座抽水蓄能电站现场物资仓储管理及服务工作。进场时间分别于2012年2月1日浙江仙居抽水蓄能电站，2014年1月1日福建仙游抽水蓄能电站和安徽绩溪抽水蓄能电站，2015年1月1日，江西洪屏抽水蓄能电站。

【组建队伍检修发电机组】 综合服务公司为适应转型发展，2011年9月工程部通过对内招聘方式组建发电机组检修队伍。正式职工39人，返聘4人，外聘1人。2012年—2015年参与完成新安江电厂3台、天荒坪电厂1台机组A级大修；新安江电厂、宜兴电厂6台机组B级大修；新安江电厂、宜兴电厂、天荒坪电厂、响水涧电厂、溪口电厂19台次C级大修。

图17-4 2008年3月，厂领导率队到云南慰问综合服务公司洪石岩电站运维管理人员

【承接洪石岩电站运维管理】 综合服务公司于2006年1月20日与云南洪石岩水电开发有限公司签订“洪石岩电站委托运行生产管理合同”，合同期5年。该项目共计收入707.5万元，投入员工36人，其中公司派遣人员13人，招聘16人，返聘1人，外聘6人。2009年1月，经双方协商终止合同。

2008年1月，在云南昭通市以自然人出资的形式注册成立“昭通新安江企业管理有限公司”，注册资金50万元，经营范围为企业管理、咨询、技术服务，发电设备维护检修。2009年因洪石岩电站运维项目终止，注销昭通新安江企业管理有限公司。

【承接洪屏电站电源运维服务】 2014年1月，综合服务公司承接江西洪屏抽水蓄能电站施工电源运行维护服务。同年3月承接安徽绩溪抽水蓄能电站施工电源运行维护服务，项目合同周期均为2年。

【公司党支部工作】 综合服务公司党支部归口新安江电厂党委统一管理。2006 年 1—5 月郭平方任支部书记。2006 年 5 月—2013 年 8 月葛京顺任支部书记，下设机关、物业公司、旅游公司、消防公司、配件厂 5 个党小组。支委会分别于 2007 年 3 月、2011 年 4 月到期换届。2013 年 8 月郭平方担任支部书记，9 月调整为经营、生产、物业、旅游、消防 5 个党小组。2010 年 12 月消防党小组被华东电网有限公司评为“世博先锋队”；公司党支部 2015 年被浙江省直工委评为“促改革、保增长、当先锋”主题实践活动“先锋党组织”。

【公司工会工作】 综合服务公司工会于2007年制定工作制度，2012年4月起不再是独立工会，作为新安江电厂所属分工会纳入统一管理。其间，数次召开会员大会，讨论和表决通过综合公司“三定”机构编制方案；岗位、岗级序列编制方案；补充医疗保险办法；薪酬结构调整方案。建立困难职工档案，对困难、大病职工（包括退休、遗属）给予关注并进行补助慰问。2014年为全体职工办理建德市《安康保险》、浙江省产业工会《职工大病医疗互助保障》，为困难女工填报《省部属企事业工会困难女职工统计表》，组织职工参加厂爱心基金的交纳，参加电厂工会组织的各项救灾捐赠活动。2006年、2007年、2009年、2012年公司工会被电厂工会评为“模范职工之家”。

【表决通过职工安置方案】 根据国网新源公司推进集体企业改革改制工作统一部署，综合服务公司在新安江电厂统筹安排和工会督导下，2014年6月上旬组织5场关于集体企业改革改制方案的宣贯审议会，220人参加。6月10日，经过无记名民主投票，通过实业总公司、旅游公司集体职工安置方案。

【落实住房改革政策】 2005年11月，综合服务公司对公司范围内职工住房情况进行摸底调查，317名职工中仅有184名参与了房改，133人未参与房改。依据建德市[建政〔1999〕22号]、[建房委〔2000〕18号]、[建政〔2002〕21号]文件精神，于2007年1月拟定《综合公司集体职工住房补贴实施细则》，报建德市住房委员会，并于3月得到函复［建房委〔2007〕4号]，同意一次性住房补贴标准按照建德市政府［建政〔2002〕21号]文件执行，即按800元/平方米的标准进行补贴。公司根据建房委函复精神及公司实际，分7次进行，于当年9月顺利完成对278名职工住房补贴，共计840.24万元。

人物、荣誉
Character and Honor

·新闻人物·

【钱建明任建德市人大代表】 2011年至2016年，当选建德市人大代表。

【浙江省女职工建功立业标兵白俊星】 白俊星，女，汉族，浙江临安人，1962年 月出生，1980年12月进新安江水电厂工作，上海立信会计学校中专学历，助理会计师，2006年5月任实业总公司经营管理部经理。2007年3月在浙江省总工会颁发的《关于表彰2005年、2006年度浙江省先进女职工集体和个人的决定》中，被授予“女职工建功立业标兵”光荣称号。

【全国电力行业技术能手、省第十三次党代会代表干慈祥】 干慈祥，男，汉族，1957年3月出生，1980年4月进新安江水电厂工作，担任设备部电气维护班长。2008年经全国电力行业推荐，由全国电力行业技术能手评审委员会评审通过，中国电力企业联合会12月15日下文，授予干慈祥（水电自动装置检修）“2008年度全国电力行业技术能手”称号。2012年6月4日，作为一名普通基层党员，经厂推荐，浙江省委和省直工委考察、选举、审批等一系列严格程序，光荣当选中共浙江省第十三次代表大会代表。

【全国女职工建功立业标兵陈学珍】 陈学珍，女，汉族，1959年10月出生，大学双学士学位。高级工程师，中共党员。1982年进新安江水电厂工作，先后任分场技术员，生产技术部主任，电气副总工程师，电厂工会主席。1992年3月被浙江省总工会授予浙江省“巾中国奉献”活动积极分子称号。1995年3月被中华全国总工会授予全国先进女职工称号，同年8月被浙江省总工会授予“浙江省先进女职工”称号。2009年2月24日，在中华全国总工会第五届女职工委员会第一次会议暨表彰大会上根据中华全国总工会《关于表彰全国五一巾帼奖、全国女职工建功立业标兵岗（标兵）的决定》，陈学珍被授予“全国女职工建功立业标兵”。

【国网新源劳动模范陈连芳】 陈连芳，男，汉族，1986年毕业于浙江煤炭工业学校，任新安江电厂生产部水工主管。在新安江大坝7坝段以左坝体帷幕补强处理、85米高程廊道排水孔渗水处理、17至25号坝段坝基固结灌浆补强处理、溢流面环氧砂浆老化处理等补强加固处理工程中，抓住主要矛盾和关键环节，提前预想问题和困难，协调项目施工，规范过程管理，严控工程质量，共同研究解决技术难题，圆满完成各项任务并取得成效，确保大坝安全运行。在水工专业中积极推广应用新技术、新材料和新工艺，主要参与的科技项目《新安江水电站2—7坝段地质参数复核专题研究》《水轮机窝壳脱空填充修补材料及其施工工艺研究》均获得华东电网公司科技进步三等奖，为新安江大坝安全注册等级取得甲级、定期安全检查评定为正常坝发挥重要作用。2015 年 1 月被国网新源水电有限公司授予劳动模范称号。

【最可爱的水电人：十大标兵】 2011 年 4 月，为发掘 50 多年来企业优秀人物，发扬企业优良传统，更好地树立标杆典型，让全厂职工学有榜样，赶有目标，厂党政工研究决定开展评选全厂“最可爱水电人--十大标兵”活动，以此推进创先争优活动，迎接建党九十周年。经过二轮推荐，评委会最终评选出干慈祥、王跃建、朱孝成、李建华、陈学珍、周锡峰、林甘川、唐群一、徐百铮、钱建明为“最可爱水电人--十大标兵”。

·上级荣誉·

表 18-1　　2006—2015 年省、部级及以上先进集体

获奖单位	荣誉名称	颁奖单位	颁发日期
新安江水力发电厂	2006 年先进集体	国家电网公司	2007.1.15
新安江水力发电厂	全国工业旅游示范点	国家旅游局（国家旅游局[2006]92 号）	2007.1.31
新安江水力发电厂	2006 年度省级治安安全示范单位	浙江省公安厅、综治委、综治协会	2007.3
运行三值、继电保护班、经警中队	2006 年度国家电网公司全国青年文明号	国家电网公司、共青团中央	2007.5
新安江水力发电厂	2006 年度全国大型水电厂（站）劳动竞赛“先进单位”	全国大型水电厂（站）劳动竞赛委员会	2007.5.31
新安江水力发电厂团委	2006 年度国家电网公司“五四”红旗团委	国家电网公司团委	2007.6
新安江水力发电厂	文明单位	国家电网公司	2007.7
新安江水力发电厂	浙江省文明单位	浙江省委文明办	2007.7
水工观测班	2006 年度浙江省省级青年文明号	浙江省“青年文明号、青年岗位能手”活动组委会（继续认定）	2007.7
新安江水力发电厂团委	2006 年度全国大型水电厂团青工作先进单位	全国大型水电厂青年工作学组	2007.9
检修部变电班、设备部电气班、发电部五值三个 QC 小组	2007 年度全国电力行业优秀质量管理小组	中国水利电力质量协会电力分会［水电质〔2007〕15 号］	2007.7
新安江水力发电厂团委	先进单位（2006—2007）	全国大型水电厂青年工作学组	2007.8
新安江水力发电厂	浙江省第七届职工职业道德建设十佳单位	浙江省职工职业道德建设指导协调小组［浙职工字〔2007〕2 号］	2007.9
新安江水力发电厂	2007 年全国优秀质量管理小组	全国质量协会全国第二十九次质量管理小组代表会议	2007.10
新安江水力发电厂工会	2007 年度信息工作先进单位	浙江省直属企业工会工作委员会 浙江省直属企业工会	2007.12
新安江水力发电厂工会	2007 年度“安康杯”竞赛活动一等奖	浙江省直属企业工会工作委员会	2007.12

新安江水力发电厂工会	2007年度工会（重点）工作一等奖	浙江省直属企业工会工作委员会	2007.12
新安江水力发电厂工会	2007年度工会维权工作二等奖	浙江省直属企业工会工作委员会	2007.12
新安江水力发电厂工会	浙江省直属企业工会《企业工会工作条例》知识竞赛优秀组织奖	浙江省直属企业工会工作委员会	2008.1
新安江水力发电厂	人才帮扶工作先进单位	国家电网公司	2008.1
新安江水力发电厂职工技术协会	2007年度省职工技协工作二等奖	浙江省职工技协	2008.3
新安江水力发电厂	2007年度省级治安安全示范单位	浙江省公安厅、综治委、综治协	2008.4
新安江水力发电厂	2007年度全国大型水电厂（站）劳动竞赛先进单位	全国大型水电厂（站）劳动竞赛委员会	2008.6
发电部党支部	先进基层党组织	浙江省直属机关工作委员会	2008.6
发电部五值	上海市经济工作系统“党的十七大精神班组知识竞赛”一等奖	上海市经济工作系统工会工作委员会	2008.7
新安江水力发电厂	2008年度全国电力企业管理创新成果评选一等奖	中国电力联合会	2008.9
检修部变配班QC小组	全国优秀质量管理小组	国家质监总局、全国总工会、共青团中央、中国科协、全国妇联、中国质协	2008.9
新安江水力发电厂工会	2007—2008年全国能源化学系统先进工会	中国能源化学工会全国委员会能源工发〔2008〕46号	2008.12
新安江水力发电厂	2008年度国家电网公司先进集体	国家电网公司	2009.1
新安江水力发电厂	2007-2008年度安全生产先进单位	国家电网公司	2009.2
检修部继电保护班	浙江省工人先锋号	浙江省总工会	2009.4
新安江水力发电厂	2008年度全国大型水电厂（站）劳动竞赛先进单位	中国能源化学工会	2009.6
检修部变电班QC小组	全国电力行业优秀QC小组一等奖	中国水利电力质量管理协会电力分会	2009.7
检修部发电机班QC小组电气改造QC小组	全国电力行业优秀QC小组优秀奖	中国水利电力质量管理协会电力分会	2009.7
新安江水力发电厂	2008—2009年度全国大型水电厂青年工作先进单位	全国大型水电厂(站)青年学组	2009.8
新安江水力发电厂	浙江省模范集体	浙江省人民政府	2009.9
新安江水力发电厂	全国电力行业优秀企业	中国电力企业联合会	2009.9
新安江水力发电厂	2009全国电力行业企业文化建设标杆企业	中国文化管理学会 中企电联企业文化发展中心	2009.9
新安江水力发电厂	全国廉洁文化建设十强	中国文化管理学会	2009.11
新安江水力发电厂	2009年度省级治安安全示范单位	浙江省社会治安综合治理委员会、浙江省公安厅	2010.1
新安江水力发电厂	浙江省“双万结队共建文明”活动先进对子	中共浙江省委宣传部〔2009〕73号文	2010.1
新安江水力发电厂青年志愿者服务队	2009年度浙江省优秀志愿服务集体	中国共青团浙江省委员会	2010.1.12

新安江水力发电厂	2010 年度浙江省社会治安综合治理“先进团体会员单位”	浙江省社会治安综合治理委员会、浙江省公安厅	2011
新安江水力发电厂	浙江省直工委“创新理念，助推发展”主题实践活动先进单位（2010 年）	浙江省直属机关工作委员会	2011
新安江水力发电厂	2009 年度全国大型水电厂（站）劳动竞赛先进单位	全国大型水电厂（站）劳动竞赛委员会	2010
新安江水力发电厂	2009 年度国家电网公司效能监察项目廉洁效益奖	国家电网公司	2010
新安江水力发电厂	2009 年度中国电力企业联合会水电分会宣传工作先进单位	中国电力企业联合会水电分会	2010
检修团支部	2009 年度国家电网公司“五四红旗团支部”	国家电网公司	2010.4
检修部自动化班	2009 年度全国“安康杯”竞赛先进集体	中华全国总工会 国家安全生产监督总局	2010.1
发电部运行四值	2009 年度浙江省“安康杯”竞赛先进集体（优胜班组）	浙江省总工会 国家安全生产监督总局	2010.3
新安江水力发电厂	2010 年全国电力行业 QC 小组优秀企业	中国水利电力质量管理委员会电力分会	2010.7
发电机班、自动化班、变电班 QC 小组	2010 年全国电力行业优秀 QC 小组（优秀奖）	中国水利电力质量管理委员会电力分会	2010.7
自动化班	2010—2012 年度国家电网公司“全国青年文明号创建单位”	国家电网公司	2010.4
发电设备团支部	2010—2012 年度国家电网公司“五四红旗团支部创建单位”	国家电网公司	2010.4
检修部党支部	浙江省直机关先进基层党组织（2010）	省直机关工委	2010.6
监察部	浙江省直机关先进纪检监察组织（2010）	省直机关工委	2010.6
检修部自动化班	浙江省青年安全示范岗（2010）	中国共青团浙江省委员会	2010.1.12
新安江水力发电厂	全国文明单位	中央精神文明建设指导委员会	2011
新安江水力发电厂	浙江省企业文化建设示范单位	浙江省委宣传部政研会、企业文化建设协会	2011
新安江水力发电厂	浙江省“十一五”社会主义劳动竞赛先进集体	浙江省总工会	2011
新安江水力发电厂	2010 年度浙江省“安康杯”竞赛优胜企业	浙江省总工会、安全生产监督管理局、卫生厅	2011
新安江水力发电厂	2011 年全国质量管理小组活动优秀企业	中国质量协会中华全国总工会	2012

新安江水力发电厂	2011年度全国大型水电厂（站）劳动竞赛先进单位	全国大型水电厂（站）劳动竞赛委员会	2012
新安江水力发电厂	2010年度浙江省创争活动先进集体	浙江省创争活动领导小组	2011
新安江水力发电厂	2010—2011年度全国大型水电厂青年工作先进单位	全国大型水电厂青年工作学组	2012
新安江水力发电厂	2010年度宣传工作先进单位	中国电力企业联合会水力发电分会	2011
厂工会	2011年度工会（重点）工作目标考核一等奖	浙江省直属企业工会工作委员会	2012
厂工会	工会财务会计管理规范单位	浙江省直属企业工会工作委员会	2011
检修部自动化班	2010年度省级青年文明号	共青团浙江省委	2011
发电部运行三值	工人先锋号	国家电网公司	2011
发电部水库调度班、设备部电气班、科信部通讯班、设备部机械班、检修部变电班、检修部自动化班、检修部发电机班、检修部水工综合班	达标班组	国家电网公司	2011
设备部电气班QC小组	2011年全国优秀质量管理小组	中国质量协会、中华全国总工会	2011
厂青年志愿者服务队	省级优秀志愿服务项目	浙江省志愿服务工作委员会、共青团浙江省委、浙江省志愿者协会	2011
检修部党支部	省直机关“学习型党支部”	中共浙江省直属机关工委	2011
新安江水力发电厂	2011年度全国“安康”杯竞赛优胜单位	中华全国总工会、国家安全生产监督管理总局	2012
新安江水力发电厂	安全生产标准化一级企业	国家电力监管委员会办公厅	2012
新安江水力发电厂	2012年度浙江省电力安全生产先进单位	浙江省电监办	2012
新安江水力发电厂	浙江省思想政治工作优秀单位	浙江省委组织部、宣传部等六家单位	2012
新安江水力发电厂	浙江省厂务公开民主管理示范创建单位	浙江省推行厂务公开工作领导小组办公室	2012
新安江水力发电厂	2011年度工会工作先进单位	国家电网公司工会委员会	2012
新安江水力发电厂	2012年度全国大型水电厂（站）劳动竞赛先进单位	全国大型水电厂（站）劳动竞赛委员会	2012
新安江水力发电厂	浙江省省级治安安全示范单位	浙江省公安厅、浙江省社会管理综合治理委员会办公室、浙江省社会治安综合治理协会	2012
杭州德源置业有限公司（新安江电厂）	2011年度全国重点房地产开发企业联网直报工作先进企业	国家统计局	2012
发电部党支部	电网先锋党支部标兵	中共国家电网公司党组	2012
厂纪委	浙江省省直机关先进纪检监察组织	中共浙江省直属机关工作委员会、中共浙江省省直机关创先争优活动领导小组	2012

厂工会	2012年度工会（重点）工作目标考核一等奖	浙江省直属企业工会工作委员会	2012
厂工会	2012年度工会信息工作先进单位	浙江省直属企业工会工作委员会	2012
厂团委	2012年度浙江省志愿服务优秀集体	共青团浙江省委	2012
检修部水轮机班	2012年全国优秀质量管理小组	中国质量协会、中华全国总工会、中华全国妇女联合会、中国科学技术协会	2013
检修部自动化班	2012年全国质量信得过班组	中国质量协会、中华全国总工会、中华全国妇女联合会、中国科学技术协会	2013
检修部自动化班	2011年度中央企业青年文明号	中央企业团工委	2013
发电部值班四值	2012年质量信得过班组	人力资源和社会保障部、中国就业培训指导中心	2013
发电部值守一值、设备部水工班、检修部高压试验班、检修部机械综合班、检修部水轮机班、物资部仓库班、物资部司机班	达标班组	国家电网公司	2013
发电部水库调度班、发电部值班一值、发电部值班二值、发电部值班三值、发电部值班四值、发电部值班五值、发电部值班六值、发电部值守二值、检修部自动化班、检修部继电保护班、检修部变电班、检修部发电机班、检修部水工综合班、设备部电气班、设备部机械班、科信部通讯班	继续保持“达标班组”	国家电网公司	2013
设备部电气班	《降低火灾报警系统缺陷数量》项目获“2012年水电质协优秀成果”	全国水利电力质量协会	2013
新安江水力发电厂	2012年度浙江省“安康”杯竞赛优胜单位	浙江省总工会	2013.11
新安江水力发电厂	2013年度全国大型水电厂（站）劳动竞赛先进单位	全国大型水电厂（站）劳动竞赛委员会	2013.06
新安江水力发电厂	2013年度浙江省工业旅游示范单位	浙江省旅游局	2013.12
新安江水力发电厂	2012年度实现安全生产目标单位	国家电网	
新安江水力发电厂	2012年度浙江省省级治安安全示范单位	浙江省公安厅、浙江省社会管理综合治理委员会办公室、浙江省社会治安综合治理协会	2013

新安江水力发电厂	2013 年度浙江省综合治理协会先进团体会员单位	浙江省社会综合治理委员会	2013.12
新安江水力发电厂	第六批浙江省省级文物保护单位	浙江省人民政府	2013.12
厂工会	2013 年度工会（重点）工作目标考核一等奖	浙江省省部属企事业工会	2014.12
厂工会	2012 年度经审工作考核一等奖	浙江省省部属企事业工会	2013.3.28
厂工会	2012 年度工会财务会计工作竞赛一等奖	浙江省省部属企事业工会	2013.4.1
厂工会	2013 年度工会宣传信息工作先进单位	浙江省省部属企事业工会	2013.12
厂工会女职工委员会	《女职工劳动保护特别规定》知识竞赛优秀组织奖	浙江省省部属企事业工会	2013.8
厂团委	“五四”红旗团委创建单位	国家电网	2013.8
发电设备团支部	省级活力团支部	共青团浙江省委	2013.6
厂中央控制室	2012 年度省级青年文明号	共青团浙江省委	2013.7
自动化班	2013 年浙江省工人先锋号	浙江省总工会	2013.4.24
检修部水轮机班	2013 年全国优秀质量管理小组	中国质量管理协会	2013
设备部水工班、检修部自动化班	2013 年全国电力行业优秀质量管理小组	中国质量管理协会	2013
检修部水工综合班、设备部电气班	2013 年全国电力行业质量信得过班组	中国质量管理协会	2013
发电部值班一值、检修部水轮机班	2013 年度人力资源社会保障系统“质量管理小组活动信得过班组”	社会保障部	2013
检修部自动化班	2012 年度浙江省青年文明号	团省委	2013.7
实业公司小车班	达标班组	国网公司	2013
发电部水库调度班、发电部值班一值、发电部值班二值、发电部值班三值、发电部值班四值、发电部值班五值、发电部值班六值、发电部值守一值、发电部值守二值、检修部自动化班、检修部继电保护班、检修部变电班、检修部发电机班、检修部水工综合班、检修部高压试验班、检修部机械综合班、检修部水轮机班、设备部电气班、设备部机械班、设备部水工班、科信部通讯班、物资部仓库班、物资部司机班等 23 个班组	继续保持 “达标班组”	国网公司	2013

检修部继电保护班	2012年度浙江省电力行业优秀质量管理小组成果一等奖	浙江省电力行业质量管理协会	2013
发电部值班一值、设备部水工班、检修部水工综合班	2012年度浙江省电力行业优秀质量管理小组成果二等奖	浙江省电力行业质量管理协会	2013
新安江水力发电厂	2013年度浙江省“安康”杯竞赛示范单位	浙江省总工会	2014
新安江水力发电厂	2013年度全国大型水电厂（站）劳动竞赛先进单位	全国大型水电厂（站）劳动竞赛委员会	2014
新安江水力发电厂	2013年度实现安全生产目标单位	国家电网公司	2014
新安江水力发电厂	2014年党建调研论文二等奖	浙江省机关党建研究会	2014
新安江水力发电厂	2013—2014年度全国大型水电厂青年工作先进单位	全国大型水电厂青年学组	2014.10
新安江电厂纪委	2012—2013年先进纪检监察组织	中共浙江省直属机关委员会	2014
厂团委	浙江省2013年度先进团委	共青团浙江省委	2014
维护分场党支部	2012—2013年先进基层党组织	中共浙江省直属机关委员会	2014
维护分场自动化班	全国工人先锋号	浙江省总工会	2014.5.5
检修中心发电机班	2014年全国优秀质量管理小组	中国质量管理协会	2014
维护分场自动化班	2014年全国质量信得过班组	中国质量管理协会	2014
运行分场值班五值	中国水利水电质协水利分会质量管理小组成果一等奖	中国水利水电质协水利分会	2014
检修中心发电机班	劳动部质量管理小组成果发布一等奖	劳动部	2014
维护分场电气试验班	2014年人力资源社会保障系统质量信得过班组	人力资源社会保障部	2014
检修中心水工检修班	2014年水利行业优秀质量管理小组三等奖	中国水利水电质协水利分会	2014
运行分场值班一值	2014年水电质协质量信得过班组	中国水利水电质协水利分会	2014
新安江水力发电厂	继续保留全国文明单位称号	中央精神文明建设指导委员会文明办〔2015〕3号	2015.2
新安江水电厂《坝》	省诚信微电影一等奖	浙江省思想政治工作研究会　浙研发〔2015〕5号	2015.5.20
新安江水力发电厂	2014年度全国大型水电厂（站）劳动竞赛先进单位	全国大型水电厂（站）劳动竞赛委员会水电秘字〔2015〕3号	2015.6.3
新安江水力发电厂	2014年度全国“安康杯”优胜单位	全国“安康杯”竞赛组委会〔2015〕1号	2015.4.24
新安江水力发电厂	《新安江电厂之歌》获去“水电厂之歌”优秀歌曲称号	全国大型水电厂（站）劳动竞赛委员会荣誉证书	2015.6

新安江水力发电厂	全国大型水电厂（站）青年工作先进单位	全国大型水电厂（站）青工学组荣誉证书	2015.9
检修中心发电机班	2015年度浙江省工人先锋号	省部属企事业工会 省部企事工[2015]45号	2015.10.21
新安江电厂工会	2015年工会宣传信息工作先进的单位	省部属企事业工会 省部企事工[2015]55号	2015.12.7
新安江水力发电厂	2015年知识竞赛优秀奖	“贯彻实施新安法，严格落实各项法律责任”知识竞赛组委会　证书	2015.11
新安江水力发电厂	《依法治企的探索与实践》2015年度省部属企业单位党建调研论文三等奖	浙江省机关党的建设研究会浙机（企）研（2015）2号	2015.11

表18-2　　2006—2015年省、部级及以上先进个人

获奖人	荣誉名称	颁奖单位	颁发日期
白俊星	浙江省女职工建功立业标兵	浙江省总工会	2007.3
陈　立	2006年度浙江电网调度自动化运行管理创优竞赛先进	浙江省电力公司 浙江省电力工会	2007.4
李建华	2007年度全国电力行业质量管理小组卓越领导者	中国水电质协电力分会（水电质[2007]15号）	2007.8
洪建新	2007年度全国电力行业质量管理小组活动优秀推进者	中国水电质协电力分会（水电质[2007]15号）	2007.8
王玮江	2006年度浙江省优秀导游员	浙江省旅游局	2007.9
杨丙庚	全国电力系统劳动保护先进个人	中国能源化学工会全国委员会	2007.11
张岳勇	国家电网公司2007年度优秀专家人才（生产技能专家）	国家电网公司	2008.1
刘双华、何少云	人才帮扶工作优秀人员	国家电网公司	2008.1
钱建明	2007年度浙江省“安康杯”竞赛先进个人	浙江省总工会、浙江省安监局、浙江省卫生局（浙总工会[2008]30号）	2008.3
余敬基	2007年度国家电网公司“优秀团干部”	国家电网公司团委	2008.4
陈建新	浙江省职业技能带头人（聘期二年）	浙江省总工会	2008.9
钱建明	奥运电力保障先进	国家电网公司	2008.9
张运雄	2008年先进生产工作者	国家电网公司	2009.2
陈学珍	全国女职工建功立业标兵	中华全国总工会	2009.2
钱维良	2007-2008年度安全生产先进个人	国家电网公司	2009.2
何少云	对藏人才帮扶工作先进帮扶人员	国家电网公司	2009.8
陈学珍	浙江省工会维权帮扶工作先进个人	浙江省总工会	2011

郑贤喜	优秀班组长	国家电网公司	2011
潘　炼	优秀团干部	国家电网公司	2011
苏文博	省级优秀志愿者	浙江省志愿服务工委会、共青团浙江省委、浙江省志愿者协会	2011
郑贤喜	2010 年度全国电力行业技术能手称号	中国电力企业联合会	2011
洪建新	2011-2012 年度科技工作先进个人	国家电网公司	2013
翁玉娥	离退休工作先进个人	国家电网公司	2013
李建华	浙江省省直机关创先争优优秀共产党员	中共浙江省直属机关工委、中共浙江省省直机关创先争优活动领导小组	2013
帅以政	浙江省省直机关创先争优优秀党务工作者	中共浙江省直属机关工委、中共浙江省省直机关创先争优活动领导小组	2013
程超美	浙江省省直机关优秀纪检监察工作者	中共浙江省直属机关工委、中共浙江省省直机关创先争优活动领导小组	2013
张　慧	2012 年度社会治安综合治理先进工作者	浙江省社会管理综合治理委员会、浙江省社会治安综合治理协会	2013
苏文博	浙江省优秀团干部	共青团浙江省委	2013
帅以政	浙江省企业文化建设突出贡献人物	中共浙江省委宣传部	2013
姜卫海	2012 年度安全生产先进个人	国网公司	2013
楚霖松	全国大型水电厂（站）青年工作先进个人	全国大型水电厂（站）青工学组	2013
程红漫	浙江省工会先进女职工工作者	浙江省总工会	2013
余敬基	2013 年度工会宣传信息工作先进个人	浙江省省部属企事业工会	
杨伟民	安徽省无线电台站管理工作先进个人	安徽省经济和信息化委员会	2013
江哲文	优秀特约通讯员	中国电力企业联合会水力发电分会	2013
张启纲、许玉茹、何俏萍	《女职工劳动保护特别规定》知识竞赛优秀个人	浙江省省部属企事业工会	2013
刘俊勇	《贯彻“五统一”要求加强企业文化建设　为企业发展提供强大精神动力和文化支撑》论文获优秀理论文章一等奖	浙江省省部属企事业工会	2013
钱建明	《以优秀的企业文化促进企业科学发展的思考与实践》论文获优秀理论文章二等奖	浙江省省部属企事业工会	2013
王建利	摄影作品《高空安全》获 2013 年“安全生产月”摄影作品优秀奖	国家电网公司	2013

楚霖松	浙江省 2014 年度优秀团员	共青团浙江省委	2014
姜卫海	2012 年度安全生产先进个人	国网公司	2014
孙　正	2013 年度浙江省志愿服务先进工作者	共青团浙江省委	2014
苏文博	2015 年工会宣传信息工作先进个人	省部属企事业工会 省部企事工[2015] 55 号	2015.12.7
边利平	“《电力迎峰安全度汛》2015 年安全生产月”摄影优秀作品二等奖	国家电网公司安质〔2015〕57 号	2015.12.4
杨　斌、邓亚新、马　俊、曹　波、杨庆业、刘　江	《发电机推力轴承受力调整装置研制》2015 年职工技术创新优秀成果三等奖	国家电网公司 国家电网工会〔2015〕1000 号 获奖证书班组和个人	2015.11.6

表 18-3　　2006—2015 年局、公司级先进集体

获奖单位	荣誉名称	颁奖单位	颁发日期
运行分场党支部	2006 年先进基层党组织	华东电网有限公司	2007.1
设备部电气班 QC 小组 检修部变电班 QC 小组	2006 年度华东电力行业优秀 QC 小组成果一等奖	华东电力企业管理协会	2007.4
发电部三值、五值 QC 小组	2006 年度华东电力行业优秀 QC 小组优胜奖	华东电力企业管理协会	2007.4
新安江水力发电厂	2006 年度自动化专业运行竞赛先进单位	华东电力工委华东电力调度中心	2007.5
检修团支部、发电设备团支部	华东电网有限公司系统“五四红旗团组织”	华东电网有限公司思想政治工作部	2007.5
检修部自动化班、实业总公司经营管理部财务室	2006 年度“青年安全生产示范岗”	华东电网有限公司思想政治工作部	2007.8
检修部继电器保护班、检修部水轮机班、发电部运行三值	2006 年度“青年安全生产示范岗”（继续认定）	华东电网有限公司思想政治工作部	2007.8
新安江水力发电厂	华东电网系统工会“创争”成果发布会二等奖	华东电力工委	2007.12
新安江水力发电厂	2007 年创建“四好”领导班子先进集体	华东电网有限公司	2008.1
发电部　　检修部	2007 年度华东电网有限公司先进集体	华东电网有限公司	2008.1
检修分工会	2007 年度模范职工小家	华东电力工委	2008.1
新安江水力发电厂	2007 年度实现安全生产目标单位	华东电网有限公司	2008.3
检修部、发电部	华东电网公司工人先锋号	华东电力工委	2008.3
新安江水力发电厂	2007 年度华东电网继电保护同工种劳动竞赛优胜单位	华东电力调度中心	2008.4
检修分工会	2006—2007 年度华东电力系统先进职工小家	中国能源化学工会华东电力工作委员会	2008.4
新安江水力发电厂	2007 年电网调度自动化专业劳动竞赛先进单位	华东电力工委 华东电力调度中心	2008.4
新安江水电厂团委、厂检修部团支部	华东电网公司系统 2007 年度“五四红旗团组织”	华东电网有限公司思政部	2008.4

新安江水力发电厂	2007年度继电保护同工种劳动竞赛先进集体	华东电力工委 华东电力调度中心	2008.4
新安江水力发电厂	2006—2007华东电网通信系统运行管理竞赛优胜奖（B组）	华东电力工委 华东电力调度中心	2008.5
新安江水力发电厂	2007年度浙江省电力生产统计先进集体	浙江省电力公司	2008.8
检修部、发电部、保卫（人武）部	2008年度“工人先锋号”	华东电力工委	2008.12
新安江水力发电厂	2007—2008年度创建“四好”领导班子先进集体，	华东电网有限公司	2009.1
新安江水力发电厂	2007—2008安全生产先进单位	华东电网公司	2009.1
水工综合班发电部运行三值	2007—2008安全生产先进集体	华东电网公司	2009.1
新安江水力发电厂工会	2008年度工会工作优秀单位	华东电力工委	2009.2
新安江水力发电厂	2008年度实现安全生产目标单位	华东电网有限公司	2009.3
新安江水力发电厂职工技术协会	2008年度省职工技协工作二等奖	浙江省职工技协	2009.4
新安江水力发电厂职工技术协会	2008年度省职工技协财务工作二等奖	浙江省职工技协	2009.4
新安江水力发电厂	2008年度华东电网调度自动化专业劳动竞赛单项优胜奖	华东电力调度中心	2009.4
新安江水力发电厂	2008年度继电保护同工种劳动竞赛先进集体	华东电力工委 华东电力调度中心	2009.5
设备党支部、党群人保党支部	2009年电网先锋党支部	华东电网有限公司	2010
生产党支部	2009年先进党支部	华东电网有限公司	2010
新安江水力发电厂	2009年度华东实现安全生产目标单位	华东电网有限公司	2010.3
新安江水力发电厂	2009年度华东纪检监察信息工作先进单位	华东电网有限公司纪检组	2010.3
新安江水力发电厂	华东公司信息化深化应用优秀组织单位（2009）	华东电网有限公司	2010.11
新安江水力发电厂	华东电力系统职工之家标杆单位（2009）	华东电力工委	2010.8
发电部、物资部、生产计划部	2010年度华东电网有限公司先进集体	华东电网有限公司	2010.1
设备部、检修部水工综合班	2009-2010年度华东安全生产先进集体	华东电网有限公司	2011.7
设备部党支部、党群人保党支部	2009-2010年度华东公司电网先锋党支部	华东电网有限公司党组	2011.7
生产党支部	2009-2010年度华东公司先进党支部	华东电网有限公司	2011.7
发电部	华东公司世博保电先进集体	华东电网有限公司	2010.11

设备部	华东电网世博电力保障工作先进集体	华东电网有限公司	2010.11
综合公司党支部消防党小组	华东电网有限公司世博先锋队	华东电网有限公司	2010.11
科技信息部	2010年度华东公司信息系统运行维护工作先进集体	华东电力工委	2011.1
厂工会	2010年度华东工会工作目标责任考核优秀单位	华东电力工委	2011.1
新安江水力发电厂	2011年度精神文明建设先进单位	中共国网新源控股有限公司党组	2011
新安江水力发电厂	2011年度先进单位	国网新源控股有限公司	2011
新安江水力发电厂	2011年度综合管理对标先进单位	国网新源控股有限公司党组	2011
新安江水力发电厂	2011年度财务集约化管理先进单位	国网新源控股有限公司	2011
新安江水力发电厂	2010—2011年度群众性技术创新成果三等奖	国网新源控股有限公司党组	2011
新安江水力发电厂	2010—2011年度管理创新成果二等奖	国网新源控股有限公司	2011
新安江水力发电厂	2010年度浙江省电力统计先进集体	浙江省电力公司	2011
新安江水力发电厂	2010年度实现安全生产目标单位	华东电网有限公司	2011
新安江水力发电厂	2010年度华东电网继电保护同工种劳动竞赛先进集体	华东电网有限公司调度通信中心	2011
新安江水力发电厂	2010年度华东电网调度自动化专业劳动竞赛先进单位	华东电力调度通信中心	2011
厂团委	2009—2010年度华东电网公司“五四红旗团委”	华东电网有限公司	2011
发电部水库调度班、设备部电气班、科信部通讯班	工人先锋号	华东电网有限公司	2011
发电部党支部	2009—2010年度先进党支部	中共国网新源控股有限公司党组	2011
厂办公室	“五五”普法先进集体	国网新源控股有限公司	2011
生产部	2011年度先进集体	国网新源控股有限公司	2011
财务部	2011年度财务工作先进单位	国网新源控股有限公司	2011
经济协警团支部	2009—2010年度华东电网公司“五四红旗团支部”	华东电网有限公司	2011
检修部自动化班	2011年度先进班组暨工人先锋号	国网新源控股有限公司	2011
新安江水力发电厂	2012年度先进单位	国网新源控股有限公司	2012
新安江水力发电厂	2011—2012年度文明单位	中共国网新源控股有限公司党组	2012

新安江水力发电厂	2011年度生产工作先进单位	国网新源控股有限公司	2012
新安江水力发电厂	2011年度安全生产工作先进单位	国网新源控股有限公司	2012
新安江水力发电厂	2010～2011年度纪检监察工作先进单位	中共国网新源控股有限公司党组	2012
新安江水力发电厂	2011年度物资工作先进单位	国网新源控股有限公司	2012
新安江水力发电厂	2011年度工会工作先进单位	国网新源控股有限公司	2012
新安江水力发电厂	2012年度重点专项奖励项目(技术和管理创新)先进单位	国网新源控股有限公司	2012
新安江水力发电厂	2012年度重点专项奖励项目综合管理对标水电先进单位	国网新源控股有限公司	2012
检修部	2012年度国网新源控股有限公司先进集体	国网新源控股有限公司	2013
检修部党支部	2012年度创先争优先进党支部	中共国网新源控股有限公司党组	2013
厂工会	2011年度“一流企业工会”称号单位	国网新源控股有限公司	2012.3
发电部	2011年度安全生产工作先进集体	国网新源控股有限公司	2102.2
办公室	2011年度办公室工作先进集体	国网新源控股有限公司	2102.4
检修部继电保护班	2012年度先进班组暨工人先锋号	国网新源控股有限公司	2013.1
新安江水力发电厂	《发挥纪检监察作用推动企业管理》项目获“2010—2011年度管理创新成果二等奖”	国网新源控股有限公司	2012.1
新安江水力发电厂	《水情自动测报系统通讯组网优化》项目获2010-2011年度群众性技术创新成果三等奖”	国网新源控股有限公司	2012.1
新安江水力发电厂	《水力机组支撑钢结构动应力研究与安全性评价》项目获“2011年度科技进步二等奖”	国网新源控股有限公司	2012.4
	《通信系统智能保障平台开发研制》项目获“2011年度科技进步三等奖”	国网新源控股有限公司	2012.4
新安江水力发电厂	2012年度继电保护同工种劳动竞赛先进集体	华东电网有限公司	2013
新安江水力发电厂	2013年度先进单位	国网新源控股有限公司	2014
新安江水力发电厂	2013年度文明单位	国网新源控股有限公司	2014
新安江水力发电厂	2013年度安全风险管控先进单位	国网新源控股有限公司	2013
新安江水力发电厂	2012年度安全生产先进单位	国网新源控股有限公司	2013
新安江水力发电厂	2012年度运检管理先进单位	国网新源控股有限公司	2013
新安江水力发电厂	2012年度发展工作先进单位	国网新源控股有限公司	2013

新安江水力发电厂	2011—2012 年度信息化工作先进单位	国网新源控股有限公司	2013
新安江水力发电厂	“书香国网　牵手幸福”女职工主题读书征文活动优秀组织奖	国网新源控股有限公司	2014
新安江电厂安全监察部	2012 年度安全监督先进集体	国网新源控股有限公司	2013
办公室	2012 年度办公室工作先进集体	国网新源控股有限公司	2013
运行分场、发展计划部	2013 年度先进集体	国网新源控股有限公司	2014
厂团委	2012 年度“五四”红旗团委	国网新源控股有限公司	2013
检修部团支部	2012 年度“五四”红旗团支部	国网新源控股有限公司	2013
新安江水力发电厂	《规范集体企业管理效能监察》项目获“2012 年度自主立项效能监察优秀项目二等奖”	国网新源控股有限公司	2013
新安江水力发电厂	《水电厂多机等值系统黑启动试验研究》项目获 2012 年度科技进步二等奖	国网新源控股有限公司	2013
新安江水力发电厂	《220KV 高压区域安全防护系统研制开发》项目获“2012 年度科技进步三等奖”	国网新源控股有限公司	2013
新安江水力发电厂	《大坝安全监测水准平差算法改进与实施》项目获“2012—2013 年度职工技术创新成果三等奖”	国网新源控股有限公司	2013
新安江水力发电厂	2014 年度文明单位	国网新源控股有限公司	2015
新安江水力发电厂	2014 年度运检工作先进单位	国网新源控股有限公司	2015
新安江水力发电厂	2013 年自动化专业劳动竞赛先进集体	华东电网有限公司	2014
新安江水力发电厂	2013 年度物资工作先进单位	国网新源控股有限公司	2014
新安江水力发电厂	2013 年度发展工作先进单位	国网新源控股有限公司	2014
新安江水力发电厂	2013 年度工会工作先进单位	国网新源控股有限公司	2014
新安江水力发电厂	2012—2013 年度科技工作先进单位	国网新源控股有限公司	2014
新安江水力发电厂	2012—2013 年度纪检监察工作先进单位	国网新源控股有限公司	2014
新安江水力发电厂	“会计基础工作创优”劳动竞赛典型单位	国网新源控股有限公司	2014
新安江水力发电厂	企业文化征文优秀组织奖	国网新源控股有限公司	2014
新安江电厂安全监察质量部	2013 年度、2014 年度安全监督先进集体	国网新源控股有限公司	2015
物资部	2014 年度先进集体	国网新源控股有限公司	2015
检修中心	2014 年度先进集体	国网新源控股有限公司	2015
运行分场	2014 年度安全监督先进集体	国网新源控股有限公司	
检修中心党支部	先进党支部	国网新源控股有限公司	2014
运行分场值班一值	2014 年度先进班组（工人先锋号）	国网新源控股有限公司	

检修中心发电机班	班组安全管理成果二等奖	国网新源控股有限公司	2014
运行分场值班一值	班组安全管理成果二等奖	国网新源控股有限公司	2014
运行三值、四值、维护分场电气一次班	2014 年浙江省电力行业优秀质量管理小组	浙江省电力行业质量管理委员会	2015
新安江水力发电厂	《加强防汛防台反恐确保大坝安全效能监察》项目获“2014 年度效能监察优秀项目三等奖”	国网新源控股有限公司	2014
新安江水力发电厂	《强化依法治企效能监察》项目获 “2013 年度自主立项效能监察三等奖”	国网新源控股有限公司	2014
新安江水力发电厂	《新型发电机推力轴承受力调整装置研制》项目获“2013 至 2014 年度技术创新成果一等奖”	国网新源控股有限公司	2015
新安江水力发电厂	《班组“工作积分制”量化考核》项目获 “2013—2014 年度管理创新成果三等奖”	国网新源控股有限公司	2014
新安江水力发电厂	2014 年度文明单位	国网新源控股有限公司党组 新源党〔2015〕2 号	2015. 1. 26
检修中心	2014 年度先进集体	国网新源控股有限公司 新源人〔2015〕29 号	2015. 1. 26
物资部	2014 年度先进集体	国网新源控股有限公司 新源人〔2015〕29 号	2015. 1. 26
运行值班一值	2014 年度先进班组 （工人先锋号）	国网新源控股有限公司 新源人〔2015〕29 号	2015. 1. 26
新安江水力发电厂加强防汛防台反恐确保大坝安全效能监察	新源公司 2014 年度效能监察优秀项目三等奖	国网新源控股有限公司 新源人〔2015〕45 号	2015. 1. 28
新安江水力发电厂	2014 年度运检工作先进单位	新源公司 新源人〔2015〕56 号	2015. 1. 29
安全监察质量	2014 年度安全监督先进集体	新源公司 新源人〔2015〕48 号	2015. 1. 28
运行分场	2014 年度安全监督先进集体	新源公司 新源人〔2015〕48 号	2015. 1. 28
厂团委	2013—2014 年度五四红旗团委	新源公司团〔2015〕8 号	2015. 4. 24
运行团支部	2013—2014 年度五四红旗团支部	新源公司团〔2015〕8 号	2015. 4. 24
新安江水力发电厂	2015 年生产人员岗位安全技能竞赛非运维一体化组团体一等奖	新源公司 人资〔2015〕36 号	2015. 8. 25

表 18-4　　2006—2015 年局、公司级先进个人

钱建明	2006 年领导干部“勤廉兼优”先进个人	华东电网有限公司	2007.1
李建华、余敬基、占兆铭	2006 年优秀共产党员	华东电网有限公司	2007.1
康忠连	2006 年优秀党务工作者	华东电网有限公司	2007.1
王建华	2006 年度继电保护同工种劳动竞赛先进个人	华东电力工委华东电力调度中心	2007.5
余敬基、王　蕾	华东电网有限公司系统“优秀团干部”	华东电网有限公司思想政治工作部	2007.5
杨　俊、周宇辉	华东电网有限公司系统“优秀青年”	华东电网有限公司思想政治工作部	2007.5
钱建明、帅以政、王晓宏、杨　波	2007 年度华东电网有限公司先进个人	华东电网有限公司	2008.1
刘俊勇	2007 年创建“四好”领导班子先进个人。	华东电网有限公司	2008.1
钱建明	2006—2007 年度领导干部“勤廉兼优”先进个人	华东电网有限公司	2008.1
陈学珍	2007 年度优秀工会工作者	华东电力工委	2008.1
钱建明、刘俊勇、钱维良李建华、郭为金、吴永文杨　斌、黄卫平、王晓宏徐良玉	2007 年度实现安全生产目标做出突出贡献的个人	华东电网有限公司	2008.3
陈建新	2007 年度华东电网继电保护同工种劳动竞赛先进个人	华东电力调度中心	2008.4
陈学珍	2006—2007 年度华东电力系统优秀工会工作者	中国能源化学工会华东电力工作委员会	2008.4
苏文博	华东电网公司系统 2007 年度优秀团干部	华东电网有限公司思政部	2008.4
潘　炼、杨　华	华东电网公司系统 2007 年度优秀青年	华东电网有限公司思政部	2008.4
方　望	2007 年度浙江电网通讯专业先进个人	浙江省电力工会省调度中心	2008.4
洪建新	2006—2007 华东电网通信系统运行管理竞赛优胜奖（B 组）	华东电力工委华东电力调度中心	2008.6
钱建明	省直机关优秀共产党员	浙江省直属机关工作委员会	2008.6
帅以政	省直机关优秀党务工作者	浙江省直属机关工作委员会	2008.6
鲁昌生	2007 年度浙江省电力生产统计先进工作者	浙江省电力公司	2008.8
陈学珍	科学技术进步三等奖	华东电网有限公司	2008
钱建明	2007—2008 年度创建“四好”领导班子先进个人	华东电网有限公司	2009.1
钱维良、吴永文王晓宏、王建利	2007—2008 安全生产个人标兵	华东电网有限公司	2009.1

钱建明、刘俊勇 章品勋、李建华 王跃建、胡建生 傅剑文、张良岳 王晓宏、高国庆	2008年度实现安全生产目标做出突出贡献的个人	华东电网有限公司	2009.3
龙俊平	2008年度继电保护同工种劳动竞赛先进个人	华东电力工委 华东电力调度中心	2009.5
李建华	华东水电厂生产技术情报网活动先进个人	华东水电厂生产技术情报网	2009.10
李　琦	2008—2009年度华东公司优秀工会工作者	华东电力工会	2010.5
陆晓敏	2009年度华东公司纪检监察信息工作先进个人	华东电网有限公司 纪检组	2010.3
陈敏强	2009年度全国电力行业职业技能鉴定优秀工作者	中国电力企业联合会	2010.4
王跃建、周烨炜	浙江省直机关工委优秀共产党员	浙江省直属机关 工作委员会	2009
余敬基	浙江省直机关工委优秀党务工作者	浙江省直属机关 工作委员会	2009
程超美	浙江省直机关工委优秀纪检监察工作者	浙江省直属机关 工作委员会	2009
刘俊勇	浙江省直属机关工委“创新理念，助推发展”主题实践活动先进个人（2009）	浙江省直属机关 工作委员会	2010.3
江哲文	2009年度中国电力企业联合会水电分会优秀通讯员	中国电力企业联合会	2016.6
潘　炼	国家电网公司团青宣传工作先进个人	国家电网公司	2009
潘　炼	全国大型水电厂青年工作先进个人	全国大型水电厂(站)青工学组	2009
吴永文、徐良玉、黄卫平 洪建新	2009—2010年度华东公司安全生产先进个人	华东电网有限公司	2011.1
王德强、李建宇、张良岳 俞建民	2009—2010年度华东公司优秀共产党员	华东电网有限公司党组	2010.7
骆军贤	2009—2010年度华东公司优秀党务工作者	华东电网有限公司党组	2010.7
陈　立、杨月灿、张良岳 张运雄、程超美	2010年度华东电网有限公司先进个人	华东电网有限公司党组	2011.1
陈学珍	2010年度华东公司创建“四好”领导班子先进个人	华东电网有限公司党组	2011.1
王跃建、徐良玉、干慈祥、	华东公司世博保电先进个人	华东电网有限公司	2010.11
张　帆	华东公司世博服务保障工作特别奉献奖	华东电网有限公司	2010.11
李建华、郑贤喜、陈立	华东电网世博电力保障工作先进个人	华东电网有限公司	2010.11

王忠庆、李福钢、竺志强 周新华、曾小平、程红漫	华东电网有限公司世博先锋	华东电网有限公司	2010.11
鲁昌生	2010年度浙江省电力统计先进个人	浙江省电力公司	2011
钱建明、刘俊勇、李建华 杨　斌、王跃建、陈　斌 赖江波、傅剑文、朱克刚 王建利	2010年度实现安全生产目标个人	华东电网有限公司	2011
李建华、陈学珍、黄卫平 王晓宏、傅剑文、高国庆 吴永文、洪建新、李　琦	2011年度班组建设先进工作者	华东电网有限公司	2011
余敬基、苏文博、金　孟 杨　俊	2009—2010年度优秀团干部	华东电网有限公司	2011
郑贤喜	2009—2010年度青年岗位能手	华东电网有限公司	2011
张　帆	2009—2010年度优秀共青团员	华东电网有限公司	2011
施建锋、吴树明	2010年廉洁文化作品书法二等奖	中共华东电网有限公司党组纪检组	2011
陈樟归	2010年廉洁文化作品书法三等奖	中共华东电网有限公司党组纪检组	2011
刘建国	2010年廉洁文化作品摄影二等奖	中共华东电网有限公司党组纪检组	2011
宋宏亮	2010年廉洁文化文学作品二等奖	中共华东电网有限公司党组纪检组	2011
王俞柬、汪晓峰	2010年廉洁文化作品摄影三等奖	中共华东电网有限公司党组纪检组	2011
陶建军	2010年度华东电网继电保护同工种劳动竞赛先进个人	华东电网有限公司调度通信中心	2011
钱建明、姜鑫良	2009—2010年度优秀共产党员	中共国网新源控股有限公司党组	2011
张良岳	2009—2010年度优秀党务工作者	中共国网新源控股有限公司党组	2011
陆晓敏、江哲文	“五五普法先进个人”	国网新源控股有限公司	2011
杨　勇	2010年度办公室系统先进个人	国网新源控股有限公司	2011
张运雄	2011年度优秀管理专家	国网新源控股有限公司	2011
徐良玉	2011年度优秀技术专家	国网新源控股有限公司	2011
张岳勇	2011年度优秀技能专家	国网新源控股有限公司	2011
王晓健、姚　舜	2011年度先进生产（工作）者	国网新源控股有限公司	2011
陈　立	2011年度优秀班组长	国网新源控股有限公司	2011
郑贤喜	2011年度杰出青年岗位能手	国网新源控股有限公司	2011
邓亚新	2011年度优秀青年岗位能手	国网新源控股有限公司	2011
钱建明	省直机关“学习型党员”	中共浙江省直属机关工委	2011
余敬基	2010—2011年度全国大型水电厂青年工作先进个人	全国大型水电厂青年工作学组	2011
江哲文	2010年度优秀通讯员	中国电力企业联合会水力发电分会	2011
干慈祥	新源公司第一届“感动新源”十大人物	国网新源控股有限公司	2012
余敬基、干慈祥	2012年度先进生产（工作）者	国网新源控股有限公司	
余金芳、竺志强	创先争优优秀共产党员	中共国网新源控股有限公司党组	2013

余敬基、骆军贤	创先争优优秀党务工作者	中共国网新源控股有限公司党组	2013
陈建新	2012年度优秀班组长	国网新源控股有限公司	2013
程超美	2010~2011年度纪检监察工作先进个人	中共国网新源控股有限公司党组	2012
王德强	2011年度办公室工作先进个人	国网新源控股有限公司	2012
吴永文、陈　立、干慈祥	2011年度安全生产工作先进个人	国网新源控股有限公司	2012
徐良玉、卢　经	2011年度生产工作先进个人	国网新源控股有限公司	2012
周新华	2011年度物资工作先进个人	国网新源控股有限公司	2012
杨　勇	2011年度综合管理对标工作先进个人	国网新源控股有限公司	2012
陈学珍、程万里、姜鑫良 管　淳	2011年度优秀工会工作者	国网新源控股有限公司	2012
韩卓颖	2012年度财务工作先进个人	国网新源控股有限公司	2012
施建峰	优秀书法人才	国网新源控股有限公司	2012
陈华建、边利平	优秀摄影人才	国网新源控股有限公司	2012
钱建明、黄卫平、吴永文 王晓宏、赖江波、姜卫海 程万里、孙戈平	2012年度安全生产先进个人	国网新源控股有限公司	2013
徐良玉、傅剑文	2012年度运检管理先进个人	国网新源控股有限公司	2013
曾小平	2011—2012年度信息化工作先进个人	国网新源控股有限公司	2013
陈学珍、余敬基、程万里 程红漫	2012年度优秀工会工作者	国网新源控股有限公司	2013
曾杨玲	2012年度办公室工作先进个人	国网新源控股有限公司	2013
何小龙	2012年度优秀共青团员	国网新源控股有限公司	2013
苏文博	2012年度优秀共青团干部	国网新源控股有限公司	2013
陈立	2012年度华东电网调度自动化专业劳动竞赛先进个人	华东电网有限公司	2013
周剑	2012年度华东电网继电保护同工种劳动竞赛先进个人	华东电网有限公司	2013
骆鸣、米和平、周新、乔秋稔	“和谐杯”厂务公开民主管理知识竞赛优秀个人	国网新源控股有限公司	2013
占江皓、曹波	2013年度先进生产（工作）者	国网新源控股有限公司	2013
余敬基	《深入推进厂务公开　依法规范民主管理》论文获2012年工会工运调研论文三等奖	国网新源控股有限公司	2013
耿尽源	《知足常乐　幸福相伴》获“书香国网　牵手幸福”女职工主题读书征文活动三等奖	国网新源控股有限公司	2013
唐剑	《享受不一样的幸福》获“书香国网　牵手幸福”女职工主题读书征文活动优秀奖	国网新源控股有限公司	2013
刘俊勇	《以知促性，以行促知--学习习总书记讲话精神学习体会》论文获浙江省直属机关工委党委中心组成员论文二等奖	浙江省直属机关工委党委	2014

汪晓峰	《我们工程部的“太极”范》获浙江省安康杯竞赛“中国梦劳动美”征文优秀作品	浙江省安康杯竞赛	2014
徐良玉、卢江	2013 年度运检先进个人	国网新源控股有限公司	2014
管淳、薛涌、姜鑫良	2013 年度工会工作先进个人	国网新源控股有限公司	2014
周新华	2013 年度物资工作先进个人	国网新源控股有限公司	2014
王跃建	2012—2013 年度科技工作先进个人	国网新源控股有限公司	2014
潘炼、江哲文	《平凡中的感动》获企业文化征文二等奖	国网新源控股有限公司	2014
宋宏亮	《半个世纪的灌浆人生路》获企业文化征文三等奖	国网新源控股有限公司	2014
杨斌、赵新华、杨晓群、陈斌龙俊平、周剑、胡军、胡尉	2013 年度安全生产先进个人	国网新源控股有限公司	2014
陆晓敏	2012—2013 年度纪检监察工作先进个人	国网新源控股有限公司纪检组	2014
杨　勇	2013 年度发展工作先进个人	国网新源控股有限公司	2014
钱建明	2012—2013 年度优秀共产党员	中共浙江省直属机关委员会	2014
陆晓敏	2012—2013 年度优秀纪检监察工作者	中共浙江省直属机关委员会	2014
江哲文	2012-2013 年度优秀党务工作者	中共浙江省直属机关委员会	2014
钱建明、杨波	优秀共产党员	国网新源控股有限公司	2014
潘炼、汪丰	优秀党务工作者	国网新源控股有限公司	2014
林绮	2013 年度办公室工作先进个人	国网新源控股有限公司	2014
李奎霖	2014 年青年员工岗位技能竞赛个人三等奖	国网新源控股有限公司	2014
韩卓颖、王菁	“会计基础工作创优”劳动竞赛优秀个人	国网新源控股有限公司	2014
韩卓颖	2014 年度财务工作先进个人	国网新源控股有限公司	2014
潘炼	国网新源记者站 2013 年度优秀通讯员	国网新源控股有限公司	2014
何小龙	优秀青年岗位能手	国网新源控股有限公司新源人〔2015〕27 号	2015.1.26
陈连芳	劳动模范	国网新源控股有限公司新源人〔2015〕29 号	2015.1.26
钱建明、刘双华	先进生产工作者	国网新源控股有限公司新源人〔2015〕29 号	2015.1.26
胡军	优秀班组长	国网新源控股有限公司新源人〔2015〕29 号	2015.1.26
楚霖松	2014 年度优秀团员	共青团浙江省委团浙〔2015〕6 号	2015.1.28
陈　立	2014 年度运检工作先进个人	国网新源控股有限公司新源人〔2015〕56 号	2015.1.29
李建华、马　俊、夏书生占江皓、程万里、邵建根	2014 年度安全生产先进个人	国网新源控股有限公司新源人〔2015〕48 号	2015.1.28

汪晓玫	女职工读书征文活动优秀奖	国网新源控股有限公司工会〔2015〕4号	2015.2.10
唐浩、王平	三提一促劳动竞赛二等奖	国网新源控股有限公司工会〔2015〕9号	2015.3.3
钱峰、余国良、许玉茹 吕维军、吴昕达、杨庆业 孙戈平	三提一促劳动竞赛三等奖	国网新源控股有限公司工会〔2015〕9号	2015.3.3
王晓健	2014年度“巾帼建功标兵”	国网新源控股有限公司工会〔2015〕12号	2015.3.9
程红漫	2014年度“优秀女职工干部”	国网新源控股有限公司工会〔2015〕12号	2015.3.9
周烨炜	2014年度工会工作先进个人	新源公司 新源人〔2015〕105号	2015.3
帅以政	优秀浙江省思想政治工作者	浙江省宣传部浙宣〔2015〕2号	2015.1
王俊	2014年度办公室工作先进个人	新源公司 新源人〔2015〕119号	2015.4.21
孙正	2013~2014年度优秀共青团干部	新源公司团〔2015〕8号	2015.4.24
宁勇斌	《诚信就在身边》省诚信故事三等奖	浙江省思想政治工作研究会浙研发〔2015〕5号	2015.5.20
韩卓颖	财务内控劳动竞赛先进个人	国网新源控股有限公司工会〔2015〕48号	2015.12.28

表18-5　　2006—2015年杭州市、建德市表彰单位及个人

获奖单位（人）	荣誉名称	颁奖单位	颁发日期
陆建新	2006年度社会治安综合治理先进个人	杭州市委、市政府	2007.3
新安江水力发电厂人武部	先进基层人武部	建德市委、市人民政府、市人武部	2007.4
张　慧	优秀专武干部	建德市委、市政府人武部	2007.4
马宏、赖华林	优秀民兵连长	建德市委、市政府、人武部	2007.4
综合公司旅游公司	2006年度杭州市旅游行业先进集体	杭州市人事局杭州市旅游委员会	2007.9
新安江水力发电厂团委	春风行动爱心奖	建德市委、市政府	2007.11
厂青年志愿者服务队	2007年建德市“我身边的雷锋”优秀入围奖	建德市委宣传部、建德团市委	2007.11
新安江水力发电厂经济协警中队	2007年度经济协警大练兵活动先进警队	杭州市经济协警支队	2007.12
新安江水力发电厂经济协警中队	2007年度经济协警先进警队	杭州市公安局	2008.1
刘卫龙、赖华林、王建华 翁志雄、裴冬冬、方国富	2007年度先进警员	杭州市公安局	2008.1
新电厂保卫部	2007年度保卫工作先进集体	杭州市公安局	2008.1

新安江水力发电厂	2007年度社会治安综合治理优秀达标单位	建德市委办	2008.2
新安江水力发电厂	创建和谐劳动关系先进企业	建德市人民政府	2008.4
新安江水力发电厂经济协警中队	奥运安保工作先进集体	建德市公安局	2008.11
章 涛、李 希、陈晓华 周灵文、陈雪红	奥运安保工作先进个人	建德市公安局	2008.11
赖华林	浙江省第三届“杰出进城务工青年”	共青团浙江省委等11家单位	2008.12
王建华、周 杭、章 涛 周 浩、刘卫龙	2008年度经济协警先进队员	杭州市公安局	2009.1
陈晓华 陈雪红	2008年度治安积极荣誉奖章	杭州市公安局	2009.1
厂经济协警	2008年度经济协警先进集体	杭州市公安局	2009.1
新安江水力发电厂保卫部	2008年度经济文化保卫工作	杭州市公安局	2009.1
新安江电厂驻杭办事处	2008年驻杭办事机构先进单位	杭州市政府	2009.1
新安江水力发电厂	2008年度社会治安综合治理先进单位	建德市委、市人民政府	2009.2
新安江水力发电厂	2008年度残疾人事业贡献奖	建德市人民政府	2009.3
新安江水力发电厂工会	2008年度市“女职工安康团体重大疾病互助保险”工作优秀组织单位	建德市总工会	2009.3
张 慧	2008年度优秀专武干部	建德市委、市政府人武部	2009.4
马 宏、赖华林、杨晓群	2008年度优秀民兵连长	建德市委、市政府人武部	2009.4
新安江水力发电厂	杭州市创建劳动关系和谐企业活动达标企业	杭州市创建劳动关系和谐企业活动领导小组	2009.12
新安江水力发电厂	2006—2009年度杭州市体育工作先进单位	杭州市体育运动委员会	2010
新安江水力发电厂	建德市第十次“春风行动”优秀组织奖（2009）	建德市委、市政府	2010
厂经济协警队	2009年度杭州市经济文化保卫工作先进集体	杭州市公安局	2010
经济协警中队	2010年度杭州经文保工作先进集体	杭州市公安局	2011
厂驻杭州办事处	2010年度杭州市驻杭办事机构先进单位	杭州市外地驻杭机构联合会	2011
李 珂	2010年度杭州市水利局水文工作先进工作者	杭州市水利局	2011
邱霖辉、张 瑞、姜修正 周 浩	2010年度杭州经济协警队伍建设先进个人	杭州市公安局	2011

新安江水力发电厂	2009—2010 年度杭州市无偿献血先进单位	杭州市人民政府办公厅	2011
新安江水力发电厂	第十一次“春风行动”优秀组织奖	建德市委、市政府	2011
新安江水力发电厂	2010 年度社会治安治理目标管理考核先进单位	建德市委、市政府	2011
新安江水力发电厂	杭州市 2011 年度经济文化保卫工作先进集体	杭州市公安局	2012
新安江水力发电厂	建德市第十二次“春风行动”优秀组织奖	中共建德市委办公室、建德市人民政府办公室	2012
监察部	2011 年度建德市预防职务犯罪工作先进集体	建德市预防职务犯罪工作领导小组	2012
程超美、陆晓敏	2011 年度建德市预防职务犯罪工作先进个人	建德市预防职务犯罪工作领导小组	2012
厂经济协警中队	2012 年度杭州市经济文化保卫工作先进集体	杭州市公安局	2013
张　慧	2011 年度社会治安综合治理工作先进个人	中共杭州市委、杭州市人民政府授予	2012
高　峰、白　峰	杭州市反恐怖防范试点工作先进个人	杭州市反恐怖工作协调小组	2011
赖华林	2011 年度经济文化保卫工作三等治安荣誉奖章	杭州市公安局	2012
陈晓华、陶林伟、王建华 张　瑞、邱林辉	2011 年度经济文化保卫工作经济协警优秀警员	杭州市公安局	2012
宋成军、姜修正	2012 年度杭州市经济文化保卫工作先进个人	杭州市公安局	2013
新安江电厂	建德市社会管理综合治理（维护社会稳定）先进单位	建德市社会管理综合治理委员会	2013
厂青年志愿服务队	优秀老志愿服务组织	建德市委宣传部、建德团市委	2013
李　珂	2013 年度防汛防台抗旱先进个人	杭州市防汛抗旱	2013
吕志峰	建德市历史地方志学会优秀会员	建德市委宣传部、地方志办公室	2013
尹　熙	2012 年度志愿服务工作先进个人	建德市委宣传部、建德团市委	2013
新安江电厂	2013 年特种设备管理工作先进单位	建德市质量技术监督局	2014
厂杭州办事处	2014 年度“双服务”活动先进单位	杭州市外地驻杭机构联合会	2014
厂协警中队	2013 年度先进集体	杭州市公安局	2014
赖华林	经济文化安全保卫工作三等治安荣誉奖章	杭州市公安局	2014
陈晓华	经济文化安全保卫工作优秀保卫人员	杭州市公安局	2014
粟一新	2013 年特种设备管理工作先进个人	建德市质量技术监督局	2014
新安江电厂驻杭州办事处	2014 年度“双服务”活动先进单位	杭州市外地驻杭机构联合会 杭外联〔2015〕1 号	2015. 1. 28
粟一新	2014 年度特种设备管理工作先进个人	建德市市场监督管理局建市管〔2014〕36 号	2015. 4. 27

·厂级荣誉·

表 18-6　　2006—2015 年厂级先进单位、先进集体

年份	先进单位	先进集体	颁发日期
2006～2007	检修部	财务部、生产计划部、思想政治工作部 发电部 5 值、4 值、继电保护班、发电机班、自动化班、设备部水工班、制造公司电气车间承包	2008.2
2008	实业总公司	保卫人武部、安监部、自动化班、水工综合班、机械综合班、值班一值、值守二值、水库调度班、电气维护班、仓库班、企工部小车班、科信部通信班	2009.1
2009	实业总公司	监察部、科信部、财务部、自动化班、　水轮机班、高压试验班、值班四值、　值班五值、值班六值、机械维护班、仓库班、通信班　、制造公司电气车间、旅游公司餐饮部、物业公司工程部、消防公司项目部	2010.1
2010	设备部	厂工会、企工部、人资部、发电部三值　、 设备部电气班、发电部水库调度班、科信部通讯班、检修部水工综合班	2011.1
2011	检修部	安监部、科信部、厂办、发电部值班五值、发电部值班一值、　检修部自动化班、检修部水工综合班、设备部电气班	2012.1
2012	实业总公司	财务部、生产部、发展计划部；电气班、值班三值、自动化班、继电保护班、值班四值、水库调度班	2013.1
2013	（未评空缺）	自动化班、继电保护班、电气班、　值班三值、值班四值、　实业公司小车班	2014.1
2014	检修中心	生技部、思政部、物资部、自动化班、值班一值、继保班、水工检班	2015.1
2015	运行分场	安全监察质量部、生产技术部、工会办公室；维护分场自动化班、检修中心发电机班、运行分场值班一值、运行分场值守一值；	2015.12

表 18-7　　2006—2015 年厂级先进生产（工作）者

年　度	姓　名	颁发日期
2006—2007	张岳勇、宋正新、周永华、戴晓俊、卢经、张志忠、陈建新、李宏、李辉、潘学镐、钱建明、吴永文、王利华、张纪元、程红漫、杨波、周新华、徐建新、陈和冲、李俊、王绪新、王玮江、徐文娟、韩小强、陆素琴、陈升、吴忠敏、陆晓敏、汪孟力	2007.11
2008	饶源、程万里、陈文辉、杨庆业、蔡源、汤红卫、邵建根、徐跃鸿、朱涤瑕、江哲文、周尚东、陈斌、张启纲、丰勇华、熊建华、白俊星、金孟留、留中华、曹波、孙春福、吴建珍黄建江、宁勇斌、周自芬、王华、陈军、项晓虎、姜涛、陆霞	2009.1

2009	张玲玲、江哲辉、汪新江、王建利　李景、林阳　汪江峰、吴金土、贺跃　陈莲芳、方　望、管淳、　童安庆、吴国山、李艳春、滕慧娟　陈建文、唐慧红、陈建军、陈军　樊世军、蒋　斌、严建宏　王涛、方进　王忠庆	2010. 1
2010	赵红伟、孙戈平、徐　尉、贾荣义、陈文辉、余国良、洪　亮、王　雄　胡　蔚、鲁昌生、朱　骏、张梅生、张凤兰、张富胜、陈有奇、陈丽明　邱江明、竺新平、陈建军、卢继强、陈坚文、陈建华、戴春艳、郑　山　黄建江	2011. 1
2011	胡　军、章卫光、杨　英、马　宏、陶建军、陈尊杰、卢　伟、宋晓玫　胡建生洪　萍、帅以政、王　蕾、金　孟、　朱帮寿、姜立新、陈黎春　李建国、　周卫中、陈坚文、　齐江梅、周灵敏、　巴庆峰、王明亮	2012. 1
2012	邹竹宾、朱涤瑕、张贵禄、周天煜、朱咏敏、穆海荣、邓亚新、吕维军　许星明、汪晓玫、李靖华、杨晓群、倪晓坚、周新华、王昌林、陆素琴　王伟强、张征宙、汪一驹、叶志强、陆炜、王海军、季涛	2013. 1
2013	吴正良、骆　鸣、占江皓、李　璟、杨　华、陈益明、吴金土、张世新　程红漫、徐建新、李建宇、贺　跃、叶阳红、曹　波、李　军、张海峰　陈　军、邵晓萍、姜宏艳、齐江梅、黄建江、巴庆峰、陈　峰、刘　虹　严健宏	2014. 1
2014	吴卫明、徐亦竑、唐　浩、徐秀忠、李　珂、刘双华、何　宇、童　斌、姜立新、江哲文、陈雪红、姜鑫良、汪　丰、陈连芳、粟一新、董根土、马　宏、汪　勐、张雅兰、方　进、沈　亮、陈晓丹、陆瑶琴、林　蔚、汪一驹	2015. 1
2015	何小龙、徐跃鸿、叶友卫、王加强、周　剑、顾承庆、查益华、卢　伟　方喜群、程红漫、高　波、陈　华、许玉富、周尚东、方圣桃、陈建新　陈　军、赵凤敏、郑　山、陈伟明、王浙炎、张征宙、王涛、王晓东（男）	2015. 12

表 18-8　　2006—2015 年厂级先进党支部、党小组及优秀党员

年份	先进党支部	先进党小组	优秀党员	表彰日期
2006～2007	发电部党支部	设备部党支部第二党小组、党群人保党支部第三党小组、生产党支部第一党小组	竺志强、方立正、曾小平　潘建华、孙春福、王　卫	2008. 2
2008	发电部党支部	设备党支部第一党小组、检修党支部自动化党小组、实业公司本部党支部宜兴党小组	张良岳、陈益明、潘学镐　钱维良	2009. 1
2009	发电部党支部	检修党支部水轮机党小组、生产党支部科信安监党小组、实业公司本部党支部城建党小组	余敬基、王跃建、王德强　余立新、俞建民、周烨炜	2010. 1
2010	经营党支部	经营党支部企业工作部党小组、设备部党支部第一党小组、综合公司党支部旅游党小组	赵新华、张　慧、杨　勇　姜鑫良、李胜光、王明亮	2011. 1
2011	发电部党支部	检修部党支部自动化党小组、设备部党支部第二党小组、综合公司党支部物业党小组	程超美、姜　涛、陈华、周新华、林绮、汪晓玫、	2012. 1

2012	设备部党支部	检修党支部水工综合党小组、党群人保党支部第一党小组、物资后勤党支部物资党小组	朱克刚、汪新江、余金芳、徐良玉、何国兴、陈　峰	2013．1
2013	（支部换届，没有评先进支部和小组）	（未评空缺）	龚志刚、杨　英、丰勇华李靖华、曾小平、郭　军	2014．1
2014	维护分场党支部	综合公司党支部消防党小组、运行分场第一党小组、机关第一党支部党群党小组	余　平、王晓宏、洪北京施京炜、赵品文、李建宇	2015.1
2015	检修中心党支部	机关第三党支部第一小组、机关第二党支部第二党小组、综合公司物业公司党小组	陈伟东、姚　舜、赖江波潘　炼、王跃建、孙　远	2016.1

表 18-9　　2006—2015 年厂级优秀工会积极分子、巾帼建功标兵

年度	优秀工会积极分子	巾帼建功标兵	颁发日期
2006～2007	江哲晖、李　坷、王建利、马　宏、王　雄、王建华、张世新乔秋稔、张　慧、张蕴清、曾小平、李靖华、黄　芳、张凤兰夏建红、徐秀娟、汪建宏、吴建珍、赵　洁、杨　俊、宁勇斌陈巧珍、陈晓丹、许玉红、陈新江、沈志江、赵带娣、沈　亮	无	2008.2
2008	龚志刚、马　俊、周　新、吴　歆、郑　丹、宋宏亮、杨　英贺　跃、周宇辉、董　媛、潘　炼、王　蕾、郭四新、吴敬南姜鑫良、方智敏、吴巧香、陈云峰、樊世军、赵带娣、赵　洁童跃亮、韩小强、饶根娟、赵凤敏、徐文娟	无	2009.1
2009	王继荣、余建芬、余江丽、段丽萍　王建文、施京炜、葛　群周天煜、杨　勇、唐　剑　汪晓玫、汪　丰、夏建红、黄　文徐秀娟、潘正明　赵海霞、李忠梅、齐江宏、韩小强、谢丽芳吴巧香、赵带娣、梁英俊、　陈云峰、黄建江	无	2010.1
2010	熊　勐、徐亦竑、张　兵、吴　歆、周　新、王　雄、王建勇边成军、方塘基、薛　涌、朱　勤、吕志峰、童安庆、夏建红郭四新、刘建国、周　俊、宋小梅、韩小强、陈玉梅、黄　敏孙小平、巴庆峰、赵带娣、赵　洁、李建国	无	2011.1
2011	楚霖松、李　珂、梁晓红、朱崇华、王建华、赵建美、王剑文施京炜、汪晓敏、李靖华、张梅生、王利新、李　瑛、韩小强徐秀娟、黄建江、吴建珍、项晓虎、宁勇斌、何　虹、赵带娣戴春燕、竺新平	无	2012.1
2012	汤雪萍、姜　勇、赵建美、王　雄、周勤勤、施京炜、余国良乔秋稔、汪　丰、鲁昌生、贺　跃、金　孟、张凤兰、朱帮寿方喜群、竺新平、谢丽芳、赵云霞、齐江梅、吴巧香、李建国戴春艳、王晓东（女）	无	2013.1
2013	吴卫明、陈　露、楚霖松、李　珂、沈文娟、王建利、俞伟新宋宏亮、方喜群、李建宇、苏文博、薛　涌、陈海涛、粟一新吴敬南、王利新、王旭娟、樊世军、赵凤敏、金路明、王卫星黄　敏、王晓东（女）、马淑萍、李　民	王晓健、陶建军、汪晓玫	2014.1
2014	许文勇、林婕宇、汤红卫、钱　峰、王建勇、金卫华、刘江泓余国良、李艳春、杨金云、李天江、饶　源、徐秀娟、姜卫海从东标、杨惠贤、王晓东、黄建江、胡喜峰、严建宏、赵海霞许文军、王旭娟、樊世军	斯素芳、程红漫	2015.1
2015	姜勇、陈谕忻、王雄、龚建安、施京炜、江淑芳、许玉茹、吴敏君、寿建明、张慧、吕志峰、李靖华、高　辉、鲁昌生、张凤兰、黄允宝、王旭娟、余有良、宁勇斌、王玮江、黄建江、戴春艳、赵带娣、王晓东（女）	许玉茹、韩卓颖	2015.12

表 18-10　2006—2015 年厂级先进团支部、优秀团员、青年岗位能手

年份	先进团支部、小组	优秀青年	青年岗位能手	颁发日期
2006～2007	经警团支部	赖华林、杨　华、周　剑 胡　蔚	王玮江、郑贤喜、金　孟 童　斌	2008.2
2008	实业总公司团支部	马　勇、王浙炎、毛凤忠 尹　熙	张海峰、饶　源、周　剑 龙俊平、董　媛	2009.1
2009	发电设备团支部	陈海涛、黄　文、宋成军	郑贤喜、王俊、吴建珍	2010.1
2010	发电设备团支部	孙　远、张　兵、赖江波 朱咏华	尹　熙、王　东、杨　勇	2011.1
2011	检修部团支部	楚霖松、陈海涛、王　蕾 姜修正	邓亚新、赖江波	2012.1
2012	发电设备团支部	曹　波、叶友卫、毛凤忠	吴昕达、傅威宜、赖华林	2013.1
2013	（未评空缺）	浦睿诣、李奎霖、胡　伟	何小龙、米　明、陶林伟	2014.1
2014	综合公司团支部	张帆、倪健、吴昕达	李奎霖、陈谕忻、顾承庆	2015.1
2015	维护分场团支部	王　俊、盛晓栋、闫营臣、 邓金荣	崔健康、何宇、刘芳鑫	2015.12

视察、考察、调研
Inspection Investigate Research

【水利部副部长翟浩辉到厂检查防汛抗旱】 2006年5月11日，国务院防汛抗旱检查组成员水利部副部长翟浩辉、建设部城市建设司副司长李树福、国家安监总局应急指挥中心综合部副主任韩小乾、水利部规划计划司司长周学文等，在浙江省人民政府副秘书长、办公室主任俞仲达、杭州市副市长孙景淼，建德市委书记陈春雷、市长洪庆华等陪同下到新安江电厂检查防汛抗旱工作。

翟副部长到中央控制室看望正在值班的运行职工，询问当日的设备运行情况，并了解职工们的工作、学习和生活情况，勉励努力工作。防汛抗旱检查组对新安江电厂的防洪度汛工作给予充分肯定，要求大力加强防汛能力建设，强化预警、预案工作；加强检查，抓好薄弱薄弱环节；重视做好水库防汛工作，落实各项防灾救灾措施，确保人民群众生命财产安全，鼓励电厂在防汛抗旱工作中发挥更大的作用。

【全国政协副主席李蒙到厂视察】 2006年5月22日，全国政协副主席李蒙一行到厂视察。北京市人民政府办公厅主任陈建国、浙江省政协副主席徐鸿道、杭州市政协副主席韩国喜、建德市委书记陈春雷、政协主席刘志新等陪同。

李蒙副主席一行视察电站水库，观看展览馆内水库流域微缩模型和记载着电站发展史的图片。

李蒙副主席参加过新安江电站建设工作，对厂坝区原先的布置格局、老建筑物等景象记忆犹新，回到阔别40多年的电站感慨万千，不时用相机拍摄曾经工作和生活过的老地方。他感慨电站发展40年来的巨大变化，肯定电站管理和发展所取得的成就。

【国家电力监管委员会主席柴松岳到厂考察】 2007年3月2日，国家电力监管委员会主席柴松岳来厂考察访问，并与部分老同志座谈。

【中共中央文献研究室原主任逄先知到厂考察】 2007年4月17日，中共中央文献研究室原主任逄先知一行参观考察新安江水电站。

【浙江省委书记赵洪祝到厂调研文化建设、检查防汛】 2008年6月5日，中共浙江省委书记赵洪祝一行抵新安江电厂调研经济文化建设工作。

2010年6月10日，中共浙江省委书记、省人大常委会主任赵洪祝一行到厂检查防汛工作。陪同检查的有省委常委、省委秘书长李强，省委常委、副省长、省防汛防旱指挥部总指挥葛慧君，省委常委、省委组织部部长、杭州市市长蔡奇等。建德市领导班子陈春雷、洪庆华、董悦、郭坚、徐建华等陪同。赵洪祝书记一行先后来到发电厂房、坝顶和水库水情测报中心察看，肯定新安江水库水情自动测报系统的重要性和取得的成绩，勉励水库调度人员坚守岗位。赵书记强调，水库安全度汛责任重大，新安江电厂的专业管理和水库调度工作，无论在领导、组织机构方面，还是技术措施、调度决策方面，是可以胜任的。

2011年6月18日，中共浙江省委书记、省人大常委会主任赵洪祝，省委常委、副省长葛慧君一行，到新安江电厂检查指导防洪度汛工作并召开现场工作会议，紧急部署钱塘江流域等全省重点区域防汛工作。国网新源公司副总经理黄悦照陪同检查。赵洪祝一行先后到发电厂房、坝顶等处，查看主辅设备及防汛设施，听取新安江水电厂防汛工作情况汇报。赵洪祝高度评价新安江电厂在钱塘江流域抵御特大洪水中的重要作用和所做的各项工作，并表达对国家电网公司和刘振亚总经理的感谢。

【能源部原部长黄毅诚到厂调研】 2009年4月7日，能源部原部长黄毅诚到新安江电厂调研指导。21年前，时任能源部部长的黄毅诚视察的第一座电站便是新安江水电站，半个世纪的电站历史沉甸，留下了许多故事。在厂展览馆内，一幅当年视察电站的老照片勾起了黄老的回忆，看到展览馆的图片中熟悉的场景，老人兴奋地比画讲解，仿佛又回到当年的岁月。凝视自己当年视察电站的照片，老人情绪激动。

谈起电站20年来的变化，黄老感慨唏嘘，连连说："变化太大了！"黄老不顾年事已高，在工作人员的搀扶下，先后来到发电厂房和坝顶等处视察。当得知新安江电厂稳步发展、增容改造取得可喜成果时，频频点头，露出欣慰笑容，鼓励电厂依托资源和环境优势，步入充满生机与活力的新阶段。

【全国政协主席贾庆林到厂视察】 2010年9月13日，全国政协主席贾庆林、全国政协副主席兼秘书长钱运录，在中共浙江省委书记赵洪祝、省长吕祖善等陪同下视察新安江电厂。

贾庆林热情地与在场的国家电网公司党组成员、副总经理王敏，华东电网公司总经理林野，新安江电厂厂长钱建明和党委书记刘俊勇等人一一握手。王敏说：国家电网公司刘振亚总经理派我迎接您！贾庆林亲切地询问刘振亚近期工作情况，并饶有兴趣地谈起刘振亚在新疆考察以及特高压工程。当听了王敏介绍国家电网公司坚强智能电网规划建设，以及特高压电网建设情况，贾庆林称赞特高压电网是"煤从空中走，电送全中国"，为能源在大范围、远距离配置发挥了十分重要的作用。他说，特高压输电可达两三千公里甚至更远，特别是对新疆经济发展和能源利用开辟了新路。他要求转达对电网公司广大干部员工的亲切慰问。

贾庆林一行在王敏、林野、钱建明、刘俊勇等陪同下，到发电厂房、坝顶和电站水库等生产一线视察。新安江水电厂详细汇报了在华东电网调频调峰、事故备用以及防洪度汛、生态环境保护等方面的重要作用。贾庆林听后说，新安江水电厂是我国第一座自主设计、制造和建设的大型水电厂，运行这么多年做出很大的贡献。

当介绍到水电厂能保障特高压和大电网安全稳定运行时，贾庆林十分赞赏，并表示，自己在福建省工作期间，曾积极推动500千伏省网与华东电网互联，如今这一目标已经实现，大电网充分发挥了调剂余缺和资源优化配置的作用。

在周恩来总理为新安江水电站工程题词前，贾庆林驻足良久，深情地说：没有周总理就没有新安江水电站。参观过程中，分别由哈尔滨电机厂、太原重型机器厂生产制造的大型水轮发电机组、桥式起重机引起首长美好回忆，曾任一机部产品管理局负责人和太原重型机器厂厂长和党委书记的他，曾致力于重型设备国产化。贾庆林对电厂通过增容改造，大幅度提高出力和设备安全性，给予了高度评价。

临行前，贾庆林紧紧握着王敏的手，嘱咐国家电网和新安江电厂要为浙江的经济社会发展多做贡献。王敏表示，国家电网公司一定不负重托，在"十二五"期间将加快特高压规划建设，加快坚强智能电网建设，为浙江省服好务，为全国经济社会发展做出新贡献。

【全国政协副主席张梅颖到厂调研】 2010年11月19日，全国政协副主席张梅颖率全国政协“千岛湖水资源保护”调研组到厂调研。

调研中，她肯定新安江水电站的建设、管理成就和对地方经济社会发展所做出的重要贡献，指出千岛湖和新安江流域是浙皖两省的重要生态屏障，也是重要的饮用水源地，事关整个长江三角洲地区的生态安全，战略地位十分重要，保护千岛湖水资源不仅是社会各界的责任，也是国家的责任。尽管千岛湖水资源保护总体状况良好，但随着经济社会的快速发展，千岛湖水体富营养化趋势日益明显，水环境安全形势不容乐观；而且千岛湖流域地跨浙皖两省，对全流域进行综合治理是复杂过程，涉及行政、经济、法律、社会管理和水利技术等方面的问题。因此对千岛湖水资源的保护既有紧迫性，又有复杂性。

张梅颖强调，中共十七届五中全会通过的《中共中央关于制定国民经济和社会发展第十二个五年规划的建议》明确提出，要以科学发展为主题，以加快转变经济发展方式为主线。今后以高排放、高污染为代价的经济发展方式将得以改变，这是实施千岛湖水资源保护的一个良好契机。应该进一步协调各方力量，共同保护好千岛湖。

【国网公司总经理刘振亚到厂调研】 2011年4月25日，中国电力企业联合会理事长、国家电网公司总经理刘振亚率中电联第五届理事会2011年第一次理事长会议代表40余人赴新安江电厂调研。

陪同调研的有刘振亚在国家电网公司副总经理、党组成员王敏，国网公司新源控股有限公司董事长林铭山和华东电网公司董事长林野等陪同下来到电厂，受到厂长钱建明和党委书记刘俊勇等领导班子成员热情接待。

刘振亚一行先后察看电站库区、坝顶、发电厂房、电站展览馆等区域，认真听取电厂有关汇报，详细了解电厂在电网调频调峰、事故备用以及防洪度汛等方面的重要作用，对新安江电厂在保障大电网安全稳定运行方面发挥的重要作用予以肯定。刘振亚还关切地向电厂领导询问职工工作生活情况，嘱咐电厂要为电网建设和水电发展多做贡献。

【国务院副总理回良玉到厂视察防汛泄洪工作】 2011年6月21日，中共中央政治局委员、国务院副总理、国家防汛抗旱总指挥部总指挥回良玉，在查看钱塘江流域沿江汛情后，在中共浙江省委书记赵洪祝、省长吕祖善和国家电网公司副总经理栾军等陪同下，来新安江水电厂检查指导防汛泄洪工作，代表党中央、国务院慰问奋战在抗洪一线的干部群众。回良玉一行在坝顶泄洪现场、220千伏开关站等处详细查看行洪情况，听取厂长钱建明对防汛工作汇报，并召开现场工作会议，研判钱塘江流域防汛抗洪形势，进一步动员和部署防汛抗洪抢险救灾工作。

【交通运输部副部长翁孟勇到厂考察】 2011年8月19日，交通运输部党组副书记、副部长翁孟勇一行，在浙江省副省长王建满、省政府副秘书长谢济建、省交通运输厅厅长和建德市委书记陈春雷、市长董悦等陪同下，考察新安江水电站。翁孟勇对新安江电站在钱塘江流域发挥的重要作用给予肯定，并对在国家电网公司、国网新源公司领导下新安江电厂服务社会、创新发展表示赞赏。

【浙江省副省长黄旭明到厂检查防洪度汛工作】 2013年5月14日，浙江省副省长黄旭明来厂检查指导防洪度汛工作。黄旭明肯定新安江水电站长期以来在错峰、拦洪等方面发挥钱塘江流域控制性骨干工程的重要作用，称赞新安江电厂为繁荣地方经济做出积极贡献，鼓励全厂全力以赴保障防洪度汛和迎峰度夏取得胜利。

【水利部副部长李国英到厂检查指导防汛工作】 2013年5月23日，水利部副部长李国英率国家防汛抗旱指挥部检查组，到厂检查指导防汛工作。11月10日，国家能源局副局长刘琦一行视察新安江电厂。浙江省发改委副主任、省能源局局长陈智伟等领导陪同。

【国家防汛抗旱总指挥到厂检查、调研工作】 2015年3月26日 国家防汛抗旱总指挥部督察专员田以堂主任率队，到厂检查指导防汛工作。4月24日，国家发改委、环保部、水利部有关人员组成的调研组到厂调研。主要考察千岛湖及新安江上游流域水资源与生态环境保护工作，浙江省发改委等有关领导人陪同。调研组指出，千岛湖及新安江上游流域，山水秀美，气候宜人，生态战略地位极为重要，希望新安江电厂在确保安全发送电的基础上，和地方一起切实保护好这一难得的优质水资源，推进流域生态保护和经济社会可持续发展。

【致公党广东省委负责人到厂调研】 2014年11月21日，致公党广东省委员会负责人到新安江电厂调研。到访人员有全国政协常委、致公党中央副主席、广东省政协副主席、致公党广东省委主席王珣章，致公党广东省委会副主席、广东省人大常委、暨南大学教授杨英，全国人大代表、致公党广东省委会副主席、汕头市政协副主席李秉记等10余人，建德市政协、市委统战部等人员陪同。

从录
Plexus Record

·2006—2015年历年经济技术指标完成情况表·

表20-1　　2006年新安江水力发电厂主要经济技术指标

序号	指标名称	单位	2006年		2005年	2006年比2005年同期增减±%	备注
			计划	实际	同期实际		
1	发电量	万千瓦时	100000	115702.07	94594.68	22.31	
2	总产值	万元	7836.80	9078.16	7412.78	22.47	
3	综合厂用电量	万千瓦时	—	4553.91	4531.34	0.50	
4	综合厂用电率	%	—	3.94	4.79	-17.75	优于指标
5	厂用电量	万千瓦时	800.00	788.61	762.05	3.49	
6	厂用电率	%	0.80	0.68	0.81	-16.05	优于指标
7	发电设备可调小时	小时	7700.00	8188.19	8044.94	1.78	增加143.25小时
8	全员劳动生产率	元/人	113741.65	127861.46	104258.51	22.64	
9	全部职工平均人数	人	689	710	711	-0.14	减少1人
10	期末职工人数	人	678	633	699	-9.44	减少66人
11	发电设备完好率	%	100	100	100	0.00	
12	发电总成本	万元	20175.00	23639.00	18902.60	25.06	
13	发电单位成本	元/千千瓦时	283.50	311.45	309.81	0.53	
14	发电用水单耗	立方米/千瓦时	5.64	5.65	6.02	-6.15	

表20-2　　2007年新安江电厂主要经济技术指标

序号	指标名称	单位	2007年		2006年	2007年比2006年同期增减±%	备注
			计划	实际	同期实际		
1	发电量	万千瓦时	96000	96810.77	115691.26	-16.32	
2	总产值	万元	7520.80	7584.94	9078.26	-16.45	
3	综合厂用电量	万千瓦时	4900.00	4629.68	4553.91	1.66	
4	综合厂用电率	%	5.10	4.78	3.94	21.32	
5	发电设备可调小时	小时	7700.00	8093.85	8188.19	-1.15	减少94.34小时
6	全员劳动生产率	元/人	121107.89	122140.72	133897.69	-8.78	
7	全部职工平均人数	人	621	621	678	-8.4	减少57人
8	期末职工人数	人	607	606	633	-4.27	减少27人
9	发电设备完好率	%	100	100	100	0.00	
10	发电总成本	万元	24058.00	23872.00	23639.00	0.99	
11	发电单位成本	元/千千瓦时	373.00	370.00	311.45	18.80	
12	发电用水单耗	立方米/千瓦时	5.56	5.50	5.65	-2.60	优于指标

表 20-3　　2008 年新安江电厂主要经济技术指标

序号	指标名称	单位	2008 年		2007 年同期实际	2008 年比 2007 年同期增减±%	备注
			计划	实际			
1	发电量	万千瓦时	145000	152185.64	96810.77	57.20	
2	总产值	万元	11391.80	11959.49	7584.94	57.67	
3	综合厂用电量	万千瓦时	5000	5314.77	4629.68	14.80	
4	综合厂用电率	%	3.45	3.49	4.78	-26.99	优于指标
5	生产厂用电量	万千瓦时	800.00	799.67	798.88	0.10	
6	生产厂用电率	%	0.55	0.53	0.83	-36.14	优于指标
7	发电设备利用小时	小时	1763.00	1849.00	1177.00	57.09	增加672小时
8	全员劳动生产率(不变价产值)	元/人	187983.50	198004.83	122140.72	62.11	
9	全部职工平均人数	人	606	604	621	-2.74	减少 17 人
10	期末职工人数	人	601	599	606	-1.16	减少 7 人
11	发电设备完好率	%	100	100	100	0.00	
12	发电总成本	万元	23473.00	26156.70	23872.00	9.57	
13	发电单位成本	元/千千瓦时	232.41	268.20	370.00	-27.51	
14	发电用水单耗	立方米/千瓦时	5.71	5.27	5.50	-4.18	优于指标

表 20-4　　2009 年度新安江电厂主要经济技术指标

序号	指标名称	单位	2009 年		2008 年同期实际	2009 年比 2008 年同期增减±%	备注
			计划	实际			
1	发电量	万千瓦时	145000	169818.64	152185.64	11.59	
2	总产值(不变价)	万元	11391.80	13354.77	11959.49	11.67	
3	综合厂用电量	万千瓦时	5000	4954.66	5314.77	-6.78	
4	综合厂用电率	%	3.45	2.92	3.49	-16.33	优于指标
5	生产厂用电量	万千瓦时	800.00	770.87	799.67	-3.60	
6	生产厂用电率	%	0.55	0.45	0.53	-15.09	优于指标
7	发电设备利用小时	小时	1752	2034	1849	9.95	增加 184 小时
8	全员劳动生产率(不变价产值)	元/人	191137.58	224073.39	198004.83	13.17	
9	全部职工平均人数	人	596	596	604	-1.32	减少 8 人
10	期末职工人数	人	590	588	599	-1.84	减少 11 人
11	发电设备完好率	%	100	100	100	0.00	
12	发电总成本	万元	26637.16	26511.70	26156.70	1.36	
13	发电单位成本	元/千千瓦时	303.63	263.71	268.20	-1.67	
14	发电用水单耗	立方米/千瓦时	5.42	5.34	5.27	1.33	

表 20-5　　2010 年度新安江电厂主要经济技术指标

序号	指标名称	单　位	2010 年度		2009 年同期实际	2010 年比 2009 年同期增减±%	备注
			计　划	实　际			
1	发电量	万千瓦时	145000	236509.47	169818.64	39.27	
2	总产值(不变价)	万元	11391.80	18623.94	13354.77	39.46	
3	综合厂用电量	万千瓦时	4250	5212.68	4954.66	5.21	
4	综合厂用电率	%	2.93	2.20	2.92	-24.46	优于指标
5	生产厂用电量	万千瓦时	800	763.43	770.87	-0.97	
6	生产厂用电率	%	0.55	0.32	0.45	-28.89	优于指标
7	发电设备可调小时	小时	8024	8227	8167	0.73	增加 60 小时
8	发电设备平均利用小时	小时	1706	2782	2034	36.77	增加 748 小时
9	全员劳动生产率(不变价产值)	元/人	194399.32	318357.90	224073.39	42.08	
10	职工平均人数	人	586	585	596	-1.85	减少 11 人
11	期末职工人数	人	581	579	588	-1.53	减少 9 人
12	发电设备完好率	%	100	100	100	0.00	
13	发电总成本	万元	24343.00	38427.99	26511.70	44.95	
14	发电单位成本	元/千千瓦时	239.83	237.47	263.71	-9.95	
15	发电用水单耗	立方米/千瓦时	5.34	5.15	5.34	-3.56	

表 20-6　　2011 年度新安江电厂主要经济技术指标

序号	指标名称	单　位	2011 年度		2010 年同期实际	2011 年比 2010 年同期增减±%	备注
			计　划	实　际			
1	发电量	万千瓦时	202600	202571.69	236509.47	-14.35	
2	总产值(不变价)	万元	15942.20	15940.65	18623.94	-14.41	
3	综合厂用电量	万千瓦时	4964.00	4903.70	5212.68	-5.93	
4	综合厂用电率	%	2.45	2.42	2.20	10.00	
5	发电设备可调小时	小时	8000.00	8096.90	8227	-1.58	减少 130.1 小时
6	发电设备平均利用小时	小时	2384	2383	2782	-14.34	减少 399 小时
7	全员劳动生产率(增加值)	元/人	540266.00	353849.00	710444.00	-50.19	
8	职工平均人数	人	569	569	585	-2.74	减少 16 人
9	期末职工人数	人	560	559	579	-3.45	减少 20 人
10	发电设备完好率	%	100	100	100	0.00	
11	发电总成本	万元	—	35797.71	38427.99	-6.84	
12	发电单位成本	元/千千瓦时	—	385.13	237.47	62.18	
13	发电用水单耗	立方米/千瓦时	5.20	5.20	5.15	0.97	

表 20-7　　2012 年新安江电厂主要经济技术指标

序号	指标名称	单位	计划	完成	上年同期	同比增加	完成年度计划比例(%)	备注
1	小型基建	万元	200.00	200.00	—	—	100	
2	技术改造	万元	4303.63	4295.91	4333.88	-37.97	99.82	
3	修理项目	万元	4894.56	4894.39	5849.62	-955.23	100	
4	研究（科技）开发费	万元	409.00	408.93	194.78	214.15	99.98	
5	信息化建设	万元	298.00	297.87	274.59	23.28	99.96	
6	教育培训	万元	300.67	300.67	262.00	38.67	100	
7	资产总额	万元	32621.00	39054.94	24653.75	14401.19	119.72	
8	资产负债率	%	100	100	100	0	100	
9	发电量	亿千瓦时	18.57	20.84	20.26	0.58	112.22	
10	电费收入	万元	33805.00	35565.16	—	—	105.21	
11	利润总额	万元	-1183.00	228.21	-24876.11	25104.32	119.29	
12	可控费用	万元	11564.00	11303.54	10997.69	305.85	97.75	
13	职工人数	人	557	556	569	-13	100	优于指标
14	全员劳动生产率	元/人·年	446442	590780	353849.00	236931	132.33	
15	工资总额	万元	12513.8	12513.8	10880.20	1634	100	
16	机组台均非停次数	次	1.00	0.00	0.00	0.00	完成	未发生非停
17	机组等效可用系数	%	88.40	91.15	92.60	-1.45	103.11	
18	综合厂用电率	%	2.55	2.37	2.42	-0.05	107.6	优于指标
19	启动成功率	%	99.00	100	100	0	完成	成功率 100%

表 20-8　　2013 年新安江电厂主要经济技术指标

序号	指标名称	单位	计划	完成	上年同期	同比增加	完成年度计划比例(%)	备注
1	小型基建	万元	690.00	690.00	200.00	490.00	100	
2	技术改造	万元	3312.68	3303.90	4295.91	-992.01	99.73	
3	修理项目	万元	4357.10	4355.44	4894.39	-538.95	99.96	
4	研究(科技)开发费	万元	119.00	118.99	408.93	-289.94	99.99	
5	信息化建设	万元	347.00	346.30	73.03	273.27	99.80	
6	教育培训	万元	264.49	264.49	300.67	36.18	100	
7	资产总额	万元	41008	40668.70	39054.94	1613.76	99.17	
8	资产负债率	%	100	100.00	100.00	0.00	100	
9	发电量	亿千瓦时	21.00	22.56	20.84	1.72	107.43	
10	电费收入	万元	47435.90	47435.90	31988.31	15447.59	100	
11	利润总额	万元	8432.00	8480.44	-3241.59	11722.03	100.57	
12	可控费用	万元	11564.00	11303.54	9783.84	1519.70	97.75	
13	职工人数	人	537	545	558	-13	98.5	
14	全员劳动生产率	元/人·年	605931.00	675266.00	594050.00	81216	111.44	
15	工资总额	万元	10864.5	10864.5	12513.8	-1649.30	100	
16	机组台均非停次数	次	1	0.00	0.00	0.00	完成	未发生非停
17	机组等效可用系数	%	85.55	89.79	91.15	-1.36	104.96	
18	综合厂用电率	%	2.45	2.15	2.37	-0.22	113.95	优于指标
19	启动成功率	%	99	100	100	0.00	完成	成功率 100%

表 20-9　　2014 年新安江电厂主要经济技术指标

序号	指标名称	单位	计划	完成	上年同期	同比增加	完成年度计划比例(%)	备注
1	技术改造	万元	1311.69	1311.1	3309.46	-1998.36	99.96	
2	检修计划	万元	2110.9	2110.78	4355.44	-2244.66	99.99	
3	研究开发费	万元	248.3	248.22	118.99	129.23	99.97	
4	信息化建设	万元	173.76	173.6	346.3	-172.70	99.91	
5	教育培训	万元	273.29	184.88	264.49	-79.61	67.65	
6	资产总额	万元	35907	37647.7	40668.7	-3021.00	104.85	
7	资产负债率	%	100	100	100	0.00	100	
8	应收电费余额	万元	4625	4625	4495	130.00	100	
9	营业收入	万元	48136	47931.33	48240.26	-308.93	99.57	
10	利润总额	万元	12579	13015.8	8480.45	4535.35	103.47	
11	可控费用	万元	9925	9898.67	11303.54	-1404.87	99.73	
12	职工人数	人	503	517	545	-28	97.3	
13	全口径劳动生产率	万元	59.405	78.73	67.51	11.22	132.53	
14	发电量	万千瓦时	172000	180591.72	225588.14	-44996.42	105	
15	机组发电启动成功率	%	99	100	100	0.00	完成	成功率 100%
16	机组台均非停次数	次	1	0.11	0	0.11	完成	发生非停 1 次
17	机组等效可用系数	%	89.72	93.43	89.79	3.64	104.14	
18	综合厂用电率	%	2.94	2.41	2.15	0.26	121.99	优于指标

表 20-10　　2015 年新安江电厂主要经济技术指标

序号	指标名称	单位	计划	完成	去年同期	同比增加	完成年度计划比例(%)	备注
1	技术改造	万元	2638.0	2628.07	3303.90	-675.83	99.62	
2	检修计划	万元	2851.6	2848.35	2110.79	737.56	99.989	
3	研究开发费	万元	203	202.39	248.22	-45.83	99.70%	
4	信息化建设	万元	290.5	290.29	173.6	116.769	99.93%	
5	教育培训	万元	251.61	228.53	184.88	43.65	90.83%	
6	资产总额	万元	38000.00	37173.86	37647.7	-473.84	97.83%	
7	资产负债率	%	100.00	100.00	100.00	0.00	0.00	
8	应收电费余额	万元	4625.00	4625	4625	0	100.00%	
9	营业收入	万元	47876.00	47961.79	47931.33	30.46	100.18%	
10	利润总额	万元	11392.00	12062.91	13015.8	-952.89	105.89%	
11	可控费用	万元	11377.00	10891.85	9,925.00	966.85	95.74%	
12	职工人数	人	493	494	517	-23	99.79	
13	全口径劳动生产率	万元	84	82.6334	78.7300	3.22	98.37%	
14	发电量	万千瓦时	235000	279782.74	225588.14	54194.6	119.06%	
15	机组发电启动成功率	%	99	100	100	0.00	完成	成功率 100%
16	机组台均非停次数	次	0.5	0	0.11	-0.11	完成	未发生非停
17	机组等效可用系数	%	91.61	94.26	93.43	0.83	102.89	
18	综合厂用电率	%	2.1	1.78	2.41	-0.63	117.98	优于指标

表 20-11

·2006—2015 年规章制度目录·

序号	规章制度名称	发布日期
1	设备定级管理制度	2007.12
2	设备缺陷管理制度	2007.12
3	设备异动管理制度	2007.11
4	新安江水力发电厂设备检修周期表	2007.12
5	设备反事故措施管理办法	2007.12
6	发供电设备事故备品管理制度	2007.12
7	发供电设备事故备品储备标准	2007.12
8	新安江水电厂计算机监控系统（H9000)运行维护管理制度	2007.12
9	新安江电厂 10KV 系统管理制度	2007.12
10	新安江水力发电厂生产设备、工程施工质量验收管理制度	2007.12
11	新安江电厂 IT 设备及低值易耗品管理制度	2007.12
12	大型机电设备及其附件制造质量监造大纲	2007.11
13	潜水工作船检修维护管理制度	2007.12
14	新安江水力发电厂物资管理制度	2007.12
15	新安江水力发电厂防洪防汛物资管理制度	2007.12
16	合同管理标准	2007.12
17	委托加工管理标准	2007.12
18	通信设备缺陷管理制度	2007.12
19	计量工作管理标准	2007.12
20	电测仪表技术监督实施细则	2007.9
21	电能质量技术监督实施细则	2007.11
22	化学技术监督实施细则	2007.12
23	环境保护技术监督工作实施细则	2007.11
24	继电保护及安全自动装置技术监督细则	2007.11
25	金属技术监督工作实施细则	2007.11
26	热工（控）仪表技术监督实施细则	2007.12
27	水电节能与环保技术监督实施细则	2007.12
28	水工、水务技术监督工作实施细则	2007.12
29	水工水务监督网和安全检查标准	2007.12
30	电力设备预防性试验规程实施细则	2007.12
31	各级生产技术人员责任制	2007.12
32	施工、试验措施管理标准	2007.12
33	运行分析制度	2007.7
34	工作票、操作票管理标准	2007.10
35	防止电力生产重大事故反措要求	2007.12
36	统计工作管理制度	2007.12
37	运行岗位责任制度	2007.8
38	运行监盘调整制度	2007.8
39	运行巡回检查制度	2007.8

40	运行交接班制度	2007.8
41	运行定期试验切换制度	2007.8
42	设备停复役管理制度	2007.8
43	运行值班 on--call 制度	2007.8
44	运行培训制度	2007.8
45	电梯运行管理制度	2007.12
46	网络设备运行管理规定	2007.12
47	程控交换机管理制度	2007.12
48	生产专用软件管理制度	2007.12
49	水库调度系统运行管理规定	2007.12
50	水库运行汛期值班标准	2007.12
51	水工技术管理岗位责任制度	2007.12
52	水雨情测报标准	2007.11
53	汛期防汛工作检查标准	2007.11
54	汛期险情监测与报告制度	2007.11
55	防汛管理工作岗位责任制	2007.12
56	溢洪设施汛期试运行、检查标准	2007.12
57	年度防汛工作计划安排标准	2007.12
58	年度防汛工作总结标准	2007.12
59	大坝安全管理实施细则	2007.12
60	厂坝区和上下游管理、调查标准	2007.11
61	光纤通信设备管理制度	2007.12
62	工业电视管理制度	2007.12
63	新安江水力发电厂防汛工作奖惩办法（试行）	2007.12
64	潜水工作船船员岗位职责	2007.12
65	大坝安全责任制度	2007.11
66	潜水工作船管理制度	2007.12
67	计划编制管理标准	2007.12
68	大修理项目和费用计划管理制度	2007.12
69	技术改造计划编制管理制度	2007.12
70	科技情报（信息）管理条例	2007.12
71	科技项目管理制度及科技信息项目业务处理实施细则	2007.12
72	合理化建议和技术革新管理标准	2007.12
73	信息机房运行值班制度	2007.12
74	信息系统安全管理规定	2007.12
75	信息系统管理制度	2007.12
76	信息系统机房管理制度	2007.12
77	信息系统数据备份制度	2007.12
78	信息系统用户行为准则	2007.12
79	通信机房管理制度	2007.12
80	通信人员岗位培训制度	2007.12
81	厂通讯设备定期检测制度	2007.12
82	防止电气误操作实施细则	2007.11

83	生产用软件管理规定	2009.2
84	运行值班管理制度汇编	2012.7
85	新安江电厂设备定期试验轮换制度	2013.7
86	新安江电厂防止电气误操作安全管理规定	2013.7
87	新安江电厂运行钥匙管理细则	2013.7
88	新安江电厂设备检修、校验周期表	2013.3
89	新安江电厂设备缺陷管理实施细则	2013.9
90	新安江电厂计算机监控系统运行维护管理制度	2013.9
91	新安江电厂设备分工制度	2013.10
92	新安江电厂电能质量与节能监督实施细则	2013.10
93	新安江电厂年度防汛工作计划安排规定	2013.10
94	新安江电厂水库运行汛期值班制度	2013.10
95	新安江电厂防汛管理工作岗位责任制	2013.10
96	新安江电厂大坝安全责任制度	2012.11
97	新安江电厂水雨情测报管理规定	2013.10
98	新安江电厂10kV系统设备管理制度	2013.11
99	新安江电厂坝顶柴油发电机运行维护管理制度	2013.11
100	新安江电厂常规备品管理制度	2013.11
101	新安江电厂设备异动管理制度	2013.11
102	新安江电厂溢洪设施管理制度	2013.11
103	新安江电厂水库调度系统运行管理规定	2013.11
104	新安江电厂汛期险情监测与报告制度	2013.11
105	新安江电厂汛期防汛工作检查制度	2013.11
106	新安江电厂潜水工作船管理制度	2013.12
107	新安江电厂水工监督实施细则	2013.12
108	新安江电厂事故备品管理制度	2013.12
109	新安江电厂热工自动化监督实施细则	2013.12
110	新安江电厂电测仪表技术监督实施细则	2013.12
111	新安江电厂生产性技术改造工程管理办法	2014.1
112	金属技术监督工作实施细则	2014.1
113	新安江电厂水机技术监督工作实施细则	2014.1
114	新安江电厂励磁技术监督实施细则	2014.1
115	新安江电厂继电保护及安全自动装置技术监督实施细则	2014.1
116	新安江电厂化学与环保监督实施细则	2014.2
117	新安江电厂绝缘监督实施细则	2014.2
118	新安江电厂厂坝区及上下游管理制度	2014.2
119	新安江电厂运行钥匙管理手册	2014.6
120	新安江电厂电缆管理手册	2014.9
121	新安江电厂设备缺陷管理工作手册	2014.10
122	新安江电厂防止电气误操作执行手册	2015.2
123	新安江电厂设备缺陷管理执行手册	2015.4
124	新安江电厂集体企业承揽项目管理手册	2015.4
125	信息系统运行维护管理执行手册	2015.5
126	新安江电厂内外网网络应用安全管理执行手册	2015.5
127	新安江电厂IT设备管理执行手册	2015.6

表 20-12

·2006—2015 年规程目录·

序号	规程名称	发布日期
1	220KV 北京 ABB-SF6 断路器检修规程	2007.12
2	ABB 机组保护检验规程	2007.9
3	D30 型闸刀、接地闸刀及主变中性点 JW2 型检修规程	2007.12
4	新安江电厂 2S3CV 型机组闸刀检修规程	2007.12
5	新安江电厂 FKGIN 型 SF6 断路器检修规程	2007.12
6	机组检修规程	2007.11
7	运行规程合订本	2007.1
8	潜水作业操作规程	2007.12
9	轻潜水作业安全操作规程	2007.12
10	水工灌浆技术规程	2007.12
11	水库调度规程	2007.12
12	水文测验规程	2007.12
13	新安江大坝安全监测自动化系统维护管理规程	2007.12
14	水工观测技术规程	2007.11
15	水工维护技术规程	2007.12
16	运行规程合订本	2009.11
17	坝顶进水口闸门、溢洪系统检修规程	2010.3
18	尾水闸门及尾水门机检修规程	2010.3
19	新安江水力发电厂变压器检修规程	2010.3
20	机械检修规程	2012.10
21	电站运行规程第 01 分册：总则	2013.6
22	电站运行规程第 02 分册：电网调度	2013.6
23	电站运行规程第 03 分册水库调度	2013.6
24	电站运行规程第 04 分册发电机	2013.6
25	电站运行规程第 05 分册：主变压器	2013.6
26	电站运行规程第 06 分册：13.8kV 母线设备	2013.6
27	电站运行规程第 07 分册：高压电缆	2013.6
28	电站运行规程第 08 分册：厂用电系统	2013.6
29	电站运行规程第 09 分册：直流系统	2013.6
30	电站运行规程第 10 分册：柴油发电机	2013.6
31	电站运行规程第 11 分册：监控系统	2013.6
32	电站运行规程第 12 分册：机组保护	2013.6
33	电站运行规程第 13 分册：主变保护	2013.6
34	电站运行规程第 14 分册：母线及线路保护	2013.6
35	电站运行规程第 15 分册：励磁系统	2013.6
36	电站运行规程第 16 分册：同期装置	2013.6
37	电站运行规程第 17 分册：高压 GIS 设备	2013.6
38	电站运行规程第 18 分册：出线场设备	2013.6
39	电站运行规程第 20 分册：水轮机	2013.6
40	电站运行规程第 22 分册：调速器系统	2013.6
41	电站运行规程第 23 分册：供排水系统	2013.6
42	电站运行规程第 24 分册：压缩空气系统	2013.6

43	电站运行规程第 25 分册：闸门及启闭设备	2013.6
44	电站运行规程第 26 分册：通风及空调系统	2013.6
45	电站运行规程第 27 分册：消防系统	2013.6
46	电站运行规程第 28 分册：照明系统	2013.6
47	电站运行规程第 30 分册：通信系统	2013.6
48	电站运行规程第 31 分册：水库及大坝	2013.6
49	电站运行规程第 34 分册：公路与边坡	2013.6
50	电站运行规程第 35 分册：水工检测系统	2013.6
51	设备巡回检查规程	2013.6
52	设备定期试验轮换规程	2013.6
53	潜水作业安全操作规程	2013.6
54	水工灌浆技术规程	2013.6
55	水库调度规程	2013.6
56	水文测验规程	2013.6
57	水工观测技术规程	2013.6
58	大坝安全监测自动化系统技术规程	2013.6
59	水工维护技术规程	2013.6
60	发电机检修规程（电气部分）	2013.6
61	主变压器检修规程	2013.6
62	13.8KV 母线设备检修规程	2013.6
63	高压电缆检修规程	2013.6
64	厂用电系统检修规程	2013.6
65	直流系统检修规程	2013.6
66	柴油发电机检修规程	2013.6
67	监控系统检修规程	2013.6
68	发电机保护检修规程	2013.6
69	主变保护检修规程	2013.6
70	线路保护检修规程	2013.6
71	励磁系统检修规程	2013.6
72	微机同期装置检修规程	2013.6
73	电站 220KV GIS 设备检修规程	2013.6
74	出线场设备检修规程	2013.6
75	水轮机检修规程	2013.6
76	调速器系统检修规程	2013.6
77	供排水系统检修规程	2013.6
78	压缩空气系统检修规程	2013.6
79	闸门及启闭系统检修规程	2013.6
80	通风及空调系统检修规程	2013.6
81	高压试验检修规程	2013.6
82	油务检修规程	2013.6
83	发电机检修规程（机械部分）	2013.6
84	设备巡回检查规程	2014.9

表 20-13　**·2006—2015 年安全管理制度目录·**

序号	制度名称	修订日期
1	新安江电厂危险源预控管理执行手册	2015.11
2	国网新源华东应急救援基干分队装备管理执行手册	2015.11
3	新安江电厂安全事故（事件）报告管理执行手册	2015.11
4	新安江电厂现场急救用品管理执行手册	2015.11
5	新安江电厂受限空间作业管理执行手册	2015.11
6	新安江电厂起重设备操作安全管理执行手册	2015.11
7	新安江电厂高处作业安全管理执行手册	2015.11
8	新安江电厂电焊机使用安全管理执行手册	2015.11
9	新安江电厂安全生产责任事故“说清楚”执行手册	2015.11
10	新安江电厂安全教育培训管理执行手册	2015.11
11	新安江电厂应急管理工作执行手册	2015.11
12	新安江电厂安全生产反违章管理执行手册	2015.11
13	新安江电厂安全例行工作管理执行手册	2015.11
14	新安江电厂安全职责管理执行手册	2015.11
15	新安江电厂特种作业人员管理执行手册	2015.11
16	新安江电厂特种设备管理执行手册	2015.11
17	新安江电厂劳动保护用品管理执行手册	2015.11
18	新安江电厂电力安全工器具管理执行手册	2015.11
19	新安江电厂承发包工程和外来工安全管理执行手册	2015.11
20	新安江电厂消防安全管理执行手册	2015.11
21	新安江电厂文明生产管理执行手册	2015.11
22	新安江电厂消防设施维护管理工作手册	2014.4

·2015年年底新安江电厂在册全民所有制职工名录·

（491人，其中男388人，女103人）

1. 厂领导（8人）

钱建明 刘俊勇 李建华 余金芳 傅剑文
王德强 杨 斌 程超美

2. 协理员（14人1女）

王跃建 黄卫平 吴永文 洪建新 许星明
盛 谷 何国兴 王乃虎 李 琦 张建新
洪木兴 顾 鸣 郭亚峰 白俊星

3. 办公室（6人4女）

余敬基 曾杨玲 王 俊 林 绮 徐 倩
饶 源

4. 发展计划部（4人）

杨 勇 薛 涌 傅威宜 陈 华

5. 人力资源部（10人4女）

赵品文 骆军贤 张启纲 李靖华 汪 丰
王利华 洪 萍 唐 剑 张丽丽 陈敏强

6. 财务资产部（7人7女）

尹六燕 韩卓颖 王 菁 林婷婷 许玉富
汪晓敏 周自芬

7. 安全监察质量部（3人）

陈 斌 粟一新 江哲晖

8. 生产技术部（25人5女）

徐良玉 郭为金 赵新华 曹 波 卢 经
曾小平 周尚东 张岳勇 陈连芳 张 帆
姜卫海 占江皓 陈尊杰 方塘基 江 伟
包贵荣 鲁昌生 姜 浩 胡 蔚 陶 涛
汪晓玫 徐 霞 帅红卫 李 静 陈华建

9. 物资部（16人4女）

周新华 尹 熙 叶阳红 杜慧敏 姜鑫良
米 明 徐秀娟 高 辉 姚明亮 陈樟归
陈有根 李 军 牛长根 朱帮寿 唐丽娟
王建森

10. 监察部（2人）

陆晓敏 张梅生

11. 审计部（2人1女）

贺 跃 唐远岚

12. 思想政治工作部（5人2女）

帅以政 江哲文 潘 炼 吕志峰 宋宏亮

13. 工会办公室（4人2女）

苏文博 陈文盛 管 淳 程红漫

14. 运行分场（52人12女）

朱克刚 卢 江 郑贤喜 吴正良 章卫光
余 平 胡 军 何小龙 许文勇 吴战梅
厉洪祥 鄢卫东 倪 健 李毓伟 李海玲
姜 勇 盛剑辉 洪海燕 童端宇 邵建根
宋宏进 骆 鸣 林婕宇 翟德劼 宋 迪
俞建芬 唐哲人 吴卫明 周建和 汤雪萍
崔健康 陈伟东 宋正新 王 平 龚志刚
尹惠怡 徐桂荣 黄 洁 盛晓栋 汪红兵
陈谕忻 邹竹宾 孙戈平 邵亦平 于 勇
徐亦竑 赵华军 陈 露 郎国富 徐跃鸿

赵红伟　赵利萍

15. 维护分场（88 人 16 女）

杨　波　龙俊平　李福钢　叶友卫　王建勇
孙　正　黄西明　程万里　黄荣生　刘　新
张　茹　陈　立　朱咏敏　王晓健　闫营臣
干慈祥　方金波　相　婷　张一国　王福润
黄　翊　施京炜　王昊飞　周　萍　夏书生
吴昕达　周　剑　林　阳　周　晨　李奎霖
刘昕宇　王建华　来　芳　郑　丹　杨　华
余晓燕　汤红卫　张志忠　贾荣义　王加强
余贵良　钱　峰　周天煜　杨月灿　朱丹平
姜中越　李　璟　骆　平　马　勇　潘　骏
钱若毅　蒋清潮　陈佳彬　胡建林　陆升旗
王江林　唐　浩　斯素芳　王　雄　楚霖松
穆海荣　胥素华　余　鹏　李吉庆　周新安
朱　剑　宣飞燕　米宝忠　姚　舜　李　珂
俞建民　张　军　唐燕梅　方　羽　杨伟民
熊　勐　龚建安　赵建华　方　望　徐秀忠
洪建生　沈文娟　伍耘新　张　明　程　雯
赵志明　祁永新　袁良明

16. 检修中心（96 人 15 女）

刘双华　赖江波　马　俊　邓亚新　查益华
吴　红　邓金荣　洪北京　王建利　赵建美
刘　江　竺志强　余贵成　顾承庆　吴　歆
方豪满　胡银祥　周　波　吴金土　尹　滨
徐新敏　余国良　卢绍兴　杨　英　高　莉
赵富金　方　波　陈晓卫　王美仙　徐　尉
童　斌　吕维军　浦睿诣　侯建新　李　欣
吴树明　周　新　方　明　许玉茹　陆江跃
蒋昌荣　俞伟新　邹祖平　何灵平　雷建培
鲍献忠　金卫华　王益康　刘纪林　徐裕顺
张世心　姚龙华　赵　震　唐建新　吴敏君
张红英　徐　乐　应　杰　张建雄　姚　远
边成军　陈大毅　周烨炜
陈益明　汪新江　李　辉　余江丽　张江丽
胡电武　江淑芳　刘江泓　于　强　卢　伟
黄建新　王程江　洪　亮　张　兵　孙婴平
张明志　李吉安　徐宝良　何　宇　周勤勤
陈连根　宋卫华　王绪水　肖　峰　郑建淳
李学广　徐　震　赵丹新　方永忠　王建新
李艳杰　李长征　王剑文

17. 后勤服务中心（44 人 11 女）

丰勇华　李建宇　翁玉娥　饶建中　应春德
杨金云　王昌林　方智敏　张　慧　陈雪红
熊建华　刘　军　汪建宏　陈丽明　李天江
高　波　金建华　边利平　刘军琦　蒋启军
张　雷　朱　骏　朱基月　周　俊　陈迎春
徐建新　姜立新　朱伟安　郎庆芳　寿建明
孙冬茹　周春梅　方喜群　李艳春　张永红
钱向清　戴学俊　康志辉　穆文霞　林武飞
邵建江　吴文辉　张元清　蒋　雁

18. 集体企业管理中心（1 人）

储新艺

19. 实业总公司（64 人 10 女）

杨晓群　王晓宏　张海峰　姜　涛　周宇辉
朱发尧　孙　远　董　薇　施建锋　王　蕾
从东标　蒋　淮　葛　群　孙　勤　周燕明
王利新　张凤兰　董根土　楼世红　叶建慧
李　军　张纪元　任中栋　管建勤　杨惠贤
方圣桃　贾增智　戴晓俊　蔡　源　李　宏
马　宏　张贵禄　李春华　王　华　陈建新
张志伟　李新江　金　孟　洪　卫　黄元宝
卢继文　唐建华　张富胜　吴敬南　陈瑞平
黄　芳　洪　艳　寇德安　郭四新　章广庆
汪晓峰　夏建红　钱　航　夏建平　倪晓坚
吴忠卿　李建新　陈　俊　韩　江　留中华
沈志新　王旭文　吴国山　张培喜

20. 综合公司（23 人 1 女）

金水华　唐远涛　王　卫　陈和冲　王　东
黄瑞跑　王俞柬　王奇淳　叶志强　陈　群
钱樟富　陈轶平　戴荣贵　饶建国　王海军
江　涛　许文军　昝元元　周俊新　高　亮
陈炜东　王江红　余　捷

21. 人员交流中心（17 人 4 女）

于　淼　游颖涛　曹孟婷　朱晨熙　张慧仪
姜昀芃　刘艳康　王帅帅　侯继超　郭　超
虞正罡　李龙强　刘航通　王　刚　关建军
白　云　章永忠

·2015 年年底综合服务公司在册集体所有制职工名录·

（231 人，其中男 141 人，女 90 人）

1. 综合部（23 人 9 女）

葛京顺　郭平方　陈　峰　王福龄　李　敏
郑慧萍　梁英俊　赵带娣　胡文娟　沈　亮
王晓东　刘　静　吕伟民　李　易　郭　锐
唐绍杰　马建新　周育天　羊建军　李金伟
唐素娟　许玉红　周　铮

2. 财务资产部（11 人 10 女）

郭　军　黄　卓　刘　虹　徐建芳　张雅兰
吴继红　王晓东　赵　芳　陈晓东　周晓枫
邱　涌

3. 安全生产部 （5 人 3 女）

叶新力　蒋　斌　何俏萍　宋小梅　李晓梅

4. 工程部 （34 人 4 女）

施　翔　陆　炜　王绪新　陈　升　董强华
方　庆　戴春艳　章红萍　王浙炎　汪　勐
胡喜峰　蔡卫东　巴庆峰　周建强　王　革
吴一夫　邵晓宏　李吉利　寇德江　王勇军
张　斌　李　俊　舒　祎　陈　斌　陈云峰
赵春晖　余建忠　蓝　东　胡　懿　胡晓翔
诸葛强　齐江宏　洪　明　徐金文

5. 市场部（13 人 1 女）

周灵敏　方　杰　张征宙　王　涛　方　燕
寿建国　戴荣江　门雪利　方　进　李　民
潘国兴　王卫星　李文富

6. 制造部（19 人 8 女）

李艳华　竺勇平　金路明　赵　洁　宋小青
郑　山　季　涛　许文卫　周新江　王明晓
张　瑛　朱咏华　黄建江　徐崇卫　徐新兰
楼　静　陈黎春　赵华新　倪晓红

7. 消防公司（14 人 1 女）

王忠庆　吴忠敏　余立新　严健宏　马淑萍
吴金明　周卫中　邱江明　沈志江　姜海涛
黄　伟　白　帆　陈伟明　张贵祥

8. 旅游公司（47 人 35 女）

杨　俊　樊全忠　王玮江　汪一驹　齐江梅
赵凤敏　黄　敏　宣　军　胡　丹　杨　玲
章宏艳　赵云霞　冯莉红　金钱红　王　琴
孙小平　施　海　吴巧凌　李建靖　董　彦
徐宏昕　卢　轶　卢　坚　许运涛　王建萍
陈坚文　赵海霞　胡阳坚　徐秀花　赵海燕
周烨冰　姚雅蒙　陈建华　粟翼静　许　丽
宁勇斌　叶艳菁　何　虹　陈佳谊　姜宏艳
唐慧红　施燕舞　宋军秀　陈　放　门雪花
厉　红　宋建文

9. 物业公司（53 人 17 女）

王明亮　陈建军　俞建新　陈晓丹　王旭娟　王旭艳　李建荣　蔡立功　张江虹　唐燕群　陈亚微　竺新平　樊世军　王绪凤　陆　辉　余有良　关伟贞　林勇新　黄建红　王　青　兰　燕　章宏杰　许　挺　李建国　刘　刚　赵　磊　胡银昌　苏新强　巴庆新　陆国芳　应　俊　陈新江　吕东法　孙建新　袁　健　冯晓勇　徐金木　于国勤　朱为众　项晓虎　吴斯佳　卢继强　孙建敏　王伟强　邵晓萍　陈　军　谢丽芳　陈　霞　潘　玲　金丽珍　夏　勤　郑苏杰　周民强

10. 人员交流中心（11 人 2 女）

王雪英　朱　群　王程远　王黎明　寇　勇　施　戈　胡晓炜　林武斌　姚龙平　吕　强　朱黎剑

跋
Postscript

新安江水力发电厂有着编修厂志的优良传统，本轮编纂的《新安江水电站年鉴（2006—2015）》是第三部年鉴，历时二年半，三易其稿，以十年为期，辑为一集。年鉴较为系统完整、图文并茂，总字数达40余万字，不仅为下一步续修厂志积累了翔实的资料，也为企业文化建设增添了浓墨重彩的一笔。这是厂党政领导班子高度重视、编委会积极组织、职能部门大力配合和编辑人员共同努力的成果。

本轮年鉴编纂工作起始于2015年年初，厂部下发了《2006—2015年鉴编纂实施方案》，由程超美任主编，召开厂《年鉴》编纂工作动员暨工作部署会议，厂长、书记做动员并提出工作要求。年鉴编辑办公室及时制定出台《年鉴编写大纲》，对照《实施方案》和《编写大纲》，建立生产、经营、党群、实总、综合等5个长篇资料收集工作组，在各组长的组织下，所辖部门、单位相继召开年鉴工作启动会，按《编写大纲》要求，各组逐一分解落实到人。编辑办公室制定“年鉴撰稿分工情况总表”，确定了各栏目分管领导、负责人、撰稿人和工作计划进度，进而形成领导重视、众手修志的可喜局面。

年鉴编辑办公室加强撰稿人员的培训指导，适时出台“新安江电厂年鉴编撰规范细则”“年鉴凡例”“年鉴编修工作时间节点要求”。先后组织5次专题培训，邀请包括本厂已退休多年的修志方面专家潘学镐等同志专题授课，为资料的撰写起到了良好的帮助。

按“年鉴编修工作时间节点要求”，至2015年年底，各个组陆续将编纂资料汇总至年鉴编辑办公室；2016年1月至5月，年鉴编辑办公室按年鉴体例规范要求，对资料进行删减、总纂，提出增补、整改要求，反馈各部门修改完善，并继续完善2015年的数据和资料。2016年2月，陈卫清担任《年鉴》主编，6月形成46万字《年鉴》初稿，印制成册，送交厂领导和编委会成员审稿。按“初稿要快，成稿要磨”的特点，在大家的支持下，条目编写质量得到较大提高。2017年7月《年鉴》送审稿与大家见面，继续得到大家的支持，并特邀原厂级领导审稿，包括原副厂长、第一部《站志》主编项传发，第二部《站志》常务副主编潘学镐等在内的老领导老同志对《年鉴》送审稿作了认真会审，提出了许多修改意见，进一步提升了本年鉴的编纂质量。在此不一一列举，一并表示感谢。

从着眼企业未来发展等角度出发，编辑办公室结合更有利于后续修志等实际，偏重于对若干内容记述细而全、入志的人和事及照片资料选用较为宽泛等情况，特此说明。

因编辑人员业务水平有限，年鉴编纂工作难免百密一疏，亦难免存有内容提炼不够、典型性不足等情况，敬请广大员工和读者见谅和指正。

《新安江水力发电厂年鉴》编辑办公室

2017年 10月